KB154965

라틴 아메리카의 역사

A HISTORY OF LATIN AMERICA

A History of Latin America (ISE), 9th Edition

**Benjamin Keen
Keith Haynes**

© 2014 Cengage Learning Korea Ltd.

Original edition © 2013 Wadsworth, a part of Cengage Learning.
A History of Latin America (ISE), 9th Edition by Benjamin Keen and Keith Haynes
ISBN: 9781111841423

This edition is translated by license from Wadsworth, a part of Cengage Learning, for sale in Korea only.

For permission to use material from this text or product, email to
asia.infokorea@cengage.com

ISBN-13: 978-89-7682-532-2

Cengage Learning Korea Ltd.
14F YTN Newsquare 76 Sangamsan-ro
Mapo-gu Seoul 03926 Korea
Tel: (82) 2 330 7000
Fax: (82) 2 330 7001

Cengage Learning is a leading provider of customized learning solutions with office locations around the globe, including Singapore, the United Kingdom, Australia, Mexico, Brazil, and Japan.
Locate your local office at: **www.cengage.com**

Cengage Learning products are represented in Canada by Nelson Education, Ltd.

To learn more about Cengage Learning Solutions,
visit **www.cengageasia.com**

Printed in Korea
Print Number: 03   Print Year: 2022

9th edition

라틴 아메리카의 역사 하

A HISTORY OF LATIN AMERICA

벤자민 킨 Benjamin Keen, 키스 헤인즈 Keith Haynes 지음

김원중, 이성훈 옮김

CENGAGE ᄒB 그린비

Andover • Melbourne • Mexico City • Stamford, CT • Toronto • Hong Kong • New Delhi • Seoul • Singapore • Tokyo

차례

지도 차례

| 일러두기 |

1 이 책은 Benjamin Keen과 Keith Haynes의 *A History of Latin America*(9th edition, Wadsworth, Cengage Learning, 2013)를 완역한 것이다. 영어판에서는 본래 한 권으로 나왔던 책을 한국어판에서는 상·하 두 권으로 나누어 출간했다. 한국어판의 상권은 영어판의 1부와 2부(1~11장)를 하권은 영어판의 3부(12~22장)를 나누어 실었다.

2 본문 중에 독자의 이해를 돕기 위하여 옮긴이가 추가한 내용은 '─옮긴이'라고 표시했다.

3 단행본·정기간행물은 겹낫표(『』)로, 단편·기사·회화·노래 등의 제목은 낫표(「」)로 표시했다.

4 인명·지명 등 외국어 고유명사는 2002년 국립국어원에서 펴낸 외래어 표기법을 따라 표기했다.

3부   1900년 이후
라틴아메리카

3부
1900년 이후 라틴아메리카

20세기 라틴아메리카에서 나타난 복잡한 발전상을 이해하기 위해서는 특별히 각국의 사회, 정치, 경제, 문화의 역사 그리고 그 나라들이 국제 경제 질서 속에 통합되어 간 과정에 관심을 가져야 한다. 이 책에서 우리는 계속해서 라틴아메리카의 발전을 형성하거나 혹은 억제해 온 내부 혹은 외부적 요인들을 강조해 왔다. 그 요인들 중에는 국내의 계급 갈등, 젠더·인종 갈등, 미국과 다른 유럽 열강 간의 전술적 라이벌 의식, 유동적인 국제 시장의 수요 등이 포함되어 있었다.

국내적으로, 보다 정의로운 경제 사회 질서 확립을 저해하는 가장 중요한 장애물인 신新식민주의와 라티푼디움 제도를 타파하기 위한 라틴아메리카 민중의 투쟁은 근대 라틴아메리카 역사의 거센 흐름에 의미와 방향을 제공해 준다. 전체적으로 볼 때 그 역사는 상호모순과 부침浮沈을 포함하고는 있지만 일련의 단계로 이루어져 있으며, 각 단계는 완전한 경제적·정치적 해방을 달성하기 위한 보다 높은 수준의 노력을 대변하는 것으로 보인다. 그러한 개관槪觀은 불가피하게 각 라틴아메리카 국가들 간의 커다란 차이를 간과하게 만들기도 하지만 그 국가들이 당면한 문제들의 보편적인 통일성과 모든 라틴아메리카 국가들의 공통된 운동 방향을 명

디에고 리베라의 그림 「착취자」(1926~1927)

백히 하는 데 도움을 준다.

　라틴아메리카의 20세기 발전에서 가장 중요한 단일한 외부 요인은 처음에는 서반구의 맹주가 되었다가 후에는 세계를 주도하는 나라가 된 미국의 출현이었다. 미국이 군사적·경제적·외교적으로 계속해서 이 지역에 개입한 것이 라틴아메리카의 지역적 사건들이 전개되는 국제적 맥락을 이루었다. 세계 경제의 변화 역시 분명히 구분되는 세 시기를 만들어 내는 등 라틴아메리카에 큰 영향을 주었다.

1900~1930년

1900년부터 1930년까지 산업이 발달한 자본주의 국가들이 해외 시장을 점유하기 위해 벌인 치열한 경쟁은 계속되는 제국주의적 개입을 가져왔고, 특히 미국의 개입이 두드러졌다. 미국과 유럽의 정치가와 사업가 집단들은 전략적으로 중요한 원료, 값싼 노동력, 직접적 투자를 위해 라틴아메

1898	에스파냐-미국, 쿠바, 필리핀 전쟁.
1910~1920	멕시코혁명과 포퓰리즘(대중영합주의)의 등장.
1930	브라질혁명, 포퓰리즘, 브라질에서 제툴리우 바르가스의 부상(浮上).
1947~1955	후안 페론의 피선과 아르헨티나 포퓰리즘의 출현.
1952~1964	볼리비아혁명과 포퓰리즘.
1959	쿠바혁명과 사회주의.
1964~1983	브라질에서 민주적으로 선출된 주앙 굴라르의 포퓰리스트 정부를 타도하려는 쿠데타 발발과 신자유주의적 독재 체제 수립.
1968	페루혁명과 군사적 조합주의(military corporatism)의 확립.
1970~1973	칠레에서 살바도르 아옌데의 피선과 사회주의로의 여정 시작.
1973~1990	칠레에서 아우구스토 피노체트가 이끄는 쿠데타 발발, 신자유주의적 독재 체제 수립.
1975~1983	아르헨티나에서 호르헤 라파엘 비델라가 이끄는 쿠데타 발발, 신자유주의적 독재 체제 수립.
1979~1990	중아메리카 전역에서 군부 지배에 반대하는 무장 혁명 발생, 니카라과에서 소모사 독재 체제에 대항하는 산디니스타 혁명 승리.
1990~2000	페루의 알베르토 후지모리, 아르헨티나의 카를로스 메넴, 브라질의 페르난두 카르도주, 칠레의 파트리시오 아일윈 등 신자유주의자들의 선거 부정(不正)과 선거 승리.
1998~2011	신자유주의에 반대하는 베네수엘라의 우고 차베스 프리아스가 지배하는 '볼리비아 민주주의'의 승리와 공고화.
2002~2011	'분홍 물결'(Pink Tide), 민중들이 브라질의 룰라 다 실바, 우루과이의 타바레 바스케스(Tabaré Vázquez), 아르헨티나의 네스토르 키르치네르, 볼리비아의 에보 모랄레스, 에콰도르의 라파엘 코레아, 칠레의 미첼레 바첼레트, 니카라과의 다니엘 오르테가 등 신자유주의 반대자들을 민주적으로 선출.

리카 시장에 접근함에 있어서 특권을 얻어 내기 위한 경쟁을 계속했다. 이 것은 대개 그들의 이익을 보호해 줄 전통적인 대농장주(라티푼디스타)들과 과두적 혹은 독재적 정부와의 동맹을 필요로 했다. 그것은 또한 도시화, 독립적 농민과 상대적으로 자치적인 원주민 공동체의 몰락, 그리고 그에 수반된 새로운 국내 부르주아지와 임금 노동 계층(그 안에서 여성은 점차 중요한 역할을 수행하게 된다)의 성장이라는 19세기 말에 나타난 경향을 강화하였다. 라틴아메리카 지역 전체에 걸쳐 시장 요인은 점차 공적·사적 삶 간의 전통적인 장벽을 허물고, 여성을 이중적으로 ──비천하고 저임금에 시달리는 노동자로, 그리고 가부장적 가정 내의 무임 노동자로── 착취했다. 동시에 이 동일한 시장 요인은 농촌적이고 상대적으로 소외된 지방 배후지를 공격하고, 끊임없이 유입되는 이민 노동자들을 처음에는 산업 고용을 찾아 도시의 슬럼가로, 후에는 이민자로서 새로운 땅으로 몰아넣었다.

이 새로운 사회적 행위자들이 정치적 연합을 추구하고, 자주 사회적 저항 운동에 합류하여 멕시코의 포르피리오 디아스, 베네수엘라의 시프리아노 카스트로와 후안 비센테 고메스, 그리고 쿠바의 헤라르도 마차도 Gerardo Machado 같은 전통적인 과두주의자들의 권력에 도전한 것은 그렇게 놀라운 일이 아니었다. 이 단계가 끝나 갈 무렵, 이제 막 나타나기 시작하는 지역 '포퓰리즘'의 핵심 세력을 이루고 있던 이 반대 집단들은 엘리트들 간의 갈등과 국제적 라이벌 관계가 만들어 낸 정치적 공간을 이용하여 보다 큰 경제적 독립, 사회적 정의, 정치적 안정을 증진해 줄 방식으로 사적 부문의 관계를 규제하게 될 보다 근대적인 국민국가의 건설을 요구했다.

1910년의 멕시코혁명과 제1차 세계대전의 시작은 이 시기를 위한 두

출발점이었다. 멕시코혁명은 얼마 안 가 대농장 체제와 페온제를 근절하고, 지역 자연자원에 대한 외세 지배를 억제하기 위해 라틴아메리카가 벌인 역사상 가장 중요한 노력으로 발전했다. 유명한 1917년의 헌법은 혁명의 그러한 사회적 내용을 천명했다. 농업 혁명가들과 부르주아지 혁명가들 간의 주도권 싸움에서 후자가 승리했고, 그들은 농민과 노동자들의 이익을 희생시켜 자본주의를 급속히 발전시키는 것을 골자로 하는 프로그램을 채택했다. 그럼에도 멕시코 하층 계급의 결연한 투쟁은 개혁과 정치 참여에 대한 민중의 요구를 포함하는 새롭고 근대적인 국가 건설에 지속적으로 기여했다. 더욱이 혁명이 공언한 사회적 이상과 실용주의적인 정치적-경제적 성취 간의 불일치에도 불구하고 혁명은 예술, 문학, 사회 과학에서 창조적 에너지를 발산시켰고, 그것은 멕시코가 라틴아메리카의 문화생활에서 주도적인 역할을 담당할 수 있게 만들었다.

제1차 세계대전은 라틴아메리카의 상품 시장을 심각한 혼란에 빠뜨렸고, 라틴아메리카가 필요로 하는 제조업 제품의 수입을 어렵게 만들었다. 그로 인해 이 지역의 자본과 노동력 가운데 일부가 이들 물건을 공급하기 위해 농업으로부터 제조업으로 돌려졌다. 전후에 수출 경제의 부활이 일부 있기는 했지만 라틴아메리카의 수출품 가격 하락 또한 제조업 발전을 자극했다. 그럼에도 불구하고 이 첫번째 단계가 끝날 무렵까지도 라틴아메리카의 산업화는 거의 완전히 경공업 소비재에 국한되어 있었다.

세계 최강의 산업 혹은 재정 강국이 되어 제1차 세계대전에서 빠져나온 미국은 곧 영국을 제치고 라틴아메리카의 가장 중요한 투자국이 되었다. 미국의 민주당과 공화당 행정부는 전임자들의 '압력'과 '달러 외교' 정책을 계승하고 무장 개입과 경제적 압박을 이용하여 카리브 해 지역에 대한 미국의 지배를 확대했다. 이 시기(1900~1930) 말경이면 이런 강경 전략에 대한 라틴아메리카 인들의 반감이 공화당 정책 입안자들로 하여금 라틴아메리카를 다루는 방식의 변화를 고려하게 만들었다.

1930~1970년

대공황과 제2차 세계대전의 연이은 참화는 라틴아메리카 국가들, 세계 경제 질서, 국제적 세력 균형에 큰 변화를 가져왔다. 미국이 세계의 지배국가로 등장하고, 일본과 유럽의 자본가들이 고통스럽기 그지없는 전후 국가 재건 사업에 몰두하게 됨에 따라 라틴아메리카의 외국인 시장을 지배하기 위한 국제적 경쟁이 일시적으로 약화되었다. 이것은 전통적인 라티푼디움 과두 엘리트들을 아래로부터의 민중 운동이라는 정치적 도전에 취약하게 만들고, 자신들의 이익을 보호하기 위해 군사독재를 지향하게 만들었다. 새롭게 부상하고 있던 국내 산업 부르주아지는 이 독재 체제에 대한 대안으로 소외된 농민, 호전적인 노동자, 원주민, 인종적 소수집단, 여성 단체들과 협력하거나 그들이 들고 일어나는 것을 도와 집단적 사회정의라는 애매모호한 이념(각 정치 파벌들은 이 사회정의의 특정 요소들을 각기 다르게 정의했다)에 집착하는 새로운 조합주의 국가corporate state를 만들어 냈다.

결국 이 갈등은 거의 모든 라틴아메리카 국가에서 새 국내 부르주아지가 지배하는 포퓰리스트 국가를 만들어 냈다. 그리고 이 새 국가는 전형적으로 과도한 지역 계급local class, 인종적·종족적·가신적 정체성들을 조합하여 새로운 국민적 정체성을 만들어 냈으며, 이 정체성의 기반은 비록 그것이 매우 불평등하기는 하지만 국내의 모든 사회 집단들에게 혜택이 미칠 국내 산업과 농업의 발전이었다. 이 목적을 달성하기 위해 브라질의 제툴리우 바르가스, 아르헨티나의 후안 페론 같은 포퓰리스트 정치인들은 전형적으로 제한적인 농업개혁, 보다 많은 사회복지 비용 지출, 수입대체나 수출 주도 산업화 같은 민족주의적이고 국가중심적인 경제 정책, 노동자·여성·인종적 소수 집단들의 시민권 확대 등을 주장했다.

이 포퓰리스트적 개혁의 범위나 강도는 물론 국내 대중의 정치적 동원의 정도와, 그것이 권력을 장악한 새 부르주아지의 이데올로기와 관행을 만들어 내는 데 얼마나 성공했느냐에 따라 나라마다 달랐다. 그럼에도 불구하고 이들 새 지배자들은 외국인과 치열한 경쟁을 하지 않아도 되는 상황에서 높아진 비용을 보호가격제를 통해 소비자에게 전가함으로써 임금을 올리고, 더 많은 세금을 납부하고, 값비싼 국가 규제에 따를 여유가 있었다. 이런 발전 전략은 라틴아메리카 포퓰리즘의 사회 구성원들을 분열시킨 긴장과 모순에도 불구하고 자주 역동적인 경제를 낳았고, 그 역동적인 경제는 지역 노동 계급을 확대시키고, 동시에 가끔은 대단히 민족주의적인 부르주아지의 힘을, 그리고 포퓰리스트적인 정치적 동맹을 강화했다. 비록 그들이 자본주의적 사회구조와, 외부 시장에의 장기적인 의존을 강화하기는 했지만 말이다.

대공황은 신식민주의적이고 단일경작적인 경제의 취약성을 극적으로 드러내 주었다. 라틴아메리카의 해외 시장은 붕괴되었고, 원자재와 식품의 가격은 라틴아메리카가 수입해 들여와야 하는 제조업 제품 가격보다 훨씬 더 급속히 하락했다. 라틴아메리카의 적자무역은 외환 관리를 비롯한 무역상의 제약을 불가피하게 했고, 그 제약은 이제까지 수입을 통해 공급되던 물건의 자체 생산을 위한 산업 발전을 자극했다. 제조업 제품의 수입을 사실상 중단하게 만든 제2차 세계대전은 라틴아메리카의 산업화 움직임에 또 하나의 자극이 되었다.

당대의 민족주의적 추세는 원유 개발 같은 분야에서 나타난 국영 기업의 출현이나 외국인 소유 사업체와 자연자원의 국유화 노력으로 나타나기도 했다. 멕시코의 라사로 카르데나스^{Lázaro Cárdenas} 대통령이 1939년 외국인의 원유 소유권을 몰수한 것은 이런 추세의 가장 극적인 사례이다. 민족주의적인 체제들은 또한 사회적 입법의 형태로 노동자들에게 몇 가지 측면에서 양보를 하기도 했다. 그러나 노동 계급 단체들에 대해서는 철저한 지배를 유지하려고 했다.

1945년경 라틴아메리카의 산업화 운동은 얼마간 성공을 기대할 수 있었다. 소비재 산업은 라틴아메리카 모든 나라에서 상당한 발전을 이루었고, 몇몇 국가에서는 중공업 발전의 토대를 구축하기도 했다. 그러나 자본 부족, 선진 기술의 부재, 극히 저조한 대중의 구매력은 산업 발전의 걸림돌이 되었다. 라틴아메리카의 경제학자들은 이런 약점들을 라티푼디움 제도와 그것의 필연적인 결과인 비참한 지경의 소농민(미니푼디움 제도), 광범한 질병과 무지, 지역의 경제 잉여 가운데 대부분이 이익배당금이나 이자 등의 형태로 외국인 투자자들에게 돌아가는 현실과 같은 배경적 요인에 기인한다고 생각한다. 한편 멕시코 라티푼디움 제도에 대한 라사로 카르데나스의 대대적인 공격을 제외하면 노동개혁을 위한 진지한 시도는 어디에서도 전혀 혹은 거의 없었다.

같은 시기에 미국은 구식^{舊式}의 제국주의와 대륙 전역에 불어 닥친 '반-양키' 운동이 가져온 외교적·경제적 손실에 대응하기 위해 '선린외교 정책'을 표방했고, 그것은 한 아메리카 국가가 다른 아메리카 국가의 문제에 개입하지 않는다는 원칙으로 나타났다. 그러나 그것은 형식의 변화였지 내용의 변화는 아니었다. 미국은 니카라과의 아나스타시오 소모사, 도미니카공화국의 라파엘 트루히요, 쿠바의 풀헨시오 바티스타 같은 독재자들과 우호 혹은 협력 관계를 유지함으로써 카리브 지역에서 계속 헤게모니를 장악할 수 있었다. 나머지 지역에서도 자본 투자와, 이 지역의 주된 무역 상대국으로서의 역할을 통해 미국이 라틴아메리카에서 갖게 된 엄청난 경제적 영향력은 대체로 남아메리카 대륙 대부분에서 미국의 정책이 어렵지 않게 승인받을 수 있게 해주었다.

전후 새로운 시기에도 라틴아메리카의 산업화 노력은 계속되었다. 그러나 1950년 이후 선진 자본주의 국가들 간의 경쟁이 점진적으로 재개됨에 따라 라틴아메리카의 발전 속도는 느려졌고, 산업화 과정은 모종의 변질을 경험하게 되었다. 산업화와 도시 시장의 성장이 라틴아메리카 사회와 경제에 불러일으키고 있던 변화를 인식한 외국인 회사들은 자신들의 새로운 투자의 무게 중심을 농업과 광업 분야에서 제조업 분야로 옮겼다. 이 변화를 통해 그들은 관세 장벽을 뛰어 넘어 라틴아메리카 시장에 침투할 수 있었다. 외국인 회사들의 비교할 수 없을 정도로 우월한 자본과 선진기술은 그들에게 라틴아메리카 국내 회사들에 비해 큰 강점을 제공해주었다. 이로 인해 중소 규모의 내국인 회사들은 도산하거나 외국인 회사의 자회사로 흡수 통합되었다.

외국인이 라틴아메리카 경제에 침투하는 일반적인 방법은 외국 자본이 지배하고, (라틴아메리카의) 내국인 자본가들은 하위 파트너나 관리자 역할에 만족하는 합자 회사의 설립이었다. 영업 수익, 이익 배당금 혹은 그외 다른 수입의 형태로 매년 외국인 회사들이 국외로 유출시키는 엄청난 규모의 자본은 라틴아메리카의 자본 축적률을 낮추고 산업 발전을 더디게 만든 '탈자본화'를 가져왔다.

구태의연한 농업 구조를 개혁하지 못하고, 수입 분배 구조의 개선에 실패한 것이 또한 산업화를 가로막았다. 실제로 브라질이나 아르헨티나

같이 한때 자본주의가 크게 발전한 적이 있었던 나라들의 경험은 새 산업 엘리트 혹은 재정 엘리트들이 과거 토지 귀족들 못지않게 사회적 변화를 두려워하고, 외국 경제인들과 협력하는 경향이 있다는 것을 말해 주었다. 1950년대와 1960년대 중아메리카 혹은 남아메리카 여러 나라의 지배 엘리트들은 점차 과거에 그 지역 근대화에서 상당한 성공을 거둔 바 있었던 포퓰리스트적이고 얼마간은 민주주의적이며, 국가 중심적이고 민족주의적인 산업화 전략을 포기했다.

그와 비슷한 변화가 멕시코에서도 나타났는데, 이곳에서는 대통령 라사로 카르데나스의 계승자들이 대규모 사업체와 대지주들에게 유리한 정책을 추구하고 농민들은 등한시했다. 그로 인해 새로운 집단적인corporate 아시엔다가 생겨났고, 얼마 가지 않아 그것은 멕시코 농업을 지배하게 된다. 1960년대 말이면 한 시대를 풍미했던 기대, 즉 역동적인 민족주의적 기업가 계급이 라틴아메리카를 종속과 저개발에서 구해 낼 것이라는 기대가 점차 잦아들고 있었다.

한편, 대중의 불만은 '높아져 간 기대의 혁명'revolution of rising expectations 으로 날카로워진 채 계속해서 수차례의 소요로 분출했다. 1944년 과테말라에서 일어난 혁명은 그 이후 과테말라뿐만 아니라 라틴아메리카 전역에서 일어난 민중 운동들이 스스로를 비추어 평가해 보는, 민주주의와 사회정의의 기준을 확립하였다. 1952년 볼리비아의 농민과 광부들의 자발적 봉기 또한 정치적·경제적 민주주의를 요구했다. 1964년 브라질의 민주주의 봉기는 온건파 대통령 주앙 굴라르로 하여금 정책을 급진화하여 원유의 국유화와, 전면적 토지개혁에 나서게 만들었다. 페루의 대중 동원은 1968년 개혁주의자들의 군사 쿠데타를 가져왔다. 같은 해 라틴아메리카 주교회의는 '가난한 사람들을 위한 우선적 선택'을 선언하면서 해방신학의 이념을 도입했으며, 멕시코에서는 권위주의 정치에 대항하는 대규모 저항의 와중에서 다수의 대학생들과 노동자들이 틀라텔롤코 광장에서 학살당하는 사태가 발생했다. 아르헨티나와 우루과이에서는 몬토네로와 투파마로가 이끄는 도시 폭동이 여러 산업 도시들로 확산되었다. 1970년 칠레의 산업노동자, 농민, 여성, 학생들로 이루어진 인민 연합popular coalition은 서반구에서는 처음으로 맑스주의자를 자처하는 대통령을 선출했다. 그러나 라틴아메리카 지역에서 가장 중요한 민중 운동은 1953년 7월 쿠바의 독재자 바티스타에 맞서 피델 카스트로와 그의 동료들이 시작한 무장투쟁이었다. 그들의 오랜 게릴라 투쟁은 1959년 1월 1일 봉기군이 아바나에 승전군으로 입성하는 것으로 완성되었다.

쿠바혁명의 승리는 얼마 가지 않아 사회주의혁명으로 바뀌었고, 라틴아메리카 역사에서 하나의 전환점이 되었다. 신속하고 철저한 쿠바의 농업개혁, 외국 기업의 국유화, 혁명이 가져다준 생활수준의 향상은 라틴아메리카에 자본주의 노선에 의한 발전을 대신할 수 있는 급진적인 대안을 마련해 주었다.

워싱턴은 라틴아메리카 구질서를 위협하는 쿠바혁명에 대해 다양한 전술로 대응했다. 1961년 존 F. 케네디 대통령은 '진보를 위한 동맹'Alliance for Progress의 결성을 주장했는데, 그것은 라틴아메리카의 사회 혁명이 미국의 도움으로 자본주의의 틀 안에서 평화적인 방법으로 성취될 수 있다는 것을 보여 주기 위한 것이었다. 그러나 부패에 찌든 이 프로그램이 구조적인 변화를 만들어 낼 수 없다는 것은 몇 년 지나지 않아 분명해졌다.

동시에, 미국 정부는 처음에는 경제적 봉쇄와 정치적 고립을 통해, 후에는 미국중앙정보부CIA의 사주하에 쿠바 망명객들로 하여금 쿠바를 침공하게 하는 방법으로 카스트로 체제를 흔들고 파괴하려고 했다(1961, 이 시도는 곧바로 굴욕적인 패배로 끝났다). 소련은 쿠바에 무기를 공급하려고 했으며, 그것은 쿠바 미사일 위기를 촉발했다(1962). 그로 인해 세계는 미국과 소련 간에 핵전쟁이 일어날지도 모른다는 두려움 속에 열흘 동안 신경과민 상태를 경험해야 했다. 결국 이 위기는 미국은 쿠바를 침공하지 않고 소련은 쿠바에서 미사일을 철수한다고 약속하는 것으로 마무리되었다.

쿠바에서 철수한 미국은 급진적인 사회 변화에 겁을 집어먹은 라틴아메리카의 신구新舊 엘리트들의 지지를 등에 업고 쿠바라는 '오염물'이 서반구 다른 지역으로 확산되는 것을 막기 위해 전력을 기울였다. 1964년 브라질의 보수적인 군부, 대지주, 대자본가로 이루어진 연합세력은 주앙 굴라르가 이끄는 온건 진보 정부를 꺼꾸러뜨렸는데, 이 정권의 개혁 정책 안에는 온건한 농업개혁과 선거개혁이 포함되어 있었다. 그에 이어 강경 군부독재가 등장했고, 그 독재정권은 외국인 투자자들에게 큰 특혜를 제공하고, 미국에는 변함없는 충성을 바치겠다고 약속했으며, 그에 대해 미국은 관대한 재정 지원으로 화답했다.

그러나 구조적인 사회 변화와 경제 발전 움직임은 억압할 수가 없었다. 가끔은 민족주의적 성향의 군 장교들이 이 저항 운동을 이끌기도 했는데, 이는 라틴아메리카의 장교 계급은 하나같이 반동적이라는 일반적인 생각이 잘못된 것임을 말해 준다. 1968년 페루에서는 군부의 권력 탈취가 있고 나서 곧바로 외국인 소유 주요 산업체의 국유화와, 다수의 대농장을 농민과 노동자에게 양도하는 토지개혁(그 토지는 협동조합의 형태로 조직화되었다)이 뒤따랐다. 그러나 페루의 혁명 ——그것은 대중의 의미 있는 참여를 동반하지 않는 위로부터의 혁명이었다——은 얼마 가지 않아 꺾이고 마는데, 그것은 무엇보다도 외국으로부터의 차관과 수출 확대에 의존하는 전통적인 발전 전술과 단절하는 데 실패했기 때문이다.

신식민주의와의 투쟁은 1970년 칠레에서 맑스주의자 대통령 후보 살바도르 아옌데Salvador Allende와 그의 인민연합Popular Unity coalition의 승리로 일시적이기는 하지만 중요한 승리를 거두었다. 이 정권은 3년 동안 동광銅鑛과 은행을 국유화하고, 대규모 토지개혁을 단행했으며, 주택·보건·교육에서도 의미 있는 진전을 이루었다. 그러나 아옌데 정부는 여기서 중대한 실수를 저지르기도 했는데, 그중에서도 가장 심각한 것은 반동적인 군부 쿠데타 시도를 사전에 막지 못한 것이었다. 1973년 군부 음모자들은 아옌데 정부를 무너뜨렸다. 후에 공개된 증거는 쿠데타의 빌미를 제공한 아옌데 정부의 '불안정화'destabilization에 미국이 개입하고 있었음을 확인해 주었다.

1970~2003년

1970년대에 세계 시장은 다시 한 번 극적인 변화를 경험했다. 국제 자본주의 체제는 라틴아메리카의 포퓰리스트 정부들이 외국인 회사들에 강요하는 비교적 온건한 민족주의적 규제를 더 이상 용납하지 않으려고 했으며, 더구나 아옌데 같은 민주적으로 선출된 사회주의자들의 규제는 결단코 용납할 수가 없었다. 일본과 유럽의 자본가들은 미국과, 그리고 아이러니하게도 여러 지역의 국가통제적 보호의 도움에 힘입어 전쟁으로 파괴된 자국 경제를 완전히 재건했으며, 전략적으로 중요한 원료를 확보하고, 잉여 생산물을 판매하고, 잉여 자본을 투자하고, 값싼 노동력을 이용하기 위해 다시 해외 시장으로 눈을 돌렸다. 한편, 미국은 심각한 경제 쇠퇴와 국제 경쟁력의 위기를 경험하고 있었는데, 그 위기는 대체로 전후 새로운 세계 질서의 보안관 노릇을 하기 위해 군 시설에 지나치게 많은 투자를 한

데서 기인한 것이었다.

이런 거듭되는 국제 자본주의 국가들의 갈등을 평화롭게 해결하기 위해서는 핵심적인 자본주의 국가들이 세계의 재원에 좀더 쉽게 접근할 수 있게 할 필요가 있는 것처럼 보였다. 그 후 다국적기업 자본가 엘리트들은 각국 정부 혹은 삼자위원회Trilateral Commission 같은 민간단체를 통해 자유 무역, 외국인 투자 개방, 국가의 사업 규제 철폐, 민영화, 지역 화폐의 자유로운 태환, 투자자에만 유리하고 노동자에는 극히 불리한 세금과 지출의 삭감, 균형 잡힌 연방 예산, 통화 평가절하, 공공 부문 부채 청산 등을 강조하는 신자유주의적 경제 발전 전략을 추구했다. 이런 새로운 개혁들은 지난 40년간 라틴아메리카 지역의 국가 주도 산업화를 지탱해 온 옛 포퓰리스트적인 정치연합체들의 물질적 기반을 공격하는 것이었다.

라틴아메리카의 기존의 산업적·상업적·농업적·재정적 엘리트들(이들 모두는 포퓰리스트들이 추구하는 민족주의적 정책으로부터 상당한 이익을 얻었다)은 이제 다시 되살아난 공격적인 외국인 회사들과, 계속해서 권력과 부의 재분배를 위한 사회적 프로그램 확대를 요구하는 점증하는 국내 대중의 요구 사이에 끼어 궁지에 몰리게 되었다. 대중적 사회 운동이 추구하는 목적과 방법에 대해 늘 불안한 마음을 가지고 있었던 이들 엘리트들은 다국적 사업체들과 핵심부 자본주의 정부들이 약속하는 비교적 저렴한 차관과 수지맞는 사업 파트너십에 점차 매력을 느끼게 되었다.

항상 역동적인 경제 성장에 성공 여부가 달려 있었던 포퓰리스트적 재분배 정책은 점차 외국의 차관에 의존하게 되었다. 그러나 로널드 레이건Ronald Reagan 대통령의 임기 중에 연방준비위원회Federal Reserve Board는 우대 대출 금리를 1979년 9%에서 1981년 1월 21.5%로 올렸는데, 서독 수상 헬무트 슈미트Helmut Schmidt에 의하면 이는 "예수 탄생 이래 가장 높은 이자율"이었다. 이런 높은 유동성 이자율의 덫에 걸린 라틴아메리카는 단 3년(1981~1983) 만에 948억 불의 이자를 지불해야 했으며, 이는 1970년 대 전 시기 동안 지불한 이자보다 두 배나 되는 액수였다. 하늘 높이 치솟는 외채가 재분배 정책과 국가가 후원하는 경제 성장에 미치는 부정적인 영향에도 불구하고 라틴아메리카의 엘리트들은 얼마 가지 않아 외국에서 영감을 받은 신자유주의적 전술의 열렬한 지지자가 되었다. 이 신자유주의 전술이 처음으로 나타난 곳은 1964년 움베르투 지 알렝카르 카스텔루 브랑쿠Humberto de Alencar Castelo Branco 장군이 민주적으로 선출된 주앙 굴라르 정부를 타도하고 집권한 브라질에서였다. 그러나 그 전술이 완전한 모습을 가지고 나타난 것은 1973년 아옌데를 쫓아낸 아우구스토 피노체트 Augusto Pinochet 장군의 정책에서였다. 새롭고, 노골적으로 테러를 자행하는 피노체트의 군사위원회는 칠레의 지배층 가운데 가장 반동적인 분자들과 그들의 외국인 동맹 세력과 연합하여 아옌데 정부의 진보적인 정책을 거꾸로 되돌렸을 뿐 아니라 수많은 반대자들을 고문하고 살해하는 등 칠레를 거대한 집단수용소로 바꾸어 놓았다. 피노체트 정부의 경제 정책은 대중의 삶을 거의 기아 수준으로 떨어뜨려 놓았다.

칠레 민주주의의 파괴는 경제적·사회적 구조를 변화시키려는 움직임을 저지하고 되돌리려는 라틴아메리카 엘리트들과 그들의 외국 동맹 세력들이 펼친 보편적 반격의 일례였다. 1976년 중반 야만적인 군사독재 블록(아르헨티나, 브라질, 칠레, 볼리비아, 우루과이, 파라과이)이 형성되었다. 그러나 이들 정부들(이들의 정책에는 정치적 반대자들에 대한 고문과 암살의 체계적인 이용과, 경제적 독립을 이루려는 노력의 포기가 포함되어 있었다)은 자기 국가들의 고질적인 문제들을 해결하지 못했다. 그들이 만들어낸 가장 빛나는 성공이랄 수 있는 '브라질의 기적'(즉 1964년 이후의 꾸준한 경제적 성장)은 최저 수준으로 떨어진 임금, 1년에 20%에 이르는 인플레이션, 자국 산업을 외국인들에게 정복당하게 만든 대규모의 외국인 투자 등에 의해 가능했다. 그러나 1970년대 중반이면 '브라질의 기적'은 사라지고 없었으며, 1980년경 브라질은 공장이 문을 닫고, 실업이 증가하고, 수지 균형의 문제는 계속 악화되는 깊은 침체에 빠져 있었다.

아르헨티나나 칠레 같은 다른 군사독재 체제도 마찬가지로 이 '잃어버린 10년' 동안 심각한 경제위기에 직면하게 되었다. 그러나 위기가 독재 체제들에만 닥친 것은 아니었다. 그것은 정치 체제와 상관없이 외국의 차관과 투자에 기반을 둔 종속적 발전 전술을 택한 이 지역 모든 국가들에게 불어 닥친 문제였다.

계속되는 부채 문제의 중심에는 라틴아메리카와 미국 등 선진 자본주의 국가들 간의 부등가 교환이 자리하고 있었다. 라틴아메리카의 만성적인 무역 적자의 주요인은 라틴아메리카 수출 품목의 낮은 가격과 이 지역의 국가들 대부분이 수입해 들여오는 제조업 제품과 원유의 높은 가격 간의 고질적인 불균형이었다. 하락하는 생필품 가격(그것 자체는 점증해 간 세계 경쟁의 산물이었다)은 문제를 더욱 더 악화시켰다. 이 불리한 무역수지는 라틴아메리카가 떠안게 된 엄청난 부채를 설명하는 데 도움을 준다.

라틴아메리카 산업화 프로그램의 몇몇 변화도 수출과 수입 간의 격차 증대에 기여했다. 대략 1955년 이후 브라질이나 멕시코 같은 나라는 점차 내구성 소비재나 자본재 생산을 강조했고, 그를 위해서는 미국 등의 나라들로부터 값비싼 기계류, 장비, 기술 사용권 등을 수입해 들여와야 했으며, 그로 인해 무역 수지 불균형은 더욱 악화되었다. 다국적기업들이 라틴아메리카 제조업 분야의 많은 부분을 인수한 것 역시 같은 결과를 가져오게 만들었다. 1970년대 다국적기업들은 라틴아메리카에 대한 투자에서 투자액 1달러당 약 2.2달러를 본국으로 보냈다. 라틴아메리카 국가들은 이 적자를 메우기 위해 1980년경 두 자리 숫자에 이르는 이자율로 서구 은행들에게서 돈을 빌려야 했다.

1982년경 외환이 거의 바닥난 상태에서 라틴아메리카 주요 국가들은 머지않아 채무불이행 상태를 선언해야만 하는 상황에 직면하게 되었다. 이러한 상황은 국제 은행 시스템에도 큰 위기였는데, 왜냐하면 멕시코와 브라질의 채무불이행만으로도 미국에서 가장 큰 아홉 개 은행의 자본 가운데 95%를 소진해 버릴 수 있었기 때문이다. 서유럽 정부들과 은행들은 채무불이행 사태를 막기 위해서 비상 재정 원조를 제공해 주었고, 그 대신 수혜국 정부들은 자국 노동자와 농민의 생활수준을 더욱 낮추게 될 '긴축' 프로그램을 실행하겠다고 약속해야 했다. 그렇지만 그것은 문제를 뒤로 미루어 놓은 것이지 해결한 것은 아니었다. 라틴아메리카의 엄청난 부채는 대규모의 부채 탕감과 장기간의 지불 연기 없이는 그중 일부도 상환이 불가능했다. 한편 상업적 은행들에 의한 새 융자의 유입은 급속하게 감소했다.

1980년대 말 여러 라틴아메리카 정부들은 채무국들이 융자를 새로 받기 위한 조건으로 부과된 '구조조정 프로그램'을 제대로 이행하는지 감시하는 국제통화기금IMF(제2차 세계대전 이후 전후 세계 경제를 효과적으로 운영하기 위해 창설된 다국적 기구)과 세계은행World Bank의 전횡에 저항하는 것과 관련하여 듣기 거북한 포퓰리스트적인 수사修辭를 쏟아냈다. 구조조정 프로그램은 채무국들에게 공기업의 민영화, 보조금 지불 중지, 국내 경제의 외국인 투자에의 개방을 요구했다. 그런데 이 포퓰리스트적인 수사들은 채무 지불 유예와 좀더 낮은 이자율을 요구하기만 했다. 미국이 제안한 브래디 플랜Brady Plan 내에서 채무 부담을 줄이려는 라틴아메리카 정부들의 노력 중에는 부채-공채 교환debt-bond swaps(이를 통해 외채는 할인된 가격으로 새로 정부가 발행하는 공채로 교환되었다)과 부채-지분 교환debt-equity swaps(이를 통해 외채는 지분, 즉 국내 회사 주식과 교환되었다)이 포함되어 있었다. 그러나 이중 어떤 것도 라틴아메리카 국가들의 외채를 현저하게 감소시키지는 못했다. 외채는 1990년과 2000년 사이에 4,390억 달러에서 7,740억 달러로 76% 증가했다.

한편, 서유럽의 주요 은행들이 자신들의 라틴아메리카에 대한 융자를 줄이는 상황에서도 미국은 레이건, 부시, 클린턴의 연이은 정부하에서 라틴아메리카에 대해 가지고 있는 부채를 이용해 강압적 조치를 취했고, 라틴아메리카 국가들에 신식민주의 혹은 구조조정 시스템을 강요하는 데 주도적인 역할을 담당했다. 그 논리적인 다음 단계는 미국이 지배하는 서반구 공동 시장에 라틴아메리카를 끌어들여 일본이나 유럽 공동체와 경쟁을 해야 하는 미국에 도움을 제공하게 하는 것이었다. 이 목표를 향해 나아가는 중요한 발걸음은 멕시코와 체결한 북미자유무역협정North American Free Trade Agreement, NAFTA(1993)이었다. 이 협정은 아직 남아 있는 관세와 투자에 대한 제약을 제거함으로써 멕시코가 미국 산업체들을 위한 값싼 노동력의 저수지가 되게 만들었다. 멕시코를 미국의 저비용 농산물(특히 곡물)에 개방한 것은 효율성과 생산성이 떨어지는 멕시코의 소농들에게 파괴적인 결과를 초래했다. 칠레를 필두로 다른 라틴아메리카 국가들과도 비슷한 협정이 계획되었다. 그러나 미주자유무역지대Free Trade Area of the Americas, FTAA 설립이라는 좀더 야심적인 제안은 라틴아메리카 전지역의 강력한 저항에 직면해야 했다.

라틴아메리카에서 경제 성장을 견인하고 빈곤을 줄이며 발전을 증진하겠다고 약속한 신자유주의 정책이 시작된 지 10년 이상이 지난 오늘날 라틴아메리카 인들은 그런 환상에서 이미 완전히 깨어난 것으로 보인다. 1990년대 말 '라티노바로메트로'Latinobarómetro에 의해 시행된 여론조사에 따르면, 전체 인구 가운데 거의 반 정도가 현재의 경제 상황이 나쁘거나 매우 나쁘다고 응답했고, 60%는 자기들이 부모 세대보다 더 못 살고 있다고 대답했다. 응답자의 20% 이상이 자기 나라에서 가장 심각한 문제가 실업이라고 답했으며, 40%는 자신들의 경제 상황이 불안정하다고 응답했다. 그보다 더 중요한 점은 거의 80% 정도가 소득 분배가 '불평등' 혹은 '매우 불평등'하다고 대답했다는 점이다. 신자유주의자로 미주기구 Organization of American States의 무역 고문으로 재직 중인 호세 마누엘 살라사르 시리나흐스José Manuel Salazar-Xirinachs도 "자유화가 많은 사람들이 기대한 것처럼 기적이나 마법적 처방은 아니다"라고 인정해야 했다.

　이어지는 장章들에서는 신자유주의적 조정 혹은 구조조정이 라틴아메리카에 가져다 준 엄청난 경제적 혹은 사회적 비용을 자세히 언급할 것이다. 여기서는 우선 라틴아메리카의 '저발전'을 보여 주는 몇몇 사회적 표지들만 지적하기로 하자. 1980년부터 1990년까지 라틴아메리카의 빈민 수는 6,600만 명, 전체 인구 중 40%에서 48%로 증가했다. 그 뒤 10년 후, 비율은 약간 낮아졌지만 총 수에서는 2억 1,100만 명이라는 기록적인 숫자의 사람들이 빈곤의 구렁텅이에 빠져 있는 것으로 조사되었다. 더구나 그 중에서 8,900만 명은 극빈 상태에 처한 것으로 보고되었는데, 그것은 하루 1달러라는 한 가족의 기본 식량을 구입할 돈이 없음을 의미했다. 극빈 상태로 살아가는 라틴아메리카 인의 비율은 1980년부터 2002년 사이에 18.6%에서 19.4%로 증가했다. 그러나 이 참담한 수치도 그것이 주택, 보건, 교육, 운송, 의복, 취사용 연료와 관련된 부가적 비용을 고려하지 않고 오직 기본 생계에 필요한 식량 구입 능력만을 기준으로 빈곤을 측정한 것이기 때문에 문제를 엄청나게 축소한 것이라 할 수 있다.

저발전에서 빠져나오기 위해서 라틴아메리카 국가들은 1930년대부터 1970년대까지 시도된 개혁의 역사적 성공과 실패에서 교훈을 얻어야할 것이다. 이 시기에 라틴아메리카는 대개 외부의 개입 없이 내부적 필요에 부합하는 발전 전략을 추구했고, 안정된 성장과 상당한 빈곤 감소를경험했다. 예를 들어 아라셀리 다미안Araceli Damián과 훌리오 볼트비니크 Julio Boltvinik는 멕시코의 빈곤에 관한 주도면밀한 사례 연구에서 1968년부터 1981년 사이에 세 가지 상이한 빈곤 조치로 빈곤율이 지속적으로 감소하다가 1981년부터 다시 꾸준히 상승했으며, 1996년부터 다시 안정 상태로 접어들었음을 보여 주었다. 지속적 성장과 사회 발전은 의심의 여지없이 '긍정적인 정부'의 재활성화를, 그리고 정부들과 비정부기구들 간의 협력을 통해 인적·물적 자원의 합리적인 이용에 기반을 둔 보다 자치적이고내향적인 발전 전략의 수립을 필요로 한다. 그러나 그런 전략은 라틴아메리카와 선진 국가들 간의 관계에서의 중대한 변화, 라틴아메리카의 경제적·사회적 구조, 특히 토지 보유와 이용, 산업의 소유권 그리고 수입의 분배에서 중대한 변화가 나타나지 않고서는 현실화될 수 없다. 또 그런 전략은민중의 이익과 바람이 국가의 경제적·사회적 정책 결정에 영향을 줄 수있는 라틴아메리카 정치 생활의 민주적 재활성화에 앞장 설 강력하고 잘조직된 사회 운동 없이는 실행에 옮겨질 수가 없다.

실제로 1980년대에 들어서면서 1970년대의 반동적인 경향이 퇴조하고 민주주의의 부활이 시작된 것처럼 보였다. 아르헨티나, 브라질, 볼리비아, 우루과이 등 여러 나라에서 신뢰를 상실한 군부독재 체제가 차례로 대중이 선출한 정부들에 자리를 내주었다. 1990년경이면 마지막 남은 칠레와 파라과이의 군부 혹은 개인 독재 체제가 붕괴되었다. 부분적으로는 진보적 정당들과 노조 운동에 대한 오랜 탄압 때문에 1980년대와 1990년대에 출현한 민주주의 운동들이 대체로 정치적으로 온건한 경향이 있었다. 그 운동들은 자주 이전의 군부 지배자들과 화해를 모색하곤 했는데, 그들이 저지른 죄를 용서하거나 사면을 허락했고, 그렇게 함으로써 인권유린의 중죄를 짓고도 벌을 받지 않는 분위기가 생겨나기도 했다. 또한 새 민주주의 체제는 자주 의회를 우회하여 칙령을 통해 지배한다든지 혹은 다른 자의적인 조치를 지나치게 자주 사용하는 등 상당히 권위주의적인 경향을 보여 주기도 했다. 1992년 페루 대통령 후지모리의 자발적 쿠데타 autogolpe, 1991년 아이티 군부의 포퓰리스트 대통령 장-베르트랑 아리스티드Jean-Bertrand Aristide의 타도, 2000년 아르헨티나 경제와 선출된 정부의 붕괴, 2002년 베네수엘라의 포퓰리스트 대통령 우고 차베스를 타도하려다 수포로 돌아간 쿠데타 등은 모두 이 민주주의의 부활이 상당히 취약했음을 입증해 주었다.

이 새 민주주의 체제들 가운데 어느 것도 실패로 끝난 과거의 경제 정책과 깨끗이 단절하지 못했다. 이것은 그 체제들이 대개는 엄청난 외채 지불을 암묵적으로 인정한 것, 그리고 국제통화기금이나 세계은행의 가혹한 신자유주의적 처방을 수용한 것에서도 알 수 있다. 특히 라틴아메리카의 신·구 민주주의 체제들이 민영화와 관세 인하 정책을 수용한 것은 독자적인 자본주의 발전을 이루기 위해 반半세기 동안 수행해 온 투쟁을 사실상 포기하는 것이나 다름없었다. 이 신자유주의 시기 내내 멕시코, 브라질, 아르헨티나, 페루, 볼리비아 같은 나라에서는 이 정책이 실업률은 높고 생활수준은 더 낮아지게 만들었다. 페루와 볼리비아에서는 코카와 코카인 생산이 중심이 되는 비공식 혹은 지하 경제가 번성하여 고통이 얼마간 경감되기도 했다. 페루, 콜롬비아, 볼리비아가 미국과 유럽의 코카인 수요에 의존하게 된 것은 선진 국가들에 대한 라틴아메리카의 새롭고도 기괴한 종속의 한 형태라고 할 수 있다.

2003~2011년

그러나 새 밀레니엄이 시작되면서 신자유주의(그것은 라틴아메리카의 국가기구들과, 그것들을 보증한 과거의 포퓰리스트적이고 조합주의적인 corporative 컨센서스를 붕괴시켰다)는 일관된 모습의 새로운 사회질서를 만들어 내지 못했다. 이 신자유주의 시대에 규제되지 않는 시장의 과실果實은 인간의 기본적인 필요와 양립할 수 없다는 것이 입증되었다. 외국 은행가들과 라틴아메리카의 '새 백만장자들'의 끈질긴 정치적-경제적 요구와 대중의 민주주의적인 정치적 열망이 충돌하면서 도처에서 불만의 징후들이 폭발적으로 나타났다. 1994년 멕시코 치아파스 주에서 자칭 사파티스타민족해방군Zapatista Army of National Liberation이 이끈 극적인 봉기는 멕시코의 경제학자 훌리오 모겔Julio Moguel이 멕시코 신자유주의 정책에 맞서 싸운 '무기로 쓴 비판'armed critique이라고 부른 것으로 나타났다.

신자유주의에 대한 투표를 통한 반대도 지속적으로 증가했다. 브라질 사회노동당의 룰라(루이스 이나시우 다 실바)는 2002년 여성, 흑인, 그리고 '무토지농민운동'MST 같은 사회단체들의 지지를 받아 대통령 선거에서 승리했다. 에콰도르와 볼리비아에서는 원주민, 노조활동가, 여성 단체, 대학생 집단 등이 들고 일어나 신자유주의 긴축 정책에 항의하고, 볼리비아의 에보 모랄레스Evo Morales나 에콰도르의 라파엘 코레아Rafael Correa 같은 진보적 민족주의자를 대통령으로 선출하였다.

베네수엘라의 환경보호주의자, 원주민 단체, 노조 지도자들도 마찬가지로 조직을 만들어 신자유주의에 반대하는 포퓰리스트적 강령을 표방하는 우고 차베스의 대통령 선출을 도왔다. 차베스는 베네수엘라의 원유 산업에 대한 국가의 통제를 강화하는 새로운 정책을 수립했고, 증가한 원유 수입收入을 국내외의 빈곤 퇴치 프로그램 지원 사업에 썼다.

아르헨티나에서는 신자유주의가 높은 실업률을 가져왔고, 대규모 거리 시위를 촉발하여 국가가 은행 문을 닫고, 외채 지불 불이행을 선언하게 만들었다. 확산되어 간 빈곤, 민중의 정치적 저항, 식량 폭동 등은 계속해서 신자유주의적 대통령들을 권좌에서 몰아내고, 결국 새 포퓰리스트 대통령 네스토르 키르치네르Néstor Kirchner를 선출하게 했는데, 이 새 대통령은 대부분의 아르헨티나 인들과 마찬가지로 신자유주의 실패의 책임이 부유한 은행가와 산업가들에게 있다면서 맹렬하게 비난했다. 한 은행가는 "우리는 연속극에 나오는 살인자보다 인기가 없다"고 『이코노미스트』에 솔직하게 고백했다.

2002년경이면 10여 년 동안 라틴아메리카 발전을 위한 지배적인 정책 처방이었던 신자유주의 모델은 이제 라틴아메리카의 많은 사회적·경제적·정치적 문제들에 대해 믿을 만한 해결책이 되지 못했다. 신자유주의가 진정한 발전을 증진하는 데, 생활수준을 향상시키는 데, 엄청난 라틴아메리카 외채를 줄이는 데 명백히 실패했다는 점은 지역적 혹은 전국적인 사회 운동 혹은 정치 운동에 활기를 불어넣어 주었다. 이는 전형적으로 노동조합, 원주민 인권단체, 행동파 여성, 농민 협동조합, 그리고 사회정의와 민주주의적 발전 모델을 추구하는 공동체 조직들을 하나로 결합시켰다. 세계은행의 대표적 경제학자인 조지프 스티글리츠Joseph Stiglitz 같은, 한때 매우 충실한 신자유주의자였던 사람들까지도 '자본의 자유로운 이동'이 발전을 가져다 줄 가능성에 대해 신뢰를 잃은 것으로 보인다.

새로운 밀레니엄이 시작되면서 라틴아메리카는 발전과 사회정의를 위한 역사적 투쟁에서 새 시대로 진입하는 문턱에 서 있는 것처럼 보인다. 불과 수년 만에 라틴아메리카 전 지역에서 민중 운동은 가정, 작업장, 투표소 등에서의 조직화 등을 통해 중요한 승리를 거두었다. 2009년경이면 그 승리는 아르헨티나, 볼리비아, 칠레, 니카라과, 우루과이, 베네수엘라에서 진보적인 민족주의 정부의 집권을 가져왔다. 멕시코에서는 선거 승리를 아깝게 놓치고 말았는데, 그러나 승자와의 차이가 전체 투표율의 0.56%에 불과했다.

선거로 집권한 이 정부들 사이에는 자주 상충하는 국익은 차치하고라도 상당한 이데올로기적·현실정치적 차이가 존재하기는 했지만 모든 정부들은 자신들의 가장 중요한 책무가 사회정의의 증진이라는 데에 동의한 것으로 보인다. 국가 발전 프로그램을 위해 그들이 가진 제1의 도구는 민간 부문 시장활동의 규제자로든 아니면 국부의 직접적 생산자로든 국가였다. 그들은 일반적으로 경제의 '지휘본부' ——국가 발전이 거기에 의존하는 재생 불능하고 전술적으로도 중요한 핵심적인 자연자원 ——를 국가가 가져야 한다고 주장했다. 국가 기금으로 운영되는 빈곤 퇴치 프로그램은 그들이 추구하는 국가적인 의제의 핵심 요소였으며, 또한 그들은 교육이나 빈곤층에 대한 의료 서비스 제공에 공적 지출을 늘리려고 했다.

그들은 메르코수르Mercosur(남아메리카 공동 시장)를 통해서든 미시온 바리오 아덴트로Misión Barrio Adentro(베네수엘라의 프로그램으로, 베네수엘라는 쿠바에 원유를 제공하고 대신 베네수엘라는 쿠바 의사들을 받아들여 가난한 베네수엘라 주민들에게 의료 봉사를 제공하는 정책) 같은 상호 제휴 등의 기존 조직을 통해서든 라틴아메리카 지역의 경제 협력을 기꺼이 환영했다. 예를 들어, 2010년에 메르코수르 국가들 간 무역이 41% 증가했고,

그것은 그 국가들이 2009년 남아메리카 지역을 휩쓴 경제위기로부터 회복되는 데 큰 도움이 되었다. 안데스 지역 내 무역 또한 36%가 증가했다. 이 진보적인 민족주의적 정부들은 또한 처음에는 부채 의무를 재조정하는 것으로, 그리고 후에는 가능하다면 그것을 말소하는 것으로 외국 은행가들에 대한 종속의 정도를 줄이기 위해 노력했다. 그리하여 2002년부터 2008년 사이에 처음에 분홍 물결을 이끌었던 7개 국가에서 국내 총생산 가운데 외채가 차지하는 비율이 61% 감소했다.

이들 진보적인 민족주의 정부들은 또한 신속한 회복을 이끌어내기 위해 국내 경제에 강도 높게 개입했다. 이 정부들은 이 지역 전체에서 기본적인 사회적·경제적 인프라에 많은 투자를 하여 고용을 확대하고, 국내 소비자들의 구매력을 증대시키고, 경제 발전을 자극했다. 예를 들어, 브라질의 한 경제학자는 증대된 "가족 소비가 기업가에게 수요 증대가 꾸준히 계속될 것"이라는 확신을 주었고, 그것은 그들로 하여금 "성장에 기여하게 될 투자 계획"을 재개하게 만들었다고 말했다.

마지막으로, 이 아메리카 정부들은 제2차 세계대전 이후 세계 정치 경제political economy에서 나타난 가장 중요한 단일 변화라 할 수 있는 것, 즉 세계적인 경제 발전소로서의 중국의 출현을 최대한 이용했다. 라틴아메리카 지역의 농업 혹은 광물 원료에 대해 중국이 보여 준 거의 무한정해 보이는 산업적 수요, 중국의 저비용 자본재 수출, 그리고 중국이 가진 풍부한 달러 투자 기금surplus of dollar-denominated investment funds, 이 모든 것이 라틴아메리카가 발전하는 데 큰 도움이 되었다. 그러나 이 발전은 이 지역의 진보적 민족주의 정부들로 하여금 수출 의존의 재개의 유혹에 넘어가지 말 것을, 그리고 민족주의적 정부의 규제와 활기찬 사적 분야의 결합이라는 발전 전략의 유지를 요구했다.

웅크린 호랑이, 숨은 용

중국과 라틴아메리카 간 교역이, 특히 미국과 유럽 내 전통적인 시장에 영향을 준 2008년 말의 세계적인 경제 침체의 충격을 완화시켜 주었다는 점에는 의심의 여지가 없다. 2000년 중국과 라틴아메리카 간 교역은 고작 100억 달러에 불과했었다. 그것이 10년 후에는 1,400억 달러를 넘어섰다. 구리, 아연, 원유, 철광석, 콩 등에 대한 중국의 엄청난 수요는 특히 아르헨티나, 브라질, 칠레, 페루 등지에서 제품 가격 인상과 수출 생산 증대를 가져왔다. 세계은행의 보고서는 중국의 수요가 아메리카 남단 지역에서만 약 14%의 수출 증가를 가져왔다고 말하고 있다. 경제학자 케빈 갤러거Kevin Gallagher에 따르면, 2000년에서 2007년 사이 "중국의 수요가 세계 광물 수출에서 20%, 구리는 11%, 철은 55%, 콩은 58%의 증가를 가져왔다." 2009년 중국은 미국을 제치고 브라질의 최대 무역 파트너가 되었다. 더욱이 브라질과 칠레의 진보적인 민족주의 정부는 대 중국 수출로 얻어진 수입을 효과적으로 사용하여, '안정화 기금'을 마련하고, 그 기금을 2009년 경제 발전 프로그램에 필요한 자금으로 사용했다. 브라질은 수출로 얻어진 수입을 '사회경제적 발전을 위한 국립은행'National Bank for Social and Economic Development에 보내 국내 산업 발전과 근대화에 필요한 자금으로 사용했다.

무역 외에도 중국은 라틴아메리카 지역에 대한 대부와 투자를 늘렸고, 그리하여 전체적인 이자율을 낮추고, 미국과 유럽 시장에 대한 라틴아메리카 지역의 전통적인 의존을 약화시켰다. 2005년 이후 중국 회사들은 라틴아메리카에 250억 달러를 투자했고, 투자액 가운데 대부분은 원료 생산, 운송, 그리고 정제 산업에 투입되었다. 중국은 또한 아메리카발전은행

Inter-American Development Bank의 기부국이 되어, 여기에 2009년 3억 5천만 달러를 기부했다. 그보다 더 중요한 의미를 갖는 것으로서 중국은 발전도상 국가들에 직접적인 차관을 제공했는데, 2008년 이후 그 액수가 1,100억 달러에 이르렀다. 그러나 중국의 차관은 IMF나 세계은행의 대부와는 달리 엄격한 조건이 딸린 자유 시장free-market이나 민간 분야에는 자금을 대여하지 않았다. 중국인들은 브라질의 페트로브라스Petrobrás 같은 국유회사에는 흔쾌히 자금을 빌려주었다. 이 회사는 차후 10년 동안 중국에 원유를 수송해주겠다고 약속하고 100억불을 빌려 심해 원유 탐사와 추출 사업에 이용했다. 에콰도르도 약 30억불을 빌려 원유 생산 시설을 근대화하고, 저가低價 전기를 생산하기 위한 수력발전소용 댐 건설에 사용했다. 베네수엘라도 원유 공급을 약속하고 200억 달러를 빌려 첨단 기술에 의한 원유 개발과 생산에 투자했다.

그러나 라틴아메리카 경제 발전에 대한 이런 긍정적인 기여에도 불구하고, 중대한 문제도 나타나고 있다. 첫째, 이 지역에 대한 중국의 이해관계 가운데 상당 부분은 다원적인 농업-산업 경제 대신 수출용 원료 생산에의 의존이라는 전통적 유대 관계를 더 강화했다. 두번째, 중국의 저임低賃, 저비용 제조업 제품의 수출은 라틴아메리카 생산물의 92%, 즉 지역 전체의 수출품 가운데 39%를 세계 시장에서 몰아 낼 정도로 위협적인 상황을 만들어 냈다. 특히 이런 상황은 제조업 수출품 가운데 많은 분야가 중국 상품과 직접적으로 경쟁하고 있는 멕시코에서 큰 우려를 낳고 있다. 브라질에서도 2010년 중국 제품과의 경쟁 때문에 7만 7,000개의 제조업 관련 일자리가 사라졌다. 셋째, 중국 제품의 라틴아메리카로의 수입이 라틴아메리카 제품의 중국으로의 수출보다 더 급속히 증가했고, 그것은 1990년대 라틴아메리카가 누리던 상당한 액수의 수출 초과를 2010년이 되면

320달러가 넘는 적자로 바꾸어 놓았다.

중국 시장의 새로운 역동성에도 불구하고 이 새로운 진보적인 민족주의 정부들이 새로운 종속의 유혹을 이겨내고 국가와 민간 시장활동의 건강한 융합을 이루어 내는 데 성공할 것인지는 분명치 않다. 그러나 한 가지 결론은 분명하다. 지난 20세기 동안 경제 발전과 사회정의를 결합하는 국가적 발전을 위해 라틴아메리카 인들이 전개한 역사적 투쟁이 이 지역의 사회구조, 정치의식, 문화적 제도들에 중요한 변화를 가져다주었다는 것은 부인할 수 없다. 이어지는 장들에서는 각국의 특정한 경험들을 자세히 설명할 것이다. 여기에서는 개략적인 이해를 위한 간단한 개괄에 그칠 것이다.

새로운 사회 계급 구조

당연한 이야기지만 라틴아메리카의 오늘날의 계층 구조는 대단히 역사적인 발전의 산물이다. 대략 1800년 이후로 계약제 임금 노동에 기반을 둔 자본주의적 생산 방식이 지배적이었지만 라틴아메리카 지역은 오랫동안 전前자본주의적인 과거와 깨끗이 단절하지 못했다. 노예제, 채무 페온제, 그리고 그 외 여러 형태의 강제 노동이 이 대륙 여러 곳에서 존속하고 있었다. 그런 예속적인 혹은 봉건적인 노동 형태는 대개 농업, 목축, 벌목 같은 1차 산업과 연관되어 있었다. 이 사업체들은 전형적으로 대지주 혹은 유력 회사에 의해 지배되는, 정치적으로나 사회적으로 뒤떨어진 지역에 위치해 있었으며, 그런 곳은 대개 국가의 힘이 약하고, 관리들은 부패하고 지배 엘리트들과 기꺼이 거래하려고 했다.

한편, 20세기 중엽이면 산업화와 도시화, 농업의 상업화가 라틴아메리카의 사회 구조와 다양한 계층의 상대적 비중에 중대한 변화를 가져다 주었다. 이 변화들에는 옛 토지 엘리트들의 새 라티푼디움 자본가 계층으로의 변신, 외국 자본과 밀접한 관계를 가진 대大산업 부르주아지 혹은 자본 부르주아지의 출현, 도시 중간 계층의 성장, 그리고 규모는 크지 않지만 호전적인 산업 노동 계층의 부상 등이 포함되어 있었다.

브라질의 '황량한 서부', 즉 아마존 변경 지역에는 20세기 초에도 반半봉건적인 상황이 여전히 존재했는데, 이곳에서는 토지 엘리트들이 우림의 보호자, 원주민, 그리고 소농들을 살해하겠다고 협박하거나, 실제로 죽이고도 아무런 처벌도 받지 않았다. 이곳에서는 더 좋은 직업, 무료 주택, 풍족하고 좋은 음식이라는 약속에 이끌려 여러 지역에서 몰려온 수많은 농민이 노예로 전락하여 밀림 숲 속에서 나무를 쓰러뜨리고 가축을 돌봐야 했다. 가까스로 그곳에서 도망쳐 나온 한 사람은 "귀찮게 구는 노동자들, 특히 임금을 달라고 졸라대는 사람들은 자주 그냥 살해되었다"고 말했다. 『뉴욕타임스』의 기사에 따르면, 심지어 정부 관리들도 "부패한 지역 당국과 공모한 목장주들로부터 비효율적인 노동개혁 정책과 높은 실업률에 이르기까지 다양한 이유 때문에 우림 지역에서는 '현대판 노예제'가 번창했다"라고 인정했다. 노예와 다를 바 없는 노동 조건은 브라질의 다른 지역, 예를 들어 바이아의 대규모 제당소에도 존재했다.

100만 명에 이르는 멕시코의 이주노동자들 ——호르날레로(날품팔이 노동자)들 ——과 그 가족들(이들은 1년 중 일정 기간 동안 집을 떠나 북쪽 수확 지역으로 이동하여 일했다) 사이에서는 불법적인 아동 노동이 성행했다. 그들은 더 나은 임금을 찾아 타향으로 떠난 것이 아니었다. 이들에게 동정적이었던 『뉴욕타임스』의 한 리포터는 "그들은 임금이 있는 곳을 찾아 떠났다"라고 썼다. 그들의 고향에는 아예 일자리가 없었으며, 유일한 생계 수단은 작은 밀파에서 자라는 콩과 옥수수였다. 그와 그의 가족들이 수확기가 끝날 무렵 손에 쥘 수 있기를 바라는 1,500달러는 그들이 한 해 동안 기대할 수 있는 수입의 전부였다고 한 이주노동자는 말했다. 여덟 살, 열 살, 열한 살 먹은 아이들을 포함하여 "전 가족이 일을 하지 않으면 우리는 굶을 수밖에 없다"고 그는 말했다. 실업이 늘고 노동이 전체적으로 불안정한 시기에는 불법적인 강제 노동과 아동 노동이 임금, 생활수준, 노조를 조직하려는 노력을 저하시키는 상당한 압박 요인으로 작용했음이 분명하다. 대체로 신자유주의 정부들은 점증해 간 아동 노동 문제(1999년에 다섯 살부터 열네 살까지의 아동 노동자의 수는 1,750만 명으로 추정되었다)에 적극적으로 대처하지 못했다. 그러나 브라질의 룰라 같은 진보적인 민족주의자들은 국제연합^{UN}의 지원을 받는 국제노동기구^{ILO} 같은 국제적인 조직과 협력하여 아동 노동을 극적으로 감소시켰다. 지난 4년 동안 라틴아메리카에서 아동 노동의 비율은 17%에서 5%로 3분의 2 정도가 감소했다.

1990년대 대부분의 라틴아메리카 정부들이 채택한 신자유주의적 경제 정책(그것은 다국적기업들과 그들의 국내 동맹 세력들을 편애했다)은 또한 중소 규모의 내국인 제조업자들의 수와 영향력을 급속히 감소시켰다. 여러 국영 기업체의 민영화와 해체, 사회적 서비스의 감축, 그리고 IMF가 요구하는 구조조정 프로그램의 일부로 시행된 국가의 '경영 혁신' 또한 중간층과 노동 계급의 빈곤화, 실업의 증가를 가져다주었다. 이런저런 발전에 관한 조사 결과는 근대 라틴아메리카의 계급 재조정과, 장차 나타나게 될 사회적·정치적 변화의 향방이 상당히 복잡하리라는 것을 말해 준다.

대지주

라틴아메리카의 가장 오래된 지배층인 대지주들은 비록 경제적으로나 정치적으로나 상석上席을 새 부르주아지들(대지주들은 이들과 긴밀한 연계를 유지했다)에게 넘겨주어야 했지만 토지자원과 수자원을 장악하고 있었기 때문에 여전히 막강한 힘을 유지할 수 있었다. 지난 세기(20세기) 동안 라틴아메리카에서는 라티푼디움이 크게 확대되었는데, 특히 기술 개선과 임금 노동의 도움으로 산업 작물 혹은 수출 작물을 생산하는 새로운 기업형 농업 라티푼디움의 확대가 두드러졌다. 1990년대에 자유무역과 외자外資에 문호를 개방하는 주된 정책은 토지 소유의 집중화, 외자의 라틴아메리카 농업에의 침투를 더욱 촉진하였다. 1991년 멕시코 정부가 토지 재분배를 끝내고, 공동 소유지인 에히도의 매각과 임대를 합법화하는 농업법을 승인한 것은 새 라티푼디움의 확대를 적극적으로 지지하는 정책으로의 변화를 입증하는 것이었다.

전통적인 아센다도는 사라져 가고 있었다. 그들을 계승한 것은 대개 기업 농업과 산업적 혹은 재정적 이익을 결합시킨 코스모폴리탄적이고 대학 교육을 받은 사람들이었다. 그러나 옛 아센다도들의 자의적이고 약탈적인 정신은 새 라티푼디스타(농장주)들에게 남아 있었다. 대지주들은 여전히 라틴아메리카 사회에서 가장 반동적인 계층이었다.

새 부르주아지

독립 후 라틴아메리카에서는 내국인 상업 부르주아지가 나타났고, 그들은 19세기 중엽 이후 신식민주의적 질서의 등장으로 지위가 강화되었다. 19세기 후반 점증하는 도시인의 소비재 수요에 부응하여 산업가 계급이 출현했으며, 그중에는 이민자들도 다수 포함되어 있었다. 제1차 세계대전은 수출 주도 산업, 수입대체 산업의 발전을 더욱 부추겼다. 그러나 산업 기업가의 전성기는 1930년의 대大경제위기가 라틴아메리카 지역의 무역을 혼란에 빠뜨리고 난 후에 찾아왔다. 내국인 산업 부르주아지는 국내외의 유리한 상황과 대대적인 국가 개입에 힘입어 급속히 힘을 얻게 되었으며, 여러 나라에서 토지 엘리트들을 대신하여 사회적·경제적으로 지배세력이 되어갔다.

한편, 성장하는 라틴아메리카 시장의 잠재력에 이끌린 외국 자본이 이 지역에 대규모로 유입되기 시작했으며, 특히 1945년 이후 두드러졌다. 비교가 불가능할 정도로 우월한 자본과 기술을 가진 외국인 회사들은 중소 내국인 회사들을 다수 합병하여 아메리카 국가 경제의 핵심 부문들을 지배하게 되었다. 그러나 내국인 부르주아지의 존속이 자신들의 안전을 위해 꼭 필요하다는 것을 알고 있었던 외국 자본가들은 혼합회사mixed companies 설립 등을 통해 그 나라의 가장 크고 가장 유력한 회사들과 긴밀한 유대 관계를 갖기 위해 노력했다. 이 외국인 회사에의 의존은 라틴아메리카의 새 부르주아지가 왜 자주 항구적 성격의 민족주의적 감정을 갖고 있지 않았는지를 설명해 준다.

라틴아메리카의 내국인 부르주아지 가운데 일부는 젊은 시절 외국인의 경제적 영향력을 제한해야 한다는 생각에 카르데나스, 페론, 바르가스 같은 민족주의적이고 포퓰리스트적인 지배자들을 지지했고, 비록 불길한 느낌을 갖고 있기는 했지만 노동자들에 대한 그들의 양보를 받아들였다. 그러나 얼마 가지 않아 이 새 부르주아지는 외국인 자본에 대한 제약과 독립적 노조에 대해 외국인 사업가 동료들이 갖고 있던 적대감을 공유하게 되었다. 이들 자본가들은 극소수 예외적인 경우를 제외하고는 브라질, 아르헨티나, 우루과이, 칠레 같은 나라들의 억압적인 군사독재 체제를 지지했다. 후에 이런 독재 체제가 추구하는 정책이 자본주의 자체의 안정을 위협한다고 확신하고 나서야 그들은 민주주의로 돌아설 수 있었다.

1990년대 신자유주의 정책은 외국인 다국적기업과 내국인 자본가들의 동맹에 엄청난 자극을 제공했고, 그 동맹에서 주역은 외국 자본이 맡아보았다. 그 같은 현상이 여러 나라에서 나타났는데, 브라질, 아르헨티나, 멕시코, 칠레, 베네수엘라에서 특히 두드러졌다. 민영화는 소중한 국영 회사들을 외국인 회사들에게 사실상 기증하는 의미를 가졌던 경매와, 부채-지분 교환을 통해 라틴아메리카 경제를 탈국유화denationalizing하는 주요 수단이었다. 외국 자본과 연계된, 그리고 '친구'crony 관계를 통해 지배 집단과 연계되어 있었던 소규모의 국내 자본가 집단도 민영화 과정의 덕을 보았다. 예를 들어 멕시코에서는 1992년 은행 시스템의 민영화가 있고 나서 "단지 224명의 투자자가 멕시코은행을 사실상 장악하게 되었다. ⋯⋯ 이 과두 엘리트들이 오늘날 멕시코에서 경제, (그리고 간접적으로는) 정치 권력의 기본 도구들을 지배하고 있다." 2006년 '포브스'Forbes가 발표한 세계 최고 부자 명단에서 당당히 제3위에 오른 카를로스 슬림 엘루Carlos Slim Helú는 이 공격적인 새 기업가 집단의 전형이라 할 수 있다. 300억 달러가 넘는 재산을 가진 것으로 추정되는 이 사람은 두 명의 친구와 두 개의 외국인 회사와 제휴하여 자신의 친구이자 사업 동료인 카를로스 살리나스Carlos Salinas의 집권기 동안 멕시코의 거대 전화 회사 텔멕스Telmex를 매입했다. 그는 얼마 되지 않은 현금과 여러 은행에서 빌린 돈으로 당시 시가 120억 달러로 추정되던 회사를 단돈 17억 달러로 매입했다. 매입 후 이 회사의 주가는 천정부지로 치솟았다. 슬림은 1996년에 담배 제조에 대한 독점권을 소유하는 것 외에도 데니스Denny's와 산본스Sanborn's라는 레스토랑 체인들과 멕시코에서 가장 많은 수익을 올리는 투자 회사 카르소-임부르사Carso-Imbursa를 매입했다. 그의 사촌 알프레도 아르페르 엘루Alfredo Harper Helú는 멕시코의 3대 은행 가운데 하나인 베나멕스Benamex를 지배하는 백만장자 집단 가운데 한 명이었다.

　마약 수입은 라틴아메리카의 새로운 부를 만들어 주는 하나의 작물을 생산해 냈다. 국제연합의 한 담당 기구는 불법 마약 산업이 연간 4,600억 달러의 수입을 만들어 내며, 이는 대략 전체 국제무역의 8%에 해당한다고 추정한 바 있다. 그러나 그 액수가 어느 정도나 되는지 정확하게 말할 수 없음은 물론이다. 다만 분명한 것은 마약과 연관된 부가 엄청나다는 것, 그리고 그와 관련된 행위가 1998년 미국 돈 세탁 사건으로 약 20명의 멕시코 은행가들이 체포된 것에서 볼 수 있듯이, 자주 라틴아메리카 기업가들의 합법적 활동과 뒤섞여 있다는 사실이다. 저널리스트 대니얼 라자르Daniel Lazare에 의하면, 마약거래, 국제통화기금과 세계은행 등의 기구들에 의해 추진되는 신자유주의 정책, 그리고 미국에 의한 마약 전쟁, "이 셋은 폭발적인 방식으로 서로 교차했다". 그리고 신자유주의는 긴축 경제를 강요하고, 라틴아메리카 국가를 해체함으로써 대량 실업을 낳았으며, 그 실업은 "마약 거래에 필요한 수많은 신병들――코카 재배자, 날품팔이 노동자, 밀수꾼, 조직폭력배――을 배출했다". 자본 자유화와 무역 자유화를 강조하는 신자유주의는 또한 국가 간 경계선을 더 쉽게 침투하게 만들고, 효과적인 금제禁制가 거의 불가능하게 만들었으며, 마약 수입이 세탁되어 그것이 합법적 활동에 투자되는 것을 용이하게 만들어 주었다.

도시 중간 계층

도시 중간 계층은 새 부르주아지와 토지 엘리트가 한 편이 되고, 농민과 노동자가 다른 한 편이 되는 두 계층 사이의 중간자적 위치를 점하였다. 이 중간자 집단과 다른 계급들을 구분하는 경계는 상당히 모호하고 중첩되었다. 예를 들어 이 집단의 한 쪽 끝은 그 라이프스타일과 태도가 새 부르주아지와 비슷한 돈 잘 버는 사업가들을 포함하고 있었고, 다른 한 쪽 끝에는 숙련 노동자보다 수입이 못한 상점 점원과 하급 정부 관리들이 포함되어 있었다.

가장 오래된 도시 중간 계층은 자기 작업장을 가진 수공업자, 상점주, 수많은 소기업주 등으로 이루어져 있었다. 화이트칼라 직원들은 또 하나의 대규모 도시 중간층을 이루고 있었다. 20세기 중반의 도시화, 상업자본주의의 성장, 국가의 방대한 확대는 공적·사적 관료제의 성장에 기여했다. 최근까지 국가 관리(공적 피고용인)는 라틴아메리카의 적극적 경제활동 인구의 약 5분의 1을 차지했다.

대학생도 도시 중간 계층의 무시할 수 없는 일부였다. 1960년에서 1970년 사이 대학생 수는 25만 명에서 100만 명 이상으로 증가했다. 대학생 가운데 대부분은 중간 계층 출신이었으며, 그중 다수는 일과 학업을 병행했다. 부실한 커리큘럼과 교수 방법, 사회적·정치적 불의에 대한 대학생들의 불만은 대학교를 반항과 저항의 구심점으로 만들었다. 그러나 결국 대학생들은 다른 데서와 마찬가지로 라틴아메리카에서도 과도기적 존재였고, 그들의 급진적이고 개혁적인 열정은 졸업 후 직장에 들어가면서 사그라드는 경우가 많았다.

도시 중간 계층이 수적으로 전체 인구 가운데 상당 부분을 차지했기 때문에 그들의 이데올로기와, 사회 변화에서 현실적 혹은 잠재적으로 그들이 수행하는(혹은 수행할 수 있는) 역할은 매우 중요한 문제였다. 제2차 세계대전 이후 라틴아메리카를 연구하는 많은 외국인 전문가들, 특히 미국 학자들은 진보적인 사회적·경제적 변화의 주역으로 '떠오르는 중간 계층'(새로운 산업가 계급이 여기에 해당했다)에 큰 기대를 가졌다. 그러나 그 이후 수십 년의 역사는 이 기대를 저버렸다. 도시 중간 계층은 우후죽순처럼 성장했으나 다수의 대학생과 지적 노동자——교사, 작가, 과학자——를 제외하고 대부분은 진보적인 사회 변화를 요구하지 않았던 것이다.

그러나 도시 중간 계층이 형편없는 보수주의자들은 아니었다. 그들은 자신들의 중개자적 성격 때문에 특히 경제적 변동에 대응하여 강력한 정치적 변화를 불러일으킬 수가 있었다. 최근 수십 년 동안 군부 혹은 민간 정부들이 라틴아메리카 여러 나라에 이식한 '야만적인 자본주의'는 중간 계층의 생활수준과 기대를 엉망으로 만들어 놓았으며, 그 과정에서 전통적으로 자기만족적 성격의 도시 중간 계층을 바꾸어 놓기도 했다.

그런 변화의 좋은 예가 멕시코의 중간층 채무자들의 모임인 '엘 바르손'El Barzón('쟁기고리')인데, 이 '엘 바르손'이라는 이름은 혁명 이전 시기 대규모 아시엔다에서 사용하던 쟁기와 그 쟁기를 끄는 소를 연결하는 가죽끈에서 유래했다. 31개 주와 연방 수도(멕시코시티)에 거주하는 50만 명이 넘는 회원으로 구성된 이 '엘 바르손'은 1994년 페소화 붕괴의 여파로 나타난 것 가운데 가장 대규모이고 가장 호전적인 저항 운동이 되었다. 이 페소화 붕괴는 이자율을 100% 이상 올려놓았고, 수많은 농민과 소小사업가, 일부 중간층 사람들을 재정파탄의 위기에 빠뜨렸다. '엘 바르손'은 공개적인 장소에서 신용카드를 불태우는 등의 직접적 행동과 은행 지점 문을 봉쇄하여 은행 업무를 방해하는 등의 행위를 통해 포어클로저foreclosure(저당물을 찾는 권리를 상실하게 하는 것)를 중단시키는가 하면, 은행의 지불유예(모라토리엄)를 강요하기도 했다. '엘 바르손'은 또한 국내외 노조, 가톨릭교회, 다른 라틴아메리카 국가의 채무자 단체, 치아파스의 사파티스타 반군 등과 연계를 형성하기도 했다. 이 단체의 전국적 지도자인 후안 호세 키리노Juan José Quirino는 진보적인 민족주의를 표방하는 민주혁명당Partido Revolucionario Democrático, PRD 의원이 되었다. 키리노는 "우리가 지금 이야기하고 있는 것은 단순히 개인적 부채만이 아니다. IMF는 외채라는 메커니즘을 이용하여 계속 우리를 속박하고 있다. 라틴아메리카의 채무 국가들은 1982년에 서로 협력할 기회가 있었는데 놓치고 말았다. 그러나 이번에는 우리가 대륙적 차원의 지불유예를 위해 싸울 준비가 되어 있어야 한다"라고 말한다.

농민

여기에서 '농민'이라는 말은 소지주, 소작농, 토지를 소유하지 못한 농업노동자, 모두를 지칭한다. 앞서도 언급했듯이 새로운 라티푼디움의 확대는 라틴아메리카 농민들에게 유례없는 위기를 가져다주었다. 트랙터를 비롯한 기계화된 농기구 사용의 증가로 이미 수백만 명의 농업노동자가 혼란에 빠져 있었으며, 그 과정은 가속화되고 있었다. 훨씬 효율적으로 곡물을 생산하는 외국인 생산자들에 국내 시장을 개방시킨 무역 장벽의 철폐는 소농들의 존재 자체를 위협했다. 한편, 신자유주의적인 경향은 토지개혁을 되돌리고, 빈곤에 빠진 농민들을 인구 과잉의 도시로 빠져나가게 하거나, 아니면 멕시코와 중아메리카 농민들의 경우, 점점 더 많은 사람들이 국경을 넘어 점점 더 적대적으로 되어 가는 미국으로 넘어가기 위해 위험한(많은 경우 실패로 돌아가는) 국경 탈출 모험에 나서게 만들었다. 이 필사적인 이주의 이면에는 급속히 하락한 생활수준이 있었다. 신자유주의 개혁이 도입되기 이전인 1981년 세계은행이 보수적으로 평가해서 약 25%이던 빈곤율은 2000년이면 69%로 급증했다.

산업노동자 계층

대략 1930년 이후 라틴아메리카의 급속한 자본주의 발전은 그와 병행한 산업노동자 계층의 성장을 수반했다. 광산노동자와 공장노동자가 가장 잘 조직되고 계급의식이 가장 강한 노동자 집단이기는 했지만 그들은 노동자 중 소수 집단이었다. 수공업자, 5인 이하 작업장에서 일하는 자영업자 혹은 피고용인이 가장 다수 집단이었다. 수공업 작업장(여기의 노동관계는 온정주의와 개별협상을 특징으로 하고 있었다)의 우위는 노동자들의 계급의식과 연대감의 발전을 저해했다.

산업노동자 계층은 비록 수는 많지 않았지만 라틴아메리카의 사회적·정치적 민주주의를 위한 대규모 운동에서 핵심적 역할을 수행했다. 무장한 볼리비아 광산노동자들은 1952년의 혁명을 승리로 이끌고, 그 혁명에서 주장된 토지개혁과 광산 국유화를 관철하는 데 주역을 담당했다. 쿠바의 노동자들은 바티스타 독재에 맞선 게릴라 투쟁에 결정적인 지지를 제공했으며, 그들이 주도한 1959년의 총파업은 독재 체제를 붕괴시키는 데 결정적으로 기여했다. 부에노스아이레스의 노동 계급은 1945년 결정적인 시점에 개입하여 후안 페론이 반동적 쿠데타에 의해 전복되는 것을 저지했고, 그들의 압력으로 페론의 개혁 운동은 더욱 활성화될 수 있었다. 칠레에서는 노동 계급이 '인민연합'Popular Unity을 주도하여 살바도르 아옌데를 대통령에 당선시키고, 평화적이고 민주적인 수단으로 사회주의를 실현하려는 3년 간(1970~1973)의 노력을 주도했다.

이런 발전들, 특히 쿠바와 칠레의 혁명은 반反혁명적 반발을 불러일으켰으며, 그것은 최근까지도 여전히 그 기세를 잃지 않았다. 많은 나라들이 개인적 혹은 군사적 독재 체제 하에서 노동 계급의 이익을 대변하는 정당은 모두 금지하고, 노조는 철폐하거나 엄격한 정부 통제를 받게 했으며, 수많은 노동 운동 지도자를 살해하거나 추방했다.

라틴아메리카의 형식적 민주주의의 점진적인 회복은 신자유주의적 경제 모델의 강요를 수반했는데, 그것은 결사권을 비롯한 노동자들의 기본 권리를 완전하게 인정하게 해주지 않았다. 예를 들어 칠레에서는 새 민선 정부가 피노체트 시대 노동법의 많은 특징을 고수했다. 멕시코에서는 노동자가 자신이 원하는 노조에 자유롭게 가입할 수 없었고, 대부분의 노조원들은 여당인 제도혁명당Partido Revolucionario Institucional, PRI과 깊은 연계를 가진 노조에 가입해야 했다. 멕시코의 마킬라maquila(미국과의 국경 지역에 있는 일종의 보세산업 지대)나 중아메리카와 카리브 지역의 자유무역 지대 같은 수출 특화지역에서는 노동권이 무시되기 일쑤였다. 아르헨티나의 학자 다니엘 시에사Daniel Cieza에 의하면, 아르헨티나에서는 1989년 카를로스 메넴의 피선과 함께 불길한 반노동개혁이 시작되었는데, 그것은 전통적인 노동계약법Labor Contracting Law이 폐지되고, 새로 고용된 노동자 가운데 거의 90%가 정규직이 아니라 비정규직으로 채워지는 결과를 낳았다. 작업장 사고법의 개정은 건강과 안전 조건을 극적으로 악화시켰다. 이 법이 표방한 목적은 더 많은 일자리 창출이었으나 그 결과는 정반대였다. 아르헨티나의 실업률과 불완전 고용률은 경제활동 가능 인구의 40%에 이르렀다.

그러나 라틴아메리카의 노동자들은 평등과 사회적 정의를 위한 투쟁을 멈추지 않았다. 멕시코에서는 조합원이 150만 명에 이르고, 전화 노조에 속한 프란시스코 에르난데스 수아레스Francisco Hernández Suárez가 이끄는 새 노동자 단체인 전국노동자연합National Workers' Union이 출현해 정부가 발표한 임금수준을 유지하려고 하고, 경찰과 협력하여 독립적 노조원들을 탄압하려고 하는 멕시코노동자연맹Mexican Confederation of Labor에 도전했다. 멕시코의 마킬라와 중아메리카의 노동착취형 의류공장에서는 독립적 노조와 미국의 독립노조의 협력에 힘입어 노조 조직화와 노동 조건 개선에서 모종의 돌파구가 마련되기도 했다. 노동자들의 권익 향상을 위한 투쟁은 가끔 신자유주의를 공격 목표로 삼기도 했는데, 그것은 그 신자유주의의 국가 조직 개편과 구조조정 정책이 몇몇 국영 산업을 사실상 소멸시키고, 비공식 경제의 급속한 팽창과 대량 실업과 노동의 원자화를 유발했기 때문이다.

서비스 혹은 비공식 부문

국제노동기구ILO에 따르면, 1980년부터 1992년까지 비공식 부문의 고용이 전체 고용 가운데에서 차지하는 비율이 40.2%에서 54.4%로 증가했고, 그 이후로도 매년 3.9%씩 증가했다. 이는 비공식 부문이 라틴아메리카에서 최대의 고용원雇傭源이 되고 있었다는 것을 의미하는데, 여기에는 "엄청난 수의 가난한 하인과, 복권판매인, 차 경비원, 세차원, 구두닦이, 거리 행상 등으로 불안한 삶을 근근이 이어가는 다수의 대중"이 포함되어 있었다. 그러나 '비공식 부문'의 의미는 대단히 유동적이고, 이 범주에 들어가는 직업은 거의 무한하다. '비공식 부문'을 규정하는 요소는 누구에게 고용되어 있지 않고, 하는 일이 비정규적이며 불안정하다는 것이다. "비공식 부문은 도시 경제의 이원적 해석을 의미한다. 왜냐하면 그것은 대규모 사업체와 다국적기업이 번성하는 공식적이고 근대적인 자본주의 분야와, 이 분야에 참여함으로써 이익을 얻을 수 없는 가난한 빈민 대중 간의 이분법을 상정하고 있기 때문이다"라고 사회학자 테사 쿠비트Tessa Cubitt는 말하고 있다.

사실 비공식 부문의 활동 가운데 많은 것이 근대적 자본주의 분야에 들어와 있었으며, 그 둘 간의 관계는 착취적이었다. 콜롬비아의 칼리에서 쓰레기를 줍는 사람은 휴지를 주워 그것을 쓰레기 수집상에게 팔고, 그 수

집상은 그것을 카르톤 데 콜롬비아Cartón de Colombia라는 거대 종이 회사에 팔았다. 그리고 그 종이 회사의 최대주주는 모빌 정유회사Mobile Oil Company 였다. 쿠비트는 다음과 같이 말한다.

> 카르톤 데 콜롬비아는 왜 쓰레기 줍는 사람을 직접 고용하지 않는가? 그 것은 아마도 이렇게 하면 그들에게 임금을 정기적으로 제공하지 않아도 되므로 더 싸게 먹히기 때문일 것이다. 쓰레기 줍는 사람이 각각의 쓰레 기에서 얻게 되는 수입은 극히 낮으며, 그것은 자기들끼리의 경쟁으로 더 낮아졌다. 그리고 그 경쟁은 구매자의 시장과 거의 같은 시스템에 의해 조장되었다.

실제로 쓰레기 줍는 사람의 낮은 수입은 다국적기업인 카르톤 데 콜 롬비아에 보조금을 제공하는 것과 마찬가지였다. 이와 비슷한 착취 관계 가 제조업자와, 하도급을 맡아 자신의 집에서 일을 하고 완성품 개수에 따 라 임금을 받는 노동자들 간에도 존재했다. 그와 비슷한 모든 경우에서 회 사는 임금과 사회보장 제도에 소요될 비용을 아낄 수 있었다. 이런 시스 템은 노동자들을 취약하게 만들고 분열시켜 고용주에 대항한 공동전선의 형성을 불가능하게 하는 부가적 장점을 가지고 있었다.

새 정치 의식

경제적 변화는 가족생활, 인종 관계, 교육, 사회의 상부구조 전체에 변화를 가져다주었다. 그러나 구래의 태도와 사고방식이 쉽게 사라지지는 않았 다. 그로 인해 라틴아메리카에서는 우주시대에 걸맞는 관습 혹은 태도와,

코르테스와 피사로 시대를 연상케 하는 그것들 간에 극적인 대조가 나타났다. 여성, 흑인, 원주민은 점점 정치적으로 자신들을 대변하는 조직을 만들고, 사회의 재원 가운데 자신들의 정당한 몫을 요구했다.

젠더

여성의 지위는 적절한 사례이다. 몇 가지 점에서 여성의 지위는 개선되었다. 예를 들어 제1차 세계대전 무렵 시작된 여성의 투표권 획득 투쟁은 1961년 파라과이가 여성에게 투표권을 허용하는 것으로 성공적으로 마무리되었다. 점점 더 많은 라틴아메리카 여성이 임명직 혹은 선출직 관직에 진출하게 되었고, 공장, 회사, 전문직에 종사하는 여성의 수도 점점 늘어났다. 몇몇 나라, 그중에서도 브라질과 아르헨티나에서는 1970년경 전문직으로 분류되는 여성의 비율이 남성의 비율보다 더 높았는데, 이는 경제활동에 참여하는 여성의 비율이 남성에 비해 훨씬 낮았다는 점에서 중요한 의미를 가지고 있었다. 브라질의 경우 1970년에 비농업 분야에 근무하는 여성 100명당 18명이 전문직 혹은 기술직에 종사하고 있었던 반면에 남성은 100명당 6명에 불과했다. 그러나 이 비율이 고위직에서는 역전되는데, 이는 남녀차별적 태도가 여전히 존속하고 있음을 보여 주는 것이었다.

여권 신장 운동의 발전은 가족 패턴, 이혼관련법, 성적性的 규범의 영역에서는 훨씬 더뎠다. 중상류층에서는 교제와 혼인이 주도면밀한 감독을 받는 가부장적인 가족 전통이 강하게 남아 있었다. 남성우월주의 이데올로기, 이중적인 성적 기준을 수반하는 남성우월 사상이 라틴아메리카 대륙의 거의 모든 곳을 지배했다. "멕시코의 가족은 두 가지 기본 명제 위에 기반을 두고 있다. 그중 하나는 가장의 절대적인 우위이며, 두번째는 어머니의 필연적이고 절대적인 자기희생이다"라고 사회학자 로헬리오 디아스

게레로Rogelio Díaz-Guerrero는 말한 바 있다. 거의 30년 동안의 엄청난 경제적·정치적·사회적 변화가 이 명제의 힘을 약화시키기는 했지만 그것은 아직도 라틴아메리카 대부분의 국가들에서 유력한 규범으로 남아 있다.

그러나 사회주의 국가 쿠바는 법적으로나 관행적으로나 성적 차별의 폐지에서 큰 진전을 이루었다. 1975년 쿠바는 가족법Family Code을 도입했는데, 그것은 가사노동의 분담을 법으로 명시했다. 일하는 여성과 남성은 가사와 육아를 똑같이 분담해야 하고, 남편이 이에 응하지 않으면 아내가 그를 법정에 세울 수도 있었다. 그러나 쿠바 여성운동의 지도자인 빌마 에스핀Vilma Espín은 법은 법일 뿐이고, 사람들이 직접 부딪혀야 하는 현실은 다르다고 말한다.

전통은 매우 강하다. 하지만 우리는 지금까지 많은 것을 이루어 냈다. 전에는 남성우월주의가 말도 못할 정도로 심했다. 거리에서 남자들이 자기 아내가 얼마나 자기를 잘 떠받드는지를, 그리고 모든 집안일을 아내가 혼자서 다 한다는 것을 자랑스럽게 떠벌리곤 했다. 그들은 그것을 대단히 자랑스럽게 생각했다. 그러나 이제는 적어도 감히 그런 소리를 하지 않을 정도는 되었다. 이제 젊은이들 사이에서는 남녀 차별이 거의 없다.

니카라과에서도 해방혁명은 많은 여성의 삶과 역할을 바꾸어 놓았다. 여성들은 농촌과 도시 구분 없이 소모사의 폭정에 대항하는 투쟁에 참여했고, 1979년 마침내 그 투쟁을 승리로 이끄는 데 결정적인 기여를 제공했다. 여성들은 식량과 의약품을 모으고 통신망을 조직하여 산디니스타 전사들과 그 가족들에게 메시지를 전하는 등의 행동을 통해 최후의 공세를 준비했다. 최후의 승리를 거둘 당시 산디니스타 인민군 가운데 4분의 1에서 3분의 1이 여성이었으며, 그중에는 13세 소녀도 있었다. 세 명의 여성이 게릴라군 지휘관이었으며, 두 명은 인민군 참모부에서 근무했다. 혁명을 승리로 이끌고 나서 여성들은 산디니스타 정부의 전 영역에서 책임 있는 자리를 맡아보았다. 그와 비슷한 여성해방 과정이 이웃 엘살바도르에서도 혁명적 투쟁의 일부로 나타났다.

남아메리카 남단지역Southern Cone에서는 여성들이 칠레(1973), 우루과이(1973), 아르헨티나(1976)에서 출현한 군부독재 체제에 대항하는 투쟁에 앞장섰다. 독재 체제의 탄압 정책, 노조와 정당 설립 금지, 그리고 수많은 활동가의 피살 혹은 실종이 그들로 하여금 그 역할을 맡아보게 만들었다. 여성들은 자신들의 희생의 대가를 지불해야 했다. 실종된 자식들을 찾아내라고 요구하는 '오월광장어머니회'Mothers of the Plaza de Mayo 회장을 포함하여 아르헨티나 인권 운동가 가운데 13명이 죽음의 수용소로 끌려갔다.

헌신적인 봉사에도 불구하고 쿠바, 니카라과, 남아메리카 남단지역 여성들은 남성들과의 완전한 평등을 보장받지 못했다. 니카라과의 게릴라 부대를 지휘했던 히오콘다 벨리Gioconda Belli는 "우리는 부대를 이끌고 전투에 참여하고, 우리가 할 수 있는 일은 무엇이든 다 했다. 그런데 산디니스타들이 집권하자마자 우리는 주요 직책에서 쫓겨나야 했다. 우리는 대부분 중간 간부직에 만족해야 했다"며 불평을 토로했다. 그녀의 불평은 군부독재에 맞선 투쟁에 참여한 우루과이의 한 여성노조원의 불만과 짝을 이루었다. 그녀는 "남자들은 감옥에서 나오거나 혹은 외국 추방에서 돌아오자마자 모든 자리를 다 차지해 버렸다. 그들은 전과 동일한 의자에 앉았으며, 여자들에게는 이제 가정으로 돌아가라고 했다"며 분통을 터뜨렸다. 칠레의 군부독재에 대항한 투쟁에서 핵심적인 역할을 한 한 노동 계급 출신 여성 로사는 "민주 정부가 들어서자 내 주변의 남자들이 '로사 이제 됐어. 이젠 집으로 돌아가도 돼'라고 말했다. 우리는 '저들은 독재 시대동안 우리가 한 모든 일을 다 잊어버렸단 말인가?'라고 생각했다." 의식적이든 무의식적이든 라틴아메리카의 지역 한 쪽 끝에서 다른 쪽 끝까지 남자들의 머릿속에는——이에 대해서는 급진파도 혁명가도 예외가 아니었다——오랜 편견이 계속 남아 있었다.

남성우월주의의 끊임없는 도전에 여성들은 수많은 단체를 만들어 내는 것으로 대응했으며, 그것들은 페미니스트적이라 불리든 그렇지 않든 간에 구래의 불평등한 성적 관계의 종식을 핵심 목표로 삼고 있었다. 1992년 3월 니카라과에서 열린 한 대회에는 약 500명의 중아메리카 여성들이 한 자리에 모여 "'공적', '사적' 삶에서 그녀들이 가지고 있는 파워, 장차 갖고자 하는 파워, 그리고 그 파워를 획득할 수 있는 방법에 관하여" 이야기를 나누었다. 그러나 여성들은 계급에 따라 분열되었으며, 라틴아메리카의 노동 계층 여성들은 자주 전통적인 페미니스트 단체들이 중간 계층 여성들의 이익만 대변하고 자신들의 현실적 필요에는 무관심하다며 비판하곤 했다. "우리가 중간 계층 여성들과 이해관계를 같이 하는 문제도 있지만, 주택 부족, 부채, 실직 같은 중간 계층 여성들은 갖고 있지 않은 문제들을 우리는 가지고 있다. 이 두 가지가 긴밀하게 연계되지 않으면 우리의 여성운동은 앞으로 나아가지 못할 것이다"라고 칠레의 한 여성운동가는 말했다.

경제적 요인, 특히 신자유주의 경제 정책이 가계수입과 생활수준에 미친 파괴적인 영향은 라틴아메리카 여러 지역에서 젠더관계와 가족관계를 소리 없이 변화시키고 있었다. 한 사람의 임금으로 한 가족을 부양하는 것이 점점 어려워지고 있었다. 미주개발은행IDB과 라틴아메리카경제위원회Economic Commission on Latin America에 따르면, 노동력에서 여성이 차지하는 비율은 1950년 18%에서 1990년 27%로 50% 증가했다. 2003년에는 여성이 라틴아메리카 전체 노동력의 46%를 차지했다.

그 결과는 특히 카리브 해 연안 지역에서 분명히 나타났는데, 이곳에서는 설탕, 커피, 바나나 같은 쇠퇴일로의 전통 작물——주로 남성 노동력을 고용해 운영하고 있었다—— 대신 전형적으로 저임금 여성을 이용하는 수출 지향의 제조업이 떠오르고 있었다. 라틴아메리카의 다른 나라들에서도 가정에서 남성의 지배에 도전하는 비슷한 경제적 경향이 나타나고 있었다.

그러나 21세기로 접어들면서 라틴아메리카 여성의 법적 평등과 사회적 평등 간에는 점점 간극이 벌어지기 시작했다. 가장 중요한 법적인 성취 가운데 하나는 '여성에 대한 모든 형태의 차별 금지에 관한 유엔 협정' United Nations' Convention on the Elimination of All Forms of Discrimination Against Women 을 모델 삼아 여성에 대한 폭력을 방지하고 처벌하기 위한 법률을 통과시킨 것이었다. 다른 하나는 여성의 이익을 증진하기 위한 국가기구를 설치하는 것이었는데, 그것은 대개 문화, 교육, 가족 관련 분야를 책임지는 더 중요한 국가기구들과 연결되어 있었다. 마지막으로, 1990년대 여러 국가에서 각 당 후보자 명단에서 일정 비율을 여성에게 할당하도록 하는 법률이 채택되었다. 예를 들어 후지모리가 지배한 10년 동안 의회는 정당들에게 지방 선거 및 의원 선거에서 여성 후보의 비율을 30% 이상으로 하라고 요구했고, 가족 내 폭력을 금하는 법률을 제정했으며, 여성부Ministry of Women와 여성보호관직Public Defender for Women을 신설했다. 실제로 단기로 끝나고 혼란스러웠던 후지모리의 마지막 임기에는 완전히 여성으로만 구성된 운영위원회가 의회의 운영을 맡아보았다.

그러나 마루하 바릭Maruja Barrig이 지적하고 있듯이, 여성의 법적 평등 개선 운동은 악화되어 간 그녀들의 사회적·경제적 상황이 개선되지 않는 상태로 이루어졌다.

예를 들어, 1990년대에 볼리비아 전체 인구의 70%는 빈곤층으로 간주되었으며, 농촌에서는 그 비율이 90%로 올라갔다. 페루에서는 전체 인구 중 50% 정도가 빈곤층으로 분류되었다. 하나의 집단으로서 원주민 여성 인구의 문자 해독률은 라틴아메리카에서 가장 낮다. 1991년 볼리비아의 전국 인구조사는 농촌 여성의 50%가 글을 읽을 수 없었음을 말해 주고 있다. 1993년 전국 인구조사에 따르면 페루에서는 그 비율이 43%였다.

더욱이 바릭은 "보건 관련 통계 역시 놀랍기는 마찬가지인데, 볼리비아에서는 출산 여성 10만 명 당 300건의 산모 사망이 발생했으며, 포토시에서는 그 수치가 600명에 이르렀다"고 말하고 있다. 유엔인구기금United Nations Population Fund은 라틴아메리카에서 아이티, 볼리비아, 페루가 산모 사망률이 가장 높다고 밝히면서, 이는 "여성들의 사회적 불의와 불평등을 말해 주는 가장 극적인 증거 가운데 하나"라고 설명했다.

한편, 엘살바도르의 입법자들은 임신중절의 합법화에 반대하는 단체들의 압력에 굴복하여 1997년의 법률에서 임신중절이 가능한 네 가지 법적인 조건 규정을 제거했고, 2006년에는 몇 가지 조건 하에서 여성들의 임신중절 선택권을 지지하고 있음을 보여 주는 여론조사 결과에도 불구하고 니카라과가 그 뒤를 따랐다. 칠레의 보수 세력은 이혼법 통과를 좌절시키고, 민법에서는 한 가족의 '가장'은 남편이라는 법적인 정의를 고수했다. 이런 패배와 '여성을 위해 만들어진 제도적 구조에서 나타난 내부적

균열'에 대하여 바릭은 "가능한 것을 찾는 과정에서 미묘한 실용주의가 다른 사람들이 제시한 규칙에 따라 역할을 수행하는 페미니스트들의 전략에 침투해 들어간 것으로 보인다"고 말했다. 그럼에도 불구하고 그 전략은 2004년 칠레가 마침내 법적인 이혼을 인정하는 법을 통과시켰을 때 성과를 거둔 것으로 보였다. 2년 후 칠레 인들은 아메리카에서 처음으로 독립적인 여성 미첼레 바첼레트Michelle Bachelet를 대통령으로 선출했는데, 그녀 자신이 서로 다른 두 아버지에게서 태어난 세 자녀의 엄마였다.

인종적 편견

적어도 공식적으로는 흑인과 원주민이 열등하다는 생각이 라틴아메리카 어디에서도 환영 받지 못했다. 그러나 인종적 편견은 강하게 남아 있었고, 특히 스스로를 백인이라고 생각하는 중상류층 사람들 사이에서 더욱 그랬다. 사회학자 플로레스탄 페르난데스는 인종적 민주주의의 모델로 자주 칭찬받고 있는 브라질에서 국민들이 '편견을 갖고 있지 않다는 편견'을 가지고 있다는 것을 발견하게 되었다면서, 그들은 흑인들을 관용으로 대하고, 인종 간 관계에서 겉으로는 정중함을 잃지 않지만, 그 관용에는 진정으로 평등주의적인 감정이나 내용이 들어 있지 않다고 주장했다. 2002년 브라질 신문들은 '용모단정한 사람'을 구하는 사기업들의 구인 광고를 싣고 있었는데, 이때 '용모단정'하다는 말은 흑인은 지원하지 말라는 의미를 가지고 있었다고 말했다. 2000년의 인구조사에서 1억 7,000만 명의 브라질 국민 가운데 6%만이 스스로를 흑인이라고 응답했는데, 개혁 지지자들은 이렇게 낮은 수치가 인종 차별과 빈약한 인종적 자아상 때문이라고 주장한다. 브라질 과학자들이 실시한 한 DNA 연구는 브라질 국민의 80% 가량이 흑인을 조상으로 가지고 있음을 밝혀 놓았다. 그러나 160만 명에 이르는 브라질의 대학생 가운데 2.2%만이 흑인이다. 텔레비전에서도 천하고 유별난 역할 외에는 흑인을 거의 찾아볼 수가 없다. 브라질 의회는 브라질 흑인 운동의 압박을 받아 대학 입학생 가운데 20%를 흑인에게 할당하고, 민간 행정직도 20%를 흑인에게 할당하는 문제를 논의했다. 그 계획에는 또한 영화나 텔레비전 프로에 등장하는 인물 가운데 25%를 흑인이나 혼혈인으로 채우게 하는 것도 포함되어 있었다. 그 후 진보적이고 민족주의적인 룰라 다 실바 정부는 인종적 불평등을 근절하고, 흑인과 파르도들pardos(혼혈 브라질 인들)──이 둘을 합치면 대략 전체 인구의 반을 차지했다──의 이익을 증진하는 일을 맡아보는 새로운 정부 부서를 만들었다.

사람들이 자신을 백인 아니면 흑인으로 생각하는 미국과는 달리 다수의 흑인 인구를 가진 브라질, 베네수엘라, 콜롬비아를 비롯한 몇몇 라틴아메리카 국가에는 일종의 편견과 차별의 탄력적 적용이 있었다. 사람들은 일반적으로 흑인보다는 파르도에게 더 따뜻한 시선을 보냈다. 대개 의료, 법률, 상급공무원, 장교, 외교관 같은 고위 관직은 두 집단 모두에게 봉쇄되어 있었다. 그러나 파르도들은 학교 선생, 언론인, 은행 직원, 하급 관리 등이 될 수 있었다. 임금이 가장 낮은 직업에서는 검은색 피부를 가진 사람들이 지배적이었다. 자신이 흑인과 원주민의 후손임을 자랑하고 다녔던 베네수엘라의 포퓰리스트 대통령 우고 차베스에게 반대파가 보내는 악의에 찬 공격은 명백히 인종주의적 성격을 띠고 있었다.

심지어 흑인들의 공화국 아이티에도 도시에 사는 물라토 엘리트들과, 농촌의 가난한 흑인 대중 혹은 포르토프랭스Port-ay-Prince(아이티의 수도) 도심에 있는 '흑인 게토' 간에는 거대한 경제적 혹은 사회적 심연深淵이 놓여 있었다. 이웃 도미니카공화국에서는 고故 호아킨 발라게르Joaquín Balaguer 대통령이 아이티 이민자들의 '생물학적 제국주의'가 '희고 기독교적인' 자신의 국가를 위협하고 있다면서 노골적으로 인종주의를 부추기기도 했다. 사실 도미니카공화국은 세계에서 유일하게 진정한 물라토 국가로 기술되어져 왔다. 아프리카 인 조상의 부인否認과, 자칭 우월하고 고유한 에스파냐 인의 인종적 유산과의 연계에 기반한 도미니카공화국의 완강한 인종주의는 대규모의 아이티 이민자 공동체에 대한 여러 차례의 공격을 유발했다. 그중 가장 심각했던 것은 1937년 라파엘 트루히요Rafael Trujillo가 약 2만 명의 비무장 아이티인을 학살한 사건이었다. 오로지 혁명을 경험한 쿠바만이 이론과 실제 모두에서 인종주의를 어느 정도 척결했다고 말할 수 있다. 이곳에서는 흑인이 정부, 군대, 그리고 여러 직업에서 고위직을 차지하고 있다. 그러나 쿠바 같은 나라에서도 인종주의의 뿌리는 깊고도 강하게 남아 있는데, 카스트로 자신도 인종적·젠더적·계급적 편견이 쿠바에 아직도 남아 있다고 인정했다.

라틴아메리카 원주민들은 인종주의적 착취와 폭력의 주요 희생자였다. 최근의 한 조사에 따르면, 브라질에서는 원주민 수가 1900년 이후 지금까지 100만 명에서 18만 명으로 감소했다. 경제 발전을 위해 문화를 파괴하는 이런 과정은 수그러들지 않고 계속되어 왔다. 1975년 이후 금광 광부들은 브라질에 9,000명 그리고 베네수엘라에 12,000명 정도가 살고 있던 야노마미 족Yanomamis 전체 인구 가운데 약 1,000명을 살해했다. 그와 비슷한 자의적인 살인이 콜롬비아 저지대 밀림에서도 자행되었으며, 토지에 눈이 먼 아센다도들이나 그들의 총잡이들에 의한 원주민 살해는 멕시코와 과테말라 등 다수의 원주민 인구를 가진 나라에서 자주 발생했다. 과테말라에서는 군부독재 정부가 마야 인들에 대해 체계적인 제노사이드를 자행했고, 그들의 문화를 근절하려고 했다.

몇몇 국가에서는 원주민 농민들이 다면적인 경제적·사회적·문화적 착취에 노출되어 있었다. "인디오 문제는 본질적으로 내부 식민주의의 문제다. 인디오 공동체들은 멕시코의 내부 식민지이다. …… 여기에서 우리는 편견, 차별, 식민적인 착취와 독재, 인종과 문화가 서로 다른 국민의 분열을 볼 수 있다"라고 멕시코의 사회학자 파블로 곤살레스 카사노바는 쓰고 있다. 멕시코의 몇몇 사회과학자는 멕시코 인들이 그들 내부의 인종주의와 차별에 눈감아 왔다고 주장했다. 그중 한 사람은 엔리케 크라우제라는 원로 역사가가 1985년에 쓴 한 구절을 그 증거로 인용했다. "멕시코는 민중 문화에 뿌리를 두고 있으며, 일찌감치 노예제, 예속, 인종주의로부터 우리를 해방시킨 자연적 자유와 평등의 전통을 구축했다."

이 수정주의적 학자들은 이런 무지의 책임 가운데 상당 부분이 독립 시대로 거슬러 올라가는, 그리고 원주민들(그리고 아프리카계 사람들)에게 그들의 문화를 포기하든지 아니면 역사박물관의 밀랍인형이 되든지 양자택일하게 만든 원주민 정책에 있다고 말했다. 이런 원주민 통합 정책의 입안자들(이들이 선의를 가지고 일을 추진했음은 의심할 필요가 없다) 중에는 마누엘 가미오Manuel Gamio, 곤살로 아기레 벨트란Gonzalo Aguirre Beltrán, 알폰소 카소Alfonso Caso, 그리고 존경받는 인물이었던 라사로 카르데나스 같은 학계와 정계의 유명 인사들이 포함되어 있었다. 민족학자 루스 마리아 마르티네스 몬티엘Luz María Martínez Montiel은 유머를 동원하여 인류학자들 자신들이 중요한 국립원주민청Instituto Nacional Indigenista을 '멕시코의 마지막 엔코미엔다'로 만들어 버렸다고 말했다. 마르티네스는 원주민 통합은 그들에게서 그들 고유의 정체성과 문화를 탈취하는 것이 아니라 생산과 교육, 그리고 표현의 과정에 동등한 권리를 보장하는 방식으로 이루어져야 하며, 그리고 모든 결정권은 그들에게 있다고 그녀는 강조했다.

2001년 봄 부사령관 마르코스가 이끄는 사파티스타민족해방군은 원주민의 자치와, 그들의 재원에 대한 지배권을 요구하며 치아파스에서 멕시코시티까지 대규모 행진을 벌였다. 이 사파티스타 행진은 북쪽으로 나아가는 과정에서 수많은 지지자들의 환영을 받았고, 모랄레스의 「원주민 선언문」Declaration of the Indigenous People 같은 진정서나 청원문을 채택했다.

우리는 무엇을 원하고 요구하는가? 원주민으로서 존중심을 가지고 대해주기를 원한다. 우리 땅을 지키려 한다는 이유로 감옥에 가지 않기를 원한다. 진정한 의미의 정의를 원한다. 마을 공유지(에히도)에 대규모의 산업단지나 상업단지를 조성하는 것을 중단하기를 원한다. 우리의 숲과 물, 자연자원의 파괴를 중단하기를 원한다. 원주민 소멸의 원인이 되고 있는 신자유주의적 근대화를 중지하기를 원한다. 정책이 결정될 때 우리의 의사가 반영되기를 원한다. 우리는 발전의 일부가 되고자 원하며, 다른 사람들의 발전을 위한 사다리가 되기를 거부한다.

그러나 수도에서 그들을 기다리고 있는 것은 좌절이었다. 의회는 원주민의 '권리'의 실행을 주 의회들에 떠넘김으로써 효과적으로 현상을 유지하려고 했다. 이에 대한 사파티스타들의 응답은 신속하고 단호했다. "만약 이 개혁에 어떤 이름을 붙인다면 그것은 '대농장주(라티푼디스타)들과 인종주의자들의 권리와 문화의 법적 인정'이라고 해야 할 것이다." 치아파스로 돌아온 후 시위자들과 그들의 마을들은 대지주들과 보수 정치인들 밑에서 일하는 준군사적 집단들의 군사적 포위와 괴롭힘이라는 똑같은 문제에 시달려야 했다. 현재 10년이 넘게 지속되어 오고 있는 투쟁에서 사파티스타들은 정권 장악이라는 자살 행위나 다름없는 무장투쟁 전술은 피하고 있다. 그러나 그렇다고 자신들의 요구를 치아파스의 상황 개선에 국한하는 것도 거부하며, 원주민의 자결自決과 국가의 민주주의적 개혁에 힘을 집중시키고 있다. 그들은 최첨단 통신 수단과 일련의 국내 혹은 국제회의를 효과적으로 이용하여 자신들의 투쟁을 다른 사람들에게 알렸다. 그런 노력을 통해 그들은 전세계적으로 지지자들을 얻게 되었으며, 세계화와 신자유주의에 맞선 투쟁의 선봉으로 인정받게 되었다. 텔레비전에 자주 등장했던 부사령관 마르코스는 라틴아메리카에서 거의 체 게바라 못지않은 유명 인사가 되었다.

아메리카 원주민들은 여러 기구, 중간층, 국제 단체 등과 광범한 동맹을 형성하면서 진군해 가는 과정에 있었고, 그들은 승리하고 있었다. 2001년 전 세계의 풀뿌리 운동단체들이 볼리비아 제3의 도시인 코차밤바Cochabamba에 모여들었다. "코차밤바는 세계 자본주의에 대항한 투쟁의 상징이 되었다. 수천 명의 지역민들이 미국의 다국적 회사 벡텔Bechtel의 상수도 민영화에 반대하여 거리를 점거했고 결국 승리했다." 그러나 승리는 대가를 요구하였다. 3만 명의 시위대가 닷새 동안 도심을 폐쇄하자 대통령 우고 반세르Hugo Banzer(그는 전에 볼리비아의 독재자였다)는 군대를 파견했고, 거기에는 아메리카학교School of Americas에서 훈련을 받은 저격수 한 명이 포함되어 있었으며, 그는 시위에 참여하고 있던 열일곱 살의 한 소년을 쏘아 살해했다.

구식 혹은 신식의 착취에 대항하는 아메리카 원주민의 투쟁에서 국제연합이 1993년을 '세계 원주민의 해'로 선언하기로 한 결정은 하나의 이정표라 할 수 있었다. 또 하나의 이정표는 과테말라의 원주민 지도자 리고베르타 멘추Rigoberta Menchú가 아메리카 원주민들을 위해 일한 공로를 인정받아 노벨상을 수상한 것이었다(1992년 10월). 그 직후 에콰도르와 볼리비아의 원주민 인권 단체들은 지지자들을 동원하여 신자유주의 정책에 성공적으로 대항했으며, 결국에는 에콰도르와 볼리비아의 인기 없는 대통령들을 권좌에서 몰아내는 데 성공했다. 그러나 인디오 인권 개선을 위한 광범한 대중 운동의 절정은 의심의 여지없이 2005년 에보 모랄레스의 승리였는데, 그는 아이마라Aymara 족 인디오 출신으로, 서반구 최초로 현대적이고 민주적으로 선출된 대통령이 되었다.

문화적 제도

20세기 전 시기를 통해 라틴아메리카의 주요한 문화적 제도들인 가톨릭교회와 군대는 비록 둘 다 식민 시대와 식민 이후 시대의 과거와 깨끗이 단절하지는 않았지만 상당한 변화를 경험했다. 포퓰리스트적인 민족주의와 신자유주의적 보편주의라는 대안이 될 만한 사조에 어려움을 겪어야 했던 과두 질서의 이 두 권위 있는 제도적 대변자는 현대 라틴아메리카의 이데올로기적 위기를 정확히 반영하는 분열을 경험하게 되었다.

가톨릭교회

1960년경부터 가톨릭교회 안에서 나타난 개혁적이고 혁명적인 새 사조는 서로 다른 몇 가지 원천을 가지고 있었다. 그 가운데 하나는 1962년 교황 요한 23세가 소집한 제2차 바티칸공의회가 교회 안에서 불러일으킨 보다 자유로운 분위기였다. 다른 하나는 전통적인 교회와 엘리트층의 결탁 때문에 대중이 교회를 멀리하고 맑스주의에 물들게 될지 모른다는 교회 지배층 일부의 우려였다. 그리고 또 하나는 일부 성직자, 특히 경험을 통해 라틴아메리카 지역의 절망적 상황을 해결하기 위해서는 급진적인 정책이 필요하다고 확신하게 된 현장에서 뛰는 성직자들의 양심상의 위기였다.

라틴아메리카 교회 내부의 새로운 동요는 콜롬비아의 유명한 사제이자 사회학자였던 카밀로 토레스 레스트레포Camilo Torres Restrepo의 생애에서 극적인 표현을 발견하였다. 콜롬비아 귀족 가문에서 태어나고 명민한 학자이자 교사였던 토레스는 평화적인 방법에 의한 개혁의 추구는 효과가 없다고 확신하고 공산당 휘하 게릴라 부대인 민족해방군National Liberation Army에 들어갔다. 그는 1966년 2월 반란 토벌군과의 전투 중에 살해되었다.

1968년 콜롬비아 메데인에서 소집된 제2차 라틴아메리카 주교회의에서 열띤 논쟁의 대상이 된 주제는 "라틴아메리카의 구조적 위기에 당면하여 교회가 취할 태도는 어떤 것인가"였다. 이 회의 개회식에 바오로 6세가 참석한 것은 이 모임이 갖는 중요성을 말해 주었다. 메데인의 주교들은 일부 성직자들의 진보적 입장을 반영하여 교회가 라틴아메리카 민중을 신식민주의와 '제도화된 폭력'으로부터 해방시키려는 노력에 관심을 가져야 한다고 선언했다. 주교들은 이 폭력이 본질적으로 라틴아메리카 대륙의 경제적·사회적·정치적 구조에 기인하며, 교황 바오로가 말한 '국제적인 화폐 제국주의'에 바탕을 두고 있다고 주장했다.

메데인 회의 이전에도 일단의 라틴아메리카 주교들이 사회주의에 동조하는 입장을 취한 적이 있었으며 그들의 리더는 헤시피(브라질)의 대주교 헬더 카마라Helder Câmara였다. 그와 7명의 다른 브라질 주교는 교회가 "가난한 자와 노동자들에 대한 탄압과, 봉건제, 자본주의, 제국주의와" 동일시되지 않도록 해야 한다고 주장하는 17명의 제3세계 출신 주교들이 발표한 교서에 서명한 바 있었다. 카마라는 폭력을 혁명적 변화의 도구로 사용하는 것에 대해서는 반대했지만 폭력이 유일하게 효과적인 전술이라고 생각하는 사람들에 대해서는 동정심과 이해심을 표명했다.

이러한 발전은 이른바 해방신학이 출현하고 많은 성직자들이 그것을 수용하는 현상을 수반했는데, 이 해방신학은 라틴아메리카 여러 나라의 대표적인 교회학자들의 연구와 고민의 산물이었다. 이 교리는 교회가 뿌리로 돌아가서 다시 '가난한 사람들의 교회'가 되어야 한다고 가르쳤다. 부자와 힘 있는 자의 친구이기를 그만 두고 사회정의를 위한 투쟁에 나서야 한다고 주장했다. 교회의 가장 중요한 소임은 대중의 의식을 깨우고, 그들이 자신들이 그 속에서 고통을 당하는 착취적 사회 체제를 정확하게 인식하게 하고, 그들과 힘을 합쳐 억압적 경제 혹은 정치 질서를 바꾸는 것이라고 주장했다. 해방신학은 맑스주의의 무신론적 세계관은 거부했지만 제3세계의 빈곤과 억압의 원인에 대한 맑스주의자들의 분석 가운데 많은 부분을 인정하고 차용했다. 혁명의 문제에 대하여 해방신학자들은 비록 모든 폭력을 부정하기는 했지만 혁명 혹은 대응 폭력이 폭군들의 더 큰 폭력에 대항하는 최후의 수단으로서 정당화될 수 있으며, 이는 성 토마스 아퀴나스에까지 거슬러 올라가는 가톨릭의 정통교리라고 주장했다. 이 정신에 의거하여 산살바도르의 대주교 오스카르 아르눌포 로메로Oscar Arnulfo Romero는 그가 1980년 한 우익 암살자에 의해 살해되기 직전에 베푼 설교에서 다음과 같이 선언했다. "모든 평화적 수단이 고갈되었을 때 교회는 무력저항을 도덕적이고 정당한 것으로 생각할 필요가 있다."

진보적인 성직자들은 해방신학의 가르침을 실행에 옮기기 위해 새로운 형태의 기독교도 조직, 즉 코무니다드 데 바세comunidad de base(기독교 기초공동체)의 조직화에 착수했다. 주로 농촌과 도시 인근 가난한 사람들로 구성되고, 사제와 대학생들의 도움과 조언을 받아 유지된 이 공동체들은 종교에 대한 연구와 성찰, 그리고 그들이 사는 지역의 현실적 사회 문제를 이해하고 해결하려는 노력을 병행했다. 대지주들과 당국은 그들의 행동을 대개 '체제전복적'이라고 규정하고, 속인과 사제를 막론하고 가혹한 탄압으로 응하였다. 이는 많은 공동체들을 점점 정치화, 과격화되게 만들고 혁명적 운동에 나서게 했다.

그러나 얼마 가지 않아 이들 진보 세력과 전통적인 교회 지도부 간의 갈등이 1979년 멕시코 푸에블라에서 열린 제3차 라틴아메리카 주교회의에서 나타났다. 여기서는 진보파가 우세했던 메데인 때와는 달리 보수파가 회의를 주도했고, 그들은 골치 아픈 해방신학을 억압하려는 의도를 분명히 했다. 그들은 가난한 사람들은 보다 나은 내세를 기대하며 체념하며 살 것을 촉구하고, 라틴아메리카의 심각한 사회 문제의 해결책으로 1960년대에 실패한 바 있는 개혁주의 모델을 다시 지지하는 내용의 보고서를 제시했다. 이 보고서는 진보적인 주교들과 다른 성직자들의 거센 비판을 불러일으켰다.

푸에블라의 방정식에서 미지의 요소는 이 회의의 개막을 선언한 교황 요한 바오로 2세의 입장이었다. 애매모호한 점이 없지는 않았지만 교황의 언급은 대체로 푸에블라 회의의 진보파와 온건파의 입장을 강화해 주는 경향이 있었다. 이 회의의 최종 문건은 특히 가난한 사람들에 대해 압도적인 관심 표명에서 메데인의 정신을 계승하고 있었다. "우리는 수백만 라틴아메리카 인의 비인간적인 빈곤 상태를 가장 파괴적이고 굴욕적인 형벌로 규정한다. 그들은 기아 상태의 임금, 실업, 입에 풀칠도 할 수 없을 정도로 낮은 급료, 영양실조, 유아사망, 적절한 주택의 결여, 건강 문제, 고용 불안에 시달리고 있다."

후에 해방신학과 이른바 민중 교회에 대한 교황의 반대는 좀더 강화되었다. 브라질(여기에서 다수의 사제들은 해방신학의 기본 교의를 받아들여 토지개혁을 위한 투쟁에 적극적으로 나서고, 수많은 풀뿌리 공동체들의 지지를 받았다)에서 교황은 진보적 사제들의 활동을 체제전복적 혹은 이교적이라며 비난했다. 교황은 당시 대단히 인기 있는 신학자 레오나르두 보프Leonardo Boff를 제재하고, 보다 전통적인 성향의 주교들을 임명함으로써 진보적인 브라질 주교 집단의 힘을 약화시켰다.

바티칸은 또한 멕시코 정부와 협력하여 치아파스에서 산크리스토발데라스카사스San Cristóbal de las Casas의 주교 사무엘 루이스Samuel Ruiz의 사임을 끌어내기 위해 노력했다. 교구 내 가난한 마야 인 농민들의 수호자였던 루이스는 복음을 맑스주의적으로 해석하고, '정확하지 않은 신학적 견해'를 제시했다는 혐의를 받았다. 이 시도는 1994년 살리나스 정부가 사파티스타 반란이 발발하고 나서 그에게 정부와 원주민 반군 간의 중재를 요청하면서 명백히 실패로 돌아갔다.

그러나 1999년 1월 역사적인 쿠바 방문 중에 교황은 모종의 변화를 보여 주었다. 교황은 비록 쿠바 정부에 대해 국민들에게 더 많은 종교적·시민적·정치적 자유를 부여할 것을 촉구하기는 했지만 쿠바혁명이 거둔 사회적 성취에 대해서는 칭찬을 아끼지 않았다. 더욱이 교황은 분명치는 않지만 미국과 관련된 언급에서 서구의 신자유주의적 자본주의 정책은 소수의 부유한 상류층과 다수의 가난한 하층 계급을 만들어 내기 때문에 거부해야 한다고 쿠바 인들에게 촉구했다. 무엇보다도 충격적이었던 것은 그가 쿠바에 대한 미국의 봉쇄가 부당하다면서 거듭해서 비판했다는 사실이다.

그러나 요한 바오로 2세의 죽음과 새 교황 베네딕토 16세의 즉위가 해방신학에는 불길한 징조였는데, 베네딕트 16세는 1980년대에 해방신학을 "교회 신앙에 대한 근본적인 위협"이라고 비난한 바 있었다. 사회활동가들도 교회 지도부의 반대를 예견했다. 2007년 브라질 신자들에게 보낸 교서에서 새 교황은 "에스파냐가 16세기에 예수 그리스도와 그의 복음을 선포한 것이 어떤 점에서도 콜럼버스 이전 문화를 소외시키지 않았다. 콜럼버스 이전 문화는 그것을 깨닫지는 못했지만 그리스도를 조용히 기다리고 있었다"고 분명히 선언했다. 가톨릭 신앙은 "외래문화의 강요"가 아니었다고 교황은 주장했다. 원주민들은 "그들의 문화를 풍요롭게 하고 그들을 순결하게 만들기 위해 오신" 성령을 기꺼이 받아들였다는 것이다. 베네수엘라의 우고 차베스 같은 진보적 민족주의자들은 교황의 사과를 요구했고, 정치적으로 동원된 원주민 인권 운동가들은 "그 시기 가톨릭교회의 대변자들은 명예로운 예외가 전혀 없지는 않지만 대개는 인류역사상 가장 참혹한 제노사이드 가운데 하나의 공범이자 수혜자였다"며 비난을 퍼부었다.

최근 라틴아메리카에서 나타나고 있는 프로테스탄트 복음주의 교회와 근본주의적 분파의 신자 수와 영향력의 급증은 가톨릭교회의 종교적 우위에 중대한 도전을 제기했다. 1981년에서 1987년 사이에 이들 분파들의 신자 수는 5,000만 명으로 두 배로 늘었고, 2010년에는 다시 6,700만 명으로 증가했다. 최근 라틴아메리카 대륙에서 나타나고 있는 극적인 경제적·사회적 변화가 이 새 교회들의 급속한 성장과 밀접한 관계를 갖고 있는 것으로 보인다. 이 교회들의 부흥회 형식의 설교와 '천국'에 관한 메시지는 모든 라틴아메리카 도시 변두리 빈민촌에 사는 뿌리를 상실한 농촌 이주민의 삶에 생기와 들뜸, 그리고 희망을 가져다주었다. 이 교회들의 지원 네트워크는 이들 '소외된' 사람들에게 물질적인 지원을 함께 제공해 주기도 했다.

진보적 가톨릭 사회사상에 대한 교황의 거듭되는 유감 표명에도 불구하고 해방신학은 여전히 라틴아메리카 가톨릭 성직자들의 이론과 행동에 강력한 영향을 미쳤다. 예를 들어, 콜롬비아–에콰도르 국경 지역 교구들을 관할하는 네 명의 주교가 공동으로 발표한 언급은 '플랜 콜롬비아', 미주자유무역지대FTAA, 그리고 조지 W. 부시 대통령의 '안데스 제의'Andean Initiative가 아메리카의 빈곤과 폭력의 문제를 해결하기는커녕 오히려 악화시키게 될 불공정한 제도들이라고 비난했다. 그들은 빈곤이 이 지역의 제1의 악이며 폭력의 주된 원인이라고 선언했다. 이 주교들은 "지금 콜롬비아에서 일어나고 있는 일은 머지않아 에콰도르, 페루, 베네수엘라, 브라질, 그리고 가난한 아메리카 전체에서도 일어날 것이다"라고 말했다.

흥미롭게도 주교들의 언급은 '플랜 콜롬비아'를 공식적으로 지지하는 콜롬비아와 에콰도르 정부의 정책과 정면으로 부딪혔는데, 그 '플랜 콜롬비아'에는 콜롬비아, 페루, 볼리비아, 그리고 카리브 지역에서 마약의 재배와 거래를 감시하기 위해 미국 정부가 만타Manta 항에 군사기지를 설치하는 것을 허용하는 것이 포함되어 있었다. 그러나 주교들은 한 발 더 나아가 "인간의 존엄성을 존중하지 않고 가장 기본적인 인권을 공격하는 불공정한 경제 제도의 강요"를 거부했다. 그들은 '플랜 콜롬비아', 미주자유무역지대, '안데스 제의' 등을 세력권을 재편하려는 부유한 국가들의 야심을 반영하는 신자유주의적 경제 모델의 일부로 간주했다. 에콰도르 수쿰비오스Sucumbios의 주교 곤살로 로페스Gonzalo López는 마약 전쟁의 군사화militarization와 이 자유무역 조치들 간에는 모종의 커넥션이 있다고 보았다. "전자는 이 지역을 장악하려는 군사적 시도이고, 후자는 시장을 개방시키고 이 지역 국가들의 자원을 차지하기 위해 사용될 것이다." 주교들은 자신들이 불법 작물의 근절은 지지하지만 "생태계, 생물의 다양성, 그리고 특히 인간의 삶을 존중하는 절차"를 요구했고, "지속가능성과 경제적 연대에 기반을 둔" 다른 경제 계획을 주장했다.

군부

교회와 마찬가지로 라틴아메리카 군대 내에서도 차별화가 나타나고 있었다. 개혁적 혹은 심지어 사회혁명적이기까지 한 장교들의 출현은 일반인들이 생각하는 것보다 더 오래된 일이었다. 브라질에서 1920년대에 일어난 '위관들tenente의 반란'은 1930년 제툴리우 바르가스의 개혁주의적 혁명이 승리할 수 있는 길을 닦아 놓았다. 후안 페론을 비롯한 '연합장교단' Group of United Officers 단원들도 1930년대 아르헨티나 군대에서 그와 유사한 예를 보여 주었다. 과테말라에서는 1944년 하코보 아르벤스 대령이 이끄는 진보적인 장교들이 우비코Ubico의 독재 체제를 타도하고, 급진적인 토지개혁과 민주화를 추구하는 정부를 수립했다. 비록 페루(1968), 파나마(1968), 에콰도르(1972)에서 나타난 군사 정부가 각자 추구하는 개혁의 폭과 깊이에서는 상당한 차이가 있었지만 그들 모두는 개혁적이고 심지어 혁명적이기까지 한 장교 집단의 존재를 보여 주었다.

1945년 이후 미국 자본이 라틴아메리카로 대거 유입된 것은 이 지역에서 미국의 정치적 영향력을 증대시키고, 라틴아메리카의 군대 내 보수파와 진보파 간의 세력 균형을 바꾸어 놓았다. 다수의 고위 장교들이 미국의 자유로운 기업 경영을 열렬히 지지하는 쪽으로 바뀌었으며, '무신론적 공산주의'와 '자유세계' 간의 생사를 건 싸움이 불가피하다고 생각하게 되었다. 라틴아메리카의 공화국들은 리우데자네이루 조약(1947)을 통해 서반구 전체의 방위를 위해 미국과 협력하겠다고 약속했다. 냉전 상황에서 이 약속은 미국과의 긴밀한 협력을 수반했는데, 그것은 세계적인 반공주의 전략 안에서 '공산주의의 침투'로 위협을 받거나 정복될 위기에 처한 나라면 어떤 나라든 미군이 개입하는 것을 정당화할 수 있을 정도였다. 1965년 브라질 군대는 프란시스코 카마뇨Francisco Caamaño의 진보적이고 혁명적이며 민족주의적인 정부를 타도하기 위해 미군과 함께 도미니카공화국에 개입했다. 라틴아메리카 군대가 펜타곤(미 국방부)의 전술적 계획에 편입됨으로써 라틴아메리카의 여러 나라들은 미국 군사기구의 부속물로 전락했다.

라틴아메리카 군대에 대한 펜타곤의 기술적·이데올로기적 후견과 감독은 이 개입을 보여 주는 것이었으며, 그것은 라틴아메리카에서 일어난 혁명운동의 파괴를 목표로 하고 있었다. 1959년 쿠바혁명이 성공한 이후 이 훈련과 이념 주입 프로그램은 크게 확대되었다. 수천 명의 라틴아메리카 장교가 포트브래그Fort Bragg, 포트녹스Fort Knox, 포트먼머스Fort Monmouth, 그리고 미국과 파나마 운하 지역의 여러 시설에서 대對게릴라 전쟁에 필요한 훈련 과정을 이수했다. 라틴아메리카 장교들의 훈련을 위해 미군이 운영하는 '아메리카학교'SOA는 계속해서 특히 중요한 역할을 담당했다. 1946년 파나마에 설립된 이 학교는 1984년 파나마운하지역조약Panama Canal Zone Treaty으로 다른 곳으로 이전하지 않을 수 없게 되자 미국 조지아 주의 포트베닝Fort Benning으로 옮겨갔다. 개교 이후 이 '아메리카학교'는 56,000명 이상의 라틴아메리카 군인들에게 '더러운 작은 전쟁' dirty little war의 수행에 필요한 훈련을 제공했다.

『뉴스위크』가 "독재자들의 학교"라는 별명을 붙여 준 '아메리카학교'의 졸업생 중에는 칠레의 아우구스토 피노체트 장군, 파나마의 마누엘 노리에가, 엘살바도르의 로베르토 다우비손Roberto D'Aubuisson(오스카르 로메로 대주교의 암살자로 알려져 있다) 같은 테러리스트들이 포함되어 있다. 엘살바도르에서 활동한 유엔진실위원회United Nations Truth Commission에 따르면, 아메리카학교의 졸업생들은 엘살바도르에서 군대가 저지른 수많은 학살과 악행을 지휘하고 명령했다. 1989년 예수회 수도사 살해 사건에 연루된 27명의 장교 중 19명이 아메리카학교 출신이었으며, 엘모소테 El Mozote 학살 사건으로 재판에 회부된 12명의 장교 중 8명도 아메리카학교 출신이었다. 파라과이의 이른바 '공포의 문서고'Horror Archive에서 발견된 '극비문서'라는 딱지가 붙은 한 서류뭉치에는 아메리카학교에서 사용된 고문 기술에 관한 매뉴얼이 포함되어 있었는데, 여기에는 피의자를 죽이지 않고 계속해서 전기 쇼크를 가하는 방법, 머리와 몸을 소금물에 처박는 것을 포함하여 자백을 잘 하게 하는 방법 등이 수록되어 있었다. 1997년에는 아메리카학교에서 훈련받는 멕시코 군인의 수가 두 배 이상으로 증가해 305명이 되었다. 이 학교를 거세게 비난했던 조지프 케네디Joseph Kennedy 미 하원의원은 아메리카학교의 졸업생들이 치아파스 주 악테알에서 일어난 45명의 원주민 학살 사건을 주도했다고 주장했다. 최근 미군은 아메리카학교를 서반구안보협력기구Western Hemisphere Institute of Security Cooperation로 이름을 바꿈으로써 오명을 탈색해 보려고 한 바 있다.

군 고위 장교들과 국내외 대규모 회사들 간의 긴밀한 유대 형성은 군인들의 반동적인 사고방식 형성에 기여했다. 1960년대 아르헨티나에서는 143명의 최고위 퇴역 장성들이 국가 최대 규모의 산업 혹은 재정 관련 기업체들의 최고위 직책 가운데 177개를 차지하고 있었으며, 그 기업체들 대부분이 외국 자본에 의해 지배되는 것들이었다. 그런 방식으로 라틴아메리카는 자신들의 군산복합체를 발전시켰다. 미국은 이런 모든 수단을 통해 라틴아메리카의 군대에 대하여 엄청난 영향력을 확보하게 되었다.

CIA가 라틴아메리카의 군대, 그리고 그 군대가 계획하는 반反게릴라 프로젝트들과 밀접한 연계를 가지고 있다는 것은 잘 알려져 있었다. 과테말라에서 1954년 민주적으로 선출된 개혁적 성향의 하코보 아르벤스 구스만 대통령 정부를 타도하는 과정에서 CIA가 수행한 역할은 하나의 고전적인 예를 제공한다. CIA는 1997년에 가서야 이 사건에 개입한 사실을 말해 주는 비밀문건을 공개했는데, 그 가운데에서 가장 살벌한 문건은 서명도 없이 "암살 검토"라는 제목만 붙어 있는 것이었다. 여기에는 CIA가 아르벤스 정부와 군대의 지도적 인물들을 살해하기 위해 "섬뜩할 정도로 자세하게" 준비한 과정이 잘 나타나 있다. CIA는 또한 쿠데타를 준비하면서 암살자 명단을 작성해두기도 했다. 이 작전의 성공은 아이젠하워Dwight Eisenhower 대통령으로 하여금 그런 은밀한 작전이 "무력 사용을 대신할 수 있는 안전하고 저렴한 대안"이라고 확신하게 만들었다. 과테말라에 대한 CIA의 반反게릴라 투쟁 지원은 1995년까지 계속되다 중단되었는데, 이 해에 'CIA 정보원'이던 과테말라 육군 대령 훌리오 로베르토 알피레스Julio Roberto Alpiréz가 하버드대학을 졸업한 변호사 제니퍼 자버리Jennifer Jarbury와 결혼한 게릴라 지도자 마이클 디바인Michael DeVine과 이프라인 바마카 벨라스케스Efraín Bámaca Velásquez(이들은 미국 시민권자였다)의 살해에 연루되었음이 밝혀졌던 것이다. 그러나 미국 정부는 마약집행기구Drug Enforcement Agency, DEA에 의해 밝혀진 주요 마약단체들 가운데 대부분이 과테말라 군 장교들과 직접적인 연계를 가지고 있었음에도 불구하고 그 후로도 계속해서 과테말라에 반反마약 원조counter-drug aid를 제공했다.

그 다음 타자는 혁명기 쿠바였다. 1960년 아이젠하워 대통령은 CIA의 '카스트로 제거'를 인가하는 문서에 서명했다. 1961년 4월에 일어난 피그스만Bay of Pigs 사건(CIA에서 훈련 받은 쿠바 망명객들이 미국 정부의 지원을 받아 카스트로 정부를 타도하기 위해 침입했다가 실패한 사건—옮긴이)은 1954년 아르벤스의 경우처럼 카스트로 역시 기가 꺾일 것이라는 가정 하에 수행된, 과테말라 작전의 '직계 후손'이었다. 이 작전이 실패로 돌아가자 CIA는 쿠바에 대해 테러를 포함하는 공작활동에 착수했고, 카스트로를 암살하려고 했으나 성공하지 못했다. 1998년 『뉴욕타임스』는 반反카스트로 쿠바 망명객 루이스 포사다 카릴레스Luis Posada Carriles와의 인터뷰를 토대로 한, 그리고 마찬가지로 CIA 문건으로 분류된 두 가지의 놀라운 보고서를 발표했다. 이 인터뷰에서 포사다는 1997년에 한 여행객이 피살되고 쿠바 정부를 깜짝 놀라게 만든 쿠바 내 호텔과 레스토랑들에 대한 연이은 폭탄 테러를 포함하여 일련의 테러가 자신들의 소행이라고 주장했다. 그는 "CIA는 우리에게 모든 것을, 정말 모든 것을 가르쳐주었다. 그들은 우리에게 폭탄 제조방법과, 어떻게 사람을 죽이고 폭탄을 터뜨리는지를 가르쳐주었고, 파괴활동에 대해 우리를 훈련시켰다"고 말했다. 한편 한 문건에서 CIA는 포사다에 대해 "좋은 성격을 가지고 있고, 매우 믿을 만하고, 쉽게 비밀을 흘리지 않을 사람"이라며 칭찬을 했고, 또 다른 문건에서도 "맡겨진 모든 임무에서 그의 작전 수행 능력은 탁월했다"라고 말했다. 포사다는 또한 자신이 테러활동의 대가로 백만장자이며 반카스트로쿠바아메리카국민재단anti-Castro Cuban American National Foundation의 창설자이기도 하고, 클린턴을 비롯하여 여러 명의 미국 대통령과도 친분이 있는 정치적 동맹이기도 했던 고故 호르헤 마스 카노사Jorge Mas Canosa로부터 상당한 재정 지원을 받았다고 말했다. CIA 문건의 증거들은 그의 이러한 주장을 모두 뒷받침해 주었다.

칠레에서는 1970년에 사회주의자 살바도르 아옌데가 대통령으로 선출되자 CIA가 온갖 수단을 동원해 그의 취임을 저지하려고 했다. CIA의 칠레 담당 분과의 활동에 관한 것으로 최근에 기밀해제된 한 문건에 의하면, CIA는 칠레에서 "군사 쿠데타를 촉발시키는 일에 초점"을 맞추고 있었는데, 그것을 방해하는 가장 큰 장애물은 "칠레 군부의 비정치적이고 헌법수호적인 타성"이었다. 이 장애물을 극복하기 위해 닉슨 대통령은 CIA

의 수장 리처드 헬름스Richard Helms에게 (칠레에) 경제적 고통을 안겨주라고 지시하고, 경제적 불안을 사주하고, 우익 장교들에게 무기와 자금을 실어 보내는 양면 작전을 시도했다. 이 작전이 결국 아옌데 정권의 타도와 그의 죽음, 그리고 그 후 20년 동안 칠레를 지배하고, 지금도 예의 '민주주의적인' 칠레에 긴 그림자를 드리우고 있는 억압적인 군사독재 체제의 수립을 가져왔다.

2001년, 1970년에 피살된 칠레의 전임 군 최고사령관 레네 슈네이데르René Schneider(누군가 그를 납치하려다 실패하자 죽였다)의 아들들이 미국 연방 법원에 300만 달러가 넘는 손해 배상 청구 소송을 냈다. 이 소송의 피고는 당시 미국 대통령 닉슨의 안보담당 보좌관이었던 헨리 키신저, 전임 CIA의 국장 리처드 헬름스, 그리고 그들과 함께 공모한 미국 정부였으며, 죄목은 '즉결처분', 폭행, 시민권 유린이었다. 이 고소장은 최근 기밀 해제된 CIA의 문건을 증거로 거론하면서 미국 당국이 살바도르 아옌데의 칠레 대통령 취임을 막기 위해 쿠데타를 계획했으며, 슈네이데르가 방해가 되자 그를 제거하기로 했다는 혐의를 제기했다. 칠레와 아르헨티나의 재판관들은 1970년과 1980년 사이에 라틴아메리카 남단지역의 독재자들이 국경을 초월하여 정치적 적대자들을 제거하는 일에 협력하기 위해 조직한 방대한 작전인 콘도르 작전Operation of Condor에 대한 키신저의 증언을 확보하려고 했으나 실패했다.

1981년 CIA는 온두라스를 니카라과 산디니스타를 타도하기 위한 비밀 전쟁의 기지로 만들고, 온두라스 군의 협력을 등에 업고 반체제 운동에 대응하기 위해 316대대Battalion 316라는 이름의 새로운 군 정보국을 창설했다. 최근 풀린 문건들은 CIA가 이 정보국 요원들에게 감시, 심문, 고문에 관한 기술을 가르쳐 주었음을 말해 준다. 316대대는 이 기술을 잘 배워 수

많은 온두라스 시민을 고문하고, 수많은 사람을 '실종되게' 만들었다.

　미국 외교 정책의 군사화는 분명 라틴아메리카 군대에 중대한 영향을 미쳤다. 지난 세기(20세기) 동안 라틴아메리카 군대는 점차 민족주의적 성격을 포기하고 사적 재산과 외국인 투자의 신자유주의적 보호자라는 새 역할을 받아들였다. 신자유주의에 맞서 대중이 주도하는 점증해 가는 민주주의 운동 앞에서 라틴아메리카의 군대가 병영 안에 계속해서 머물러 있을지 아니면 예전에 수행했던 역할을 재개할 것인지 아직은 분명하지 않다.

12장 _ 새 국가(New Nation)의 단련
:멕시코혁명과 포퓰리즘의 도전

멕시코혁명은 20세기 라틴아메리카에서 일어난 최초의 민중적이고 사회적인 혁명이었다. 역사가들은 아직도 이 혁명의 정확한 의미에 대해 논쟁을 계속하고 있지만 그것이 포르피리오 디아스의 자유주의 독재 체제에 의해 강요되던 기계적인 평화를 진정 대중적인 지지에 기반을 둔 결속력 있는 사회적 질서로 바꾸어 놓았다는 데에는 대부분 동의한다. 디아스는 명백한 국경선을 갖고, 토지·노동·생필품 등을 규제하는 통일된 법을 가진 단일한 국민국가를 만들어 내기는 했지만 여전히 민중의 상당한 반대를 극복하지는 못하고 있었다. 국내의 평화가 군대 동원이라는 공포 정치

이 장의 핵심 문제

- 멕시코혁명을 주도한 주요 세력은 누구였는가? 그들의 프로그램은 무엇이었으며, 그들 간의 라이벌 관계는 멕시코의 새 민족주의 국가에 어떤 형태를 부여했는가?
- 재건(Reconstruction)시대(1920~1933)의 정책은 무엇이었으며, 그것이 발전에 미친 영향은 무엇인가?
- 카르데나스의 개혁 프로그램(1934~1940)은 어떤 것이었으며, 그것은 노동자와 농민들에게 어떤 영향을 미쳤는가?
- 혁명에서 여성들이 수행한 역할은 무엇이며, 그것이 평등을 위한 그녀들의 투쟁에 어떤 영향을 미쳤는가?
- 1940년 이후 멕시코의 주요 추세는 무엇이며, 그것은 발전에 어떤 영향을 미쳤는가?

1910	부유한 지주 프란시스코 마데로, 포르피리오 디아스 독재 정권을 무너뜨리다.
1911	모렐로스 출신 농민 지도자 사파타, 무토지 빈민들에게 즉각 토지를 분배하라고 요구하다.
1912	마데로, 대통령 선거에서 승리하다. 그러나 농민 혁명가들을 장악하는 데는 실패하고 과두주의자들은 멀어지게 하다.
1913	빅토리아노 우에르타, 마데로를 타도하고, 그를 처형하다.
1914	비야와 사파타 등 농민혁명가들, 아과스칼리엔테스 회의에 자신들의 세력을 집결시키다. 미국 군대, 유전(油田)을 지키기 위해 베라크루스를 침공하다.
1915	미국, 카란사 정부를 비공식적으로 인정하다.
1916	비야, 미국이 멕시코를 공격하게 하고, 카란사에 대한 신임을 철회케 하기 위해 누에바멕시코의 콜럼부스에 있는 미군 기지를 공격하다.
1917	포퓰리스트적 헌법, 외국인의 투자권을 제한하고 멕시코 노동자들을 보호하다.
1921~1928	오브레곤과 카예스, 국립은행을 창설하고 전국혁명당을 창당함으로써 자신들의 포퓰리스트적 혁명의 성과물을 제도화하다.
1934~1940	카르데나스, 토지재분배, 노동자들의 권리 수호, 원유와 철도 산업의 국유화를 포함하여 포퓰리스트적 개혁을 선언하다.
1940~1952	전시(戰時) 번영과 국가 중심의 수입대체 산업화 정책, 국가 산업 발전을 추진하다.
1968	틀라텔롤코 광장 학살 사건, 민중 저항 세력을 타도하기 위한 '더러운 전쟁'(guerra sucia)을 촉발시키다.
1971	아반다로 음악 페스티벌, 불평등과 권위주의적인 국가에 대항한 하층 젊은이들의 폭력적 저항으로 발전하다.

에 의존하는 한, 국민의 헤게모니 ——즉, 광범한 대중이 강력한 국민국가와 자신들을 동일시하고, 거기에 자발적으로 존경심을 표하는 상태 ——에 토대를 둔 지속적인 사회 안정은 불가능했다. 하지만 그런 헤게모니는 소수 부유하고 특권적이고 흰 피부색을 가진 엘리트들의 이익만 챙기기보다는 모든 사회 계층을 보호해 줄 새로운 민족주의적 이데올로기와 국민

국가를 필요로 했다. 그러나 항상 그렇듯이, 이 새로운 민족주의는 서로 다른 이해관계를 가진 집단과 사회 계층들 간의 갈등과 타협의 산물이었다. 이것이 멕시코혁명이 만들어 낸 가장 중요한 업적이었으며, 그것은 곧 19세기 말, 20세기 초 그와 비슷한 변화를 경험하고 있던 다른 라틴아메리카 국가들에게 모델이 되었다.

1910년 대통령 선거가 있기 직전 멕시코에서는 불안의 징후가 증폭되고 있었다. 농민 봉기와 노동자 파업은 점점 빈번해져 갔고, 국외추방된 혁명적 언론인 리카르도 플로레스 마곤Ricardo Flores Magón이 창설하고 이끌어 온 멕시코자유당Mexican Liberal Party, PLM은 음모적 활동을 더욱 강화해 갔다. 멕시코자유당이 약속한 '양성 간 평등'에 끌리고, 참담한 저임금·비참한 노동 조건·법적 차별 등에 분노한 후아나 구티에레스 데 멘도사Juana Gutiérrez de Mendoza나 돌로레스 히메네스Dolores Jiménez 같은 여성들은 포르피리오 디아스 독재 체제에 대한 점증하는 반대 운동에서 영향력 있는 활동가, 조직가, 선전가가 되었다. 곧 과두 엘리트 계층 내부에서 분열이 일어났다. '과학자들'cientificos의 숙적이자 누에보레온 주의 유력한 지사이기도 했던 베르나르도 레예스Bernardo Reyes(그는 강력한 탄압과 개혁적 수사를 동원하여 지배했다)가 부통령에 출마하겠다고 선언했다. 그는 이 부통령 자리를 징검다리 삼아 1910년에 이미 80세의 노인이었던 디아스가 죽거나 은퇴하면 자신이 대통령이 되려고 했던 것이다.

정치적으로 대단히 혼란했던 이 시기에 매우 중요한 의미를 가진 소책자 한 권이 출간되었는데, 안드레스 몰리나 엔리케스Andrés Molina Enríquez라는 법률가가 쓴 『국가의 주요 문제들』The Great National Problems (1909)이라는 책이 그것이었다. 레예스의 지원을 받아 출간된 이 책은 디아스에 대한 상투적인 칭찬과 함께 그의 정치 시스템, 특히 그의 농업 정책에 대한 날선 비판을 담고 있었다. 이 책에서 거론된 라티푼디움에 대한 비난과 토지개혁에 대한 주장은 다가올 혁명의 급진적인 슬로건을 예상케 했다.

디아스는 1908년, 이제 멕시코는 민주주의를 시작할 준비가 되어 있고, 자신은 야당의 출현을 환영할 것이라고 선언함으로써 혼란을 더욱 부추겼다. 코아우일라Coahuila 지역의 아센다도이며, 목장, 밀농장, 포도원, 직물공장, 광산 등 많은 사업체를 소유하기도 한 가문의 일원이었던 프란시스코 마데로Francisco Madero는 디아스의 말을 곧이곧대로 믿었다. 엘리트 계층의 일원이었던 마데로는 혁명을 지지하지는 않았지만 기존 정치 질서가 지속되면 결국 사회혁명이 일어날지 모른다고 생각하고 두려워했다. 마데로는 그러나 '민주주의'를 이야기하면서 그것은 엘리트들의 지배를 의미한다는 점을 분명히 했다. 그는 "무지한 대중은 공직에 취임할 후보자를 결정하는 과정에 직접 참여해서는 안 된다"고 말했다.

마데로는 디아스의 사회 정책 ——제노사이드와 다를 바 없는 대 인디오 전쟁과 파업 가담자들에 대한 폭력적 진압——이 비생산적이라며 비난했다. 그는 그 같은 야만적인 방식 대신 농민과 노동자에 대한 얼마간의 양보를 통해 고조되어 가는 긴장상태를 완화하고 급진적 이념의 확산을 막아야 한다고 주장했다. 마데로는 민주주의를 제한적인 정치적·사회적 개혁과 교육에 대한 강조를 통해 자본주의의 수용을 증진시킬 사회적 통제의 한 방식으로 간주했다.

1909년 마데로는 전국 순회여행을 하면서 국민들에게 자신의 개혁 프로그램을 설명했다. 1910년 4월 (디아스의) 재선에 반대하는 야당이 생겨났고, 이 당은 마데로를 대통령 후보로 추대했다. 디아스는 처음에는 마데로를 대수롭지 않게 생각했으나 그의 인기가 계속 높아지자 경계하게 되어 6월 초 그를 무장 봉기 혐의로 체포했다. 이어 마데로의 지지자들 가운데 상당수도 체포되었다. 6월 21일 선거가 실시되었고, 정부는 디아스와 그리고 그가 직접 선정한 부통령 후보 라몬 코랄Ramón Corral이 거의 만장일치로 당선되었음을 선언했다.

선거가 끝나자 디아스는 더 이상 마데로를 위험한 존재로 여기지 않게 되어 그를 보석으로 석방했다. 마데로는 평화적인 방법으로는 독재자를 제거할 수 없다고 생각하기도 했지만 또한 급진적인 여성, 농민, 노동자들의 요구도 두려워했다. 예를 들어 1910년 9월 페미니스트 단체인 '콰우테목의 딸들'Daughters of Cuauhtémoc의 노동자 리더 돌로레스 히메네스는 "경제적·육체적·지적·도덕적 투쟁"에서 여성들이 실질적인 권한을 나누어 가져야 한다고 주장했다. 진퇴양난의 처지에서 고민하던 마데로는 결국 무장투쟁을 선택했다.

10월 7일 그는 국경을 넘어 텍사스로 갔고, 거기에서 산루이스포토시 플랜Plan of San Luis Potosí을 발표했다. 마데로는 얼마 전에 치러진 선거가 무효라고 선언하고, 스스로 멕시코 임시 대통령을 자처하면서, 상황이 허락하는 대로 자유선거를 실시하여 다시 대통령을 선출하겠다고 약속했다. 이 계획안에는 비록 모호한 어투로, 징발당한 농민들의 토지를 돌려주겠다는 언급이 있기도 했지만 대부분의 조항들은 정치개혁에 관한 것들이었다. 마데로가 미국 땅에서 미국 정부의 개입이 거의 없이 혁명을 조직할 수 있었다는 것은 미국 정부가 디아스를 마땅치 않게 생각했음을 말해 준다. 멕시코에 투자되는 외자를 미국인들이 지배하는 것이 멕시코의 경제적·정치적 독립에 위협이 된다고 생각한 독재자는 최근 투자자들과의 협상에서 미국 자본가가 아닌 영국 자본가들에게 유리한 조건을 제시한 바 있었고, 다른 몇 가지 점에서도 반反미국적 태도를 보여 준 적이 있었다. 태프트William Howard Taft 대통령이 이끄는 미 행정부는 분명 디아스보다는 마데로가 미국의 이익에 보다 긍정적인 태도를 보여 줄 것으로 기대했다.

대혁명, 1910~1920

대혁명Great Revolution은 프란시스코 마데로가 국경을 넘어 멕시코로 돌아왔으나 25명의 지지자만이 자신을 기다리고 있는 것을 보고 서둘러 다시 텍사스로 돌아간 것과 함께 위태롭게 시작되었다. 그러나 혁명은 두 건의 중요한 농민 봉기가 그의 요구에 응답하면서 곧 추동력을 결집하게 되었다. 북부 국경에 위치한 거대한 치우아우아Chihuahua 주(이곳에서 페온과 소농들은 방대한 토지 제국의 주인인 테라사스-크레엘Terrazas-Creel 가문의 철권적 지배에 시달리고 있었다)에서 노새몰이꾼 파스쿠알 오로스코Pascual Orozco와, 부자들에게서 빼앗아 가난한 사람들에게 나누어준다는 소문이 자자했던 산적 판초 비야Pancho Villa의 지도하에 봉기가 시작되었다. 1910년 말이면 게릴라 군은 연방 군대로부터 주의 대부분을 탈취해 장악하고 있었다.

봉기의 또 다른 본거지는 산악 지역인 남부 모렐로스Morelos 주였는데, 이곳에서 원주민 공동체들은 침입해 들어오는 사탕수수 아시엔다들을 상대로 오랫동안 싸웠으나 패배를 거듭해 왔다. 여기에서 메스티소 출신의 봉기 지도자 에밀리아노 사파타Emiliano Zapata가 산루이스포토시 플랜에 포함된 토지개혁 약속에 이끌려 마데로에게 충성을 선언했다.

한편, 1911년 3월 멕시코자유당PLM의 리더를 지내기도 했으나 이제 마데리스타maderistas(마데로의 지지자)가 된 카밀로 아리아가Camilo Arriaga 와 돌로레스 히메네스는 디아스에 대항한 멕시코시티의 봉기인 '타쿠바야의 봉기'Complot of Tacubaya를 조직했는데, 이 봉기는 원주민의 권리, 농업 개혁, 1일 8시간 노동, 동일 노동 동일 임금의 원칙, 평등한 교육 기회 보장 등이 포함된 혁명적 개혁안을 주장했다. 비록 얼마 안 가 배신당하고 진압되기는 했지만 그럼에도 이 '타쿠바야의 봉기'는 당시의 정치적 맥락에서 디아스가 자신의 지배 능력을 의심하게 만들었고, 한 달 후 마데로와의 협상에 나서게 하는 결정적인 계기가 되었다.

게다가 1911년 5월 사파티스타들Zapatistas(에밀리아노 사파타의 추종자들)은 두 번의 결정적인 승리를 거두었다. 디아스와 그의 조언자들은 방어가 허술한 수도에서 사파타가 이끄는 가공할 농민 봉기자들의 공격에 직면하기보다는 마데로를 상대로 협상을 하는 편이 낫다고 판단했다. 마데로는 디아스와 협상하지 말라는 혁명 운동 내 좌파 세력의 경고를 무시하고 5월 21일 시우다드후아레스Ciudad Juárez 조약을 체결했는데, 그 주요 내용은 디아스의 퇴진은 얻어내되 기존의 모든 제도에 손을 대지는 않는다는 것이었다. 그리고 사회 변화의 문제에 대해서는 침묵으로 일관했다. 5월 25일 늙은 독재자는 대통령직을 사임했고, 며칠 후 유럽으로 떠났다. 미국 주재 멕시코 대사 프란시스코 레온 데 라 바라Francisco León de la Barra가 임시 대통령직에 취임했다.

1911년 6월 7일 마데로는 의기양양하게 멕시코시티에 입성했다. 그러나 거리로 모여들어 그를 향해 "민주주의의 사도"라며 외쳐댄 군중들의 환호는 지나치게 성급한 것이었다. 임시 대통령(레온 데 라 바라)은 구 체제와 긴밀한 연계를 유지하고 있었으며, 혁명에 결코 동정적이지 않았다. '포르피리스타'Porfirista(포르피리오 디아스의 추종자) 귀족들과 그 동맹자들은 재집권의 희망을 결코 포기하지 않고 있었다. 그들은 레온 데 라 바라를 임시 대통령으로 만든 타협이 전술적인 후퇴, 즉 혁명적 열기가 잦아들기를 기다리며 역공을 준비할 시간을 버는 방법이라고 생각했다. 디아스의 거대한 관료제는 임시 대통령하에서도 여전히 그대로 남아 있었다. 반동적인 장교 집단은 계속해서 연방 군대를 지휘하고 있었으며, 자신들을 패배시킨 혁명적 농민군에 대해 복수의 칼을 갈고 있었다.

전국적으로 볼 때 사회적 상황은 거의 변하지 않은 채 남아 있었고, 임시정부는 현상現狀의 완전한 회복을 추구했다. 레온 데 라 바라는 연방군을 모렐로스에 파견하여 이미 대농지의 몰수와 원주민 마을들에 대한 토지 분배를 시작하고 있었던 사파티스타들을 상대로 싸움에 돌입했다. 이 싸움을 중단시키고 사파타와 레온 데 라 바라의 갈등을 중재하려고 한 마데로의 노력은 수포로 돌아갔으며, 그것은 오히려 멕시코에 혼란만 가져다 준 몽상가 참견꾼visionary meddler에 대한 보수주의자들의 증오만 키워놓는 꼴이 되었다. 그러나 아직은 혁명의 열기가 꺼지지 않고 있었기 때문에 반동분자들은 때를 기다리지 않으면 안 되었다. 1911년 10월 마데로와 그의 러닝메이트 호세 마리아 피노 수아레스José María Pino Suárez는 압도적인 표차로 대통령과 부통령에 당선되었다. 페미니스트들은 후아나 구티에레스 데 멘도사와 그녀의 '아미가스 델 푸에블로'Amigas del Pueblo, AP('민중의 친구들') 같은 (페미니스트) 지도자들의 수차에 걸친 공적인 항의와 청원에도 불구하고 여성의 투표권을 얻어내는 데 실패했다. 그러나 그렇다고 '민주주의의 사도'를 지지하는 그들의 정치적 선동이 줄어들지는 않았다.

마데로의 대통령 임기 : 부적합과 반란

얼마 안 가 '민주주의의 사도'(마데로)가 멕시코의 심각한 사회적·경제적 문제들에 대해 근본적인 해결책을 갖고 있지 않다는 것이 분명해졌다. 정치적인 면에서조차도 마데로의 생각은 진보적이지 않았다. 그가 생각하는 민주주의는 형식적인 민주주의였고, 대중에게는 정치권력과 정치 참여라는 환상만 심어주고 모든 정책 결정권은 소수 엘리트들이 갖는 것이었다.

경제적·사회적 민주주의와 관련해서는 그의 생각이 더 제한적이었다. 마데로는 노동자의 노조 결성과 파업을 허용하고, 노동자들이 멕시코시티에 '세계노동자센터'Casa del Obrero Mundial라는 전국적인 노동자 센터를 만드는 것도 용인했다. 그러나 농업 문제에 대해 그가 제시한 대답은 대지주로부터 토지를 매입하고 국유지를 원상복귀시켜 무토지 농민들에게 나눠준다는, 전혀 적절치 못한 것이었다. 사실 마데로는 오로지 대지주들만이 멕시코 농업을 근대화할 수 있다는 생각을 가지고 있었기 때문에 아시엔다를 희생시키게 될 토지개혁에는 완강하게 반대하는 입장이었다. 토지 문제에서 마데로가 보여 준 퇴보는 그의 가장 충실한 동맹 세력인 에밀리아노 사파타와의 결별로 이어졌다. 사파타는 마데로에게 산루이스포토시 플랜의 농업 규정을 이행하라고 촉구했다. 이에 마데로는 레온 데 라 바라의 임시정부가 체결한 조약으로 디아스 체제의 법적·행정적 결정의 합법성을 인정하지 않을 수 없게 되었다면서 그 요구를 거절했다. 마데로는 또한 사파타 농민군의 항복과 무장해제를 요구했다.

마데로가 원주민 마을들에 토지를 돌려주겠다는 약속을 지킬 마음이 전혀 없다고 확신한 사파타는 1911년 11월 자신의 계획안을 발표했다. 이 아얄라 플랜Plan of Ayala은 아센다도, '과학자', 혹은 카시케들이 독재와 부패한 법정을 통해 몰수한 땅, 숲, 하천 등을 원래 주인들에게 즉각 돌려줄 것을 요구했고, 사파타는 그 계획을 실행에 옮기기 시작했다. 이 사파티스타 운동은 곧 멕시코 중부와 남부의 다른 주들로 확산되었다. 역사가 존 워멕John Womack은 이 농민군과 그들의 지도자들을 생생하게 묘사했는데, 그 지도자 가운데 한 명은 '라 치나'La China('중국 여자')라는 별명을 가진

'솔다데라들'(soldaderas), 즉 애인이나 남편을 따라 나섰다가 가끔은 직접 전투에 참여하기도 한 여성들은 그들 나름대로 멕시코혁명의 승리에 중요하게 기여했다.

여성이었다. "누더기 혹은 양장점에서 훔친 예쁜 옷을 입고 실크 스타킹과 드레스를 걸치고, 샌들과 밀짚모자에 허리에는 긴 탄띠를 두른" 이 여성 전사들은 지역 연방 정부 관리나 아센다도들이 두려워서 벌벌 떨 정도로 용감하게 싸웠고, 심지어 베테랑 사파티스타 지휘관들조차도 "'라 치나'를 존경심을 가지고 대할 정도였다". 마데로는 몇 차례에 걸쳐 사파타와 그의 추종자들을 진압하기 위해 군대를 파견했으나 성공하지 못했다.

마데로는 진정한 의미의 농업개혁을 수행하지 않음으로써 혁명적인 농민들의 신뢰와 지지를 상실하게 되었다. 그렇다고 그가 보수주의자들의 지지를 받게 된 것도 아니었는데, 보수주의자들은 마데로가 온건하지만 노동자들에게 양보한 것에 대해, 그리고 멕시코에 언론과 출판의 자유, 법의 지배를 보장하는 부르주아 민주주의를 도입한 것에 대해 심히 못마땅하게 생각했다. 그들은 또한 마데로가 농민들의 압박에 못 이겨, 그리고 토지개혁의 강력한 지지자인 루이스 카브레라^{Luis Cabrera} 같은 도시 중간층 개혁가들의 영향을 받아 좀더 진보적인 쪽으로 나아가지 않을까 두려워했다.

귀족들은 자신들의 재산과 영향력이 거의 그대로 온존한 상태에서 잃어버린 돈 포르피리오^{Don Porfirio} 시대의 천국, 즉 농민·노동자·원주민들이 각자 주제 파악을 하고 제자리로 돌아가는 그 시절로 돌아가기를 꿈꾸었다. 그러므로 1911년 11월 마데로가 대통령에 취임할 그 무렵부터 멕시코 도처에서 반反혁명 반란이 발생하곤 했다. 그 가운데 가장 심각한 것이 북쪽 지역에서 일어난 파스쿠알 오로스코^{Pascual Orozco}가 이끄는 반란이었는데, 그는 치우아우아 주의 보수세력, 그중에서도 테라사스-크레엘 가문의 사주와 지원을 받고 있었다. 빅토리아노 우에르타^{Victoriano Huerta}가 지휘하는 연방 군대는 일련의 전투에서 오로스코의 반란을 진압했다. 그러나 우에르타의 승리는 마데로가 사파타를 비롯한 옛 혁명적 동맹 세력의 지지를 상실한 상황에서 자신에 대한 충성심이 매우 의심스러운 한 장교단에 대한 의존도를 높여 놓았다.

1912년 나머지 기간 동안 여러 번의 반란이 발생했으나 다 실패했다. 마데로가 미국의 지지를 상실한 것이 분명해지면서 그에게 닥친 위기는 더 커졌다. 마데로가 외국 자본을 환영하고 그 자본의 안전을 보장하기는 했지만 미국 자본가들에 대한 특혜 제공은 거부했고, 옛날 디아스 정부 때 작동되던 '친구'^{crony} 시스템은 더 이상 기대하지 말라고 외국 자본가들에게 경고했다. 이런 독립적인 정신, 거기에 마데로가 허용한 노조와 파업의 합법화, 그리고 농민반란을 진압하지 못하고 안정을 확립하지 못한 그의 무능력은 그와 미국과의 거리를 멀어지게 했다. 그래서 처음에는 마데로에게 우호적이던 미국의 외교 정책이 이제 그를 멀리하게 되었다.

미국 대사 헨리 레인 윌슨Henry Lane Wilson은 점차 마데로에게 적대적으로 되었다. 1912년 2월, 그는 10만 명 규모의 미국 군대를 국경선 지역에 주둔시켰으며, 만약 마데로 정부가 미국인의 생명과 재산을 보호하지 못하면 직접 개입하겠다고 1년 내내 노골적으로 협박했다.

한편, 수도에서는 쿠데타 준비가 진행되고 있었다. 싸움은 1913년 2월 9일 타쿠바야의 수비대가 마데로에게 선전포고를 한 뒤 대통령궁으로 행군을 시작하면서 시작되었다. 한편 미국 대사는 이 반혁명적 반란을 적극 지지하면서 마데로에게는 만약 그가 멕시코시티에서 군사작전을 펼치면 그것은 미국인들의 재산과 생명을 위협할 것이고, 그런 상황을 미국은 좌시하지 않을 것이라는 강력한 메시지를 보냈다. 그의 사주를 받아 영국, 독일, 에스파냐의 대사도 그와 비슷한 요구를 했다. 위기가 정점으로 치닫자 윌슨은 좀더 적극적으로 나서 2월 14일 멕시코 정부에 대해 다른 교전 집단들과 타협에 나설 것을 촉구하면서 만약 그렇게 하지 않으면 멕시코의 항구들을 점령할 것이라고 위협했다. 같은 날 윌슨은 다른 외국 대사들을 회의에 초대하여 마데로를 물러나게 하는 합의를 끌어냈다. 외교 사절들은 마데로가 스스로 물러날 것을 요구하는 메시지를 그에게 보냈으나 마데로는 그 요구를 단호하게 거부했다. 그는 외세에 굴복하느니 차라리 죽겠다고 말했다.

우에르타의 독재 체제

분명히 반란세력과 보조를 같이하고 있었던 윌슨 대사는 우에르타를 사주하여 대통령과 그의 각료들을 체포하게 했다. 누구를 새 체제의 수장으로 할 것인가에 대한 논란도 윌슨의 중재로 해결되었다. 미국 대사관에서 열린 회합에서 우에르타를 임시정부의 수장으로 하자는 데 합의가 이루어졌다. 우에르타는 자신의 정권 찬탈에 모종의 합법성을 부여하기 위해 마데로와 피노 수아레스에게 안전하게 멕시코에서 떠날 수 있게 해주겠다고 약속하고 그들로부터 '자발적인' 사임을 받아냈다. 겁을 집어먹은 의회는 이 사임을 받아들였고, 거의 만장일치로 우에르타를 임시 대통령으로 인정했다. 이제 마데로를 어떻게 처리할 것인가의 문제가 남아 있었다. 이 문제에 대해 조언을 구하는 우에르타에게 미국 대사는 "어떻게 하는 것이 국가에 이익이 될지를" 고려하여 조치를 취하는 것이 좋겠다고 대답했다. 다른 외교 사절들과 마데로의 아내가 윌슨에게 마데로의 목숨만은 살려달라고 간곡하게 요청했음에도 불구하고 윌슨은 이를 외면했다. 2월 22일 저녁, 우에르타의 군대는 마데로와 피노 수아레스를 대통령궁에서 감옥으로 이송하는 과정에서 살해했다.

토지 귀족, 대자본가, 교회 등의 열렬한 지지를 받았던 우에르타의 정권 장악은 멕시코의 시계를 거꾸로 돌리는 것이었으며, 디아스 때의 개인 독재 체제로 되돌아가는 것이었다. 우에르타는 독재 체제의 사회적 기반을 확대하고, 그 체제의 반동적 성격을 가능한 한 은폐하기 위해 한동안 마데로의 노동 정책을 고수했다. 그러나 체제의 테러주의적 성격이 점점 더 분명해지고, 노동자들이 점점 더 반反우에르타 운동에 합류하자 그는 노동자 지도자들을 체포하고, 결국에는 세계노동자센터도 폐쇄했다.

반대파 : 사파타, 비야, 카란사, 오브레곤

우에르타는 남부 지역의 농민 혁명군에 대해 어렵지 않게 승리를 거둘 수 있을 것으로, 그리고 북쪽 보수적인 경제적·정치적 이익 집단들이 자신의 쿠데타를 적극 환영해 줄 것으로 기대했다. 그러나 여전히 강하게 흐르고 있었던 혁명의 물결은 마데로에 대한 야만적인 살인과 우에르타의 테러 체제 강요에 대한 반발로 더 높이 솟아올랐다. 사파타는 우에르타의 동맹 세력인 지역 대지주들과 연방 군대에 맞선 투쟁을 더욱 강화했다. 한편 소노라, 치우아우아, 코아우일라 등 북쪽 국경 인접 주들에서는 산재된 여러 사회 집단들 ——자유주의적 아센다도, 중간층, 광부, 산업 노동자, 바케로, 농민 ——로 이루어진 반反우에르타 동맹이 형성되기 시작했다. 사파타의 공세는 우에르타가 자신의 병력 가운데 상당 부분을 남부 지역의 전투에 보내지 않을 수 없게 함으로써 북쪽에서 새롭게 전개된 혁명 운동의 성공을 가능케 해주었다.

판초 비야는 입헌주의파Constitutionalists(북쪽에서 우에르타에 맞서 싸운 사람들은 자신들을 그렇게 불렀다)의 지도자가 되었다. 주州 내 바케로 vaquero('목부')들 사이에서 엄청난 인기를 구가하던 비야는 얼마 가지 않아 시우다드후아레스와 치우아우아 시를 포함하여 치우아우아 주 전 지역을 장악하게 되었으며, 거기에 새로운 혁명적 질서를 확립했다. 그는 휘하 병사들을 시민군과 행정요원으로 이용하여 질서를 회복해 갔다. 비야는 육류 가격을 인하하고, 가난한 사람들에게 돈과 옷 그리고 생필품을 나누어주었다. 교육은 문자 해독 능력이 거의 없었던 비야가 특히 애착을 가진 분야였다. 그를 수행한 미국 특파원 존 리드John Reed에 따르면, 비야는 치우아우아 시에만 약 50개의 학교를 세웠다.

비야의 사회 정책은 분명히 이웃 소노라와 코아우일라 주의 다른 입헌주의파 지도자들의 정책들보다 더 급진적이었다. 1913년 12월 그는 치우아우아에서 친親우에르타 과두 엘리트들이 보유한 땅을 보상 없이 몰수했다. 그러나 그의 농업 프로그램은 사파타의 그것과 많이 달랐다. 사파타가 지배하는 지역에서는 몰수된 대농장이 즉각 농민들에게 분배된 반

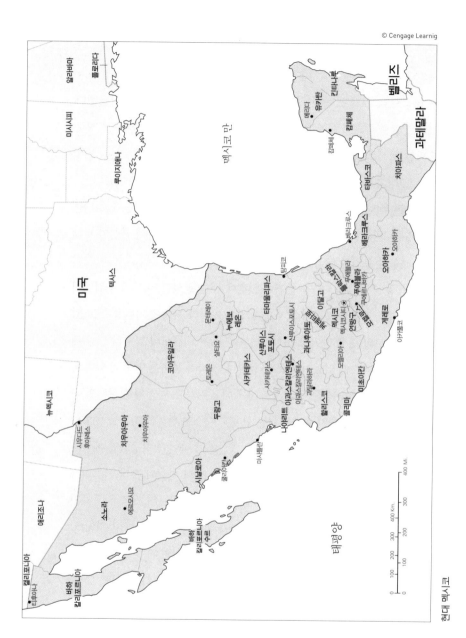

현대 멕시코

면에 비야의 법령은 그 토지를 혁명이 완전히 승리할 때까지 국가에 귀속
시킨다는 것이었다. 그는 대농장들에서 얻어진 이 수입을 혁명 투쟁을 위
한 자금으로, 그리고 혁명군의 미망인과 고아들을 부양하는 데 사용했다.
그리고 일단 승리가 확보되면 그 기금은 과부와 고아들에 대한 연금 지불,
은퇴한 전사들에 대한 보상금 제공, 아센다도들에게 몰수된 토지의 원상
회복, 그리고 아센다도들이 내지 않은 세금의 납부에 사용될 것이었다.

한편, 비야는 몰수된 아시엔다 가운데 일부를 아래 사람들에게 나누
어 주고, 나머지는 국유화했다. 가축은 미국 시장에 판매하여 자신의 부대
에서 사용할 무기와 탄약 구입에 사용하고, 고기는 도시 실업자들과, 고아
원 같은 공공 기관에 나누어주거나 시장에 내다 팔았다. 비야의 농업개혁
과 사파타의 그것은 북쪽의 경제가 농업이 아니라 목축에 기반을 두고 있
었고, 대규모의 경제 단위로 분할되어 주州 혹은 대규모의 협력적 기반 위
에서 운영될 필요가 있었기 때문에 달랐다. 게다가 북쪽은 인구 가운데 농
민이 차지하는 비율이 훨씬 낮고, 토지에 대한 갈증도 훨씬 덜한 편이었다.

한편 이웃 코아우일라 주에서는 한때 디아스를 위해 일하기도 했으나
1911년 마데로 편으로 돌아선, 대지주 출신이며 나이가 지긋했던 베누스
티아노 카란사Venustiano Carranza가 우에르타에 맞서 반란의 깃발을 들어올
렸다. 1913년 3월 26일, 그는 과달루페 플랜을 발표했는데, 그것은 독재자
타도와 입헌 정부 회복을 요구하되, 사회개혁에 대해서는 언급하지 않았
다. 카란사는 입헌주의파 군 사령관의 직함을 갖게 되었다.

한편 우에르타는 멕시코시티 안에서 호세 바스콘셀로스José Vasconcelos
와 마르틴 루이스 구스만Martín Luís Guzmán 같은 유명 지식인들이 이끄는 비
밀 저항세력에도 대처해야 했다. 그러나 그에 못지않게 골치 아팠던 것이
마리아 아리아스 베르날María Árias Bernal이 이끄는 페미니스트 단체 '로얄

티 클럽'Loyalty Club의 저항이었는데, 이 단체는 우에르타 체제의 야만성을 거세게 비난하고, 마데로의 무덤이 있는 장소에서 시위를 벌였다.

미국의 개입

1914년 초쯤이면 입헌주의파의 반란은 크게 힘을 얻게 되었고, 우에르타의 몰락은 불가피한 것으로 생각되었다. 한편, 1913년 우드로 윌슨Woodrow Wilson이 태프트에 이어 미국 대통령으로 선출되었다. 윌슨 정부는 비록 우에르타에게는 무기를 팔아 그가 지배권을 강화할 수 있도록 한 데 비해 혁명군에는 무기 판매를 거부하여 어려움을 안겨주기는 했지만 유럽 열강 가운데 윌슨의 정부만이 우에르타 체제를 인정하지 않았다. 윌슨은 도덕적인 이유를 들어 우에르타 정부에 대한 거부를 정당화했는데, 불법적으로 집권한 정부를 인정할 수 없다는 것이 그것이었다. 그러나 그보다 더 중요한 이유는 우에르타가 미국 회사들이 멕시코에 대해 원하는 안정된 정치적 환경을 제공할 수 없다고 생각했기 때문으로 보인다. 유럽 정부들이 우에르타를 강력하게 지지하는 것을 보고 윌슨은 우에르타가 미국의 사업체들을 희생시키고 영국이나 독일의 투자자들에게 멕시코 시장에서 특혜를 제공하는 내용의 협정을 체결한 것은 아닌가 의심했다. 취임하고 나서 첫 6개월 동안 우에르타는 분명히 영국 회사들을 편애했고, 그래서 그에 대한 런던의 지지는 더욱 공고해진 반면에 워싱턴은 더욱 멀어졌다.

　미국 투자자들에게 유리한 정치적 환경을 조성하는 문제에 대해 윌슨이 큰 관심을 가지고 있었음은 1913년 그가 영국 관리들에게 보낸 메모에서도 알 수 있다. 거기에서 그는 자신의 미국 정부가 "우에르타를 권좌에서 쫓아내는 것에 관심을 가지고 있을 뿐만 아니라 멕시코에서 행해지는 모든 계약과 비즈니스가 전보다 더 안전하게 이루어질 수 있게 해 줄 더 나은 정부 수립을 위해 가지고 있는 모든 영향력을 행사할 것"이라는 점을 분명히 했다.

그 직후 영국과 독일 간의 긴장 증대(결국 그것은 제1차 세계대전으로 이어졌다)는 우에르타 체제의 안전과 국제적 지지에 극적인 영향을 미쳤다. 당시 거의 완공된 파나마 운하를 통과하는 모든 화물에 동일한 비율의 운송료를 요구하는 영국의 요청을 들어주는 대신 윌슨은 1914년 초 우에르타에 대한 지지를 철회하겠다는 약속을 영국으로부터 받아냈다. 그로 인해 우에르타의 재정 상황은 점점 어려워지게 되었다. 우에르타는 파국을 피하기 위해 6개월 동안 외채 이자 지불을 유예했다. 그러나 그런 비상 조치는 우에르타의 어려움을 더욱 가중시켰을 뿐이다. 외국인 채권자들은 멕시코 세관의 점령을 요구하기 시작했고, 그 중 일부는 즉각적인 개입을 요구했다. 1914년 2월 윌슨은 힘을 쓰기로 결심했다. 그는 워싱턴에 있던 카란사의 대리인에게서 입헌주의파가 '정당하고 공정한 양보'를 포함하여 외국인들의 재산권을 존중하겠다는 약속을 보장 받고, 대신 카란사 군에 대해 내려져 있던 무기 선적에 대한 억류 조치를 풀어주었다.

윌슨은 지역 관리들이 탐피코Tampico 통제 구역에 무단 상륙한 순양함 돌핀Dolphin 호의 선원들을 체포한 것을 구실로 개입했다. 우에르타는 사과와 함께 즉각 그들을 석방할 것을 명령했으나 순양함 선장은 워싱턴의 지시를 받아 사과를 공식 거부하고, 멕시코 측 책임자에게 중벌을 내릴 것과, 미국 국기를 향해 21발의 예포를 쏠 것을 요구했다. 우에르타에게 이 요구의 승낙은 정치적 자살을 의미했고, 그는 이 요구를 거절했다.

그러자 윌슨 대통령은 이번에는 멕시코 만으로 미 함대를 파견했으며, 1914년 4월 21일에는 탄약을 실은 독일 상선 한 척이 베라크루스로 향하고 있다는 첩보를 입수하고 베라크루스 시를 점령하라고 명령했다. 산후안데우요스 요새에 있는 멕시코 포대들이 미군의 상륙을 막으려고 하자 미국 선박들은 대응 사격으로 그 포대들을 제압했다. 그날 우에르타의 군대는 도시를 포기하고 도망쳤으나 그 지역 지역민들과 해군사관학교 생도들은 4월 27일 미군이 베라크루스를 점령할 때까지 용감하게 저항했으며, 그것은 멕시코와 여러 라틴아메리카 국가에서 거센 반ⁿ양키 감정을 불러일으키는 계기가 되었다. 한편 윌슨이 자신의 꼭두각시로 만들려고 했던 카란사는 미국의 행위를 거세게 비판하고 베라크루스에서 즉각 철수할 것을 요구했다.

그 직후 우에르타 체제의 붕괴는 시간문제인 것처럼 보였다. 결국 우에르타는 자신이 처한 상황이 절망적이라고 판단하고 7월 25일 유럽으로 도망쳤다. 우에르타 체제의 붕괴로 미국 군대는 계속해서 멕시코에 주둔할 모든 명분을 상실했다. 그러나 윌슨은 카란사로부터 멕시코의 기본적인 사회적·경제적 구조에 변화가 없을 것이라는 약속을 얻어내기를 바라면서 가능한 한 오랫동안 베라크루스에서의 철수를 미루었다. 그러나 카란사는 "치명적인 결과"가 뒤따를 것이라는 은밀한 협박에도 불구하고 단호하게 미국 측의 요구를 거부했고 계속해서 무력 개입의 종식을 주장했다. 결국 미군은 1914년 11월 23일 베라크루스에서 철수했다.

승자들 간의 싸움

완전한 승리의 날이 다가오자 입헌주의파 진영 안에서 분열이 나타났고, 특히 카란사와 비야 사이가 벌어졌다. 거기에는 비야를 잠재적 라이벌로 생각한 카란사의 시기심 같은 개인적인 요인도 있었지만 그보다 더 중요한 요인은 카란사가 농업 문제, 교회의 역할, 새 정치 질서 등의 근본적인 문제에 대해 자신의 입장을 정의하지 못한 것이었다. 그에 비해 비야는

"현재의 갈등은 힘 있는 자들의 권력 남용에 맞선 가난한 자들의 투쟁"이라고 명백히 정의하는 혁명적 합의를 주장했다. 그는 또한 입헌주의파 지도자들이 "민주주의 체제를 도입하고……. 노동자들의 복지를 확보하고, 농민들을 경제적으로 해방시키고, 토지를 공평하게 분배하고, 농업 문제 해결을 위해 필요하다면 무슨 일이든지 다 하겠다는 데" 뜻을 같이 하기를 원했다.

카란사는 비야와의 노골적인 결별이 가져올 잠재적인 위험을 우려한 부하 장수들의 압력에 못 이겨 자신의 대리인들을 시켜 이런 급진적 이념이 포함된 합의문에 서명하도록 했다. 그러나 개인적으로는 그것을 수용할 수 없다고 생각했다. 하지만 비야는 계속해서 카란사를 믿지 못했고, 이 불신은 카란사의 행동으로 인해 점점 더 깊어졌으며, 특히 카란사의 일방적인 수도 점령은 이 불신을 심화시켰다. 카란사와 사파타의 관계도 악화되어 갔는데, 사파타는 우에르타를 상대로 독자적으로 전쟁을 벌였으며, 카란사의 리더십을 인정하지 않았다. 사파티스타의 성명서는 아얄라 플랜을 실행에 옮겨야 하며, 구 체제의 모든 지지자들을 제거해야 한다고 선언했다.

1914년 10월, 카란사와 비야의 갈등을 해소하기 위해 아과스칼리엔테스에서 혁명의 지도자들과 그 대리인들이 한 자리에 모였다. 비야파는 사파타도 여기에 참석해야 한다고 주장했고, 곧 '남부해방군' 대표들도 도착했다. 이 회의는 아얄라 플랜을 인준하고, 스스로 최고 권위를 자임하였으며, 카란사에게 군 사령관직에서 물러날 것을 요구했고, 에울랄리오 구티에레스Eulalio Gutiérrez 장군을 임시 대통령으로 임명했다. 구티에레스는 카란사와 비야 모두에 반대하는 대표들이 추대한 타협적 성격의 인물이었다. 당시 아과스칼리엔테스는 비야파 병력으로 가득했기 때문에 구티에

1914년 12월 초, 멕시코시티에서 판초 비야(옥좌에 앉아 있는 이)와 에밀리오 사파타(가운데 오른쪽 솜브레로를 손에 들고 있는 사람)가 회동했다. 여기서 두 사람은 새 대통령의 추대에 동의했다. 그 전에 비야와 사파타는 혁명의 진행 과정에 대해 합의했으나 그 합의는 얼마 가지 않아 깨지고 말았다.

레스는 비야를 '전통파 군대'Conventionalist Army(북부 사단을 그렇게 불렀다)의 사령관으로 임명할 수밖에 없었다.

그러나 카란사는 이 회의가 자신을 파면할 권한이 없다고 주장하면서 아과스칼리엔테스의 결정을 인정하지 않았다. 그가 데드라인으로 정해놓은 날짜(11월 10일)까지 사임하지 않자 사파타와 비야의 군대가 수도로 진군하여 그곳을 점령했다. 카란사는 허약해진 자신의 병력과 함께 그 직전에 미군이 철수한 베라크루스로 후퇴했다. 역사가 존 하트John Hart에 의하면, 비록 미국이 카란사의 민족주의에 대해 의심을 품고는 있었지만 입헌주의파에게 베라크루스를 넘겨주고 철수하기로 한 결정은 혁명 세력의 아과스칼리엔테스 회의가 미국의 이익에, 특히 멕시코 석유 생산에 투자된 이익에 심각한 위협이 되리라고 보고 느낀 두려움을 반영하는 것이었다. 베라크루스는 카란사파 군대의 은신처가 되었는데, 이 군대를 이끈 사람은 인기도 있고 나이도 젊은 란체로 알바로 오브레곤Álvaro Obregón으로서, 그는 변함없이 카란사에게 충성을 바쳤고, 미군이 점령하는 동안 그곳에 쌓아 둔 무기와 탄약에 힘입어 자신의 군대를 재건했다.

농민 혁명세력은 비록 수도를 비롯해 국가의 상당 부분을 장악했지만 자신들의 성공을 확고하게 만들지는 못했다. 정치에 서툴렀던 그들은 국가 권력을 신뢰할 수 없는 성품을 가진 임시대통령 구티에레스에게 위임했는데, 그는 한때 카란사의 군대에 복무한 적이 있었고, 전통파의 전쟁 노력을 고의로 방해한 적도 있었으며, 오브레곤을 상대로 비밀 협상을 시작하고 있기도 했다. 한편 회의에 참석한 보수파는 토지개혁, 외국인 재산 몰수 등 급진적인 사회개혁에 완강하게 반대했다. 토지개혁에 대해 비야는 급진파에 동정심을 가지고는 있었지만 그렇다고 그가 이 논란에서 어느 한 쪽의 손을 들어주지는 않았다. 그것은 아마도 그가 신속한 군사적 승리와 미국의 인정(그는 이 미국의 인정이 종국적인 승리를 획득하는 데 꼭 필요하다고 생각했다), 둘 다를 얻어내기 위해서는 분열이 아닌 통합이 필요하다고 생각했기 때문으로 보인다. 이런 이유들 때문에 회의는 농민, 산업 노동자, 중간층의 이해관계를 하나로 통합할 수 있는 전국적 차원의 사회경제적 개혁을 만들어 낼 수가 없었다. 후에 비야가 자신의 프로그램을 확대하여 노동자, 중간층, 심지어 전국적인 자본가들까지 끌어들이려고 노력했지만 그 노력은 너무 미약하고 때가 늦은 것이었다.

입헌주의파는 그런 실수를 저지르지 않았다. 카란사는 오브레곤과 루이스 카브레라(이들은 입헌주의 운동의 사회적 기반 확대의 필요성을 잘 알고 있었다)의 주장을 받아들여 농민과 노동자들의 지지를 얻기 위한 사회

개혁 프로그램을 제시했다. 1914년 12월 입헌주의파가 최악의 상황에 처해있을 때 카란사는 과달루페 플랜Plan of Guadalupe의 '부가조항'을 발표하여 농업개혁과 산업 노동자들의 처우 개선을 약속했다. 계속해서 다른 칙령들이 뒤를 이었다. 1915년 1월 6일 그는 원주민 마을들에게서 몰수한 땅을 원상으로 돌리고, 아센다도들에게서 필요한 토지를 수용했다(카란사는 아센다도들에게 혁명 정부가 몰수한 아시엔다를 후에 돌려주겠다고 은밀하게 약속했다——그 약속을 그는 실제로 지켰다). 카란사는 농업 관련 칙령을 통해 농민들 사이에서 어느 정도 지지 기반을 확보할 수 있었다. 카란사는 모든 산업노동자들에게 적용되는 최저임금법을 약속하고, 노동자들의 노조 설립권과 파업권을 약속하는 등 노동자들의 호감을 사기 위해 노력했다. 그는 또한 여성의 지지를 위해 호소했고, 그리하여 여러 사회 계층의 수많은 여성이 그를 지지하는 대열에 합류했다. 역사가 쉬를레네 소토Shirlene Soto에 의하면 아르테미사 센스 로요Artemisa Sénz Royo(후에 '붉은 대대'에서 복무하기도 한 여성 노동 운동가) 같은 급진적인 노동자들이 에르밀라 갈린도 데 토페테Hermila Galindo de Topete(카란사의 개인비서) 같은 중간층 페미니스트들과 힘을 모아 "성적인 평등을 포함한 여성의 완전한 평등"을 요구하기도 했다.

오브레곤의 군대가 1915년 1월 멕시코시티를 재점령한 뒤 카란사 정부와 세계노동자센터(우에르타가 물러나고 난 뒤 재조직되었다) 간에 동맹이 형성되었다. 센터의 멤버들은 '반대파에 맞선 투쟁'에 동참한다는 데 동의했는데, 이때 반대파는 무엇보다도 혁명적인 농민들을 의미했다. 노동자들로 구성된 6개의 '붉은 대대'red battalions가 만들어졌으며, 이들이 1915년 1월 비야와 사파타에 맞서 오브레곤이 주도한 공격의 주력을 이루었다. 농민 지도자와 노동자 지도자들의 공동 이익에 대한 이해의 부족, 그리고 카란사 진영 중간 계층 정치가들의 노련한 기회주의가 농민과 노동자 간의 파괴적인 분열을 만들어 내는 데 큰 역할을 했다.

계급을 초월한 다양한 정치적 지지자들의 지지에다 미국에서 들어오는 재정 지원과 무기로 자신감을 갖게 된 입헌주의파는 멕시코 내 세력 균형의 극적인 변화에서 이득을 얻게 되었다. 카란사의 군대는 1월 19일 비야를 멕시코시티에서 쫓아내는 데 성공했으며, 몇 달 후 오브레곤은 셀라야Celaya 전투에서 비야의 군대에 결정적인 승리를 거두었다. 그 직후 카란사의 지지자들은 사파티스타들에게 심각한 손실을 안겨주었다.

혁명의 수장들을 서로 싸우게 해서 공멸하게 하려는, 혹은 미국의 주도하에 동맹을 만들어 내려는 노력이 모두 실패로 돌아가자 1915년 10월 윌슨 대통령은 카란사의 우세를 인정하고 그의 체제에 대한 사실상의 인정을 확대했다. 그리고 그에 못지않게 중요한 점은 카란사의 적들에 대해 그가 무기 금수 조치를 내렸다는 것이다. 그러나 미국은 멕시코혁명의 진행 과정에 영향을 미치려는 시도를 포기하지는 않았다. 카란사에게 보낸 메모에서 윌슨은 그가 법적인 인정을 얻기 위해 충족시켜야 할 조건을 명시했다. 여기에는 외국인들의 경제적 권리의 보호, 종교의 자유, 민주적 선거가 포함되어 있었다. 이런 요구는 1년 전과 마찬가지로 1915년 10월에도 카란사가 결코 수용할 수 없는 것이었다.

1916년 초 미국과 멕시코의 관계는 급격하게 악화되었다. 부분적으로 이 관계 악화는 멕시코 연방 정부와 주 정부들이 외국 원유 회사들의 경영을 규제하려고 했기 때문에 나타난 것이었다. 그해 3월, 무기 금수 조치에 분노하고, 카란사가 멕시코를 미국의 한 보호령으로 만드는 계획에 동의함으로써 미국으로부터 인정을 받았다고 오해한 비야가 카란사의 진의를 파악하기 위해 뉴멕시코 주 콜럼버스를 침입하면서 위기 상황이 나타났다. 윌슨 정부는 존 퍼싱John Pershing 장군에게 멕시코 국경을 넘어 가비야를 체포하라고 명령하는 것으로 응답했다. 미국은 이 문제(국경 침입)에서 비야와 카란사 간의 적대감을 고려할 때 카란사의 협조를 얻어 낼 수 있으리라고 생각했다. 그러나 카란사는 미국의 국경 침입을 규탄하고 즉각 철수를 요구하면서 미국과의 전쟁 준비에 착수했다. 다른 라틴아메리카 국가들에게 보낸 서신에서 멕시코 정부는 "외세의 침입"을 격퇴할 것을 분명히 하고, 멕시코의 주권을 천명했으며, 미국의 목적이 외국 자본의 특권적 지위를 회복하려는 데 있다면서 미국의 개입을 거세게 비난했다.

미국은 손쉬운 승리를 예상했었으나 이리저리 도망 다니는 비야에 대한 퍼싱의 끈질긴 추격은 결국 실패로 돌아갔으며, 윌슨은 결국 카란사의 협상 제의를 받아들일 수밖에 없었다. 윌슨은 미군의 철수를 멕시코 국내 정책에 대한 미국적 방식의 수용과 연계시키려고 노력했지만 성공하지 못했다. 1917년 1월 악화된 국제 사회의 여론과, 멕시코와 전쟁을 하려면 적어도 50만 명의 병력을 필요로 한다는 현실적 고려에 영향을 받아 윌슨은 멕시코에서의 모험을 청산하기로 결심했다. 이는 멕시코 민족주의가 자신의 헤게모니를 강요하려는 미국의 또 한 번의 시도에 대해 중요한 승리를 거둔 사건이라고 할 수 있다.

1917년 헌법

1916년 가을 카란사는 새로운 헌법의 틀을 만들고, 자신이 대통령으로 선출될 방도를 마련하게 될 대회에 참가할 대표 선출을 요구했다. 이 대회는 1916년 12월 1일 케레타로에서 열렸다. 이 대회에 여성들과, 카란사의 과달루페 플랜에 충성을 맹세하지 않은 사람은 사실상 배제되었기 때문에 헌법은 그가 원하는 방향대로 내용이 채워질 것으로 보였다. 헌법 초안에는 급진적인 농업개혁이 담겨 있지 않았다. 노동에 대해서 그것은 '일 할 권리'와 노동자들이 '합법적 목적'을 위한 단체를 결성하고, '평화로운' 회의체를 유지할 권리가 있다고 선언하는 것에 그쳤다.

그러나 이런 추상적 내용에 대해 대회에 참가한 대표들 대다수는 만족하지 못했고, 불만을 품은 대표들은 '급진파'를 구성했다. 이 좌파의 대변인격이었던 사람이 프란시스코 무히카Francisco J. Múgica였는데, 그는 소장파 장군으로 혁명의 첫번째 토지 분배를 만들어 내는 데 기여한 인물이었다. 급진파는 대표 다수의 동의를 얻어 카란사의 제안을 수정하기 위한 위원회를 설치했다. 수정안 제3조는 무히카 자신이 주도해 삽입한 것이었는데, 그것은 특히 '종교 단체'와 '성직자'가 학교를 설립하거나 운영하는 것을 금지함으로써 교육에 대한 교회의 지배에 심각한 타격을 가했다.

에르밀라 갈린도를 비롯한 여성 혁명가들은 시민권과 투표권에 관한 내용을 담고 있는 제34조와 제35조에 깊은 관심을 가지고 있었다. 대회 중에 한 연설에서 갈린도는 대표들의 "민중 대표로서 갖는 정의감"에 호소하면서, 노동하는 여성이 남성과 똑같이 세금을 내고 똑같은 법에 복종하고 사회정의를 위한 혁명적 투쟁에도 온전하게 참여했으므로 여성도 남성과 똑같이 투표권과 공무담임권을 가져야 한다고 주장했다. 그러나 다른 사람들, 특히 루이스 몬손Luís Monzón이나 이네스 말바에스Inés Malváez 같은 좀더 급진적인 대표들, 그리고 멕시코자유당의 초기 지지자들과 성적 평등의 주요 주창자들은 현실적인 정치적 이유를 들어 여성에게 투표권을 부여하는 것에 반대했다. 즉 그들은 노동 세계의 가혹한 현실로부터 배제되어 있고(1917년 전체 여성 가운데 임금 노동을 하는 사람은 20%가 채 되지 않았다), 보수적인 가톨릭교회에 미혹되는 경향이 있는 대다수 여성이 혁명의 급진적인 반자본주의적·반교회적 경향을 억제하는 쪽으로 투표권을 사용하지 않을까 우려한 것이었다. 결국 이런 우려가 원칙에 대해 승리를 거두었으며, 여성들의 시민권과 참정권은 부인되었다.

그러나 여성 임금 노동자들은 노동권에 관한 내용을 담고 있는 제123조에서 중요한 보호를 받아 낼 수 있었다. 카란사는 대표들에게 연방 정부가 노동 관련 법규를 제정할 권한을 갖게 해달라고 말했을 뿐이었는데, 대표들은 그보다 훨씬 더 앞서 나아갔다. 제123조의 최종 문구는 진정한 의미의 노동법이라고 할 수 있었다. 하루 8시간 노동, 산모의 산전·산후 휴가를 포함한 여성의 출산 수당을 명시했고, 50인 이상의 여성 노동자를 고용한 회사들은 사내에 탁아소를 두어야 한다고 했다. 또한 회사 내 가게와 채무 노역을 폐지했고, 노동자들의 단체 구성과 단체협상권, 그리고 파업권을 보장했다. 이런 조항들 때문에 이 제123조는 당시로서는 세계에서 가장 선진적인 노동법이라 할 만했다.

재산권에 대해 다루고 있는 제27조도 마찬가지로 진보적인 성격을 가지고 있었다. 이 조항은 국가가 모든 땅과 물 그리고 심토의 원소유자임을 선언하면서 국가가 그것을 수용할 때는 그 소유자에게 보상을 해야 한다고 했다. 물과 심토에 대한 국가 소유권은 양도가 불가능한 것이지만 개인 혹은 회사는 (합당한 절차를 밟아) 그 이용권을 취득할 수 있다고 했다. 사용권을 허락받은 외국인은 그 같은 권리와 관련하여 멕시코 법에 따르고, 자기네 정부의 보호를 요청하지 말아야 한다고 했다. 무엇보다도 중요한 것은 같은 조항 속에 포함된 농업 관련 규정이었는데, 그것은 1856년 이후 에히도(공유지)를 양도하는 내용으로 1856년 이후 통과된 모든 조치는 무효라고 선언했다. 만약 원주민 마을들이 더 많은 땅을 필요로 하면 이웃 아시엔다 토지의 수용을 통해 그것을 획득할 수 있다고 했다.

1917년 헌법의 이런 조항들은 그것을 당대의 가장 진보적인 법전으로 만들어 놓았다. 이 헌법은 라티푼디움에 대한 대대적인 공격, 교회 세력의 약화, 멕시코 내 외국 자본 규제를 위한 법적 토대를 구축했다. 그러나 이 헌법이 결코 반자본주의적이라고 말할 수는 없다. 그것은 사유재산을 인정하고 보호했고, 외국 기업을 배제하기보다는 규제하려고 했으며, 국내 자본주의 발전에 보다 유리한 환경을 만들어 내려고 했다.

카란사 대통령의 임기

대통령으로 취임한 카란사는 곧 자신이 새 헌법의 개혁적 조항을 실행에 옮길 생각이 없음을 분명히 했다. 그가 원주민 마을들에 돌려준 땅의 규모는 정말 보잘것없는 수준이었다. 카란사는 몰수된 아시엔다 가운데 상당 부분을 과거의 주인에게 돌려주었고, 돌려주지 않은 것들은 자신과 가까운 장군들에게 넘겼다. 공직자의 부패는 널리 확산되어 있었다. 노동 계급은 가혹한 탄압을 당했다. 세계노동자센터도 폐쇄했다. 헌법에 명시된 무료 교육은 그냥 없는 것이 되었다. 혁명적인 민족주의가 두드러진 특징이었던 카란사의 외교 정책에서만 새 헌법이 표방하는 정신이 살아남아 있었다. 카란사는 헌법 제27조를 곧이곧대로 실행하여 외국인들의 이익이 침해당하지 않게 해달라는 미국의 압력을 단호하게 거부했다. 그는 제1차 세계대전에서 멕시코의 중립을 지켜냈으며, 서반구에서 멕시코의 독립적인 외교를 주장했는데, 미국은 이런 태도를 자신들에게 비우호적인 것으로 간주했다.

카란사는 또한 신고제 이혼을 합법화하고, 이혼녀가 전 남편에게서 위자료를 받을 권리를 규정했으며, 여성도 재산을 소유하고 관리할 수 있다는 법령을 통해 중상층 여성들에게 다가가려고 했다. 1917년 4월 9일 그는 가족관계법Law of Family Relations에 서명했는데, 그것은 자식에 대한 보호와 후견의 문제에서 아내가 남편과 동등한 권리를 행사할 권리, 그리고 여성이 소송을 제기하고 계약을 체결할 권리를 보장했다. 그러나 이혼을 금기시하는 사회 분위기와 그 외 여러 가지 법적 불공평은 멕시코에서 역사가 쉬를레네 소토가 말한 "이중적 성 기준"을 제도화하였다.

한편 카란사는 남쪽에서는 끈질긴 사파티스타들을, 북쪽에서는 비야를 상대로 싸움을 계속했다. 카란사의 심복 장군 파블로 곤살레스Pablo González는 여러 번에 걸쳐 사파티스타들을 상대로 전투를 벌였다. 사파타의 병력은 많이 줄어들어 있었으며, 그가 장악한 영토는 이제 거의 남아 있지 않을 정도로 쪼그라들어 있었다. 그러나 그는 농민들의 호의와 충성에 힘입어 투쟁을 계속할 수 있었다. 그의 몰락은 배신으로부터 왔다. 카란사의 부하였던 한 장교가 사파타에 대해 충성을 선언하면서 이 남부의 호랑이Tiger of the South와의 만남을 요청해 왔고, 회동 장소에서 그는 1919년 4월 10일 사파타를 살해했다. 그러나 그 후에도 그의 부하들은 '토지와 자유'를 위한 투쟁을 멈추지 않았다.

카란사는 1920년 권력을 더 연장하려는 시도가 실패하고 난 뒤 과거 자신의 동맹 세력이었던 알바로 오브레곤이 주도하는 반란의 희생물이 되었다. 오브레곤은 대통령에 취임해 멕시코에 다시 평화를 가져다주었다. 그러나 그는 국가 재건 과업을 새로 시작해야 했으며, 그 일은 결코 쉽지 않았다. 멕시코 전역을 휩쓴 거대한 회오리바람은 황폐한 땅과, 수십 만명에 이르는 사망자와 실종자를 뒤에 남겨 놓고 있었다. 멕시코의 인구는 실제로 1910년 이후 그때까지 약 100만 명이 줄어들어 있었다. 1917년의 헌법은 새롭고 개선된 사회질서를 만들어 내기 위한 청사진을 제공해 주었지만 변화를 가로막는 장애물은 결코 만만치 않았다.

국가의 재건 : 백만장자 사회주의자들의 지배

오브레곤과 개혁

오브레곤과 함께 일단의 북부 지역 장군들과 정치가들이 권력을 장악하게 되었으며, 그들은 마데로, 우에르타, 카란사가 실행하지 못하거나 실행하지 않으려 했던 경제적·사회적 재건 작업에 착수했다. 오브레곤과 그의 계승자인 카예스^{Calles}는 중간층 혹은 하층 계급 출신이었다. 오브레곤은 기계공 혹은 농민 출신이며, 카예스는 교사였다. 두 사람 모두 미국의 문화적 영향이 강하고 멕시코의 어떤 다른 지역보다도 자본주의와 자본주의적 관계가 강한 국경 지역 출신이었다. 그러므로 오브레곤과 카예스는 카란사의 귀족적 개혁주의만큼이나 사파타의 혁명적 농업 이데올로기와도 멀리 떨어져 있는 실용적인 사업가 기질의 소유자였다. 그 두 사람은 의도적으로 멕시코 국내 자본주의의 경제적·정치적·이데올로기적 토대를 닦기 위해 노력했다.

혁명이 대중을 이미 급진적으로 만들어 놓은 것을 알고 있었고, 노동자들(오브레곤과 카예스는 이들의 지지에 의존하였다)에게 사회주의 혹은 반제국주의가 호소력을 갖고 있다는 것을 알고 있었던 오브레곤과 카예스는 혁명적 수사修辭를 사용하여 대중의 지지를 끌어 모으고, 실제로 일어난 사회적 변화가 보잘것없다는 사실을 은폐하려고 했다. 사실 오브레곤의 프로그램은 카란사 지배 말기를 특징지은 반동적인 경향과의 대조 속에서만 혁명적이었다. 오브레곤은 사회주의를 촉진하기는커녕 가장 보수적인 성직자들과 지주들을 제외한 멕시코 사회 집단들과의 화해를 추구했다. 그는 온갖 다양한 정치적 성향의 망명객들이 다시 멕시코로 돌아오는 것을 허용했으며, 그의 정부에서는 급진적인 지식인들과 옛 '과학자들'이 스스럼없이 한데 어울렸다. 부유한 장군, 자본가, 지주로 이루어진 지배 계층이 권력을 장악했다. 노동자와 농민은 정부의 순종적인 고객이었다.

농업개혁이 농민의 불만 폭발을 막아주는 유용한 안전밸브라고 생각한 오브레곤은 원주민 마을pueblo들에 얼마간의 토지를 분배해 주었다. 그러나 그 과정은 아센다도들과 교회의 완강한 반대에 직면했고, 그들은 그 조치가 "지주들의 정당한 권리"를 고려하지 않는다며 강하게 비난했다. 지주들이 제기하는 소송, 수용된 땅의 점유를 막기 위해 무기를 사용하는 그들의 행태, 성직자들의 반대 등이 토지개혁의 속도를 매우 더디게 했다.

토지를 분배 받은 마을들에서도 농업개혁의 성공 전망은 매우 불확실했는데, 그것은 정부가 농민들에게 종자, 농기구, 적절한 신용상의 편익, 근대적 농업 기술 등을 제공하지 못했기 때문이다. 농민들이 받은 신용 융자는 대개 정부 농민 은행에서 나온 것이거나(이 은행은 토지 사용에 대해 치밀한 통제권을 행사했고, 농민의 고객으로서의 지위client status를 강화했다) 아니면 농촌 고리대금업자에게서 나온 것이었다. 오브레곤의 토지개혁은 신속하지도 철저하지도 않았다. 그가 대통령 임기를 마칠 무렵 약 300만 에이커의 땅이 624개 마을에 분배되었을 뿐이며, 3억 2천만 에이커는 여전히 개인들의 수중에 남아 있었다.

오브레곤은 또한 노조가 노동과 자본의 관계를 안정시키는 데 유용하다고 보고, 노조를 자신의 정부를 지지해 줄 중요한 지지 기반으로 생각했기 때문에 노동자의 조직화를 장려했다. 가장 중요한 노조 단체는 1918년에 만들어진 멕시코지역노동자연합Confederación Regional Obrera Mexicana, CROM이었다. 이 단체 지도자들이 '계급투쟁'과 '자본주의의 전횡'으로부터의 자유에 대해 자주 언급하기는 했지만 이 단체가 아메리카노동자연합American Federation of Labor보다 더 급진적이지는 않았으며, 이 두 단체는 긴밀한 연계를 유지했다. 멕시코지역노동자연합의 영원한 보스는 화려한 의상과 다이아몬드 장식, 그리고 리무진을 타고 다니는 것으로 유명한 루이스 모로네스Luis Morones였다. 정부가 지원하고 보호하는 유일한 노동자 단체였던 멕시코지역노동자연합은 사실상 공적인 지위를 가지고 있었다. 이런 공적인 보호에도 불구하고 모로네스는 고용주들과 사적으로 협상하는 방법을 택했고, 그것은 노동자들에게 별 도움이 되지 못했다. 임금은 물가 상승률도 따라잡지 못했다.

오브레곤 체제의 가장 확실한 업적은 교육과 문화 분야였다. 멕시코의 국내 자본주의의 발전을 위해서는 국민의식의 발전이 필요했고, 그것은 아직 수많은 작은 종족들의 집합체에 머물고 있던 원주민들을 전국 규모의 시장에, 그리고 새로운 사회에 통합시켜야 함을 의미했다. 이 관점에서 볼 때 원주민들은 멕시코 재건의 핵심 사항이었다. 그들을 근대적 세계에 통합시키기 위해서는 그들의 과거와 현재의 생활 조건을 철저하게 이해할 필요가 있었으며, 혁명 정부들은 원주민들에 대한 과학적 연구에 기반을 둔 인디헤니스모indigenismo(반패권적counterhegemonic 발전 이데올로기)를 장려했다.

인디헤니스모의 필수불가결한 한 부분은 원주민 문화유산에 대한 재평가였다. 옛 원주민 예술의 위대함을 주장하는 것은 그들 자신들의 가치를 주장하는 한 방법이었으며, 그것은 또한 지난 수십 년의 디아스 치세 동안 멕시코 예술에 대해 창백하고 무기력한 프랑스와 에스파냐의 아카데미즘이 자행한 전횡에 대항하는 봉기의 한 방법이었다. 장차 멕시코 예술의 르네상스를 주도할 두 명의 거인이 유럽에서 돌아왔는데, 디에고 리베라Diego Rivera와 다비드 알파로 시케이로스David Alfaro Siqueiros가 그들이었다. 이들은 앞서 활동하고 있던 또 한 명의 재능 있는 미술가 호세 클레멘테 오로스코José Clemente Orozco와 함께 원주민과 그들의 고대 미술에서 영감의 대부분을 끌어내는 호전적인 새로운 미술을 만들어 냈다. 오브레곤의 젊고 명민한 교육부 장관 호세 바스콘셀로스는 "영웅적인 예술은 재건의 의지를 강화시킬 수 있다"고 믿고 공공건물의 벽을 원주민의 과거와 현재를 찬미하는 내용의 벽화를 그릴 캔버스로 사용하라며 내주었다.

이 '인디오 문화' 숭배는 정치적으로 매우 중요한 의미를 띠었다. 혁명의 적들, 반성할 줄 모르는 포르피리스타(포르피리오주의자)들, 성직자, 그리고 모든 종류의 반동분자들은 멕시코 인들의 삶을 지탱해 줄 지속적인 가치의 유일한 원천을 에스파냐 인들의 지배기에서 구했다. 그들은 코르테스를 멕시코 국가의 창건자로 간주했다. 그러나 혁명 지지자들은 아스테카 시대 멕시코를 이상화하는 경향이 있었고, 아스테카의 최후의 전사 왕 콰우테목을 반인반신의 지위에 올려놓았다.

학교가 국민을 통일시키는 가장 중요한 도구라고 ── 그리고 "교육받는 것이 구원받는 것"이라고 ── 확신했던 바스콘셀로스는 오브레곤의 넉넉한 재정 지원 하에 원주민 마을에 교육과 건강을 가져다 줄 야심만만한 문화 사업에 착수했다. 멕시코전국여성평의회Mexican National Council of Women의 창설 멤버이기도 하고 맹렬한 사회주의적 페미니스트이기도 했던 엘레나 토레스Elena Torres 교수가 4,000명이 넘는 농촌 교사의 훈육을 감독했는데, 이 교사들 가운데 대부분은 여성으로서 외딴 원주민 마을들에 교육과 건강의 복음을 안겨 줄 책임을 짊어질 사람들이었다. 토레스는 유카탄 주지사 펠리페 카리요 푸에르토Felipe Carrillo Puerto 밑에서 일할 때 이 사업을 위한 실용적인 경험을 한 적이 있었는데, 그의 진보적 개혁 프로그램에는 '사회주의적인 교육', 국가가 지원하는 산아제한, 여성의 선거권,

시민적 평등 등이 포함되어 있었다.

바스콘셀로스는 또한 교원 양성 학교, 농업 전문학교를 비롯해 특수 목적 학교들을 설립했다. 그중에서도 그가 특별히 자부심을 표명한 업적은 수백 권에 이르는 고전 작품들을 싼값의 문고판으로 출간하여 무료로 학교에 공급한 것이었다. 비록 이 국가 교육 프로그램의 목적이 농민과의 가부장적 유대를 강화함으로써 자본주의적인 토지와 노동의 관계를 조장하는 데에 있기는 했지만 그로 인해 발생한 효과는 그보다 훨씬 더 중요한 것이었다. 역사가 메리 케이 보건Mary Kay Vaughan에 의하면, 이 농촌 계몽운동은 여성에 대한 전통적인 농촌적 이미지에 "여성의 노동과 자아에 대한 새로운 개념을 불어넣었고", 그리하여 국가 지도자들이 예상치 못한 방식으로 캄페시나들campesinas(가난하고, 정치적으로 무력한 농촌 여성들)과 그들의 지역 공동체에 큰 힘을 부여해 주었다. 이 농촌 주민들은 곧 교회와 국가 간의 점증하는 라이벌 의식을 이용하여 자신들의 자치권을 확대시켰다.

새롭고 세속적이고 민족주의적인 학교는 교회의 분노를 촉발시켰으니, 그것은 학교가 농촌 공동체의 조언자로서의 지위를 사제에서 학교 교사로 대체할 위험이 있었기 때문이다. 교회는 모든 수단을 동원해서 이에 저항했다. 일부 성직자들은 설교대에서 세속 교육을 비난하고, 부모들에게는 만약 아이들을 국영 학교에 보내면 파문에 처하겠다고 협박하기도 했다. 이런 선동은 광신적인 마을 사람들로 하여금 교사들을 공격하게 만들었고, 그들 가운데 일부는 살해되기까지 했다. 그런데 오브레곤은 교회에서 운영하는 초등학교를 금하고 있는 헌법 제3조를 강행하려고 하지는 않았는데, 그것은 국가가 충분한 재원을 갖고 있지 않은 상태에서 멕시코의 아이들이 문맹으로 남아 있는 것보다는 성직자에게서라도 교육을 받는 것이 낫다고 생각했기 때문이다.

　가톨릭에 관한 이슈는 다른 이슈들과 함께 오브레곤의 대미 관계를 악화시켰다. 미국 정부는 1917년 이전에 외국인들이 광산과 관련하여 얻어 낸 이권에는 헌법 제27조가 적용되지 않는다는 것을 공식적으로 인정할 것을 요구하면서 3년 동안이나 오브레곤 정부를 외교적으로 인정하지 않았다. 오브레곤은 카란사와 마찬가지로 반소급nonretroactivity 원칙을 존중할 생각을 가지고는 있었으나 그것을 미국의 외교적 인정을 얻어내기 위한 하나의 조건으로 조약의 형태로 공식화하는 것은 거부했다. 그는 그렇게 하는 것이 굴욕적이라고 생각했거니와 정치적 안정에도 도움이 되지 않을 것으로 생각했다.

　그러나 오브레곤의 실용적 정책은 외국인 투자와 자본주의적 성장에 필수 요소인 사유재산권 보장에 대한 그의 관심을 확인해 주었다. 그는 멕시코의 외채 이자 지불을 재개하는 협정에 서명했고, 국영 철도를 민간업자에게 돌려주었으며, 여러 가지 보상 관련 민원을 해결해 주었다. 또 그는 헌법 제27조를 소급 적용하려는 모든 시도는 불법이라고 선언한 대법원의 판결을 지지했다. 한편 미국은 조건 없이 외교적으로 인정해 줄 것을 바라는 오브레곤의 완강한 태도와, 반혁명적 성격의 반란이 일어나 멕시코를 다시 불안하게 만들 수도 있음을 고려하여, 1923년 8월 멕시코 정부를 공식적으로 인정했다. 그 해 12월 예상되었던 반란이 발생하자 미국은 오브레곤이 대규모의 전쟁 물자를 확보할 수 있게 해주었다. 이 미국의 협력과 함께 조직화된 노동 운동과 농민 운동의 도움에 힘입어 오브레곤은 반란을 진압할 수 있었으며, 그것은 반동적인 지주, 성직자, 군부의 지지를 받기도 했다. 1924년 11월 30일 오브레곤이 직접 지목한 계승자 플루타르코 엘리아스 카예스Plutarco Elías Calles가 멕시코 대통령으로 취임했다.

카예스의 체제

재임하고 있을 때든 그렇지 않을 때든, 적법한 대통령으로든 사실상의 독재자로든 카예스는 그 이후 10년 동안 멕시코 정치를 지배했다. 그는 오브레곤이 다진 초석 위에 자신의 건물을 지으면서 오브레곤과 거의 같은 방식으로 그의 과업을 계속했다. 그의 급진적인 말투는 그의 정책이 갖고 있는 실용적인 본질을 은폐하는 경향이 있었는데, 사실 그의 정책은 멕시코 국내 자본주의의 급속한 성장을 추구하였으며, 그를 위한 인프라 구축에 기여했다. 그는 멕시코은행Bank of Mexico을 창설하여 재정 체계와 화폐 체계를 확립했고, 이 은행은 화폐를 발행할 수 있는 유일한 은행이 되었다. 국립 도로공사가 창설되었으며, 전력 산업을 지원하기 위해 국가전력법이 제정되었다. 이런 조치들은 토목과 소비재 산업의 성장을 자극하였으며, 이 사업에는 카예스의 공적 가족——이들 지배 엘리트들은 '혁명의 가족'이라 불렸다——이 깊이 개입되어 있었다. 그의 정부는 보호 관세, 보조금, 그리고 여러 다른 형태의 지원을 관대하게 확대했다. 1925년에는 포드 자동차 회사와 카예스가 이 포드 사에 여러 가지 특혜를 제공하는 합의를 한 후에, 이 회사의 한 조립 공장이 멕시코에 세워졌다.

카예스는 오브레곤보다는 토지개혁에 더 큰 열정을 보여 주었으며, 그의 재임 기간 동안 토지 재분배가 급속히 진행되었다. 오브레곤과 마찬가지로 그도 토지개혁을 농민 소요를 막는 안전장치로 간주했다. 재임한 4년 동안 카예스는 오브레곤이 했던 것보다 12배나 많은 토지를 재분배했다. 그렇지만 그 가운데 경작할 수 있는 땅은 4분의 1이 채 되지 않았는데, 그것은 카예스가 아센다도들에게 생산적인 땅을 내놓으라는 요구를 하지 않았기 때문이었다. 카예스는 또한 농민들에게 관개, 비료, 농기구, 종자를 제공하려는 진지한 노력을 기울이지도 않았다. 그는 에히도(마을 공유지)

에 돈을 빌려주고, 근대적인 경작 기술을 제공하고, 그들의 생산물 판매를 위한 대행자로 활동할 것을 기대하며 농촌발전은행을 창설했는데, 정작 이 은행은 가진 재원 가운데 5분의 4를 에히도들이 아니라 그보다 훨씬 우월한 신용 등급을 가진 아센다도들에게 대여했으며, 은행 직원들 가운데 상당수는 지위를 이용해 농민들을 희생시키고 자기 배를 채웠다.

상황이 이러했으므로 토지개혁은 얼마 가지 않아 실패할 것처럼 보였다. 1930년경이면 곡물 생산은 1910년 수준에 미치지 못할 정도로 감소했고, 카예스는 농민의 토지 소유는 경제적으로 바람직하지 않다고 결론을 내리고 토지 분배를 중단하겠다고 선언했다. 한편, 카예스는 자신의 대영지에서 기계와 그 외 다른 근대적 농업 기술을 도입하면서 다른 대지주들에게도 그렇게 하라고 조언했다.

오브레곤과 마찬가지로 카예스도 노조가 노사관계의 안정과, 급격한 사회 변화의 예방에 도움이 될 것으로 생각하고 노조를 바람직한 것으로 간주했다. 그러나 '카예스 지배 10년'의 말기가 되면 멕시코 노동자들은 임금이 겨우 생계 수준이거나 아니면 거기에도 미치지 못하는 지경에 처하자 노조 지도부에 실망하여 멕시코지역노동자연합CROM에서 탈퇴하여 독립적인 노조를 구성하기 시작했다.

카예스는 여성인권 신장에 대해서 말로는 적극적인 지지를 약속했지만 그것을 진척시키기 위한 노력은 전혀 기울이지 않았으며, 이에 여성들은 스스로 자신들의 정치적·사회적·경제적 해방을 쟁취하기 위해 조직화에 나섰다. 유카탄 주 한 카우디요의 누이이며 사회주의자였던 엘비아 카리요 푸에르토Elvia Carrillo Puerto와, 공산주의인 마리아 '쿠카' 가르시아María 'Cuca' García는 정부 내 여성 노동자들의 조직을 만들었다. 엘레나 토레스는 가르시아와 힘을 합쳐 멕시코페미니스트협회Mexican Feminist Council를 창설했으며, 몇 년 후에는 멕시코페미니스트동맹Mexican Feminist League도 나타났다. 그러나 잇따른 국내 혹은 국제회의에서 이들 여성들은 불가피하게 계급의 문제를 두고 서로 부딪혔다. 예를 들어, 한 중간층 출신 대표가 구걸 행위를 금지시켜야 한다고 주장하자 가르시아는 "일거리도 없고 급료는 너무나 보잘 것이 없는데, 그리고 완전히 가망이 없을 정도로 가난에 빠져 있는 상황에서 어떻게 구걸마저 못하게 한다는 말입니까?"라고 말하며 반대했다. 카리요 푸에르토는 '계급의 사람들'people of class을 "국가의 피를 빨아먹는 기생충"이라고 조롱하면서 계속 이어진 토론을 종결지었다.

카예스는 멕시코 정부가 외국 자본의 국내 자연자원을 개발을 규제할 수 있는 권리를 주장한 카란사와 오브레곤의 정책을 계속 유지했다. 그러나 그렇다고 그가 외국 자본에 적대적이지는 않았다. 그는 "정부는 멕시코에 자본을 투자한 외국 자본가의 이익을 보호하기 위해 할 수 있는 모든 것을 할 것이다"라고 약속하기도 했다.

그러나 1925년 멕시코 의회가 헌법 제27조를 실행에 옮기는 내용의 법을 통과시키자 미국과의 심각한 분쟁이 발생했다. 이 조치 가운데 가장 중요한 내용은 원유가 생산되는 땅의 주인이 (외국 회사와의) 임대 계약을 일단 계약 체결일로부터 50년으로 하고, 그 기간이 만료되면 필요하다고 판단될 시 30년짜리 계약을 다시 체결하며, 그리고도 다시 필요하면 다시 갱신할 수 있다는 내용으로 바꾸는 것이었다. 사실 그때까지 멕시코의 어떤 유정油井도 80년 이상 원유를 생산한 적이 없었다. 그러니까 이 법은 외국 정유 회사들에 손해를 끼치기는커녕 헌법 제27조 하에서 그 회사들의 지위와 관련하여 남아 있던 애매모호한 내용을 분명하게 해주고, 그들에게 정부로부터 유래하는 확고한 유정 사용권을 제공해 주었으며, 즉각적인 국유화를 요구하는 급진적인 주장을 무력화하는 데 크게 기여했다. 그럼에도 불구하고 미국의 여러 정유 회사들은 이 법이 외국 자본을 멕시코 정부가 몰수할 수 있게 하며, 땅 주인의 허락이 없으면 원유 채취를 계속하지 못하게 한다면서 비난을 퍼부었다.

미 국무부는 이 법에 대해 강력하게 항의했고, 미국 대사 제임스 셰필드James R. Sheffield는 강경하고 비타협적인 태도로 일관했다. 1926년 말경 미국은 멕시코를 상대로 전쟁을 하려는 것처럼 보였다. 다행히도 이 간섭 정책은 진보적인 공화당 상원의원, 언론, 교회 단체, 학계로부터 신랄한 공격을 받게 되었고, 대통령 캘빈 쿨리지Calvin Coolidge와 국무장관 켈로그Kellogg는 멕시코와의 전쟁이 국민들의 지지를 받을 수 없다고 판단하고 궁지에서 벗어날 수 있는 방법을 모색했으며, 여기에서 그들은 멕시코의 정책과 의도를 잘 파악하고 있었던 미국 국제 은행가들의 도움을 받았다. 1927년 9월 J. P. 모건J. P. Morgan 재정회사의 한 파트너였던 드와이트 모로Dwight Morrow를 멕시코 대사로 임명한 것은 궁지에서 벗어날 수 있는 전환점이 되었다. 모로는 새 원유법의 내용 가운데 일부가 외국인의 재산권을 침해할 가능성이 있다는 점에 대해 카예스를 설득하는 데 성공했고, 그 결과 멕시코 대법원은 계약 체결에 기간을 미리 한정하는 것은 헌법에 위배된다고 판시하게 되었다. 그러나 새로 제정된 법 역시 땅 주인의 동의가 있어야 계약을 연장할 수 있다고 규정했고, 심토에 대한 국가의 소유권도 재확인했다.

게다가 정부가 시장개혁으로 몰락하게 된 농민 공동체들을 나 몰라라 하고, 교회가 혁명이 표방하는 모든 근대화 경향에 대한 반대를 점차 강화하면서 국내에서 심각한 분쟁이 나타났다. 카예스 치하에서 이 반대는 내전에 버금가는 심각한 양상을 띠었다. 1926년 1월 교회 지도부는 1917년의 헌법이 "가톨릭교회의 가장 성스러운 권리를 침해한다"고 말하면서 그 효력을 인정하지 않겠다고 선언했다. 이에 대해 카예스는 그 동안 미발효 상태로 잠자고 있던 반교회적 헌법 조항을 실행에 옮기는 것으로 대응했다. 카예스 법(그렇게 불렸다)은 성직자들이 시 당국에 등록할 것, 종교 단체에서 운영하는 초등학교를 폐쇄할 것 등을 명령했다. 이에 교회는 멕시코 전역에서 교회 업무를 중단하는 것으로 반격을 가했으며, 이 조치는 압도적으로 가톨릭적인 사회였던 멕시코에서 강력한 무기였다.

그러나 이 스트라이크도, 그리고 신자들에게 절대적으로 필요한 경우를 제외하고는 상품이나 서비스를 구매하지 말라며 교회가 주도한 불매 운동도 정부를 굴복시키지는 못했다. 1926년경 호전적인 가톨릭교도들은 대개 지역 아센다도들과 연합하여 무기를 들었다. 게릴라 부대들이 만들어졌으며, 할리스코 산간벽지가 그들의 주요 거점이 되었다. 대개 정부에서 세운 학교와 외딴 지역에 파견된 젊은 교사들이 게릴라 부대들의 목표물이 되었다. 다수의 교사들이 고문을 당하고 살해되었다. 가톨릭 게릴라들(그들이 내건 슬로건이 "그리스도 왕 만세"Viva Cristo Rey였기 때문에 '크리스테로'들이라고 불렸다)의 수는 많지 않았다. 그러나 연방 지휘관들이 이들을 잔인하게 진압하는 통에 반란은 쉽게 수그러들지 않았다. 그러나 1927년 여름이면 반란의 불길은 대체로 꺼져 가고 있었다.

1929년 대통령 당선자 오브레곤이 한 광신적인 가톨릭교도에게 살해되고 나서 카예스는 자신의 임기를 끝마치기 위해 일련의 임시 대통령을 임명하고, 지역 군대 카우디요들이 주도한 반란을 진압했으며, 국정을 안정시키고 '혁명의 가족'의 정치적 지배를 제도화하기 위해 국가혁명당 National Revolutionary Party, PNR을 창당했다. 이 당은 이름이 바뀌기도 하고 지도부 구성원이 바뀌기도 했지만 대략 60년 동안 멕시코 정치를 지배했다.

이 당이 내세운 후보들은 2000년까지 대통령 선거에서 항상 승리했다.

그러나 국가혁명당이라고 갈등으로부터 자유롭지는 않았다. 실제로 대공황은 자본주의 경제의 파산 가능성을 노출시키고 멕시코 농민과 노동자들의 비참한 상황을 더욱 비참하게 만듦으로써 이 당에 직접적인 도전을 제기했다. 농민과 노동자의 소요 증대는 또다시 혁명이 일어나지 않을까 하는 공포를 불러일으켰다. 새로운 젊은 세대와 중간층 개혁가들은 1917년 헌법의 적극적인 실행을 요구했다. 그중 일부는 맑스주의와 소비에트의 성공, 특히 계획경제의 경험에 영향을 받은 지식인들이었다. 그러나 그들의 기본적인 메시지는 라티푼디움, 페온제, 경제적·문화적 후진성에 대항하여 투쟁을 재개해야 한다는 것이었다.

이 메시지는 1930년대 초 전국여성노동자농민회의에서 크게 울려 퍼졌다. 여기에서 예를 들어 '쿠카' 가르시아는 카예스 지지자들을 농민 살해 혐의로 고발하고, 그들이 가난한 농민 여성들을 방치했다며 비난을 퍼부었다. 그녀는 "여성의 정치적 독립의 기반인 경제적 독립"을 그녀들에게 허용하지 않음으로써 "농업법은 언제나 여성들이 부친, 남편, 혹은 형제들의 가난 속에서 살도록 만들고 있다"며 일갈했다. 그녀는 즉각 체포되었으나 수천 명의 여성이 감옥 앞에 모여 석방을 요구한 덕분에 얼마 가지 않아 풀려났다. 이 회의는 악의에 찬 토론이 진행되었음에도 불구하고 진보적인 국가에 대해 원주민의 권리 신장, 여성 노동자 보호, 최저임금 인상, 토지개혁 확대, 여성에 대한 선거권 부여를 위한 조치를 요구했다.

1933년경이면 국가혁명당 내 진보세력의 영향력은 상당히 커져 있었다. 그들의 공인된 리더는 라사로 카르데나스 장군이었는데, 그는 미초아칸 주지사 출신으로 정직함, 동정심, 평민들에 대한 관심으로 명성이 높았다. 주지사 재직 중에 그는 예산의 거의 50%를 교육에 투자했고, 주 내 학교 수를 두 배로 늘렸다. 진보적인 이념에도 불구하고 그는 1933년 '혁명의 가족'의 중추세력의 지지를 받았다. 그가 대통령으로 당선되리라는 것을 의심하는 사람이 거의 없었음에도 불구하고 카르데나스는 전국 방방곡곡을 돌아다니면서 에히도(농민 공유지)를 강화하고, 근대적인 학교를 세우고, 노동자들의 협동조합을 발전시키겠다는 내용의 '6개년 계획'을 노동자와 농민들에게 소상히 설명하는 등 정력적인 선거 운동을 펼쳤다.

카르데나스와 포퓰리스트 막간기(Interlude)

카르데나스 치하에서 멕시코혁명은 다시 활기를 띠었다. 마을들에 대한 대규모의 토지 분배가 재개되었고, 농업생산성을 높이고 농민의 삶의 질을 개선하려는 노력이 다방면으로 경주되었다. 그는 노동자들에게 낡고 부패한 지도부를 전투적인 지도부로 바꾸고, 보다 나은 노동 조건을 위해 투쟁할 것을 주장했다. 적어도 정부 관료제 일각에서는 (국민에 대한) 봉사 정신이 확산되었다. 카르데나스 자신이 민주적인 매너를 보여 주고, 자신의 봉급을 반으로 깎고, 농민과 노동자 대표들을 직접 만나 그들의 고충을 듣는(그리하여 대통령궁 응접실은 늘 농민과 노동자 대표들로 북적거렸다) 등 공무원들에게 직접 모범을 보였다.

토지개혁

정치적 지배권을 공고히 한 후 카르데나스는 본격적으로 자신의 개혁 프로그램을 실행에 옮기는 일에 착수했다. 그는 토지 분배를 가장 중요한 일로 생각했으며, 각 지역의 기후와 토양 조건에 따라 다양한 방식으로 농민들에게 토지를 분배했다. 가장 중요한 분배 방식은 에히도였는데, 이는

(매우 특별한 상황을 제외하고는) 그 토지를 저당 잡힐 수도 없고 양도할 수도 없는 공동의 토지 보유 시스템이며, 여기에서 각 에히다타리오^{ejidatario}(토지를 공동으로 소유한 공동체의 구성원)는 이용자로서 공동체 토지의 일부를 '사용할' 권리만 가질 뿐이었다. 이 에히도는 농업개혁의 초점이었다. 그러나 카르데나스는 란초^{rancho}(멕시코 북부 지역에서 널리 확산된 개별적 토지 보유)의 형태로 토지를 분배하기도 했다. 결국, 자연 조건상 사탕수수, 면화, 커피, 쌀, 에네켄 같이 보통 대규모 단위로 이루어지는 상업 작물의 경작에 유리한 지역에서는 이익 공유의 기반 위에서 대규모의 협동적 농장(집단 에히도)의 형태로 분배가 이루어졌다. 정부는 이들 사업체들에 종자, 기계, 그리고 에히도 신용은행^{Banco de Crédito Ejidal}의 대출 등을 관대하게 제공했다.

카르데나스의 재임기 동안 거의 1만 2,000개 마을에 약 4,500만 에이커의 땅이 분배되었다. 카르데나스의 토지 분배는 전통적이고 반봉건적인 아시엔다와 페온제에 중대한 타격을 가했고, 멕시코 농민들의 토지에 대한 갈증을 한동안 해소시켰으며, 멕시코 인의 삶과 사회의 보편적 근대화를 촉진했다. 1940년경이면 토지개혁 덕분에, 그리고 정부가 마을들에 학교, 의료, 도로, 그리고 그 밖의 편의시설을 제공한 덕분에 농민들의 생활 수준은 크게 개선되었다. 그리고 이 긍정적인 변화는 다시 국내 시장의 확대와 멕시코 산업의 성장에 기여했다. 토지개혁은 또한 생산성의 면에서도 스스로의 정당성을 입증했다. 즉 1939년부터 1941년까지 3년 동안 평균 농업생산성이 혁명이 시작되고 난 후 그 어느 때보다도 높았던 것이다.

이런 긍정적인 측면과 카르데나스의 분명한 선의를 인정한다고 하더라도 토지개혁이 처음부터 분명한 구조상의 약점을 가지고 있었다는 사실은 여전히 남아 있었다. 우선, 이 토지개혁은 기본적으로 마을들에 토지를 제공하거나 되돌려줌으로써 토지에 대한 갈증을 충족시켜 주려는 목적을 가지고 시작되었으며, 경제적 관점에서 생존가능한 농업 단위를 만들어 내야 한다는 현실적인 필요를 간과하고 있었다. 많은 경우에, 특히 인구 밀집 지역에서는 개인에게 할당된 에히도 땅의 크기가 너무 작아서 거기에서 산출되는 수확만 가지고는 생활이 불가능했다. 또한 분배된 토지 대부분이 매우 척박했으며(농업법은 항상 지주가 자신의 영지 가운데 일부를 보유할 수 있게 했으며, 지주는 당연히 가장 비옥한 땅을 자신의 몫으로 남겨두었다), 종자·기술 지원·신용 대부의 형태로 이루어진 지원 역시 대개는 충분치 못했다.

거기다가 농민들은 땅을 정부에게서 받았고, 정부는 농업부, 에히도 신용은행, 공적인 성격을 가진 농민 단체의 운영을 통해 농민들의 활동을 통제했으며, 그리하여 농민들은 점차 당국에 의존적으로 되었다. 카르데나스 지배 하에서 이 기구들을 책임진 관리들은 농민의 집단적 주도권과 민주주의를 발전시키기 위해 노력했다. 그러나 그들은 또한 농민과 농민 단체들을 국가의 이익을 만족시키는 방향으로 작동하도록 통제할 수 있는 관료제의 조직망에서 벗어나지 못하게 묶어 두려고 하기도 했다. 1940년 이후 멕시코 정부는 점차 대규모의 사적인 재산 소유를 선호하고 에히도를 경시했다. 이는 토지개혁의 구조적 약점과 함께 에히도 제도의 점진적인 쇠퇴를, 그리고 그와 병행하여 대토지 소유의 증가(이는 새로운 라티푼디움의 출현을 가져왔다)를 가져왔다.

노동개혁

카르데나스는 또한 노동 운동을 다시 활성화하였다. 노동자들은 새 체제의 노동자들에 대한 동정적인 태도를 염두에 두고, 더 높은 임금과 더 나은 노동 조건을 요구하며 유례없이 자주 파업을 벌였다. 1935년에만 642건의 스트라이크가 있었는데, 이는 그 이전 6년 동안 일어난 것보다 두 배가 넘는 수치였다. 1936년에는 젊고 급진적인 지식인 비센테 롬바르도 톨레다노Vicente Lombardo Toledano가 멕시코노동자연합Confederación de Trabajadores Mexicanos, CTM을 만들어 거의 소멸되어 가고 있던(그리고 신뢰를 잃고 있던) 멕시코지역노동자연합CROM을 대신했다. 노동자들은 카르데나스를 지지했으며, 또 그의 지지를 받았다.

1938년에 재편되고 그 이름을 멕시코혁명당Party of the Mexican Revolution, PRM으로 바꾼 집권 여당의 세 기둥은 노동자, 농민, 군대였다. 일반 병사들의 임금을 올려주고 그들의 사기를 진작시키는 정책으로 민병대를 구성하고 있던 농민들에게도 무기를 제공하는 정책 때문에 장군들의 권력은 약화되었다.

토지개혁과 마찬가지로 노동개혁도 장차 심각한 문제를 가져오게 될 구조적인 약점을 가지고 있었다. 농민들과 마찬가지로 노동자들도 가부장적인 정부로부터 여러 가지 이권을 얻는 대가로 공적인 기구로 편입되어, 결국에는 국내 부르주아지의 이익을 대변하게 되는 정부에 대해 자동적 혹은 의무적으로 지지를 보내게 되었다. 친파시스트 세력과 반파시스트 세력 간의 갈등이 지배한 1930년대의 국내 혹은 국제 상황에서는 부르주아지와 멕시코 노동자들의 이해관계가 대체로 일치했다. 그러나 1940년 이후 변화된 상황에서 노동자들의 독립성 상실과, 노동자 조직과 공적 기구의 맞물림은 부패의 부활과 보수 반동 세력의 노조 장악을 가져왔다.

경제개혁

카르데나스가 보다 나은 조건을 요구하는 노동자들의 주장에 동정적인 태도를 보이기는 했지만 그렇다고 그를 사회주의 혹은 공산주의와 연계시키려고 한 정적들의 말처럼 그가 사기업에 적대적이지는 않았다. 사실 카르데나스의 지배기에 산업 자본주의는 큰 발전을 이루었다. 카르데나스가 기업의 재정 사정이 용인하는 범위 내에서 노동자의 임금 인상 요구에 지지를 표명한 것은 사실이지만 또한 그는 정부 대출과 보호 관세(이것은 고가의 소비재 판매를 위한 '포로가 된 시장'을 만들어 냈다)를 통해 멕시코 산업 발전을 위해 노력한 사람이기도 했다. 1934년에 그의 정부는 '국립금고'Nacional Financiera라는 정부가 운영하는 은행 겸 투자회사를 설립했는데, 이 기구는 연방 정부와 국내 투자가들이 제공한 기금을 이용하여 기업들에게 자금을 빌려주고, 공공복지 프로젝트를 지원하고, 자체의 유가증권을 발행했다. 수입품 유입을 급감시킨 제2차 세계대전의 발발은 산업화와 수입대체 산업의 발전을 크게 자극했다.

경제 주권을 지키기 위한 멕시코의 투쟁은 카르데나스의 지배 하에서 정점에 이르렀다. 1937년 미국, 영국의 석유 회사들과 노조들 간의 다툼이 파업으로 발전했고, 그것은 다시 이해 당사자들 간에 법적 갈등으로 발전했다. 석유 회사들이 노동자들에게 유리하게 판결이 난 재판 결과를 인정하지 않으려고 하자 카르데나스가 이 문제에 직접 개입했다. 1938년 3월 18일 ——이 날은 멕시코가 자신의 경제적 독립을 선언한 날로 기념되고 있다—— 대통령은 라디오 연설을 통해 공익을 위해 석유 회사들의 재산을 몰수한다고 선언했다. 카르데나스는 사실상 모든 계층의 지지에 힘입어 미국, 영국, 그리고 석유 회사들이 멕시코에 부과한 경제 제재에 따른 어려움을 이겨 낼 수 있었다. 석유의 국유화는 멕시코 민족주의의 중요한 승리였다. 그것은 멕시코 산업에 값싸고 풍부한 연료를 제공해 주었고, 국유화한 석유 산업의 수요는 산업화를 더욱 자극했다. 그러나 석유 국유화가 다른 분야의 변화를 위한 하나의 선례가 되지는 못했다. 멕시코 광산 산업의 약 90%는 여전히 외국인의 수중에 남아 있었다.

여성의 권리

잘 조직되고 점차 응집력을 강화해 가는 여성운동에 압박을 느낀 카르데나스는 '동등한 권리를 부여하기 위한' 헌법 개정을 지지했고, 국가혁명당 PNR 내에 '일하는 여성들의 선거권 투쟁에의 참여권'을 보장하기 위해 여성부를 신설하겠다고 약속했다. 한편 여성들은 베테랑 페미니스트 '쿠카' 가르시아를 비롯한 사회주의 혹은 공산주의 계열 여성들의 지도하에 '여권신장을 위한 연합전선'United Front for Women's Rights에서 조직화 노력을 강화했다. 이 연합전선은 총 5만 명 이상의 회원이 가입된 약 800개의 여성 단체를 회원으로 두고 있으면서 여성의 투표권과 공무담임권, 남녀평등, 여성노동자에 대한 보호 입법, 원주민 여성의 사회 참여, 문화 교육과 직업 훈련을 위한 여성 센터 설립 등을 요구했다.

1937년 비록 여성들이 선출직 관직을 갖는 것이 법적으로 금지되어 있었고, 국가혁명당도 그녀를 후보로 내세우는 것을 거부했지만 연합전선은 가르시아를 강력히 지지하여 그녀가 하원의원 선거에서 예비 선거를 성공적으로 치를 수 있게 해주었다. 연합전선은 또한 1939년 초 여성 참정권을 허용하는 헌법 개정안이 의회와 국가의 승인을 쟁취해 내는 데도 결정적인 역할을 했다. 그러나 그 후 국가혁명당이 지배하는 의회는 당파 간 갈등으로 분열되고, 여성의 투표권 행사로 정치적 이득을 얻게 될 가톨릭 보수주의의 부활을 두려워하여 필요한 법적 절차를 추진하지 않았다. 그 때문에 여성 투표권의 도입은 좀더 보수적인 여당이 가톨릭교회와 잠정적인 타협에 도달한 1953년에 가서야 가능할 수 있게 되었다.

카르데나스의 온건화와 1940년의 선거

교육 분야, 특히 농촌의 학교 제도는 카르데나스 치하에서 상당한 진전을 이루었다. 타라스코 지역 출신이었던 카르데나스는 원주민 복지에 지대한 관심을 표명했다. 그는 원주민들의 이익에 기여하고 그것을 보호하기 위해 인디헤나사업부Departamento de Asuntos Indígenas를 창설했으며, 국립인류학연구소Instituto Nacional de Antropología de México를 건립하여 그들의 과거와 현재의 문화 연구를 장려했다.

그러나 임기 말년에 카르데나스는 교회와 보수주의 반대파에 대한 분명한 존중을 표명하면서 여러 가지 개혁을 포기했고, 멕시코 교육의 이른바 사회주의적 성격을 크게 누그러뜨렸다. 또한 토지 분배의 속도를 늦추었으며, 기업가 계층에 대해서는 자신이 그들을 국가 핵심 세력의 일부로 간주하고 있으며, 투자의 안전성에 대해 아무 염려도 할 필요가 없다는 것을 분명히 확인해 주는 것으로 화해적 태도를 보여 주었다.

대(大)부르주아지의 권력 장악, 1940~1976 : 개혁의 퇴색

카르데나스의 시대는 혁명의 사회적 목표를 쟁취하기 위한 투쟁의 정점이었다. 이 기간 동안 대중의 물질적·문화적 조건은 획기적이지는 않지만 어느 정도는 개선되었다. 농민과 노동자들은 국가 전체 수입 가운데 전보다 약간 더 많은 부분을 차지하게 되었다. 그러나 그의 계승자들의 치세 동안 카르데나스 시기의 사회적 정복은 서서히 부식되었다. 1940년 이후 멕시코의 새 지배자들은 노조의 활동을 심각하게 제한하고, 농업개혁의 속도를 늦추고, 멕시코 인구 가운데 하위 3분의 2가 전체 수입 가운데 차지하는 몫을 줄이는 발전 지향 전술developmental strategy을 선호했다.

아이러니하게도 이 정책적 역전의 첫 시기(1940~1946)를 지배한 인물은 카르데나스를 충성스럽게 섬긴 적이 있고 경건한 가톨릭 신자이기도 했던 마누엘 아빌라 카마초Manuel Ávila Camacho 장군이었다. 그는 무제한적인 사적 이윤의 추구를 경제 발전의 원동력으로 보고, 사기업에 유리한 환경을 만들기 위해 노력했다. 그런데 사실 이것은 임금의 동결, 파업의 단호한 억압, 체제 반대자에 대한 새로운 무기 사용, '사회를 해체시키려는 범죄'에 관한 애매모호한 이름의 법의 제정을 의미했다.

한편, 제2차 세계대전은 멕시코의 원료 수출과 수입대체 산업의 활성화, 두 가지 모두를 자극했다. 식료품 가공업과 섬유 산업을 비롯하여 소비재 산업에서 상당한 발전이 나타났으며, 북부 지역에 집중되어 있던 자본재 산업도 상당히 확대되었다. 몬테레이사를 비롯한 철강회사들이 빌딩, 호텔, 고속도로, 철강 하드웨어에 사용하기 위한 건축용 압연강을 생산함으로써 철강 생산도 증가했다. 국립금고는 공장의 신설과 확장, 산업에의 대출을 통해 이 성장 과정에서 주도적인 역할을 수행했다. 이 자발적인 경제 성장으로 계획 경제의 개념은 점점 잊혀졌다. 제2차 6개년 계획은 실행에 옮겨지지 않았다. 멕시코 여러 지역의 균형 발전을 만들어 내기 위한 노력은 전혀 이루어지지 않았다. 정부는 멕시코 지역들의 균형 발전을 이루어 내기 위해 아무런 노력도 기울이지 않았다(대신 대부분의 발전은 연방수도[멕시코시티]와 그 인근에서 나타났다). 한편, 토지 분배는 급감했다.

1946년 여당은 당명을 제도혁명당Partido Revolucionario Institucional, PRI 으로 바꾸었고, 변호사인 미겔 알레만Miguel Alemán(1946~1952)이 아빌라 카마초에 이어 대통령이 되었다. 알레만은 심혈을 기울여 전임자의 정책을 계승하려고 했다. 보호 관세, 수입 허가, 보조금 지급, 정부 대출을 통해 민간인 투자를 장려했다. 이 호의적인 경제적 분위기가 제2차 세계대전 이후 잉여 자본의 투자처를 찾고 있던 국내외 투자자들을 끌어들였다. 새 외국인 자본 투자의 특징은 그것이 전통적인 추출抽出 산업보다는 제조업 쪽으로 많이 흘러들어갔다는 것이다.

알레만과, 그를 계승한 아돌포 루이스 코르티네스Adolfo Ruiz Cortines (1952~1958)의 임기 동안 토지 분배와 에히도의 생산성을 증대시키려는 노력은 대규모 사적 토지 보유에 유리한 정책에 밀려 관심 대상이 되지 못했다. 자본주의적 기업가들에게 인센티브를 제공하기 위해 알레만은 헌법 제27조를 수정했다. 이 '개혁'은 대지주들에게 '불가침' 증명서를 수여하는 것으로 되어 있었는데, 그것은 관개가 이루어진 토지를 100헥타르 이상 혹은 관개가 이루어지지 않은 토지를 200헥타르 이상 보유하고 있다는 이유로 더 이상 몰수를 당하지 않게 해주는 것이었다. 그리고 특정 농산물의 생산에 대해서는 불가침성 토지 보유의 크기를 더 넓게 설정해 주었다.

대규모 관개사업은 이 시기에 시작된 자본주의적 농업의 급증에 기여했다. 이 관개 프로젝트는 멕시코 북부와 북서부에 집중되었는데, 그 지역 토지의 상당 부분을 직간접적으로 소유한 사람들이 멕시코의 유력 정치가 그리고 그들의 친구들과 친척들이었다. 알레만이 급속히 증가한 공공사업 건설 붐을 직접 진두지휘했고, 거기에서 기업가들과 관리들은 공공재정 횡령의 향연을 벌였다. 알레만의 정권은 아마도 근대 멕시코 역사상 가장 부패한 정권이었을 것이다.

기술적技術的으로 효율적이고 대개는 근대적인 집단 공동체의 외양을 가진 새로운 아시엔다들이 생겨났는데, 그것은 곧 멕시코의 상업적 농업 생산의 대부분을 담당하게 되었으며, 대개는 외국 회사의 자회사인 가공 공장들과 이익을 공유했다. 혁명이 시작된 지 50년이 지난 1961년에도 전체 농장 가운데 1%가 안 되는 수의 회사들이 전체 경작지의 50%를 소유하고 있었다. 반면에 점점 더 많은 수의 소토지 보유자들이 대출을 받지 못하고 기계를 구입하지 못하여 얼마 되지 않은 그들의 땅뙈기를 포기하고 새 아시엔다에서 페온이 되어 일하거나 도시로 이주하여 공장에서 일거리를 찾아야 했다.

산업(제조업)은 계속해서 발전하기는 했지만 점점 외국 자본에 침투당하고 지배되었다. 외국인 투자자들이 멕시코 산업에 침투하는 방법 가운데 하나가 혼합회사 설립이었는데, 이것은 그들에게 여러 가지 이점을 제공해 주었다. 첫째, 이 회사는 국내에서 운영되는 대부분의 회사의 지분 가운데 51% 이상을 멕시코 국민이 소유해야 한다고 한 멕시코 법의 요구를 충족시켜 주었다. 두번째, 그것은 그런 회사가 특허권 장악, 라이센스에 대한 동의, 기술적·재정적 종속 등을 통해 사실상 외국인들에 의해 지배되고 있다는 사실을 은폐해 주었다. 마지막으로 그것은 외국인 자본가들과 국내의 산업 혹은 재정 부르주아지 간에 강한 유대를 만들어 주었다.

민중 문화와 저항

아돌포 로페스 마테오스Adolfo López Mateos(1958~1964)와 구스타보 디아스 오르다스Gustavo Díaz Ordaz(1964~1970) 대통령의 경제 혹은 사회 정책도 전임자들과 별반 다르지 않았다. 디아스 오르다스 치하에서의 만성적인 인플레이션, 사실상의 임금 동결, 차리스모charrismo(노조 단체들에 대한 공적인 통제) 등으로 자신들의 실질임금이 줄어드는 것을 알게 된 노동자들의 불만이 점점 커져 갔다. 독립 철도 노동자 가운데 한 명인 데메트리오 바예호Demetrio Vallejo는 이 점증하는 불안정의 상징이라 할 수 있었는데, 그는 일련의 파업을 이끌었고, 그 파업은 신속하게 다른 노동자들에게로 확산되었다. 특히 교사들의 파업은 제도혁명당이 이끄는 권위주의적인 국가와 『엑셀시오르』Excelsior 신문 같은 정부 대변지의 심기를 불편하게 만들었는데, 이 신문은 즉각 자신들이 학생들에게 주입해 온 '권위'에 대한 존중의 결여를 개탄해 마지않았다.

1957년 페드로 인판테Pedro Infante의 죽음도 점증하던 사회적 소외를 환기시키는 계기가 되었다. 멕시코의 최고 인기 연예인이었던 인판테는 가난한 집에서 태어나 준수한 용모, 빛나는 위트, 무정부주의적인 라이프스타일, 엄청난 인기를 끈 영화, 그리고 "현실 속에서 사느니 꿈을 꾸다가 죽는 것이 낫다"라는 가사가 담긴 란체라 노래(멕시코 대중음악의 한 장르―옮긴이)로 유명해진 사람이었다. 문화사가 앤 루벤슈타인Anne Rubenstein에 의하면 그의 장례식과, 그 장례식이 대개 노동 계층으로 이루어진 그의 팬들 사이에서 불러일으킨 폭동은 그 같은 사회적 혼란과 권위주의적인 멕시코 국가에 대해 민중들이 가지고 있던 점증해 간 반감을 대변하는 것이었다. 비행기 사고로 그가 불시에 사망한 것에 분노한 인판테의 노동 계층 팬들은 그의 처지에 깊은 공감을 표했고, 그를 매일 자신들의 삶을 공격해 대는 것과 동일한 근대화 세력의 희생자로 간주했다. 그 결과 그들은 전후 멕시코에서 인정사정없이 근대화를 추진하는 권위주의적인 국가의 가장 가시적이고 가까운 대변자인 멕시코시티의 경찰에 대항해 격렬하게 저항했다.

근대화에 대한 민중의 저항은 멕시코시티에 있는 제네럴 모터스에서 일하는 멕시코 인 노동자들의 경험에서도 반영되었다. 그리고 그것은 1960년대 세계 시장의 변화가 가져다 준 충격을 예증하는 것이기도 했다. 여러 해 동안 제너럴 모터스는 전후 근대화, 포퓰리스트 국가의 수입대체 산업 전략, 그리고 다국적회사 경영진들의 온정주의적인 대노동자 관계의 전형적인 상징이 되어 오고 있었다. 역사가 스티븐 배첼러^{Steven Bachelor}에 의하면, 이 회사는 전통적으로 멕시코 노동자들이 어렵지 않게 동일시할 수 있는 가족적인 분위기를 만들었다는 것을 자랑해 왔었다. 여기에는 높은 임금, 유급 휴가, 노동자 자녀들에 대한 학자금 보조, 회사가 후원하는 야구, 축구, 볼링 리그 등이 포함되어 있었다. 그러나 자동차 생산자들의 국제 시장 선점을 위한 경쟁이 점차 치열해지고, 1962년 통합령(이것은 멕시코에서 팔리는 모든 차의 국내 생산을 요구했다)의 반응으로 내수가 증가하면서 이 협력적 관계가 악화되기 시작했다. 그 후 제너럴 모터스의 기업 경영은 나이 든 노동자들을 쫓아내고, 대신 저임의 젊은 노동자를 고용하고, 노동자들의 화장실 사용 시간을 제한했으며, 생산성과 수익을 극대화하기 위해 조립 공정의 속도를 극적으로 증가시켰다. 가속화된 조립 공정의 가차 없는 압박을 견디지 못한 노동자들은 울음을 터뜨리기도 했고, 어떤 노동자는 노골적인 저항 행위를 통해 이런 압박에 저항했다. 그 중에 어떤 사람은 회사가 자유로운 화장실 이용을 허락하지 않자 작업 현장에서 소변을 보기도 했으며, 클레멘테 살디바르^{Clemente Zaldívar} 같은 사람들은 조립 공정을 사보타주하기도 했다. 1965년 이 긴장상태는 한 달 간의 파업으로 폭발했으며, 여기에서 노동자들은 얼마간의 임금 인상을 얻어내기는 했지만 생산 결정에 좀더 깊이 참여하게 해달라는 더 중요한 목표 달성에는 성공하지 못했다.

학생들의 소요도 증가했다. 역사가 에릭 솔로프^{Eric Zolov}는 이 학생 운동이 적어도 부분적으로는 1950년대 말과 1960년대 영국과 미국의 로큰롤 음악이 침입한 결과였다고 주장한다. 로큰롤은 처음에는 로페스 마테오스 정부에 의해 멕시코가 새로 갖게 된 근대성의 한 상징으로 받아들여졌으며, 멕시코의 문화 산업계도 쿠바에서 들어온 차차차와 맘보, 콜롬비아에서 들어온 쿰비아cumbia(전통적인 서아프리카 춤을 바탕으로 하는 음악 장르) 같은 다른 수입 음악과 함께 이 로큰롤을 적극적으로 환영했다. 그러나 멕시코의 중상층 젊은이들은 엘비스 프레슬리의 얼굴 표정, 몸동작, 노래 가사에 심취하여 멕시코에서 이른바 '미풍양속'buenas costumbres과 긴밀하게 연계되어 있던 전통적 가치에 대한 냉소적 경멸에 더 관심을 갖는 것처럼 보였다. 이것은 국가의 가부장적이고 권위주의적인 권력의 안정성을 위협하는 것이었기 때문에 언론에서 이것은 얼마 가지 않아 "이유 없는 반항"으로 비난의 대상이 되었고, 외국의 록음악을 평가절하하려는 노력이 이어졌다. 예를 들어 프레슬리가 "멕시코 여성하고 키스를 하느니 차라리 세 명의 흑인 여성과 하겠다"는 말을 했다는 소문이 돌았다. 그리고 "엘비스 프레슬리에게 죽음을!"이라는 제목이 붙은 광고가 곧 시작되었다.

그러나 이런 비난이 로큰롤 음악에 대한 멕시코 중상층 젊은이들의 열광을 잠재우지는 못했다. 오히려 그것은 유례없는 인기를 얻게 되었다. '로스 라우드 젯스'Los Loud Jets, '로스 레벨데스 델 록'Los Rebeldes del Rock, '로스 틴 탑스'Los Teen Tops 같은 멕시코 출신 밴드들은 적어도 부분적으로는 외국 수입 음악에 높은 관세를 매기고, 라디오 방송국에 멕시코 출신 음악가들을 부각시킬 것을 요구한 민족주의적 성격의 법에 힘입어 국민적인 아이콘이 되었다. 그런데 아이러니하게도 이들 멕시코 출신 밴드들의 인기는 도어즈Doors, 비틀즈Beatles, 롤링 스톤즈Rolling Stones, 지미 헨드릭스Jimi Hendrix, 재니스 조플린Janis Joplin 같은 밴드들(이들의 음악은 점점 더 자유, 반항, 전통에 대한 불경을 찬양하는 것이 되어 갔다)이 부른 영국이나 미국의 락 음악을 레프리토refritos(정확한 영어 커버 레코딩. 즉 히트곡을 딴 사람이 뒤쫓아 녹음하는 것)하는 기술이 뛰어났기 때문이었다. 1960년대 말이면 멕시코시티의 커피하우스들cafes cantantes(음악 다방)에서 유행한 록 음악은 '온다 문화'La Onda(1960년대 중반 멕시코에서 발생한 반문화—옮긴 이)를 분출시켰고, 그것은 체 게바라, 알렌 긴스버그, 믹 재거의 음악적 기여를 옹호하는 등 멕시코의 반문화counterculture가 되었다. 이에 정부 당국은 이 커피하우스들을 퇴폐적인 외국인에 의해 오염된 '타락의 온상'이라고 비난하면서 1965년 커피하우스 폐쇄를 위한 캠페인을 펼쳤으며, 국경 관리들에게는 "더럽고 장발을 한 미국 젊은이들"에게 비자를 주지 말라는 지시가 내려졌다.

1968년 대학생들의 저항 운동은 이런 문화적 배경을 뒤에 깔고 있었다. 국가 탄압을 종식하라는 학생들의 요구를 지지하기 위해 집결한 사람들 가운데 다수는 원래는 학생 운동이 그 이전 10년 동안 유행했던 로큰롤 하위문화와 연계되고 있었기 때문에 그들에게 끌리게 된 사람들이었다. 솔로프와의 인터뷰에 응한 한 학생은 자신은 십대 초반이었을 때 학생 운동을 하는 사람들이 주로 '록 음악을 듣는' 국립대 대학생들로 이루어졌다는 것 말고는 그 운동에 대해 아는 것이 아무것도 없었다고 고백했다. 다른 학생들은 학생 운동이 록 음악에 대한 국가나 부모의 억압을 환기시킴으로써, 그러니까 "그들이 네가 록을 듣지 못하게 한 것이 사실 아니냐?"라는 질문을 던짐으로써 권위주의적인 가부장적 사회질서에 반대하는 사람들을 모집했다고 회고했다.

이 학생 운동은 대학생 항의자들에게 경찰이 자행한 야만적인 폭력과 국립대학이 가진 법적 자치의 유린 행위를 신랄하게 비난했다. 학생들의 항의는 멕시코의 경제적·정치적 민주화를 요구하는 전국적인 운동으로 확대되었다. 이에 대해 정부는 멕시코시티 (틀라텔롤코의—옮긴이) 트레스쿨투라스 광장Tres Culturas에 모여 평화적으로 시위를 벌이고 있는 대학생들과 시민들을 상대로 야만적인 공격을 자행해 수백 명의 사상자를 내는 것으로 대응하였다.

틀라텔롤코 광장에서 벌어진 이 학생 학살 사건은 대중적 저항에 대한 맹렬한 탄압을 촉발시켰으며, 그것은 정치적 반대 세력을 지하로 숨어들어가게 하고, 그것을 문화 운동의 형태로 바꾸어 놓았다. 학생 운동은 두 그룹으로 분열되었는데, 정치적 과격파가 그중 하나이고, '히피테카'jipiteca (외국인 '히피들'과 함께 환각 작용을 일으키는 버섯을 찾아다니고 근대적 세계로부터 이탈하여 멕시코 원주민의 원시적 가난으로 도피할 길을 모색하는 사람)들'이 다른 하나였다. 그 이후 10년 동안 1968년 이후 중상층 젊은이들의 관심에서 멀어져 간 반항적 성격의 로큰롤 문화에 이제 도시의 젊은 노동자들이 심취하는 경향이 나타났다. '오요스 퐁키스'hoyos fonquis(펑키 굴들)에서 자양분을 얻고, "지저분하고 단정치 못한 용모"에 "도발적이고 무례한 제스처"를 일삼는 '로스 더그 더그스'Los Dug-Dugs를 비롯한 비슷한 류의 밴드들이 이 도시적인 '유행'을 이용해 젊은 노동자들의 저항을 반영하고 대변했으며, 그것이 1971년 아반다로 음악 페스티발Avándaro Music Festival에서 궁극적인 출구를 발견한 것이었다. 이 페스티발에서 멕시코의 록 밴드들은 프레사들fresas(부유하고 특권적인 엘리트들), 중간층 온데로들 onderos('라 온다' 참여자들), 그리고 다수의 나코naco('연방 지역[멕시코시티]의 프롤레타리아 거주 지역 주민들'인 하층의 젊은이)들을 포함해 20만 명이 넘는 관객을 끌어 모았다. 좌우파를 막론하고 비판자들은 아반다로에서 분출된 문화적 무정부 상태를 비난했다. 그러나 페스티발 참여자들은 특징 있는 밴드들 가운데 하나와 자신들을 동일시하는 경향이 있었다. 그들은 "록은 평화와 사랑에 관한 이야기가 아니라 혁명에 관한 이야기이다"라고 주장했다. 록이라는 하위문화가 비록 자의식적으로, 심지어는 공격적으로 반정치적 성향을 띠기는 했지만 그것은 반권위주의적인 대중적

로큰롤 음악은 소외되어 있던 멕시코 젊은이들에게 문화적 획일화, 사회적 불평등, 정치적 탄압에 대해 집단적으로 저항할 수 있는 장을 제공해 주었다. 틀라텔롤코 광장에서 항의하는 대학생들을 멕시코 정부가 학살한 사건이 있고 나서 열린 1971년의 아반다로 음악 페스티발은 20만 명이 넘는 젊은이들에게 멕시코의 기성 전통에 저항하는 음악에 대한 그들의 열정을 표출할 기회를 제공했다.

저항을 대변했으며, 계급적 장벽을 뛰어 넘는 잠재적으로 강력한 정치적 조직화의 수단을 제공해 주었다. 솔로프에 따르면, "아반다로는 록의 정치적 위험성을 노출시켰다." 그러므로 제도혁명당이 그 이후로 그것을 억압하려고 한 것은 결코 놀라운 일이 아니었다.

디아스 오르다스 정부의 경제 전략은 내외국인을 불문하고 사적인 투자에 가능한 범위 내에서 최대의 인센티브를 제공하는 것에 강조점이 두어졌다. 차관의 규모가 루이스 코르티네스의 시대보다 네 배에 이르는 등 외채가 놀라운 속도로 증가했다. 이 대규모의 차관 유입은 멕시코 경제의 종속적 성격을 강화했다.

1970년 정부 여당 후보 루이스 에체베리아Luis Echeverría가 깊어가는 정치적·사회적·경제적 혼란 속에서 대통령에 당선되었다. 에체베리아는 1968년 학생들의 소요 이후 감옥에 갇혀 있는 학생과 지식인들 중 다수를 석방하고, 식민주의와 부패에 맞서 싸우겠노라고 약속했으며, 멕시코에서 벌어지고 있는 토지와 수입의 불공정한 분배를 비난함으로써 전술적인 변화의 의지를 보여 주었다. 그러나 최근 공개된 문서고 자료, 회고록, 그 밖의 증언들은 틀라텔롤코의 학살과 그 후 좌파 반대 세력을 상대로 제도혁명당 정부가 수행한 '더러운 전쟁'에서 에체베리아가 주도적인 역할을 담당했음을 만천하에 입증해 주었다.

그러나 외국 자본과 긴밀하게 연계되어 있었던 보수적인 멕시코 자본가들은 시장에 자본을 공급하지 않고, 심각한 경기 후퇴를 촉발시키는 방식으로 반격을 가했다. 에체베리아는 우파가 제기하는 강력한 압박에 굴복하여 뒤로 물러섰다. 임기 가운데 마지막 3년 동안 그는 전통적인 정책과 방법으로 되돌아갔으며, 포퓰리스트적인 수사로 그것을 감추려고 했지만 성공하지는 못했다. 공적으로 그는 식민주의와 다국적회사를 비난했지만 그의 정부는 외자, 특히 미국에서 들어오는 외자를 끌어들이기 위해 최선을 다했다. 이 외국인 투자는 또한 외국인의 국내 시장 침투와, 멕시코의 산업 가운데 전략적 분야를 그들이 지배하는 결과를 가져왔다. 1970년대 중반이면 자본재 산업에서 얻어지는 수입 가운데 70%는 외국 자본에, 20%는 공기업에, 10%는 국내 사기업에게 각각 돌아갔다.

외국인 투자가 증가하면서 멕시코의 부채도 늘어나고, 외국인 투자에 대한 이익배당과 이자 지불, 그리고 다른 수익금 지불의 형태로 자본 유출도 크게 증가했다. 1976년 6월이면 멕시코의 외채는 250억 달러에 이르렀다. 멕시코와 브라질은 제3세계 국가들 가운데 가장 많은 외채를 가진 나라에 속했다. 그해 9월 늘어나는 무역 적자를 견디다 못해 정부는 페소화의 60% 평가절하를 단행했고, 그로 인해 멕시코에서는 급속한 인플레이션이 나타나고, 대중의 고통은 크게 증대되었다. 무토지 혹은 토지 부족 문제, 그리고 농촌 실업과 저고용의 문제는 해결될 기미를 보이지 않았다. 약 600만 명이 무토지 농민으로 남아 있었다.

선거를 통해 멕시코가 갖고 있던 절박한 문제를 해결할 수 있다는 전망은 실현 가능성이 매우 희박해 보였는데, 그것은 산업 혹은 재정 분야에 종사하는 과두층에 의해 지배되는 제도혁명당이 권력을 확고하게 장악하고 있었기 때문이다. 그 권력은 결국에는 제도화된 강제와 사기와 기만의 시스템에 의존했다. 그러나 권력은 반대자들을 국가기구 안으로 끌어들이는 방법도 함께 구사했는데, 거기에는 공무원, 전문 직업인, 조직화된 노동자들에게 더 많은 의료 서비스, 학교 교육, 저가의 주택, 그리고 그 외 다른 혜택들에 접근할 수 있는 기회 제공이 포함되어 있었다. 국가는 또한 도시 빈민들에게 상품과 서비스의 온정주의적 분배를 실시하고, 지배 여당을 위대한 혁명의 이상과 동일시하는 포퓰리스트적 수사를 사용하기도 했다. 이런 정책이 멕시코 사회에서 대중의 빈곤과 수입 불균형을 약간은 감소시켰다. 그러나 그것은 불안한 대중의 기반과, 제도혁명당의 정권 독점의 정당성을 강화시켜 주었다. 그러나 1970년대경이면 맹렬한 인플레이션과 경제 침체는 둘 다를 위협했다.

이것이 1910년의 혁명에서 태어난 멕시코의 신민족주의가 남긴 유산이었다. 그것은 민족주의적인 부르주아지에 의해 지배되는 새로운 행동주의적 국가activist state를 만들어 냈다. 그러나 무장武裝을 하고, 인종적·민족적으로 다양하고, 정치적으로 적극적인 농민들은 계속해서 자신들의 요구 사항을 들어달라고 주장했다. 이것은 20세기 내내 멕시코의 국가 발전을 인도하게 될 이념, 그러니까 사회학자들이 '사회적 조합주의'social corporatism라고 명명한 것을 만들어 냈다. 그것은 안정된 성장과 어느 정도의 발전을 만들어 내기는 했지만, 다만 그것은 국제적으로 수출 가격이 높게 형성되고 비교적 낮은 비용의 차관이 풍부하게 확보되는 동안에만 그렇게 될 수 있었다. 13장과 14장에서 보게 되겠지만 아르헨티나와 브라질의 경우 국제적 환경은 비슷했으나 멕시코와는 상당히 다른 인종적·계급적·민족적·젠더 간 갈등이 수반되자 더 분명하게 포퓰리즘적인 혹은 국가조합주의적인state corporatist 제도들이 나타났다. 그러나 외적인 조건이 악화되자 세 국가 모두는 불확실한 미래에 직면하게 되었다.

13장 _ 브라질 :
포퓰리즘, 그리고 다인종 사회의 민주화투쟁

라틴아메리카에서 새로운 민족주의와 적극적인 규제 국가가 시작된 계기는 멕시코혁명이었다. 그러나 이것들을 보다 완전하게 발전시킨 것은 제툴리우 바르가스Getúlio Vargas가 1930년대에 시작한 브라질의 포퓰리즘 실험이었다. 바르가스의 지도 아래 국민국가는 외국인 투자자, 대규모 플랜테이션 소유자, 국내 기업가, 노동자, 농민, 여성, 아프리카계 브라질 인Afro-Brazilian, 그리고 원주민 공동체들 사이에 빈번하게 나타나는 모순적인 이해관계를 조정하면서 브라질 사회에서 지배적인 힘이 되었다.

제1차 세계대전 직전의 브라질은 혁명이 급속도로 퍼져 나갔던 멕시코처럼 경제·정치·사회에서 날로 심화하는 구조적 긴장과 불안을 겪고 있었다. 1910년에서 1914년 사이 아마존 지역의 고무 호황은 극동 지역의

이 장의 핵심 문제

- 1930년 브라질에서 혁명이 일어나게 된 경제·사회·정치적 조건들은 무엇인가?
- 여성이 도시 노동 운동에 참여하고 이주가 증가한 것은 브라질의 발전에 어떤 영향을 끼쳤는가?
- 바르가스의 포퓰리즘적인 프로그램은 무엇이고, 어떻게 진전되었으며 브라질 사회의 다양한 부문들에 어떤 영향을 주었는가?
- 변화하는 인종 관계는 브라질 포퓰리즘에 어떤 영향을 끼쳤는가?

1912~1916	콘테스타두 봉기는 대지주에 맞서 혼혈 원주민(caboclo)들의 땅을 지키려고 함.
1922	현대예술주간, 테넨치스 봉기, 그리고 베르타 루츠의 여성 진보를 위한 브라질연맹 등은 구체제에 대한 민중들의 불만을 드러 냄.
1930	제툴리우 바르가스가 주도한 혁명은 포퓰리즘적인 개혁을 시작.
1934	새로운 포퓰리즘 헌법은 노동 및 여성의 권리, 그리고 경제에 대한 국가의 개입을 보장.
1937	바르가스는 사회복지와 국가의 산업 통제를 결합하여 포퓰리즘 독재 체제인 '새로운 국가'를 만듦.
1940~1945	5개년 계획으로 국가 산업 개발이 시행.
1942~1946	바르사스가 국영 철광석, 금속, 자동차, 에너지 회사들을 설립.
1945	군부 쿠데타가 상파울루 섬유 노동자들의 파업과 브라질 노동당을 분쇄.
1951	바르가스가 군부와 외국 기업의 이익에 반대하는 진보적인 포퓰리스트로서 대통령 선거에서 승리.
1954	군부가 바르가스의 사임을 강제했지만, 그는 자살로 민중적 저항을 촉발했다.
1956~1961	쿠비체크가 대선에서 승리하고, 신속한 경제 성장을 위해 국가의 개입을 지원.
1960	쿠비체크가 경제 성장을 고무하면서 새로운 수도인 브라질리아를 건설.
1960	콰드루스가 대선에서 승리하였지만, 곧 주앙 굴라르에게 권력을 넘기고 사임.
1961~1964	굴라르의 진보적인 포퓰리즘 의제는 토지개혁, 외국인 투자 제한, 그리고 노동권을 포함.
1964	미국의 지원으로 군부가 굴라르를 전복.

보다 효율적이고 새로운 플랜테이션과의 경쟁에 밀려 쇠퇴하기 시작했다. 고무 호황의 임박한 파국은 단일경작을 중심으로 하는 브라질 경제가 외부변화에 취약함을 보여 주었고, 커피에 대한 의존성을 더욱 강화했다. 커피 산업도 빈발하는 과잉생산 위기로 어려움을 겪었고, 비축물을 시장에 내놓지 않거나 커피나무 식목을 제한하는 등 정부의 주기적인 가격 안정책이 요구되었다.

폭력사태가 전염병처럼 브라질의 광범위한 지역을 휩쓸었다. 벽지에서는 봉건 지주coronéis들이 소작농이나 '자궁수'jagunço(고용된 총잡이)들 중에서 모집한 사병을 보유하고, 가부장적이지만 때로는 폭력적인 방식으로 농민들을 지배했다. 브라질 전역에서 농민들은 봉건적인 속박에 묶여 있었고, 지주에 대한 존경의 표시로 주당 하루 이상의 무상노동을 해야 했다. 이들은 서면계약이 없는 상태에서 일하였기 때문에 어느 때든 쫓겨날 수 있었고, 다른 곳에서도 상황은 마찬가지였다. 또한 내륙 지방에서는 신비주의 혹은 구원주의적인 성향을 띤 활동들이 나타났으며, 가끔 이 활동들은 농민 봉기의 형태를 띠기도 했다. 주로 북동부 지역에 만연했던 비적단은 지주들의 폭정과 관리들의 무능에서 나온 자연스러운 산물이었다. 몇몇 '캉가세이루'cangaceiro(무법자)들은 농민을 수탈하는 압제자에 맞서 농민 편에 서서 싸웠지만, 대부분은 지주들 간의 사적 분쟁에서 용병으로 일했다.

폭력사태가 농촌 지역에만 국한되지 않았다. 유럽적인 외양과 유럽문화에 대한 자부심을 보여 주며 팽창하고 있던 도시에서도, 과두지배층의 전횡적 통치나 과두층 내의 분열에 대한 민중들의 분노는 가끔 내란으로 번졌다. 연방 정부가 지역 단위에서 동맹 세력이었던 과두층의 편을 들어 이 무장투쟁에 개입하면서, 폭력사태는 더욱 대규모로 비화했다. 그리고 결국에는 제툴리우 바르가스의 카리스마적인 지도 아래 포퓰리즘 혁명으로 이어졌다.

구공화정의 쇠퇴와 몰락, 1914~1930

제1차 세계대전의 경제적 영향

1914년 8월에 발발한 제1차 세계대전은 처음에는 브라질에 부정적인 영향을 주었다. 생필품이 아닌 커피의 수출이 감소하자 브라질 정부는 1917년 새로운 가격 안정책을 내놓으며 플랜테이션 농장주들을 구제하려 했다. 그러나 설탕, 콩, 기타 기초 식료품에 대한 연합국의 수요가 증가하면서, 1915년에 시작된 경기회복이 호황으로 이어졌다.

전쟁은 브라질 경제의 변화를 가속화했다. 이 전쟁으로 영국 자본주의가 약화되었고, 미국은 브라질에서 영국이 갖고 있던 재정적·상업적 우위에 대해 보다 강력하게 도전했다. 또한 공산품 수입이 실질적으로 불가능하게 되면서, 오히려 브라질의 산업화를 강력하게 촉진했다. 정부의 보호 산업인 커피에서 파생되는 수익이 산업화에 필요한 재원의 대부분을 충당했다. 자본, 인구, 천연자원에서 우세했던 상파울루가 산업화를 주도하여, 리우데자네이루를 제치고 브라질 최대의 산업지역이 되었다. 제1차 세계대전 중 브라질의 산업생산은 2배로 늘어났고, 기업 수는 1908년 3,000개 가량에서 1915~1918년 사이에 5,940개로 증가했다. 그러나 이러한 증가는 경공업, 특히 식품가공업과 섬유업에 집중되었고, 대부분의 신생 기업은 영세 공장에 불과했다.

산업화와 도시화가 진전되면서 산업 부르주아지와 노동 계급이 확대되고 강화되었다. 노동 계급은 인종, 성 그리고 종족적으로 보다 다양화되었다. 이질적인 이데올로기와 아프리카계 브라질 인들의 힘에 대한 엘리트들의 두려움에서 시작된 19세기 후반 브라질의 백인우월주의 정책은 해방 이후에도 흑인들을 계속 차별해 왔다. 또한 노동력을 '백인화'하고 다수 흑인들의 임금 상승과 노동 조건 개선을 위한 협상력을 약화시키기 위해, 유럽 인들의 이주를 권장했다. 따라서 산업 노동 계급의 초기 발전에서 이탈리아 출신자들을 중심으로 하는 여성 이주자들이 중요한 역할을 했다. 이들은 급속하게 팽창하는 섬유 산업에서 노동력의 대부분을 차지했다. 1912년 상파울루의 대표적인 섬유 공장 31개에 고용된 9,000명의 노동자 중에서 거의 7,000명이 여성이었다.

전시 인플레이션으로 노동자들의 실질임금이 줄어들자, 노동조합 운동이 증가하고 파업이 빈번해졌다. 1917년 브라질 역사상 최초의 총파업이 상파울루 전역을 휩쓸었다. 여성 방직공들이 이 총파업을 조직하고 시작했다. 이들은 자신들이 공장과 가정에서 맡고 있던 지불 노동과 비지불 노동의 책무로 인해, 전시 인플레이션이 노동자들의 임금에 끼친 부정적 영향을 심각하게 받아들였던 것이다. 따라서 이들은 20%의 임금 인상, 남성 관리자들의 '보다 많은 존중', 노동 조건 개선, 그리고 '모든 것이 합리적이고 공정하게 처리될 것'이라는 약속을 요구했다. 이 여성들의 분규는 다른 공장으로 급속하게 확산되어 수천 명의 파업참가자들을 동원했다. 이를 통해 기업가들로부터 의미 있는 양보를 얻어 냈으며 전국적인 노동 운동에 활력을 불어넣었다. 1917년에서 1920년까지 밀어닥친 파업의 물결로 인해 많은 고용주들이 임금 인상을 허용했음에도 불구하고, 노동자 대부분의 생활 조건은 일시적으로 개선되었을 뿐이었다. 대부분 해외 이민자들로 구성된 노동 운동이 브라질 인구의 압도적 다수인 농민 계층과의 연대 없이 이루어졌기 때문에 소규모에 그쳤고 취약성을 면치 못했다.

전쟁에 따른 경제적 팽창은 브라질 문화 발전에도 엄청난 영향을 주었다. 새로운 경제적 기회를 좇아 자신의 고향을 떠나 브라질에 온 일본 및 오스만 제국의 이주자들은 아프리카계 후손들과 결합했다. 주로 이들 아프리카계 후손들은 불가능해 보이는 고임금 일자리를 찾아 가뭄에 시달리는 북동부 내륙지방을 떠나 도시로 이주해 왔다. 이들은 리우데자네이루와 상파울루에 모여들어 파벨라favela(모후스morros라는 이름으로도 알려진 무분별하게 확장되던 슬럼 지역)에 자리를 잡았고, 삼바samba(앙골라와 콩고의 문화 전통에 바탕을 둔 춤과 노래)를 만들어 냈다. 삼바는 카니발carnival이라는 제의적인 축하행사와 밀접하게 결합되었다. 카니발은 자기희생이라는 사순절 시기를 앞두고 벌어지는 민중적인 거리축제로, 하층계급들이 기존 사회 계층구조에 도전하고 지배 계층의 관습, 태도, 의복, 신념 체계 등을 조롱할 수 있는 안전한 공적 공간을 만들어 냈다. 착취 받던 노동 계급의 광란을 몹시 두려워했던 브라질 귀족계층은, 카니발 초창기에는 카니발과 결부된 방종한 섹슈얼리티와 거칠고 억제되지 않은 도전적인 행위들에 대해 분노를 나타냈다.

삼바 가사도 비슷한 방식으로 심각한 사회적·정치적 문제들을 언급했다. 이를 위해 상층 계급의 오만한 권력을 경멸하는 재치 있는 언어유희, 이중적 의미의 어구, 그리고 대조되는 이미지들의 병치 등이 자주 사용되었다. 예를 들어, 1917년 브라질의 가장 뛰어난 삼바 예술가 중 한명으로 동구Dongo라는 이름으로 잘 알려진 에르네스투 두스 산투스Ernesto dos Santos는 첫번째 삼바 음악인 「전화로」Pelo Telefone을 녹음했는데, 이 음악에서 그는 신기술에 대한 찬양과 경찰들이 전화를 이용해 빈민들을 괴롭히는 것에 대한 유감을 동시에 표현하고 있다. 전후 시기 동안, 라디오는 경쟁적인 여러 삼바 스쿨들escolas da samba이 만든 음악들을 반복적으로 방송하면서 삼바 음악에 대한 대중들의 인기를 확대했다. 삼바 스쿨은 카니발에 집단적으로 참가하기 위해 만들어진 지역 클럽이었다. 갑자기, 브라질 사람이 된다는 것의 정확한 의미가 전통적으로 백인이자 유럽중심적인 플랜테이션 엘리트들이 상상해 왔던 것들과는 달라졌다. 변화가 나타난 것이다.

전후의 산업과 노동 계급

산업화와 도시화가 진행되면서, 농업 우위와 외국 시장 및 차관에 대한 종속성에 기반을 둔 신식민주의적 질서의 토대가 약화되었다. 그러나 신식민주의적 질서의 안정성이 취약하고 불안정하다는 것을 보여 주었다 할지라도, 제1차 세계대전으로 인해 이러한 질서의 본질이 손상된 것은 아니었다. 만성적인 무역수지 역조와 환율 인하로 브라질 산업은 대중 소비 상품 부문에서 경쟁력을 갖추었다. 브라질 산업은 성장을 계속했지만 커피 회사들이 지배하던 중앙 정부는 지원을 거의 하지 못했다. 1920년대의 브라질 정치는 산업보호관세에 대한 격렬한 찬반논쟁으로 특징지어진다.

1920년대가 시작되었을 때, 브라질은 여전히 압도적인 농업국가였다. 커피, 설탕, 면화 등을 위주로 한 몇몇 수출품목이 농업을 지배했고, 식량생산은 등한시되어 필요한 곡물의 5분의 4를 수입에 의존해야 했다. 토지 소유는 소수에 극단적으로 집중되어 있어서 461명의 대지주들이 2,700만 헥타르 이상의 토지를 소유한 반면, 46만 4,000개의 중소 농장은 1,570만 헥타르만을 소유했을 뿐이었다. 낡은 농법이 지배적이어서, 낫이 여전히 주요한 농업도구로 사용되었고 화전이 선호되었다. 비교적 진보적이라 할 수 있는 커피 생산자들도 토지관리, 종자선택 그리고 기타 개선 등에는 별로 관심을 두지 않았다. 그 결과 최고의 토질을 가진 지역에서도 플랜테이션의 생산성이 급격히 감소했다.

대부분의 도시 노동자들은 유럽의 산업혁명 초기와 비슷한 조건에서 일하고 생활했다. 1920년 상파울루 노동자들은 평균적으로 일당 약 4미우헤이스milréis(60센트)를 벌었는데, 이 돈을 벌기 위해 노동자들은 주당 6일, 하루 10~12시간씩 일을 해야 했다. 여성들은 남성 임금의 60%밖에 받지 못했고, 노동 현장에서 가부장적인 권력의 학대를 감수해야 했다. 역사학자인 조엘 울페Joel Wolfe는 이런 사례의 하나로 암브로지나 피올리Ambrosina Pioli의 사례를 기록하고 있다. 암브로지나는 감독이 자기 애인을 취업시키기 위해 자신을 해고하려 한 데 대해 항의하자 무참하게 폭행당했다.

영양실조, 전염병, 의료시설의 부족으로 1920년의 브라질 국민의 평균수명은 28세에 불과했고, 15세 이상의 인구 중 64% 이상이 문맹이었다. 문맹자에게는 투표권이 주어지지 않았기 때문에, 학교가 전반적으로 부족한 상황은 민중을 무지할 뿐만 아니라 정치적으로도 무력하게 만들었다. 점점 커져 가는 시장의 힘이 농촌의 전통적인 후원자-수혜자라는 사회적 관계들을 해체함에 따라, 빈곤층 농민들은 자주 일상의 생존 전략에 초점을 둔 저항의 문화에서 도피처를 찾았다. 1912~1916년의 게하 두 콘테스타두Guerra do Contestado 같은 공공연한 폭동에 주기적으로 참여하기도 했으나, 일반적으로 농민들은 조직화를 통해 브라질 사회의 변혁을 시도하지는 않았다.

문화적 위기와 정치적 불안정

사회변혁의 과업은 급속히 성장하는 도시 부르주아와 특히, 부패한 농촌 과두지배층에 강한 불만을 터뜨리기 시작한 중산층에게 맡겨졌다. 1920년 초 사회와 문화를 혁신하기 위한 다양한 운동이 전개되었고, 여기에 지

1922년 개최된 브라질의 유명한 '현대예술주간'의 독창적인 조직위원들 중의 한 명이자 브라질 모더니즘의 선구자는 에밀리아누 지 카바우칸치(Emiliano di Cavalcanti)였다. 그의 「삼바」(Samba, 1925)는 유럽적인 요소를 강조했던 기존 예술전통과 단절하고, 대신 아프리카적이고 토착적인 문화적 뿌리를 강조했다.

식인, 예술가, 하급 장교, 전문직업인, 소수의 급진 노동자들이 참여했다. 그러나 이들은 공동의 계획을 갖고 있지 않았고, 자신들의 목표와 노력이 하나로 수렴되어야 한다는 것을 이해하지 못했다.

1922년에 일어난 서로 관련이 없어 보이는 3개의 사건은 시대의 열기가 일으킨 다양한 면모를 보여 주었다.

첫째, 2월 상파울루의 지식인들이 브라질 독립 100주년을 기념하기 위해 현대예술주간을 개최했다. 저항적인 유럽 예술가들의 영향을 받은 젊은 시인, 화가, 작곡가들은 19세기 후반 브라질 예술 세계를 지배해 온 자연주의라는 완고한 전통을 거부했다. 낡은 형식과 내용으로부터 독립을 선언하고 나아가 토착적인 문화의 개발을 강조한 것이다. 여기에 모인 젊은 지식인 중에는 브라질 최고의 삼바 가수가 된 에이토르 빌라-로부스Heitor Villa-Lobos와 오스바우지 지 안드라지Oswaldo de Andrade가 있었다. 오스바우지 지 안드라지는 뒤에 "문화적 식인종"이 될 필요성이 있다고 주장하여 청중들을 놀라게 했다. 즉, 외국의 다양한 예술적 사유들을 받아들여, 이것들을 브라질의 소화 효소와 섞고, 이를 통해 외국인 혐오적이지도 않고 토착적이지도 않은 진정으로 브라질적인 국가 문화정체성을 만들자는 것이었다.

둘째, 여러 도시에서 맑스주의 그룹이 나타났고 1922년 3월 리우데자네이루에 개최된 한 모임에서 브라질 공산당이 결성되었다. 그리고 그때까지 소규모 노동 운동을 지배하고 있던 아나르코생디칼리슴과 투쟁하기 시작했다.

셋째, 7월에는 리우데자네이루의 코파카바나Copacabana 수비대 소속의 테넨치스tenentes(하급 장교)들이 상파울루 주와 미나스제라이스Minas Gerais 주 사이의 합의에 의해 대통령에 당선된 아르투르 다 시우바 베르나르지스Artur da Silva Bernardes의 집권을 저지하기 위해 봉기했다. 반군들은 커피 과두층의 지배, 정치부패, 선거부정을 비난했다. 정부군에 의해 쉽게 진압되긴 했지만, 이 소수의 반군이 압도적 다수의 정부군과의 싸움에서 항복을 거부하고 최후까지 투쟁한 일화는 전설이 되었다.

장교들의 반란은 농촌 과두층이 가졌던 권력을 차지하려는 부르주아 계층의 투쟁이 시작되었음을 알리는 신호였다. 폐쇄적인 정치 체제는 권력투쟁을 불가피하게 무장투쟁으로 표출되게 했다. 민주선거, 평등한 정의 그리고 이와 유사한 정치개혁을 요구한, 주로 중산층 출신의 민족주의적 성향을 가진 젊은 장교들이 이 무장투쟁을 선두에서 이끌었다.

정치·경제적 혼란이 가중되는 상황에서 베르나르지스(1922~1926)가 대통령에 취임했다. 1918~1924년 사이에 커피 재배량이 급격히 늘어나자, 브라질 커피 산업은 다시 과잉생산과 가격폭락을 맞게 되었다. 1924년 상파울루에서 하급 장교들이 주도한 또 다른 군사반란이 일어났다. 상파울루의 대규모 노동 계급이 이 반란에 동조적인 태도를 보였지만, 보수적인 지도자들은 노동자들의 무장요구를 받아들이지 않았다.

한편 반란은 다른 주까지 확대되었다. 히우그란지두술Rio Grande do Sul에서 루이스 카를루스 프레스치스 대위가 이끄는 다른 반란군이 상파울루의 반군과 합세하기 위해 북쪽으로 이동했다. 그리고 역사적으로 '프레스치스 부대'Coluna Prestes로 알려진 이들의 연합군이 내륙을 향한 대행진을 시작했다. 하급 장교들은 반 베르나르지스 투쟁에 농민들을 끌어들이려고 했지만, 그들은 농민 문제에 무지했으며 농지개혁안을 제시하지도 못했다. 농민들도 멀리 리우데자네이루에 있는 '폭군' 베르나르지스와의 투쟁에 관심이 거의 없었다.

이 긴 행진에 참여한 장교들은 많은 것을 배우게 되었다. 이들 중 상당

수는 태어나서 처음으로 농촌현실에 직면했고 농촌문제에 대해 숙고하기 시작했다. 그 결과 그들의 개혁안에는 경제·사회적 내용이 포함되었고, 농지개혁뿐만 아니라 최저임금, 최대노동시간 등을 포함한 경제 발전과 사회적 입법의 필요성이 언급되기 시작했다.

당연히 이러한 갈등들을 통해 1920년대에 하층 계급이 동원될 수 있는 추가적인 공간이 마련되었다. 사우바도르 다 바이아Salvador da Bahia와 다른 지역의 아프리카계 브라질 인들은 마르쿠스 가르베이Marcus Garvey의 흑인권력 운동과 결합했고, 이들의 활동을 감시하고 분쇄하기 위해 정부는 미국 FBI의 은밀한 지원을 요청했다. 한편 다른 아프리카계 국민들은 칸돔블레candomblé에 집단적으로 의지했다. 이것은 민중 종교로서, 아프리카의 과거에 대한 자각을 불러일으켰고, 백인 인종우월주의적인 정책에 대한 정신적인 저항의 공동체를 형성했다.

브라질 여성들 또한 "야만적인 국가든 문명 국가든 이 모든 세상에서 여성은 노예다"라고 선언했던 19세기 페미니스트인 모타 지니스Motta Diniz의 투쟁적인 전통 내에서 활발하게 움직였다. 1922년 여권 운동가인 베르타 루츠Berta Lutz는 '여성진보를 위한 브라질연맹'Federação Brasileira pelo Progresso Feminino, FBPF을 조직했다. 이 조직은 주로 중산층 전문가들로 구성되었음에도 불구하고, 시장에 대한 국가의 개입을 옹호했다. 또한 "제조업과 농업 부문의 열악한 급여를 받으면서 그간 비인간적인 노동 착취를 당해 온 여성 노동력"을 보호하라고 베르나르지스 정부에 요구했다.

베르나르지스가 이 정치적 위기를 넘기기는 했지만, 가장 중요한 커피를 비롯한 각종 경제 문제로 계속 어려움에 직면해야 했다. 그는 이제 정통적인 수단이 된 가격안정화 대책을 실시했지만, 이번에는 탈중앙집중적인 방식을 택했다. 중앙 정부는 모든 감독 권한을 커피를 생산하는 각 주로 넘겨 주었다. 상파울루 주는 커피위원회Instituto do Café를 설치하여, 수요공급의 균형을 맞추기 위해 공급 시장을 조절함으로써 커피수출 관련 교역을 통제했다. 이것은 커피를 무제한적으로 거둬들여 창고에 저장했다가 수출수요에 따라 방출하는 방식으로 진행되었다. 이 계획의 실행을 위해서는 커피를 팔지 않고 보관하는 생산자들을 재정적으로 지원하는 것이 필요했다. 커피 가격이 상승하여 안정 기조를 유지한 1929년까지는 이 계획이 효과적으로 기능하는 것 같았다. 그러나 높은 가격으로 생산이 늘어났을 뿐만 아니라 창고에 저장된 커피량 만큼 새로운 재정지원이 필요했기 때문에, 가격안정화 정책으로 인한 부담은 점점 늘어났다. 설상가상으로 높은 가격에 매력을 느낀 콜롬비아를 비롯한 경쟁국들이 커피생산을 늘렸다.

경제위기

1926년 베르나르지스는 대통령직을 상파울루공화당Partido Republicano Paulista 소속의 워싱턴 루이스 지 소우자 페레이라Washington Luís de Sousa Pereira(1921~1930)에게 넘겼다. 워싱턴 루이스 정부는 가격안정화 정책을 유지하기 위해 일련의 신규 차관을 들여왔다. 이는 이해관계와 권력을 지속적으로 확장해 온 국내 산업 부르주아 계층을 더욱 소외시키는 결과를 가져왔다. 커피 과두층 및 이들과 유착한 외국 은행가들은 산업 부문이 필요로 하는 재정과 노동력을 끌어들여 소진했다. 국가가 지원하는 높은 커피 가격은 더 많은 노동력 수요를 만들어 냈고, 이것은 산업 부문에서 이직률을 높이고 비용을 증가시켰다. 대외차관으로 인해 1930년 외채가 11억 8,100만 달러나 되었고, 연간 이자 지불액이 전체 예산의 3분의 1에 해당하는 2억 달러에 달했다. 커피 생산자들과 투쟁적인 노동자들의 상충하는 요구들 사이에서 곤경에 빠진 산업 부문의 기업가들은 국지적인 탄압에 의존했다. 또한 자신들의 이해관계에 맞춰 경제활동을 규제해 달라고 정부에 대해 압력을 점차 늘려 가는 상황에서도, 이들 기업가들은 노동력을 통제하고 유인하기 위해 개별적으로 사회복지 프로그램의 재원을 마련했다.

1930년 미국의 대브라질 투자는 영국의 총투자액을 훨씬 상회하는 4억 달러에 달했고, 미국은 영국을 제치고 브라질의 주요 교역국으로 떠올랐다. 그러나 1929년 10월 뉴욕 주식 시장이 붕괴되고 자본주의 세계가 심각한 위기에 빠지자, 해외 시장과 차관에 지나치게 의존적이었던 브라질 경제는 극히 취약한 상태를 드러내게 되었다. 커피 가격이 1929년에서 1931년 사이 파운드당 22.5센트에서 8센트로 하락했으며, 엄청난 양의 재고량이 창고에 쌓였다. 1930년 말에는 브라질의 금 보유고가 바닥났으며 환율이 최저로 곤두박질쳤다. 대외 신용이 고갈되면서 가격안정화 정책의 유지가 불가능해졌고, 산더미 같은 채무만 남기고 붕괴되었다.

주로 노동자들이 감내해야 했던 실업, 임금 삭감, 인플레이션이라는 무거운 짐을 파생한 경제위기 속에서 대통령 유세 및 선거가 1930년에 치러졌다. 그러나 이 경제위기는 모든 계급 및 지역 간 적대감을 심화시켰는데, 경기불황을 구질서의 파산 증거로 간주했던 도시 부르주아지와 커피 과두층 사이의 갈등이 특히 두드러졌다. 이 균열은 과두층 내부에서도 나타났고, 상파울루와 미나스제라이스의 전통적 동맹관계도 붕괴되었다.

이러한 이합집산의 결과로 '자유주의동맹'Aliança Liberal이라는 새로운 정치연합이 결성되었다. 자유주의동맹은 도시 세력들, 상파울루의 지배적 지위에 불만을 품은 히우그란지두술의 목장주 같은 대지주들, 그리고 미나스제라이스 주 및 다른 주의 소외된 정치인들을 규합했다. 자유주의동맹은 히우그란지두술의 부유한 목장주이자 정치인인 제툴리우 바르가스를 대통령 후보로 지명했다.

노동 계급이 자유주의동맹에 참여하지는 않았지만, 많은 노동자들은 자유주의동맹의 정책에 동조하고 있었다. 또한 바르가스에게 공개적으로 압력을 가해 노동 조건 개선, 최저임금제와 의무 휴가제 실시, 소비자조합의 설립, 그리고 노사관계의 규제 등을 요구했다. 시장의 전제적인 권력에서 벗어나기 위해 여성 조직들 또한 반反과두층 운동에 영향력을 행사했다. 베르타 루츠와 '여성진보를 위한 브라질연맹'은 여성의 투표권, 시민적 평등권, 동일노동 동일임금, 직업여성에 대한 유급 출산휴가, 공직에 있어 소수자 우대 정책, 최저임금제, 8시간 노동제, 유급휴가, 그리고 의료, 장애, 퇴직 보험 등을 주장하는 13개 원칙을 발표했다. 이와 관련된 모든 조치들이 결국 1934년 헌법에 포함되었다.

바르가스는 자신을 지지하는 라티푼디움 소유자들을 자극하지 않으려고 했음에도 불구하고, 선거 과정에서 중공업을 포함한 산업개발의 필요성을 언급했다. 또한 국산 원자재를 사용하는 산업을 보호하기 위한 보호관세를 주장했으며, "수입품으로 먹거나 옷을 입는 행위가 비애국적인 일이 될 만큼 우리의 제조업을 향상시킬 것"을 촉구했다. 젊은 장교그룹의 영향력을 염두에 두고 사회복지법과 정치·사회·교육 개혁 등의 프로그램을 약속했다. 그는 "라티푼디움의 평화적이고 점진적인 해체, 그리고 소규모 토지를 농업 노동자들에게 분배하는 방식으로 소규모 토지 재산을 마련하도록 지원할 것"을 신중하게 공약했다.

커피 과두층이 바르가스의 집권을 막으려고 하자, 그는 워싱턴 루이스 정권을 전복시켰다. 봉기의 성공은 1889년에 출현하여 1894년 이래로 커피생산 과두층이 지배해 온 구공화국의 소멸을 의미했다. 이제 새로운 시대, 정확히 말하면 부르주아 혁명의 시대라고 불리는 새로운 시대가 시작되었다. 그 지도자인 제툴리우 바르가스의 정치적 여정은 부르주아 혁명의 전진, 후퇴, 최종적인 패배라는 과정을 충실히 반영하고 있다.

바르가스와 부르주아 혁명, 1930~1954

1930년의 자유주의 혁명은 브라질의 경제·정치·사회 구조의 산업화를 지지하는 도시 부르주아 세력의 승리를 의미했다. 그러나 부르주아 계층은 동맹 세력의 지원에 힘입어 승리를 쟁취했고, 이들의 이해관계를 고려해야만 했다. 제툴리우 바르가스는, 상파울루공화당 세력의 오만한 권력을 못마땅하게 여겨 혁명에 참여하기는 했지만 급진적인 사회변화를 두려워하는 보수 성향의 파젠데이루fazendeiro(대지주)층과 지식인 계층, 그리고 농업개혁·협동조합의 설립·광산의 국유화를 요구하는 젊은 장교그룹 들로 구성된 이질적인 동맹 세력을 이끌어 갔다. 여성 조직들과, 과두 지배와 시장 세력에 의해 피해를 입은 다른 집단들도 바르가스에게 해방을 위한 자신들의 투쟁을 지지해 줄 것을 요구했다. 1931년 만들어진 브라질흑인전선Frente Negra Brasileira은 인종차별에 저항하는 대규모 시위를 조직했고, 모든 공공장소에서 인종차별을 폐지하는 법률을 주장했다. 또한 아프리카계 브라질 인들에게 범아프리카주의 정치 운동을 교육했으며 의회에 흑인 의원들을 진출시키고자 했다. 브라질 자본주의 발전에 필수적인 노동계급은 여전히 브라질 자본주의 존재 자체를 위협하는 요소로 남아 있었다. 마지막으로 바르가스는 외국 자본가들의 이해관계를 고려해야 했다. 이들은 일시적으로 약화되기는 했지만, 자본주의 세계가 대공황의 늪에서 벗어나면서 브라질 경제에 큰 압력을 행사할 수 있었다. 이렇게 상충하는 이해관계들을 조정하고 조화시키려는 바르가스의 정책은 그의 정치 여정에 나타나는 급작스런 노선의 변화와 모순들을 이해할 수 있게 해준다.

바르가스의 경제 및 정치 대책

새 정부가 당면한 가장 시급한 문제는 경제위기에서 벗어나는 것이었다. 바르가스는 정적들의 물적 기반이었던 커피 산업을 포기하지 않았다. 재배량을 제한하거나 과잉 생산된 커피의 매입, 그리고 심지어는 과잉 생산된 커피의 소각 조치 등 고전적인 가격안정화 정책을 실시해 커피 산업의 부활을 도모했다. 그러나 커피의 수출과 가격은 1930년대 내내 낮은 수준에 머물러 있었다. 정부의 농업다변화 정책은 더 많은 성과를 거두었는데, 커피 산업의 위축으로 다른 활로를 찾던 자본과 노동력의 도움을 받아 특히 면화의 생산량이 늘어났다. 면화 수출은 전쟁으로 생산량 증가가 주춤하게 되는 1940년까지 지속적으로 증가했다. 그럼에도 불구하고 농업다변화가 국내 수입 능력import capacity의 급격한 감소를 보전해 주지는 못했다. 회복의 실마리는 수입대체 산업화였다.

대공황이 브라질의 산업화를 만든 것은 아니지만, 새로운 진전을 위한 조건들을 만들어 주었다. 수출의 급격한 감소와 환율 급락으로 수입 능력을 잃게 되자 바르가스는 이에 대한 자연스러운 대책으로 산업화를 독려했다. 그는 환율통제, 수입쿼터, 조세혜택 등을 통하여 산업을 장려하는 한편, 기계류와 원자재 수입에 대한 관세를 낮추었으며 저율의 장기 대출을 제공했다. 유리한 배경 조건과 바르가스의 국가 개입정책에 힘입어, 국내 시장 의존형 생산을 기반으로 하는 브라질의 산업화는 불과 몇 년 만에 장족의 발전을 거두었다. 이리하여 1931년에서 1936년의 사이에 산업생산량은 두 배로 늘어났고, 1933년 초 미국이 아직 대공황의 늪에 빠져 있을 때에도 브라질의 국민소득은 증가하기 시작했다. 이는 브라질 경제가 적어도 그 당시에는 더 이상 외부요인에 의존하는 것이 아니라 내부요인에 의존하고 있었음을 보여 주었다.

한편 바르가스는 이제 동맹 세력에 대한 전략적인 양보를 통해 정치 권력을 집중시키려고 했다. 그는 장관직 지명을 통해 상파울루의 정치 엘리트들에게 유화적인 태도를 취했다. 또한 다시 방직 산업의 여성 노동자들에 의해 시작되어 1932년 5월 기업가들에 공개적으로 저항했던 상파울루의 노동 계급을 회유하고자 했다. 이들은 8시간 노동제, 20% 임금 인상, 야간 노동 상여금, 동일노동 동일임금, 강제적인 초과근무 금지, 그리고 '공장 위원회'comissão de fábrica라 불리는 지역 협상 단위의 인정 등을 요구했다. 바르가스는 수만 명의 노동자들이 참여한 이 총파업에 개입하여 요구 조건 대부분을 들어주고 노동자들을 자기편으로 끌어들였다. 그러나 앞으로는 노동 조건에 대한 갈등은 노동자, 고용주 그리고 정부 지정인으로 구성된 삼자 조정 위원회comissão de conciliação에서 평화롭게 협상되어야 한다고 요구했다.

1932년 2월 바르가스는 비밀투표, 21세에서 18세로 선거연령의 하향조정, 근로 여성으로 선거권 확대 등을 내용으로 하는 선거법을 공포했다. 그러나 문맹자들은 여전히 선거권에서 제외되어 있었다. 95%에 달하는 국민들이 여전히 선거권을 갖지 못했지만, 이러한 선거법 개혁 조치는 20개 주 의회 중 18개에서 여성들이 당선될 정도로 투표권을 확대했다. 게다가 여성들의 새로운 정치적 영향력을 반영하여, 리우데자네이루 주 정부는 여성들을 노동부와 교육부 장관에 지명했다. 이 법에 의해 선출된 제헌의회는 신헌법의 초안을 작성했고, 1934년 7월에 공포되었다. 신헌법은 연방제를 유지했지만 행정부의 권한을 상당히 강화했다. 그 자체로 첫번째 하원이 된 제헌의회는 바르가스를 1938년 1월까지 임기로 대통령에 선출했다.

헌법의 '경제·사회 질서' 조항은 경제개발에 대한 정부의 책임을 강조했다. 119조는 "법률이 국가의 경제적·군사적 방어를 위해 필수적이라고 간주되는 산업뿐만 아니라 광산, 광물자원, 수력을 비롯한 기타 에너지 자원에 대한 점진적 국유화를 정할 것"이라고 선언했다.

노동권과 노동 의무에 관한 조항은 바르가스와 노동 계급 사이의 가부장적인 관계를 보여 준다. 그는 혜택을 통해 노동 계급의 환심을 사고자 했지만 이들의 독립적 행동을 용납하지는 않았다. 1934년 헌법은 노동재판소 제도를 도입했고 정부에 최저임금을 정할 권리를 부여하는 한편, 파업권을 보장했다. 후속 조치로 상공업 부문에서 8시간 노동제와 최저임금제가 정착되었고 연금, 유급 휴가, 보건·안전에 대한 기준과 고용보장을 보장하는 치밀한 사회보장제가 마련되었다.

이러한 성취의 대가로 노동 계급은 행동의 자유를 잃게 되었다. 예전에는 가혹한 탄압의 대상이었지만 독립성을 주장했던 투쟁적인 노동조합은 이제 노동부의 통제 하에 있는 공식 기관이 되었다. 노동자들은 노동법 제정에 자기 목소리를 내지 못했고, 정부가 승인하지 않은 파업은 경찰과 치안 기관에 의해 폭력적으로 진압되었다.

여기에 노동 및 사회법은 불공평하게 집행되었고, 고용주들은 자주 법률을 무시했다. 더군다나 법률은 노동력의 85%를 차지하는 대다수 농업 노동자들에게는 전혀 적용되지 않았다. 대농장주인 파젠데이루들과의 동맹을 유지하기로 한 바르가스는 농촌지역에서 전통적으로 이어져 온 예속적인 노동관계를 그대로 두었다. 라티푼디움을 방치했고 농지개혁이라는 선거 공약을 지키지 않았다.

바르가스의 친파젠데이루적인 선회는 1934년에 보다 공개적으로 드러났고, 젊은 장교그룹, 지식인, 급진적 노동자, 그리고 1922년 루이스 카를루스 프레스치스Luís Carlos Prestes가 창당한 공산당의 신랄한 비판을 받게 되었다. 노동 계급뿐만 아니라 중산층의 지지를 받는 인민전선 운동인 전국해방동맹Aliança Nacional Libertadora, ANL의 명예총재로서, 프레스치스는 라티푼디움 폐지, 외국계 대기업의 국유화, 제국주의적 채무의 말소 등을 주장했다.

한편 바르가스는 좌파 야당을 '체제전복적'이라는 이유로 탄압했다. 1935년 프레스치스는 청년 장교그룹의 이상을 실현하는 데 실패했다고 바르가스를 공격하고, 진정으로 "혁명적이면서 반제국주의적인 정부"를 세울 것을 촉구했다. 이에 바르가스는 전국해방동맹을 금지하고 다수의 좌파 지도자들을 검거하는 것으로 대응했다.

독재자로서 바르가스

좌파 탄압을 통해 바르가스는 1인 독재의 길로 접어들었다. 1937년 11월 10일 그는 1938년의 대통령 선거를 취소하고, "부적합하고 비용이 많이 드는 기구"라는 이유로 의회를 해산했다. 이를 통해 그는 유럽 파시스트 헌법을 모델로 한 신헌법하에서 독재권력을 갖게 되었다. 12월 2일에는 모든 정당이 해산되었다.

'새로운 국가'Estado Novo를 표방하는 새 정권은 유럽 파시스트 정권의 헌법뿐만 아니라 그들의 탄압 방식도 그대로 모방했다. 엄격한 언론 검열이 행해졌고 노동자, 교사, 군 장교, 그 외 반란 용의자들로 감옥이 넘쳐 났다. 탄압기구에는 반체제 인사들을 색출하여 고문하기 위한 특수 경찰 부대가 포함되었다. '새로운 국가'는 여성 노동자들을 가정과 가족이라는 가부장적인 사적 영역으로 돌아가도록 함으로써, 자유와 평등을 위한 여성들의 투쟁에 상당한 차질을 주었다. 세법은 독신여성과 무자녀 가정에 벌칙을 부과했고, 다른 법률들은 어머니와 어린아이들을 위한 특별한 보호조치들을 마련하고 여성들이 가정 밖에서 일자리를 갖거나 노동조합에 가입하는 것을 적극적으로 막았다. 그러나 정권에 대한 조직적 저항은 거의 없었다. 독재정권에 대한 가장 큰 저항 세력이 되었어야 할 노동 계급은 가부장적인 사회법으로 인해서 무력화되었고, 정권의 포퓰리즘적 수사에 취해 수동적인 태도를 취하거나 심지어는 바르가스를 지지하기까지 했다.

국제관계에서 바르가스는 새로운 시장을 개척하고 미국과의 거래에서 자국의 입장을 강화하기 위해 독일 및 이탈리아와 경제적 우호관계를 모색했다. 권위주의적이고 압제적인 측면에도 불구하고, '새로운 국가'는 경제적 독립을 달성하려는 노력 속에서 신식민주의와의 투쟁을 계속했다.

실제로 새 정부 아래에서 국가는 그 어느 때보다도 적극적으로 산업 성장을 촉진했고, 이에 필요한 경제 인프라를 구축했다. '새로운 국가'는 자유방임주의를 거부하면서 광업, 석유, 강철, 전력, 화학 등 기초 부문에서 주요 산업단지를 조성하기 위해 경제개발계획과 직접투자정책을 추진했다. 1940년 정부는 중공업 확대, 신규 수력발전소 건설, 철도망 확장 등을 목표로 하는 5개년 계획을 발표했다. 1942년에는 이타비라Itabira의 풍부한 철광맥을 채굴하기 위하여 발리두히우도시 사Companhia Vale do Rio Doce, CVRD를 설립했으며, 1944년에는 화학 산업에 필요한 원료 생산 회사가 세워졌다. 1946년 국영 자동차 회사가 트럭을 생산하기 시작했다. 같은 해 바르가스는 자신이 오랫동안 간직해 온 목표가 실현되는 것을 보았다. 국영 철강 회사가 리우데자네이루와 상파울루 사이에 위치한 보우타헤돈

포퓰리즘적 대통령이었던 제툴리우 바르가스가 세운 많은 국영 기업 중 하나에 고용된 숙련된 노동자들이 아마존의 마데이라-마모레(Madeira-Mamoré)지역에서의 국유화 조치 10년을 기념해 세운 바르가스의 동상을 지나고 있다.

다$^{\text{Volta Redonda}}$ 공장에서 생산을 시작한 것이었다. 근대 산업이 풍부한 에너지원을 필요로 한다는 것을 알고 있던 바르가스는 1938년 원유 탐사를 위해 국영 석유 회사를 만들었다.

1941년 브라질에는 4만 4,100개의 공장과 94만 4,000명의 노동자가 있었는데, 이것은 1920년의 1만 3,336개의 공장과 30만 명가량의 노동자 수와 비교된다. 일부 섬유 수출을 제외한 제조업은 거의 전적으로 국내 시장에 의존하고 있었다. 국영 기업이나 공민영 혼합형태의 기업이 중공업과 사회간접자본 산업을 지배했고, 제조업은 민간 기업이 장악하고 있었다. 그러나 1930년대 들어서 외국 회사들이 국내 시장의 점유율을 높이고 환율 문제와 관세 장벽을 극복하기 위해 브라질 현지 공장을 세움에 따라 외국인 직접투자가 크게 증가했다. 이리하여 1940년경 외국 자본은 브라질 주식회사에 대한 총투자의 44%를 차지하게 되었다. 한편, 바르가스는 외국 자본의 유입을 통제하려는 노력을 전혀 하지 않았는데, 이는 아마도 브라질의 국가 및 개인 자본주의가 성장함에 따라 외국 자본을 종속적 위치에 묶어 둘 수 있을 것이라고 믿었기 때문일 것이다.

'새로운 국가'는 파업과 직장폐쇄를 금지하는 동시에 보호적인 노동 및 사회법의 범위를 더욱 확대했다. 1942년 노동관련 법률들은 세계에서 가장 진보적인 것 중의 하나로 간주되는 노동법으로 통합되었다. 그러나 이 법은 공정하게 집행되지 않았고, 대다수 농업 노동자들은 아무런 혜택을 받지 못했다. 게다가 상승하는 인플레이션은 임금과 물가 사이의 간극을 더욱 확대했다. 1929년에서 1939년 사이에 31% 오른 물가가 1940년에서 1944년 사이에는 86%나 올랐다. 실제로 이런 인플레이션은 수익을 노동자의 임금에서 자본가에게 이전함으로써 1940년대의 급속한 경제 성장을 위한 자금 조달원 역할을 하게 되었다.

제2차 세계대전은 산업화에 새로운 자극을 줌으로써 경제 성장을 가속화시켰다. 브라질은 막대한 양의 식료품과 원자재를 수출하였으나, 전시 생산 체제하의 선진국들은 기계류나 소비재로 그 대금을 지불할 수가 없었다. 그 결과 브라질의 외환보유고가 늘어나 1945년에 7억 700만 달러에 이르렀다. 전쟁 동안의 경제 성장은 대부분 기존 공장의 확장과 가동률 확대, 또는 국내 기술자와 과학자들의 기술적 기여에 힘입은 것이었다.

바르가스는 세계열강들의 적대관계를 교묘하게 활용해, 미국으로부터 보우타헤돈다에 국영 종합제철공장을 짓기 위한 재정적·기술적 지원을 얻어 냈다. 미국 정부와 기업들은 라틴아메리카에 중공업을 건설하기 위한 지원 요구에는 매우 냉담했지만, 바르가스가 독일에 지원을 요구할 수 있다고 암시하자마자 지원을 결정했다. 보우타헤돈다는 바르가스의 경제 민족주의 정책과 국가의 경제 개입이 거둔 커다란 승리였다. 바르가스는 지원에 대한 대가로, 미국이 추축국들과 전쟁을 시작하기도 전에 브라질 내에 미공군 기지를 세울 수 있도록 북부지역을 임대해 주었다.

브라질 국민들은 권위주의 정권하의 브라질이 반파시스트 전쟁에 참여하는 모순을 간과하지 않았다. 추축국의 패배가 다가옴에 따라 '새로운 국가'의 종식을 요구하는 목소리는 점점 높아졌다. 독재와 전쟁으로 인해 여성 조직들의 정치적 의제가 제한되었음에도 불구하고, 이들의 조직적 역량은 국가방위연합Liga da Defesa Nacional(1916년 설립된 조직으로 군민 협력, 시민의식 함양, 애국심 고취 등을 주장했고 국토 수호와 근대화에 지식인의 역할을 강조함—옮긴이)의 여성 관련 부서의 후원 아래 계속 강화되었다. 이 부서는 지역 위원회들이 식료품 가격을 점검하고 사회정의를 요구하는 데 필요한 인력을 제공했다. 이것이 제2차 세계대전 종전 무렵 시민적 자유를 복원하고 정치적 해방을 보장하기 위해 광범위한 연대조직을 건설했던, 엠네스티여성위원회Comitê da Mulheres pela Anistia의 탄생으로 이어졌다. 전쟁 기간 동안 아프리카계 브라질 국민들의 권리를 위한 투쟁은 흑인실험극단Teatro Experimental do Negro 같은 문화 조직을 중심으로 진행되었다. 이 극단은 '반인종주의적인 시민권과 인권에 대한 요구'가 흑인들의 아프리카적인 의식을 계발하는 것에 뿌리를 두어야 한다고 생각했다.

마찬가지로, 당장이라도 폭발할 것 같은 노동자들의 불만은 탄압과 노조 지도부의 전시 협력 체제에 의해 둔화되었다. 따라서 대중적인 저항 삼바, 공장의 비밀 위원회, 널리 확산된 집단 결근, 그리고 바르가스에게 정의를 요청하는 개인적인 행위 등을 통해서만 드러날 수 있었다. 그럼에도 불구하고 1945년 2월 이러한 불만은 수백 명의 시위자를 포함한 폭동으로 분출했다. 그해 여름에는 상파울루의 방직공장 여성 노동자들이 한 번 더 수천 명을 동원한 파업을 벌여 브라질 산업을 뒤흔들고 바르가스 정권을 위협했다. 정치 환경이나 세력균형 변화에 민감했던 바르가스는 정치범 사면, 자유로운 정당활동을 보장한 법률 공포, 그리고 12월 2일에 의회 선거 및 대통령 선거 실시 등을 발표했다.

군부 쿠데타

바르가스 자신은 대통령 선거에 출마하지 않을 수도 있다고 발표했지만, 실제로는 자신의 입후보를 요구하는 '케레미스타스'queremistas(원하는 자들)라는 지지자들이 잘 조직된 선거전을 펼칠 무대를 마련해 주었다. 자유로운 정치활동의 회복을 내용으로 하는 포고령들을 발표한 직후, 스스로를 '가난한 사람들의 아버지'라고 선언한 바르가스는 국익에 해가 되는 어떠한 조직에 대해서도 몰수 조치를 할 수 있도록 했다.

생계비용을 감축한다는 목표를 가진 이 권위주의적인 포고령은 국내외 보수세력의 경계심을 불러일으켰다. 군의 고급장교들은 바르가스의 좌경화 경향을 점점 더 불안한 눈으로 바라보았다. 미국과의 전시동맹으로 본래의 보수주의를 더욱 강화시킨 그들은, 소련과 세계 공산주의에 대치한 냉전시기에 미국의 지도력과 자유 기업이라는 복음을 언제든지 받아들일 태세가 되어 있었다.

1945년 10월 29일 고이스 몬테이루Goes Monteiro 장군과 에리쿠 두트라Eurico Dutra 장군이 쿠데타를 일으켜 바르가스를 권좌에서 밀어내고, 재빨리 바르가스의 포고령을 무효화했으며 공산당을 탄압했다. 이들은 문맹자까지 투표권을 확대하는 것을 거부했으며, 에리쿠 두트라의 당선이 확실시되었던 대통령 선거를 실시했다. 두트라의 재임 기간(1946~1951) 동안 신식민주의적 이해관계 당사자들은 바르가스 통치기간 동안 상실했던 영향력의 상당 부분을 회복했다. 두트라의 국내외 정책은 워싱턴이 제시하는 반공주의 강령을 맹목적으로 추종하고 있었다.

1945년 선거에서 공산당은 50만 표 이상을 득표했고, 2년 후 브라질의 선구적인 페미니즘 조직인 브라질여성동맹Federação das Mulheres Brasileiras이 공산당이 지원하는 세계민주주의여성동맹Federacao Democratica Internacional de Mulheres에 가입했다. 날로 증가하는 공산당의 영향력에 불안을 느낀 두트라는 공산당을 불법화시켰고, 의회는 이어서 공산당 소속 의원들을 제명했다. 두트라는 결과적으로 마녀사냥식 방법을 동원하여 독립적인 노동 운동을 분쇄하고 노동자연맹Federação dos Trabalhadores을 불법화했다. 다른 한편 정부는 이른바 '과격분자'들을 제거하기 위해 수많은 노동조합에 개입했다. 임금 동결과 공식적인 최저임금의 인상 실패로 인해, 노동자들의 실질임금이 크게 줄어들었다.

두트라의 경제개발정책은 자유방임적 성격을 띠었고, 경제독립을 목표로 정부가 직접적으로 개입했던 바르가스의 전략을 사실상 포기한 것이나 다름없었다. 그는 모든 수출과 환율 관련 제약을 철폐했고, 전쟁기간 중 축적된 막대한 외환보유고 ——바르가스는 이 외환보유고를 브라질 산업의 재정비에 사용할 것을 제안한 바 있다——를 대부분 사치품인 소비재 수입에 탕진하도록 방치했다.

새로운 경제환경에 매력을 느낀 외국 자본이 브라질로 몰려들었다. 반면, 미국인 경제 고문들의 처방에 따라 정부는 인플레이션을 잡기 위해 엄격한 신용정책을 실시했고, 이것은 브라질의 기업들과 산업성장에 부정적인 영향을 끼쳤다.

이러한 장애물에도 불구하고 민중 운동은 지속적으로 조직화되었으며 진보적인 개혁을 주장했다. 예를 들어, 아프로계 브라질 인들은 브라질이 '인종적 민주주의' 국가라는 정부 주장의 위선을 드러내기 위해 전국흑인대회Convenção Nacional do Negro와 전국흑인여성회의Congreso Nacional de Mujeres Negras를 조직했다. 수년간의 대중적 압박이 있은 후에, 두트라 정권은 마침내 상대적으로 결단력이 부족하기는 했지만 나름의 의미가 있는 차별 금지법인 아우퐁수 아리누스Alfonso Arinos 법을 채택했다. 이런 결과를 이끌어 낸 대중적 압력은 1951년의 잘 알려진 사건으로 정점을 이루게 되었다. 상파울루의 한 호텔이 유명한 아프리카계 미국인 안무가인 캐서린 던햄Katherine Dunham의 숙박을 거부하고, 그녀의 백인 비서에게는 방을 제공했던 것이다.

바르가스의 복귀

군부의 중립성을 확신한 바르가스는 노동자, 기업가, 도시중산층 등으로 이루어진 광범위한 정치동맹의 지지를 업고 1950년 대통령에 출마했다.

그의 공약은 산업화를 가속화하고 사회복지법을 강화하겠다는 것에 집중되었다. 두트라 정권의 경제 및 사회정책에 대한 불만의 물결을 타고 바르가스는 2명의 경쟁자를 수월하게 물리쳤다.

바르가스는 어려운 경제 상황을 이어받았다. 1949년에서 1951년 사이의 커피 수출 증대와 가격 상승이 낳은 짧은 호황기 뒤에 무역수지는 다시 악화되었고 인플레이션 비율이 상승했다. 그는 자신이 만든 경제개발계획을 실행에 옮길 다른 재원이 없었기 때문에, 사회적 부작용을 무릅쓰고라도 통화 공급을 대폭적으로 확대해야만 했다. 한편, 국가 주도의 산업화 전략은 국내외 신식민주의 세력의 저항을 불러왔다. 미국 아이젠하워 정부는 바르가스 정부가 민간 투자에 적합한 환경을 조성하지 못했다고 주장하면서, 미·브라질 합동경제위원회를 해체시키기에 이르렀다. 국내에서 그의 계획은 대다수 주 정부와 의회를 지배하고 있던 지주층의 사보타주에 직면했다. 이러한 국내외 환경의 악화는 이질적인 사회집단들을 통제하기 위한 바르가스의 선택폭과 능력이 크게 축소되었음을 의미했다.

그럼에도 불구하고 바르가스는 포퓰리즘적인 프로그램을 추진했다. 그는 페트로브라스Petrobrás라고 불리는 공공-민간 혼합의 석유 회사를 세웠고, 이를 통해 국가는 원유 시추와 새로운 정유공장을 독점할 수 있었다. 페트로브라스는 국가가 기간산업을 소유해야 한다는 바르가스의 신념을 반영한 동시에, 수입 원유를 국내산으로 대체하여 국제수지 적자를 줄이겠다는 의도를 드러낸 것이었다. 바르가스는 석유 배급을 민간 부문이 맡도록 하고 기존 정유소의 사적 소유를 허용하여 국내외 반대자들을 달래려고 하였다. 또한 유사한 형태의 일렉트로브라스Electrobras라는 전력 회사 설립을 추진했다.

바르가스의 노동정책은 또 다른 정치적 갈등을 낳았다. 노동 운동은 두트라 정권 하에서 상실했던 행동의 자유를 대부분 회복했다. 1951년 12월 정부는 투쟁적인 노동자들의 압력으로 최근의 물가인상을 보상하는 새로운 최저임금을 공포했다. 1953년 30만의 노동자들이 임금 상승과 몇 가지 다른 혜택을 요구하면서 파업에 들어갔다. 6월에는 젊은 심복인 주앙 굴라르João Goulart가 노동부장관에 임명되었는데, 그는 바르가스적인 포퓰리스트로 노동자들의 요구에 대해 우호적이었다. 1954년 1월 굴라르는 최저임금의 2배에 달하는 인상안을 권고하기에 이르렀다.

바르가스와 그의 정적들 간의 정쟁은 갈수록 첨예화되었다. 의회 연설에서 바르가스는 외국인 투자가들이 막대한 양의 이익금을 해외로 송출하면서 브라질의 국제수지 문제를 악화시키고 있다고 비난했다. 또한 기만적인 송장 작성을 통해 브라질에 18개월간 적어도 2억 5,000만 달러에 달하는 손실을 입혔다고 주장했다. 한편 그에 대한 보수세력의 공격은 점점 더 신랄해졌다. 8월 24일 군부는 바르가스에게 사임과 실각 중 하나를 택하라고 통보했다. 고립무원의 상태로 배신당한 72세의 바르가스는 자살을 택함으로써 딜레마에서 벗어날 수 있었다. 그러나 그는 정치적 유서라고 할 수 있는 메시지를 남겼는데 다음과 같은 말로 끝맺는다.

나는 브라질이 약탈되는 것에 맞서 싸웠습니다.
나는 민중이 약탈되는 것에 맞서 싸웠습니다.
나는 맨주먹으로 싸웠습니다.
증오도 악평도 중상모략도 나의 사기를 꺾지는 못했습니다.
나는 여러분들에게 나의 생애를 바쳤습니다.
이제 나는 나의 죽음을 바칩니다.
남은 것은 아무것도 없습니다.

이제 평온하게 영원으로 가는 첫발을 내딛으며

나는 역사가 되기 위해 이 세상을 떠납니다.

생전에도, 그리고 사후에도 바르가스는 여전히 논란이 많은 인물이었다. 그러나 한 여성 방직 노동자였던 오데치 파스키니Odette Pasquini는 바르가스와 그의 포퓰리즘 정책에 대한 가장 예리한 묘비명을 헌사했다. 그녀는 "바르가스, 아, 그는 많은 사람들이 라디오에서 자주 말했던 것처럼 '가난한 사람들의 아버지'였지만, 또한 부자들의 진정한 어머니였다!"라고 썼다.

개혁과 반동, 1954~1964

바르가스의 죽음은 25년 동안 그가 추진해 온 독립적인 자본주의 발전이라는 민족주의적이고 포퓰리즘적인 모델의 종말을 예고했다. 민족 부르주아, 파젠데이루, 외국인 자본가, 노동 계급 사이의 상충하는 이해관계를 조절하고 화해시키는 동시에, 농지개혁 같은 구조적인 변화를 피하는 전략에 기반을 둔 발전모델은 이제 그 가능성을 상실했다.

　두 가지 선택이 남게 되었다. 그 중 하나는 바르가스의 정치적 후계자들이 노동 계급과 농민을 동원하여 농지개혁을 포함한 구조적인 변화를 실현하는 것이었는데, 이 구조적인 변화는 브라질의 국가 자본주의에 새로운 역동성을 가져다 줄 것으로 생각되었다. 다른 대안은 바르가스의 정적들이 최신식의 신식민주의적 자본주의 모델을 실행하는 것이었다. 이것은 브라질 산업의 탈국적화와 근대화, 그리고 브라질을 선진 자본주의 강국들이 운영하는 산업 단지의 일부로 변모시키는 것에 바탕을 두었다. 이러한 변모는 원자재 수출에서 제조업 제품 수출이라는 수출 상품의 변화를 수반했다. 이 과정은 브라질 민중의 엄청난 희생을 요구했기 때문에 가장 억압적인 형태의 독재정권이 수립되는 것이 필요했다. 1954년의 세력 균형 상태는 두번째 선택에 유리하게 작용했다. 그러나 10년 동안 브라질은 이 두 가지 대안 사이에서 불확실하게 동요했다.

쿠비체크의 시대

군부의 감시 아래 1955년 대통령 선거가 실시되었다. 미나스제라이스의 주지사인 주셀리누 쿠비체크Juscelino Kubitschek는 주앙 굴라르를 러닝메이트로 하여, 민주주의 수호와 경제 성장의 가속화를 강조했다. 특히 쿠비체크는 바르가스식의 경제적 민족주의자는 아니었지만, 군부의 개입을 두려워한 민족주의 및 개혁 진영의 지지를 받았다. 선거 유세전이 진행되면서 우파 진영에서는 쿠비체크와 굴라르의 승리를 저지하기 위한 쿠데타 요구가 커져 갔다. 그러나 쿠비체크와 굴라르가 10월 대통령 선거에서 승리했는데, 굴라르의 지지도가 강력해서 쿠비체크보다 더 많은 표를 얻었다.

쿠비체크는 '50년간의 발전을 5년에'라는 공약을 가지고 1956년 1월 취임했다. 그러나 그는 대규모 외국 투자를 통해 이러한 발전을 달성하고자 했고, 이를 위해 외국 자본에 많은 인센티브를 제공했다. 그리하여 외국 자본이 브라질로 쏟아져 들어왔고, 1955년에서 1961년 사이에 유입된 총 자본은 23억 달러나 되었다. 이 중 대부분은 미국에서 들어온 것으로 미국의 대브라질 투자는 1960년 한 해 동안 15억 달러에 달했다.

유입된 외국 자본은 국내 기업에는 해당되지 않는 특혜를 통해 많은 이익을 냈고, 이를 통해 브라질 산업은 급속하게 외국인들의 수중으로 넘어갔다. 이 과정에서 국내 기업가들은 외국인이 지배하는 회사의 협력업

체나 관리자로 변모하였다. 기업 인수는 화학, 금속, 전기, 통신, 자동차 등 가장 현대적이고 빠르게 성장하는 산업에서 집중적으로 일어났다. 1960년 외국인 투자는 34개 대기업에 투자된 자본의 70%에 해당했고, 자본금이 100만 달러 이상인 650개 기업의 30%에 이르렀다.

쿠비체크 시대는 1957년에서 1961년 사이에 연평균 7% 성장을 이룩한 전례 없는 경제 성장의 시대였다. 1960년경 그는 브라질을 농업국에서 국내 중공업 수요의 절반을 생산할 수 있는 기반을 갖춘 농-공업국으로 변모시켰다. 대규모 댐이 잇따라 건설되어 국내 산업이 필요로 하는 전력의 대부분을 공급했다. 국경 지역의 고이아스Goiás 주에 브라질리아라는 새로운 수도를 건설하겠다는 쿠비체크의 결정은 브라질의 미래에 대한 그의 낙관을 반영하고 있었다. 그는 3년 동안에 새로운 수도를 완성하여 1960년 4월 21일 준공식을 가졌다. 그가 '국가통합 고속도로'라고 부른 도로망이 브라질리아와 다른 지역들을 연결했지만, 주거 및 재정착 문제, 문화적 고립 등 브라질리아 주민들이 당면한 여러 문제들을 해결하지는 못했다.

개발의 성과에 따른 대가는 컸다. 이미 많았던 브라질의 외채는, 대부분 대외 차관에 의존한 개발비용으로 인해 1954년의 16억 달러에서 1961년 27억 달러로 늘어났다. 국가 예산에서 외채 이자지불이 차지하는 비중도 높아져서 같은 기간에 1억 8,000만 달러에서 5억 1,500만 달러로 늘었다(이 액수는 브라질 수출액의 절반이 넘는 것이었다). 이 같은 재정조달에는 한계가 있었다. 1959년 IMF는 브라질이 안정화 정책을 채택하지 않고 재정적자를 줄이지 않으면 더 이상 차관 제공을 하지 않겠다고 위협했다. 그러자 쿠비체크는 IMF와의 협상을 중단하고 통화 공급을 늘렸고, 그 결과 전례 없는 인플레이션과 재앙에 가까운 크루제이루(브라질의 구화폐단위―옮긴이)의 평가절하가 발생했다. 이로 인해 브라질의 수출액이 크게 감소했다. 브라질 개발에 필요한 재원으로서의 인플레이션은 차관과 마찬가지로 이미 한계에 도달했던 것이다.

이러한 경제 성장과 중산층의 증가, 그리고 여기에 따르는 근대성 이데올로기는 브라질 문화에 영향을 주었다. 중상층 사람들이 즐겨 찾던 극장식 식당에서 나온 보사노바Bossa nova(사전적인 의미는 '새로운 비트')는 전통적으로 혼혈 민중 계층과 결합되어 있던, 거칠고, 통제할 수 없는 것처럼 보이고, 파도가 치는 듯한 삼바 리듬으로부터 브라질의 국민음악을 구해 내려고 했다. 보사노바는 브라질의 문화적 정체성을 근대성, 개인의 자유, 그리고 개인적인 쾌락 추구 등을 강조하는 방식으로 새롭게 정의했다. 1950년대 브라질의 근대화처럼 보사노바는 미국으로부터의 수입에 상당 부분 의존했다. 안토니우 카를루스 조빙Antônio Carlos Jobim, 주앙 지우베르투João Gilberto, 나라 레앙Nara Leão 같은 음악가들이 삼바의 드럼 리듬과 혼합했던 재즈 리듬을 싱커페이션(당김음)했던 것이다. 가사적인 측면에서 보면, 브라질의 탁월한 비트세대 시인인 비니시우스 지 모라이스Vinicius de Moraes가 가사를 쓴 세계적으로 유명한 「이파네마의 아가씨」Garota de Ipanema 같은 보사노바 음악은 중산층 젊은 남성들의 보헤미안적인 삶을 노래하고 있다. 이들은 삼바 음악이 전통적으로 기념해 오던 브라질 민중 계급의 일상적인 투쟁보다는 해변, 아름다운 소녀들, 그리고 위스키에 더 많은 관심을 가지고 있었다.

콰드루스 정권

사회 혼란이 심화되고 국내 및 대외 정책에 관한 논쟁이 격렬하게 진행되는 가운데 1960년 선거가 실시되었다. 여성들은 시민적 평등을 요구하고,

쿠비체크가 1956년 불법화했던 브라질여성동맹 창립 10주년을 기리기 위한 대규모 항의시위를 조직하면서 이 선거에 적극적으로 참여했다. 노동자들 또한 인플레이션, 부패, 그리고 외세의 경제지배 등을 종식시킬 것을 주장했다. 브라질의 민중문화는 이러한 사회적 혼란을 반영하고 확산했다. 문화역사학자인 에두아르도 카라스코 피라르드Eduardo Carrasco Pirard에 따르면, 이전에는 착취, 불평등, 억압과 같은 논란이 많은 주제들을 다루지 않았던 보사노바 음악이 이제는 점차 '흑인 파벨라favela(브라질 대도시의 빈민 거주지역을 일컫는 말—옮긴이) 거주자와 대도시 변두리 지역의 노동자들에 대한 보다 이상적이고 온정주의적인 관점을 제시하는 사회적 주제들'을 다루기 시작했다. 쉬쿠 부아르키 지 올란다Chico Buarque de Holanda의 「농장 노동자의 장례식」Funeral del Labrador과 같은 노래는 생전에 얻으려고 했던 것을 죽어서야 비로소 얻을 수 있었던 한 농부의 불행을 풍자적으로 애도했다. 그가 원했던 것은 한 뙈기의 라티푼디오 토지였다.("무덤에 딱 어울리는 크기의, 너무 크지도 너무 깊지도 않은 땅!")

모든 주요 후보들의 선거연설과 공약은 여론의 지지를 받고 있는 민족주의 및 포퓰리즘 이데올로기를 반영한 것들이었다. 보수파까지도 상파울루 전 주지사였던 자니우 다 시우바 콰드루스Janio da Silva Quadros를 지지했는데, 그는 "외세의 착취"를 비난하고 "정부에서 부정과 부패, 그리고 민중을 착취하는 자들을 일소할 것"을 공약했다.

시장과 차관을 확보하기 위해 자본주의 국가에 대한 전통적인 의존성을 유지하면서, 콰드루스는 사회주의 국가와 제3세계와의 새로운 외교 및 교역관계를 개척하여 이 같은 의존성을 줄이려고 했다. 그 결과 소련과의 외교관계 재개를 위한 협상을 시작하고 중국에 무역 사절을 파견했으며, CIA의 지원으로 1961년 4월 쿠바에서 발생한 피그만 공격을 비난했다.

외국인 투자의 필요성을 강조하고 그 안전성을 보장했지만, 그는 원유 산업에 대한 외국인 투자를 반대했으며 "국내 기업에 불리한 법령과 규제"를 개정할 것을 제안했다. 또한 이윤의 해외 송금을 제한했다.

콰드루스의 정책은 곧 군부와 보수 세력의 적대감을 불러 일으켰다. 여기에 파젠데이루들이 지배하는 의회의 저항으로 콰드루스의 어려움은 가중되어 갔다. 의회와의 교착상태를 극적인 조치로 타개할 것을 결심한 그는 취임한 지 불과 7개월 만인 1961년 8월 25일 사임안을 제출했다. 사임 메시지를 통해서 그는 적대적인 외세가 브라질 국민을 위한 브라질을 건설하려는 자신의 계획을 방해했다고 주장했다. 친노동자적인 굴라르가 대통령직을 승계하는 것을 군부가 허용하지 않을 것이라고 확신한 그는, 자신의 복귀를 주장하는 국민들의 요구에 따라 통치에 필요한 권력을 가지고 직무에 복귀할 수 있을 것이라고 생각했던 것이다. 그러나 이것은 잘못된 판단이었다.

국방장관 오딜리우 데니스Odílio Denys가 이끄는 군 장교들이 정부를 장악했고, 굴라르를 위험한 선동가이자 급진주의자로 간주한 그들은 '국가안보'를 이유로 무역 사절로 중국에 가 있던 그의 귀국을 허용하지 않겠다고 선언했다. 당연히 이것은 전국적인 민중 봉기를 촉발했고 군부 내의 심각한 분열로 이어졌다. 굴라르의 고향인 히우그란지두술 주의 3군 사령관은 그에 대해 전폭적 지지를 선언했고, 주지사는 헌정수호와 굴라르의 대통령 승계를 요구하는 대중 집회를 열기도 했다. 내전이 일어날 가능성이 보이기도 했지만, 군부 내의 분열과 여론의 압력을 감지한 군 출신 장관들이 타협에 나섰다. 그리하여 굴라르가 취임했지만 반대 세력은 헌법 개정을 통해 민주적인 권력을 제약했고, 대통령은 반反굴라르 세력이 장악한 의회에서 임명한 각료 회의와 권력을 나눠야만 했다.

굴라르의 대통령직 수행

1961년 9월에 취임한 굴라르는 국내외 보수파의 의혹을 누그러뜨리기 위해 신중하게 진로를 모색했다. 1962년 4월 워싱턴을 방문하여 상하양원 합동 회의에서 브라질 내 외국인 소유 회사들에 대한 합리적인 처리를 약속했다. 미국은 브라질 낙후지역인 북동부에 대한 지원금으로 1억 3,100만 달러를 제공했지만, 민간은행의 협력을 조건으로 동의한 IMF는 여전히 굴라르의 의도에 회의적이었다.

의원내각제하에서 1년 6개월 동안 굴라르가 거둔 법률적 성과는 많지 않았다. 그중 하나는 여성권 단체들의 압력하에 고용에서의 성 차별을 금지하고, 기혼 여성이 자신의 소득에 대한 법적인 권리를 가지며 공동으로 획득한 자산에 대해 소유권을 공유할 수 있도록 하는 민법이 통과된 것이다. 다른 하나는 전력의 생산과 배급을 조절하는 국가기관으로서 바르가스가 제안했던 일렉트로브라스Electrobras 설립안이 통과된 것이었다. 또 다른 법률은 외국 자본을 정부에 등록하게 하고 해외 송금이 투자액의 10%을 넘지 않도록 제한했다. 이것은 분명 급진적인 조치가 아니었음에도 불구하고, 이로 인해 외국 투자가 1961년의 9,100만 달러에서 1962년 1,800만 달러로 급격히 감소했다. 개발에 필요한 재원이 별로 없던 굴라르는 대폭적인 통화 확대라는 쿠비체크의 방식에 의존할 수밖에 없었다. 다시 악성 인플레이션이 나타나 크루제이루의 폭락, 파업 및 식량폭동이 잇따랐으며, 노동 계급의 급진화가 가속화되었다. 그러나 1961년부터 두드러진 경기 후퇴는 지속되었다. 산업화를 촉진하기 위한 수입대체는 한계에 이르렀고, 협소한 국내 시장, 불평등한 소득분배, 이익의 해외 송금과 외채상환으로 인한 자본 유출 등은 더 이상의 진전을 가로 막았다.

낙후된 북동부지역 개발이라는 야심찬 계획을 주도했던 총명한 소장

경제학자 세우수 푸르타두Celso Furtado의 조언으로, 굴라르는 민주주의를 확대하고 위태로운 경제에 새로운 활력을 주기 위한 구조개혁안을 마련했다. 내수 시장을 확대하고 농업 생산량을 확대하기 위해 낡은 토지 소유제도를 개혁하고자 했다. 조세개혁은 소득분배의 불평등을 개선하고 공공교육과 기타 사회복지에 필요한 자금을 마련하기 위한 것이었다. 또한 문맹자에게도 투표권을 부여함으로써 주의회 및 연방의회에서 농촌 과두층의 권력을 크게 줄일 수 있을 것이라고 생각했다.

그러나 이러한 변화가 시행되기 위해서는 의회와의 교착상태를 돌파해야 했기 때문에, 1962년 중반 굴라르는 대통령제와 의원내각제 중 하나를 선택하는 국민투표를 실시할 것을 제안했다. 엄청난 여론에 밀린 의회는 국민투표에 동의할 수밖에 없었고, 마침내 1963년 1월 1일 실시된 선거에서 1,200만 이상의 투표자들은 3대 1의 다수결로 1946년 헌법이 정한 대통령의 권력을 굴라르가 완전히 복원하는 것을 지지했다.

그러나 굴라르의 승리는 국내 여론의 양극화 현상을 보다 심화시켰는데, 부르주아 계층과 중산층은 지주 과두층과 함께 그의 개혁안에 반대했다. 굴라르의 온건 개혁안은 실질적으로 산업 부르주아지에게 유리했기 때문에 이들의 지지를 받아야 마땅했다. 그러나 바르가스 치하에서 성장하여 번영을 누렸던 기업가 계층은 이제 상당히 약화되어 있었다. 외국 기업들이 점차 국내 산업을 점령해 나가면서 브라질 기업인들의 영향력이 크게 감소되자, 갈수록 많은 국내 기업인들이 불공정 경쟁을 포기하고 외국인 회사의 감독자나 협력자가 되는 것으로 개인적인 문제를 해결하려 했다. 이러한 종속적 부르주아지들은 외국인 기업가나 농촌지주들과 마찬가지로 사회변화를 두려워했다. 또한 진보적인 산업 부르주아지 범주에 속하는 보다 투쟁적인 민족주의자들까지도 농촌과 도시 노동 계급 사이에 급진주의가 확장되는 것을 두려워했다. 이들은 바르가스의 포퓰리즘과 협력관계를 유지했던 기업사회서비스Serviço Social da Indústria와 전국기업훈련서비스Serviço Nacional de Aprendizagem Industrial 같은 조직들과 오랜 기간 협력해 온 기업인들이었다. 역사학자인 바바라 웨인스타인Barbara Weinstein의 주장에 따르면, 1950년대 후반과 1960년대 초반 노동자들은 보다 의미 있는 정치 세력이 되었다. 그들은 국가 통제로부터 자신들의 자율성을 보다 확대했고, 임금 인상을 통해 자신들의 이익을 보장하기 위해 파업과 비타협적인 요구에 점점 더 의존했다. 또한 그들은 기업가나 국가와 쉽사리 타협하지 않는 좌파 노동조합 지도자들을 선택하는 경향이 있었다.

급진주의가 농촌으로 확대되면서 기업가들의 불안감은 커져 갔다. 가뭄과 기아, 억압적인 토지 제도와 노동 제도로 신음하던 절망적인 북동부 지역의 농민들은 프란시스쿠 줄리앙Francisco Julião 변호사의 지도하에 농민동맹Ligas camponesas에 가입했고 파젠다를 습격했다. 이들의 행위와 문맹자들에게 투표권을 주고 농지개혁을 실시하겠다는 굴라르의 제안은 라티푼디움을 위태롭게 만들었다.

1963년 말경 파젠데이루, 대부르주아, 군부, 외국인 동맹 세력 등으로 구성된 우파 세력은 좌파의 위협에 대항하여 움직이기 시작했다. 기업가들은 상파울루기업가협회가 후원하는 자신들의 정례 모임인 호베르투 시몬셍Roberto Simonsen 포럼에 움베르투 카스텔루 브랑쿠Humberto Castelo Branco 같은 장성들을 초청하여 강연하게 하면서 오랜 기간 군 장교들의 지지를 확보해 왔다. 그러나 그들은 1962년 초에 본격적으로 음모를 꾸미기 시작했고, 웨인스타인에 따르면 1964년 3월 기업가들은 "군부가 권력을 장악하는 것을 돕기 위해 100만 달러 이상에 해당하는 15억 크루제이루를 모았다".

한편, 조급한 급진주의자들의 강한 압력에 의해 굴라르는 좌파 노선으로 이동했다. 1964년 3월 리우데자네이루의 대중 집회에 참석한 그는 두 개의 포고령에 서명했다. 그 중 하나는 모든 민간 정유 회사를 국유화하는 것이었고, 다른 하나는 연방 고속도로나 철도 부근의 방치된 모든 대규모 부동산 그리고 연방 댐, 관개 및 배수시설 부근의 70에이커 이상되는 토지에 대한 몰수를 용이하게 하는 것이었다. 이 집회에서 그는 집세를 통제하는 포고령 또한 곧 내릴 것이라고 발표했다. 그는 조세개혁, 징병군인과 문맹자에 대한 투표권 부여, 즉각적인 보상 없이 토지몰수를 가능하게 하는 헌법 개정, 공산당 합법화 등을 담고 있는 개혁안을 통과시킬 것을 의회에 요구했다.

3월 중순 무렵 굴라르를 무너뜨리려는 군·민 합동음모가 상당히 진척되어 있었다. 공식적인 인정을 놓고 굴라르 체제와 경쟁할 목적으로 상파울루에 '합법 정부'를 세우기 위해 몇몇 주요 주지사들이 회동했다. 미국이 새로운 정부를 즉각 승인할 것이라는 미 국무성의 확약을 받고 특사가 돌아왔다. 그리고 필요하다면, '합법 정부'는 미국의 지원을 요청할 계획이었다. 또한 미군의 파견을 개입이 아니라 공산주의와 반란을 진압하기 위해 필요한 지원 요청에 응하는 것으로 해석했다.

3월 31일 미나스제라이스와 상파울루의 군부대가 리우데자네이루로 이동하기 시작했다. 브라질 미국 대사인 링컨 고든Lincoln Gordon은 이 음모에 관한 정보를 잘 알고 있었다. 쿠데타 5일 전에 이미 움베르투 지 알렝카르 가스텔루 브랑쿠 장군이 군사평의회의 수장이 될 것이라고 딘 러스크Dean Rusk 국무장관에게 보고했다. 공개된 문서에 의하면 필요한 경우 미군이 반군에 군사원조를 할 준비까지 되어 있었지만, 암호명 '엉클샘 작전'은 필요 없게 되었다. 굴라르 정권이 4월 1일 아무런 저항 없이 붕괴되고 굴라르는 우루과이로 망명했다.

새로운 군사정권이 자신의 권력을 공고히 하면서, 군 장성들은 브라질의 초기 산업화를 성공적으로 이끌었던 민족주의적 경제 모델에 대한 대안을 모색했다. 브라질의 종속경제 체제를 세계 자본주의 체제에 완전히 통합시키는 것에 기반을 둔 그들의 신식민주의적인 관점은, 사회적 결과를 고려하지 않은 채 공업과 농업의 빠른 성장만을 추구했다. 군사정권은 야만적인 탄압정책과 미국에 대한 정치경제적인 종속을 결합했기 때문에, 브라질 학자 엘리우 자과리비Hélio Jaguaribe는 이것을 "식민주의 파시즘"이라고 적절하게 명명했다. 역설적으로, 브라질의 경험은 곧 아르헨티나의 군 장성들이 선호하는 모델이 되었다. 1976년 아르헨티나 장성들은 탁월한 경력의 군 장교인 후안 도밍고 페론과 그의 카리스마 넘치는 부인인 에비타가 1947년에 독창적으로 시작했던 라틴아메리카의 또 다른 주요 포퓰리즘 체제를 넘어서려 했는데, 브라질의 경험이 본보기가 되었다.

14장 _ 아르헨티나:
포퓰리즘, 군부 그리고 민주화투쟁

브라질의 경우처럼 포퓰리즘은 20세기 아르헨티나를 결정짓는 특징이 되었지만, 브라질과 달리 아르헨티나에서는 군부가 포퓰리즘의 진전에 있어 훨씬 더 중요한 역할을 수행했다. 후안 도밍고 페론Juan Domingo Perón 대령과 밀접하게 관련된 포퓰리즘의 한 형태인 페론주의가 20년 동안 아르헨티나 정치·경제·문화 지형을 지배했다. 그러나 브라질의 '인종 민주주의'와 멕시코의 인디헤니스모indigenismo라는 신화들과는 달리, 아르헨티나의 지도자들은 아르헨티나에서 다인종적이고 다종족적인 과거를 도려내고

이 장의 핵심 문제

- 아르헨티나의 농산물 수출경제는 아르헨티나의 정치와 경제 발전에 어떤 영향을 끼쳤는가?
- 브라질의 '인종 민주주의'나 멕시코의 인디헤니스모 같은 개념들과 달리, 탱고의 역사는 아르헨티나가 가진 유럽 문화와의 이데올로기적 동일시를 어떻게 드러내는가?
- 군부, 도시의 노동조합, 그리고 세계 경제는 아르헨티나 포퓰리즘의 진전에 어떤 영향을 끼쳤는가?
- 후안 페론과 에비타 페론은 누구이고, 그들의 프로그램은 무엇이며, 이것은 아르헨티나 국가 발전에 어떤 영향을 끼쳤는가?
- 시장의 확대는 아르헨티나 정치와 경제 영역에서 여성과 여성의 역할에 어떤 영향을 끼쳤는가?

1900	알리시아 모로 데 후스토가 여성권을 옹호하기 위해 사회주의여성센터를 세움.
1916	급진당 이리고옌이 최저임금과 노동권을 요구하면서 대선에서 승리.
1917~1919	연안노동자동맹의 파업이 이리고옌과 아르헨티나애국동맹이 저지른 폭압적인 탄압인 비극의 한 주간으로 이어짐.
1924	여성권리협회와 사회주의여성센터는 여성을 위해 하루 8시간 및 주당 48시간 노동제, 야간 노동 금지를 쟁취.
1930	우리부루는 쿠데타를 통해 이리고옌을 전복하고 국가의 억압, 임금 삭감, 그리고 국가 중심적 경제활동을 특징으로 한 오명의 10년을 시작.
1943	장교단결단이 권력을 장악하고 페론이 노동부 장관이 됨.
1946	페론이 보다 높은 임금, 여성권, 그리고 사회보장 제도를 공약하면서 대선에서 승리.
1951	페론이 포퓰리즘적인 선거 공약을 통해 손쉽게 재선됨.
1952	페론의 부인인 에바가 암으로 사망하고, 민중적 지지가 쇠퇴.
1955	9월 쿠데타가 발빌해 수천 명이 실해되고, 1853년 헌법으로 복귀.
1958	프론디시가 '페론없는 페론주의'를 주장하며 대통령에 당선.
1966	온가니아의 쿠데타는 군부독재로 이어졌고, 노동자들의 임금을 대폭 삭감하고, 외국 자본에 유리한 정책을 펼침.
1972	페론이 27년간의 망명 이후에 대통령직에 복귀했고 임금과 가격을 동결하기 위해 노동계와 사회적 협약을 체결.
1974	페론이 사망하고 그의 후계자이자 부인인 스페인 태생의 이사벨 통치 하에서 정치적 폭력이 증가.
1976	비델라 장군이 이끄는 군부 쿠데타가 발발.

아르헨티나의 국가정체성을 만들어 내고자 했다. 이 정체성은 노동 계급의 문화와 유럽적인 기원을 의식적으로 고양했다. 그럼에도 불구하고 아르헨티나의 수출농업은 다른 라틴아메리카 국가들과 많은 공통점을 가지고 있었다.

30년 동안 폭발적인 경제 성장과 정치적 안정이 지속되면서, 아르헨티나는 1910년대에 이미 산업국가 대열에 진입할 준비가 된 것처럼 보였다. 아르헨티나는 세계 제일의 곡물 수출국이자 주요 육류 수출국이었고, 서유럽이나 미국을 제외하고 고도로 발달한 철도망을 가진 유일한 나라였다. 또한 수도 부에노스아이레스는 세계에서 가장 아름다운 문화도시 가운데 하나로 명성을 얻고 있었다. 이에 대해서 대단한 자부심을 가지고 있던 아르헨티나 국민들은 표면적으로는 부유하게 보였으며 상대적으로 높은 교육수준과 급격한 도시화를 경험하고 있었다. 급증하는 인구(1910년에 약 800만)와 운송체계는 국내 제조업을 활성화시키고, 아르헨티나가 근대적인 산업국가로 자리매김할 수 있는 국내 시장을 형성할 기회를 제공했다.

민주주의의 만개 또한 목전에 있었다. 에스탄시에로estanciero로 알려진 지주 과두층은 군사력에 의존함과 동시에, 전통적으로 농촌의 대규모 사유지에 거주하던 유산 계층 남성에게만 투표권을 한정함으로써 역사적으로 정치를 독점해 왔다. 그러나 20세기 초반 아르헨티나에서 도시화가 진전되었고 상인, 수공업자, 제조업자 그리고 정부 관료 등 재산을 가진 중산층이 등장했다. 곧 급진당Partido Radical 같은 새로운 정치조직들이 등장하여, 이러한 새로운 지지기반을 놓고 실질적으로 경쟁하기 시작했다. 더욱이 군의 점진적인 전문화와 맞물려 장교들의 사회적 구성도 변화했다. 주로 이주자들의 자식들인 중산층 출신들이 구 장교 집단을 대체했고, 과두층은 점차 지배적인 위치를 상실해 갔다. 이러한 변화와 실패로 끝난 일련의 급진적인 쿠데타를 통해서 에스탄시에로들은 선거법을 개정해야 할 때가 왔다는 사실을 명백히 깨달았다. 그 결과 새롭게 선거권을 가진 유권자들의 상당수를 끌어들이겠다는 기대 속에서, 그들은 남성들의 보통선거와 비밀투표가 보장된 사엔스 페냐^{Saenz Peña} 법을 수용했다.

그러나 경제번영과 민주주의 출현에 대한 기대는 환상으로 끝나고 말았다. 불경기와 천정부지의 인플레이션을 동반한 경기 침체가 향후 수십 년 동안 아르헨티나 경제를 좌우했다. 정치 또한 군사혁명, 무질서, 무자비한 탄압 등으로 멍들었다. 이러한 문제점들의 기저에는 해외 시장이나 해외 자본에 대한 아르헨티나의 구조적인 종속성이 놓여 있었고, 이 종속성으로 인해 국가경제는 국외의 사건이나 결정에 의해 좌지우지되는 상황에 직면했다. 후안 페론과 그의 후계자들이 시작한 포퓰리즘 정책들은 진정한 국가발전을 목표로 하고 있었지만, 이러한 구조적인 종속과 단절하지 못함으로써 기형적인 사회 및 정치 제도를 영속시키는 결과를 낳았다.

수출 경제

19세기의 마지막 25년과 20세기 초반 동안 아르헨티나는 역동적인 경제성장을 이뤘는데, 그 요인은 세 가지였다. 첫째, 양모, 양고기, 소고기, 밀 등 1차 생산물을 수출할 수 있는 거대 시장이 유럽에 등장했다는 점, 둘째, 수백만 명의 이민이 유입되면서 농업 부문 확대에 필요한 값싼 노동력을 제공한 점, 셋째, 해외 투자자본의 유입으로 철도건설, 국토의 영농화, 식품(특히 소고기) 가공공장 설립 등이 가능해진 점이 그 요인들이었다. 아르헨티나의 번영은 막대한 양의 농산품을 수출하고 필요한 공산품을 수입하는 동시에, 대규모 해외 투자자본이 안정적으로 유입되도록 하는 능력에 달려 있었다.

그 결과 아르헨티나는 국제 시장이나 금융 상황의 변동에 매우 취약했다. 어떠한 형태라도 대외무역의 축소는 곧 경제 전반에 막대한 영향을 끼쳤다. 아르헨티나는 통상 수출보다 수입을 많이 하는 나라였기 때문에, 국가의 가용 재원을 대폭 줄이고 국내 시장의 성장을 제약했던 만성적인 적자로 인해 아르헨티나는 어려움을 겪었다. 이런 경향은 공산품 가격이 상승하는 데 반해 원자재 가격은 동결되거나 하락하면서 보다 악화되었다. 새로운 재원을 마련하기 위해 아르헨티나의 잇단 정권들은 해외 자본에 문호를 개방했다.

20세기 초반 아르헨티나에 대한 외국인 투자는 엄청나서, 1900년에서 1929년 사이 국가 고정투자액에서 외국인 투자가 차지하는 비율이 30~40%에 달했다. 자본 수출국들이 해외로 투자하는 전체 금액의 약 10%가 아르헨티나로 유입되었다. 이것은 라틴아메리카에 들어온 해외 총 투자액의 3분의 1에 해당했고, 당시 세계 자본 시장을 주도하고 있던 영국의 해외 총 투자액의 40%를 초과하는 액수였다. 투자는 주로 철도와 국채에 집중되었고, 이 돈은 철도 부설이나 공공사업에 보조금으로 사용되었다.

외국인 투자가 아르헨티나 경제 발전에 연료 역할을 했음은 의심의 여지가 없지만, 동시에 막대한 경제적 난제들을 초래한 것도 사실이다. 외채에 대한 엄청난 이자 지불과 외국인 소유 회사의 수익 송금액이 아르헨티나 수출액의 30~50%를 차지했고, 이로 인해 국제수지 불균형이라는 심각한 문제가 발생했다. 정부 기관 또한 많은 해외 부채를 가지고 있었고, 세입의 상당 부분이 부채 상환에 사용되었다. 경제 상황의 악화로 정부 세입이 줄어들 때도 이자율과 상환 일정은 엄격하게 적용되었기 때문에 부담은 여전했다. 더욱이 외국인 채권자에게 의존하고 있던 정부가 세입의 일정 부분을 다른 분야에 투자하는 것은 불가능했다.

아르헨티나의 모든 경제 부문은 수출에 의존하는 구조를 갖고 있었다. 노동력의 35%가 농업과 목축업에 종사했고, 가장 거대한 농업 지역인 팜파스에서 나는 생산량의 70%가 수출되었다. 제조업은 식품가공 특히 도축업에 집중되어 있어, 1935년까지만 해도 식품가공업이 총 산업생산량의 47%를 차지했고 섬유업이 20%를 차지했다. 그리고 운송업 ──철도와 연안 해운──은 주로 수출 상품을 취급했다.

부유층이나 빈곤층이나 똑같이 수출경제에 생계를 의존했다. 지배 엘리트 계층은 대지주들로 구성되었고, 이들은 거의 전적으로 수출만을 염두에 두고 생산활동을 했다. 이들의 소득과 정치권력은 모두 정확히 수출경제에서 비롯한 것이었다. 농업 노동자뿐만 아니라 도시의 많은 산업 노동자들도 수출 관련 직업에 종사했다. 연안 해운, 철도, 부두 하역, 식품 포장 같은 분야에서 주요 노동조합과 산업별 노조가 탄생했는데, 이들 노동자들도 자신들의 복지를 해외무역에 의존했다. 정부도 수입관세에 의존하고 있었기 때문에, 정부에 고용된 상당수의 사무직과 전문직 종사자들도 수출산업과 밀접한 관계를 맺고 있었다.

외국의 간섭과 영향력이 아르헨티나 경제 전반에 스며들었다. 외국인 기업들은 주요 수출입무역을 담당하는 대부분의 대기업들을 소유하거나 그들과 밀접한 관련을 맺고 있었다. 주요 해운노선(연안노선과 원양노선), 철도, 육류 냉장공장frigorífico 등은 영국이나 미국계 회사들이 소유하거나 운영했다.

수출 산업이 아르헨티나에 논란의 여지가 없는 이익을 가져다주었지만, 이 이익이 공평하게 분배되지는 않았다. 예를 들어, 경제 발전에서 있어 지역 간 심각한 격차가 나타났다. 팜파스와 수도 부에노스아이레스가 호황을 누린 반면 대부분의 내륙 지방은 정체 상태에 머물러 있었다. 포도주와 설탕 산업을 통해 다소 발전했던 멘도사Mendoza와 투쿠만을 제외하면, 다른 중부 및 북서 지역 ─ 후후이Jujui, 라리오하La Rioja, 산티아고 델 에스테로Santiago del Estero, 살타Salta ─ 은 사회경제적으로 퇴락하고 있었다.

사회계층간 재산 및 소득 불균형도 두드러졌다. 지나칠 정도의 부를 누리고 있던 부유층은 더욱 부유해졌으며, 빈곤층은 더욱 빈곤해졌다. 농촌 지역에서 수천 에이커의 비옥한 토지를 소유한 에스탄시에로들은 호화로운 저택을 짓는 반면에, 대다수 이민 소작인들은 비참한 생계를 이어갔다. 부에노스아이레스에서도 부유한 지주나 상인, 변호사들이 사치스런 경마클럽에 드나드는 동안, 인플레이션으로 인해 넉넉하지 못한 봉급마저 가치가 떨어진 노동자들은 생계를 유지하기에 급급했다.

시장의 힘이 확대되면서 사적 영역과 공적 영역 사이에 존재하던 전통적인 장벽이 없어졌다. 따라서 여성들은 무보수로 가사를 담당하면서도 도시의 공장과 노동착취 현장에서 보잘것없는 저임금 일자리를 가져야만 하는 상황에 직면했다. 19세기 후반 부에노스아이레스의 센서스에 의하면, 여성은 임금 노동력의 39%를 차지했다. 후안 비알렛 마세Juan Bialet Masse 박사는 1904년 보고서를 통해 아르헨티나 여성들이 비참한 노동 조건과 저임금을 특징으로 하는 산업현장에서 "가장 극심한 차별과 착취로 고통받고 있다"고 단언했다. 남성 고용주들은 남성 노동자들보다 저임금이고, 보다 신뢰할 수 있고, 보다 능률적이고, 보다 온순하다는 이유로 여성 노동자들을 선호했다. 1913년 노동부Departamento Nacional de Trabajo 보고서에 따르면 공장에 고용된 어린이들이 평균적으로 여성 임금의 절반을 받았고, 여성은 남성 임금의 절반을 받았다.

아르헨티나의 최대 자산은 토지였지만 소수가 토지의 상당 부분을 소유하고 있었다. 1914년 2,500에이커 이상 규모의 농장은 전체 농장 수의 8.2%에 불과했지만, 전체 농장토지의 80%를 차지했다. 40% 이상의 농장이 소작농에 의해 열악한 조건 속에서 경작되었다. 1937년 농촌 경제활동 인구의 단 1%가 농장 토지의 70% 이상을 소유했고, 이들 토지의 상당 부분은 미경작지로 남아 있었다. 그럼에도 불구하고 토지는 비옥했고 집약 농업에 적합했다. 많은 이민자들이 토지를 찾아 아르헨티나로 왔지만, 이미 모든 토지는 사실상 오래전부터 에스탄시에로 과두층이 독점한 상황이었다.

소득 분배도 마찬가지였다. 5%가 채 안 되는 경제활동 인구가 농업생산에서 파생된 소득의 70%를 차지했다. 산업 노동자와 농촌 노동자들은 수출 경제 체제의 혜택을 거의 받지 못했을 뿐만 아니라, 그들이 노동의 대가로 받은 보수마저도 금융 제도나 세제에 의해 가치가 하락하였다. 국제수지의 만성적인 적자에 직면한 정부는 지주 엘리트 계층의 토지나 소득에 세금을 부과할 의지나 능력이 없었고, 화폐를 찍어내는 것 외에는 다른 대책이 없었다. 그 결과 인플레이션이 발생했다. 여기에 수출업자들이 변동환율제를 요구하고 나섰고, 봉급생활자들은 더욱 타격을 받았다. 결국 조세 체계는 일반 소비자들에게 높은 소비세를 부담시켰으며, 이는 국내 시장의 확대를 가로막았다.

아르헨티나 사회

아르헨티나 사회는 대략 상류층, 중산층, 하류층의 세 계층으로 분류되었다. 상류층은 토지 소유를 사실상 독점하면서 부와 권위를 획득했다. 이들 대토지 소유자들은 19세기의 수출 호황을 이용하여 자신들의 권력을 강화하고 확대했다. 이들 가운데에서도 가장 강력한 세력은 국내외 시장에 소고기를 공급하는 목축업자들로, 사교클럽이나 사업 모임을 통해서 밀접한 동맹관계를 맺고 있던 약 400개의 가문으로 이루어져 있었다. 지리적으로는 부에노스아이레스 근교 팜파스에 위치한 목축 및 곡물 생산 지역에 대부분의 부가 집중되어 있었다. 1880~1912년 사이에 이들 지주 과두층이 정치까지 지배했다. 이들은 정부에 대한 이러한 지배력을 이용하여 육류와 곡물 수출을 촉진하였고, 유리한 조건으로 신용 대부를 받았으며 자신들에게 유리한 조세 및 통화 제도를 채택했다. 아르헨티나 사회의 또 다른 강력한 제도인 군부와 교회도 엘리트 계층의 이해관계를 반영했다.

19세기 후반의 경제 성장은 도시화를 자극했고, 이는 계급구조의 변화를 가져왔다. 도시 중산층이 나타났는데, 주로 전문직이나 관료들이었던 이들은 수출 경제에 의존했으며 대부분 급진당을 지지했다.

하류층은 노동자와 도시 소외 계층이라는 두 부류로 구분되었다. 도시 소외 계층은 주로 해외 이주자들로 구성되었고, 고용주들의 일상적인 차별을 받던 동유럽 유대인을 포함하여 인종적·종족적으로 매우 다양했다. 역사학자인 돈나 가이Donna Guy에 따르면 여성들이 이 하류층의 상당 부분을 차지했고, 이들 중 많은 수가 1875년에 합법화된 매춘업에 종사하게 되었다는 점은 그렇게 놀라운 일이 아니었다. 엘리트 계층에게 합법화된 매춘은——매춘부들에게 정기적인 의료검진을 요구했고, 활동 범위를 도시의 특정지역으로 제한했다—— 남자들의 성적 불만을 해소하기 위한 안전하고 확실한 수단을 마련함으로써 가부장제적인 가정을 유지시키기 위한 것이었다. 또한 매춘을 통해 엘리트 계층은 '위험하다고' 간주했던 집단들로부터 소득을 만들어 냈고, 그들을 통제할 수 있었다. 매춘부와 뚜쟁이들에게 이 허가받은 유곽은 생존의 수단이 되었고, 또한 역설적이게도 아르헨티나의 국가정체성을 정의하는 탱고라는 문화적 형식을 만들어 냈다.

탱고는 19세기 초반 부에노스아이레스 인구의 25%를 차지했던 흑인들을 중심으로 한 하류층에서 처음에는 춤으로 나중에는 노래로 나타났다. 역사학자인 존 찰스 체이스틴John Charles Chasteen에 따르면, 노예가 된 흑인들이 원래 자신들이 모시는 흑인 왕들을 찬양하고 자신들의 아프리카적인 정체성을 드러내기 위해 춤을 추었다. 그 후 이것이 아르헨티나의 흑인 공동체의 전형적인 춤 형식인 칸돔베candombe로 진화했고, 19세기 중반 엘리트들은 아프로-아르헨티나 문화를 조롱하기 위해 이것을 차용했다. 그러나 『아르헨티나 표현 사전』Dictionary of Argentine Expressions에 따르면, 20세기 초반 탱고 혹은 밀롱가milonga는 "오직 하류층 사람들에게서만 발견되는 춤"이었다. 이 춤은 유곽, 나이트클럽 그리고 저소득층 여성들이 모든 계층의 남성들과 섞이는 댄스홀인 아카데미오academio에서 일상적으로 추어졌다. 탱고 가사는 쪽방촌conventillo의 삶, 범죄자, 빈민촌 거주자, 그리고 소녀의 꿈을 짓밟는 가난 등을 주로 노래했다.

이와는 대조적으로 대다수 노동자들은 소규모 공장에서 일했는데, 1914년까지 아르헨티나의 제조업 성장은 이들 소규모 공장이 주도한 것이었다(소규모 제조업이 지배적이었던 당시에 냉동업은 대표적인 예외였다). 상당수의 노동자들이 부에노스아이레스 항구의 해운업, 철도, 도시 전차에 고용되었고, 여기에서 라프라테리니다드La Fraternidad(형제애라는 뜻), 철도노동조합, 그리고 해운노동자연합Federacion Obrera Maritima 같은 강력한 노동 조직이 나타났다. 20세기의 초입과 급진당 집권 1기 동안

(1916~1922) 많은 파업이 발발했다. 그러나 정치활동에 대한 다양한 견해 차이와, 사회주의자, 아나키스트, 생디칼리스트 사이의 반목으로 노동 운동은 약화되었다.

급진당 시기, 1916~1930

급진당의 출현

사회적 불평등이 확대되면서 도시 중산층, 대학생, 여성, 노동자, 소수 인종, 그리고 일부 하급 장교 사이에서 불만이 증가했다. 급진당은 이러한 불만을 이용하여 1905년 무력으로 과두층을 전복하고자 했다. 목표를 이루지는 못했지만, 급진당은 이후 수십 년 동안 대중적인 지지를 확보했다.

급진당 세력은 중산층의 욕구를 충족시키기 위한 도시 지역조직과, 지도자인 이폴리토 이리고옌Hipólito Yrigoyen을 두 개의 축으로 하고 있었다. 급진당의 명목상 의장으로서 이폴리토 이리고옌은 이중적인 역할을 수행했다. 먼저, 이리고옌은 자신과 정치적 연합을 구성하고 있던 대지주와 중산층 사이의 이해충돌을 조정하는 뛰어난 중재자였다. 두번째로 그는 불투명하고 은둔적이었음에도 불구하고, 소박하고 민주적인 이미지를 만들어 냄으로써 당의 카리스마 넘치는 지도자로 자리를 잡았다. 이 영리한 거간꾼이자 모사꾼이 중산층에게 민주주의를 위한 급진당의 헌신을 상징하는 인물이 되었다. 이렇게 하여 사업상 부정거래 등 다채로운 과거 경력을 가졌음에도 불구하고 그는 급진당에 도덕적인 호소력을 제공해 주었다.

급진당은 선전을 통해 그간 아르헨티나 정치를 지배해 온 계급 및 지역적인 편협한 이해관계를 초월한 국민정당의 이미지를 효과적으로 각인

시켰다. 의도적으로 모호한 색채를 띤 당의 정책은 두 개의 주요 지지계층인 중산층과 지주 엘리트 사이에 양다리를 걸쳤다. 이렇게 해서 급진당은 수출경제와 외국 자본 종속이라는 기본 전제를 그대로 유지했고, 토지개혁이나 산업화를 추진하지 않았다.

급진당 시기 동안, 역사적으로 어린아이 혹은 더 심하게는 파트리아 포테스타드patria potestad(남성들의 법적 재산)으로 취급되었던 여성들이 정당이라는 제도적 틀 내외에서 조직화했고 평등을 주장했다. 아르헨티나 최초의 여성 의사인 세실리아 그리에르손Cecilia Grierson은 여성들의 교육과 전문직 진출을 보다 원활하게 하기 위해 전국여성위원회Consejo Nacional de Mujeres를 조직했다. 라틴아메리카의 다른 조직들처럼 이 여성 조직들은 전형적으로 가정 내에서 여성의 기본권을 보호하고 유지하고자 했다. 이런 태도를 절대적으로 '보수적인' 것으로 보는 입장이 존재하지만, 전통 사회가 규제되지 않은 시장의 힘에 의해 공격받게 되면서 가정의 공동체적 모성이라는 가치는 곧 시민적 행동으로 변모했다. 프란세스카 밀러Francesca Miller는 이를 "사회적 모성"이라고 명명했다.

이는 여성운동가들이 계급, 종족, 인종, 혹은 지역적 정체성에 상관없이 아르헨티나 모든 국민들의 이해관계를 감시·규제·보호·조정하기 위해 국가가 개입할 것을 요구하게 되었음을 의미한다. 특히 외부 세력의 위협이 있을 때 더더욱 그렇다. "귀족층 여성이나 프롤레타리아 여성이나 모두 동일한 희생자"라고 저명한 페미니스트인 카롤리나 무질리Carolina Muzzilli는 주장했다. "아르헨티나 여성은 남성보다 열등하지 않고, 또 비록 다른 역할을 갖고 있을지라도 이제 여성의 자연권과 시민권이 회복되어져야 할 시간이다."

그러나 실제로는 계급적 이해관계가 다양한 여성조직들의 활동을 자

대서양

조지타운
파라마리보
카옌

가이아나

프랑스령 기아나

수리남

벨렝

나타우
헤시피

바이아

브라질리아

벨로오리존치

리우데자네이루

상파울루

플로리아노폴리스
포르투알레그리

몬테비데오
라플라타 강

마르델플라타

베네수엘라

콜롬비아

에콰도르

페루

볼리비아

파라과이

우루과이

아르헨티나

칠레

마라카이보
카라카스
바랑키야
카르타헤나
푸에르토
카베요
오리노코 강
메데인
부에나벤투라
보고타
칼리
포파얀
키토
과야킬
이키토스
마나우스
아마존 강
아마존 강
트루히요
세로데파스코
오로야
리마
카야오
쿠스코
티티카카호수
아레키파
라파스
산타크루스
모엔도
오루로
수크레
아리카
코룸바
포토시
아순시온
투쿠만
산타페
멘도사
코르도바
발파라이소
산티아고
부에노스아이레스
콘셉시온
라플라타
바이아블랑카
발디비아
푸에르토몬트

코모도로리바다비아

포클랜드/말비나스 제도

태평양

0   250   500Km.
0   250   500Mi.

상프란시스쿠 강

파라나 강

우루과이 강

© Cengage Learning

현대 남아메리카

카롤리나 무질리와 알리시아 모로는 20세기 초 시민적·정치적 평등, 사회정의, 국제적 연대를 주장한 아르헨티나의 투쟁적인 페미니스트였다.

주 특징지었다. 예를 들어, 1900년 사회주의여성센터Centro Socialista Femenino 를 설립했던 알리시아 모로Alicia Moreau 같은 페미니스트 지도자는, 자신의 남편이자 아르헨티나에서 가장 영향력 있던 사회주의자이기도 했던 후안 바우티스타 후스토Juan Bautista Justo와 그의 동료들에게 5291호 법안을 지지하도록 압력을 가했다. 이 법안은 규제되지 않은 시장권력이 야기하는 황폐화에 맞서 여성과 아동들에게 특별한 법적 보호 조치를 제공함으로써, 이들에 대한 노동 조건을 규제하려는 내용을 담고 있었다.

　　1910년 이 조직들과 여타 여성조직들이 아르헨티나의 제1회 세계페미니스트회의Congreso Femenino Internacional를 주최하기 위해 하나로 합쳤다. 이 회의에는 시민적 평등, 여성의 노동 조건 개선, 동일노동 동일임금, 교육개혁, 그리고 이혼모가 자기 자신 및 자식과 재산을 보호할 수 있는 권리를 위한 이혼법 개정 등의 의제를 가지고 라틴아메리카 전역에서 여성

단체들이 참여했다. 사회주의여성센터 대표자들은 단순한 기회의 평등에 만족하지 않고 그것 즉, 단순한 기회의 평등은 남성과 여성 사이에 존재하는 사회적 조건의 불평등을 강화할 뿐이라고 주장했다. 따라서 그들은 정부, 경제 그리고 교육계의 남성 지도자들에게 여성에 대한 적극적 우대정책을 제도화하라고 요구했다. 그들은 공적 영역과 사적 영역 모두에서 여성들이 가져 왔던 역사적인 책임감을 고려하는 특별한 처우를 강력하게 요청했다. 예를 들어, 여성을 위한 특수상업학교와 직장 여성들에게 34일의 유급 출산 휴가를 보장하는 법률적 장치를 원했다.

또한 유럽 출신의 이주자 단체들도 아르헨티나 밖에서 태어난 사람들을 '게토화'하고 낙인을 찍을 뿐만 아니라 권리를 제한하는, 지배 엘리트들의 차별적인 법률에 대해 반대를 표명했다. 이들 국외에서 태어난 사람들이 주로 소규모 농장주, 도시의 소자산가, 혹은 조직된 프롤레타리아들이었던 것은 우연이 아니었다. 역설적으로 19세기 후반의 백인우월주의자들이었던 과두층은 아르헨티나 국민들을 '백인화'하고, 거대 농장과 수출 지향적인 도시 산업에 상대적으로 값싼 노동력을 공급하기 위해 유럽 출신자들의 아르헨티나 이주를 장려해 왔다. 그러나 동화를 거부하고 노동권을 요구하거나, 또는 크리오요 에스탄시에로들과 성공적으로 경쟁했던 이들 이주자들은 지속적인 차별에 직면해야 했다. 예를 들어, 스위스와 독일계 이주자 출신 농장주들은 과두층의 차별적인 정책에 맞서 산타페^{Santa Fe} 주에서 소요를 조직했다. 마찬가지로 엔트레리오스^{Entre Ríos} 주를 중심으로 유대인 학교들은 1910년 인종주의적인 폭력의 대상이 되었고, 이에 대응하기 위해 유대인 조직들이 만들어졌다. 마침내 이탈리아계, 독일계 그리고 러시아계 유대인을 포함한 이주자 단체들의 연대조직이 1910년의 사회보장법^{Ley de Defensa Social}에 저항했다. 이 법은 외국인 '선동가'들의 추방을 인정했고 몇몇 이주자 조직들을 '바람직하지 못한 요소들'로 간주하고 있었다. 이들 이주자들 중 상당수는 사회주의, 아나키즘, 그리고 노동조합주의적인 사고에 호의적이었다.

급진당 집권 제1기 : 이리고옌, 1916~1922

급진당은 잘 준비된 기층 정치조직, 잘 알려진 대통령 후보자, 그리고 '계급간 조화'를 주장하는 모호한 정책을 가지고 1916년 대통령 선거에서 승리했다. 그러나 지주 엘리트 계층과의 취약한 관계로 인해 급진당의 성공은 한계를 갖고 있었다. 엘리트 계층은 군과 주요 농업 로비 집단을 통제하고 있었고, 영향력 있는 외국인 회사들과 밀접한 연계를 맺고 있었다. 이리고옌은 중산층과 과두층 사이에서 불안한 줄타기를 계속했다. 중산층은 정부 권력의 일부를 요구했고, 과두 지배 세력은 30년에 걸쳐 세 번이나 반란을 일으켰고 자신들의 이익과 상반되는 공약으로 선거에서 승리한 급진당에 대해 아직 경계심을 갖고 있었다. 이런 가운데 이리고옌은 너무 급진적으로 나아가거나 너무 서둘러 정책을 추진할 수 없었다. 만약 그렇게 하면 과두층이 그를 전복할 것이 명백했기 때문이었다.

급진당 정부의 정책은 보수적인 재정정책과, 정치적 안정을 유지할 정도의 온건한 사회개혁을 결합한 것이었다. 이에 대한 대가로 과두층은 중산층에게 정부 관료직과 전문직의 문호 개방을 더욱 확대해야 했다. 이런 정책은 본질적인 모순을 가지고 있었다. 먼저, 정부직에 대한 문호 확대는 정부 지출의 증가를 의미하지만, 경제가 계속해서 빠른 속도로 성장하지 않는 한 정부 지출 증가는 재정 보수주의의 원칙과 충돌했다. 둘째, 이리고옌은 당내에서 중산층과 지주층 사이의 깨어지기 쉬운 동맹을 유지하는 것이 필요했다. 요컨대, 급진당이 정권을 유지해 갈 수 있는 핵심은 과두층을 적으로 만들지 않으면서 경제 발전의 열매를 중산층에게 분배할 수 있는 이리고옌의 능력에 달려 있었던 것이다.

또한 수입 관세에서 얻는 정부 수입이 감소하면서 중산층이 차지하던 정부 일자리가 감소했기 때문에 중산층의 불만도 증폭되었다. 이리고옌의 줄타기 처신은 노동 조건 개선과 임금 인상을 요구하는 노동쟁의가 발생하면서 더욱 어려워졌다. 전시 수요에 따른 수출 증가는 인플레이션을 가져왔고, 그 결과 임금 구매력이 현저하게 감소했다. 노동자들의 어려움을 개선하기 위해 이리고옌는 신중하게 움직여야만 했는데, 왜냐하면 과두층이 이런 움직임을 자신들의 경제 지배에 대한 정부의 간섭으로 간주할 수 있었기 때문이었다. 더군다나 노동쟁의의 대부분이 지배층과 밀접한 관계를 맺고 있던 외국인 소유 회사를 대상으로 했기 때문에 문제가 더욱 복잡했다. 이리고옌은 과두층의 보다 격렬한 반대에 직면했고, 노동자들을 자신의 동맹 세력에 포함시키려던 작은 노력마저도 포기하게 되었다.

그 결과 1916년에서 1919년까지 노동자 파업에 대한 이리고옌의 정책은 정치적 편의주의에 따라 좌우되었고, 최종적으로는 지주 엘리트 계층의 강력한 압력에 의해 결정되었다. 대규모 파업이 수출 산업과 관련된 외국인 소유 회사들에서 일어났다. 아르헨티나 정부가 파업을 분쇄하기 위해 경찰과 군대를 파견한 데서 볼 수 있듯이, 이리고옌 정권의 태도는 단호했다. 1916년과 1917년에 임금 인상을 요구하는 연안노동자연맹 Federación Obrera Marítima이 두 차례에 걸쳐 파업에 돌입했다. 그 중 첫번째 파업은 추수 곡물의 선적에 맞춰 일어났다. 두 번 모두 노조는 이리고옌과 접촉해 정부가 파업에 개입하지 않도록 했고, 그 결과 파업에서 승리할 수 있었다. 그러나 1917년 말 총파업으로 수출 기업들이 위기에 몰리게 되자 정부는 노동조합에 등을 돌렸다. 파업이 수확물 전체를 위협하게 됨에 따라 영국 정부와 과두 지배 세력은 이리고옌이 군을 동원해 파업을 분쇄하도록 공동으로 압력을 행사했다. 1917~1918년에 걸친 냉동업 노동자들의 파업도 정부가 해병대를 파견함으로써 동일한 운명을 맞이했다.

아르헨티나 역사에서 '비극의 한 주간'Semana Trágica로 알려진 최악의 사건이 1919년 1월에 발생했다. 금속공장에서 시작된 파업이 총파업으로 확대되었는데, 군부 개입을 두려워한 이리고옌이 본래의 유화적 태도를 버리고 경찰과 군대를 보내어 파업을 저지하면서 많은 인명피해를 낸 것이다. '비극의 한 주간'이라는 명칭은 이 막대한 인명 손실에서 유래했다. 이 폭력사태와 함께, 아르헨티나애국동맹Liga Patriótica Argentina을 조직한 상류층과 중산층 구성원들은 러시아계 유대인 이주자들을 겨냥한 야만적인 행위들을 자행했다. 급진당 정권은 이러한 반공 마녀사냥을 비난하기는커녕, 총파업이 체제전복을 위한 음모였다는 히스테리적인 목소리에 동조하고 규찰대에 가입하도록 당원들을 독려하기까지 했다. 이때부터 이리고옌은 후원을 확대하여 중산층 지지자들의 요구에 부응하고 자신의 대중적 선거 기반을 강화했다.

여성들 사이에서도 급진당에 대한 반대 목소리가 점차 커져 갔다. 1914년 전국 센서스에 의하면 여성은 전체 노동력의 22%를 차지하고 있었다. 이들 여성활동가들은 전문직과 공직에 대한 기회 확대, 동일임금, 투표권과 직업을 가질 권리, 그리고 무소불위의 시장 세력market forces의 야만성으로부터 여성들을 보호하기 위한 다양한 규제 조치를 마련해 줄 것을 지속적으로 요구했다. 경륜 있는 페미니스트 지도자였던 엘비라 로손 데 델레피안Elvira Rawson de Dellepiane은 1919년 여성권리협회Asociación Pro-Derechos de la Mujer를 조직하여, 이 진보적인 조직을 중심으로 정치적 성향에 관계 없이 여성들을 결집시켰다. 상대적으로 단기간 내에 여성권리협회는 약 11,000명의 회원을 확보했고, 이리고옌 정부를 압박하기 위해 단결과 노동을 위한 여성그룹Grupo Femenino Union y Labor과 같은 페미니스트 조직들과 밀접하게 공조했다.

전 대륙에 반향을 몰고 온 1918년 아르헨티나의 대학 개혁은 중산층 지지 세력에 영합하려는 이리고옌의 희망을 반영했다. 이 유명한 개혁을 낳은 일련의 사건들은 코르도바 대학의 학생파업에서 시작되었다. 학생들은 무엇보다도 입학요건의 단순화와 교과과정의 세속화를 요구했다. 파업이 폭력사태로 악화되자 이리고옌이 개입하여 학생들의 요구를 수용했다. 그러나 그는 중산층 출신의 많은 사람이 열망하는 정부 관료직과 전문직에 쉽게 진출할 수 있도록 새로운 대학들을 설립함으로써 한걸음 더 나아갔다. 이 조치는 여성들에게 많은 혜택을 가져다주었다.

급진당은 또한 후원 제도를 확대하고, 연방헌법을 어겼다는 구실로 주지사들을 해임함으로써 자신들의 선거 진용을 강화하고자 했다.

1921년 제1차 세계대전으로 인한 호황이 끝나자 불황이 닥쳐왔다. 노동조합 운동이 붕괴되었다. 해고로 인해 노조원이 줄었으며, 조합은 내부 분열로 무기력해졌다. 당의 지역위원회가 자선 서비스를 제공할 수 있었으므로 급진당은 대공황에도 노동자들을 당원으로 모집하는 데 일정부분 성공했다.

급진당 집권 제2기 : 알베아르, 1922~1928

어려운 경제 상황에도 불구하고, 이리고옌이 지명한 후계자인 마르셀로 데 알베아르Marcelo de Alvear가 대통령이 되었다. 그러나 얼마가지 않아 급진당의 분열이 시작되었다. 알베아르 대 이리고옌이라는 개인적인 이름으로 표현되었지만, 보다 정확히 말하면 분열은 당내 중산층과 엘리트 계층 사이의 갈등이 심화하면서 나타났다.

알베아르는 비용 절감을 위해 급여를 삭감하고, 재정수입을 늘이기 위해 관세를 대폭 인상했다. 관세 인상은 중산층을 만족시키기 위해 수입을 축소하고 국제수지 문제를 개선하기 위한 것이었다. 그러나 이러한 균형예산은 에스탄시에로들에게는 호소력이 있었지만, 더 많은 공직의 기회를 요구하는 중산층의 욕구와는 직접적으로 배치되었다. 알베아르가 반이리고옌파Anti-Personalist를 대표하면서 1924년 급진당은 두 파로 분열되었다.

한편 사회의 하층 부문들은 이러한 논쟁에서 주로 배제되어 있었음에도 불구하고, 급진당 내부뿐만 아니라 지주 엘리트와 중산층 사이의 정치적 불화를 이용하기 위해 민중 운동을 조직하고자 했다. 노동자, 여성운동 단체 그리고 소수 민족들은 자체로는 내부적으로 분리되어 있었지만, 자신들의 일상에 파괴적인 영향력을 끼치는 국외 시장 세력에 대응하기 위해 공동의 의제를 가지고 움직였으며 가끔은 국가적인 정치 담론에 개입했다. 예를 들어, 1924년 사회주의여성센터와 여성권리연합 같은 여성 단체들과 노동조합의 연대는 11317호 법률을 성공적으로 통과시키는 데 기여했다. 이 법은 여성의 하루 8시간 노동제를 규정했고, 주당 노동 시간을 48시간으로 제한했으며, 야간 노동을 금지했다.

이 법은 또한 주로 외국인 소유의 거대 기업들에게 임신 노동자를 위한 특별 규정을 준수하도록 요구했다. 여기에는 50명 이상의 여성 노동자를 고용한 공장은 수유 시설을 마련해야 한다는 규정이 포함되었다. 2년 후 여성 단체들은 가부장적인 정당들에 압력을 가해 또 다른 법을 통과시켰는데, 이번에는 결혼한 성인 여성이 남편의 허락 없이 계약에 서명할 수 있으며 남편의 동의 없이 개인적·교육적·직업적 목표를 추구할 수 있도록 했다. 당연히 이 법률들은 농업이나 가사 노동에 고용된 여성들을 보호하지는 못했고, 성별 임금 차이를 다루지도 않았다. 그러나 비록 사소해 보이지만 이런 승리는 규제되지 않은 시장에 의해 피해를 보고 있던 여성들과 역사적으로 억눌린 민중들을 위해 차후 국가가 개입할 수 있는 토대를 마련해 주었다.

1920년대는 또한 라디오의 보급이 확대되었는데, 당시 첨단 기술인 라디오는 통일된 국가 문화를 만들려는 급진당의 활동에 도움이 되었다. 전통으로 인해 '품위 있는' 여성들이 아르헨티나의 풍요로운 밤 문화에 참여하는 것이 그간 불가능했지만, 라디오는 탱고를 댄스홀과 유곽에서 중산층 가정으로 가져왔다. 여기서 여성들은 자신들을 부엌과 침실에 묶어둔 기성 사회질서에 대한 탱고의 선정적인 경멸에 열광했다. 게다가 탱고가 파리에서 폭넓은 찬사를 받았는데, 이는 파리의 생활방식을 선망하고 따라했던 중산층과 친프랑스적인 엘리트들이 탱고를 국가적인 문화 표현으로 받아들일 수 있도록 하는 데 보다 많은 신뢰감을 주었다. 이때부터 탱고는 아르헨티나의 근대와 국가정체성의 새로운 상징이 되었다.

이리고옌 집권 2기 : 1928~1930

1927년 이리고옌은 57%라는 압도적인 득표율로 대통령에 재선되어 화려하게 복귀했다. 그러나 1929년 10월 대불황이 아르헨티나를 강타했고 세력을 확장해 왔던 급진당은 치명타를 맞았다. 수출이 40% 감소했고, 외국인 투자가 동결되었으며, 실업이 증가했다. 정부의 경기 회복책은 인플레이션을 낳을 뿐이었다. 재정 수입의 대부분을 수입 관세에 의존하고 있었기 때문에, 수입 감소로 인해 정부의 재정 상황은 심각하게 악화되었다.

대규모 적자가 발생하자 정부는 차용을 통해 이를 메우려 했고, 그 결과 계속 감소하는 신용 자산을 놓고 지주 엘리트 계층과 경쟁하게 되었다. 지주 엘리트 계층 또한 수출 시장의 축소를 극복하기 위해 자금을 절실히 필요로 하고 있었던 것이다. 이리고옌의 정책이 지주층의 이해를 위협하자 이제 그는 거추장스러운 존재가 되었다. 게다가 군부에 대한 이리고옌의 간섭으로 인해 군부의 태도도 부정적으로 변했다. 결국, 대공황으로 인해 그는 자신의 주요지지 기반인 중산층의 지지를 상실하게 되었다.

이리고옌은 희생양이 되었다. 그의 정적들은 그가 노쇠하고 부패하여 위기에 처한 국가를 통치할 능력이 없다고 몰아붙였다. 대공황으로 당 기구들이 파괴되었고 후원에 필요한 재원을 충당할 수 없었다. 정치 상황은 계속 악화되었으며 폭력이 증가했다. 1930년 9월 6일 군부 쿠데타로 이리고옌 정부가 전복되었다.

오명의 10년, 1930~1943 : 군의 개입과 국가

군부 쿠데타로 아르헨티나의 민주주의 경험은 짧게 끝났고, 군이 정치에 개입하기 시작했다. 이 쿠데타는 오명의 10년^{Década Infame}으로 알려진 가혹한 탄압과 부패의 시대를 가져왔다. 이리고옌을 전복시킨 쿠데타 집단의 지도자였던 호세 우리부루^{José F. Uriburu} 중장이 광범위한 세력을 망라하는 연합세력의 대표가 되었다. 이 정치연합은 전통 보수주의자, 우익 민족주의자-파시스트, 그리고 진보 민주당, 독립사회당, 사회당 같은 중도 좌파 정당을 망라하고 있었다. 이 원하지 않은 동거자들은 이리고옌의 제거에는 동의했으나 더 이상의 합의점에는 도달하지 못했다. 그 결과 이 느슨한 정치연합은 곧 해체되었다.

쿠데타 이후 우리부루는 임시정부를 반대하는 사람들을 잔인하게 탄압했다. 그는 정해진 법률을 위반하여 성병을 퍼트리고 가부장적인 가정을 해친다는 이유로 특히 매춘부들을 탄압 목표로 삼았다. 이들의 자유분방한 행동은 공권력을 위협했고 군부는 1934년 매춘을 폐지하게 되었다. 그러나 세계적인 불황 가운데에서 매춘 산업의 갑작스런 폐지로 새로운 실업자들이 대량으로 등장하는 것을 두려워한 군부 정권은 사회예방법Ley de Profilaxia Social을 통과시켰다. 이 법은 전직 매춘부들에게 국가가 의료를 지원하고, 민간 및 공공 부문에 일자리를 제공하도록 규정했다. 군부는 또한 라디오를 엄격하게 통제했으며, 금지법ley seca을 공포하여 탱고, 연속극, 그리고 공공의 도덕성을 오염시킬 여타 선정적인 내용을 내보내는 방송을 검열했다.

정치적·사회적 반대 세력이 무기력하고 지리멸렬한 상황에서 군부는 민간 정치 제도를 재조직화하여 '콩코르단시아'Concordancia라는 새로운 정치동맹을 만들었다. 이 동맹에는 지주 귀족층, 급진당 내 비주류, 가톨릭 세력, 군부가 결합했다. 콩코르단시아는 기만적인 수단, 폭력단과 범죄자들의 위협 전술, 그리고 고통스럽고 냉소적인 유권자들의 전반적인 무관심 등에 힘입어 정부를 장악했다.

세계 자본주의 체제의 첫번째 근대적 위기인 대공황으로 인해 경제적으로 종속되고 대외 지향적인 개발정책들의 취약성이 그대로 드러났고, 아르헨티나 사회를 극적으로 변모시키게 될 새로운 사회정치적 투쟁의 시기가 시작되었다. 세계경제의 붕괴는 아르헨티나 최대 기업들을 도산시켰고, 실업이라는 해일이 전국을 덮쳤다. 실업은 남성보다 더 높은 비율로 일자리를 잃게 된 여성들에게 더 큰 피해를 입혔다.

대공황은 또한 노동력의 사회적 기원에 있어 인구통계적으로 확연한 변화를 가져왔다. 1930년 이전에는 도시 제조업과 농촌의 농업 고용주들은 600만 명 이상의 유럽 이주자들에게 노동력을 의존했는데, 이들 중 절반은 1890년 이후에 도착했었다. 이에 반해 그 이후 수십 년 동안에는 아르헨티나 제조업과 농업의 확장에 필요한 노동력은 농촌에서 도시 지역으로의 내부 이주에 의존하게 되었다.

당연히 여성들이 이 이주 인구에서 점점 더 중요한 부분을 차지했다. 대공황과 제2차 세계대전 동안 남성보다 2배나 많은 여성들이 부에노스아이레스와 다른 도시로 이주했다. 이것은 시장의 힘이 농촌 생활과 아르헨티나 가정의 가부장적인 성격에 끼친 파괴적인 영향을 보여 준다. 직업이나 작은 농지를 잃어버리고 농촌 지역에서 생계를 유지할 수 없었던 남성들은 자주 가족을 등져야 했다. 이런 상황에서 여성 단독 가장들은 농업에서 전통적으로 여성들이 차지했던 저임금 일자리로는 가족의 생존을 유지할 수 없었다. 이때 여성들이 받는 임금은 도시 제조업의 4분의 1에 불과했다. 따라서 전국 여성 취업율이 1935년에서 1939년 사이 27.4%나 증가한 것은 놀라운 일이 아니었다. 1930년대 말 섬유, 담배, 의류 산업에서 여성들은 노동력의 대다수를 차지했다.

1930년대 동안 군부가 정치에 개입하면서 민주적이고 민중적인 참여의 기회가 실질적으로 감소했지만, 노동조합 지도자들은 여전히 남성 노동자들의 권리와 시장에 대한 국가의 규제를 위해 노동자를 조직하고 선전활동을 했다. 여기에 여성 조직들이 결합하기 시작했다. 이들은 공공 부문에서 점차 증가하고 있던 자신들의 존재감을 반영하면서, 중앙 정부가 적극적으로 나서 자신들의 정치적 권리를 인정하고 사회경제적 이해관계를 보호해 줄 것을 요구했다. 이것이 아르헨티나여성참정권협회Asociación Argentina del Sufragio가 여성의 투표권뿐만 아니라 최저생계 보조, 출산 휴가, 의료혜택, 그리고 일하는 여성을 위한 탁아 등을 주장한 이유였다. 이 조직은 1932년 카르멜라 오르네 데 부르메이스테르Carmela Horne de Burmeister가 설립했고 8만의 회원을 자랑했다. 콩코르단시아는 피할 수 없는 하나의 결론에 직면했다. 즉, 지속적인 사회 안정은 힘으로 강요될 수 없고 경제적 파이를 늘릴 것을 요구하지만, 종속 자본주의의 규제되지 않는 세계 시장 세력들이 이를 더 이상 보장해 주지 않는다는 것이다.

콩코르단시아의 경제정책은 제1차 세계대전 전의 수출 경제가 기반을 두었던 자유무역, 자유 시장, 자유방임주의 경제원칙을 포기하고, 국가 개입을 경제 운용의 핵심적 요소로 삼았다. 정책의 기본 목표는 세계 자본주의 경제의 주기적인 영향으로부터 아르헨티나를 보호하는 것이었다. 이를 달성하기 위해 주요 해외 시장이었던 영국 시장을 지키려고 했다. 또한 농산품의 생산을 조절하려 했으며, 영국 이외 국가로부터의 수입을 차별하는 환율 제도를 도입하는 등 간접적 방법으로 수입을 제한하고자 했다. 나아가 주로 외국인 투자를 통해 새로운 수입대체 산업을 육성하려 했다.

당시 높은 관세와 차별적인 환율 제도로 인해 아르헨티나에 공산품을 수출할 수 없게 된 미국 제조업자들은 아르헨티나에 공장을 세웠다. 그 결과 1930년대 아르헨티나 경제에서 외국 자본이 점점 중요한 위치를 차지하게 되었고, 아르헨티나 산업에 투자된 총자본의 50%에 달했다. 외국 회사들은 육류 가공, 전력, 시멘트, 자동차, 고무, 원유, 의약 등 여러 산업 분야를 사실상 독점했다.

영국의 소고기 및 곡물 시장은 아르헨티나 수출 경제의 결정적인 요소였다. 1920년대 후반과 1930년대 초반 영국 정부는 대영제국 내 생산자들을 보호하기 위해 아르헨티나로부터의 수입을 줄이라는 끊임없는 압력을 받았다. 영국 시장을 확보하려는 아르헨티나의 노력은 논란 많은 1933년의 로카–룬시만Roca-Runciman조약으로 나타났다. 이 조약에 따라 영국은 물량이 약간 줄기는 했지만 정해진 양의 냉장 소고기 수입을 보장했고, 곡물수입에 대한 관세 폐지를 약속했다. 아르헨티나는 반대급부로 영국 상품에 대해 관세를 폐지하거나 낮추었다. 또한 영국 시장에서 번 돈을 영국제 상품을 수입하는 데 사용하는 것에 동의했다.

아르헨티나 경제는 1934년 이후 회복되어 1936년경에는 위기가 극복되었다. 세계 시장의 곡물 가격은 1937년 다시 폭락하기 전까지 점차적으로 상승했고, 육류 가격은 1936년까지 오르다가 이후 안정세를 유지했다. 제조업 투자는 대공황 이전 수준으로 회복되었고, 실질임금이 하락하기는 했지만 공공사업과 제조업 투자로 실업률이 급격히 떨어졌다. 대체로 1930년대의 아르헨티나는 상대적인 호황을 누리고 있었다. 소비재와 식료품의 소비도 상당한 증가세를 보였다.

산업화가 진척되면서 토착 기업가의 수가 증가했고, 노동자 계급과 노동 조직도 비슷한 규모로 성장했다. 이에 따라 아르헨티나 사회 내에 정치적 긴장이 고조되었다. 아르헨티나 산업 부르주아 세력은 지주 과두층의 경제 정책에 대해 강한 불만을 가지고 있었고, 상대적으로 소수이고 조직되지는 못했으나 노동 계급은 급속한 계급적 각성과 함께 새로운 사회적 열망을 만들어 갔다. 이 사회적 열망을 가지고 노동 계급은 기업가들과 에스탄시에로 계층에게 도전했다. 1930년대에 두 개의 대규모 노동조합이 합병되면서 노동자총연맹Confederación General del Trabajo이 출현했으며, 1943년 경 조합원 수는 30만에서 35만 명에 달했다. 콩코르단시아 정부가 태동하는 사회혁명에 직면하여 속수무책인 상황에서, 군 장교들의 비밀 조직인 장교단결단Grupo de Oficiales Unidos이 쿠데타를 조직하여 1943년 콩코르단시아 체제를 전복했다.

이후 이들은 군사통치위원회를 만들었고, 아르투로 라우손Arturo

Rawson, 페드로 라미레스Pedro P. Ramírez, 에델미로 파렐Edelmiro Farrell 장군들이 잇달아서 위원회를 이끌었다.

페론의 시대, 1943~1955

페론의 집권

1943년의 군부 쿠데타는 깊고도 복잡한 뿌리를 갖고 있었다. 오명의 10년 동안 보수파와 급진당에 의해 자행된 부정과 부패가 군부를 자극했다. 1930년대 군 장교들은 중산층 출신이 압도적이었다. 이들은 민족주의를 열렬히 신봉했고 아르헨티나가 지닌 문제를 산업화와 전 분야에 걸친 기술 현대화를 통해 해결하고자 했다. 산업화에 대한 군부의 관심은 또한 새로운 남아메리카 블록에서 패권을 행사할 대大아르헨티나를 건설할 수 있는 강력한 군사력에 대한 열망으로 나타났다. 산업화를 위해서는 신식민지적 상태를 끝내고, 외국 시장에 대한 의존에서 벗어나는 것이 필요했다. 많은 장교들은 친독일적 태도를 가지고 있었는데, 부분적으로 이는 그들이 독일식 군사교육을 받았다는 사실에 기인했다. 몇몇 장교들은 나치 신질서가 거둔 잠정적인 성공을 동경했지만, 보다 큰 원인은 독일의 경쟁 대국인 영국과 미국이 공모하여 아르헨티나를 농업 위주의 경제식민지 상태로 묶어 두었다고 믿었던 데 있었다. 이들의 친독일적 태도는 독일 편으로 참전하겠다는 의사로 발전하지는 않았고, 대신 제2차 세계대전에서 중립을 지키는 것으로 결말이 났다.

　제2차 세계대전은 아르헨티나 군부 지도자들의 이데올로기와 현실적인 정치·경제적 요구에 지속적으로 영향을 주었다. 먼저, 세계대전을 치르느라 미국, 영국, 프랑스, 독일, 일본은 아르헨티나의 내정에 사실상 개입할 수 없었다. 둘째, 전쟁으로 인해 세계무역체계가 혼란스러워지고 강대국의 산업생산이 군수용으로 전환되면서, 대외종속적인 아르헨티나는 자본 설비, 기술, 교환부품, 그리고 민간 부문 투자 등 경제 성장과 사회 안정을 유지하는 데 필요한 필수적인 재화와 서비스가 부족하게 되었다. 아르헨티나와 체계적이고 실질적인 경쟁을 벌일 국가들이 없고 국내 민중 운동이 경제 성장에 기초한 사회정의를 요구하는 상황에서, 군부 지도자들은 1930년대에 시작된 국가 주도의 수입대체 산업화 정책을 확장하는 것이외에 다른 대안이 없었다.

따라서 군부는 이러한 변모가 가져올 사회 변화와 사회 세력들의 등장을 우려하면서도, 산업화와 기술 현대화에 대규모 정부투자를 추진했다. 군부는 특히 노동 계급의 잠재적 혁명성을 두려워했다. 실제로 군부는, 노동 계급이 완전히 위축되고 순치된 아르헨티나식 산업 자본주의를 만들고자 했다.

그 결과, 군부 정권의 첫번째 조치 중 하나는 조직 노동에 대한 공세를 시작한 것이었다. 정부는 노동조합을 접수했고 신문을 폐간했으며 야당 지도자들을 투옥했다. 또한 여성들의 공적인 발언권을 무력화했으며, 여성들을 어머니, 부인, 딸이라는 젠더화된 역할로 한정시켰다. 즉 다시 등장한 가톨릭 도덕성을 가족 내에서 실현하는 정신적 중심이 되도록 한 것이다. 이런 성차별과 함께, 산업현장에서 여성 노동자들의 수가 대폭 증가하여 남성 노동자들이 경제적 어려움이 겪고 있다는 주장을 통해 계급연대를 약화시키려고 했다. 이러한 노동 계급 및 여성에 대한 직접적인 충돌과 대결 정책은 매우 부정적인 결과를 가져왔고, 산업화 프로그램이 원활하게 진행되는 것을 가로막았다. 영민한 젊은 육군 대령 후안 도밍고 페론 Juan Domingo Perón이 이런 난관에서 군부를 구했다. 1943년 10월 노동청장이 된 페론은 곧바로 노동청을 노동복지부로 지위를 승격시켰고, '여성노동 및 지원국'Women's Division of Labor and Assistance이라는 새로운 부서를 신설했다. 개소식 연설에서 밝힌 것처럼, 페론은 "90만 이상의 아르헨티나 여성이 지불 노동력의 일부"라는 현실을 공식적으로 인정하고자 했다.

페론은 경제적으로 다소간 소외계층에 속해 있던 크리오요 이민자(그의 아버지는 농부였다)의 아들로 1895년에 태어났다. 16세에 군사학교에 입학한 후 느린 승진을 거듭한 끝에 1930년에 대위가 되었다. 1930년대에 몇 년 동안 유럽에서 지냈는데, 독일과 이탈리아의 독재정치에 상당한 영향을 받았다. 1941년 장교단결단Grupo de Oficiales Unidos에 가입했고, 중령에 불과했지만 곧 이 군 비밀조직의 지도자급 인사가 되었다.

페론의 비범한 능력은 여성, 소수 종족 그리고 노동 계급의 잠재력과 민족주의적인 운동의 사회적 기반을 확대해야 할 필요성을 인식한 것이었다. 그는 도시 프롤레타리아의 후원자가 되었고, 잘 조직되고 적극적인 여성권 운동의 압력 하에서 여성의 투표권 획득을 지지하면서 그들의 지지를 얻었다. 1년 내에 이러한 법률을 의회에 제출했고 1947년에 통과되었다. 페론은 여성들의 교육기회 확대와 여성들의 임금과 노동 조건 개선을 위한 보호 법률의 시행을 보장했다. 1941년부터 1950년까지 대학에 입학한 여성의 수가 두 배로 늘어난 것은 당연한 결과였다.

1944년 노동부 장관으로서 페론은 주로 여성에 의해 가정에서 이뤄지는 개수노동piecework(노동시간과 관계 없이 생산량에 따라 임금을 지급하는 방식─옮긴이)의 최저임금을 정했다. 이는 당연히 최저임금의 인상 문제로 이어졌으며, 그 다음해 식료품 산업의 여성 노동자들이 주로 이러한 보호 조치의 혜택을 받았다. 1949년 여성들은 부에노스아이레스 제조업 노동자의 45%를 차지했다. 이 해 여성 조직들의 압력과 남성과 여성 사이의 임금 차이가 갖는 잠재적인 문제 소지를 인식한 페론은, 번성하던 직조산업에서 동일노동 동일임금을 요구하는 입법 조치를 지지했다. 그 결과 1959년 남성과 여성 사이의 임금 차이는 7~15% 정도였는데, 역사학자인 낸시 카로 홀핸더Nancy Caro Hollander에 따르면 이 수치는 "비사회주의 세계에서 가장 낮은 수치 중 하나"였다.

페론은 또한 남성 노동자 사이에서도 정치적 지지 세력을 만들었다. 그는 노동자들의 조직화를 권장했고, 자신의 부서가 참여한 교섭에서 그들을 지원했다. 그 결과 노동자들의 임금은 절대적으로 증가했을 뿐만 아니라, 국민소득에서 차지하는 비중 역시 증가했다. 이것은 당연히 대중의 구매력 상승으로 이어졌고 이에 따라 산업화가 진전되었다. 또한 국가가 연금과 의료 혜택을 담당하는 기구를 만들었고, 1955년 페론이 실각할 때까지 연금, 보험 그리고 기타 복지에 대한 고용주들의 비용은 지속적으로 늘어났다. 그러나 이러한 실질적인 성취의 대가로 노동조합은 독립성을 상실하고 페론의 수중에서 국가의 통제를 받는 기관으로 전락했다.

당연히 페론의 진보적인 사회정책은 군부 내 특정 세력과 지주 과두층 내에 상당한 반대 세력을 만들어 냈다. 1945년 10월 이들이 쿠데타를 일으켜 페론을 투옥했다. 그러나 쿠데타 지도자들이 목표가 불분명한 채 분열되어 있는 동안 페론 지지자들은 재빨리 움직였다. 충성파 노조 지도자들이 부에노스아이레스의 노동자들을 조직해 페론의 투옥에 항의하는 대규모 가두시위를 전개했다. 노동자들은 군부의 저항 없이 사실상 수도를 점령했고, 이에 당황한 쿠데타 주모자들은 페론을 석방했다. 페론은 그 즉시 맡고 있던 정부 직책들을 사임하는 한편 군에서도 퇴역하고, 1946년의 대통령 선거전을 시작했다.

1946년의 선거에 대비해, 페론은 유럽 파시즘의 패배를 유용하게 이용해 자신을 민주주의자로 부각시켰다. 그는 국내 산업자본가, 군부, 노동자로 구성된 '계급동맹'의 주 구성원인 노동 계급을 동원하기 위해 노동당을 창당했다. 페론의 주요 정적은 지주 엘리트 계층, 중산층 급진당 지지자들, 사회당원, 공산당원을 포함한 이질적인 정치연합이었다. 미국의 서툰 외교정책에 큰 도움을 받아 페론이 쉽게 승리했다.

권력을 장악한 페론은 자신들이 새로운 문화적 위협으로 간주했던 것과 맞닥뜨렸다. 중산층과 노동 계급 남성들이 자주 이용하던 많은 작은 카바레들이 대공황과 영화관의 등장으로 문을 닫았기 때문에, 아르헨티나 국민들이 탱고 대신 축구에 집착했다. 탱고가 억제되지 않은 이성애적 열정을 드러냈다면, 축구는 선수뿐만 아니라 관중에게까지 주는 매력이라는 점에서 완전히 남성적인 스포츠로 등장했다. 역사학자인 돈나 가이^{Donna Guy}에 따르면, 페론주의자들은 동성애적 관계가 증가하는 것처럼 보이거나 이 관계가 예술과 문화에서 공개적으로 표현되는 것을 점점 더 우려하기 시작했다. 따라서 그들은 탱고를 부활하고 매춘을 합법화하는 데 국가권력을 사용하기로 결정했다. 이를 통해 이성애에 대한 관심이 늘어날 것을 기대했던 것이다. 돈나 가이에 의하면, 페론은 탱고가 갖고 있는 대중적인 매력을 이해했고 자신의 정치적 목적을 위해 탱고의 복권을 지원했다. 페론의 집권 기간 동안 국영 영화사는 「탱고의 역사」와 아르헨티나의 가장 유명한 탱고 예술가인 카를로스 가르델^{Carlos Gardel}의 생애를 다룬 세 편의 영화를 제작했다.

전후 경제

전쟁이 끝난 후 미국은 새롭게 등장하는 세계 질서를 거인처럼 지배했지만, 미국의 엄청난 경제 생산물을 필요로 한 곳은 주로 전후의 사회경제적 재건에 정책의 우선순위를 두고 있던 피폐해진 유럽, 아시아 그리고 아프리카 국가들이었다. 그 결과 아르헨티나의 기업인들과 지주 과두층이 전후에 국내 시장을 개척하고 농업 원자재 수출을 확대하는 데는 상대적으로 경쟁자가 없었다. 국제 시장가격은 높게 유지되었고 이윤은 안정적이었다. 국내 보호관세는 국내 기업들이 생산에 대한 자신들의 통제력을 유지하면서 노동자들에게 보다 높은 임금과 복지를 제공할 여력이 있음을 의미했다.

이 전후의 호황으로 페론은 자신의 정치동맹을 유지할 수 있었다. 수출 부문은 국제 수지에서 대규모 흑자를 기록하여, 노동집약적 산업에 기반을 둔 산업화에 필요한 자금을 조달했다. 페론은 또한 철도와 공익사업을 국유화했고 국내 화물, 철강, 금융 산업을 지배하는 강력한 국영 기업을 만들었다. 1945~1948년 산업 노동자들의 실질임금이 20% 증가했고 개인소비 또한 증가했다. 국민소득에서 차지하는 기업 이윤의 비중만 약간 감소했기 때문에, 노동 계급에 대한 소득 재분배는 다른 계층의 희생 없이 이루어진 것이었다. 기업가들은 이윤을 높게 유지했고 국내 소비증가로 인해 생산품 판매 시장이 확대됨으로써 이익을 보았다. 당시 아르헨티나 경제에서 농업 부문만 유일하게 경시되었다.

이리고옌이 했던 것과 마찬가지로, 페론은 정부의 후원 제도를 통해 의존적인 중산층에서 상당한 지지를 이끌어 냈다. 그는 자주국방이라는 군부의 열망을 달성하는 데 있어 중요한 요소였던 산업화를 실시하고, 후한 급여와 최신 군사 장비를 통해 군을 만족시켰다.

페론의 최대 자산 중의 하나는, 부인이자 국민들이 '에비타'Evita라는 애칭으로 불렀던 아름답고 세련된 에바 두아르테 데 페론Eva Duarte de Perón 이었다. 에비타는 노동 계급과 후안 페론 사이의 가교 역할을 즐겼다. 그녀

후안과 에비타 페론, 1952

는 페론의 대통령 즉위식에서 광장을 가득 채운 군중들을 찬양하면서 의기양양하게 다음과 같이 선언했다. "민중과 민중의 정부는 결코 분열되지 않을 것입니다. 왜냐하면 대통령이 민중과 헤어지기 위해서는, 먼저 자기 부인과 이혼을 해야 할 것이기 때문입니다." 1947년 여성의 투표권이 부여된 지 얼마 되지 않아, 에비타는 페론의 정치적 기반을 지원할 목적으로 여성들을 동원하기 위해 다른 페미니스트들과 연대하여 페론주의 페미니즘 정당을 만들었다. 그녀는 또한 구호 조직인 에바 페론 재단을 만들어 지역 주민 단체들에게 상당한 양의 자금을 배분했다. 또한 빈곤 여성들이 필수적인 사회, 의료, 법률 서비스를 받을 수 있도록 다양한 여성 센터에 재정 지원을 했다. 그리고 페론주의를 위한 대규모 후원 조직을 건설했다.

아르헨티나 역사에서 페미니스트로서 그녀의 역할에 대해서는 논란의 여지가 있지만, 한 가지 사실은 확실하다. 에바 페론의 활동은, 여성들과 '데스카미사도스'descamisados(셔츠를 벗은 사람들)라는 열렬한 노동 계급 지지자들에게 자신들의 권리를 지키기 위해서는 정치인의 자선에 의존해서는 안 된다는 점을 보여 주었다는 것이다. 그녀는 "오직 노동자들만이 해방을 위한 자신의 투쟁을 벌일 수가 있는 것처럼, 여성만이 여성의 구원이 될 수 있다"라고 주장했다. 1951년 대통령 선거에서 여성과 노동 계급은 이 교훈을 간과하지 않았다. 처음으로 투표권을 행사할 수 있었던 여성들의 90%가 투표장에 갔고, 약 65%가 페론에게 표를 던졌다. 또한 7명의 여성 상원의원과 24명의 여성 하원의원을 선출했는데, 이는 아메리카 대륙에서 가장 많은 여성 대표자 수를 기록했다. 페론과의 결혼을 통해 갖게 된, 정부와 민중을 바라보는 에비타의 관점은 예언자처럼 보였다. 그러나 1년 후 이혼이 아닌 죽음이 끼어들었다. 1952년 32살의 나이에 닥친 에비타의 비극적인 죽음은 포퓰리즘적인 카우디요(후안 페론—옮긴이)와 노동 계급 및 여성 사이에 있던 밀착 관계를 급격하게 약화시켰다.

아마도 보다 의미 있는 사실은 페론의 정책이 변했던 것처럼 세계경제가 변화하기 시작했다는 것이다. 한국전쟁 동안의 짧은 회복기간을 제외하고 아르헨티나 경제는 심각한 경기 후퇴기에 들어갔다. 또한 이 시기에는 몇 번의 가뭄으로 수확이 좋지 못했다. 아르헨티나가 장기적인 심각한 경제 난국에 직면할 것이라는 첫 징조가 1940년대 말에 나타났다. 아르헨티나의 수출 농산물들이 미국과 이제 활력을 찾은 서유럽 국가들의 도전에 직면하기 시작했다. 뒤이어 유럽공동 시장의 출범이 아르헨티나의 입지를 악화시켰다. 아르헨티나 수입대체 산업의 재원이 되었던 국제수지의 대규모 흑자가 적자로 돌아섰다. 1인당 소득이 감소한 것처럼 산업 생산이 감소했다. 1952~1953년의 실질임금은 1949년 수준에서 20% 하락했다. 페론의 정치적 좌절은 바로 이 같은 침체 현상에서 비롯되었다.

페론의 실각

1952년 재선된 후 페론은 1950년대 초의 경제위기에 대응할 신계획(제2차 5개년 계획, 1953~1957)을 수립했다. 이 계획은 페론의 기존 전략과 대부분 상치되었다. 농산물 가격을 높게 책정하고 트랙터와 수확기 등의 농기구를 보급하여 농업생산을 증대하는 한편, 임금 동결로 인해 국내소비가 감소할 것에 대비해 농작물의 수출을 늘리고자 했다. 실질임금이 감소하기는 했지만, 노동자들이 다른 사회 계층에 비해 더 큰 고통을 요구받지는 않았다. 그러나 페론 정권의 친 노동정책이 지원한 임금 상승보다 노동생산성이 더 급격하게 감소했기 때문에 산업 부르주아들은 불만이 많았다. 군부 상당수의 지지를 업은 기업가들은 임금을 삭감하기 위하여 경제규제 조치를 없애고자 했다. 하지만 산업 부문의 주요 문제는 농업이 더 이상 대규모 흑자를 내지 못한 데서 오는 자본 부족 현상이었다.

페론은 자본 부족 문제를 해결하기 위해 기존의 극단적인 민족주의적 태도를 버리고 외국인 투자를 적극적으로 유치했다. 1953년 정부는 국내의 채굴, 시추, 정유, 판매권 등을 양도하는 계약을 미국의 캘리포니아 스탠더드석유회사Standard Oil Company of California와 체결했다. 페론은 이를 통해 국제수지에 부정적 효과를 끼치는 원유 수입을 줄이고자 했다. 그러나 외국 자본은 첨단기술과 기계류를 사용하여 노동력을 거의 필요로 하지 않았고, 오히려 관련 산업에 실업을 유발하는 경향이 있었다.

재정수입 감소에 직면한 페론 정부는 비대한 관료조직과 정부 지출을 유지하기 위해 화폐를 더 많이 찍어냈다. 페론의 두 번의 재임기간 중 통화량은 60억 페소에서 450억 페소로 늘어났다. 1954년 페론은 경제를 어느 정도 안정화시켰다. 국제수지에서 흑자를 기록했으며, 자본축적은 상향곡선을 그렸다. 그러나 페론의 신경제정책은 노동자, 기업가, 군부로 이루어진 동맹의 핵심 구성원들 사이의 관계를 분열시켰다. 그러자 페론은 경제문제에서 관심을 돌리려고 했지만 매우 부정적인 결과를 가져왔다.

페론은 두 가지 새로운 전략을 채택했다. 첫째, 자신이 지닌 도덕적·이념적 호소력을 강화하는 것과 둘째, 늘어가는 반대 세력을 탄압하기 위해 보다 강력한 억압 조치를 시작한 것이었다. 그의 이념적·도덕적 호소력을 위한 수단은 '정의주의'justicialismo(모든 사람들을 위한 정의라는 페론의 이상)라는 개념으로, 발전을 향한 자본주의도 공산주의도 아닌 제3의 길을 의미했다.

페론의 정책에는 교회에 대한 공격도 포함되어 있었다. 1951년에 시작된 탄압은 점점 심해져 국내 저명 신문인 『라 프렌사』La Prensa를 탄압하고 몰수했다(1951). 더 나아가 폭력배들로 구성된 사병조직인 전국자유동맹Alianza Libertadora Nacional과 35,000명의 연방경찰력을 정치적 반대자들을 위협하는 데 동원했다. 고문, 투옥, 검열, 숙청과 추방이 이제 흔한 일이 되었다. 1954년 이후에는 노동총연맹Confederación General del Trabajo마저도 노동 운동 내부의 반대파를 억압하는 일을 주된 임무로 삼았다.

페론은 임금을 낮추고 생산성을 증가시키려는 기업가들의 요구에 동의하지 않고 이들을 고립시켰다. 그러자 산업 부르주아지들은 늘 격렬하게 페론에 대립해 왔던 농업 관련 단체들과 힘을 합쳤다. 이러한 이탈로 인해 페론이 한때 매우 성공적으로 이끌었던 세력연합은 무너졌다. 임금 동결과 인플레이션으로 임금 가치가 하락하게 됨에 따라 노동 계급에 대한 페론의 영향력 역시 필연적으로 느슨해졌다.

경제적 난관에도 불구하고 군부가 페론을 저버리지 않았다면 페론 정권은 무너지지 않았을 것이다. 페론은 힘의 균형, 분열, 매수 등을 통해 거의 십 년간 군부를 능숙하게 다루어 왔다. 많은 고급 장교들이 페론 덕택에 승진하거나 부를 누릴 수 있었다. 그들은 또한 산업 부문에 깊숙이 관련되어 있었고, 이것은 축재의 지름길이었다. 뿐만 아니라 군부의 충성을 사기 위해 페론은 값비싼 군장비와 높은 급여를 제공했다. 그러나 산업화와 자급자족에 중점을 두는 경제정책에 변화를 주면서 페론과 군의 관계가 틀어지기 시작했다. 이런 상황에서 1953년 맺은 스탠더드석유회사와의 계약은 민족주의 성향의 군부에게는 최후의 결정타가 되었다.

아르헨티나를 경제적 난국에서 구하려고 노력하는 과정에서, 페론은 자신을 권좌에 앉히고 권력을 유지하게 만든 다계급 동맹을 스스로 무너뜨렸다. 1955년 마침내 군부 반란이 성공했을 때 노동 계급은 군부의 성공적인 반란을 보장할 정도로 이미 충분히 소외되어 있었다. 페론은 자신을 지지하는 노동자 세력인 데스카미사도스를 무장시키겠다며 잠시 위협했지만, 곧 해외로 도주했다.

페론과 그의 포퓰리즘 정책에 대해 많은 학문적인 논쟁들이 지속되고 있을지라도, 페론은 아르헨티나의 주요 경제문제를 하나도 해결하지 못했고 주요 장애물들은 계속 남았다. 교통수단은 여전히 적절하지 못하고 낙후되었으며, 전력 부족은 산업화에 장애를 초래했다. 국내 수요를 충족시킬 정도의 충분한 에너지를 생산하지 못했고, 이는 국제수지 악화에 엄청난 구실을 제공했다. 국가 산업은 대부분 수입대체 경공업에 국한되어 있었다. 자신의 반제국주의적 수사에도 불구하고 페론은 정육업이나 제당업과 같은 외국인 소유의 핵심 산업시설을 국유화하지 않았다. 가장 심각한 것은 그가 라티푼디오 소유 형태를 타파하려는 어떠한 노력도 하지 않았다는 데 있었다. 그 결과 비효율적인 토지 이용이 아르헨티나 농업의 특징이 되었으며, 이는 농업의 장기적인 발전을 가로막았다.

포퓰리즘의 붕괴 : 페론의 그늘, 1955~1973

경기 침체

선진 자본주의 국가들 사이에서 세계경제를 둘러싼 경쟁이 다시 시작되면서, 이 기간 동안 만성적이고 때로는 폭력적인 경제 부침이 이어졌다. 이 난관의 기저에는 농산물 가격 인하로 인한 지속적인 국제수지 적자가 있었다. 수출로 벌어들이는 돈으로는 국내 산업을 육성하는 데 필요한 대규모 지출을 감당할 수 없었다. 급속한 경제 성장기 후에는 반드시 극심한 불황이 뒤따랐고, 이로 인해 호황기에 거둔 성과들을 다 날려 버렸다. 극심한 인플레이션이 이러한 주기적인 경제 순환을 동반했다.

이 시기 동안 들어선 정부는 민정이든 군정이든 간에 개발전략으로 외국인 투자의 유입을 촉진하는 경향이 있었다. 예컨대, 아르투로 프론디시Arturo Frondizi(1958~1962)는 민족주의와 시장에 대한 국가의 규제라는 '페론 없는 페론주의'의 정치적 기반 위에서 당선되었다. 그럼에도 불구하고 그는 곧 미 국무부와 IMF의 압력에 굴복했다. 이 기구들은 무역적자 증가로 인한 경제적 고통을 완화하기 위해 저이율의 차관을 약속했지만, 그 대가로 정치적 공약의 폐기, 사회적 복지 지출의 대폭 삭감, 민간 부문 경제에 대한 규제완화 그리고 외국 자본의 투자기회 확대 등을 요구했다.

그럼에도 불구하고 이러한 개발 전략은 심각한 문제점들을 가지고 있었다. 외국인 회사들이 신용거래의 기회를 독점했고, 일부 핵심산업은 외국인들의 수중에 넘어갔으며, 외국인 자회사들의 수익은 본국으로 송금되어 국제수지적자를 악화시켰다. 게다가 IMF의 주된 관심사는 인플레이션이었기 때문에, IMF의 안정화 정책은 필연적으로 신용 비용의 증가, 경기침체의 심화 그리고 기업 도산의 급증을 가져왔다. 그 결과, 페론 이후 외국 자본에 의해 추동된 개발 시기 동안 아르헨티나는 엄청난 수의 불완전 고용과 도시 실업자라는 만성적인 문제를 겪어야 했다.

외국인들과 엘리트 계층에게 부를 편중시키는 이러한 견딜 수 없는 정책들에 대해 노동 계급을 중심으로 학생, 소기업인, 그 외 다른 사회적 소외 집단들이 공개적으로 저항하면서 이러한 경제 불안은 정치적으로 지지될 수 없었다. 그 결과 나타난 정치적 혼란은 필연적으로 만연된 정치적 폭력과, 1962년의 프론디시 그리고 1966년 그의 문민 후계자인 아르투로 일리아Arturo Illia에 대한 주기적인 쿠데타로 이어졌다.

정치에서의 군부

과거 군부의 개입은 지배 엘리트 계층에 우호적인 민간정부가 선출될 수 있도록 민중적인 정치적 저항 세력의 무력화, 하층 계급에 대한 겁박 그리고 시민사회의 재구축을 주요 목표로 했고 짧게 끝났다. 그러나 일리아를 대체한 후안 카를로스 온가니아Juan Carlos Onganía 장군은 보다 장기간에 걸친 통치를 결정했다. 결국 그는 헌법을 정지시켰고, 의회, 대법원 그리고 주지사를 포함한 모든 민간 정부조직들을 해체했으며 모든 정당을 해산했다. 또한 대학에서 중도파와 좌파 세력을 제거했으며, 유대인 지식인에 대한 유별난 증오를 드러냈다.

경제부 장관인 아달베르트 크리에거 바세나Adálbert Krieger Vasena는 이익 송금에 대한 모든 제약을 제거함으로써 외국인 투자를 모색했다. 그는 또한 페소화를 40% 평가절하함으로써 기업의 탈국적화를 촉진했다. 페소화에 대한 평가절하는 많은 국내 회사들이 값비싼 자본 수입과 외국기술 사용에 따른 로열티를 더 이상 감당하지 못하게 되는 사태를 의미했다. 이들 국내 기업들은 외국인 회사들에게 자신들의 시장 점유 지분을 넘기면서 사라졌다. 이리하여 코카콜라와 펩시가 청량음료 시장의 75%를 점유하게 되었다. 1963년에서 1971년 사이 외국 회사들은 아르헨티나의 거의 모든 산업 부문들을 대표하는 53개 회사 ── 특히 자동차·화학·석유화학·야금·담배 산업 ── 를 사들였다. 한편 물가는 계속 상승했으며 임금은 동결되었다.

정부의 경제정책, 특히 산업의 탈국적화와 임금 동결에 대한 노동자와 학생들의 분노가 1969년 봄 내륙지방에서 폭력사태로 폭발했다. 주요 폭동은 로사리오, 코리엔테스 그리고 국내에서 가장 공업화된 도시인 코르도바에서 일어났다. 코르도바에서는 봉기한 노동자와 학생들이 군에 의해 밀려날 때까지 도시 대부분을 점령했다. 이와 동시에 수많은 집단들이 도시 게릴라 활동을 활발히 전개했는데, 페론주의 좌파 운동을 대표하는 몬토네로스Montoneros가 대표적이다. 이들은 경찰서 습격, 암살, 강도 등의 전술을 펼쳤다.

온가니아가 급증하는 게릴라 활동에 적절하게 대처하지 못함으로써 1970년 6월 쿠데타가 발발했다. 이 쿠데타로 로베르토 레빙스톤Roberto M. Levingston 장군이 대통령이 되었다. 군 정보 및 반란진압작전 전문가였던 레빙스톤은 테러행위와 납치에 대해 사형을 내리겠다고 포고했다. 그러나 그의 억압적인 포고령에도 불구하고, 투자자들의 신뢰는 회복되지 못했고 1970~1971년의 경제 침체를 되돌릴 수 있는 항구적인 사회적 평화도 불가능했다.

페론의 복귀

노사분규가 재연되자 이에 불만을 품은 군부는 1971년 3월 레빙스톤을 축출했다. 그를 대신한 알레한드로 라누세Alejandro Lanusse 장군은 좌파 게릴라들을 잔인하게 탄압하는 동시에 정치 환경을 전반적으로 자유화하는 이중적인 정책을 폈다. 군부가 아르헨티나 정치를 혁신하는 데 실패했다는 것을 사실상 인정한 라누세는 협상을 진행하여 정치활동을 복원하고, 1955년 이래 최초로 페론주의자들의 선거참여를 허용했다.

온건파 정당들이 페론주의에 맞서 단결할 것이라는 군부의 희망도 잠시, 페론주의자들이 우월한 조직력과 지도자들의 확고한 인기로 승리를 거두었다. 페론주의자들이 갖고 있던 계획의 핵심은 임금과 물가의 동결을 약속했던 노동 계급(사회적 협약Pacto Social) 및 사용자들(캄포 협약Acto Compromiso del Campo)과의 공식적인 합의에 있었다. 이 협력 관계는 곡물과 소고기의 높은 세계 시장가격에 힘입어 아르헨티나 경제가 호황을 누린 약 1년간 지속되었다. 이런 포퓰리즘적 합의는 제1차 석유파동으로 야기된 인플레이션으로 인해 1974년 중반에 깨졌다.

이러한 경제적 합의들이 깨지기도 전에 페론주의 운동은 급진파와 온건파로 갈라져 붕괴되기 시작했다. 1974년 7월 페론이 사망할 무렵 폭력의 강도가 상당히 고조되어 있었다. 보도에 의하면 1975년 이들 분파들을 대표하는 폭력집단에 의해 1,100명이 살해되었다. 급증하는 폭력사태와 경제혼란에 직면하여 군부가 다시 정치에 개입했고, 호르헤 라파엘 비델라Jorge Rafael Videla 장군을 대통령으로 추대했다.

브라질에서 보았듯이, 포퓰리즘이 혁명적인 구조변화를 받아들이지 못함으로써 또 다시 포퓰리즘의 변혁적 의제는 통제 불가능한 국제 시장의 처분에 맡겨졌다. 국가 주도의 개발계획에 저비용의 외채나 높은 수출 가격으로 자금을 조달할 수 없었던 페론주의자들은, 서로 그리고 오랜 정적들과 싸웠다. 따라서 끝없어 보이는 폭력의 악순환은 군부가 개입할 기회를 제공했고, 군부는 이번에는 포퓰리즘을 버리고 새로운 신자유주의 교리를 좇아서 지속적인 독재 체제를 만들고자 했다. 쿠바는 멕시코, 브라질, 그리고 아르헨티나와 같은 이런 실수를 저지르지 않았다.

15장 _ 쿠바 : 포퓰리즘에 대한 혁명적 사회주의 대안

이미 앞에서 살펴 본 다른 라틴아메리카 국가들처럼 쿠바도 종속과 세계 시장 수요 변화에 따른 쿠바산 상품들의 가격 변동으로 역사적으로 어려움을 겪었다. 더욱이 미국이 거의 전적으로 경제를 지배하고 장기적인 군사 점령을 반복했기 때문에 더욱 더 부담이 컸다. 그러나 1959년 ——키웨스트Key West에서 약 140km 떨어져 있고 라틴아메리카에서 가장 견고하게 자리잡은 독재자들 중 한명이 통치하고 있었던 국가인 —— 쿠바는 20세기 라틴아메리카에서 가장 성공적인 사회혁명의 무대가 되었다. 맑스주의 기치 아래 소련의 정치·경제·군사적 지원을 받은 혁명 정부는 최근까

이 장의 핵심 문제

- 미국이 쿠바에 개입한 것은 쿠바의 국가정체성 발전에 어떤 영향을 끼쳤는가?
- 평등을 쟁취하기 위한 아프리카계 쿠바 인들과 여성들의 투쟁은 국가 발전에 어떤 영향을 끼쳤는가?
- 1933년 발발한 쿠바혁명은 명분이 무엇이었고, 쿠바 포퓰리즘의 정치적 기반을 어떻게 다졌는가?
- 1959년의 쿠바혁명이 가져온 주요한 구조적 변화는 무엇이고, 이런 변화가 국가 발전에 어떤 영향을 끼쳤는가?
- 쿠바혁명은 1960년대 멕시코, 브라질, 아르헨티나의 포퓰리즘 정권들이 직면했던 딜레마들을 어떻게 해결했는가?

1895	호세 마르티가 2차 독립전쟁을 주도.
1898	미국이 쿠바와 푸에르토리코를 점령하고 에스파냐에 대해 전쟁을 선포.
1902	토마스 에스트라다 팔마가 대통령이 되었지만, 플래트 수정안이 쿠바의 주권을 제약.
1906~1909	미국이 고메스의 반란을 제압하기 위해 두번째 개입을 명령.
1912	미국이 아프리카계 쿠바 인들에 대한 인종주의적 학살에 가담.
1917~1923	에노크 크라우더 장군이 미국의 세번째 개입을 지휘.
1924	헤라르도 마차도가 대선에서 승리했고 독재자가 됨.
1933	라몬 그라우 산 마르틴과 풀헨시오 바티스타가 마차도의 독재 체제를 무너뜨림.
1940~1944	바티스타가 쿠바 공산당과 힘을 합쳐 대선에서 승리.
1944~1952	진실당이 불안정하고 부패한 쿠바를 통치.
1952	바티스타가 진실당을 전복하고 폭압적인 독재를 시작.
1953	피델 카스트로가 몬카다 병영의 바티스타 군을 공격했으나 실패.
1956	'7월 26일 운동' 조직이 카스트로 형제, 체게바라, 카밀로 시엔푸에고스가 이끄는 게릴라전을 주도.
1959	혁명은 바티스타를 격파하고, 토지를 재분배 했으며, 무상 교육과 무상 의료를 제공.
1960	빌마 에스핀은 쿠바여성연맹을 조직해 문맹퇴치 운동을 지도함.
1961	미국이 피그만에서 쿠바 망명객을 동원하여 침공을 시도했으나 실패.
1962	소련의 핵미사일이 장차 미국의 공격에서 쿠바를 보호하기 위해 배치됨.
1970	설탕 천 만 톤 수확 계획이 초라하게 실패.

지 문맹, 대량 실업, 소득과 부의 불평등 분배와 같은 문제해결에 많은 성과를 거두었다. 그러나 소련과 사회주의 진영의 여타 교역국들이 무너지고 여기에 쿠바를 붕괴시키기 위한 미국의 강력한 봉쇄정책이 더해지면서, 사회주의 국가 쿠바는 역사상 가장 심각한 위기를 경험하고 있다. 쿠바는 현재 이러한 위기를 극복하기 위해 투쟁하고 있다.

독립과 에스파냐 – 쿠바 – 미국의 전쟁

호세 마르티와 혁명 운동

1890년대 초의 세계적인 경제위기는 미국이 쿠바산 설탕 수입에 대해 고관세정책을 취함으로써 악화되었다. 설탕의 해외 수요가 감소했고 사탕수수 농장주들의 이윤은 곤두박질쳤으며 실업률은 급증했다. 이로 인해 오랫동안 쌓여 온 계급, 인종 그리고 젠더 간 갈등이 증폭되었다. 아프리카계 쿠바 인, 노동자, 여성, 콜로노colono(원주민 소작농―옮긴이), 크리오요 엘리트층 그리고 쿠바 내 미국인 투자자들은 에스파냐 제국 체제를 이러한 불평등의 주요 원인으로 인식했고, 이로 인해 독립 움직임이 다시 나타나게 되었다.

혁명 운동의 정신적·지적·조직적 지도자는 호세 마르티José Martí (1853~1895)였다. 마르티는 16살 때 1868년에 발발했던 봉기를 지원했다는 죄목으로 6년간의 강제 노역형을 선고받았다. 1871년 뉴욕으로 망명한 그는 14년 동안 저널리스트로 뛰어난 활동을 하며 생계를 유지했으며, 망명한 혁명 세력을 결집하기 위해 열심히 노력했다. 1892년 그는 쿠바혁명당Partido Revolucionario Cubano을 창당했는데, 이 당은 "선의를 가진 모든 사람들의 노력을 결집하여 쿠바의 완전 독립을 쟁취하고 푸에르토리코

© Mary Evans Picture Library/The Image Works

호세 마르티(좌). 뛰어난 작가이자 사상가로, 쿠바 독립을 위한 혁명 운동을 이끌기 위해 '구리빛의 타이탄'이라 불린 안토니오 마세오(우)와 결합하여 라틴아메리카 역사에서 위대한 인물이 되었다.

의 혁명을 지원하는 것"을 목표로 삼았다. 그리고 그는 쿠바 공격을 준비하기 위해 막시모 고메스Máximo Gómez와 안토니오 마세오Antonio Maceo 같은 1868년의 봉기에 참여했던 베테랑 군인들을 모으기 시작했다. 1895년 4월 마르티는 스스로 반군을 이끌고 쿠바 해안에 상륙했으나, 약 한 달 후에 벌어진 에스파냐 순찰대와의 전투에서 사망했다.

　강력한 카리스마를 지닌 지도자를 잃었음에도 불구하고 혁명은 확산되었고, 해방군Ejército Libertador은 역사적으로 입증된 게릴라 전술을 통해 커다란 성공을 거두었다. 아프리카계 쿠바 인들은 무장투쟁에서 매우 뛰어난 역할을 수행했다. 카마구에이Camaguey를 제외한 모든 혁명 지역에서, 아프리카계 쿠바 인Afro-Cubans들은 맘비세스mambises라 불린 해방군의 대다수를 차지했다. 이들은 통합된 부대로 전투를 벌였으며, 이들의 지휘관

228　3부 _ 1900년 이후 라틴아메리카

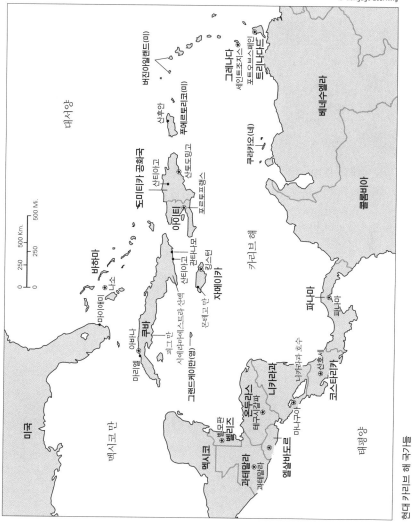

대서양

버진아일랜드(미)

그레나다
세인트존스
트리니다드
포트오브스페인

쿠라카오(네)

베네수엘라

푸에르토리코(미)

산후안

도미니카 공화국
산티아고
산토도밍고

콜롬비아

아이티

포르토프랭스

카리브 해

바하마

나소

마이애미

쿠바
아바나
마리헬
시에라마에스트라 산맥
괴그 만

미국

멕시코 만

킹스턴

몬테고만

산티아고

그랜드케이맨(영)

자메이카

몬테고만

파나마

파나마

나카라과 호수

산호세

코스타리카

온두라스
테구시갈파

니카라과

멕시코

벨모판

벨리즈

만나구아

태평양

0   250   500 Km.
0   250   500 Mi.

과테말라
과테말라

엘살바도르
산살바도르

© Cengage Learning

현대 카리브 해 국가들

중에는 마세오, 그의 동생인 호세José 그리고 아구스틴 세브레르코Agustín Cebrerco 같은 아프리카계 장교들도 있었다. 이 사실을 통해 몇몇 아프리카계 쿠바 인들은, '자유 쿠바'Cuba Libre 운동이 '누구도 피부 색깔에 신경 쓰지 않는' 군대에서 '민주주의의 원칙을 실행하고 있다'는 인식을 갖게 되었다. 이러한 전시의 경험은 평등과 사회정의에 대한 아프리카계 쿠바 인들의 오랜 염원을 한 번 더 확인해 주었다.

여성들 또한 독립투쟁에서 결정적인 역할을 수행했다. 대학 학력자인 아델라 아스쿠이Adela Azcuy 같은 몇몇은 전투에서 뛰어난 활약을 보였다. 다른 한편 농민여성들은 에스파냐 군이 그들을 수용소에 가두려 했음에도 불구하고 해방군에게 지속적으로 음식과 첩보를 제공했다. 이 '여성들의 전쟁'은 혁명 세대의 의식을 형성하였으며 여성의 참정권, 공무담임권 그리고 교육 기회에 대한 정치적 요구로 이어졌다.

1896년 초 새로이 에스파냐 군의 지휘관이 된 발레리아노 웨일러Valeriano Weyler 장군은 나중에 식민 강대국들이 20세기 필리핀, 알제리, 베트남에서 반군 진압에 이용하게 된 반란 진압 작전들을 만들었다. 그는 주민 수용소와 자유발포 지대free-fire zones를 설치했는데, 이것들은 농민들에게 엄청난 어려움과 손실을 주었다. 그러나 이러한 성공은 일시적이고 비생산적이었으며, 반란진압 정책은 오히려 에스파냐 통치에 대한 대중적 반감만 심화시켰을 뿐이었다. 이에 따라 쿠바 전역은 해방군의 절대적 통제하에 놓이게 되었다. 웨일러의 군사 정책 실패와 점증하는 미국의 압력으로 에스파냐는 1897년 말 쿠바의 자치를 약속했다.

미국의 개입

반란이 쿠바 전역으로 확산됨에 따라, 이 문제는 미국에서도 폭발적인 성격을 띤 이슈가 되었다. 미국의 투자 자산이 전투로 인해 불가피하게 파괴되거나 손상되자, 쿠바에 이해관계를 가지고 있는 영향력 있는 미국인 사업가들과 금융인들이 불만을 토로하기 시작했다. 또한 백인우월주의자들인 이들은 에스파냐 선동가들이 묘사한 것처럼 쿠바의 '인종 전쟁'이 쿠바를 제2의 아이티로 만들어 미국 내 흑인 사회를 자극하게 될 것을 두려워했다. 그러나 노동자 계층을 중심으로 일부 미국인들은 쿠바 독립투쟁에 공감을 나타냈다. 당시 뉴욕에서 신문 유통 부수 경쟁을 벌이고 있던 윌리엄 랜돌프 허스트William Randolph Hearst와 조지프 퓰리처Joseph Pulitzer는 에스파냐 군의 잔혹성을 다룬 끔찍한 이야기들을 게재하여 대중의 높은 관심을 이끌어 냈다.

한편 맥킨리McKinley 행정부 내의 루스벨트Theodore Roosevelt 같은 열광적 팽창주의자들은 쿠바의 상황이 통제불능 상태로 치닫고 있음을 깨닫기 시작했다. 또한 미국이 지지하는 자치 계획안이 실패하고 있으며, 미국이 개입하지 않으면 에스파냐 체제가 붕괴한 후 통제불능의 혁명 정부가 이를 대체할 것이라는 우려가 증가했다. 이 같은 상황 속에서 1898년 2월 15일 미국의 메인USS. Maine 호가 아바나 항에서 폭발하여 많은 인명 피해를 낸 사고가 일어났다. 이 사고로 맥킨리는 보다 호전적 입장을 취하게 되었고, 에스파냐에게 수용소정책을 포기할 것, 반군과 휴전할 것, 미국을 최종 중재자로 받아들일 것 등을 요구했다. 그는 쿠바의 독립을 언급하지 않았다. 에스파냐가 이에 대한 답변을 지연하자, 맥킨리는 미군의 쿠바 개입을 허용해 달라는 메시지를 의회에 보냈다. 의회는 많은 토론 끝에 군사 개입에 동의한다는 취지의 공동 결의안을 채택했다.

그러나 쿠바 인들은 기뻐하지 않았다. 마르티, 마세오, 고메스 같은 거의 모든 주요 혁명 지도자들은 미국이 직접 혹은 간접적으로 쿠바의 정치와 경제를 지배하게 될 것을 우려하여 미국의 참전을 반대했다. 1895년 마르티는 이미 "쿠바 전쟁은 미국의 쿠바 병합을 …… 저지하기 위해 적절한 시기에 아메리카에서 발발했다"고 쓴 바 있었다. 그들이 미국에게 원한 것은 쿠바가 교전 당사국임을 인정하는 것과 미국의 무기를 구입할 권리를 얻는 것이 전부였다. 물론 맥킨리는 쿠바의 교전상태를 인정하는 투르피에-포레이커Turpie-Foraker 법안을 저지했다. 그리고 미국의 쿠바 병합을 금지한 1898년의 텔러 수정안Teller Amendment에 반대했으나 뜻을 이루지 못했다.

이후 벌어진 전쟁은 짧지만 끔찍했다. 미국 지휘관들은 작전결정 과정에서 쿠바 장성들을 제외시키고, 쿠바 병사들을 보초병이나 취사병으로 강등시키는 등 쿠바측 당사자들을 무시했다. 전쟁을 이끄는 에스파냐와 미국의 핵심 인물들이 양쪽 다 무능했을지라도, 미군 —— 형편없이 지휘되고, 병참 상황이 열악했으며, 치명적인 열대병으로 피해를 입었던 —— 이 사기가 떨어져 전투력을 상실한 에스파냐 군을 손쉽게 격파했다. 이렇게해서 미국은 3년에 걸친 전쟁 동안 용감하게 싸워 온 쿠바 게릴라 전사들mambises에게서 승리의 열매를 낚아채 갔다. 쿠바 지도자들이 전쟁 위원회war councils와 평화 협상에서 배제된 사실은, 향후 60년간 지속될 미국과 쿠바 사이의 관계를 미리 보여 주었다.

미국의 첫번째 쿠바 점령, 1899~1902

미국은 1899년 1월부터 1902년 5월까지 쿠바를 점령했다. 이 점령에는 세 가지 기본 목표가 있었다. 첫째, 미국은 쿠바를 식민지 자치령으로 만들려고 했는데, 이것은 노골적인 식민 통치라는 행정적인 부담 없이 자유주의적 경제정책과 정치적 안정을 도모하기 위해 고안된 방식이었다. 이 목적을 위해 미군은 쿠바 군과 심각한 마찰 없이 쿠바의 평화를 유지하려 했다. 당시 쿠바 군은 큰 손실 없이 유지되고 있었고, 농촌의 많은 지역을 통제하고 있었다. 그러나 같은 시기 필리핀에서 에밀리오 아기날도Emilio Aguinaldo와 반군 세력이 미군에 저항했던 것과 달리, 쿠바 해방군은 미국의 접수에 저항하지 않았다. 이 같은 쿠바 군의 소극적 태도는 부분적으로 전쟁의 피해 때문이었다. 또한 칼릭스토 가르시아Calixto García와 막시모 고메스 등 최고위 장군들은 이미 기력을 잃은 노인이었고, 저항 운동을 이끌 수 있는 젊은 장교들은 대부분 전사한 상태였다.

더욱이 미 당국은 쿠바 군을 매수하기 위해 실업자 상태의 굶주린 쿠바 군인들에게 무기를 사겠다는, 거부하기 쉽지 않은 제안을 했다. 그들은 또한 쿠바 군의 핵심 혁명지도자들에게 많은 급여를 받을 수 있는 지위를 제공했고, 민감한 인종문제를 교묘하게 이용하여 '자유 쿠바' 운동을 분할 정복했다. 동시에 점령군 정부는 도적떼를 퇴치한다는 명분으로 농촌 자경단Guradia Rural을 조직했는데, 읽기와 쓰기 능력, 토지를 가진 엘리트 계층의 추천서, 그리고 군복, 장비, 말을 살 수 있는 자금 등의 자격 요건을 갖추지 못한 대부분의 아프리카계 쿠바 인들은 배제되었다. 자경단의 목표는 강도들을 소탕하고 외국인 재산을 보호하는 것으로, 레너드 우드Leonard Wood 장군의 표현에 의하면 "미군의 주둔에 저항하기 시작한 선동가들을 진압"하는 것이다.

미국 자본을 유치하는 데 필요한 정치적 안정 이후에, 미국의 두번째 주요 목표는 전쟁 피해를 복구하고 자신들의 지배와 경제회복을 진작하는 데 필요한 서비스를 제공하는 것이었다. 1899년 총독에 임명된 레너드 우드 장군은 공공사업과 위생시설 계획에 착수해 일명 '황열병 정복'이라 불리는 미 점령의 주요 성과를 이끌어 냈다. 치명적 질병의 전염 원인을 모기라고 파악했던 쿠바 의사 카를로스 핀레이Carlos Finlay의 지도 아래 미국위생위원회American Sanitary Commision는 모기 박멸에 성공했다. 우드 행정부의 또 다른 주요 업적은 국민교육 제도의 수립으로, 에스파냐 치하의 교육 제도보다 훨씬 뛰어났다. 그러나 이 교육 제도는 미국적인 사상을 주입하기 위해 고안된 것으로, 심지어는 교과서도 미국의 교과서를 번역한 것이 사용되었다. 미군의 주둔 비용뿐만 아니라 이 모든 계획과 개혁의 비용은 쿠바의 국고에서 충당되었다.

우드는 자의적인 통치방식을 가지고 있었고, 아프리카계 쿠바 인 등 혁명지지 세력보다는 독립에 반대했던 보수파 지주들과 에스파냐 인들에게 더 우호적이었다. 그는 선거권을 250달러 이상의 재산을 가지고 있는 글을 아는 성인 남성으로 제한함으로써, '더 나은 계층'에게 힘을 실어 주는 새로운 선거법을 제정하였다. 맥킨리 정부의 국방장관이었던 엘리후 루트Elihu Root는 새로운 선거법이 아프리카계 쿠바 인들에게 끼치는 영향을 특히 높게 평가했다. "선거권 제한을 통해 아이티와 산토도밍고를 붕괴시켰던 요인들의 대부분이 효과적으로 배제될 것"이라고 그는 썼다. 선거를 통해 구성된 제헌의회가 미국의 강한 압박 아래에서 소위 플래트 수정안을 포함한 헌법을 채택한 사실은 놀라운 일이 아니었다. 플래트 수정안은 독립국 쿠바의 외교권과 해외로부터 자금을 조달할 권리를 제한하고, 미국에게 관타나모Guantánamo 만에 해군 기지를 유지할 수 있는 권리를 부여했다. 보다 중요한 것은 이 수정안이 "쿠바의 독립 유지", 그리고 "생명, 재산, 사적 자유의 보호에 적합한 정부를 유지"한다는 명분으로 쿠바 내정에 간섭할 수 있는 권리를 미국에 허용한 사실이었다.

점령의 세번째 목적은 쿠바를 미국의 경제적 영향권에 편입시키는 것이었다. 플래트 수정안이 미국 사업가들을 보호하고 일반적으로 유리한 투자 환경을 보장하면서, 쿠바의 설탕 산업과 철도 건설 부문으로 자본이 엄청나게 유입되었다. 1903년 두 나라에 의해 조인된 상호무역협정은 쿠바가 미국의 패권하에 편입되게 된 마지막 조치였다. 이 협정에 따라 미국에 수입되는 쿠바 설탕의 관세가 20% 줄어들었으며, 이에 상응하는 조치로 쿠바도 미국 수입품에 대한 관세를 낮추었다.

또한 에스파냐 통치의 종식과 미국의 점령으로, 라티푼디움 발전을 막고 있던 마지막 장애물이 사라지게 되면서 쿠바 사회는 큰 변화를 경험하게 된다. 이후 수십 년 동안 토지와 공장의 집중 그리고, 설탕 노동자들의 '프롤레타리아화'(농민들을 토지에서 몰아내는 폭력적인 사회 과정)라는 두 개의 흐름이 밀접하게 연관되면서 진행되었다. 두 번의 독립전쟁은 소규모 제조 공장들을 황폐하게 만들었는데, 공장 수가 1861년의 2,000개에서 1877년 1,000개로, 1899년에는 200개로 대폭 줄었다. 미국 자본을 중심으로 한, 설탕에 대한 외국 투자의 급속하고 거대한 유입을 통해 대규모 설탕 정제 공장들은 인접한 사탕수수 재배지들을 구매할 수 있었다. 콜로노들은 노예와 비슷한 처지가 되었다. 라미로 게라 이 산체스Ramiro Guerra y Sánchez는 대규모 설탕 정제 공장들이 1927년 쿠바 전체 영토의 약 20%를 소유하고 있다고 추정했다.

라티푼디움이 확장되면서 농촌 대중의 삶은 빈곤으로 내몰렸다. 소작인들은 최저 수준의 생활을 해야 했으며, 설탕 정제 공장에 대한 상당한 부채뿐만 아니라 쫓겨난다는 두려움을 늘 가지고 있었다. 농촌 노동자들의 임금은 낮게 유지되었는데, 그 이유는 설탕 정제 공장들이 다른 카리브 지역에서 값싼 노동력을 수입했기 때문이다. 그 결과 이용가능한 상당한 예비 노동력이 존재했고, 일자리를 구한 운 좋은 노동자들도 연간 4개월 정도의 수확기 동안만 일할 수 있었다. 토지에서 쫓겨난 농민들에게는 두 가지의 선택이 주어졌다. 하나는 원래의 장소에 남아 설탕 정제 공장(센트 랄centrales이라고 불림)에서 저임금으로 계절노동을 하는 것이다. 다른 하나는 도시로 이주하는 것이었는데, 도시에도 일자리는 거의 없었다. 설탕 정제 공장이 사탕수수 가격을 최소한으로 짜내면서, 소규모 독립적인 재배업자들은 심각한 손해를 보았다. 게다가 설탕 정제 공장들이 운송망까지 통제하고 있었다.

소규모 설탕 정제 공장과 농장의 황폐화, 그리고 대중의 구매력을 감소시킨 농촌 노동력의 저임금 구조는 제조업 상품과 상업적 서비스 소비를 위한 시장 형성을 급격하게 제한했다. 따라서 쿠바의 산업화는 뒤처졌다. 설탕 기업들이 철도를 독점했고, 공적인 이익이 아니라 오로지 사적인 이익을 위해서 철도를 운용하기 일쑤였다. 쿠바의 철도망이 라틴아메리카 대부분 나라들의 철도망보다 발달했지만, 국내 시장을 발전시키기에는 적절하지 않았다.

첫번째 점령기간 동안 설탕 산업에 엄청난 돈을 쏟아 부은 미국 기업들은, 1913년 한 해에만 설탕에 2억 달러를 투자했다. 이것은 전체 라틴아메리카에 대한 미국의 총 투자액의 거의 20%에 달했다.

종속적 개발과 민중투쟁, 1902~1953

개입, 부패 그리고 민중의 저항 1902~1924

쿠바의 정치 영역은 미국의 '보호령'이라는 지위 때문에 훼손되었고, 미국의 간섭에 시달려 제대로 발전하지 못했다. 10년 전쟁 중 망명 정부의 전직 수반을 지냈던 초대 대통령 토마스 에스트라다 팔마Tomás Estrada Palma 는 25년 동안 쿠바에 거주한 적이 없었기 때문에, 1901년 선거에서 당선되기 위해 미국의 지원에 크게 의존했다. 그는 '더 나은 계층'의 유권자들에서도 지지 세력을 확보하지 못했고, 미국이 원하는 정책들을 시행하면서 후원, 부당 이득, 사기, 부패, 협박 등을 통해 쿠바 엘리트들의 비위를 맞췄다. 이것이 20세기 쿠바 정치의 영속적인 양상이 되었다.

비록 이러한 전략들이 1905년 에스트라다가 재선되는 데 유리하게 작용하기는 했지만, 공적 실업수당에서 배제된 지주 엘리트층과의 관계를 소원하게 만들기도 했다. 한편, 하층민들은——과히로guajiro(혼혈 농민), 노동자 그리고 아프리카계 쿠바 인 들—— 정부가 독립투쟁의 원래 목표였던 독립, 평등, 사회정의 같은 가치들을 소홀히 하는 것에 대해 분노하고 있었다. 엘리트층과 민중의 불만은 항상 그렇듯 잇단 봉기(1906, 1912, 1917, 1921)로 이어졌으며, 기반이 약해진 쿠바 정부는 미국의 군사적 개입을 요청했다.

이에 따라 1906년 미국 대통령 윌리엄 하워드 태프트는 쿠바에 해병대를 파견했고, 곧 미네소타 주의 판사인 찰스 마군Charles Magoon을 미국 주도의 임시정부 수반으로 임명했다. 쿠바 내 정파 간 폭력 투쟁에 대한 마군의 해결책은 경쟁 관계에 있는 각 세력들을 보다 공평하게 후원하는 것이었다. 두번째 미 점령 기간 동안 미국의 지배에 대한 엘리트 계층의 저항은 사실상 사라졌다. 이것은 주로 조직화된 부패 때문으로, 이러한 부패 구조가 미국의 후원과 보호를 갈망하는 모든 엘리트 분파들을 하나로 결집시켰던 것이다.

또한 마군의 임시정부는 군대를 개혁했을 뿐만 아니라, 십여 년 전의 '백인화'라는 인종주의적 이민정책을 재시행하여 '유색 인종'의 이주는 금지하고 여비 지원 및 공직 채용 약속 등을 통해 에스파냐 인의 이주를 장려했다. 1907년 센서스에 의하면, 이러한 조치로 전체 인구 중 아프리카계 쿠바 인들의 비율은 30% 이하로 줄어들었다. 마군은 브루헤리아brujería(마법), 냐니기스모ñáñiguismo(카리브의 종교의 일종), 산테리아santería와 같은 아프리카계 쿠바 인들이 가지고 있던 문화적 저항 구심점들을 공격하였다. 또한 농촌 자경단 내부의 정치적 분파들을 제거하고, 쿠바 군을 자경단에 대한 정치적 견제 도구로 재조직했다. 그리고 농촌 자경단과 쿠바 군을 쿠바 내 사유재산과 엘리트 통치를 보호하는 기구로 발전시켰다.

그럼에도 불구하고 하층민들은 동요했다. 인종과 성별에 상관없이 노동자들은 노동조합을 조직하여 지속적으로 사회정의를 요구했다. 한편, 호세 이사벨 에레라José Isabel Herrera 같은 아프리카계 쿠바 인 해방군들은 미국인 투자자, 에스파냐 이민자 그리고 독립을 반대한 엘리트 세력들이 "우리가 독립시킨 기업, 공장, 공직들을 모두 접수해 버렸다"며 불만을 토로했다. 킨틴 반데라스Quintín Banderas의 사례로 이러한 상황을 잘 알 수 있다. 그는 에스파냐 식민주의에 대항하여 30년 동안 투쟁했던 아프리카계 쿠바 인으로 장군의 지위까지 올랐지만, 독립된 쿠바 정부에서 수위 일자리도 얻지 못한 채 무일푼의 상태로 죽음을 맞이했다.

1908년 아프리카계 쿠바 인들은 '자유 쿠바' 운동의 참전용사인 에바리스토 에스테노스Evaristo Estenoz의 지도하에 유색인종독립당Partido Independiente de Color, PIC을 조직했다. 이들은 유색 쿠바 인들의 이익을 보호하고 통합과 인종 민주주의를 장려했으며, 백인 엘리트들과 외국인들이 독립의 전리품을 독점하는 것에 맞서 저항했다. 또한 유색인종독립당은 백인우월주의를 비난하며 인종차별 폐지를 요구하였고, 공공 부문 일자리와 교육 프로그램의 확대, 하루 8시간 노동, 농지개혁, 그리고 '쿠바 인을 위한 쿠바'를 요구했다. 이들의 활동을 방해하기 위한 여러 공작에도 불구하고 유색인종독립당은 1912년까지 세력을 계속 확장했다. 1912년 자본

'오늘날의 인기 있는 스포츠'라는 제목의 1912년 그려진 카툰은 미 해병과 백인 쿠바 병사가 오리엔테 지역의 아프리카계 쿠바 인들의 봉기 지도자였던 에바리스토 에스테노스와 페드로 이보넷(Pedor Ivonnet)의 머리를 가지고 축구 경기를 하는 장면을 묘사하고 있다. "오리엔테 지역에서는 사람들이 이렇게 '축구'를 해야 하는가?"라는 캡션을 달고 있다.

주의적인 경제체제가 위험해지자 이를 두려워 한 미 해병대는 쿠바 군과 협력하여 수천 명의 아프리카계 쿠바 인들을 학살했다. 역사가인 앨린 헬그가 "인종주의적 대량 학살"이라고 부르는 이 사건은 아프리카계 쿠바 인들로 하여금 계급투쟁과 반제투쟁을 통해 사회정의를 추구하도록 만들었다.

제1차 세계대전과 수백만의 돈 잔치(Dance of the Millions)

쿠바의 설탕 산업 호황과 파산은 제1차 세계대전의 결과였다. 유럽의 전쟁은 유럽 대륙의 설탕 생산을 붕괴시켜, 처음에는 단 2개월 만에 거의 2

배가 될 정도로 설탕 가격이 폭등하였다. 설탕의 주요 공급원이었던 오스트리아-헝가리와 싸우는 유럽의 연합국들은 쿠바 설탕에 전적으로 의존하게 되었다. 이러한 수요로 인해 미경작 지역이 새롭게 개발되어 쿠바의 설탕 생산이 확대되었으며, 최대 규모의 설탕 정제 공장이 건설되었다. 이처럼 설탕 생산이 미개척지로 확대되면서, 공장이 새로 들어섰고 새로운 마을들이 생겨났다.

연합국은 원료와 식품의 획득을 통제할 구매위원회를 설립해 상품 가격의 폭등을 막으려 했다. 그럼에도 불구하고 쿠바의 설탕 생산은 3백만 톤으로 늘어났고, 파운드당 평균 가격은 4센트에 달했다. 생산 확대로 인해 쿠바에서 심각한 노동력 부족 현상이 일어났으며, 이 공백을 메우기 위해 자메이카 등 다른 카리브 해의 섬나라들로부터 노동력이 수입되었다. 콜로노들이 다시 사탕수수 재배에 참여했으나 소수만이 실제로 성공했다.

제1차 세계대전으로 인해 미국인들의 산업 소유 집중화 경향이 가속화되었다. 1919년경 쿠바 설탕 정제 공장들의 거의 절반이 미국 회사 소유였으며, 이들이 전체 설탕 생산량의 절반 이상을 생산했다. 호황으로 설탕 정제 공장과 농장들이 유통회사 및 대규모 설탕 사용자인 기업들과 합병되었다. 코카콜라Coca-Cola, 허쉬Hershy 초콜릿, 루트비어 회사인 하이어스Hires 같은 거대기업들은 공급물량을 확실하게 확보하고자 생산물을 매점했다. 동시에 생산자들도 유통회사와 설탕 정제 공장들을 구입했다.

종전 후 설탕 가격이 치솟고 동유럽 설탕 생산 지역의 전쟁피해 복구가 더디게 진행되면서, 1918년에서 1920년 사이 쿠바는 전례 없는 번영을 누렸다. 1920년 연합국의 구매위원회가 가격통제를 완화하자, 설탕 가격은 '수백만의 돈 잔치'라 불릴 정도로 엄청난 상승 곡선을 타기 시작했다. 1920년 2월 설탕 가격은 파운드당 9.125센트였고, 5월 중순경에는 파운드당 22.5센트까지 올라갔다. 그러나 세계 불황과 유럽의 농업 회복으로 가격은 곧 폭락했고, 12월이 되자 쿠바 인들은 전쟁 이전 수준의 가격인 파운드당 3.75센트를 받았다.

급작스런 가격 상승과 가격 폭락으로 쿠바 경제는 대 혼란에 빠졌다. 공장들은 이미 많은 설탕을 높은 가격에 사기로 농장주와 계약을 맺었는데, 이 가격은 이제 세계 시장 가격보다 훨씬 높은 수준이 되었다. 생산자와 공장주들은 높은 설탕 가격을 예상하고 생산 확대를 위해 앞 다투어 은행대출을 받았는데, 은행들이 대출 회수에 나서기 시작했다. 1921년 4월 쿠바 최대 은행인 방코 나시오날Banco Nacional이 문을 닫았고, 전국 각지의 다른 은행들도 사정은 마찬가지였다. 동시에 미국은 설탕 관세를 1센트 인상해 이미 황폐해진 쿠바 산업에 다시 한번 타격을 가했다. 쿠바 설탕에 대한 미국의 투자와 오랫동안 밀접한 관련을 맺어온 뉴욕의 퍼스트내셔널시티은행First National City Bank은 1921년 거의 60개에 달하는 파산된 공장들을 인수했다. 1922년 수확량은 4백만 톤에 이르렀으나, 가격은 계속 낮은 수준이었다. 다음해인 1923년 프랑스의 라인 강 유역 침공으로 생긴 위기로 설탕가격이 파운드당 5센트까지 올랐다. 그러나 설탕 가격은 이후 30년 동안 이 가격을 회복하지 못했다.

1920년 하반기에 설탕 가격이 폭락하고 이로 인해 쿠바 정치가 불안해지자, 이를 염려한 미국은 또 다시 개입하였다. 에노크 크라우더Enoch Crowder 장군은 1923년 미국 대사가 될 때까지 미네소타Minnesota 호에 있는 사령부에서 쿠바를 사실상 통치했다. 이 경험을 통해 쿠바의 민족주의가 되살아났다. 쿠바 정치에 대한 크라우더의 노골적인 간섭과 제1차 세계대전 후 쿠바 설탕 산업의 붕괴는, 외국 지배와 단일 작물 재배가 갖는 비참한 결과를 그대로 드러냈다. 제1차 세계대전 후 쿠바 대학생들은 이러한 문제에 대한 해결책을 모색하면서 정치에 관심을 갖기 시작했다. 당시 대학생 중 4분의 1이 여성이었다. 사회를 변혁하려면 대학부터 변화해야 한다는 생각으로, 이들은 먼저 무능하고 부패한 교수들과 교직원들을 공격했다. 1922년 아바나 대학의 학생들은 아르헨티나의 대학개혁과 같은 개혁 조치를 요구하며 시위를 벌였으며, 이때부터 학생들은 쿠바 정치에서 중요한 역할을 하게 된다.

여성들 또한 점점 더 영향력 있는 역할을 맡았다. 가사 서비스, 직조 그리고 담배와 설탕 정제 산업의 성장은 여성 고용을 크게 늘렸다. 그럼에도 불구하고, 역사학자 린 스토너Lynn Stoner가 지적한 것처럼, 여성들은 "집에서 거리로" 나가면서 가정생활에서 형성된 공동체 의식을 공적 영역으로 가져갔다. 1917년 주로 중상층 여성들에 의해 조직된 쿠바여성협회Club Femenino de Cuba는 쿠바 사회의 '가장'pater familias인 국가가 공공복지에 맞춰 사회적 관계들을 조정해야 한다고 주장했다. 쿠바여성협회는 그럼으로써 여성의 선거권, 동일노동 동일임금 원칙, 교육 기회의 확대, 사회적 평등 등을 지지하였다.

그러나 쿠바 엘리트 계층과 미국의 정책 결정자들은 학생과 여성의 정치적 활동이 증가한 것에 큰 관심을 두지 않았다. 쿠바의 국가정체성을 둘러싼 보다 광범위한 문화적 투쟁이 1920년대에 나타났는데, 이는 미국의 헤게모니와 재산권을 유지하는 데 큰 변수가 될 수 있는 문제였다. 역사적으로 에스파냐계와 크리오요 엘리트들은 모두, 쿠바 문화를 에스파냐와 백인우월주의라는 인종주의적인 교리에 부합한 것으로 만들려고 했다. 인종적·계급적 편견을 드러내면서 수차례에 걸쳐 진행된 미국의 군사적 점령은 이러한 시도들을 강화했다. 또한 쿠바의 이미지를 '흑인들에 의해 위협받는 에스파냐계 백인 여성'으로 만드는 데 크리오요 엘리트들이

동조하게 만들었다. 에스파냐 및 단손^{danzón}(유럽 기원의 아바네라에서 유래한 음악 장르―옮긴이)과 동일시되는 '국민 음악'이 이러한 백색 이미지를 강화했다. 단손은 쿠바 상류층이 선호했던 엄격하게 구조화된 춤이다. 그러나 쿠바의 민중들, 특히 아프리카계 쿠바 문화의 본거지인 오리엔테 지역의 민중들은 이러한 국가정체성에 대한 엘리트적인 시각을 거부하고, 다문화적인 손^{son}이라는 음악(인종적으로 다양한 쿠바의 국가 문화를 새롭게 만들기 위해 에스파냐의 전통 멜로디와 아프리카의 리듬을 결합한 음악 양식)을 선호했다.

초기에는 작곡가 루이스 카사스 로메로^{Luis Casas Romero} 같은 크리오요 엘리트들이 "진정한 불명예"라고 비난하고 정부 역시 억압했지만, 전후의 노동자 계층은 엘리트들의 문화적 헤게모니에 저항하면서 심장을 뛰게 하는 손과 룸바에 열광하였다. 성적인 교류를 극화하는 손과 룸바는 모두, 지배 계급이 부과한 사회적 억압으로부터 아프리카계 쿠바 인들과 하층민들을 해방하려는 민중 문화를 표현해 냈다. 역사가인 루이스 페레스^{Louis Pérez}에 의하면, 1920년대 라디오와 음반 산업의 발전을 통해 원래 "노동자 계층의 술집, 선창가 카페, 그리고 무도회장에 제한되어 있던" 이런 음악과 춤이 보다 대중화되었다. 쿠바 주재 미국 공사였던 보아스 롱^{Boaz Long}은 이러한 문화적 반항의 확산이 엘리트 계층에 가져다 준 두려움을 잘 보여 주고 있다. 1920년 그는 편지에서 "아프리카의 당김음조^{syncopated}음악"에 대한 쿠바 인들의 두드러진 애착을 경멸했고, 특히 "자주 외설적이고 군중 심리를 불러일으키는" 룸바의 사회적 위험성에 유감을 표했다. 그러나 롱이 걱정한 더 핵심적인 것은 "흑인들의 경우에, 그것이 인종적 연대 감정을 불러일으킬까" 하는 염려였다.

마차도, 1925~1933

헤라르도 마차도 이 모랄레스Gerardo Machado y Morales는 고양되고 있던 민족주의 정서와 선거권 부여 공약에 대한 여성들의 지지를 이용하여 1924년의 대통령 선거에서 승리했다. 그러나 민족주의적인 선언에도 불구하고, 그는 선거 이전까지 아바나에 있는 미국 사업체에서 부사장으로 일했고 미국의 경제적 이해와 매우 밀접한 관련을 맺고 있었다. 그는 대통령에 취임하기 전에 미국을 방문하여, 캘빈 쿨리지Calvin Coolidge 대통령에게 쿠바 정부가 미국에 호의를 품고 있음을 천명했다. 또한 마차도는 육아 휴가를 제정하고 여성 고용 할당제를 실시하였지만, 여성 참정권에 대한 자신의 공약은 소홀히했다.

마차도는 임기를 순조롭게 시작했다. 그는 야심적인 공공사업에 착수했고, 가격 폭락에서 중소 규모의 설탕 생산자들을 보호하고자 설탕 생산에 대한 통제를 제도화하려 했다. 이 같은 노력의 결과 그는 전례 없는 인기를 누렸고, 2년 동안 사실상 반대파 없이 집권할 수 있었다.

그러나 이미 폭정과 경제적 불안정의 혼란스런 조짐들이 나타나고 있었다. 정치적 암살 사건이 놀라울 정도로 증가했다. 경찰은 1925년에 일어난 많은 파업들을 발포를 통해 분쇄했고, 가장 저명한 쿠바 공산주의 지도자인 후안 안토니오 메야Juan Antonio Meya가 망명지 멕시코에서 마차도가 보낸 자객에 의해 암살되었다. 마차도의 비밀경찰은 일상적으로 정적들을 아바나 항 근처 바다에 던져 수장시켰다.

한편 설탕 산업은 장기간의 침체 및 쇠퇴기에 들어갔다. 쿠바 경제가 세계 시장의 변동뿐 아니라 미국의 정치상황 변화에도 지극히 취약하다는 것이 명확해졌다. 1920년대에 쿠바는 미국 서부지역의 사탕무 재배자들의 강력한 이해관계와 충돌해 미국 시장의 대부분을 상실했다. 설상가상으로 생산 경쟁은 한층 격화되어 간 데 반해, 설탕 소비는 고착되어 있었다. 그 결과 1926년 설탕 수확량은 거의 5백만 톤에 이르렀으나, 판매가는 파운드당 2.2센트에 불과했다. 수익을 낼 수 없었던 회사들은 공장 문을 닫았고 전국적으로 실업자가 늘어났다.

경제적 불안정이 증가하면서 대학생, 여성, 공산주의자, 노동조합, 니콜라스 기옌Nicolás Guillén과 같은 '네그리스타'negrista (네그리뛰드 문학 운동과 결합한 지식인들), 그리고 많은 보수 정치인들이 참여한 광범위한 반대세력이 형성되었다. 마차도는 엄격한 언론 검열과, 비밀경찰인 포라Porra의 보다 강력한 테러 전술을 포함한 거친 억압으로 저항에 대응했다.

1933년 초 미국 정부는 확산되는 쿠바의 폭력사태가 미국의 경제적 이해를 위협하고 있다는 사실을 심각하게 받아들였다. 4월의 대통령 취임을 앞두고 있던 프랭클린 루스벨트는 마차도와 '책임 있는' 반대파 사이의 협상을 중재하기 위하여 섬너 웰리스Sumner Welles를 파견했지만 실패했다. 이 반대파에 대학생 지도부Directorio Estudiantil Universitario와 전국노동자연합 CNOC 등이 포함되지도 않았다. 그리고 여름에 일어난 아바나 버스 기사들의 파업이 총파업으로 확산되어 아바나 시 대부분이 마비되었다. 8월에 경찰이 몇몇 시위자들을 살해하면서 마차도의 입지는 크게 약화되었다. 웰스와 군부가 혁명의 폭풍을 제어하는 마차도의 능력을 신뢰하지 않게 되었기 때문이다. 마차도는 결국 8월 12일 사임해 망명길에 올랐다.

1933년 혁명

마차도가 사임한 후 3주 동안, 카를로스 마누엘 데 세스페데스Carlos Manuel de Cespedes를 수반으로 하는 임시정부는 점증하는 폭력사태를 종식시키고자 했으나 실패했다. 8월에 아프리카계 쿠바 인 공산주의자 레온 알바레스

León Álvarez가 이끄는 20만 명의 사탕수수 노동자들이 학생시위에 가담하여, 카마구에이 지방의 사탕수수 농장을 점거했다. 이후 쿠바 전역에 비슷한 사태가 벌어졌고, 한 달 사이에 설탕 생산의 30%가 노동자들이 조직한 지방 소비에트의 통제하에 놓이게 되었다. 9월 4일 풀헨시오 바티스타 이살디바르Fulgencio Batista y Zaldívar가 속한 일군의 하사관들이 급속하게 흔들리는 임시정부를 무너뜨렸다. 대학생 지도부는 스스로 곧 이들 하사관들과 동맹을 맺고 혁명평의회Junta revolucionaria를 구성했다.

신생 혁명평의회는 조직적인 정치적 지지 세력이 없었고, 주요 구성 세력인 대학생 지도부와 하사관들은 서로 상이한 목표를 갖고 있었다. 하사관들은 새로 얻은 지배적인 입지를 고수할 생각만 했고, 대학생들은 진정한 개혁을 모색했으나 개혁 추진 방법에 대해 확신을 갖고 있지 못했다. 혁명평의회는 구성된 지 1주일이 채 못가 저명한 내과 의사이자 마차도의 오랜 정적이었던 라몬 그라우 산 마르틴Ramón Grau San Martín에게 정부의 주도권을 넘겼다. 그라우, 대학생 지도부의 지도자인 안토니오 기테라스 올메스Antonio Guiteras Holmes, 그리고 바티스타가 새로 형성된 동맹의 주역이 되었다.

새 정부의 첫번째 조치는 부담스러운 플래트 수정안을 폐지하는 것이었다. 독립 이후 전체 역사에서 선포된 것보다 더 많은 사회적 입법을 위한 포고령들이 쏟아져 나왔다. 하루 8시간 노동제, 노동부 신설, 카리브 해 국가들로부터의 값싼 노동력 수입 금지, 저소득층 청소년에 대한 대학 문호 개방 등이었다. 추가적으로 농민에 대한 토지 재분배, 고리대금 폐지, 여성에 대한 투표권 부여가 이뤄졌다. 이로부터 힘을 얻어 새로 선출된 7명의 여성 의원들은 12주 출산휴가, 육아수당 지급의 의무화, 기혼여성에 대한 고용 불평등 금지 등 직장을 가진 어머니들에 대한 보호 법률을 마련함으로써 혁명의 사회적 성취를 더 확대했다.

그러나 혁명 연합은 곧 분열되었고, 그라우 정권은 전형적인 개혁가의 난관에 빠지게 된다. 대학생 지도부와 공산주의자들을 포함한 몇몇 세력은 개혁이 충분하게 급진적이지 못하다는 불만을 가졌다. 중산층 지식인 그룹이었던 아베세ABC와 같은 온건세력은 개혁이 "너무 급진적"이라며 반대했고, 마차도 지지자들은 모든 개혁을 반대했다. 게다가 그라우는 미국계 쿠바 설탕 회사 소유의 공장 2개를 몰수하고, 뉴욕의 체이스내셔널은행Chase National Bank에 대한 차관 상환을 정지시켜 미국의 이해관계에 손해를 끼쳤다. 미국은 그라우 정부에 대한 승인을 단호하게 거부했다.

그라우의 공백 기간 동안 보여 준 섬너 웰리스의 행위는, 멕시코의 마데로Madero 통치 기간 중 미국 대사 헨리 레인 윌슨Henry Lane Wilson이 취한 행위와 아주 유사했다. 웰스는 지속적으로 허위 보고서를 작성해 국무장관 코델 헐Cordell Hull과 루스벨트 대통령에게 쿠바 정부의 입장을 왜곡시켜 전달했다. 또한 윌슨이 우에르타Huerta와 친교를 맺어 그가 권좌에 오르는 것을 지원했듯이, 웰스도 바티스타와 동맹을 맺었다. 1933년 11월 마침내 웰스가 소환되었으나, 이미 그라우 정부에 심각한 타격을 입힌 후였다. 정치 및 경제 상황이 악화되자, 웰스의 후임자 제퍼슨 케퍼리Jefferson Caffery는 바티스타를 조종하여 미국이 용인할 수 있는 새 정부를 구성하게 했다. 1934년 1월 그라우는 미국의 반대에 직면하여 실질적으로 통치할 수 없게 되자 망명했다. 카를로스 멘디에타Carlos Mendieta가 그를 승계했지만, 바티스타가 막후에서 권력을 행사했다.

포퓰리즘적인 막간 집권기, 1938~1952

풀헨시오 바티스타 이 살디바르는 사탕수수 농장 물라토 노동자의 아들로 태어났고, 속기 주특기의 하사관 출신이었다. 그는 1934년부터 1940년까지는 허수아비 대통령을 앞세웠고, 1940년부터 1944년까지는 직접 대통령에 선출됨으로써 10년간 쿠바 정치를 지배했다. 바티스타는 비록 상류층과 중산층의 '존중할 만한' 많은 요소들을 무시했을지라도, 대중들 사이에서는 엄청난 인기를 누리고 있었다. 초기에는 토지 재분배를 위한 약간의 노력과 함께 온건한 개혁을 주도했다. 또한 미국과 거리를 유지했으며, 공개적으로 노동조합과 공산주의자들의 지지를 얻으려고 했다. 더욱이 1939년 말에는 노동자 보호, 여성인권 보호, 공공이익을 위한 사유재산권 제한 등 진보적 내용을 담고 있는 1940년 헌법 제정을 위한 제헌의회 선거를 허용하기도 했다.

바티스타는 이러한 포퓰리즘적 개혁 조치들을 실현하기 위한 재정의 일부를 세계 설탕 생산국들이 정한 높은 가격으로 충당했다. 이들 설탕 생산국들은 런던에 모여 세계 시장의 분할, 생산 제한, 비용 안정화 조치 등을 취했다. 이들은 국제설탕회의를 구성해 1929년의 절반 수준에 해당하는 미국 시장의 29%를 쿠바에 할당했다. 그러나 쿠바의 설탕 경제가 산출한 이윤의 대부분은 쿠바 밖으로 지속적으로 유출되었다. 이는 전체 생산량의 56%를 미국 회사가 차지하는 등 외국 회사가 생산의 80%를 차지한 것에 반해, 쿠바 기업은 겨우 20% 정도를 소유했기 때문이다.

제2차 세계대전은 또 다른 호황을 불러와, 1944년 설탕생산은 침체 이후 최고 수준에 도달했다. 1946년 유럽의 회복을 돕기 위한 노력의 일환으로, 미국은 전체 수확량을 파운드당 3.7센트에 구매하는 데 동의했다. 한국전쟁 기간 중 설탕가격은 50센트까지 치솟았다. 그러나 쿠바의 경쟁국들, 특히 필리핀이 생산을 늘려 국제 설탕 시장은 곧 공급 과잉상태가 되었고 설탕 가격은 하락했다. 전시 호황은 미국과 설탕에 대한 쿠바의 무역

의존도를 심화시켰을 뿐만 아니라(설탕 수출은 쿠바 수출 이익의 80%를 차지했고, 이 중 대對미국 이익은 69%였다), 기업 수익과 정부의 세수를 증가시켰다. 이는 엘리트들 간의 부패와 포퓰리즘적 사회개혁 프로그램을 큰 부담 없이 지탱할 수 있는 기반이 되었다. 이런 온건한 개혁 프로그램은 전형적으로 자본주의적 노동과 소유관계를 안정화하는 것을 목표로 했다.

1944년 대통령에 당선된 그라우는 이러한 전통을 이어나갔다. 쿠바 재건과 민주주의의 상징으로서 그라우는 노동자, 소작농, 여성, 신흥 산업가들에게 희망을 제시했다. 그는 "나의 정부는 여성들의 정부이다"라고 선언하면서, 특히 여성 유권자에 대한 자신의 정치적 부채를 인정했다. 그러나 그라우는 약속을 지키기 위한 노력을 소홀히했다. 대신 그의 정권은 역사상 가장 부패했다. 그라우 정부가 몇 가지 개혁 조치를 실시한 것은 사실로, 노동조합의 설립을 장려한 것이 가장 대표적이었다. 임기 말에 설탕, 담배, 직물, 운송, 경공업 등 핵심 산업에서 노동자의 30%에서 50%가 조직화되었다. 이 노동자들은 단체협상력과 우호적인 시장 조건을 통해 보다 많은 임금과 더 나은 노동환경을 요구했다. 하지만 그라우 정부는 농업개혁이나 단일작물 재배 같은 핵심 문제에 대해서는 해결하려는 노력을 전혀 기울이지 않았다.

1947년 카리스마를 가진 대중 지도자인 에디 치바스Eddie Chibás가 정부의 압제와 부패에 항의하는 새로운 운동을 시작했다. 치바스는 진실당Partido Auténtico의 열렬한 지지자였으나 결국 환멸을 느끼고, 1947년 봄 온건한 사회 개혁과 깨끗한 정치를 표방하는 정통당Partido Ortodoxo을 창당했다. 그의 엄청난 인기는 진실당에 심각한 위협이 되었다. 그럼에도 불구하고, 대학생 지도부의 지도자였던 진실당의 대통령 후보 카를로스 프리오 소코라스Carlos Prío Socorrás가 1948년 대통령 선거에서 손쉽게 승리했는데,

그 이유는 그가 선거기관을 장악했기 때문이었다. 프리오는 아바나 근교에 있는 호화 농장에서 손님들에게 다이키리daiquiri(쿠바의 대표적인 칵테일 중 하나—옮긴이)를 접대하며 많은 시간을 보냈던, 수많은 쿠바 컨트리클럽 대통령 중 한 명이 되었다. 이전 정권의 특징들이었던 부패, 폭력 정치, 관리들의 이권 개입 등도 전혀 개선되지 않았다. 그라우 집권기와 마찬가지로, 높은 설탕 가격이 가져온 경제적 번영 덕분에 프리오 정부의 실정은 은폐되었다.

그러나 전후 해외 설탕 시장의 급격한 위축과, 자국 설탕 생산자들을 보호하기 위해 쿠바 설탕 쿼터를 축소한 미국의 법률에 의해 심화된 국제 설탕 가격의 폭락은, 쿠바 전역에 경제 침체를 가져왔다. 이는 하층민들 사이에 불안감을 증가시켰고, 더 이상 진실당의 탐욕스러운 부패나 값비싼 포퓰리즘적 개혁을 지원해 줄 여력이 없던 국내외 사업가들의 불만 역시 늘어났다. 해외 투자자들은 특히 진실당에게 투쟁적인 노동자들을 통제하라고 요구했다. 예를 들어, 베들레헴철강의 쿠바 지부장은 "그라우와 프리오 집권기의 문제는 노동자 파업이었다"며 불만을 표출했다.

게다가 1952년 대선의 선두주자 중 한 명이었던 비정통적인 포퓰리즘 지도자인 에디 치바스는 군부 쿠데타나 선거 부정이 자신의 당선을 가로막을 것이라고 예상했다. 그가 부패와 외세 간섭에 대항한 민중 봉기를 촉발시키기 위해 라디오 방송 연설 도중 자살하자, 쿠바 정치는 완전히 혼란에 휩싸였다. 6개월 후 바티스타는 미국의 암묵적인 지원으로 프리오 정권을 무너뜨렸고, 쿠바 공산당의 불법화, 노동자 파업의 폭력적인 진압, 이에 저항하는 조합의 철폐, 기업의 자유를 막는 포퓰리즘적 제약들의 폐기 등을 실행했다.

독재자로서 바티스타의 복귀, 1952~1959

바티스타 정권의 신임 노동부 장관인 카를로스 살라드리가스^{Carlos} Saladrigas 박사는 쿠바의 기업가 계층과 미국 투자자들을 안심시키기 위해, 쿠데타 직후 쿠데타의 목적이 "노사관계의 본질적인 변화를 모색하고 국내외 자본의 투자에 걸림돌이 되는 장애물을 제거하기 위한 것이다"라고 발표했다. 일주일 후 미국 정부는 바티스타 정권을 공식 인정했고, 기업가들은 그의 정책을 칭찬했다. 베들레헴철강의 한 중역은 역사가 모리스 몰리에게 "바티스타가 정권을 잡은 후, 더 이상 어떠한 파업도 일어나지 않았다"고 말했다. 메릴린치의 한 중역은 "나는 바티스타 정권하의 경제적 조건들이 더 안정적이었다고 생각한다"며, "사업, 경쟁 시스템, 자유 기업 시스템이 작동할 수 있도록" 해준 것에 대해 바티스타를 긍정적으로 평가했다.

기업 엘리트들은 정치 테러를 통해 보호되는 바티스타의 이러한 정책들을 우호적으로 받아들였지만, 대다수의 쿠바 인들은 부정적으로 보았다. 더욱이 칠레의 카를로스 이바녜스^{Carlos Ibañez}, 브라질의 제툴리우 바르가스, 아르헨티나의 후안 페론과 같은 동시대 다른 집권자들처럼 바티스타도 첫번째 집권기보다 두번째가 훨씬 더 통치하기 어렵다는 사실을 곧 깨달았다. 이제 신임을 잃은 1933년의 지도자들을 대체하기 위해 새로운 혁명가 세대가 등장했다. 이들은 그라우나 프리오와 달리 매수되지 않았고 독재자와 협력하려 들지도 않았다. 대학생연맹^{Federación Estudiantíl} Universitaria, FEU과 플로리다의 피난처에서 반란을 모의한 진실당을 포함한 몇몇 조직들이 바티스타에 저항하기 시작했다. 그리고 피델 카스트로의 7월 26일 운동 세력이 1953년 몬카다^{Moncada} 병영을 습격해 정부 전복을 기도했지만 실패했다. 독재자 바티스타는 학생들과 카스트로의 게릴라 조직이 벌이는 반정부활동에도 불구하고 요지부동이었다. 그러나 그의 가장 큰 약점은 여전히 단일 작물인 설탕에 의존하고 있는 경제의 구조적 취약성이었다.

한편, 쿠바 설탕 산업은 정체되어 있었고 이 여파가 경제 전반을 휩쓸었다. 22개 회사가 전 농토의 20%를 차지하고 있었다는 사실에서 알 수 있듯이, 토지가 소수의 손에 집중되어 있어서 농업은 다각화되지 못했다. 대부분의 토지는 설탕 가격이 오를 것에 대비하여 휴경지로 남아 있었다. 미국과 맺은 일련의 상호 무역협정으로 쿠바 설탕은 판매를 보장받았으나, 여타 산업은 미국산 수입 제품과 경쟁하는 것이 불가능해져 사실상 존재하지 않는 것이나 다름없었다. 또한 이 무역협정으로 미국산 저가 농산물이 쏟아져 들어와, 쿠바 농산물도 경쟁력을 상실했다. 침체된 경제와 설탕 산업의 독특한 성격 때문에, 쿠바는 구조적 실업과 저고용 문제에 시달렸다. 대부분의 설탕 노동자들은 수확기에만 일할 수 있었으며, 일하는 4개월간 임금을 제대로 받는다 하더라도 나머지 8개월간은 일거리가 없어 굶주리기 일쑤였다. 쿠바혁명의 토대가 된 것은 이 같은 구조적 결함과 이로부터 파생된 경제적 불평등이었다.

혁명

피델 카스트로가 이끈 혁명 운동은 1868년, 1898년 그리고 1933년의 혁명 전통을 계승하고 있었기 때문에, 쿠바혁명은 쿠바의 역사에 깊게 뿌리박고 있었다. 카스트로가 권력 획득 이전이나 이후에도 호세 마르티의 사상과 1940년 헌법의 원칙을 종종 인용한 것은 결코 우연의 일치가 아니다. 그러나 쿠바의 과거 혁명들이 모두 예외 없이 실패했기 때문에, 혁명의 전통에는 깊은 환멸감이 배어 있었다. 혁명 지도자들은 재물의 유혹에 넘어가거나 혹은 미국이 혁명 프로그램을 좌절시키기 위해 개입했다. 1959년 쿠바혁명의 복합적인 진전은 많은 부분 역사적 혁명 전통에 대한 충실함과 함께, 혁명들이 보여 주었던 오류에 빠지지나 않을까 하는 우려가 결합되어 있음을 보여 준다.

피델 카스트로 루스Fidel Castro Ruz는 1927년 쿠바 북서부에서 부유한 에스파냐 출신 농부의 아들로 태어났다. 그는 아바나의 유명한 예수회 소속 벨렌Belén 학교를 다녔고, 운동선수로서 명성을 얻었다. 1945년 아바나 대학에 진학해 당시 대학가에 만연해 있던 빈번한 폭력적 정치투쟁에 가담했다. 1947년 도미니카의 독재자 라파엘 트루히요를 타도하려는 학생 정치 그룹의 후원을 받아 도미니카공화국 침공대열에 합류했으나 실패했다. 나중에 치바스의 추종자가 되어, 그의 정통당에서 1947년에서 1952년까지 당원으로 활동했다.

1953년 7월 26일 바티스타 독재에 저항하는 반란의 불씨를 지피고자, 카스트로는 중·하류층과 노동 계급 출신의 반군들로 구성된 소규모 부대를 이끌고 쿠바의 산티아고 시 근교에 있는 몬카다 병영을 습격했다. 반군은 1940년 헌법으로의 복귀, 토지개혁, 교육개혁, 정부의 부패와 대규모 무기 구입에 따른 막대한 예산 낭비의 종식 등을 목표로 했다. 병영 습격은 많은 사상자를 내며 실패했고 카스트로도 체포되었지만, 정권이 보여 준 무자비한 대응방식과 재판정에서 행한 카스트로 자신의 명 변론('역사는 나에게 무죄를 언도하리라')은 그를 국민적 영웅으로 만들었다.

피델은 피네스Pines 섬에서 19개월간 구금되었다. 그 기간 동안 1952년 바티스타 반대투쟁을 이끌었던 아이데 산타마리아와, 재판에서 카스트로를 변호했던 멜바 에르난데스Melba Hernández와 같은 여성들이 주도한 '7

월 26일 운동'이 결성되었다. 그들은 다른 반^反바티스타 조직들과 함께 정
치 동맹을 결성했는데, 이 중에는 글로리아 쿠아드라스^{Gloria Cuadras}가 이
끄는 쿠바여성전선^{Frente de Mujeres Cubanas} 그리고 1920년대 마차도 집권기
부터 반독재 운동을 해온 카르멘 카스트로 포르타^{Carmen Castro Porta}가 조직
한 마르티여성시민전선^{Frente Cívico de Mujeres Martianas} 등이 있었다.

이들은 함께 도시나 농촌에서 변호사, 통역, 의료지원, 풀뿌리 조직가,
교육자, 첩자, 정보전달자, 그리고 무장투쟁가로서 혁명을 지원할 여성 네
트워크를 조직하였다. 아마 쿠바에서 가장 유명한 여성 게릴라인 셀리아
산체스^{Celia Sánchez} 이외에도, 마리아나 그라할레스^{Mariana Grajales} 여단이라
고 알려진 전투 부대가 나타났는데 이 이름은 아프리카계 쿠바 인 독립투
사인 안토니오 마세오의 '영웅적인 어머니'를 기리는 것이었다.

1955년 이 여성들은 '역사는 나에게 무죄를 언도하리라'라는 카스트
로의 법정 진술을 만 부 가량 복사하여 배포했고, 이는 이들의 명성을 높
였다. 1955년 카스트로는 바티스타의 일반 사면으로 석방되었고, 얼마 후
멕시코로 건너가 바티스타 독재정권에 대한 새로운 공격 계획을 세웠다.
멕시코에 머무는 동안, 카스트로 그룹은 전 쿠바 대통령 프리오와 후일 베
네수엘라 대통령이 될 망명자 로물로 베탕쿠르^{Rómulo Betancourt}의 지원을
받았다. 1955년 말 피델은 혁명의 2인자이자 최대의 순교자가 될 에르네
스토 체 게바라^{Ernesto Che Guevara}를 만났다.

카스트로는 쿠바로 돌아가 투쟁을 재개할 것을 결심하고, 1956년 그
란마^{Granma} 호를 구입해 82명의 동지들과 함께 11월 멕시코를 떠났다. 본
래 카스트로는 그란마 호가 오리엔테 지방에 상륙하는 시기와 산티아고
에서의 봉기를 결합하려고 계획했다. 그러나 몬카다 병영 공격 때처럼 상
륙은 병참과 일정상의 문제로 어려움을 겪었고, 상륙 작전의 정보는 누출

빌마 에스핀(Vilma Espín)과 함께 아이데 산타마리아(Haydeé Santamaría)와 셸리아 산체스(Celia Sánchez)는 혁명 지도부의 핵심 여성 구성원들이었다. 이들은 특히 1957년 혁명 전략을 이끌었던 도시 지하조직에서 결정적인 역할을 수행했다. 이 사진은 시에라 마에스트라(Sierra Maestra)에서의 게릴라 운동을 지원하기 위해 그들이 모금한 현금을 세고 있는 모습이다.

되었다. 적은 수의 병력만 살아남아 간신히 시에라 마에스트라로 탈출했다. 이 산악 지역으로부터 혁명군은 게릴라전을 수행하며, 압도적으로 우세한 정부군의 공격을 격퇴했다.

1957년 2월 카스트로는 산악 지대 은신처에서 바카르디 럼주 회사 대표의 딸인 빌마 에스핀Vilma Espín의 통역으로, 『뉴욕타임스』의 유명 기자인 허버트 매튜스Herbert Matthews와 인터뷰를 했다. 이 기사로 카스트로는 미국에서 명망을 얻었고, 쿠바 인들은 바티스타 정권의 주장과 달리 피델이 살아 있다는 것을 믿게 되었다. 신문기사에 혁명 운동의 성과와 참여자 숫자가 과장되어 실린 것은 쿠바 전역에서 동조자를 규합하는 데 보탬이 되었다. 게릴라들은 신규 참여자들을 모집하면서 1957년 봄 내내 공격을 계속했고, 오리엔테 지역 농민들의 동조와 지지도 점점 늘어갔다. 농민들은 게릴라군에 물자를 조달하거나 정부군의 동향을 탐지해 알려주는 등 매우 귀중한 도움을 제공했다.

산악 지역 게릴라들이 대부분의 명성을 독차지하긴 했지만, 산타마리아, 에스핀, 산체스, 프랑크 파이스, 아르만도 아르트가 이끄는 도시 지하조직도 전술 계획에서 중요한 역할을 담당했다. 1957년 중반 카스트로의 '7월 26일 운동'과 관련 없는 여러 단체들이 바티스타 정권을 공격해 무자비한 보복을 받게 되면서 폭력이 만연했고, 특히 아바나의 상황은 심각했다. 정권의 성차별로 인해 초기 억압에서 벗어나 있던 여성 혁명가들조차 대규모의 체포, 고문, 구금을 당해야만 했다. 하지만 이들은 유머 감각을 유지했다. 이들의 변호사 마르고 아니세토 로드리게스Margo Aniceto Rodríguez 가 바티스타의 테러행위를 비난해 구금되었을 때, 다른 수감자들은 "마르고는 워낙 훌륭한 변호사여서, 우리를 풀어 주지 못하자 우리와 함께 있기라도 하려고 스스로 감옥에 들어온 거야"라고 농담을 하기도 했다.

테러와 파업이 산티아고와 오리엔테 지역을 완전히 혼란에 빠뜨렸고, 쿠바는 점점 내전의 소용돌이에 휩싸여 갔다. 가을에 청년 해군장교들이 시엔푸에고스Cienfuegos에서 봉기했으나 바티스타는 폭격기와 다른 군사 장비를 동원해 반란을 진압했다. 그러나 미국과 맺은 군사원조협정은 이러한 군 장비들을 국내에서 사용하는 것을 명백히 금지하고 있었으므로, 바티스타는 이 진압작전으로 미국의 지지를 일부 상실했다.

해가 바뀌면서 사태의 추이는 바티스타에게 결정적으로 불리해지기 시작했다. 1958년 3월 미국은 쿠바 정부에 대한 무기 선적을 중단했다. 중산층도 독재자 바티스타에게서 등을 돌렸다. 5월 바티스타는 카스트로를 시에라 마에스트라의 근거지에서 몰아내려고 대공세를 펼쳤으나, 이 전투에서 패배함으로써 정권이 위태롭게 되었다. 반군은 정부군에 막대한 손실을 입혔으며, 무능한 바티스타의 측근들이 지휘하는 부패한 정부군은 게릴라들과 은밀한 도시 연계세력의 적수가 될 수 없었다.

바티스타의 운명이 절망적으로 기울자, 혁명의 승리를 막기 위해 미 대사관을 포함하여 급박한 협상이 진행되었다. 미국 정부가 동의하고 군사적으로 지원하면, 쿠데타나 부정선거를 통해 새로운 정부를 세우고 카스트로의 승리를 막을 수 있다는 생각이었다. 바티스타는 사전에 부정 투표지를 인쇄해 대통령 선거를 실시하였고, 2월에 있을 대통령 취임을 준비했다. 그러나 반군의 강력한 공세로 이 정치 공작은 무산되었으며, 1958년 12월말 '바르부도스'barbudos(수염쟁이들. 수염이 덥수룩했던 반군들을 지칭했던 스페인어—옮긴이)가 아바나 외곽에 도착하였다. 1959년 1월 1일 동맹자 미국으로부터 버림받은 바티스타와 그의 측근들은 마이애미로 도주했다.

이리하여 1958년 중반까지 3백 명이 채 안됐고, 바티스타 정권이 무너질 때 겨우 3천 명 정도였던 반군이 내전에서 승리했다. 승리의 원인은, 끈질기고 규율이 엄격했던 반군이 농민, 노동자, 중산층 등 모든 대중의 지지를 얻었기 때문이었다. 또한 정부군이 정실주의와 무능에 빠져 있었다는 점을 들 수 있다. 바티스타의 군대는 비무장한 시민들을 공포에 떨게 했는지는 몰라도 막상 강력한 반란군과 맞닥뜨리자 도주해 버렸다.

혁명세력의 집권, 1959~2003

혁명의 성공 이후 4년 동안(1959~1962) 정치적 입지를 다진 혁명세력은 경제의 사회주의화를 시작했고, 대외관계에서 새로운 양상을 수립했다.

1959년 혁명 지도자들은 이후 10년간 혁명의 진로를 결정할 몇 가지 사항들을 확정했다. 첫째, 이들은 의회 민주주의가 그 당시 쿠바 실정에 부적합하다고 결론지었다. 1959년 2월에 선포된 공화국 헌법에서 입법권은 행정부에 속하게 되었다. 카스트로는 수상이자 후일 공산당 제1서기로서 정부와 집권당에서 가장 중요한 지위를 차지했다. 혁명 정부는 18개월 동안 언론의 자유와 수백 년의 전통을 이어온 아바나 대학의 자치를 제한했다. 혁명 정부는 바티스타 추종자들을 공개 재판하여 그의 많은 측근들을 처형했다.

둘째, 카스트로는 토지개혁, 소득 재분배, 농업의 다양화, 미국으로부터의 경제적 독립이라는 경제목표를 달성하고 정치적 토대를 강화하고자 했다. 경제개혁의 급진적인 성격과 '7월 26일 운동' 세력으로의 권력 집중으로 중산층 지지 세력이 이탈했다. 1959년 7월 대통령직을 사직한 마누엘 우루티아Manuel Urrutia와 우베르 마토스Huber Matos 소령이 대표적인 경우였다. 같은 해 10월에는 혁명의 주요 군사 지도자이자 강력한 반공주의자인 우베르 마토스 소령이 반역죄로 투옥되었다. 동시에 카스트로는 안정적으로 쿠바를 통치하기 위해서 인민사회당Partido Socialista Popular과 동맹을 시도했다.

1960년 1월, 카스트로는 노동조합들의 지도부에서 온건파들을 추방했다. 또 경제적 의존을 다변화하고 미국의 개입에서 혁명을 보호하기 위해 소련을 동맹자로 삼으려 했다. 이에 소련의 부수상인 아나스타스 미코얀Anastas Mikoyan이 1월에 쿠바를 방문하여, 1960년에 42만 5천 톤 그 다음 해에는 100만 톤의 쿠바산 설탕을 구입하기로 했다. 5월에 쿠바는 소련과의 외교관계를 재개했다.

미국과 쿠바의 관계

한편, 대토지 몰수와 혁명재판에 대한 부정적인 보도로 이미 갈등 조짐을 보이던 쿠바와 미국의 관계는 1960년 5월 위기에 도달했다. 쿠바정부는 텍사코, 스탠더드석유회사, 로얄더치셸 소유의 거대 정유 공장에, 이 세 회사가 구입한 것보다 싼 가격에 소련으로부터 구입한 원유를 정제해 줄 것을 요청했다. 미 국무성의 지침에 따라 이 정유 회사들은 이 요청을 거절했고, 쿠바 정부는 결국 이들의 정유 공장들을 몰수했다. 아이젠하워 대통령은 쿠바의 설탕 쿼터를 없애는 것으로 보복했고, 카스트로는 이에 대응해 미국인 소유의 많은 재산을 몰수했다.[*] 10월 아이젠하워는 지금까지도 지켜지고 있는 대對쿠바 수출금지령을 내렸다. 이러한 미국의 조치는 한번 더 쿠바 정부를 자극해 시어즈Sears, 로우벅Roebuck, 코카콜라, 그리고 모아Moa 만의 거대한 니켈 광산 등을 포함한 미국 재산의 몰수가 이어졌다.

두 나라의 관계가 악화되자 CIA는 여러 망명그룹들에게 무기 및 훈련에 필요한 자금을 제공하기 시작했고, 쿠바 침공을 위한 훈련캠프를 과테말라에 설치했다. 아이젠하워 대통령은 임기 말인 1961년 1월 3일 쿠바와의 외교관계를 단절했다. 3개월 후 케네디 대통령은 쿠바 침공계획을 승인했고, 망명자들로 구성된 침공군이 4월 15일 피그만에 상륙했다. 그러나 혁명군은 이 침공을 신속하게 격파했다. 계획과 실행이 모두 허술했던 이 침공은, 쿠바 민중이 망명자들의 상륙 소식을 들으면 이에 호응해 반란을 일으킬 것이라는 잘못된 가정에 기반하고 있었다. 피그만 침공의 실패는 카스트로의 위상을 엄청나게 높여 주었고, 쿠바 경제와 사회의 급진적 개혁을 위한 새로운 동기를 제공했다.

---

[*] 쿠바 정부는 이전에는 이들 재산의 운영권만을 접수했다.

헌법이 정한 민주주의와 자본주의의 틀 안에서 진행되던 정치·사회적 개혁 프로그램들이 점차 맑스주의 혁명으로 발전해 나갔다. 피그만 침공 1개월 후 카스트로는 사회주의를 따를 것을 선언했다. 그리고 소련은 미국이 다시 쿠바를 공격한다면 쿠바를 보호하겠다고 선언하고, 쿠바에 대한 무기 공급을 늘렸다.

이러한 무기에는 남북아메리카 전역을 사정권 안에 두는 미사일 발사기지와 폭격기도 포함되었다. 쿠바와 소련은 미사일이 방어용이거나 억제용이라고 주장했지만, 미국은 공격용 무기라고 주장했다. 미국은 해상 봉쇄를 명령했고 미사일 기지의 철수를 요구했다. 케네디 대통령은 쿠바에 대해 무력 사용을 요구하는 군부에 대한 통제력을 한동안 잃고 있는 것처럼 보였다. 세계가 핵전쟁 위기에 직면해 있던 며칠이 지난 후, 두 초강대국은 합의에 도달하여 소련이 쿠바의 미사일 기지를 철수하는 대신 미국은 쿠바를 침공하지 않으며 터키에서 미사일 기지를 철수하기로 했다. 그러나 반혁명적인 쿠바 망명자들을 이용해 쿠바혁명을 전복시키려는 미국의 노력은 그 후로도 계속되었다. 이 이외에도 CIA의 지원으로 정유시설 및 항구에 대한 습격, 첩보원 침투, 심지어는 카스트로를 암살하려는 여러 시도들이 이어졌다.

혁명 정부의 경제

쿠바혁명은 다른 사회주의 혁명이 누리지 못한 여러 이점들을 가지고 있었다. 우선 쿠바의 게릴라 투쟁은 중국이나 베트남과 달리 상대적으로 짧았으며 인명이나 재산상의 피해도 적었다. 게다가 쿠바는 광범위한 철도망과 우수한 간선도로를 포함하여, 고도로 발달된 교통 및 통신시설을 보유하고 있었다. 쿠바의 사회주의적 토지개혁 과정도 쿠바 농민들이 갖고 있는 성격으로 인해 러시아보다 더 손쉽게 진행되었다. 즉 설탕 산업이 많은 농촌 노동력을 프롤레타리아화했기 때문에 농장 노동자들은 토지를 요구하기보다는 근로조건의 개선과 임금 인상을 원했다. 또한 쿠바에는 생활수준을 올리고 생산성을 증가시키기 위해 정부가 곧장 이용할 수 있는 상당한 규모의 미경작 토지와 유휴 산업시설이 있었다. 마지막으로 1959년에는 쿠바에 실질적인 원조를 제공할 수 있는 다수의 선진 사회주의 국가들이 있었고, 이로 인해 미국의 금수 조치가 낳은 부정적 효과들을 일시적으로 상쇄시킬 수 있었다.

그러나 혁명은 심각한 문제도 역시 가지고 있었다. 우선, 경제 문제에 익숙하지 못한 혁명가들은 여러 가지 실수들을 범했다. 경제의 사회주의적 재구성은 불가피하게 혼란을 일으켰고, 미국의 수출금지 조치로 심각한 부품 부족과 여러 가지 어려움이 야기되었다. 이런 어려움을 사회주의 국가들(여기에는 몇몇 자본주의 국가들도 있었다)과의 새로운 형태의 교역으로 해결하려고 했지만, 이 과정이 결코 만족스럽게 해결되지는 않았다. 또한 쿠바의 유능한 기술자들 대부분이 초기의 망명 흐름에 합류해 쿠바를 떠났다. 마지막으로, 혁명 지도자들은 보다 전통적인 맑스주의자들이 최고의 생산성 증가 수단으로 인정했던 물질적 인센티브를 처음부터 배척하고 '새로운 사회주의적 인간'을 가능하게 할 도덕적 인센티브를 선호했다. 이러한 이론의 적용은 상당한 경제적 손실을 낳았고, 1969년에 이르러서야 보다 실용적 대안인 물질적 인센티브와 도덕적 인센티브의 결합 방식이 이를 대체했다.

혁명 정부의 첫번째 목표는 농촌과 도시의 노동 계급에게 소득을 재분배하는 것이었다. 처음 3년 동안 이 같은 시도가 성공을 거두어 임금은 40%, 전체 구매력은 20% 각각 상승했다. 실업은 사실상 사라졌다. 혁명 정

부가 대다수 라틴아메리카 국가들의 특징인 지나친 도시화hyperurbanization
(한 국가의 인구들이 한 도시에 집중하는 현상) 추세를 되돌리려고 했기 때
문에, 이러한 혜택은 주로 아바나 이외의 지역들에 집중되었다.

1959년 5월 발표된 첫번째 농지개혁법은 농지의 재분배를 용이하게
했다. 이 법은 토지 규모를 제한했고, 이를 초과하는 토지의 경우 정부가
수용할 수 있도록 했다. 이 경우 소유주는 세금 부과를 목적으로 평가된
토지 가치에 따라서 보상을 받을 수 있었다. 혁명 세력은 바티스타 정부
관료들의 토지를 즉시 수용했고, 소유자들이 저항할 경우에는 거대한 목
초지들을 몰수했다. 정부는 수용된 토지를 작은 단위로 분할하거나, 농업
개혁청Instituto Nacional de Reforma Agraria, INRA이 관리하는 농업조합들을 설립
했다. 토지 재분배는 주로 '7월 26일 운동'에 신속하고 결정적인 지지를 보
냈던 오리엔테 지방에서 이루어졌다. 전 쿠바 농지의 85%가 농지개혁법
의 처리 대상이었는데, 이는 구 체제 아래서 토지 소유가 극도로 집중되었
기 때문이다.

집권 첫해에 혁명 정부는 여러 형태의 토지 소유 양식을 실험했으나,
결국 국영농장granjas del pueblo으로 귀결되었다. 농업개혁청이 운영하는 국
영농장은 대개 혁명 이전부터 일했던 노동자들을 고용했으나 더 많은 임
금과 개선된 노동 조건을 제공했다.

노동자와 농민에 대한 소득 재분배는 장기적으로 여러 문제를 야기했
다. 가처분 소득이 커지자 쿠바 인들의 음식에 대한 수요, 특히 육류에 대
한 수요가 커져 소비가 100% 증가했다. 이런 육류의 수요 증가로 지나치
게 많은 소를 도살하게 되었고, 이로 인해 다음 해에 필요한 육류 공급 능
력이 현저히 떨어졌다. 정부가 임대료와 편의시설 요금을 인하하고 많은
공공요금을 무료화한 것은 가처분소득을 더욱 증가시켰다. 소비재와 식료

품을 더 이상 수입하지 않게 된 당시 상황에서 필연적인 결과인 물자부족 현상이 나타났다. 혁명 정부는 가격을 인상하여 비정상적인 소비를 제한하지 않고, 1962년 3월 배급 제도를 시작했다. 또한 혁명 정부는 많은 자원을 농촌 주택 건설, 도로 구축, 그리고 여타 개선사업에 투자했다. 그러나 치밀하지 못한 계획 때문에 부족한 자원마저도 낭비하게 되었다.

처음 3년 동안 농업의 다각화와 산업화라는 두 가지 주요 프로그램은 그 성공의 희비가 엇갈렸다. 혁명 정부는 사탕수수 농장과 유휴 토지를 전환하여 목화, 식물성 기름, 쌀, 콩 그리고 땅콩을 생산함으로써 국가의 자급능력을 키우려 했고, 과거 이 품목들의 수입에 소요되었던 막대한 외화를 절약할 수 있게 되었다. 그러나 산업개혁은 너무 느리게 진행되었다. 정부는 처음에는 주요 외국 기업 하나의 경영권만을 접수했다. 극도로 악명 높았던 전화 회사가 그 대상이었다. 그러나 혁명을 방해하기 위한 미국의 시도는, 결국 미국 소유의 정유 공장, 제조업 공장, 공공사업, 그리고 제당 공장들에 대한 전체 몰수로 이어졌다. 이어서 정부는 은행과 대부분의 도시 주택을 몰수했다. 마지막으로 혁명 정권은 자국민 소유의 사업체들을 몰수하기 시작했다. 그러나 너무 비용이 많이 들고 시행하기 어려운 것으로 판명난 보다 야심찬 산업 개발 계획은 연기되었다.

경제의 조직, 계획, 운영과 관련된 혁명 정부의 무능력으로 인해 1961년 이후 농업에서 심각한 문제가 나타났다. 혁명 정부는 1961년 2월에 중심적인 경제계획 조직인 중앙경제계획기구Junta Central de Planificación, JUCEPLAN를 설치했으나, 카스트로는 자주 '특별' 계획을 통해 이를 무시하거나 회피했다. 오랫동안 혁명 정부는 민간 농업 부문을 무시했으나, 이것은 절반 이상의 농지가 개인 소유인 것을 간과한 결정적 오류였다. 1961년 초 이를 의식한 정부는 전국소농연합Asociación Nacional de Agricultores Pequeños,

ANAP을 설립해, 소농들의 생산을 국가 목표에 맞추어 조정하려고 했다. 또한 정부는 신용을 제공하고 상점을 세우고 다양한 조직들을 만들었다.

설탕 생산으로의 복귀, 1963~1970 : 1천만 톤 수확

쿠바가 신속한 산업화에 필요한 자원과 행정 및 기술 전문지식을 갖고 있지 못하다는 사실이 경험을 통해서 드러났다. 그 결과 1963년 지도자들은 다시 농업을 강조했으며, 농업의 다각화 프로그램을 유지하면서도 설탕을 집약적으로 생산하는 방향으로 되돌아갔다. 농업 생산의 증가가 많은 소득을 가져다주고, 이것이 미래의 산업화를 위한 기반이 될 것이라고 기대했던 것이다.

불행하게도 농업, 특히 사탕수수 농업은 의도는 좋았으나 단견적인 정책 때문에 커다란 손실을 입었다. 1960년과 1961년의 사탕수수 수확량은 놀랄 정도로 많았는데, 이것은 기후가 매우 좋았던 데다 사탕수수가 최고 산출연령에 있었기 때문이다. 게다가 10년 만에 처음으로 모든 사탕수수가 수확되었다. 그러나 1962년의 사탕수수 수확량은 1955년 이후 최악이었고, 그 다음 해의 수확도 역시 실망스러웠다. 본질적인 문제는 혁명 정권이 농업의 다각화에 열중함으로써, 일부 최고의 사탕수수 재배지를 없앤 점이었다. 2년 동안 사탕수수를 다시 심지 않았고, 그 결과 대부분의 사탕수수가 최다 산출기를 지나치게 되었다. 게다가 경험이 부족한 혁명 정부는 장비와 인력을 미숙하게 관리했으며, 운송과 배급 체계도 혼란스러웠다. 또한 손상된 제당 공장들을 여러 해 동안 수리되지 않은 채로 방치했다. 결국, 1962년부터 1969년까지 농업 생산력은 7% 줄어들었다

정부는 이러한 상황을 타개하기 위해서 많은 노력을 기울였다. 정권은 1963년 10월 두번째 농지개혁법을 발표하고, 이 법에 따라 수천 개의

중형 농장을 몰수했다. 그 결과 국영농장은 전체 토지의 70%에 이르게 되었고, 모든 주요 수출작물의 재배를 책임지는 지배적인 농업경영 형태가 되었다. 또한 정부는 소규모 자영농들의 작물을 낮은 가격으로 정부에 팔도록 강요했다. 쿠바는 국민총생산의 많은 부분을 투자했으나, 비효율적인 행정과 허술한 계획으로 성과를 거두지 못했다. 국가는 많은 미완성 프로젝트들을 방치했으며, 완료된 것도 적절하게 유지하지 못한 경우가 많았다.

그후로 쿠바는 경제 운영을 중앙집권화하는 새로운 사회화 계획에 착수했다. 이런 정책 변화를 가장 상징적으로 보여 주는 것이 불행하게 끝난 1970년의 설탕 1천만 톤 생산 계획이었다. 생산성을 향상하기 위해 물적 인센티브보다는 도덕적 인센티브를 강조한 사회주의적 개발 전략의 효율성을 구체화하기 위해, 이 계획은 쿠바 역사상 가장 많은 양의 설탕 수확을 목표로 했다. 또한 환율정책에서 기대되는 큰 수익을 이용해 국가의 독립적인 산업 발전에 투자하고자 했다. 그러나 기껏해야 6백만 톤의 설탕을 생산할 수 있을 정도로 망가지고 후진적인 농업 구조의 현실 하에서, 이러한 계획의 실패는 충분히 예상할 수 있는 것이었다. 반어적으로, 혁명의 성공이 그러한 계획의 실패에 기여했다. 혁명으로 인해 설탕 산업 밖에서 상당한 수의 일자리가 제공되었고, 1959년 기존 사탕수수 농부들 중 5분의 1이 떠났다. 따라서 자원을 심각하게 고갈시키고 국가 경제를 불안정하게 하고 있었던 비농업 노동력을 동원하는 것이 요구되었다.

실패와 재평가 그리고 제도화된 혁명, 1970~1990

1970년 '설탕 1천만 톤 수확'을 달성하겠다던 과대 목표가 실패하자, 그 과정에서 쿠바경제 전체가 광범위한 손실을 입었다. 결국 850만 톤을 수확했으나 사실상 혁명 정부는 설탕 산업을 파탄에 빠뜨렸고 그 후의 수확도 부진했다. 정부가 자원과 인력을 다른 분야에서 끌어들이는 바람에 소요와 혼란이 유발되었다.

그러나 더 중요한 것은, 이러한 파괴적인 경제정책과 중앙 집중적이고 권위주의적인 국가 운영으로 혁명 지도부에 대한 민중의 지지가 약화되었다는 사실이다. 아무리 미국이 지원하는 반反혁명 테러를 들어 정당화하다고 해도, 시민의 자유에 대한 정권의 뻔뻔한 태도와 권위주의적 태도는 영광스러울 수도 있었던 혁명의 기록에 영원한 흠이 되었다. 많은 쿠바 인들, 특히 민주주의라는 혁명의 약속에 고무되었던 젊은이들은 자유에 대한 이러한 제약을 거부했다. 점차 저항음악canción de protesta을 중심으로 권위주의에 저항하는 새로운 민중문화 운동이 나타났다. 이 운동은, 혁명의 목표인 사회정의에 믿음을 가졌지만 점차 국가 의사결정 시스템이 권위적으로 바뀌고, 특히 피델 카스트로 개인주의적인 것으로 변화하게 되자 이에 반감을 갖게 된 젊은이들을 끌어들였다. 아이러니하게도, 저항음악은 아프리카와 아시아의 반제국주의 투쟁, 칠레와 아르헨티나의 원주민 민속 문화의 고양, 그리고 특히 브라질의 군부독재에 대한 민중적 저항에서 영향을 크게 받았다. 이 세 가지 요소는 모두 쿠바 혁명정부가 권장했던 것들이다.

저항음악은 쿠바 음악과 문화에 있어 독창적인 발전이었다. 1960년대 초반 카를로스 푸에블라Carlos Puebla와 콤파드레스Los Compadres 같은 민속 음악가들은 손son과 쿠바의 전통적인 농촌 음악música guajira을 혁명과 게릴라 영웅을 찬양하는 가사와 결합했다. 콤파드레스의 유명한 노래「오두막은 사라질 거야」Se acabarán los bohíos(로스 보이오스los bohíos는 전통적인 초가지붕의 판잣집들을 말한다)는 예를 들어, "최저 생활임금, 고된 일을 하는 모든 가정에게 아파트를 지급"할 것이라는 혁명의 약속, 그리고 "박물관 전시물로서 남는" 것들을 제외하고 오두막을 없애려는 정부의 정책을 높이 평가했다. 그러나 1960년대 후반 저항음악가들은 혁명의 이상주의적이고 인도주의적인 목표에는 공감했지만, 권위주의나 예술의 자유 제한과 같은 혁명의 실패를 비난했다.

이 운동의 가장 중요한 음악가 중 한명이었던 실비오 로드리게스Silvio Rodríguez는 관료주의자들을 "말과 행동이 다른 상사, 젊은이를 믿지 않는 고지식한 어른, 모든 특혜를 독차지한 자, 문화의 적, 내 속의 혁명을 무너뜨리는 제도권 겁쟁이"라고 비난했는데, 이는 이러한 혁명적 애국주의와 젊은이 특유의 소외에 대한 느낌을 포착한 것이다. 로드리게스와 수많은 쿠바 젊은이들은, 혁명 지도부가 라틴아메리카, 아시아 그리고 아프리카 사람들에게는 전통에 반항하라고 하면서 장발, 히피 복장, 문신을 통해 자신들의 불만을 표현하는 쿠바의 젊은 저항가들을 탄압하는 행위를 위선적이라고 생각했다.

혁명 정부 내의 몇몇은 이러한 관점에 동의했다. 시에라 마에스트라와 1953년 몬카다 병영 습격에 참여했던 아이데 산타마리아는 관료주의적 압박에 굴복하지 않고 젊은 예술가들을 보호하기 위해 애썼다. 카사 데 라스 아메리카스Casa de las Américas(혁명 이후 쿠바혁명 이데올로기를 전파하기 위해 만들어진 문화기관—옮긴이)의 대표로서, 그는 여러 국제 음악 축제를 조직하여 저항음악을 알릴 기회와, 젊은 음악가들에게 라디오와 텔레비전에 출연할 수 있는 기회를 제공했다. 그러나 설탕 수확의 실패와 저항 가수들의 투옥은 대체로 혁명 정부의 경제·문화적 표현 그리고 정치적 자유라는 측면에서 암울한 시기임을 암시해 주었다.

그러나 1970년 사탕수수 수확의 대실패로 인해, 혁명정책들과 과정에 대한 자기비판과 극적인 변화가 나타났다. 카스트로도 실패에 대한 자신의 책임을 직접 인정하고 변화를 통해 혁명을 진전시킬 것을 약속했다. 이는 더 광범위한 정치적 개방과 민중의 정치 참여로 이어졌다. 이것은 또한 혁명 지도부로 하여금 한 번 더 저항적인 젊은 세대에 대해 유화정책을 펴게 했다. 종족음악학자 로빈 무어Robin Moore는, "몇 년이라는 짧은 기간 동안 저항음악은 주변부에서 사회주의 음악의 주류로 이동했다"라고 평가하였다. 젊은 세대의 항복이 아니라 혁명 정부의 정책 변화가 이러한 급작스런 화해를 이끌어냈다.

쿠바 정부는 이제 '누에바 트로바'nueva trova(새 노래 — 옮긴이)라 불리는 이 새로운 음악을 점점 더 지원하기 시작했다. 그리고 라틴아메리카 각지에서 개최된 국제 음악 축제에서 이 새로운 음악의 젊은 음악가들이 쿠바를 대표할 수 있도록 했다. 정부는 또 국가기구인 전국새노래운동Movimiento Nacional de la Trova, MNT을 만들어 음악관련 직업을 장려하였고, 예술활동에 대한 지원을 늘렸다. 공연 센터들이 모든 주에 설치되었다. 비록 전국새노래운동은 파블로 밀라네스Pablo Milanés의 「인생은 덧없는 것」La vida no vale nada처럼 반사회적인 가사를 지닌 특정 노래에 대한 지원을 거부하긴 했지만, 꿈 많은 젊은 음악가들이 이용할 수 있는 재원을 획기적으로 늘렸다. 또한 젊은 음악가들에게 신시사이저 같은 새로운 악기와 전자기술을 소개했고, 녹음실 사용 가능 시간을 늘렸으며, 그들의 음반을 보급하는 데 도움을 주었다.

다음 5년 동안 카스트로는 혁명을 제도화하고자 했다. 그는 장관들로 구성된 새 집행위원회를 만들고 관료들에게 더 많은 재량권과 영향력을 부여했다. 오스발도 도르티코스Osvaldo Dorticós 대통령과, 시에라 마에스트라에서 카스트로와 함께 투쟁했던 베테랑 공산주의자인 카를로스 라파엘 로드리게스Carlos Rafael Rodríguez가 경제 개발을 담당했다. 정부의 재조직은 군대, 관료기구 그리고 공산당 사이의 분리선을 명확히 했다. 민병대는 해체되어 군에 흡수되었다. 군은 전통적인 위계질서에 따라 재편되었고 사법 제도가 개혁되었으며 공산당이 강화되었다. 노동 운동이 활성화되어, 노동법의 집행과 노동자의 권리에 대한 권한이 노동조합과 노동자 법정에 주어졌다. 노동자들은 생산목표와 계획의 설정에 보다 적극적으로 참여했다.

쿠바 지도부는 혁명 정부의 경제 발전정책도 철저히 검토했다. 컴퓨터를 이용한 정교한 설계 기술을 도입했고, 노동자와 경영자를 위한 물질적 인센티브 제도도 도입했다. 1971년에서 1973년 사이에 도입된 작업 할당 제도로 생산성이 20%나 증가했다. 또한 정부는 직업을 분류하기 시작했고 직업의 생산성에 따라 임금을 지불했다. 이러한 경제개혁으로 생산성이 급격히 향상되었으며, 1971~1975년 사이에 국민총생산은 1966~1970년 사이의 연평균 성장률인 3.9%와 비교해 볼 때 매우 높은 비율인 10% 이상으로 증가했다.

1975년 12월에 열린 제1차 쿠바 공산당 전당대회는 혁명의 제도화를 공식적으로 완성했다. 이 전당대회에서 쿠바의 첫번째 사회주의 헌법이 채택되었고, 이는 1976년 2월에 실시된 국민투표로 승인되었다. 정부가 민중의 요구를 더욱 충실하게 따르도록 만들어진 이 헌법은 선출된 피라미드형 조직을 두게 했다. 맨 밑에 민중이 뽑은 의원으로 구성되는 시의회가 있고, 시의회는 지방의회 의원과 국회의원을 선출한다. 이 대표들 대부분은 공산당원이었고 피델 카스트로는 공산당 제1서기, 정부 수반, 그리고 국회에서 선출된 국가위원회 의장으로서 권력의 정점에 위치했다.

정치적 제도화는 지난 5년 동안 수행성이 떨어진 경제를 재조직하고 합리화하려는 노력과 결합되었다. 쿠바 경제는 여전히 설탕 수출에 심하게 의존하고 있었고, 1976년에서 1980년 사이 연평균 경제 성장률은 실망스러운 수준인 4%에 머물렀다. 이는 근본적으로 전문적인 경영능력, 품질관리, 노동규율 등의 결여 때문이었으며, 이 모든 것은 낮은 생산성의 원인이 되었다. 신발에서 텔레비전에 이르기까지 쿠바에서 생산된 많은 제품들의 품질은 떨어졌다.

계속되는 경제난과 정치적인 불만으로 말미암아, 1980년 쿠바 인들은 주로 미국으로 집단적 이주를 감행했다. 12만 5,000명 이상의 쿠바 인들이 가라앉기 쉬운 보트를 타고 그것도 위험스러울 정도로 많은 사람들이 초과 승선한 상태에서 마리엘Mariel 항구를 통해 빠져나갔다. 그럼에도 불구하고, 쿠바 인의 대탈주는 카리브 해 다른 나라에서 벌어지는 상황들과 비교했을 때 양호했다. 즉 1980년 쿠바의 경우 탈주자가 인구의 2% 미만이었지만, 카리브 해 다른 지역의 경우 전체 인구의 20%에 달했다. 역사적으로 볼 때 거대한 정치·사회적 격변에는 늘 이와 유사한 불만세력의 탈출이 있었다. 미국의 독립전쟁 후에도 인구의 10%가 새로운 공화주의 질서에서 살기보다는 캐나다나 영국으로의 이주를 선택했었다.

1981년과 1985년 사이, 쿠바는 만성적인 경제문제의 해결에 착수하여 상당한 질적·양적 개선을 이루어 냈다. 이 기간 동안 연평균 성장률은 7.6%였고, 소련산 원유의 재수출로 쿠바의 수출이 점차 다변화되었다. 소련 원유의 재수출은 1985년 당시 쿠바 경화 수익의 40% 이상을 차지했고 1988년에는 세계 시장가격의 하락으로 17%로 떨어졌다. 쿠바의 여러 경제 문제에도 불구하고, 클라우스 브룬데니우스Claus Brundenius와 앤드류 짐발리스트Andrew Zimbalist 같은 경제학자들은 1960년부터 1985년 사이 쿠바의 경제 성장률이 라틴아메리카에서 두번째로 높았다고 주장한다. 게다가, 이러한 성장으로 만들어진 부의 분배는 라틴아메리카 내부뿐만 아니라 바깥에서 보아도 탁월하게 공평했다.

혁명의 성과

상반되는 여러 가지 경제 수치에도 불구하고 쿠바혁명은 고용, 공평한 소득분배, 국민보건, 교육 등에서 괄목할 만한 성과를 거두었다. 1990년까지 쿠바는 라틴아메리카에서 가장 낮은 실업률을 자랑했다. 공장 폐쇄로 실직한 노동자들은 기존 급여의 60%를 계속 받았다. 바티스타 정권 시절에 비해 국민들 간 생활수준 격차는 놀랄 정도로 줄었다. 특히 노동자 계급은 집세 통제(소득의 10%로 제한), 식량 배급, 그리고 가격 통제(공개 시장은 제외) 등 정부정책의 혜택을 많이 받았다. 80%에 달하는 쿠바 인들이 자택을 소유했고, 국영농장과 협동농장에서 일하는 농업노동자들은 텔레비전과 공동 여가 공간이 구비된 주택을 제공받았다. 도시 거리에는 다른 라틴아메리카 국가들과 달리 걸인이나 노점상들이 사실상 없어졌다. 교육과 의료는 무상이었으며 모두에게 평등하게 열려 있었다.

360만 명의 회원을 지닌 라틴아메리카 최대의 여성 조직인 쿠바여성동맹Federación de Mujeres Cubanas, FMC은 1960년부터 의료, 교육, 여성 고용, 탁아, 성적 차별, 그리고 가정생활과 관련된 정부정책에 계속 영향력을 행사해 오고 있다. 예를 들어, 1975년 가족법을 통과시켰는데, 이 법은 부부에게 직업이나 교육을 선택할 수 있는 평등한 권리를 보장하고, 가사노동과 탁아를 공동으로 분담하게 했으며, 배우자가 응하지 않을 경우 법률적인 수단을 통해 이혼이 가능하게 했다. 1988년 조사에 따르면, 남성들은 가정에서 주당 불과 4.25시간 동안만 일하는 데 반해 여성들은 22.48시간 동안이나 일했다. 그럼에도 불구하고, 대부분의 응답자들이 이러한 불평

WHY SHOULD I NEGOTIATE WITH YOU?

CUBA IS A POOR, BACKWARD ISLAND

WHAT DO YOU HAVE THAT A SUPER-POWER COULD POSSIBLY WANT?

UNIVERSAL HEALTH CARE?

WASSERMAN
©'94 BOSTON GLOBE
DIST. BY L.A. TIMES SYND.

FIDEL

이 재치 있는 카툰은 아직 국민건강보험 제도를 갖지 못한 미국인들에게, 사회주의 쿠바가 온갖 역경에도 불구하고 세계적인 건강보험 제공 국가가 되었음을 상기시켜 준다. 빌 클린턴: "내가 왜 당신과 협상을 해야 하지? 쿠바는 가난에 찌든 낙후된 섬인데 말야. 당신네 나라가 갖고 있는 것 중에 이 초강대국이 부러워할 만한 게 있나?", 피델 카스트로: "국민건강보험 제도는 어때?"

등이 지속적으로 사라지고 있다는 사실을 인정한 것으로 미루어 보아 법률이 결코 무의미하지는 않았음을 알 수 있다.

　여성들은 혁명을 통해 많은 것을 얻었다. 1953년 20%의 여성들이 문맹이었고, 교육 기회나 좋은 일자리를 구할 수가 없었다. 그러나 1960년대 초 혁명은 문맹을 근절하였고, 평등한 무상 교육을 실시했다. 1956~57년 사이 대학생 수의 45%를 차지했던, 엘리트 여성들의 오랜 보루였던 고등 교육 또한 혁명 이후에 모든 계층의 여성에게 개방되었다. 1990년 여성들은 10배나 증가한 전체 대학생 수의 57%를 차지했다.

　혁명 이전에는 전체 노동력의 13%를 여성들이 차지했는데, 그중 3분의 1은 가정부였다. 그러나 1990년 쿠바 노동자들의 38.6%가 여성이었고, 기술 인력의 58%, 관리직의 85%, 서비스 직종의 63%를 여성들이 차지했다. 그러나 경영자, 공산당 지도자, 국회Asemblea Nacional de Poder Popular의 의원 그리고 인민권력Poder Popular(쿠바의 지방의회 조직. 이것의 전국 조직이 국회 역할을 함―옮긴이)의 대의원 중 여성 비율은 각각 27%, 16%, 33%, 17%에 불과했다. 이 우울한 수치들은, 선진 국가의 전형적인 젠더 불평등과 유사한 형태를 보여 준다. 또한 라틴아메리카와 카리브 해 인접 국가들과 비교하면 쿠바의 경우 상당한 개선이 이루어졌음을 나타낸다. 그럼에도 불구하고, 이런 불평등에 대해 고민했던 카스트로는 "사회주의 건설에 대한 여성들의 참여와 중요한 기여"에 상응하는 여성들의 대표성의 확대를 요구했다.

정부는 어린아이들을 특별히 배려했다. 7세 이하 어린아이들과 임산부들은 매일 우유 배급을 받았고, 라틴아메리카에서 최고의 의료혜택을 누렸다. 『라틴아메리카 리서치 리뷰』에 실린 1990년까지의 연구에 따르면 환자당 의사 비율이 가장 낮은 라틴아메리카 국가들과 비교해, 쿠바는 "세계 수준의 의료 보장 체계를 제공하는 나라가 되었고, 이는 엄청난 성과"라고 할 수 있다. 쿠바에서는 심장 이식, 심폐 이식 그리고 미세 수술 등 정교한 의료 시술을 실시하고 있다. 교육 예산은 라틴아메리카에서 가장 높은 수치로 GNP의 7%에 달했다. 국민들은 평균 9년의 교육을 받았고 문맹은 사라졌다.

혁명은 또한 역사적으로 쿠바의 공공정책에 드러났던 암묵적인 인종주의를 종식시키려고 노력했다. 1959년 카스트로가 직접 "직장과 문화적 공간에서의 인종적 차별을 철폐"하자고 호소했다. 비록 '인종주의적 감성'이 쿠바 문화 내에 잔존해 있음에도 불구하고, 1959년 이래로 사회의 구조적 변화를 통해 "혁명은 인종적 평등을 달성했다"고 대부분의 연구자들은 결론내렸다. 그러나 아프리카계 국민들이 혁명의 혜택을 받았고, 현재 쿠바 사회 내에서 상당한 지위를 차지하고 있는 것은 틀림없는 사실이지만 고등교육, 전문 직종 그리고 정부와 대중 조직의 고위직 비율 등에서 통계적으로 볼 때 여전히 과소 대표되고 있다. 또한 이들은 직업학교, 생산직 그리고 솔라레스solares(열악한 공동주택) 등에서 과대 대표되고 있다. 보다 문제가 되는 것은, 이들이 '단절된 청소년들'jóvenes desvinculados(직장도 없고 학업에 종사하지도 않은)의 58%에 달한다는 사실이다.

대부분의 쿠바 인들이 혁명의 혜택을 받았다는 점은 의심할 여지가 없다. 이 사실은 혁명이 35년이나 지난 지금, 심각한 경제위기 속에서도 쿠바 인들이 혁명을 보기 드물게 지지하고 있는 이유를 설명해 준다. 『마이애미해럴드』가 의뢰하고 갤럽의 코스타리카 자회사가 실시한 1994년의 독립적인 조사에 따르면, 69%의 쿠바 인들이 스스로를 혁명가, 사회주의자 혹은 공산주의자라고 답했고 55%는 혁명이 실패보다는 더 많은 성취를 가져다주었다고 긍정적으로 판단했다. 거의 30년 동안 쿠바혁명이 성공할 수 있었던 이유는 지속적인 자기비판, 대중적인 정치기반에 대한 사려 깊은 관심, 그리고 지속적인 사회주의적 실용주의 때문이었다. 쿠바는 1980년대 중반 '교정'rectificación(과거의 실수들을 바로 잡으려는 끊임없는 노력)을 재개했는데, 이는 쿠바가 동유럽의 급격한 변화들이 야기한 극복 불가능해 보이던 경제적 어려움을 겪기 이전이었다.

한편, 혁명의 성공과 실패는 라틴아메리카 전역에 반향을 불러 일으켰고, 쿠바의 경험을 통해 배우기를 원하는 다른 지역의 개혁 운동에도 큰 영향을 주었다. 정당성 여부를 떠나, 쿠바혁명은 혁명의 지지자이건 반대자이건 간에 사회 변화를 추구하는 운동의 성패를 측정하는 기준이 되었

다. 안데스 지역 국가들, 칠레, 중앙아메리카, 그리고 베네수엘라에서 각각
의 사회 운동들은 20세기 후반을 특징짓는 포퓰리즘의 전반적인 위기에
대해 그들 나름의 해결책을 모색했다. 그렇지만 모두들 쿠바의 모델을 의
식하고 있었다.

16장 _ 안데스 지역의 격랑:
원주민의 권리와 군부의 조합주의적 대안

쿠바의 무장 혁명이 20세기 후반 라틴아메리카 국가들에게 새로운 모델을 제시했던 그 순간, 라틴아메리카에서 가장 낡은 경제·사회 구조를 가진 페루, 볼리비아, 에콰도르 등 안데스 지역 국가들에서는 개혁을 향한 다른 종류의 여정이 시작되었다. 1968년 조합주의적 개혁을 이루려는 군 장교들이 주도한 페루혁명은, 쿠바의 혁명 모델에 대한 가장 명확한 대안을 제시했다. 1968년에서 1975년 사이 페루와 에콰도르의 발전은 라틴아메리카의 군부가 반동적 집단이라는 일반화된 가정이 오류임을 드러내 주었다. 라틴아메리카 역사상 가장 빠르고 강력한 개혁을 수행한, 후안 벨라스

이 장의 핵심 문제

- 일반적으로 라틴아메리카에서 가장 강력하게 구질서를 옹호하던 군 지휘관들이 볼리비아, 페루, 에콰도르 등 안데스 국가들에서 혁명을 이끈 이유는 무엇인가?
- 이들 군 지도자들이 제안했던 경제·사회 개혁은 무엇이었고, 그들은 누구의 이익을 대변했는가?
- 정치, 사회 그리고 경제적 불평등에 대한 원주민들의 저항이 이런 혁명에 어떤 영향을 끼쳤는가?
- 군부 개혁가들은 종속 개발 모델, 그리고 이 모델이 만들어 낸 문제들과 왜 명확하게 단절하지 못했는가?

코 알바라도Juan Velasco Alvarado 장군이 이끄는 페루의 군사평의회는 핵심 산업을 국유화하고 대토지들을 소작농과 노동자 협동조합으로 만드는 농지개혁법을 공포하였다. 이는 '자본주의도 공산주의도 아닌' 새로운 형태의 독창적인 경제 조직을 만드는 것이었다. 1975년이 되어 페루혁명은 진전을 잠시 멈추고 혁명의 가장 뛰어난 성과들을 위협하는 후퇴를 시작하였다. 그 성과들은 바로 농지개혁과 산업 국유화였다. 그럼에도 불구하고 페루혁명은 라틴아메리카에서 후진성과 종속성에서 벗어나기 위한 가장 진지한 노력 중 하나로 평가받고 있다.

하지만 페루의 경험은 오랫동안 전체 안데스 지역을 특징지어 온 역사적 사건들의 정점이라 할 수 있다. 대륙의 다른 지역과 마찬가지로, 안데스 지역의 개혁 운동은 근대화와 함께 대중을 위한 더 광범위한 사회정의, 경제 주권, 산업화 그리고 토지개혁을 위한 투쟁을 촉발시켰다. 하지만 볼리비아에는 인구의 70%, 페루와 에콰도르에는 인구의 40%에 달하는 광범위하고 조밀한 원주민 집단이 존재하고 있었기 때문에, 이러한 민족주의적 움직임이 차별적인 특징을 가질 수밖에 없었다. 안데스 지역에 나타난 투쟁의 또 하나의 특징은 민족주의적 군 장교들이 주도적 역할을 수행했다는 것이다. 원주민의 자치와 당파적인 노동자 계급 운동을 두려워한 이들 군 장교들은, '메스티소 국가'라는 개념에 기반을 둔 온건한 조합주의적 개혁을 진행시킴으로써 그러한 움직임들을 억누르고자 했다. 군부의 조합주의corporatism(국가 중심의 정치경제 제도)는 원주민, 농민 그리고 노동자 계급들에게 국정에 참여할 수 있도록 대표권을 주었지만, 동시에 그들의 권력을 제한하기도 했다. 즉, 사회 모든 영역을 동등하게 보호한다는 국민국가의 이상을 강조하면서 각 집단의 인종적·계층적 이익을 여기에 종속하도록 요구했던 것이다. 군부 조합주의의 역사적 기원은 20세기 초

1879~1883	칠레, 페루, 볼리비아가 태평양 전쟁을 벌임.
1884	안콘(Ancón) 조약으로 페루와 볼리비아는 자원이 풍부한 영토를 칠레에 넘겨주고 쇠락.
1903	브라질은 볼리비아에 대해 고무가 풍부한 아크레 지역의 권리를 주장.
1921~1927	안데스 지역에서 아이마라와 차얀타 원주민들이 봉기를 일으킴.
1924	아야 데 라 토레가 아메리카민중혁명동맹을 조직.
1932~1935	파라과이가 차코 전쟁에서 볼리비아 영토를 획득.
1948	오드리아 장군이 페루의 아메리카민중혁명동맹 정부를 전복.
1952	볼리비아혁명으로 주석 광산의 국유화와 토지 재분배 같은 포퓰리즘적 개혁이 시작됨.
1963	페루에서 독재 시기를 끝내고 포퓰리스트인 벨라운데가 당선됨. 에콰도르의 군사평의회가 정부를 전복하고 포퓰리즘 개혁을 시작.
1964	볼리비아에서 바리엔토스 장군이 파스 에스텐소로 정부를 전복하고 억압적인 군부통치를 시작.
1968	페루에서 후안 벨라스코 알바라도 장군이 포퓰리즘적인 '아래로부터의 혁명'을 주도. 에콰도르에서 호세 마리아 벨라스코가 독재권력을 장악.
1972	로드리게스 라라 장군이 에콰도르에서 벨라스코 정부를 무너뜨리고 포퓰리즘적인 개혁을 시작.
1975	모랄레스 베르무데스 장군이 벨라스코 알바라도 정권을 전복시키면서 페루혁명이 종결.
1980	페루에서 '빛나는 길' 소속 게릴라들의 활동으로 농촌 지역에서 폭력 발생이 증가.
1982	볼리비아 군부가 포퓰리스트인 에르난 실레스 수아소(Hernán Siles Zuaso)에게 권력을 이양.
1983	미국과 유럽 국가들은 볼리비아에 대한 지원 재개를 정부의 긴축 프로그램과 연계.

반에 나타났던 토지, 원주민의 권리, 그리고 국제적인 자본주의 발전을 둘러싼 투쟁으로 거슬러 올라간다.

신식민주의, 군부 그리고 원주민의 저항

태평양 전쟁은 경제를 황폐하게 했을 뿐만 아니라 정치·사회적 혼란을 유산으로 남겼다. 페루의 군부 카우디요와 민간 지도자들은 서로 권력을 차지하기 위해 '몬토네로스'montoneros(게릴라와 탈법자 집단)를 무장투쟁에 동원했다. 일부 지역에서는 칠레와의 전쟁에서 노획한 무기를 가지고 원주민 농민층이 억압적인 농장주와 지방 관리들에 대항해 소요를 일으키기도 했다. 산악 지역에서는 산적들이 출몰했고, 해안 지대에서는 지주 계급이나 그 하수인들의 무장 세력들이 수리관개시설과 토지경계선을 놓고 서로 싸웠다.

군부가 다시 한 번 권력투쟁의 승자가 되었다. 1884년 안드레스 카세레스Andrés Cáceres 장군은 리마로 진격해 대통령궁을 점령했고, 2년 후 4년 임기의 대통령으로 선출되었다. 카세레스는 더디고도 고통스러운 경제회복을 시작했다. 그가 당면한 첫번째 문제는 산더미 같은 외채였다. 카세레스 정부는 1886년 영국 채권자들과 협상하여 소위 '은혜 계약'Grace Contract을 체결했다. 이 계약을 통해 페루의 외채 이자를 지불하는 대신 66년간 페루의 철도를 운영하게 될 페루 회사Peruvian Corporation가 설립되었다. 이 협정으로 영국이 페루를 재정적으로 지배하게 되었을 뿐 아니라, 페루의 경제회복을 가속화할 새로운 투자가 유입되기 시작했다. 특히 중요한 것은 철도망의 복구와 주요 광산지로의 확장이었다. 은, 아연, 납이 풍부한 라오로야La Oroya 지역과의 철도망 연결은 경제회복에 크게 기여했다.

경제가 회복되면서 점차 군부 카우디요의 전횡에 불만을 품게 된 지주 귀족과 상업 부르주아지의 정치적 영향력이 강화되었다. 이들의 지도자인 니콜라스 피에롤라Nicolás Piérola는 군부를 문민 통치하에 두고자 했고, 1895년 카세레스에 대항하는 봉기를 성공적으로 이끌었다. 피에롤라는 4년 동안 빠른 경제회복을 주도했다. 그는 해안 지역에서 소농과 원주민 공동체들을 희생시켜 사탕수수 농장을 확장하는 강력한 '근대화' 정책을 추진했다. 안데스 지역에서는 경제회복으로 힘을 얻은 아시엔다 농장주들이 지금까지 토지 수탈이 없던 지역에서 원주민 공동체 소유의 토지를 차지하려는 움직임을 가속화했다. 공동체 소유 토지의 분할과 분배에 관한 볼리바르 법이 1893년 효과적으로 다시 제정됨으로써, 토지 획득 절차가 용이해졌다. 이 시기에 엔간체enganche(새로운 계약 노동 제도) 제도가 생겨났는데, 중국인 계약 노동력을 쉽게 구할 수 없는 해안 지역의 지주들이 겪고 있던 노동력 문제를 해결하기 위해 고안된 것이었다. 이 제도를 통해 산악 지역의 원주민들이 장기 노동자나 때로는 농노나 다름없는 조건으로 해안 지역 아시엔다에 강제적으로 고용되었다.

원주민들의 저항

태평양 전쟁은 볼리비아에도 재앙과 같은 영향을 남겼는데, 볼리비아는 전쟁의 결과로 내륙국가가 되었고 초석과 구리라는 풍부한 천연자원을 빼앗겼다. 볼리비아 정부는 허약하고 불신의 대상이었으며, 지방의 지주들이 더 강력한 힘을 휘둘렀다. 그러나 여기서도 인종, 계급 그리고 젠더 갈등이라는 역사적 맥락 속에서 펼쳐지던 원주민들의 투쟁이 해외 자본의 유입, 대서양 횡단 시장의 성장 그리고 종속적 자본주의에 의해 분출되었다. 19세기 후반 고원 지대의 원주민 공동체는 공동체 토지에 대한 소유권을 인정받는 대신 에스파냐 아시엔다 농장주들에게 공물을 바치고 정기적으로 노동력을 제공하는 것에 동의하였다. 그러나 수출 시장 확대를 통한 더 큰 이윤에 유혹을 느낀 농장주들은 원주민들을 희생시키면서 농장을 확대해 갔다.

그 결과, 20세기 초반 강력한 카시케들caciques apoderados이라고 불리는 원주민 무장 운동이 발생하여 안데스 고원 지역 전역으로 퍼졌다. 이들 원주민 반란군은 수천 명의 농민을 동원했던 1921년 아이마라Aymara 봉기와 1927년 차얀타Chayanta 봉기 등의 폭력 봉기를 통해 공동체 토지와 문화적 전통을 지키고자 했다. 이러한 농촌 지역의 소요 사태는 광산, 공장 그리고 여성운동이 태동하고 있던 도시 지역의 노동자 시위로 인해 더 복합적인 양상을 띠었다. 이런 상황으로 인해 군부, 토지 과두층 그리고 해외 동맹자들 사이의 결속은 보다 강화되었다.

태평양 전쟁의 여파로 페루에서도 원주민들의 사회적 투쟁에 대한 새로운 자각이 나타났다. 지식인들 사이에서 이러한 인디헤니스모indigenismo의 등장은 양심의 위기를 야기한 태평양 전쟁이라는 재난의 부산물이었다. 전쟁에 물질적·정신적 측면에서 잘 대비하지 못했던 크리오요 지배계층의 무책임과 무능력이 드러나자, 많은 지식인들이 원주민 농민층을 국가 부흥의 원천으로 간주하기 시작했다. 원주민을 본질적으로 열등하다고 보는 인종주의적인 태도를 드러내는 실증주의적인 전통에 반대하는 교사 세대가 리마의 산 마르코스San Marcos 대학에서 형성되었다. 이들은 원주민들의 특징이라고 단정된 무관심, 무기력, 알콜 중독이 실은 크리오요 엘리트들이 원주민에게 강요한 협소하고 위축된 세계에서 비롯되었다고 주장했다. 그럼에도 불구하고 부르주아 개혁가였던 이들 교사들은 대체로 원주민들의 경제적 조건들을 무시한 채, 새로운 자본주의 사회에 원주민이

"South of Panama"(New York, The Century Co., 1915), de Edward Alsworth Ross

루미 마키(Rumi Maqui) 운동은 페루와 볼리비아에서 광산업, 대규모 플랜테이션 그리고 상업적 농업의 공격적인 팽창에 직면하여 공동체의 전통적 가치를 확고하게 지키기 위해 원주민들의 오랜 저항의 전통에 의존했다.

적응하게 해주는 교육 프로그램을 개발하는 데에만 중점을 두었다.

위대한 인습타파주의자인 마누엘 곤살레스 프라다Manuel González Prada (1848~1918)는 원주민 문제에 대한 점진적이고 개량적인 접근에 반대했다. 그는 "원주민 문제는 교육의 문제가 아니라 경제적·사회적 문제"라고 썼다. 학교나 선한 의도를 가진 법률만으로는 대지주gamonal들의 정치·경제적 권력에 기반을 둔 봉건적 현실을 변화시킬 수 없었다. 따라서 원주민 문제 해결을 위해서는 아시엔다 제도를 타파하는 것이 필요했다. 그러나 곤살레스 프라다에 따르면, 이런 변화는 지배 계급의 자비에서 얻어지는 게 아니었다. "반드시 원주민은 억업자들의 휴머니즘이 아니라 스스로의 노력을 통해 구원을 얻어야 한다." 그리고 술과 잔치에 낭비하고 있는 돈을 소총과 탄약을 사는 데 쓰라고 원주민들에게 지속적으로 충고했다. 원주민들을 억압하는 지배 계급에 대한 신랄한 공격, 원주민들의 창조력에 대한 신뢰 그리고 용암처럼 흐르는 산문으로 표현된 그의 저항 정신은 차세대 지식인들에게 깊은 감명을 주었다.

한편 지식인들이 게으름과 무관심이라는 오해를 할 정도로, 자신들의 토지와 자치권을 침탈하는 지역 토호들에 수동적으로 저항했던 원주민들이 이제 공개적으로 봉기를 도모했다. 테오도미로 구티에레스 쿠에바스Teodomiro Gutiérrez Cuevas 같은 원주민 지도자들에 의해 촉발된 루미 마키 운동은 타완틴수유Tawantinsuyu라는 전설 속 잉카 왕국의 복원을 선언했다. 천년왕국설 신봉자들의 봉기인 이 운동은 1915년과 1930년 사이에 삽시간에 페루 남부와 중부의 산악 지대를 휩쓸었다.

레기아 정권 : 미국의 투자와 페루의 환멸

페루의 가장 큰 사회문제는 원주민의 통합 문제였다. 그러나 피에롤라 치하에서 시작된 급속한 경제 성장으로 노동 계급이 등장했고, 이들의 요구 또한 지배 계급의 안전과 평화를 위협했다. 1904년에 조직적인 노동 운동이 일어났으며, 리마의 섬유 공장을 포함한 여러 공장에서 파업이 발생했다. 제1차 세계대전이 진행되던 1918년 광부, 부두 노동자, 섬유 노동자들이 식품 가격의 엄청난 인플레이션에 분노하여 파업에 들어갔다. 이들을 해산시키러 출동한 군대와 파업 노동자들 사이에 무력 충돌이 발생했다. 러시아 혁명이 성공했다는 소식에 노동자들은 더욱 더 투쟁을 강화했다. 파업의 물결은 1919년 1월에 시행된 3일간의 총파업을 통해서 절정에 이르렀다. 노동자들은 시행되지 않고 있던 사회적 법률들을 시행하고 식료품 가격을 인하할 것 그리고 하루 8시간 노동제를 실시할 것을 요구했다. 이들의 압력으로 정부는 제조업과 광업에서 8시간 노동제를 허용하는 등 노동자들의 요구를 일부 수용했다. 당시 노동쟁의는 고등교육 제도의 개혁을 요구하는 대학생들의 투쟁과 맞물려 진행되었다. 대학생들은 대학을 소수 특권층의 전유물로 만들고 정책 결정과 교수임용에서 학생들의 견해를 철저히 부정하는 낡은 고등교육 제도를 개혁하고자 했다.

그럼에도 불구하고 일부 과두층은 이 새롭고 불안한 정치적·사회적 환경을 통제하기 위해 다른 통치방식이 필요하다고 생각했다. 이런 맥락에서 영악한 사업가이며 정치가였던 아우구스토 B. 레기아Augusto B. Leguía는 케사르식이라고 할 수 있는 새로운 정치 모델을 제시했다. 그는 국내외 자본가에 대한 변함없는 충성과 반대파에 대한 무자비한 탄압을 결합했고, 노동자들을 무장 해제시켜 계급 간 평화를 이룬다는 선동적이고 조합주의적이며 민족주의적인 개혁 프로그램을 주장했다. 그는 1919년 7월 선거에서 승리했고, 11년간(1919~1930) 1인 독재정권을 이끌었다.

레기아는 가능한 모든 수단을 동원해 외국 자본 특히 미국 자본의 유입을 장려했다. 이 외국 자본이 경제 정책의 초석이었다. 이 기간 동안 페루에 투자된 미국 자본의 주요 목표물은 석유와 구리였다. 외국 자본에 문호를 대폭 개방했던 레기아 정책의 결과는 곧 분명하게 드러났다. 퍼스트내셔널시티은행First National City Bank의 부총재는 1927년 "페루의 주 소득원인 광산과 유전은 거의 모두 외국인 소유이며, 임금과 세금을 제외하고는 광산과 유전 생산에서 오는 이익이 페루에 한 푼도 남지 않는다"라고 말했다. 레기아의 정책은 페루의 천연자원을 포기하는 것이었는데, 가장 수치스러운 예는 북부 해안도시인 탈라라Talara 근교의 풍부한 매장량을 가진 라 브레아-파리냐스La Brea-Pariñas 유전을 국제석유회사International Petroleum Company, IPC에 넘겨준 일이었다. 국제석유회사는 미국 뉴저지 주의 스탠더드석유회사Standard Oil를 모기업으로 하는 회사로서, 1톤당 71센트라는 최소한의 세금을 페루에 내는 조건으로 유전을 인수했다. 이 양도사건과, 국제석유회사에게 모든 권리를 넘겨주었던 영국 석유 회사의 미심쩍은 요구를 승인해 준 1922년의 중재판정은 국민들의 민족주의적인 분노를 지속적으로 자극하는 원인이 되었다.

레기아 정권 시절 미국으로부터 1억 3천만 달러에 달하는 풍부한 차관이 들어왔다. 은행가들은 이 차관의 위험성을 예측했지만, 거대한 이윤이 예상되었기 때문에 거래는 매우 활발하게 이루어졌다. 이들 거래에 뒤이어 레기아의 아들 후안^Juan이 페루측 중개인으로 활동하면서 50만 달러 이상을 수수료로 챙기는 등 레기아 일가가 연루된 부패사건이 일어났다.

레기아는 차관과 함께 외국과의 무역 및 외국투자 활동에 부과된 세금을 대규모 공공사업 프로그램에 사용했다. 이 프로그램에는 원주민 강제 노역이 포함된 대규모 도로건설이 들어 있었고, 이때 실시된 대규모 공공사업은 1920년대 호황에 기여했다. 이 기간 동안 리마 시 대부분을 재건축하여 현대적 상수도 시설과 위생설비를 갖추었으며, 새로운 공원, 대로, 은행건물, 경마장을 설치하여 도시 미관을 개선했다. 그러나 이러한 쾌적한 환경도 리마 주위에 형성되고 있던 빈민가^barriada들에 살고 있던 안데스 원주민이나 거주자들의 생활수준을 향상시키지는 못했다.

그러나 공산주의의 위협에 대처하기 위해서는 일부 양보가 필요하다고 느낀 레기아는 몇 가지 개혁 제스처를 취했다. 1920년 헌법은 1917년의 멕시코 헌법과 놀랄 만큼 유사했다. 1920년 헌법에 의하면 국가는 국민의 이익을 위해서라면 사유재산권을 제한할 수 있으며, 천연자원을 소유할 권리를 가졌다. 그리고 병원이나 수용소 등을 건설하기 위한 국가의 역할을 강조했다. 정부가 노동시간을 정하고 적절한 보수와 안전하고 위생적인 노동 조건을 보장하도록 했다. 또한 원주민 공동체를 법인으로 인정하는 동시에 토지에 대한 원주민의 권리를 선포했고, 원주민 자녀들에 대한 초등교육도 약속했다. 그럼에도 불구하고 프레드릭 파이크Fredrick Pike에 의하면, 이런 헌법 조항들은 "페루가 도달하지 못한 이상"에 불과했다.

공약과 실천 사이의 괴리는 레기아의 노동 정책에도 나타났다. 선거운동 당시 그는 "반동분자들"을 공공연히 비난하면서 노동자를 위한 공약을 내걸었다. 1919년 7월 집권하자마자 파르도 정권하에 수감되었던 노동운동 지도자들을 실제로 석방했다. 1921년에는 리마와 카야오Callao의 노동자연맹을 결성하기 위한 노동자대회를 승인하기도 했다. 그러나 노동운동이 급속하게 독립적인 성격을 띠어 가자, 그는 노동 운동을 분쇄하기 위해 개입했다. 레기아는 노동자들로 하여금 형식적인 개혁, 정부와 교회 주도의 온정주의적 프로그램 그리고 부유층이 던져 주는 떡고물 등을 받아들이도록 강제했다.

레기아의 행태는 특히 대학생들에게 환멸감을 주었다. 대학생들은 레기아의 교육개혁 공약에 고무되어 그를 "청년의 지도자"로 선언하고, 1919년 대통령 선거에서 지지를 보냈다. 그러나 집권하자마자 레기아는 노동자들의 정치의식을 고양시키기 위해 대학생들이 만든 곤살레스 프라다 민중대학을 불법화하고 학생 지도자를 구금함으로써 노동자와 대학생들을 분열시키려 했다. 또 반정부 언론인과 교수를 잇달아 체포하고 국외로 추방하면서, 대학생이나 교수들과 지속적으로 대립했다. 대학생과 교수들의 파업이 잦아졌고, 산마르코스 대학은 정부에 의해 여러 차례 폐쇄되었다.

태동 단계에 있던 여성인권 운동 역시 레기아의 독재 기간 중에 분열되었다. 1914년 마리아 헤수스 알바라도 리베라María Jesús Alvarado Rivera는 여성인권과 사회정의 구현을 목표로 계층간·인종간 연대를 진전시키기 위해 『여성진보』Evolución Femenina라는 일간지를 창간했다. 하지만 상류층 여성들은 여러 인종들이 섞인 이런 단체에 참가하는 것을 꺼려했다. 미국인 페미니스트이자 범미 여성 참정권 동맹의 회장이었던 캐리 챕맨 캣 Carrie Champman Catt 은, "순수한 스페인계 여성은 다른 인종과 동등한 대우를 받느니 차라리 죽음을 택할 것이다"라고 말했다. 그 결과 귀족적인 전국여성위원회Consejo Nacional de la Mujer는 레기아 정권을 지지하고 광범위한 사회개혁을 거부했으며, 글을 읽을 수 있는 여성에게만 참정권을 주는 것에 찬성했다. 이는 이 조치가 자신들의 특권적인 지위를 강화시켜 줄 것으로 생각했기 때문이다. 알바라도Alvarado와 마그다 포르탈Magda Portal 같은 급진주의자들은 이러한 "법률을 잘 아는 애국주의적 귀부인들damas patrioticas civilistas"에 의해 주도되는 페미니즘을 거부하였고, 레기아 정권에 대항한 계급투쟁에 가담하였다.

인디헤니스모(Indigenismo)와 사회주의

전통적인 과두정당들은 독재자에게 굴복했고 신생 노동 계급은 아직 미약했기 때문에, 반反레기아 운동은 중산층 지식인들이 주도하게 되었다. 이들은 농민과 노동자들을 자신들의 혁명목표를 위해 동원하려 했다. 격동의 1919년 투쟁들을 출발점으로 하여 시작된 이 운동의 이데올로기적인 내용은 사회주의, 반제국주의, 인디헤니스모였다. 특히 인디헤니스모가 가장 중요한 구성 요소였다.

　페루 지식인들은 자신들이 존경하는 곤살레스 프라다González Prada의 저서를 통해서, 페루를 재창조할 수 있는 혁명은 산악 지역에서 나와야 한다고 배웠다. 오랜 압제를 무너뜨리고 페루를 재통일하여 옛 잉카 제국의 영광을 복구할 잠재력이 이곳 원주민들에게 있다고 생각했기 때문이다. 오늘날의 학자들은 부정하고 있지만, 대부분의 인디헤니스타indigenista(원주민의 문화와 권리를 강조하는 인디헤니스모를 주장하는 사람―옮긴이)들은 잉카 제국이 원시적 형태의 사회주의 사회라고 믿었다. 1920년대 들어 거의 모든 토지들은 개인이 소유하고 개별적으로 경작되고 있었지만, 인디헤니스타들은 원주민 공동체가 '페루 집단성의 확고한 근간'이 되어 왔고 여전히 그렇다고 믿었다. 그들의 관점으로는, 원주민 봉기에 활기를 불어 넣고 원주민 혁명을 대학생과 노동자 중심의 도시 혁명과 연계시키는 것이 지식인의 사명이었다.

루이스 E. 발카르셀Luis E. Valcarcel은 유명한『안데스의 폭풍』*Tempestad en los Andes*(1927)의 저자로, 당시 영향력 있는 인디헤니스타였다. 그는 유려한 산문을 통해서 산악 지대의 원주민 봉기를 다가올 진정한 혁명의 전조로 간주하고 찬사를 보냈다. 그에 의하면 원주민들은 자신들의 레닌을 기다리고 있었다. 보다 중요하고 체계적인 사상가인 호세 카를로스 마리아테기José Carlos Mariátegui(1895~1930)는 인디헤니스모를 맑스·엥겔스의 과학적 사회주의와 결합시키려 했다. 주요 저서인『페루 현실을 해석하는 일곱 가지 에세이』*Siete ensayos de interpretación de la realidad peruana*(1928)에서, 그는 맑스주의 방법론을 원주민들의 공동체적 관습과 전통, 다른 지역의 혁명적 경험, 역사와 경제에 대한 자신의 연구에 적용했다. 그의 결론은 사회주의만이 원주민 문제를 해결하는 유일한 방법이라는 것이었다.

동시대의 다른 인디헤니스타들처럼 마리아테기도 잉카 제국을 "역사상 가장 발달한 원시공산사회"로 이상화했다. 하지만 "잉카 사회주의를 재건하거나 재창조하려는 낭만적이고 반역사적인 경향"에는 반대했다. 왜냐하면 현대 과학적 사회주의는 그들의 협동성과 공동체적 생활 방식만을 필요로 한다고 생각했기 때문이다. 더군다나 다가올 혁명은 도시 프롤레타리아가 주도해야 한다고 강조했다. 그는 갑작스런 죽음을 맞기 전인 1928년에 페루공산당을 창당했으며 인터내셔널에 가입하려 했다.

인디헤니스모는 아메리카민중혁명동맹Alianza Popular Revolucionaria Americana, APRA의 주요 강령이었다. 아메리카민중혁명동맹은 레기아가 추방했던 학생 운동 지도자들인 빅토르 라울 아야 데 라 토레Víctor Raúl Haya de la Torre와 마그다 포르탈Magda Portal이 1924년에 멕시코에서 만들었다. 아야 데 라 토레는 아메리카민중혁명동맹의 사명은 다가올 반제 사회주의 혁명에서 페루의 원주민과 무산대중, 그리고 모든 "인도-아메리카" Indo-America를 이끄는 데 있다고 선언했다. 그러나 이러한 거창한 선전적 문구에도 불구하고, 아메리카민중혁명동맹의 일차적 관심사는 수공업자, 소농, 전문직, 소자본가 같은 중간 계급을 향하고 있었다. 경제력이 외국기업과 종속적인 대 부르주아에 집중되면서, 이 집단들의 발전 가능성은 약화되어 있었다.

1920년대 중반 아야 데 라 토레는 다가오는 혁명을 주도하기에는 도시건 농촌이건 노동자들의 계급의식과 성숙도가 미흡하기 때문에, 이 역할은 중산층에 있다고 선언했다. 이와 함께 "군중의 애매모호하고도 불확실한 요구사항을 올바로 해석하고 직관으로 깨우쳐 지도하는" 역할을 위대한 인물(즉, 자기 자신)이 갖고 있다는 그의 믿음을 덧붙였다. 페루 여성에 대한 포르탈의 견해도 마찬가지였다. 그녀는 여성들이 "낮은 문화적 수준"과 "남성의 영향력에 대한 명백한 의존성"으로 인해, 여성들의 투표는 아메리카민중혁명동맹의 지도가 필요하다고 주장했다.

초기에 아야 데 라 토레는 제국주의에 대해 애매한 입장을 취했다. 제국주의를 자본주의의 마지막 단계로 보는 레닌의 이론과는 정반대로, 페루와 같은 저개발국가에서는 제국주의가 마지막 단계가 아니라 최초 단계라는 주장을 폈다. 왜냐하면 저개발국가에서는 사회주의 혁명을 이끌어

갈 강력한 노동 계급과 중산층을 형성하는 일, 산업을 창출하는 데 필요한 자본을 공급하는 일을 바로 제국주의가 맡고 있기 때문이었다. 이러한 견해에서 제국주의를 격려하고 옹호하는 입장으로 변하는 것은 쉬운 일이었으며, 그도 끝내 이 입장을 취했다. 1920년대 초반 학생 운동과 노동 운동에서 아야 데 라 토레와 교류한 적이 있던 마리아테기는 그의 일관성 없음을 인식했고, 아메리카민중혁명동맹의 '허풍과 거짓' 그리고 개인주의를 비난했다. 그럼에도 불구하고, 정확하게는 이런 모호한 이데올로기와 기회주의적 노선으로 인해, 아메리카민중혁명동맹은 1920년대 이후 30년 동안 많은 중산층, 특히 대학생의 지지를 획득할 수 있었다. 또한 아메리카민중혁명동맹은 몇몇 농민 집단들과 도시 노동자에게도 큰 영향을 미쳤는데, 이들은 그 후 조직화를 거쳐 아메리카민중혁명동맹의 주된 정치기반을 형성했다.

아메리카민중혁명동맹 대 군부

1929년에 시작된 경제 대공황은 페루의 수출과 차관 유입을 격감시켰고, 결국 레기아 독재의 붕괴로 이어졌다. 그러나 약체였던 공산당이나 이보다 좀더 강했던 아메리카민중혁명동맹, 어느 쪽도 레기아 정권의 몰락으로 이득을 보지 못했다. 촐로cholo(원주민) 출신의 군 장교인 루이스 산체스 세로Luis Sánchez Cerro가 권력을 장악했고, 포퓰리즘적 통치 행태를 보여주던 군사평의회의 중심인물이 되었다. 곧 산체스 세로는 원주민 문제가 가장 중요하고, 미경작 토지의 몰수를 통한 농지개혁이 필요하며, 국익에 따라 외국 자본의 투자를 규제해야 한다고 선언했다. 사실 산체스 세로의 주장은 아야 데 토레를 난처하게 할 정도로 아메리카민중혁명동맹의 주장을 상당 부분 도용한 것이었다.

그럼에도 불구하고 아메리카민중혁명동맹은 1932년 산체스 세로의 암살과 대량 학살로 이어진 봉기를 일으켰지만 실패했다. 이 사건으로 인해 정부군과 아메리카민중혁명동맹 사이는 철천지 원수가 되었고, 금융 과두층과 토지 과두층이 자신들의 권력을 강화할 수 있었다. 그 후로, 미국의 국제석유회사IPC 같은 국외 투자자들을 끌어들였고 수출품 생산을 장려했다. 하지만 국가의 주요 수출품(구리, 면, 납, 양모) 가격이 낮게 형성되면서 경기 침체가 이어졌다. 제2차 세계대전과 한국전쟁기의 수요 증가와 가격 상승으로 일시적으로 침체에서 벗어날 수 있었다.

한편 전쟁의 여파 속에서 광산업이 다소 성장했지만, 페루는 아직도 농업 위주의 수출 의존적 국가였다. 부유하고 힘센 지주 과두층이 존재했으며, 중산층은 약하고 파편화되었고, 대다수 원주민 농민들은 주변화되었으며, 도시 노동자 계급은 거의 조직화되지 않았고 발전 정도가 낮았다. 그럼에도 불구하고, 아메리카민중혁명동맹의 조직원들은 민중민주주의 복원, 반제 투쟁 그리고 사회정의 구현을 주장했다. 여성 지휘부comandos femeninos의 영향을 받은 이러한 정책들은 토지개혁, 그리고 인종·계급·성의 차별이 없는 시민적·정치적 권리의 평등, 해외 자본 유입에 대한 국가의 통제 등을 포함했다. 1955년에 페루 여성들은 마침내 투표권을 얻었지만, 더 이상의 진전은 없었다. 하층민의 힘이 강해지는 것을 두려워한 아메리카민중혁명동맹의 남성 지도부는 지주 엘리트들의 비위를 맞추기 위해 점차 여성과 여성들의 사회문제를 무시하였다.

이 사이 페루의 소득분배 불평등은 심화되었고, 전투적이고 잘 조직된 원주민 농민들과 대지주층 사이의 갈등도 점점 더 격화됐다. 몇몇 경우에는 농민들이 전근대적 노동 시스템(인적 노역을 요구하던 야나코나yanacona와 같은)에 반항하며 반란을 일으켰고, 다른 경우에는 지주들이 원주민 소작농들과 그들의 양을 몰아내고 임금 노동과 금납소작료^{cash rent} 제도를 만들려는 과정에서 갈등이 생겼다. 이러한 추방은 무토지 계층과 원주민 공동체의 인구 압박을 증가시켜 고지대 출신 이민자들의 해안 지대 유입을 심화했고, 곧 슬럼과 빈민가가 양산되었다.

프로빈시아노^{provinciano}(고원 지대 원주민 이주자) 1세대들은 이제 낯선 환경 속에서, 자신들에게 적대적인 도시 엘리트들에 둘러싸이게 되었다. 도시 엘리트들은 프로빈시아노들의 농촌 생활양식을 조롱하고 이들의 인종적 기원을 경멸했을 뿐만 아니라, 이들이 가질 수 있는 사회적·경제적·정치적인 기회들을 제한했다. 수백 년 동안 페루의 크리오요 엘리트층은 인종에 기반을 둔 엄격한 위계질서를 제도화함으로써, 자신들의 문화적·정치적 권위를 유지해 왔다. 이 위계질서 내에서 크리오요들은 개화되고 우월한 '백인'으로 규정되었고, 원주민, 메스티소 그리고 흑인들은 열등함, 야만성, 무지함, 그리고 미개함으로 특징지어졌다. 이 새로운 이민자들이 비록 사적으로는 고지대의 다양한 전통을 고수했을지라도 공개적으로는 크리오요 문화를 모방함으로써 새로운 환경에 동화하려고 한 것은 전혀 놀라운 일이 아니었다. 그들은 슬럼가^{barriadas}나 불법 거주촌^{pueblos jóvenes}에 정착하였고, 비공식 부문에서 작은 사업을 하거나, 거리 모퉁이에서 다양한 품목들을 팔거나, 혹은 가정부로 일하면서 가족을 부양했다.

포퓰리즘의 한계, 1952~1968

1952년 볼리비아 혁명

크리오요 토지 귀족들과 원주민의 갈등, 그리고 광산 노동자들과 외국인 광산 소유주 간의 계급 전쟁이라는 비슷한 배경을 가지고, 제2차 세계대전 동안 볼리비아에서도 혁명은 자라고 있었다. 파라과이가 영토를 두 배로 불린 참담한 차코 전쟁Guerra del Chaco(1932~1935)의 결과로 볼리비아 군은 체면에 먹칠을 하게 되었고 혁명적인 불만은 가속화되었다.(상권, 9장 521쪽 지도 참조) 그러나 더 큰 문제는 볼리비아 군부가 원주민들을 그들이 인정하지도 않는 국가를 위해 덥고 습기가 많은 저지대에서 싸우도록 모진 방법으로 징집했다는 것이다. 이는 원주민들을 더 심하게 동요하게 하는 결과만 낳았다. 게다가 세계적인 경기 침체로 인해 사회는 불안했고, 전략적 광물 원자재에 대한 수요가 폭발하면서 해외 광물업체들이 점차 국내 산업을 지배하게 되었다. 이로 인해 중산층은 군부독재정권에 대한 지지를 철회하기 시작했다.

최후의 결정타는 1942년 군부가 파업 광부들과 가족들에게 저지른 카타비Catavi 학살이었다. 더 큰 사회적 불안과 민중 세력의 결집 그리고 이러한 요소들이 자신들의 권력과 재산에 가져올 결과를 두려워 한 중산층 운동가들은 민족주의혁명운동Movimiento Nacionalista Revolucionario, MNR을 조직하여 대규모 시위를 이끌었고, 다음 해 괄베르토 비야로엘Gualberto Villaroel의 개혁적 정부가 집권했다. 3년 후 비야로엘이 암살되고, 6년에 걸친 투쟁 동안 민족주의혁명운동은 농촌과 도시 거점들을 결집시켰다. 특히 여성들이 중요한 역할을 맡았다. 여성노동자연합Federación Obrera Femenina, FOF과 민족주의혁명운동의 악명 높은 여성 '비밀 경찰'인 바르솔라단(카타비 학살에서 사망한 여성 광부인 마리아 바르솔라María Barzola의 이름을 따옴)은 가두시위, 단식투쟁 그리고 여러 종류의 정치적 저항을 보여주었다.

1952년 빅토르 파스 에스텐소로Victor Paz Estenssoro가 이끌던 민족주의혁명운동이 원주민 광부와 농민들의 무장투쟁에 힘입어 대지주와 주석 생산 과두층의 지배를 무너뜨렸다. 볼리비아 토지개혁은 농민 계급의 자발적 봉기로 시작되어 파스 에스텐소로의 혁명 정부에 의해 합법화되었으며, 결과적으로 라티푼디움 제도의 근간을 뒤흔드는 계기가 되었다. 그러나 멕시코의 토지개혁과 마찬가지로 볼리비아의 개혁 또한 몇몇 해묵은 문제점을 해결하기는 했지만 대신 새로운 문제들을 만들어 냈다. 이전의 라티푼디움이 통상 매우 작은 규모의 소농장——진정한 미니푼디아 ninifundia——으로 분할되었고, 토지를 분배받은 농민들은 정부로부터 신용 융자나 기술 지원을 거의 받지 못했다. 이런 결함에도 불구하고 볼리비아의 토지개혁이 여러 가지 혜택을 가져다 준 것은 분명했다. 국내 시장이 부분적으로 확대되었고, 농민의 생활수준이 다소간 상승했으며, 리처드 패치Richard W. Patch의 말에 의하면 "수동적이고 의존적이던 주민들이 적극적이고도 독립적으로 변모"했다.

여성, 노동자 그리고 원주민 공동체들은 정치적으로 결집되었다. 여성들은 민간 자선단체들과 아메리카대륙여성협의회Comisión Interamericana de Mujeres, CIM에 가입하여, 투표권과 사회적 평등, 원주민의 권리, 그리고 교육 기회의 확대를 위해서 싸웠다. 예를 들어, 리디아 게일레르 테하다 Lydia Gueiler Tejada는 "여성의 권익을 보호하기 위하여 계층, 인종, 정치적 이념에 얽매이지 않은 여성들의 자유로운 연대"를 옹호했다. 광부들은 후안 레친Juan Lechín의 지도하에 주석 광산의 국유화와 노동자 통제control obrero (국영 광산의 경영에 대한 노동자들의 통제권 행사)를 요구했으며, 원주민 공동체들은 즉각적인 대규모의 토지개혁과 보다 많은 문화적 자유를 요구했다.

이러한 요구에 따라 새 정부는 3개 거대 기업이 대부분을 장악하고 있던 주요 주석 광산들을 국유화했다. 정부는 광산들을 정부-광부 합동 운영 체제하에 놓음으로써 광부들의 무장투쟁에 빚을 지고 있음을 인정했다. 또한 문맹자의 선거권을 제한하는 법을 철폐해, 대다수 원주민도 선거권을 행사할 수 있도록 했다. 그러나 새 정부가 물려받은 주석 산업은 비효율적이었고, 초기 토지개혁이 식량 생산에 끼친 부정적 결과로 인해 경제문제의 어려움은 가중되었다.

평등과 사회정의에 대한 하층민의 혁명적 요구가 거세지고, 절실했던 경제 원조를 조건으로 미국이 보수적인 경제 정책을 채택하도록 압력을 가하자, 민족주의혁명운동의 지도부는 점차 포퓰리즘적 정책을 폐기했다. 파스 에스텐소로 정부는 광산을 몰수하고 그 소유자들에게 우호적인 보상을 했으며, 유리한 조건으로 외국인 신규 투자를 유인했다. 또한 국영 주석 회사 경영에 대한 노동자들의 참여를 배제했고, 광부들의 복지 혜택을 줄였다.

마찬가지로, 파스는 여성의 권리나 그들의 사회적 의제 또한 무시했다. 대신 그는 여성 참정권을 지지하는 민족주의혁명운동의 입장을 교묘하게 이용하여 여성들의 표를 얻었다. 광부들의 부인조직인 주부위원회 Comité de Amas de Casa, CAC의 전투적인 운동가 도미틸라 바리오스 데 춘가라 Domitila Barrios de Chungara에 의하면, 파스는 정부의 주요 직책에서 여성들을 배제시켰지만 급진적 노동자들의 시위를 방해하기 위해 바르솔라단 조직을 이용했다. "바르솔라단 조직원들은 시위자들 앞에 불쑥 나타나 면도칼, 주머니칼, 채찍 등을 사용해 시위자들을 공격했다"고 그녀는 말한다. 하지만 대부분의 중산층 남성 운동이 가지고 있는 가부장적 편견으로 인해, 전투적인 페미니스트이자 한때 민족주의혁명운동의 민병대 사령관이었던 게일레르 테하다와 같은 여성 혁명가들의 정계 진출도 쉽지 않았다. 그녀의 정치적 영향력은 그녀가 독일 주재 외교관으로 임명된 뒤 사라졌다.

파스는 또한 원주민들의 요구를 무시했고, 이것이 라우레아노 마차카 Laureano Machaka와 같은 아이마라 농민 지도자들이 단명한 아이마라 공화국을 1956년에 수립하게 된 이유였다. 마찬가지로 농민과 노동자 민병대를 제압하기 위해 파스는 미국식 훈련을 받은 강력한 정규군의 재건에 동의했다. 이러한 퇴보는 혁명 과정에서 형성된 노동자-중산층 동맹을 와해시켰으며, 포퓰리즘적 개혁들을 가로막았고, 1964년 군부의 권력 장악을 손쉽게 만들었다.

1964년 이래 진행된 격렬한 정치적 부침 속에서 볼리비아 정치의 지속적인 주제는 두 집단 간의 갈등이었다. 급진적 노동자, 여성, 학생들이 한 축이고, 미국의 원조를 받아 부를 쌓은 사업가와 엘리트 정치인들이 다른 한 축이었다. 토지개혁으로 토지에 대한 욕구가 충족된 원주민 농민들은 처음에는 수동적인 태도를 보였고, 심지어는 노동자와 싸우고 있는 정부를 지지하기까지 했다. 그러나 이후 경제 상황의 악화되고 집단적인 원주민 자의식이 성장하면서 이들의 소요도 증가하기 시작했다. 군부 또한 이러한 갈등을 해결하고 무력을 통해 사회 안정을 달성하기 위해 점차 정치에 개입하는 빈도를 늘려갔다.

페루의 벨라운데 : 인디헤니스모적인 포퓰리즘과 지켜지지 않은 약속

안데스 산맥 동쪽의 포퓰리즘 국가들의 예를 따라, 페르난도 벨라운데 테리Fernando Belaúnde Terry는 확실한 인디헤니스모적인 색채를 가지고 대통령 선거 운동을 조직했다. 벨라운데는 안데스의 산간벽지 마을들을 방문해 잉카의 영광을 예찬하고, 원주민들이 조상들의 힘과 근면을 계승할 것을 촉구했으며, 무토지 농민들의 토지 소유권을 선언했다. 그러나 그의 농지개혁은 공약에 훨씬 못 미치는 것이었다. 다음 해 의회에서 제정된 농지법은 라티푼디움을 몰수해 분할하는 일보다는, 지주들이 생산성 증가를 위해 근대적인 영농방식을 수용하리라는 희망하에 농업 기술의 발전에 중점을 두고 있었다. 아메리카민중혁명동맹을 포함한 연합 세력이 개정안을 만들어, 아메리카민중혁명동맹이 노동자들을 조직화한 생산성 높은 해안의 사유지를 제외하고 나머지 산악 지방의 낙후된 아시엔다들을 정부가 몰수해 재분배하도록 했다. 그러나 허점과 예외 규정이 너무 많아서 이 법의 성과는 미미했다.

한편 벨라운데의 선심성 공약으로 농민들의 토지 침범이 빈번해졌다. 1963년 10월 토지 침범 행위는 중부 고원 지대에서 급증했고, 안데스 산맥 남부 전역까지 번졌다. 또한 농민들의 토지 침범은 그 성격이 변화했다. 이 전에는 주로 미경작 토지만을 대상으로 했는데, 이제 경작지까지 확대되었다. 이들은 여러 세대를 거치면서 무임금이나 저임금으로 일했기 때문에, 이미 토지 가격을 지불한 것이나 다름없다고 주장했다. 급진적인 지도부를 가진 전투적인 농민조합이 생겨났고, 산악 지역에서는 게릴라 활동도 발생했다. 한편 도시에서는 파업의 물결이 확산되었으며, 노동자들이 리마와 카야오의 여러 공장을 점거하는 사태가 일어났다.

이런 사건들은 벨라운데 정권으로서는 전혀 예상하지 못한 것이었다. 아메리카민중혁명동맹의 지지를 받고 있던 농장주들은 농민 운동을 진압하기 위해 군의 투입을 요구했다. 한때는 '혁명적'이었던 아메리카민중혁명동맹이 이제 농민 반란군에 대해 가장 엄격한 대응을 주장했다. 개혁주의적인 형태의 '문민 행동'civic action 프로그램을 선호했던 군부는 진압을 꺼렸지만, 벨라운데 정권은 망설임 끝에 1963년 말 농민 운동을 폭력으로 진압했다. 한 평가에 의하면 이때 8,000명의 농민이 사망했고 3,500명이 투옥되었으며, 1만 4,000헥타르의 토지가 화재와 네이팜탄에 의해 소실되어 1만 9,000명의 농민이 집을 떠나야 했다.

벨라운데는 농지문제의 해결에 실패했다. 또한 취임한 지 90일 내로 라 브레아-파리냐스 유전 지대를 둘러싼 국제석유회사 IPC와의 분쟁을 해결하겠다는 공약 또한 지키지 못했다. 페루는 미국의 국제석유회사가 이 유전 지대를 40년 동안 불법적으로 착취했다고 주장했지만, 미국이 계획 중이던 대對페루 투자를 연기하면서 강력한 압력을 행사하자 결국 국제석유회사에 많은 양보를 한 탈라라Talara 협정에 서명했다. 이렇게 해서 매장량이 거의 고갈된 라 브레아-파리냐스 유전을 되찾기는 했지만, 그 대가로 7억 달러에 이르는 불법 이득과 체납 세금에 대한 요구를 철회해야 했다. 그뿐만 아니라 아마존의 광대한 지역에 대한 탐사권을 국제석유회사에 넘겨주었고, 탈라라 정유소의 보유권도 계속 허용했다. 정부는 돌려받은 유전에서 채굴한 원유 전량을 고정 가격으로 이 정유소에 넘겨 주기로 동의했다. 합의 문서를 공개하라는 요구에 대해서 정부는 국제석유회사가 페루 국영석유회사에 지불해야 하는 원유 가격을 정해 놓은 페이지를 '분실'했다고 주장했고, 나라 전체가 스캔들로 들썩거렸다. 대중의 분노가 증폭되어 감에 따라 군부, 야당 그리고 가톨릭 교회까지도 이 협정을 비난했다.

군 지도부에게는 이것이 인내의 마지막이었다. 수년 동안 페루의 과거와 미래에 대해 숙고해 온 그들은, 벨라운데와 지지 세력들이 국익을 팔아먹었고 국가적 난제를 해결할 수 없다고 판단했다. 1968년 10월 대통령 관저를 점령한 군은 벨라운데를 추방하고, 페루의 경제·사회 구조를 재빠르게 변화시킬 군사통치위원회를 설립했다.

군부의 조합주의와 혁명, 1968~1975

페루 군부의 태도 변화

처음에는 군의 권력 장악이 과거 페루나 라틴아메리카 다른 나라에서 나타났던 수많은 군사 쿠데타들처럼, 기존 체제는 손대지 않고 대통령만 교체한 또 하나의 쿠데타라고 생각되었다. 그러나 후안 벨라스코 알바라도 Juan Velasco Alvarado 장군의 지도 아래, 스스로가 "무장 군대의 혁명 정부"라고 선언한 정부는 이러한 전통과는 다른 차별성을 신속하게 보여 주었다. 원유의 국유화, 전면적인 농지개혁법, 경영과 소유에 대한 노동자의 참여를 요구하는 법률을 제정한 것이다.

라틴아메리카의 군부는 전통적으로 과두층의 충실한 하수인 역할을 해 왔기 때문에, 사태를 주시하고 있던 사람들은 피델 카스트로의 표현대로 "소방서에 불이 난 것처럼" 경악을 금치 못했다. 그러나 페루에서는 수십 년 동안 군과 민간 지배층 사이에 사회적·이데올로기적인 격차가 만들어져 있었다. 장교의 대부분이 군인 집안 출신이거나 중하층 출신이었다. 자치를 요구하는 원주민 농민들과 노동자들의 급진주의가 강화되는 것을 두려워한 이들 장교들은 페루의 자본주의적 발전을 보호하고 장려하고자 했다. 이를 위해 장교들은 권력을 토지 과두층, 해외 투자자 그리고 이들을 대표하는 정부로부터 새로운 민족주의적 자본가 계층이 통제하는 사회적으로 책임감 있는 정부로 이양하고자 했다.

벨라스코의 군사평의회는 일주일 만에 국제석유회사의 유전과 탈라라 정유소를 국유화했고, 곧이어 다른 모든 자산도 몰수했다. 국제석유회사 문제를 해결한 군사평의회는 페루의 가장 시급한 사회·경제 현안을 해결하는 일에 착수했다.

토지개혁과 자원 국유화

후안 벨라스코 알바라도 장군은 1968년 '무장 군대의 혁명 정부'를 이끌었다. 혁명적인 잉카 투팍 아마루가 한 불후의 표현을 사용하여 빈곤해진 페루의 농민과 원주민 공동체들에게 "지도자는 이제 더 이상 당신들의 가난을 이용해 배를 불리지 않을 것이다"라고 선언했다.

가장 중요한 문제는 토지개혁이었다. 페루의 경제적 독립, 근대화 그리고 사회 민주화를 위해서는 비효율적이고도 반봉건적인 라티푼디움 제도, 이의 당연한 결과물인 카시케 중심의 정치 제도, 해안지역 내 외국인 과두층의 거점 등을 제거하는 게 급선무였다. 구체적인 주요 목표는 농업 생산을 확대하고, 산업 분야의 투자에 필요한 자본을 형성하는 것이었다. 그래서 정부는 몰수 토지에 대한 보상금을 산업이나 광업에 투자할 수 있는 채권으로 지주들에게 보상하려 했다. 1969년 6월 24일 벨라스코 대통령은 과거의 "부당한 사회·경제구조"를 종식시킬 농지개혁안이 마련되었다고 발표했다. 이 개혁안은 두 가지 측면에서 라틴아메리카의 전통적인 개혁 정책에서 벗어나 있었다. 첫째, 가족 단위의 농지를 더 이상 이상적인 형태로 간주하지 않았다. 둘째, 효율성과 생산성을 이유로 대단위 토지도 토지몰수 대상에서 제외하지 않았다. 실제로 정부는 해안 지역 내 대규모 설탕 플랜테이션들을 초기에 몰수했다. 주로 외국인들이 주인이고 첨단 기계 설비의 농산업 단지를 이루고 있던 이 기업들은 농장 노동자와 정유 노동자들이 소유하는 협동조합이 되었다.

농지개혁의 다음 차례는 산악 지대의 아시엔다들이었다. 개혁 조치는

35~55헥타르에 이르는 대부분의 고원 지대 토지에 적용되었고, 토지를 중소 규모의 상업적 농장으로 분할하는 것을 목표로 했다. 그러나 이로 인해 잠재적인 수혜자의 수가 줄어들 가능성이 있었다. 조합을 조직한 전투적인 농민들이 고용과 협동농장을 요구하면서 압력을 가하자, 군사평의회는 토지분할에서 조직화된 협동조합 형식으로 계획을 변경했다. 최종적으로 몰수된 토지의 76%가 협동조합화되었고, 나머지는 개인농에게 분할되었다.

농지개혁이 단기적으로나 장기적으로나 부정할 수 없는 여러 혜택을 가져다주었다는 점은 논란의 여지가 없다. 우선 1968년까지도 산악 지역에 잔존하고 있던 다양한 형태의 농노제가 농지개혁으로 소멸되었음을 들 수 있다. 둘째, 증가하는 인구의 수요를 충족시킬 만한 수준은 아니었지만 식량생산이 증가했다. 셋째, 1982년에 행한 농지개혁에 대한 현장조사에 따르면, 적어도 충분한 자본을 분배받았던 조합의 경우에는 상당수의 농민이 정치·경제적 혜택을 받은 것으로 나타났다. "조합원의 임금과 생활의 수준이 향상되었으며, 때로는 극적인 향상을 보이기도 했다."

그럼에도 불구하고 농민의 물질적·정치적 수준을 전반적으로 끌어올리려는 농지개혁의 원래 취지가 실패하면서 이런 성과마저 빛이 바래고 말았다. 선의에서 시작하기는 했지만, 군부 개혁자들의 부정확한 계획과 방법이 실패의 원인이었다. 첫째, 문제의 심각성이 요구하는 만큼 개혁이 신속하거나 철저하지 못했다. 개혁 프로그램의 실행이 지연되고 지주들이 술책을 쓰는 바람에, 상당수의 토지가 토지 몰수를 피할 수 있었다. 결과적으로 개혁 조치는 산악 지역을 중심으로 농민들의 토지 무소유, 실업, 불완전 고용 문제와 관련해 약간의 영향을 주었을 뿐이었다.

둘째, 군부 개혁가들은 균형 있는 국가발전이라는 전체틀 내에서 농업분야 발전에 필요한 일관된 전략을 갖지 못했다. 그들은 농업 분야를 도시-산업 지역의 발전을 촉진하기 위한 자본과 식량을 제공하는 수단으로만 인식하고 있었다. 이런 관점에 따라, 군사정부의 식량가격 정책은 인플레이션을 방지하고 도시의 노동자 계급과 중산층을 만족시키기 위해 식량 가격을 낮게 유지하고자 했다. 영세농에 대한 보조가 전혀 없는 가운데 실시된 이 정책은 "도시-농촌 간 교역조건에서 오랫동안 지속되어 온 부정적인 경향을 영속화하는 데 일조했다." 농업분야에 대한 자원과 신용대출은 수출 농산물을 생산하는 생산성 높은 해안 지역 대농장에 유리하게 돌아갔고, 투자액의 상당량이 대규모 관개사업에 투입되었다. 그러나 고원 지대의 영세농은 소규모 관개사업, 비료, 기술지원을 받을 수가 없었다. 그 결과 해안 지역의 설탕, 목화, 커피 등을 생산하는 협동조합은 '농민들이 겪는 실직과 빈곤의 바다에서 상대적인 특권을 누리는 섬'이 되었다.

전체 농업 분야의 발전을 위한 일관된 전략의 부재는 아시엔다 토지를 분배하는 과정에서 드러났다. 이 토지들에서는 주로 그 땅에서 전일제로 고용되었던 노동자들만 새로 생긴 조합의 회원이 될 자격이 있었다. 결과적으로 임시 노동자와, 아주 작은 땅뙈기와 몇 마리 안 되는 양을 키우며 생계를 유지하고 있던 이웃의 가난한 농민들이 배제되었다. 이 문제는 자주 심각한 긴장과 갈등을 불러 일으켰고, 협동조합은 코무네로comunero (영세농)들의 잇따른 침입에 대항해 자신들의 특권을 지켜야만 했다. 이런 분배 형식, 그리고 몰수된 모든 토지를 분배한다는 원래의 취지가 실패로 돌아가면서, 해안 도시로 향하는 농민들의 이주가 계속되어 도시의 실업률이 올라갔다.

마지막으로, 농지개혁의 중대한 결함은 아래로부터의 운동이 거의 없는 '위로부터의 혁명'이었다는 점이다. 허울 좋은 참여 이데올로기는 뒷전으로 팽개쳐지고 군부 기술 관료가 노동 조건, 소득 정책, 재배 농작물 선택 등을 결정했다. 또한 정부가 내놓는 경제 정책이 급속한 산업 발전을 위해 농민의 이익을 희생시키는 쪽으로 흐르자, 협동조합 모델에 대한 농민의 실망이 컸다. 따라서 농민들은 가끔, 특히 군부 내 국가개혁주의자인 벨라스코 세력이 사기업과 자유 시장경제를 강조하는 보수파에게 축출당한 1975년 이후, 조합을 해산하고 그 토지를 나누어 줄 것을 요구하기도 했다.

군사평의회의 개혁 프로그램에서 농지개혁 다음으로 중요한 목표는, 외국인 소유의 핵심 천연자원을 국유화하는 것이었다. 또한 군부가 발전의 장애물로 간주했던 국내의 독점기업을 국유화하고자 했다. 혁명이 발발했을 때 페루 경제의 주도권은 외국기업들이 장악하고 있었다. 8년 후에는 국영 기업들이 이 회사들의 대부분을 접수했다. 이 과정은 국제석유회사를 국유화하면서 시작되었다. 국제석유회사의 자산은 국영석유회사인 페트로페루Petroperu의 수중으로 넘어갔고, 이후 전화국, 철도, 국제항공도 국가 소유가 되었다. 또한 군부 정권은 시멘트·화학·제지 산업을 접수했으며, 대규모 외국 자본이 투자된 중요한 어분 공장을 국유화했다. '은혜 계약'의 통제를 받고 있던 설탕 산업 대부분과 미국계 회사 앤더슨-클레이튼Anderson-Clayton이 지배하는 면화 산업을 몰수했다. 미국 소유의 거대한 광업복합단지인 세로 데 파스코Cerro de Pasco가 1974년 국유화되면서 4,000개의 면허권이 국가로 이관되었으며, 미노페루Minoperu와 센트로민페루Centrominperu 등 2개 국영 기업이 구리, 납, 아연 산업의 상당 부분을 통제하게 되었다. 1975년 마르코나광산회사의 국유화로 철강 산업도 국가의 통제하에 들어갔다. 이처럼 광업과 제조업 등 일차산업 분야의 회사들이 접수된 것 외에도, 모든 주요상품 수출과 식품 공급에 대한 시장독점권 대부분도 국영 기업의 차지가 되었다. 주식 매입을 통해 대부분의 보험 회사와 은행도 국유화했다. 이리하여 페루 경제의 핵심 부문을 국가가 통제하게 되었다.

군부 개혁가들의 원래 의도는 국가가 토착 민간자본을 대체하는 것이 아니라, 오히려 토착 민간자본이 형성되도록 지원하는 것이었다. 사회간접자본 건설에 필요한 재원을 광물과 농산물의 수출을 통해 조달하면서, 군부는 라티푼디움과 외국인 소유의 독점 기업과 같은 장애물들을 제거하고자 했다. 그럼에도 불구하고 민족주의 성향의 군부가 내놓는 급진적 수사들은 기술적·재정적으로 외국 자본에 의존하고 있던 부르주아 계층을 위축시켰고, 이들은 산업 투자에 적극적으로 나서지 않았다. 그 결과 정부 스스로가 주요 투자자 역할을 담당해야 했으며, 1972년에는 전체 투자액의 절반 이상을 정부가 감당했다.

몰수된 토지와 외국 기업의 보상에 필요한 막대한 재원과 함께, 이러한 투자비용은 높게 치솟았다. 조세개혁을 통해 이전에는 손대지 않고 두었던 상당한 양의 자금을 동원하는 것이 하나의 방법이었다. 그러나 이런 움직임은 군부가 지지를 호소하고 있던 부르주아 계층과, 군부의 중요한 대중적 기반이었던 중산층을 적대 세력으로 만들 가능성이 있었다. 몰수를 둘러싼 논란 때문에 페루는 미국과 미국 통제하의 국제기구에 차관을 요청할 수 없었다. 따라서 민간 외국 은행에 의지해야 했다. 구리 등 기타 수출품의 높은 가격과 아마존의 풍부한 석유매장 가능성에 주목한 외국 민간은행들은 페루의 차관 요구에 기꺼이 응했다. 이 은행들은 1972년에 1억 4,700만 달러, 1973년 7억 3,400만 달러를 융자해 주었고, 페루는 개발도상국들 중 최대의 채무국이 되었다.

여성의 권리 문제는 군사정권의 주된 관심사가 아니었다. 그럼에도 불구하고 플로라 트리스탄 페루여성센터Centro de la Mujer Peruana Flora Tristán
의 설립자인 비르히니아 바르가스Virginia Vargas가 이끄는 새로운 여성운동
이 등장했다. 이들 여성들은 이웃들 간의 풀뿌리 조직, 노동조합, 교사 협
회, 그리고 사회사업 단체 등에서 매우 적극적인 활동을 보였으며, 단체교
섭권 등의 경험을 공유하고 양성평등에 대한 인식을 제고시켜 주었다. 이
여성운동의 압력으로, 군부는 18세기 잉카 혁명 지도자인 미카엘라 바스
티다스Micaela Bastidas와 그의 남편인 투팍 아마루를 1974년 잉카 플랜Plan
Inca의 상징으로 채택했다. 이 계획은 여성들의 사회적·정치적 평등, 차별
금지법의 제정, 공직 채용에서의 차별 철폐 조치, 농촌 교육 프로그램의 시
행 등을 포함했다.

또한 군부는 문화혁명을 촉발할 의도가 없었지만, 군부의 민족주의
이데올로기는 민중의 정치적 참여를 이끌어 냈고 원주민적 근원과 아프
리카적인 뿌리에 대한 예술적 탐구를 강화했다. 이는 민중 극장과 민속 음
악의 팽창으로 이어져 크리오요의 문화적 헤게모니에 도전했고, 나아가
이전과는 완전히 다른 다인종적 국가정체성 형성에 매우 큰 역할을 하였
다. 예를 들어 1970년대 초반에 '생각과 기억'이라는 케추아 어에서 유래
한 유야치카니Yuyachkani라는 이름의 현실참여적인 연극단은 고원 지대의
광산 마을들을 순회하면서 「구리 주먹」을 공연하고 원주민 노동자들을 조
직하고자 했다. 「구리 주먹」은 스페인과 유럽의 희곡 전통을 이용해, 광부
들의 파업에 대한 경찰의 폭력적인 진압에 맞섰던 민중의 저항을 찬양했
다. 공연 이후 토론을 통해 원주민들의 의식을 고양시키려던 도회적인 젊
은 배우들은, 오히려 안데스 원주민 희곡의 오랜 전통을 배우게 되었다. 이
전통은 춤, 음악, 인형극, 가면 그리고 다양한 색깔의 의상을 결합한 것이
었다. 유야치카니는 후에 이러한 요소들을 1969년의 토지개혁에 대한 '좋

은 소식'을 고원 지대의 주민들과 공유하는 연극에 포함했다. 이 토지개혁은 자신들의 땅을 지키기 위해 지주와 그 하수인들에 대항해 싸울 수 있는 법적 정당성을 제공해 주었다. 이들은 또한 대학, 도시 슬럼가, 그리고 프로빈시아노들이 주로 살던 불법 주거지에서 매우 인기가 많았다.

1975년 초반, 주기적인 새로운 경기 침체가 자본주의 세계를 휩쓸기 시작했다. 수입에 의존하고 있던 기계설비 및 기술, 원유 값이 인상되고, 주요 수출품인 원자재의 가격이 하락함으로써 벨라스코 대통령의 개혁을 그나마 가능하게 해주었던 취약한 기반이 무너졌다. 교역 조건이 악화되자 국제수지와 외채 문제는 걷잡을 수 없이 커졌다. 수출확대와 차관에 바탕을 둔 포퓰리즘적 발전 모델이 다시금 본질적인 모순을 드러낸 것이다.

페루혁명의 진행과정은 계급과 토지 관계 그리고 소득분배에서의 급진적 구조변화를 동반하지 않고서는 종속적 발전에서 벗어나기 어렵다는 것을 보여 준다. 멕시코혁명과 마찬가지로 페루의 경우도 전진하지 않는 혁명이란 이미 얻은 성과마저 상실하거나 정체를 낳을 뿐이라는 것을 가르쳐주었다. 에콰도르에서 벌어진 일련의 사건들도 이러한 결론을 뒷받침한다.

에콰도르의 군사혁명

안데스 지역의 공화국들 가운데 가장 작은 나라인 에콰도르 역시도 1972년 미약하지만 사회혁명을 경험했고, 이 과정에서 군부가 중요한 역할을 수행했다. 기예르모 로드리게스 라라Guillermo Rodríguez Lara 장군이 이끄는 민족주의적 군부 집단이, 40년 동안 에콰도르 정치를 지배해 온 노쇠하고 선동적인 호세 마리아 벨라스코 이바라José María Velasco Ibarra 대통령을 축출했다. 벨라스코 이바라는 진보를 위한 동맹Alliance for Progress이 주도하고,

해외 자본과 상품의 대규모 유입에 기반을 둔 의존적인 산업화 정책을 추진해 왔다. 이 계획은 1964년의 농지개혁법에 기반을 두고 있었는데, 여기에는 우아시풍고huasipungo라는 농노적인 노동 제도의 폐지, 교회 토지의 몰수 그리고 비효율적인 아시엔다의 몰수가 포함되었다. 또한 이른바 '미개간지'tierras baldías(자족적인 원주민 공동체들이 대부분을 차지하고 있던 미등기 토지들)에 대한 경작을 장려하기도 했다. 저지대 지역에서 1960년대 후반에 원유가 발견되면서 해당 원주민 토지와 문화공동체에 외부인의 유입이 가속화되었고, 원유는 토지와 지하수를 오염시킴으로써 환경에 부정적인 영향을 끼쳤다. 1970년대 초반 에콰도르에서 해외 자본의 힘은 페루나 볼리비아에서만큼 강력해졌다. 외국 자본은 산업생산 기업 중 약 35%, 상업분야 기업의 60% 그리고 금융자산의 절반을 지배했다.

새 군사평의회는 급진적 토지개혁을 포함한 사회개혁을 약속하는 동시에, 산업화와 농업 현대화에 중점을 두는 신속한 경제개발 청사진을 제시했다. 또한 원유 매장량이 풍부한 아마존 저지대를 외국회사에 넘겨준 이전 정권의 정책을 되돌리겠다고 약속하기도 했다. 새 정부는 개혁 및 경제개발계획을 위한 재원을 원유 소득에서 기대했다.

그러나 5년 후 에콰도르혁명은 교착상태에 빠졌다. 여전히 강력한 힘을 갖고 있던 아시엔다 소유주들에 기반을 둔 반대 세력은 농지개혁과 조세개혁을 거의 완벽하게 무력화시켰다. 토지 일부가 농민에게 분배되기는 했지만, 대지주들이 여전히 경작지의 80%를 차지했다. 군사정부는 생산과 세입을 늘리기 위해 대지주 계층과 협력하여 농업의 기계화, 토지 소유의 집중화, 토지에서 농민 축출 등의 정책을 펼침으로써, 사실상 토지 재분배를 포기했다. 그 결과 진정한 의미의 토지분배를 요구하는 농민들의 소요가 증가했고, 토지 침탈행위 및 농민과 보안군 간의 충돌 등이 빈발했다.

외국인 소유의 석유 회사들이 세금 인하와 이윤폭 확대를 요구하며 수출을 거부하자, 군사 정부는 유가, 이윤율, 생산량 등에 대한 엄격한 통제를 중단할 수밖에 없었다. 이러한 양보는 군사평의회 내의 민족주의 세력의 패배를 의미했고, 내부 분열이 심화되었다.

군부가 통치하는 다른 라틴아메리카 국가들과 마찬가지로, 1970년대 말 에콰도르에도 사회정의와 민정복귀를 위한 활발한 움직임이 있었다. 그러나 지역 내 다른 국가들과 달리, 1979년에 설립된 파스타사 원주민민중조직Organización de Pueblos Indígenas de Pastaza, OPIP 같은 조직들이 여성인권운동 및 노동조합들과 결합하면서 이런 움직임에 점점 더 영향력을 행사하기 시작했다. 원주민 지도자들은 민주주의로의 복귀와 함께, 자신들의 공동토지 소유권, 문화적 정체성 그리고 정치적 주권을 인정할 것을 요구했다.

군부 지도자들은 경제를 발전시키지 못했고 에콰도르 민중이 겪고 있는 형편없는 빈곤과 사회적 불평등을 완화하지 못했다. 공식 통계에 따르면 국민소득에서 임금 노동자들이 차지하는 비중은 1960년 53%에서 1973년 46%로 감소했다. 그런데 1973년에 7%에 해당하는 상류층은 전체 소득의 50%를 차지했다. 결국 군부는 국가 통치라는 무거운 짐을 벗어던지려고 하는 것처럼 보였다. 그리고 1978년 7월의 대통령 선거에서, 포퓰리즘적인 후보인 하이메 롤도스Jaime Roldós가 손쉬운 승리를 거두었다. 대통령 선거 동안 젊고 적극적인 롤도스는 농지개혁 재개와 경제에 대한 외세 지배 종식을 공약했다.

롤도스 정책의 핵심은 에콰도르의 막대한 원유 소득을 농업 현대화, 공업화 촉진, 그리고 내수 시장 확대를 위한 도로망 건설에 이용하는 것이었다. 롤도스의 5개년 계획에 따르면, 300만 에이커에 달하는 해안 지대,

고원, 아마존 일대를 농지로 개간하기 위해서 농촌개발 투자비 8억 달러가 필요했다. 또한 그는 농지개혁을 통해 1984년까지 200만 에이커에 달하는 토지를 무토지 농민들에게 분배하고자 했다. 외교 정책은 쿠바와의 친선 관계 유지, 사회주의 진영과의 외교·무역 관계 확대, 중아메리카 혁명 운동에 대한 지지 등을 표방하면서 미국으로부터 독자노선을 강조했다. 그러나 1981년 5월 롤도스가 비행기 사고로 비극적으로 사망하면서 야심찬 개혁 및 개발 계획은 제대로 시행되지 못하고 말았다.

권력 승계는 경기 후퇴에 따른 유가 하락과 이로 인해 경제 상황이 급속도로 악화되는 상황에서 이루어졌다. 경기 침체는 농업 현대화와 산업화가 야기한 사회문제를 심화시켰다. 1970~1980년 사이 전체 인구에서 농민이 차지하는 비율은 68%에서 52%로 감소했다. 무토지 농민에 대한 토지분배보다는 기계화와 토지 소유 집중에 역점을 두었던 농지개혁의 결과로 농촌의 반봉건적 관계는 종식되었지만, 실업과 무토지 문제는 더욱 악화되었다. 그리하여 농민들의 도시 이주현상이 급증했지만, 대부분은 일자리를 구할 수조차 없었다. 1980년대 초반 항구도시인 과야킬의 인구는 100만에 달했지만, 그 중 3분의 2가 실업 또는 잠재적 실업상태에 있었고 주거, 식량, 의료사정은 열악하기만 했다. 이런 경제적·정치적 위기 상황에서 사회문제와 긴장이 증폭되어 갔지만, 해결의 전망은 전무했다.

군부 조합주의의 붕괴, 1975~1990

시련 속의 혁명, 1975~1983

상명하달식 에콰도르 군사혁명을 교착상태에 빠뜨렸던 경제위기는, 페루 군부 내에서도 격렬한 투쟁을 야기했다. 급진적 민족주의자들은 1968년 혁명의 사회적·경제적 개혁 조치를 확대하라고 요구했고, 온건파는 민간 투자를 유치하기 위해 국내외 자본가들의 신임을 얻을 수 있는 조치를 취하는 게 필요하다고 주장했다. 1975년 8월 무혈 쿠데타가 발생해 모랄레스 베르무데스Morales Bermúdez가 벨라스코 대통령을 몰아냈다. 모랄레스 베르무데스는 정부와 군에서 급진적 민족주의자들을 차례로 숙청했다.

이른바 혁명의 '제1기'가 끝났다. 새 정부는 국내외 자본가들을 달래기 위해 강력한 긴축 정책을 도입했다. 이 정책은 국영 기업에 대한 정부 투자의 대폭 축소, 소비자 물가의 대폭적인 상승, 페루 통화의 44% 평가절하, 임금 인상폭을 10~14% 내에서 규제 등을 내용으로 하고 있었다. 다음으로 몰수 예정 토지의 약 3분의 1밖에 분배가 되지 않은 상태에서, 6월에 정부는 토지개혁의 종결을 선언했다. 1978년 초 베르무데스는 오랜 협상 끝에 IMF에 항복해 신규차관에 대한 IMF의 조건을 수락했다. IMF는 국영 기업의 민영화, 예산과 보조금의 삭감, 대폭적인 물가인상, 임금 인상의 엄격한 제한 등을 요구했다. 이로 인해 노동자들의 파업과 시위가 일어났고, 정부는 본격적인 군사작전을 통해 파업을 분쇄하고 탄압했다.

완전히 불신의 대상이 되고 있던 군사평의회로서는 자신들의 보수 정책을 계속해서 추진할 민간정부에게 어떻게 권력을 순조롭게 이양할 것인가가 최대 관심사였다. 새 헌법이 이 역할을 수행했다. 새 헌법은 대통령처럼 임기 5년의 선출제인 양원제 의회제를 만들었다. 또한 사유재산과 자유 시장이 페루 경제의 근간이 될 것임을 확인하는 문구를 담고 있었다. 헌법은 파업권과 단체교섭권을 보장했지만, 이 권리들은 의회의 통제에 종속되어 있었다. 가장 새로운 것은 문맹자들에게도 투표권이 부여되었다는 것이다.

예상대로, 1968년 군부에 의해 축출되어 순교자로 인식되고 있었고 포퓰리즘적인 수사를 능숙하게 구사했던 벨라운데가 1980년 선거에서 승리했다. 벨라운데가 베르무데스 정부에 의해 시작된 '반개혁 정책'을 확대 실시할 것이 곧 분명해졌다. 벨라운데 정권의 최우선 과제는 수출 증대와 외채 상환이었고, 이것은 통화의 평가절하, 임금 동결 그리고 긴축 조치라는 익숙한 정책을 필요로 했다.

또한 벨라운데 정부는 벨라스코 시대의 주요한 개혁 성과들을 해체하기 시작했다. 주요 목표 중 하나는 협동농장 제도를 해체해 농업용 토지에 자유 시장 체제를 회복시키는 것이었다. 새로운 농업촉진개발법에 의해 정부는 협동농장 토지를 개인용 소규모 토지로 분할해 조합원에게 분배할 권한을 가지게 되었고, 개인들은 이 토지를 매매하거나 담보로 제공할 수 있었다. 이 조치로 인해 토지의 소수 집중이 강화되었다.

다른 법률을 통해서 정부는 다수의 국영 회사들을 민영화하고, 주식 발행이나 다른 방식을 통해 민간이 공공기업 참여를 확대할 수 있는 권한을 부여받았다. 정부는 총파업과 동조 파업의 금지, 공공사업의 대폭적인 축소, 생필품 및 연료 보조금의 단계적 폐지 등을 제안했다. 이 같은 계획은 의회에서 정부와 야당 사이의 격론을 촉발하였고, 전례 없는 민중시위를 야기했다. 페루 역사상 처음으로 모든 주요 노동세력이 총파업에 참여했다.

이리하여 군부가 정권을 잡은 지 15년 만에 페루는 다시 전례 없는 위기를 맞이했다. 인구는 1960~1980년 사이에 천만에서 2천만으로 두 배 증가했다. 그리고 1960년대 60%가 농촌인구였다면, 1980년에는 60%가 도시인구일 정도로 인구 구성이 급격하게 변했다. 실업률은 신기록을 세웠고, 산업, 철도, 은행 분야에서 파업이 연속적으로 일어났다. 농촌인구는 지속적으로 도시로 이주했고, 리마 주변 수도권 인구가 급증했다.

민중 문화와 저항

도시로 이주했던 프로빈시아노들의 2세대는 1968년의 페루혁명 당시 많은 도심 시위에서 주도적인 역할을 하였다. 그리고 마찬가지로 새로운 민중 운동에 참여하여 혁명의 성과물들을 지키려고 했다. 그러나 부모 세대와 달리, 그들은 크리오요 사회에 대해 경제적으로 더 독립적이었다. 그들은 통상 출신지역에 기반한 자조적인 이민자 공동체 조직들을 가지고 있었고(즉 푸노Puno 출신의 푸네노들Punenos, 아야쿠초Ayacucho 출신의 아야쿠차노들ayacuchanos), 노동조합에 가입했다. 또한 자신들의 원주민 정체성을 공식적으로 수용하는 여러 풀뿌리 사회 운동에 참여하여 정체성을 강화했다. 이러한 사상과 행동의 독립성 강화는 도시적 음악 형식인 안데스 쿰비아cumbia andina 혹은 안데스 고원 지대 원주민들이 즐겨 마셨던 옥수수 음료의 이름을 딴 치차chicha라는 새로운 문화 형태의 탄생에 기여했다. 이들 고원 지대 이주자의 자손들은 크리오요적인 가치를 더 이상 추구하지 않고 인종, 종족 그리고 계급 권력에 토대를 둔 기존 위계구조에 대해 더욱 강력하게 도전했다.

치차 음악은 근본적으로 서로 다른 세 가지 원천에서 창의적 영감을 얻었다. 바로 흑인문화 전통에 기반을 둔 콜롬비아의 쿰비아 리듬, 안데스 고원 지대의 토착적인 민속 멜로디 그리고 미국이나 영국 로큰롤 음악이 주로 사용하는 전자악기가 그것들이다. 치차 노래들은 전형적으로 도심 속 촌사람들의 가난하고 고된 노동의 일상을 보여 준다. 민속음악 연구자인 토마스 투티노Thomas Tutino에 의하면, 만타로의 악마들Los Demonios del Mantaro이라는 초기의 치차 밴드들 가운데 하나는 안데스의 옥수수 음료를 파는 노점상의 하루를 그린 노래인 「라 치체라」La Chichera를 20만 장이나 팔았다. 기성 크리오요 비평가들은 예상대로 치차를 조잡하고 아마추어

1980년대 고원 지대의 이주자들은, 자신들을 흥분시키고 동시에 혼란스럽게 하는 근대성이라는 새롭고 도시적인 경험을 표현하기 위해 원주민 악기와 민속리듬을 채용했다.

적이며 '무식한' 음악이라고 비난했다. 좌파 지식인들은 치차가 신분상승 욕구를 자극하면서 "크리오요 가치들을 내재화 한다"며 비난하거나, 혹은 치차의 짝사랑이 담긴 가사를 정치적으로 유리된 것으로 치부하고 무시했다.

그러나 자주 애정 결핍, 사회적 소외 그리고 정체성 부재를 느끼던 젊은 프로빈시아노들은, 치차의 '현대적' 리듬에 열광했고 치차의 가사와 현실의 경험을 동일시했다. 「나는 행상인이라네」Ambulante Soy라는 유명한 노래에서, 가장 유명한 치차 밴드인 로스 샤피스Los Shapis의 리드 싱어는 "인생은 얼마나 슬픈가, 꿈꾸는 것은 얼마나 슬픈가"라고 노래하며, 자랑스럽게 "나는 행상인, 나는 프롤레타리아라네"라고 선언한다. 비슷하게 그룹 알레그리아Grupo Alegria의 「작은 투사」Pequeño Luchador에서는 "팔아야 하는 상품의 광고를 들고/도심을 달리는 어린 소년"의 일상적인 생존 투쟁을 묘사한다. 그리고 나서는 이 "더러운 얼굴을 한 작은 소년/작은 투사/너의 손은 이제 알 것이다/일하는 것이 무슨 의미를 갖는지를"이라며 소년의 행위를 치켜세운다. 로스 샤피스의 「우리는 학생」Somos Estudiantes과 같은 곡에서는, 개인적인 신분 상승이 아니라 공동체를 발전시키는 수단으로서 전문 직종의 가치를 강조한다. "우리는 교사다/우리의 아이들을 위해"라고 로스 샤피스는 노래했다. "우리는 의사가 될 것이다/고아들을 위한. 우리는 변호사다/가난한 자를 위한" 그러나 몇몇은 이런 노래가 '직업 지위'나 신분이동에 대한 크리오요적인 관심과 일치한다며 비난하기도 했다.

치차 음악은 곧 페루 시장에서 경쟁자들을 모두 제쳤다. 그 중에는 훌리오 이글레시아스나 마이클 잭슨과 같은 세계적 스타들도 있었다. 나중에 치차 음악가들은 '치차드롬'에 모인 대규모 관중 앞에서 정기적으로 공연하게 되었고, 공동체의 종교 행사, 결혼식, 생일 파티 그리고 다른 사회적 행사 등에서 음악을 통한 여흥을 제공했다. 벨라스코의 민족주의적 혁명 정부가 취한 진보적인 인디헤니스타 정책은 케추아 어를 공용어로 지정했으며, 진정한 지역 음악을 진작하는 라디오 방송국을 만들었다. 이런 정책의 지원으로 치차 음악은 곧 전국 라디오 방송에서 압도적으로 방송되었고, 1980년대 초반에는 총 방송 시간의 40%를 차지했다. 치차 음악은 또한 치차 음악이 만들어졌던 도시에서 고원 지대 농촌 공동체로 인기가 확장되었다. 벨라스코의 개혁 정부가 무너지면서, 치차 음악가들과 그들의 공연은 젊은 프로빈시아노들에게, 민중적 저항을 조직하고 민주주의로의 복귀를 요구하기 위한 효과적인 만남의 장을 제공했다. 그리고 그들은 도시 및 농촌 지역에서 프로빈시아노들의 정치적 지지를 추구했던 아메리카민중혁명동맹과 다른 포퓰리즘적 정치인들이 제안한 사회적 개혁 프로그램을 지지하기 위해 자신들의 목소리를 이용했다.

아메리카민중혁명동맹의 집권, 1985~1990

벨라운데의 실패로 가장 큰 득을 본 아메리카민중혁명동맹의 후보는 알란 가르시아 페레스Alán García Pérez였다. 아야 데 라 토레의 제자였던 36세의 알란 가르시아는 대중적이고 개혁적인 프로그램을 바탕으로 선거 운동을 펼쳤는데, 주요 공약내용은 벨라스코 시대의 농업과 산업개혁 조치를 지키고 벨라운데 정권의 자유 시장 정책을 배격하는 것이었다. 취임연설에서 그는 더 이상 IMF와 협상하지 않고 채권단 은행들과 직접 협상에 나서겠다고 선언했다. 또한 약 140억 달러의 외채에 대한 이자 지불액을 페루 수출액의 10%(약 4억 달러)로 제한하겠다고 발표했고, "페루에는 가장 큰 채권자가 있으니 그것은 페루 국민이다"라고 선언했다. 다른 경제 조치 내용은 자본수출 중단, 생필품 가격 동결, 최저임금 50% 상승 등이 있었다. IMF와 외국금융계는 이 모든 조치에 반대했다.

　가르시아의 외채상환 제한과 자본유출 방지, 사치품 수입금지, 임금인상이라는 포퓰리즘적인 조치는 침체된 페루 경제를 되살리기 위한 일관성 있는 계획의 일부였다. 장기 목표는 수입대체 산업을 확대하고 수입원료에 대한 의존도를 감소시켜, 페루의 자본주의를 자율적으로 발전시키는 것이었다. 이렇게 국가 발전에 가용할 재원을 마련하기 위해 외채 상환 제한과 외국무역 통제가 필요했다. 한편 실질임금 인상이 목표로 한 것은 국내산 상품수요와 구매력을 늘리는 것이었다. 그럼에도 불구하고 가르시아는 자신의 포퓰리즘적 정책을 1970년대 초반 페루 '군부 사회주의'의 특징이었던 국유화와 구별했다. 취임 1주년 기념 연설에서 가르시아는 통화

의 평가절하와 신규 부채를 IMF의 식민주의식 처방으로 퇴보하는 것으로
간주해 거부했듯이 국유화 또한 거부한다고 선언하면서 민간 기업가들을
격려했다. 그러면서 자신의 노선은 "수입 의존도가 낮은 산업구조를 가진
강한 국가"로 이끄는 것이라고 했다.

그러나 심각한 경제문제가 당면해 있었다. 기업가들이 물가 동결에
저항하면서 소비재 부족사태가 잇따랐고, 이에 정부는 물가통제를 완화할
수밖에 없었다. 그 결과 일부 물가가 상승했다. 더욱이 수출 수익 및 외채
지불을 제한하면서 남은 금액 등을 포함한 모든 정부 수입과 경제 회복 프
로그램에 드는 비용 사이의 격차가 날로 커져 갔다. 가르시아가 선택할 수
있는 대안은 거의 없었다. 그는 군부 개혁가들이 손대지 않았던 페루 지도
층의 막대한 부를 조세개혁을 통해 이용하고자 했다. 그러나 이 시도는 그
의 계획이 가지고 있는 온건한 성격을 고려할 때 받아들여질 수 없는 해결
책이었다. 화폐 남발이나 경제 성장 속도의 완화 등도 마찬가지로 받아들
여질 수 없었고, 가르시아는 외국 은행 차관을 배제했다. IMF는 그가 새로
운 신용을 제공받을 자격이 없다고 선언했다.

내륙과 해안 지방 사이의 격차는, 가르시아가 계획했던 건전하면서
균형 잡힌 경제 성장을 달성하는 데 큰 장애물이 되었다. 케추아 어와 아
이마라 어를 사용하는 원주민 농민들이 주로 거주하고 있던 고원 지대는
빈곤과 후진성에서 벗어나지 못했고, 해안 지방은 상대적으로 번영을 누
리고 있었다. 내륙 지방에서 무토지와 실업 및 잠재실업은 지속적으로 심
각한 문제였다. 그 결과 고원 지대는 종종 관리인, 기술자 그리고 관료라는
엘리트 집단이 지배하는 거대 조합과 무토지 농민들 사이의 투쟁의 무대
가 되었다.

언제라도 폭력의 가능성이 잠재되어 있던 이 토지분쟁에, 모택동 노

선을 추종하는 게릴라 조직인 '빛나는 길'Sendero Luminoso이 개입했다. 다른 좌파 운동 단체들은 이 조직을 테러 단체이자, 페루 사회를 우파 민병대와 빛나는 길 지지자로 양극화하는 오류를 범하고 있다고 간주했다. 대부분 급진파 학생들과 중산층 출신 인사들이 이끌고 있던 '빛나는 길'은, 기존 부르주아 질서를 지지하는 모든 사람에 대한 테러활동을 조직했다. 이들은 농민들이 조합을 점령하고 약탈하는 행위를 장려했고, 이러한 위협에 직면한 가르시아 정부는 벨라운데 정권의 대對반란 작전을 지속하면서 대응했다. 벨라운데는 과거 이 작전을 위해 페루의 23개 주 가운데 19개 주에 비상계엄을 선포했고 대부분의 시민권을 정지시킨 바 있었다. 가르시아는 이런 대응을 정당화하기 위해 수천 명의 관리, 경찰, 치안군, 비조합원 농민들이 '빛나는 길'에 의해 살해되었다고 주장했다. 그러나 교회당국과 다른 독립적인 관찰자들에 따르면, 치안군 스스로가 탄압을 일삼았으며 정부측이 게릴라가 살해했다고 주장하는 많은 농민들은 실제로는 치안군에 의해 살해된 것이었다.

가르시아의 임기가 끝나갈 즈음, 이자 지불액을 수출액의 일부로 제한함으로써 경제 발전 재원을 마련했던 결정을 포함해 그가 재임 동안 이룩한 대차대조표 상의 몇몇 성과는 다음과 같았다. 가르시아의 외채 정책은 군부 개혁가들의 정책보다는 진보한 것이었지만 충분한 수준은 아니었다. 페루는 경제사회의 구조적 변화가 필요했다. 가령, 외국 자본과 상품 수입에 대한 의존도를 줄일 수 있는 자급자족적 산업 기반의 육성뿐만 아니라, 해묵은 문제인 안데스 지역의 빈곤과 후진성을 극복할 수 있는 보다 철저한 농지개혁이 요구되었다.

가르시아는 이러한 변화를 거부했고, 그 결과 1987년 무렵 자주적인 페루 자본주의를 건설한다는 가르시아의 계획이 제대로 시행되지 않고 있음이 분명해졌다. 무역적자가 심각했으며, 외환보유고는 줄어들고 있었고, 정부의 후한 인센티브에도 불구하고 기업가들은 투자를 늘리지 않았다. 1988~1989년 사이 1인당 국민소득이 20% 하락했는데, 이것은 이 지역 국가들 가운데 가장 높은 수치였다. 그 가운데 경제위기로는 충분하지 않다는 듯 '빛나는 길'과의 전쟁이 점점 격화되어 갔다. 게다가 선조들의 옛 땅을 되찾으려는 원주민들의 투쟁이 잇단 토지 점거tomas de tierras로 이어졌고, 이는 농민 지도자들 사이에 새로운 투쟁성을 불러일으켜 농촌 봉기로 확대되었다.

경제 상황이 암울하게 전개되고 있는 와중에서 유일한 희망은 불법적인 코카 거래였다. 볼리비아와 마찬가지로 페루의 코카 붐은 일자리와 달러를 창출하면서, 엄청난 경제위기 상황을 완화시키는 완충역할을 했다. 합법적 경제 부문이 위축되는 가운데, 취업 기회를 찾아 수천 명이 페루 코카 왕국의 심장부라고 할 수 있는 우아야가Huallaga 계곡 상부의 '백색 골드 러쉬'에 합류했다. 코카 재배자들은 코카를 하얀 덩어리로 가공하여 콜롬비아 상인들에게 판매했으며, 이들이 이익의 대부분을 챙겼다. 그러나 페루의 연간 코카 거래량은 12억 달러로 페루의 합법적 수출액의 30%에 해당하는 양이었다. 페루의 어느 경제학자가 말한 것처럼, 코카 거래에서 얻는 불법적 달러가 없었다면, 환율이 2배 가까이 뛰게 되어 생필품 수입가격이 급등했을 것이다. 가르시아는 볼리비아의 빅토르 파스 에스텐소로처럼 중앙은행으로 하여금 출처를 묻지 않은 채 코카 달러를 자유로이 매입하도록 했다.

가르시아가 경제 정책에 실패하고 내전을 종식시키지 못하자 아메리카민중혁명동맹과 군부에 대한 국민의 불신이 깊어졌다. 따라서 1990년 대통령 선거에서는 신자유주의 시장경제 철학과, 무명의 농업 경제학자인 알베르토 후지모리Alberto Fujimori의 애매한 선거 포퓰리즘이 서로 경쟁하게 되었다. 가난한 일본인 이민자의 후손인 후지모리는 어떠한 경제 구조 조정보다도, 국민들의 기본적 욕구가 먼저 충족되어야 한다고 주장했다. 대부분의 정치 전문가들의 예측과 달리, 후지모리의 포퓰리즘적 선거 운동은 자신의 선거 기반을 강화하고 좌파의 지지를 끌어냈으며 결국 승리를 굳힐 수 있었다.

진정한 국가 발전을 진작하려는 안데스 지역의 군부 조합주의에 대한 역사적 기록은 잘 해야 양면적이다. 그러나 안데스 지역의 공화국들이 군부 조합주의를 통해 전후의 포퓰리즘 문제를 해결하고자 노력하고 있는 와중에, 칠레에서는 다른 방식의 국가발전 전략이 시도되었다. 쿠바혁명의 폭력을 피하고 안데스 지역의 군부 조합주의가 가지고 있는 위계적 권위를 거부하면서, 칠레 인들은 광범위하고 민중적이며 참여적이고 민주적인 방식의 발전을 추구했다.

17장 _ 칠레 : 민주적이고 사회주의적인 대안

칠레는 사회 혼란과 독재로 악명 높은 남아메리카 대륙에서 150년 동안 상대적으로 높은 정치 수준을 유지했다. 인접국인 페루, 볼리비아, 아르헨티나와 비교해 보면, 칠레는 정치안정에 있어 하나의 모델이었다. 1970년 맑스주의자인 살바도르 아옌데 고센스Salvador Allende Gossens가 선거를 통해 대통령으로 취임할 정도로, 칠레의 민주주의는 굳게 뿌리를 내리고 있었다. 포퓰리즘의 한계를 극복하고 혁명적인 국가 발전을 도모하려는 이 지역의 투쟁에서, 칠레는 쿠바의 무장 사회주의 혁명과 안데스 지역의 '군부 사회주의'와는 극명하게 대조되는 평화적이고 민주적인 모델을 제공

이 장의 핵심 문제

- 구리와 초석은 칠레의 경제, 정치, 사회사에서 어떤 역할을 했는가?
- 칠레의 20세기 경제 변화는 여성들에게 어떤 영향을 주었고, 여성들은 칠레 정치에 어떤 영향을 주었는가?
- 칠레에서 포퓰리즘의 기원은 무엇이고, 국가는 칠레 발전에서 어떤 역할을 수행했는가?
- 칠레에서 포퓰리즘의 토대는 무엇이고, 칠레 발전에서 포퓰리즘의 한계는 무엇인가?
- 민중연합이 포퓰리즘의 한계를 어떻게 극복하려 했나? 그들의 주된 정책 목표는 무엇이었고, 실패와 성공 사례는 무엇이었나?
- 민주적으로 선출된 아옌데 정권의 전복 과정에서 미국은 어떤 역할을 했나?

한 것처럼 보였다. 그러나 불과 3년 뒤 경제적·정치적 혼란이 가중되는 사이에 일어난 군부 반란은, 폭력적인 방식으로 합법적인 정권을 전복하고 야만적인 억압을 통해 통치하는 폭력적인 국가를 세웠다.

다른 라틴아메리카 국가들과는 달리 칠레는 어떻게 의회민주주의를 오랫동안 유지할 수 있었을까? 약 150년이나 지속된 의회민주주의가 왜 그렇게 빨리 무너졌는가? 돌이켜보면 칠레 민주주의의 한계는 명확했다. 지배 엘리트 계층과 외국의 협력자들은 자신들의 기본적인 이익을 위협하는 정치적 자유나 정치 행위를 결코 용납하지 않았다. 정권들은 국가가 직면한 절망적인 사회·경제 문제를 해결하기보다는, 높은 수출 가격과 외국 차관을 통해 마련된 재원으로 포퓰리즘적인 개혁을 추진하면서 이런 문제들을 회피하는 데 급급했다. 1970년 마침내 노동 계급 정당들이 주도하는 연합정권이 집권하여 과두지배 세력의 특권을 위협하는 구조개혁에 착수하자, 엘리트 계층은 군부를 끌어들여 의회민주주의를 파괴하고 잔혹한 독재정권을 세웠던 것이다.

대외종속과 자유주의 의회공화국, 1891~1920

1891년의 내전에서 마누엘 발마세다José Manuel Balmaceda 대통령이 패배하고 자살하면서, 소위 의회공화국 시기가 시작되었다. 이때는 외국인 투자가 무제한적으로 허용되고 수출 의존적 교역이 주를 이루던 시기였다. 정치는 양대 정당인 자유당과 보수당이 지배했으며, 이들은 바예 센트럴Valle Central 지역 대지주들의 이익을 대변했다.

제3정당인 급진당은 반체제 자유주의자들을 구성원으로 하여 1861년에 창당되었다. 이 정당은 하위 전문직, 관료, 교사, 기능공, 기타 중산

1907	이키케의 초석 광산에서 벌어진 노동자 파업이 1909년 칠레노동자연합 결성으로 이어짐.
1912	루이스 에밀리오 레카바렌이 칠레사회주의당을 창당했고, 이 당은 1922년 코민테른에 가입.
1920	아르투로 알레산드리가 포퓰리즘적 개혁을 주장하면서 대통령에 당선.
1925	신헌법은 의회공화국의 종식, 대통령의 권한 강화, 재산권의 제한 등을 규정.
1927	이바녜스 델 캄포가 알레산드리 정부를 무너뜨리고 독재를 시작.
1931	총파업으로 이바녜스 독재 체제가 붕괴하고, 사회주의공화국이 등장했지만 단명.
1934	칠레여성해방 운동이 비문맹 여성의 투표권 획득을 위해 의회에 압력을 가함.
1938~1946	인민전선이 선거에서 승리했고 사회복지 개혁 조치를 시작.
1948~1958	가브리엘 곤살레스 비델라가 공산당을 불법화함.
1958	호르헤 알레산드리가 대통령 선거에서 살바도르 아옌데가 이끄는 좌파연합에 근소한 차이로 승리.
1964	기독교민주당의 에두아르도 프레이 몬탈보가 '자유 속의 혁명'을 공약했지만 지키지 못함.
1970	세계에서 최초로 민주적으로 선출된 맑스주의자인 살바도르 아옌데가 "사회주의로 나아가는 칠레의 여정"을 선언하고 구리 광산을 국유화함. 닉슨이 아옌데를 막기 위해 군부 쿠데타를 지원.
1971	아옌데의 인민연합이 지방선거에서 50%를 득표.
1971~1973	'쿠데타 분위기'를 만들기 위해 미국은 사회불안 조성 세력에 800억 달러를 지원함.
1972	인민연합이 의회 선거에서 국가에 대한 민주적 지배를 강화.
1973	아우구스토 피노체트 장군이 군부 쿠데타를 이끌었고, 거의 20년에 걸친 억압적인 독재를 시작.

층뿐만 아니라 남부 콘셉시온Concepción 주위의 대지주들, 북부 코피아포 Copiapó 지방의 광산주들과 수도 산티아고Santiago의 기업가들로부터 지지를 받았다. 제4정당인 민주당은 하위 중산층과 노동자들을 지지 기반으로 가지고 있었다.

이 주요 정당들을 갈라놓은 유일한 쟁점은 교육에서 교회가 차지하는 역할을 둘러싼 문제였다. 이 정당들의 주된 관심사는 현상유지와 관직의 분배였고, 부패와 비효율이 이 시대 정치 영역에 만연했다.

경제 성장과 수출 부문

정치가 부정과 무관심 속에 정체되어 있었을지라도 칠레 사회는 깊은 변화를 경험했다. 수출 부문이 이런 변화에서 결정적일 뿐만 아니라 기본적으로 부정적인 역할을 담당했다. 원자재 수출은 막대한 이윤을 남겼으나, 전체적으로 볼 때 상대적으로 작은 부분만이 칠레로 유입되었다. '바나나 공화국'으로 불리는 중아메리카 국가들이나 설탕 생산지인 카리브 해 국가들과 마찬가지로, 처음에는 초석을 그리고 나중에는 구리를 단일 수출 상품으로 삼아 여기에 국가 수입을 의존했기 때문에 세계 시장의 수요 변동에 따라 경제가 좌지우지되었다. 게다가 20세기 칠레의 주요 수출 산업이 된 구리 산업은 다른 경제 분야와 거의 전적으로 유리된 채 작동되고 있었다. 마지막으로 보다 중요한 점은, 이러한 수출 산업이 정부 운영에 필요한 세입을 마련하고 증가하는 중산층에게 일자리를 제공했지만, 동시에 과두지배 세력이 권력을 장악하고 구태의연한 지주제가 유지될 수 있도록 했다는 것이다. 이런 상황은 민주주의의 성장과 경제 발전을 심각하게 저해했다.

그럼에도 불구하고, 칠레는 지속적으로 도시화 및 산업화를 경험하고 있었고 이 과정에서 새로운 계급들이 출현했다. 처음에는 초석 광산, 후에는 구리 광산으로 인해 북부 광산 지대에서 나타난 산업 노동 계급이 그들이다. 임금 수준이 타 지역보다 높기는 했지만, 그들 역시 낮은 임금, 비참한 주거환경, 회사 매점의 횡포, 위험한 노동 환경 등으로 시달려야 했다. 임금이 더 낮았던 도시 지역에서 노동자들은 슬럼가에 거주했고 출몰하는 전염병에 주기적으로 시달렸다.

20세기에 접어들면서 노동자들은 이 같은 열악한 조건에 맞서 투쟁을 시작했다. 1901년 북부 광산 지대인 이키케^{Iquique}에서 최초의 대규모 파업이 일어나 두 달 동안 지속되었다. 1907년 비인간적인 생활환경과 노동 조건을 개선하기 위해 이 지역의 초석 노동자들이 다시 파업을 일으켰다. 이에 정부는 군을 투입하여 2,000명의 노동자를 학살했다. 파업의 물결은 지속되어 제1차 세계대전 중 절정에 이르렀다. 전후에 값싼 합성제품이 세계 시장에서 칠레의 초석을 대체하면서 초석 산업은 붕괴되었으며, 수천 명의 광부들이 일자리를 잃고 국가 전체가 심한 불황의 늪에 빠졌다. 갈수록 증폭되는 소요에 대처하기 위해 1919년 광산 지대에 시민들의 자유를 제약하는 계엄령이 선포되었다.

곧 구리가 칠레의 주요 수출 품목이 되었다. 낮은 기술수준에 의존한 초기의 소규모 구리 생산은 1900년 직후 국제 구리 가격이 하락하자 채산성이 없어졌다. 이때 낮은 등급 광석까지 채굴할 수 있는 새로운 방식이 도입되고 파나마 운하 개통으로 수송비용이 절감되자, 미국 대기업들이 몰려들었고 제1차 세계대전 이후에는 이들이 구리 산업을 장악했다. 구겐하임^{Guggenheim} 재벌과 아나콘다^{Anaconda} 사가 칠레 구리 생산의 80% 이상을 차지했다. 또한 외국인들은 다른 광물 수출까지도 손에 넣었다. 베들레헴철강회사는 철광석을 독점했고, 구겐하임의 칠레초석회사^{Compañía de}

Salitres de Chile, COSACH는 초석 산업의 70%를 차지했다.

그동안 노동자들은 노동 조건을 개선하기 위해 조직화하기 시작했다. 루이스 에밀리오 레카바렌Luis Emilio Recabarren의 주도하에, 1909년 칠레노동자연합Federación de Obreros de Chile, FOCH이 설립되었다. 3년 후 그는 최초의 노동자 정당인 사회주의당 혹은 사회주의 노동당을 창설했다. 이 정당은 1922년 공산당으로 명칭을 바꾸고 사회주의 제3인터내셔널(코민테른)에 가입했다. 중산층에 넓은 지지 기반을 둔 아르헨티나의 사회주의당과는 대조적으로, 칠레의 첫 노동자 정당은 노동 운동에서 직접 성장했다.

같은 시기 중산층은 점점 확대되고 분화되어 갔다. 산업과 상업의 발전, 그리고 국가의 팽창은 신규 사무직 일자리를 많이 만들어 냈다. 이렇게 증가한 중산층은 미국이나 유럽의 중산층에서 일반적으로 볼 수 있는 기업가적인 면모를 거의 갖고 있지 않았다. 대기업이 핵심 경제 부문을 장악하면서 중소기업가들이 경제 영역에서 중요한 역할을 하는 것이 결국 불가능해졌다. 또한 후견인이나 친인척끼리 정부 직위를 나누는 귀족주의적인 행위로 말미암아 중산층의 활동 영역도 제약을 받았다. 20세기가 시작되면서, 보다 나은 위치를 차지하기 위해 중산층이 움직이기 시작했다.

한편 기업가들 중에서 새로운 구성원들이 편입됨에 따라 과두지배 세력의 구성도 변하고 있었다. 칠레에서 지주 엘리트 계층과 도시의 신흥 상류층 및 중상층과의 융합은 다른 라틴아메리카 국가에서보다 더 완벽하게 이루어졌다. 계급 사이의 상호 결혼을 통하여 도시 부유층은 토지를 소유하게 되었으며, 전통 엘리트 계층의 가치관을 수용하게 되었다. 이것은 개혁에 큰 장애가 되었다. 또한 지배층의 패권과 가치관에 어느 정도 도전하던 이민자들이 많이 있었던 아르헨티나와는 달리, 칠레에서는 이런 이민자들도 존재하지 않았다.

여성과 일터

이민자들의 부족은 증가하는 산업과 농업 부문에서의 노동력 수요를 충족시킬 수 있는 노동력이 칠레에서 태어난 제한된 노동자들뿐이라는 것을 의미했다. 그러나 저임금 노동력에 대한 시장 수요는 일과 가정에 있던 젠더 장벽을 재빨리 무너뜨렸다. 여성들은 이제 가정에서의 무급 노동과 더불어, 임금 노동자로서 칠레 경제에서 점점 더 중요한 역할을 맡게 되었다. 1913년이 되자 여성이 전체 노동력의 21%를 차지하게 되었는데, 이들의 대부분은 칠레 출신이었고 육체 노동 직종에 고용되었다. 3년 후 이 수치는 26%로 늘었다. 대부분의 여성은 '재택 노동'trabajo a domicilio이라는 노동력 착취 현장에서, 뜨개질과 바느질 같은 개수불노동piece-rate wages을 했다. 엘레나 카파레나Elena Caffarena는 노동 조건에 대한 보고에서 이러한 작업장들이 "청결하지도 안전하지도 않으며", 형편없이 낮은 임금을 지불한다고 보고했다. 이는 또한 여성의 출산 능력을 약화시켰다. 영아 사망률이 1871년의 천 명당 273명에서 1908년에는 325명으로 증가한 것은 결코 놀랍지 않다. 이를 시정하기 위해 카파레나와 다른 페미니스트들은 "강력한 정부 규제"를 통해 노동 착취 공장과 "여성 착취"를 근절할 것 요구했다.

역설적이게도, 칠레의 근대적 페미니즘 운동의 기반을 마련하기 위해 이들은 여성성에 대한 전통적인 젠더 개념에 의존했다. 예를 들어, 바느질 노동자이자 페미니스트 지도자였던 에스테르 발데스 데 디아스Esther Valés de Díaz는 작업 현장에서의 힘든 노동과 지속적인 언어폭력에 시달려 연약해진 여성들을 유혹하기 위해 기다리고 있는 "늑대들"을 비난했다. 또한 가부장적인 국가가 여성들을 보호할 필요가 있다고 역설했다. 노동자 계층의 많은 페미니스트들처럼 그녀는 가부장제의 젠더화된 폭압보다는 자본주의의 계급 억압적 성격을 강조했다. "매일 일용할 양식을 구하기 위해 공장에서 일하는 여성들은, 원래 자신들이 있어야 할 곳에 있지 않을 뿐만 아니라 스스로 인식하지 못하는 사이에 남성들과 경쟁하고, 그 과정에서 자본주의의 희생양이 된다." 그녀는 여성들이 의식하지 못하지만 불가피하게 "남성 노동의 가치절하"에 일조하고 있다고 믿었다.

그럼에도 불구하고 이들 페미니스트들은, 오직 국가가 자본주의의 포식적인 이윤추구에 맞서 공격적이고 적극적으로 개입함으로써만 이런 상황을 개선할 수 있다고 믿었다. 그래서 그들은 노동 착취적인 작업장의 규제, 여성과 아동에 대한 최저임금제 실시, 동일노동 동일임금 원칙의 시행, 여성의 노동 시간을 주 6일 하루 8시간으로 규제 등의 현안을 해결하기 위해 정치인들에게 압력을 가했다. 또한 그들은 14세 미만 아이들의 노동 금지, 여성의 야간 노동 폐지, 출산전후 휴가 제공, 20명 이상의 여성이 일하는 사업장에 대한 탁아소 시설 의무화, 주기적인 모유 수유 시간 허용 등을 요구했다.

알레산드리와 포퓰리즘의 발흥, 1920~1970

1920년 무렵이 되자 일부 과두지배 세력까지도 다른 사회 계층의 욕구를 더 이상 간과할 수 없다는 인식을 갖게 되었다. 브래든구리회사Braden Copper 같은 외국 자본은 이러한 사회의식의 확장에 적극적으로 기여했다. 브래든에 의하면, 튼튼한 핵가족 하나가 노동 이동labor turnover을 안정화시키고, 도박, 음주, 폭력 같은 반사회적 행동을 감소시키며, 상습적인 무단 결근과 세계 노동자들의 비공식 휴일인 '성 월요일'Saint Monday을 막을 수 있으며, 그리고 자주 파업, 사보타주 및 태업을 벌이는 전투적인 노동조합의 세력을 약화시킬 수 있었다. 따라서 브래든은 가족생활을 장려하기 위

20세기 초반 칠레의 가부장제적인 포퓰리즘은 브래든구리회사 같은 주로 외국인들이 소유한 광산회사들의 개별적인 활동에서 기원한다. 브래든 구리회사의 엘 테니엔테 광산(El Teniente Mine)은 전투적인 노동 계급의 저항을 효과적으로 순치하고 통제하기 위하여 사회복지 부서를 만들었다.

한 포괄적인 개별 사회복지 프로그램을 개발했다. 그러나 늘 그렇듯이 노동자들은 명백하게 자신들의 노동을 통제하기 만들어진 이러한 온정주의적인 정책을 거부했다. 예를 들어, 그들은 회사의 복지부서Departamento de Bienestar를 '참견꾼 부서'Departamento de Bienfregar라고 부르며 조롱하곤 했다.

그러나 개별 회사의 사적인 계획이 아닌 국가의 복지 프로그램은 사회적으로 인정을 받았다. 게다가 공공복지는 사적인 비용들을 사회화할 뿐만 아니라, 일상적으로 노동자들의 복지를 무시하는 중소기업보다는 대기업들이 갖고 있는 이점을 증가시키는 효과적인 방안이었다. 마지막으로, 이러한 국가 지원 프로그램들은 노동자 계층의 문화를 '훈계'하려는 중산층 진보주의자들과, 노동자들의 불만투성이인 개인주의를 제어하고 정치적으로 훈련된 계급 기반의 연대정신을 고양할 '프롤레타리아적인 도덕성'을 기르려는 급진주의자들에게도 매력적이었다. 다양한 정치적 지지층들이 관심을 가질 수 있는 포퓰리즘적인 개혁 프로그램을 위한 무대가 마련되었으며, "타라파카Tarapacá의 사자"라는 별명을 지닌 아르투로 알레산드리Arturo Alessandri가 그 실행자가 되었다.

전직 기업 변호사에서 포퓰리스트 정치가로 변신한 알레산드리는 헌법 개정과 노동자들의 비참한 생활의 개선을 약속하면서 중하위 계층에 파고들었다. 그는 사회보장 제도, 노동법, 저렴한 주택 공급, 교육개혁, 여성의 권리, 은행과 보험회사에 대한 국가의 통제 등을 약속했다. 과두지배 세력 일부는, 알레산드리가 최소한의 사회변화를 통해 동요하는 대중을 효율적으로 회유할 것을 기대하면서 상당한 지지를 보냈다. 결국 그는 1920년 대통령에 당선되었다.

임기의 첫 4년 동안 알레산드리는 선거공약을 지키지 못했다. 견고한 과두 지배층의 이익을 대변하는 의회는 의미 있는 사회·정치 개혁을 단호하게 반대했다. 그런 이유로 알레산드리는 1891년 내전 이후에 붕괴된 의회와 행정부 간의 권력균형을 회복시키는 법안들을 통과시켜 줄 것을 촉구했다. 그는 또한 노동시간의 단축, 부녀자 및 아동을 보호하기 위한 노동법, 노동자의 파업권, 의료보험 등의 사회 개혁을 추진했다. 이 같은 온건한 정책이 기존질서를 위협하지 않는 것이 분명했지만 재원이 필요했다. 초석 산업의 급격한 쇠퇴로 인해, 과두지배 세력의 토지와 소득에 세금을 부과하여 재원을 마련할 수밖에 없었다. 그러나 이 방법은 과두지배 세력으로서는 생각할 수도 없는 일이었다. 의회에서 이 해결방안이 교착상태에 빠졌기 때문에, 정부는 날로 증가하는 사회·경제위기에 적절하게 대처할 수 없었다.

중산층 출신이 압도적 다수를 차지하고 있던 군부는 해결책 없이 계속되는 이 위기를 인내심과 분노를 가지고 지켜보고 있었다. 많은 중하급 장교들이 알레산드리의 사회·정치 개혁 프로그램이 실행되기를 원했고, 그와 동시에 의회가 군의 요구를 무시한다고 느꼈다. 일련의 군부 쿠데타가 발발해 알레산드리는 자신이 약속한 모든 개혁안을 실행할 수 있게 되었다. 이 중 마지막 쿠데타를 카를로스 이바녜스 델 캄포Carlos Ibáñez del Campo와 마르마두케 그로베Marmaduke Grove가 주도했다. 알레산드리는 1925년 헌법을 제정할 수 있었고, 여기에 의회공화국의 종식과 의회와 대통령 사이의 세력 균형을 회복할 것을 명시했다. 또한 대통령의 직선, 6년 임기, 연임 금지, 내각과 정부재정에 대한 대통령의 통제 등이 포함되었다. 신헌법은 사유재산의 불가침성을 인정했으나, 이 권리는 사회적 필요에 의해 제한될 수 있다고 규정했다. 또 다른 내용으로 광범위한 새 노동법, 21세 이상 비문맹 남성에 대한 투표권 허용, 선거부정을 줄이기 위한 선거관리위원회의 설치, 연간 1만 페소 이상의 소득자에 대한 소득세 부과, 중앙은행의 설립 등이 있었다.

이바녜스와 대공황

그러나 이바녜스와 군부가 권력을 유지했다. 처음에 군부는 구조개혁을 달성하기 위해서 노동 계급 및 중산층과 동맹을 추구했으나, 이것은 1927~1931년의 군부독재로 끝나고 말았다.

이바녜스가 정치적 안정을 유지하기 위해서는 자신의 프로그램을 실행에 옮기고 공무원의 지위를 보장해야 했는데, 여기에는 많은 비용이 소요되었다. 그의 포퓰리즘적인 복지 프로그램, 공공사업 그리고 근대화 계획은 무엇보다도 외국 은행의 대규모 차관에 바탕을 두고 있었다. 군부는 빠른 승진과 봉급 인상으로 정부가 베푸는 후한 인심의 특별 수혜자가 되었다. 여성들이 지난 10년간 추진해 왔던 대부분의 노동 보호법들도 입법되었다. 반면 이바녜스 독재는 모든 야당 세력을 억압했고 정적들을 투옥하거나 추방했다. 또한 정부가 노동조합을 지원하여 공산당 주도의 노동운동을 분열시키고자 했다.

구리와 초석 수출이 일시적으로 회복되고 대규모 해외 차관이 유입되면서, 이바녜스의 통치 첫 2년 동안 칠레 경제는 번창했다. 그러나 1929년 월스트리트의 붕괴는 외부 시장에 대한 칠레의 종속을 단적으로 보여 주었다. 모든 해외 자본과 차관의 유입이 끊겼으며, 다음 해에는 초석과 구리 시장 전체가 무너졌다. 재정의 상당 부분을 구리에 부과하는 세금에 의존하고 있었기 때문에, 대공황으로 인해 정부는 정상적인 업무를 수행하는 데 차질을 빚었고 대규모의 외채 상환을 이행할 수 없었다. 더군다나 칠레 구리의 주요 시장이었던 미국이 1932년에 구리 수입에 높은 관세를 부과하자, 많은 구리 광산이 문을 닫으면서 심각한 실업사태를 가져 왔다. 대공황은 또한 성별 임금 불평등을 강화했으며, 노동자 계층에서 여성에 대한 반발을 촉발했다. 정부 지지자들은 가정의 안정과 남성들 사이의 구직 경쟁을 완화하기 위해 여성들에게 집으로 돌아가라고 요구했고, 이를 통해 남성의 임금과 고용이 증대되기를 기대했다. 사회주의자와 공산주의자들은, 모든 노동자들이 공통의 계급적 이해에 토대하여 자본가들에 맞서 연대할 수 있도록 성차별적인 임금 불평등을 철폐할 것을 요구했다. 그러나 이들 역시 구리 산업이나 교육 부문과 같은 특정 산업들을 각각 남성과 여성의 배타적인 일자리로 규정하는 데 동의했다. 정부는 판매량 제한을 통한 초석 가격의 상승을 도모하여 경제위기를 해결하려고 했으나 실패했다. 이바녜스는 사회복지 비용과 공공사업 프로그램을 축소하고 세금을 대폭 인상했다. 하지만 재정 상황은 계속 절망적으로 되어 갔다.

1931년 7월 노동자뿐만 아니라 전문직, 사무직, 학생 들이 참여한 총파업이 일어나고, 군부의 충성심마저 의구심이 들자 이바녜스는 사임하고 아르헨티나로 망명했다. 이후 17개월간 군부 쿠데타가 연속적으로 일어났다. 이중 하나인 공군 참모총장 마르마두케 그로베Marmaduke Grove가 주도한 쿠데타는 칠레 사회주의공화국을 선포했지만, 새로운 군부 쿠데타로 12일 만에 무너졌다. 역설적으로 이 사회주의공화국의 계획은 사회주의적이지 않았다. 오히려 지폐 발행을 늘려 공공사업을 지원하고 이를 통해 고용을 창출하려 했다. 이 군부 쿠데타는 아르투로 알레산드리의 대통령직 복귀로 이어졌다.

알레산드리와 포퓰리즘의 한계

수도 산티아고에서만 16만 명의 실업자를 낼 정도로 대공황이 심화되고 장티푸스가 전국적으로 창궐하던 시기에, 알레산드리는 자신의 두번째 임기를 시작했다. 당시 초석으로 벌어들인 수입은 1927년 수준의 1/20에 불과했고, 군경을 포함한 공무원 봉급은 여러 달 밀려 있었다. 1932~1937년 사이 5년 동안 알레산드리와 재무장관 구스타보 로스Gustavo Ross는 세계 시장이 부분적으로 활력을 찾고 안정화됨에 따라 경제 회복을 주도할 수 있었다. 1935년 구리 가격이 회복되었고, 1937년에는 구리 생산이 대공황 이전 수준을 회복했다. 경제가 회복됨에 따라, 구리에 부과한 세금에서 나온 수입으로 인해 대토지 소유에 세금을 부과할 필요가 없게 되었다. 공평한 조세부담에 대한 압력이 없었기 때문에 대농장주들은 방대하고도 비옥한 땅을 미경작지로 계속 방치했다. 따라서 자급자족할 잠재력이 있었음에도 불구하고, 칠레는 식량을 수입해야 했다. 이 식량 수입은 산업화를 위해 필요한 자본재 구입이나 도로, 항만 건설에 쓰여야 되는 외화가 유출되는 결과를 가져왔다.

수출 부문의 수익으로 재원이 견실해지자 정부는 경제에서 자신의 역할을 확대했다. 대규모 관료제가 발전하고 여기에 신흥 중산층이 충원되었다. 정부가 중산층의 주요 고용인이자 가장 중요한 벤처 자본가가 되면서, 칠레는 경제 발전을 정부가 통제할 수 없는 요인들에 더욱 더 의존하게 되었다.

그러나 알레산드리는 1920년대에 이어 1930년대에도 칠레의 구조적 문제를 해결하는 데 실패했다. 외국 자본은 많은 이윤을 챙길 수 있는 광산업을 독점했고, 비효율적인 라티푼디움 제도가 농업을 계속 지배했다. 그는 임금 인상과 생활 조건 개선을 요구하는 노동자들의 파업을 자주 잔인한 방법으로 진압했다.

정권을 비판하는 중산층 역시 혹독한 탄압을 받았다. 알레산드리는 이바녜스의 예를 따라 적대적인 신문들을 폐간하고, 정치적 반대파를 추방했으며, 의회를 고압적으로 다뤘다. 이런 상황이 민주주의를 수호하고 사회 진보를 이룩하기 위해 노동자, 농민, 중산층을 동원하려는 칠레인민전선Frente Popular de Chile이라는 새롭고 중요한 연합세력을 만들어 냈다.

여성과 인민전선의 등장

1920년대 동안 칠레의 진보적 전통은 공산당에 뿌리를 두고 있었다. 공산당은 조직화된 노동자들에서 상당한 지지를 획득했으며, 그중에서도 철도 노동자 조직과 20만 조직원을 주장하는 칠레노동자연합FOCH이 두드러졌다. 공산당이 1925년 헌법 제정에서 일정한 역할을 했음에도 불구하고 당 지도부는 이바녜스 정권 동안 투옥되거나 추방되었다. 그러나 1931년 이바녜스가 몰락한 후, 공산당은 카를로스 콘트레라스 라바르카Carlos Contreras Labarca의 지도하에 다시 활로를 모색했고 노동자와 지식인 계층에서 많은 지지를 확보했다.

1930년대 칠레는 진보 정당과 진보 이데올로기들이 성장하기에 좋은 토양이었고, 이들 중 다수가 인민전선Frente popular을 만들기 위해 연대했다. 사회당, 공산당, 급진당으로 구성된 인민전선의 대통령 후보인 급진당의 페드로 아기레 세르다Pedro Aguirre Cerda가 1938년 선거에서 승리했다. 인민전선의 선거공약은 헌정회복, 시민적 자유, 기본적인 사회개혁 등이었는데, '빵, 지붕, 외투'라는 슬로건에 집약되어 나타났다.

인민전선의 짧고 폭풍우 같았던 집권기간 동안 몇몇 성과가 나타났다. 산업화를 촉진하기 위해 1938년 생산증진부Corporación de Fomento de la Producción de Chile, CORFO가 발족되었다. 상대적으로 높은 전시의 구리 가격, 제2차 세계대전으로 인한 사실상의 수입 중단 그리고 정부의 보조금 지급, 세금 인하, 수입 소비재에 대한 보호관세 등으로 1940~1945년 동안 국내 제조업은 안정적으로 성장했다.

국가 지원 산업화라는 포퓰리즘적 정책은 또한 산업 노동 계급의 성장을 동반했다. 1940~1952년 사이 제조업 노동자 수는 전체 노동력의 15%에서 19%로 상승했다. 산업화가 진행되자 적어도 1945년까지 노동자의 실질구매력도 상승했는데, 1940~1945년까지 이들의 실질구매력은 20% 상승한 것으로 나타났다. 반면 사무직 노동자의 실질구매력은 25% 상승했다. 1945년 이후 급진당 정권이 보다 보수화하고 인민전선 전략의 토대가 무너짐에 따라, 전체 국민소득에서 차지하는 노동 계급의 소득 비중은 감소했다.

여성은 노동자로서뿐만 아니라 어머니로서도 적극적이었지만, 그들은 점차 '존엄과 존경의 아우라' 이상의 것이 필요하며 경제 상황에 따라 국가의 지원을 받아야 한다고 주장했다. 1930년대 많은 여성들에게 이것은 착취에 대한 국가의 보호, 산전 건강 보호 그리고 육아지원 제도를 뜻했다. 그러나 클라라데 라 루스Clara de la Luz 같은 페미니스트들은 가족계획에 대한 지원도원했다. 그녀는 '과학적 출산' ──다른 말로 피임 ──을 옹호했고, 여성

1930년대 여성해방 운동(MEMCH)은 수많은 여성들을 동원했고, 가정, 직장, 정치에서 여성들의 평등권을 국가가 보장해야 한다는 요구를 가지고 포퓰리즘 정책들에 영향을 끼쳤다.

들이 원치 않는 가족적 책무로부터 해방되기 위해 "자궁의 파업"을 조직할 것을 요구했다. 다른 이들은 출산 문제에 있어서 "남성들에게는 면죄부를, 여성들에게는 책임감을" 주는 도덕과 법률의 이중 잣대를 비난했다.

비록 칠레의 가톨릭 전통이 금지하긴 했지만, 낙태가 조산원들과 비전문가들에 의해 널리 행해졌다. 1936년 잘못된 낙태로 인해 5개 병원에서 치료 받은 사례가 10,514건에 달했다. 다음 해에 보건부는 공립 산부인과 병원들에 있는 여성들 중 24%(13,351명)가 서툰 낙태술로 인한 합병증을 치료받는 환자라고 보고했다. 점점 더 많은 수의 여성들, 특히 가난한 노동 계급 여성들이 낙태와 피임 그리고 가족계획을, 칠레여성해방 운동 Movimiento Pro-Emancipación de las Mujeres de Chile, MEMCH의 활동가들이 "강제적인 모성"과 "원하지 않은 아이로 인한 노예생활"이라고 말한 상황을 피하

기 위한 수단으로 인식하기 시작했다.

여성들은 또한 정치 및 시민적인 영역에서 기본적인 권리들을 얻었다. 귀부인 클럽Club de Señoras과 같은 상류층 여성 집단의 영향을 받은 보수당은, 역사적으로 비문맹 여성들에게 참정권을 주는 것을 지지해 왔다. 왜냐하면 가정, 교회 그리고 가정의 수호자로서 여성들이 태생적으로 보수적인 유권자층이라고 생각했기 때문이다. 이를 통해, 문맹의 남성들이 투표권을 획득함으로써 사회당, 공산당 그리고 급진파 정당들이 얻는 이익을 상쇄할 수 있을 것이라 판단했다. 한편, 칠레여성해방 운동은 "여성의 완전한 해방, 특히 경제적·법률적·생물학적·정치적 해방"을 주장했다. 이들 모두는 시민적 평등과 선거권을 요구했고, 1934년 비문맹 여성에게 지방자치 선거권이 부여되면서 부분적인 성공을 거두었다.

젠더 차이를 간과하고 계급투쟁을 강조한 지방의 좌파 정당들은 지방 선거에서 여성 후보들을 공천하지 않았다. 이것은 선거 공백을 만들어 냈고, 보수당은 이 공백을 엘레나 돌 데 디아스Elena Doll de Díaz 같은 여성 후보들을 공천하여 메웠다. 돌 데 디아스의 포퓰리즘적 선거 운동은 도덕적 중심으로서 가정을 강조했고, 시장 세력이 저지르는 불공정 행위에서 여성을 보호하기 위해 국가가 적극적으로 개입할 수 있는 프로그램을 요구했다. 노동자의 복지, 동일 임금, 위생, 배고픈 사람들을 위한 '민중 식당', 저렴한 교통수단을 제공하기 위한 전동 트롤리 등이 그것이다. 1941년 무렵 여성 유권자의 3분의 2가 스스로를 보수당 지지자라고 생각한 것은 놀라운 일이 아니었다. 이후 인민전선연합은 분열했고, 정당 지도자들도 여성 참정권에 대해 관심을 기울이지 않았다.

인민전선의 정책이 다시 강조되고 전국규모 선거에서 여성의 선거권을 위한 운동이 재점화된 결정적인 사건은 제2차 세계대전이었다. 소련과의 전시 연합, 민주주의 담론의 증가 그리고 칠레 좌파 진영 내에서 반제국주의적 수사의 쇠퇴가 맞물리면서, 여성의 참정권을 지지하는 계급을 아우르는 여성운동이 출현하게 되었다. 예를 들어, 213개의 여성 단체들을 대표한 칠레페미니즘단체연합Federación Chilena de Instituciones Femeninas, FECHIF은 대규모 가두시위를 주도하여, 수천 명의 여성들로 하여금 "사회적 민주주의"를 요구하게 했다.

제2차 세계대전 동안 외부의 전통적인 제약 요인들로부터 자유로웠지만, 인민전선 시대에도 칠레의 경제와 사회에 구조적인 변화는 나타나지 않았다. 그것은 인민전선에 참가한 각 정파가 국내외 정책에 있어서 타협할 수 없는 커다란 차이들을 갖고 있었기 때문이다. 1946년 선거에서 사회당이 당내의 역사적인 분파 갈등을 드러내며 인민전선에서 이탈했지만, 급진당의 가브리엘 곤살레스 비델라Gabriel González Videla(1946~1952)가 공산당의 지지에 힘입어 승리했다. 냉전의 압력으로 인해 곤살레스 비델라는 곧 우파로 돌아서 공산당 출신 각료들을 축출하고 공산당 주도의 탄광 노동자 파업을 진압했다. 그리고 '저주받은 법'Ley Maldita을 제정해 공산당을 불법화시키고, 의회에서 공산주의자들을 제거하기에 이르렀다. 곤살레스 비델라는 또한 북부 사막 지역의 폐광 막사에 강제수용소를 만들어 공산당원과 좌파 활동가들을 수용했다.

여성 참정권 법안을 작성하고 여성의 권리를 위해 수십 년 동안 싸워온 엘레나 카파레나Elena Caffarena와 같은 공산주의자들을 탄압하고 선거권을 박탈하면서, 곤살레스 비델라는 마침내 1949년 비문맹 여성들에게 전국규모 선거에서 투표권을 주는 법안을 통과시켰다. 그 이후로 그는 여성센터들을 통해 교육, 훈련, 취업 지원 등을 제공함으로써 노동계층 여성들의 지지를 강화하고자 했다.

그럼에도 불구하고 계속 치솟는 인플레이션과 임금 동결에 따른 대중의 불만 그리고 계속되는 곤살레스 비델라의 강압 정책으로, 전 독재자 카를로스 이바녜스 델 캄포가 1952년 정치에 복귀하게 되었다. 이바녜스는 '저주받은 법'의 폐지, 최저임금제, 노동자 가족수당, 정당한 임금 인상 요구에 대한 우호적인 고려 등을 약속했다. 그러나 한국전쟁이 끝나자 구리 수출이 감소했고, 이바녜스는 포퓰리즘적인 선거공약을 제대로 지킬 수 없었다. 경제 안정을 위해 그는 미국의 여러 은행과 IMF로부터 차관을 모색하는 한편 실질임금 저하를 통해 노동자들이 인플레이션을 감당하도록 했다. 이에 노동 계급의 동요가 일어나자 가혹한 탄압을 시작했고, 임기 말에 이르러 그는 모든 계층의 지지를 잃어버렸다.

새로운 제휴 : 기독교민주당과 포퓰리즘

1953년과 1958년 대선 사이에, 좌파 정당들은 사회당과 공산당을 포함한 인민행동전선Frente de Acción Popular, FRAP을 결성해 연대를 다시 복원했다. 이와 동시에 에두아르도 프레이Eduardo Frei가 이끄는 기독교민주당이 탄생했다. 기독교민주당은 자본주의도 사회주의도 아니라는 모호한 이데올로기를 앞세워 가톨릭 노동자들 특히 가톨릭계 사무직 노동자들에게 파고들었다. 처음으로 참여한 1958년 대선에서 기독교민주당은 자신의 득표력을 과시했다.

1958년 선거에는 네 명의 주요 대통령 후보가 경합했다. 전직 대통령의 아들이자 대표적인 사업가로 알려진 보수당의 호르헤 알레산드리Jorge Alessandri, 기독교민주당의 에두아르도 프레이, 인민행동전선의 살바도르 아옌데Salvador Allende, 급진당의 루이스 보사이Luis Bossay가 그들이다. 결과는 놀랍게도 알레산드리가 아옌데를 33,500표라는 아슬아슬한 표차로 이

긴 것으로 나타났다. 무명의 군소정당 후보가 도시 슬럼가나 농촌 빈민층의 표를 잠식하지 않았더라면 아옌데가 승리했을 것이다.

그러나 높은 구리 가격에도 불구하고 전임자들과 마찬가지로 알레산드리는 인플레이션과 경제 침체를 해결하지 못했다. 경제 회복을 위한 그의 처방은 자유 시장경제로의 복귀, 국가의 경제 개입 축소, 그리고 경제 성장의 기본 축으로서 차관과 해외 투자 도입이었다.

불황과 전쟁으로 해외 자본의 유입이 축소되었지만, 종전 후에는 자본 유입이 급증했다. 광업뿐 아니라 제조업과 상업 분야까지 외국 자본이 유입되어, 1954년에서 1970년까지 칠레에 투자된 자금은 16억 7천만 달러에 달했다. 미국 회사가 구리, 초석, 요오드 생산을 계속 지배했으며, 무역의 절반가량을 외국인 회사가 차지했다. 그들은 전신과 전화를 독점했으며 전기와 금융에서 많은 지분을 차지하고 있었다. 주요 광고 회사도 외국 회사에 종속되거나 제휴를 맺고 있었다.

외국 거대 기업인 아나콘다와 케네코트^{Kennecott}가 소유한 그란 미네리아^{Gran Minería}의 대규모 광산 세 곳은 1960년 GNP의 11%, 수출의 50%, 세입의 20%를 차지했다. 그럼에도 불구하고 구리 산업이 판매, 이윤 그리고 조세수입을 통해 창출하는 수백만 달러는 국내 산업과 상업에 활력을 주지 못했다. 미국의 모기업으로 송금되는 막대한 이윤은 자본 유출을 심화시켰다.

칠레는 해외로부터의 직접 투자뿐만 아니라 차관에도 의지했기 때문에, 수출 부문의 수익에서 외채에 대한 이자나 부채 상환으로 나가는 비중이 점점 늘어갔다. 구리 광산처럼 대부분의 외국인 투자가 자본집약적이었기 때문에, 고용효과가 미미했고 나머지 산업 부문과의 연계 정도가 낮았다. 제2차 세계대전 후 광산업의 고용은 지속적으로 감소했고, 채광인력의 과잉으로 인해 관련 기업들은 대부분 비숙련공인 광부들을 값싼 임금에 고용할 수 있었다. 또한 1950년대까지 기계·장비·기술 부문은 수입에 전적으로 의존하고 있었다. 칠레의 장기적인 경제 발전에 기여하는 바가 미미했다. 칠레 경제의 운명을 결정하는 주인은 칠레가 아니었다.

쿠바혁명(1959)으로 인한 미국의 정책변화는 1960년대 초반 칠레 정치에 큰 영향을 주었다. 미국은 사회혁명에 대한 대안으로서 라틴아메리카 전역에서 포퓰리즘적인 개혁 운동을 장려했다. 이 정책의 하나로 미국은 비밀리에 기독교민주당에 자금을 지원했다. 6년 전 아옌데가 엄청난 득표로 당선에 근접한 사실에 경악한 보수 정당들의 지원과 맞물린 미국의 지지는, 프레이가 1964년 선거에서 56%의 득표로 승리하게 된 배경이 되었다.

에두아르도 프레이는 칠레 사회의 극단적인 불평등을 격렬한 계급투쟁 없이 바로잡겠다는 '자유 속의 혁명'이란 공약으로 대통령에 당선되었다. 그는 특히 아옌데의 '신이 없는godless 공산주의 혁명'에 맞서, 여성들에게 가톨릭 가족의 신성함을 지켜 달라고 호소했고 6,000개의 여성 센터를 열었다. 그가 당면한 문제는 인플레이션과 경기 침체, 효율적인 대규모 산업을 유지하기에는 너무 협소한 국내 시장, 외국 소유주에 지배되는 광산업, 국민의 기본적 수요를 충족시키지 못하는 농업과 공업 등 익숙한 것들이었다. 현대적인 대규모 산업에 필요한 시장을 창출하기 위해 프레이는 농지개혁, 조세개혁 그리고 하위 계층들에 소득을 재분배하기 위한 여타 포퓰리즘적인 정책들을 추진했다.

프레이가 정권을 잡았을 때 토지 소유는 극단적으로 집중되었고, 농촌 노동자들의 생활 조건은 비참했으며, 비효율적인 대토지 소유제로 말미암아 팽창하는 도시에 식량을 충분하게 공급할 수 없었다. 대부분의 개발도상국들의 상황과는 대조적으로 칠레의 농업 부문은 전체 경제에서 차지하는 비중이 작았다. 농업이 고용 창출을 하지 못하고 충분한 식량을 공급하지 못한 결과 과잉도시화, 불완전고용, 영양실조 등의 현상이 나타났다.

토지 소유에 관한 통계자료에 의하면, 1930~1970년 사이 이 같은 상황이 거의 변화하지 않았다. 1930년대 2,500에이커 이상인 농장의 수는 전체 농장의 2%에 불과했으나 전체 경작지의 78%를 차지했다. 전체 농장 수의 82%가 125에이커 미만으로, 전체 토지의 4%를 차지할 뿐이었다. 1960년경에는 전체 농장의 4.2%에 해당하는 1만 1,000개의 농장이 토지의 79%를 차지했고, 전체 농장의 77%에 해당하는 100에이커 이하의 농장은 토지의 10.6%를 차지했다. 농촌 노동력의 대다수인 70만 명 이상이 토지를 소유하지 못했고, 이들의 참혹한 생활환경과 노동 조건은 계속 악화될 뿐이었다. 1940년대 이후 계속 하락한 농업 임금은 1953~1964년 사이 23%나 떨어졌다.

1964년 이전의 정부의 신용 및 조세 정책은 토지 분배의 불공정성과 농촌의 저임금 현상을 계속 가능하게 했다. 은행대출이나 정부융자를 얻을 수 없는 소농들은 터무니없는 이자를 요구하는 사채업자들에게 의존해야 했다. 소농과 농업 노동자들은 또한 비정상적인 세금 부담을 지고 있었다. 한편 토지, 자본, 소득, 상속에 매기는 세금은 가벼웠고 대토지, 특히 미경작지는 사실상 면세의 대상이었다.

프레이의 농지개혁 프로그램은 상반된 결과를 낳았다. 그는 임금 상승, 농민 조합의 설립, 보다 공평한 조세 정책의 수립 등을 통해 농촌 지역의 생활환경을 개선하려 했다. 그는 또한 농민들에게 일정량의 토지를 재분배하였지만, 인플레이션이 임금 상승의 효과를 상쇄하였고 토지 개혁은 약속했던 것과는 거리가 멀었다. 점진적 개혁주의자인 프레이는 급격하고 광범위한 토지 몰수를 꺼렸던 것이다. 토지를 분배받은 농민들 또한 정부가 자작농으로서 새로운 삶을 시작하기 위해 필요한 융자를 제공해 주지 못했기 때문에 큰 어려움을 겪었다.

구리 산업을 국유화하려는 프레이의 계획은 광범위하게 퍼진 민족주의적 정서를 달래면서 구리 생산 증가를 통해 재정수입을 늘리려는 것이었다. 이 계획을 실행하기 위해서는 정부가 외국인 소유 광산의 전체 주식 중 51%를 매입해야 했다. 외국인 회사들은 생산량을 늘리고 칠레에서 더욱 많은 광석을 제련하겠다는 약속을 하고 경영권을 유지할 수 있었고, 정부로부터 조세와 이윤 송금에 있어 새로운 양보를 얻어 냈다. 그러나 이 협정으로 생산이 크게 늘어난 것도 아니고 정부 세입이 증가한 것도 아니었다.

칠레 경제의 다른 부문들 역시 집중되어 있었다. 소수의 강력한 가문들이 대부분의 산업과 금융기관을 장악해 국가경제 전체에 결정적인 영향력을 행사했다. 1967년 2,600개 회사 가운데 12개가 칠레 전체 도매업 물량의 거의 절반을 거래했다. 개인 은행 신용의 경우 칠레은행Banco de Chile 하나가 32%를 차지한 것을 포함해서, 약 57.4%를 5대 은행이 점유하고 있었다.

그러나 이런 예들이 일부에 지나지 않을 정도로 경제 집중은 이보다 훨씬 더 심각했고, 15개의 거대 경제그룹이 경제를 좌지우지했다. 가장 강력한 집단인 에드워즈 가문은 1개의 상업은행, 7개의 금융투자회사, 5개의 보험회사, 13개의 기업, 2개의 출판사를 지배했으며, 국내에서 활동 중인 미국회사들과 긴밀한 관계를 맺고 있었다. 또한 에드워즈 가문의 계열 신문들이 칠레에서 유통되는 일간지의 절반을 차지한 것을 비롯해, 다른 출판사와 함께 이 가문이 모든 정기간행물 시장을 사실상 지배했다. 이미 1965년에 이러한 경제 과두층에 기반을 둔 야당은 프레이로 하여금 소득 재분배라는 포퓰리즘 정책을 포기하도록 설득했다. 그 대신 프레이는 국내외 투자가들을 유인하기 위한 경제 정책을 입안했다. 1966년 동안 정부는 임금을 동결시켰으며, 구리 광산들에서 잇따라 발생한 파업에 강경 대응했고 한 번은 군대까지 파견했다. 노동자들의 투쟁성이 갈수록 강화되면서, 사회당과 공산당 계열 노동조합의 지도력이 더욱 강화되었다.

자신의 정치적 기반을 진정시킬 필요성과 1966년 이후 시작된 경기 하강으로 인해 프레이의 개혁 시도는 실패했다. 기독교민주당을 만들고 지도부를 구성했던 세력은 상류층의 가톨릭계 지식인들이었다. 기독교민주당 당원들은 도시의 전문직 종사자, 사무직 종사자(특히 공공 부문의), 숙련공, 전문 관리자 등을 포함한 중산층이 대부분이었다. 이들 집단은 칠레 경제가 20년 동안 분화되면서 새롭게 나타난 집단들이었다. 기독교민주당은 대도시 슬럼가 거주자들과 도시 여성들에게 인기가 높았다. 1964년 선거에서 프레이는 아옌데의 당선을 두려워한 기업가와 은행가들로부터 상당한 지지를 받았다. 이들은 혁명적 정당의 지지세력이 될 수가 없었다. 또한 프레이의 개혁안은 전적으로 건전한 경제팽창에 의존하고 있었는데, 경제가 호황이어야 중산층에 해를 끼치지 않고 경제사회 기본구조의 큰 변화 없이 이익을 하위 계층에 분배할 수 있기 때문이었다.

프레이가 취임한 1964년, 베트남전으로 구리 가격이 높게 유지되자 칠레 경제는 급속히 팽창했다. 그의 온건한 개혁안은 미국과의 우호관계를 보장했고, 차관과 민간 투자를 유입하는 결과를 가져왔다. 칠레의 만성적인 인플레이션도 감소했다. 그러나 이렇게 2년 동안은 모든 일이 순조로웠지만, 뒤이은 4년 동안은 모든 곳에서 문제가 생겼다. 인플레이션이 다시 나타나면서 1967년 이후 경제는 정체했다. 소득 불평등은 증가했고 생활수준이 급격하게 떨어졌다. 이에 대한 프레이의 번지르르한 수사는 국민에게 희망을 주었지만, 약속의 대부분을 이행하지 못했다. 그의 임기 중 노동 계급은 갈수록 투쟁적으로 변모했다. 처음으로 도시 슬럼 거주자 pobladores와 농촌 노동자 같은 집단들이 조직화되었다. 점점 더 기독교민주당이 경제난을 해결할 능력이 없음이 드러나자, 이러한 신생 조직들과 노동조합들은 보다 투쟁적이 되었다.

강력한 문화적 변화는 칠레 정치의 변화를 반영했고 또 이러한 변화를 만들어 냈다. 이 중 가장 의미 있는 문화적 변화는 '새노래 운동'Nueva Canción의 태동이었다. 페론 정권 시기 아르헨티나에서 처음 나타난 이 '새노래 운동'은 원주민의 악기들을 사용하고, 민요의 서정적 주제들을 적극적으로 끌어들였다. 그러나 1960년대 칠레와 다른 라틴아메리카 지역에서 '새노래 운동'은 곧 빈곤, 사회적 불의 그리고 폭압에 맞선 혁명 및 민주주의 투쟁과 연계되었다. 칠레 남부지방의 재봉사이자, 교사의 딸이었던 비올레타 파라Violeta Parra는 1950년대 칠레의 민속 예술과 음악을 연구하는 데 선구적 역할을 하였다. 자신이 그린 그림이나 화려한 색채의 아르티피예라artipillera(테피스트리)처럼, 그녀의 노래는 주로 가난한 민중의 투쟁을 기념하고 그들을 착취하는 부유한 상류층pituco을 비난했다.

파라의 작업은 가장 유명한 새노래 운동 음악가인 젊은 빅토르 하라 Victor Jara에게 지울 수 없는 인상을 남겼다. 가난한 농부의 아들로 태어난 하라는 평범한 칠레 사람들의 삶을 다루는 노래들을 남겼고, 자신의 좌파 사회의식을 반영하는 가사와 전통적인 가톨릭 의식을 자주 결합했다. 아마도 그의 가장 유명한 노래인 「농부들의 기도」La plegaria del labrador는 주기도문 형식을 본떠 만들었다. 그러나 하라는 칠레의 가난한 농민들을 노래하면서, 어떤 추상적인 악으로부터의 구원을 빌지 않았다. 대신, 아르마딜로 껍질로 만든 원주민 악기인 차랑고charango의 타는 듯한 리듬에 맞추어, 강력한 목소리로 "우리를 빈곤하게 하는 주인들로부터 벗어나게 해 주소서, 정의롭고 평등한 당신의 왕국이 오기를"이라고 노래했다.

1969년 프레이 정권의 경찰이 푸에르토 몬트Puerto Montt의 빈 땅을 불법적으로 점거한 농부들을 잔혹하게 진압하자, 하라는 한 세대의 투쟁가가 된 감동적인 노래를 작곡했다. 이「푸에르토 몬트에 대한 질문들」Preguntas por Puerto Montt은 야만적인 살인자들을 비난했고, "칠레 남부지방의 모든 빗물도 너희의 손을 씻기에는 부족할 것"이라고 선언했다. 하지만 하라는 정치에만 관심이 있는 것이 아니었다. 그는 예술가의 임무는 문화적 저항에 있다고 믿었다. "예술가는 진정한 창조자가 되어야 합니다. 그리고 본질적인 혁명가 …… 즉, 위대한 소통 능력으로 마치 한 명의 게릴라만큼 위험한 사람이 되어야 합니다"라고 그는 말했다. 예술가들은 부유층이 독점하는 대중 매체가 외면해 온 민중문화를 노래함으로써 혁명가가 되었다. "우리가 민중에게 올라가야 한다. 우리가 자세를 낮춰서 그들에게 다가간다는 생각을 버려야 한다"고 하라는 썼다. "우리의 역할은 민중에게 민중의 것, 즉 그들의 문화적 뿌리를 전해 주는 것이다". 하라와 다른 예술가들은 나중에「산타 마르타의 칸타타」La Cantata de Santa Maria라는 새로운 민중 뮤지컬을 합작했고, 이는 1907년 학살된 3천 명의 초석 광부들을 기리는 것이었다. 이 학살은 칠레의 근대 노동조합 운동에 불을 지피는 계기가 되었다.

또한 기독교민주당 자체도 이러한 문화적 변화를 반영했다. 환멸을 느낀 진보주의자들은 당을 탈퇴하여 1969년 통일인민행동운동Movimiento de Acción Popular Unitaria, MAPU을 결성했고, 이후 인민연합Unidad Popular에 합류했다. 이 분열로 인해 프레이는 기독교민주당의 전통파 지도자로 남게 되고, 라도미로 토믹Radomiro Tomic이 통일인민행동운동 탈당 이후 잔류한 진보파의 지도자가 되었다. 헌법의 연임불가 조항으로 프레이의 출마가 불가능했기 때문에, 토믹이 1970년 대통령 후보로 선출되었다. 토믹은 사회당, 공산당, 급진당이 주요 구성원인 인민연합측의 아옌데 후보와 별로 다르지 않은 공약으로 선거전에 뛰어 들었다.

프레이의 온건한 농지개혁으로도 이미 소원해진 과두층은 토믹을 전혀 받아들일 수 없었고, 1964년에 보여 준 것처럼 기독교민주당과 연대하는 것을 거부했다. 그들은 결국 국민당Partido Nacional의 전직 대통령인 호르헤 알레산드리를 지지했다. 선거 결과 알레산드리가 35%, 토믹이 28%를 득표했고, 아옌데가 36%의 득표율로 승리했다. 아옌데는 여성표를 공략하지 않았지만 1958년과 비교해 13% 증가했고, 이것이 의심할 여지없이 박빙의 승리를 거둔 토대가 되었다. 아옌데가 과반수를 얻지 못했기 때문에, 최종 결과는 의회 선거로 넘어갔고 널리 알려진 여러 가지 협상 끝에 아옌데가 대통령으로 선출되었다.

사회주의로 나아가는 칠레의 여정

저항

아옌데가 대통령에 취임한 1970년의 국내 정치상황은 합법과 비폭력의 틀 내에서 사회주의를 달성하겠다는 아옌데의 계획에 유리해 보였다. 선거 이후 아옌데 취임까지 군의 중립을 유지한 육군참모총장 레네 슈나이데르 장군이 1970년 10월 암살되는 일이 발생했다. 이 사건으로 아옌데의 정적들은 신뢰를 잃게 되었다. 인민연합이 의회 내에서 기독교민주당 내

토믹 분파의 협조를 받을 것이라는 전망이 우세했다. 인민연합은 외국계 대기업과 독점 기업의 점진적 인수, 80헥타르 이상의 모든 토지 몰수 등을 요구하는 프로그램을 통해 한동안 결속을 유지했다.

그럼에도 불구하고 반反인민연합 세력은 강력했다. 인민연합은 의회에서 다수파가 아니었고, 사법부와 감사원Controlaría General도 아옌데의 정책에 반대하고 나섰다. 모든 국내 경제단체, 외국 회사, 다수의 군경 장교, 가톨릭교회 등도 반인민연합 대열에 섰다. 반인민연합 정치조직인 민주연대Confederación Democrática는 3개 텔레비전 방송국 중 2개, 라디오 방송국의 95%, 일간지의 90% 그리고 모든 주간지들을 손에 넣어 칠레의 모든 대중 매체를 사실상 장악했다.

그러나 보다 중요한 것은 세계 시장에 본질적인 변화가 있었다는 사실이다. 유럽과 일본 경제가 전쟁 폐허에서 완전히 회복하여, 베트남 전쟁과 여타 제3세계 국가들에 대한 군사개입으로 국력이 약화된 미국의 강력한 경쟁자로 부상해 있었다. 1970년대 초반 선진 자본주의 국가들은 자국 시장에서 얻기 힘든 이윤을 얻기 위해 칠레와 같은 '반주변부'의 개발도상 국가들을 겨냥해 국제 무역전쟁을 일으키려 했다.

이것은 국내의 민주적 유권자들이 아무리 지지한다고 할지라도, 외국 자본이 자신들의 활동에 대한 민족주의적이고 국가주의적인 통제 정책을 더 이상 용인하지 않을 것임을 의미했다. 그 결과 민주적으로 당선된 사회당과 공산당 주축의 인민연합이 공약을 시행하려 했을 때, 닉슨 행정부의 안보 고문이었던 헨리 키신저 같은 미국 정부의 수뇌부는 고압적으로 개입했다. "나는 왜 한 나라의 국민들이 무책임하다는 이유만으로, 그 나라가 맑스주의화되도록 놔두어야 하는지 모르겠다"고 키신저는 오만하게 주장했다. 닉슨은 즉각 CIA로 하여금 칠레 의회가 아옌데의 당선을 승인

칠레 대통령 살바도르 아옌데는 1973년 9월의 군부 쿠데타로 사망했다.

하기 전에 아옌데를 제거하도록 쿠데타를 조직하라고 명령했다. 이 시도
가 실패한 후에도 그는 미국의 정보요원들에게 "경제를 고통스럽게 만들
도록" 조언했다. 파생되는 경제 혼란으로 아옌데 정권의 정당성은 위태로
워지고, 칠레가 다시 외국 자본의 통제하에 들어올 수 있다는 계산이었다.

그러나 인민연합을 가로막은 또 다른 요소는 내부 분열이었다. 노동
계급과 중산층 모두를 어떻게 만족시킬 것인가라는 오래된 문제는 결코
완전하게 해결되지 않았다. 노동 계급은 인민전선 시기보다 더 전투적이
었고, 중산층은 자신들의 이익이 인민연합의 구조개혁으로 위협받지나 않
을까 우려했다.

중산층과 노동 계급 유권자들 사이의 이러한 경쟁은 젊은이들 사이
의 문화적 갈등에도 잘 드러났다. 혼란스러운 1960년대에, 사회의식과 정

치 투쟁을 노래하며 민중과의 일치를 보여 준 파라와 하라의 민중음악은 의식적으로 미국이나 영국의 (반)문화를 모방했던 칠레 록 음악과 명확히 구별되었다. 하라 자신도 인민연합을 위해 지지 운동을 했고, 그가 작곡한 「우리는 승리할 것이다」Venceremos는 곧 이 운동의 주제가가 되었다.

반대로 로스 막스Los Macs와 같은 록 음악가들은 자신들이 현대적이라고 정의한 외국 문화들과 스스로를 더 동일시했다. 록 음악은 훗날 피노체트 독재 지지자들이 그랬던 것처럼, 칠레의 민중전통을 후진적이라 생각하고 부정했던 소외된 중상류층 젊은이들에게 특히 인기가 있었다. 칠레의 록 가수들은 주로 영어로 노래를 불렀고, 엘비스 프레슬리, 비틀스, 킹크스Kinks 그리고 버즈Byrds의 영향을 지대하게 받았다. 따라서 이 밴드들은 폭풍과 같은 칠레 정치 상황과 민중문화 전통에 싫증을 냈다. 로스 비드리오 케브라도스Los Vidrios Quebrados 그룹의 후안 마테오 오브라이언Juan Mateo O'Brien 같은 몇몇은 "칠레를 떠나는 것만을 생각했다". 그리고 돌아와 칠레 관중 앞에서 공연해 달라는 초청을 거절했다. 로스 막스의 윌리 모랄레스Willy Morales는 자신이 칠레로 귀국하는 데 관심이 없는 이유로 특히 아옌데의 민주적 사회주의 혁명, 즉 "1970년과 1973년 사이에 있었던 사회·정치적 변화들"을 들고 있다.

역설적이게도 평화적이고 민주적인 사회주의적 대안을 건설하기 위해 칠레를 방문했던 반문화적인 그링고gringo(라틴아메리카에서 미국인을 일컫는 스페인어 표현—옮긴이)들은, 자신들처럼 옷을 입고 머리를 기르며 마리화나를 피우고 지미 핸드릭스의 음악을 듣던 젊은 칠레 록 음악가들이 닉슨에 대해 점점 정치적으로 동조하고 있다는 사실에 놀랄 수밖에 없었다. 중상류층의 반문화적인 칠레 록 음악가들은 자신들이 부정한 주류 문화를 원시적, 야만적, 후진적 그리고 노동 계급적이라고 정의했다. 1970

년 살바도르 아옌데가 이 주류 문화의 정치적 상징이 되었다. 하지만 반문화적 미국인들과 빅토르 하라 같은 열렬한 민속 애호가들은 자신들이 저항했던 주류 문화를 현대적, 자본주의적, 사회적으로 정의롭지 못한 것으로 그리고 외국 주도적인 것으로 정의했다. 그것의 정치적 상징은 리처드 닉슨과, 1970년 대통령 선거에서 닉슨 행정부가 은밀하게 재정 지원을 아끼지 않았던 호르헤 알레산드리였다.

집권 첫해, 1971

노동 계급의 생활수준 향상과 경제 활성화는 인민연합이 당면한 문제였다. 정부는 지속적인 구매력 증가를 통해서 이 목표를 달성했으며, 구매력의 증가로 수요, 산업생산, 고용의 성장이 동반되었다. 아옌데 집권 첫해 동안 노동자 소득은 50%라는 경이적인 증가율을 보였다. 정부는 주거, 교육, 위생, 건강과 같은 노동집약적 프로젝트들을 중심으로 하는 대규모 공공투자계획을 세웠다. 동시에 여성을 의식한 정책을 확대했다. 가족부, 공동체 탁아시설, 저소득자에 대한 우유 배급 제도, 일종의 식료품조합인 민중가게Almacenes del Pueblo에 대한 재정지원, 각 지역 주부들이 참여하는 가격·공급 위원회가 모니터링하는 물가통제 제도 등이 만들어 졌다. 인플레이션이 1970년의 34.9%에서 1971년 22.1%로 감소하면서, 실질소득이 30% 증가했다. 미주기구OAS는 아옌데의 프로그램이 집권 첫해에 "높은 성장수준"을 만들어 냈다고 객관적으로 확인했다.

집권 첫해 동안 중산층 사업가나 기업가, 농민 모두가 수혜자가 되었고 아옌데 정권과 협력했다. 대기업의 사보타주가 산발적으로 발생하기는 했지만, 대부분의 기업인들은 정권에 적대적이지 않았다. 정부는 기업들이 생산량을 늘리는 데 동의하지 않으면 개입하겠다고 위협하면서 기업의 협력을 얻어내려는 강압 정책도 사용했다. 강압 정책과 수요증가의 결합으로 산업생산과 고용이 증가했다.

인민연합 정부의 이러한 단기 정책은 소수파 정권에 대한 민중의 지지를 확대했다. 이 성공은 1971년 4월 지방 선거에 반영되어 인민연합이 50% 이상의 득표를 얻었다. 그러나 아직 기본적인 시장경제를 유지하고 있는 칠레 경제에서 재고품 고갈, 소비재 수입으로 인한 외화 유출의 가중, 그리고 이윤의 하락 등은 장기적으로는 정부의 경제계획에 큰 타격을 주었다.

아옌데 정권의 첫번째 위기는 미국이 칠레의 연약한 민주적 사회주의 실험에 대해 사실상의 경제 전쟁을 선포하면서부터 시작되었다. 미국은 은밀하게 칠레의 차관 및 수입과 수출을 봉쇄했다. 특히 구리의 수출 봉쇄와 이로 인한 가격 폭락은 칠레의 수출입 불균형으로 이어져 결국 외환보유고의 고갈 사태를 초래했다. 게다가 1971년 7월 그란 미네리아Gran Minería를 몰수하면서 미국으로부터 민간 투자자본의 유입이 사실상 중단되었다. 이에 따른 경제적 난관으로 아옌데는 국가 채무에 대한 이자 지급을 중단했지만, 미국을 제외한 모든 채권국과 협상을 벌여 결국에는 만족스러운 결과를 얻어 냈다.

민주적 사회주의의 딜레마 : 샌드위치 신세, 1972~1973

집권 첫해에 거둔 성과는 경제 침체와 인플레이션의 재현으로 물거품이 되었다. 1971년 아옌데는 여전히 높은 인기를 누리고 있었지만, 자본주의적 성향을 지닌 중산층의 이해관계와 노동 계급이 요구하는 구조 개혁의 필요성 사이에서 아슬아슬한 균형을 달성하기 위한 그의 노력은 쉽지 않았다. 정부의 대기업 몰수 정책은 소수의 노동자들에게 이익을 주었지만,

노동 인구의 80%를 고용하는 중소기업 경영주들의 지지를 잃어버리는 결과를 낳았다. 노동자들 스스로가 공장을 차지하여 운영하기 시작했고, 국영 기업의 경영은 엉망이었다.

아옌데의 사회주의 정부는 농업 위기의 해결에도 무능했다. 칠레의 비효율적인 농업 생산은 아마도 경제의 가장 큰 걸림돌로, 농업 생산이 전체 인구를 충분히 부양하지 못했을 뿐만 아니라 농촌의 노동력에게 일자리를 제공하지 못했다. 정부에 적대적이었던 의회는 아옌데로 하여금 프레이 시대의 개혁 법안들을 따르게 만들었다. 그럼에도 불구하고, 1972년 말 아옌데는 라티푼디움 제도를 효과적으로 제거했다. 토지몰수 및 재분배가 계속 진행되었지만, 상당한 생산 감소가 초래되었다. 경작지는 20% 감소했고 1972~1973년의 수확은 좋지 못했다.

1972년 가을을 전후로 아옌데 정권은 전면적인 정치·경제적 위기를 맞게 되었다. 인민연합 정부의 실수와 내부 갈등은 정부의 혁명적 조치가 수반하는 불가피한 사회혼란을 더욱 심화시켰다. 거기에 과두지배 세력과 그 동맹자인 미국은 잔혹한 방식으로 쉬지 않고 정권을 흔들었다. 미국이 칠레 정치에 깊숙이 관여하고 있었다는 사실은 CIA 국장인 윌리엄 콜비William Colby의 발언에 잘 나타나 있다. 그에 의하면, 아옌데가 당선되는 것을 막기 위해 1962~1970년 사이 CIA가 뿌린 돈이 1,100만 불 정도였다. 이후 1970~1973년 사이 CIA는 닉슨 미대통령과 헨리 키신저의 허가 하에 칠레 경제를 "흔들기" 위해 800만 불을 사용했다. 닉슨은 주 칠레 미국 대사에게 "저 빌어먹을 아옌데를 깔아뭉갤 것"이라고 말했다.

칠레 상류층은 대기업의 국유화와 대토지 몰수로 경제적 기반을 상당 부분 상실하기는 했지만 여전히 대중매체, 사법부, 국회, 군부의 요직을 장악하고 있었다. 그러나 이 싸움은 궁극적으로 중산층의 향방에 달려 있었다. 급등하는 인플레이션이 중산층의 경제적 지위를 약화시켰다. 중산층을 안정시키고 이들의 지지를 획득하기 위해 아옌데는 열심히 노력했지만, 전통적인 반사회주의 정서와 부르주아와의 공조를 극복하기에는 역부족이었다. 이 중산층이 바로 인민연합을 무너뜨린 쿠데타의 대중적 기반이 되었다.

아옌데의 정적들은 경제위기 상황을 이용하여 사보타주를 벌이고, 중산층 여성들의 '빈 냄비' 항의 시위와 CIA의 지원을 받는 트럭운전사 파업 같은 직접적인 행동을 주도했다. 이 트럭운전사 파업은 상당수 자본가들이 사업장을 전면적으로 폐쇄하는 사태로 확대되었다. 이 파업은 아옌데가 정적들에게 중소기업의 안전을 보장하는 많은 양보를 함으로써 끝이 났다. 또한 법과 질서를 유지하고 1973년 3월로 예정된 의회선거를 감독하기 위해, 내각에 군 장성들을 입각시키는 데에도 동의했다.

집권당이 의회 선거에서 의석을 잃어 왔던 오랜 경향에 따라, 야당은 이 선거에서 압도적으로 승리할 것이라고 기대했다. 아옌데를 탄핵하고 합법적으로 정부를 무너뜨리는 데 필요한 의석수의 3분의 2에 달하는 절대다수를 얻을 것이라고 생각했던 것이다. 그러나 결과는 인민연합이 1970년의 36%보다 더 높은 44%의 득표율을 기록했다. 이로써 인민연합의 사회주의적 정책이 노동 계급과 농민들의 지지를 실질적으로 확대했음이 드러났다. 이제는 '대통령을 만드는 사람들'hacedoras de presidentes이라 불리는 여성들이 아옌데의 승리의 기반을 한 번 더 마련해 주었다. 인민연합은 여성 투표수의 41%를 차지했는데, 이는 1969년 의회 선거보다 14% 증가한 것이고 1970년 대선보다는 11% 증가한 것이었다. 또한 아옌데는 선거 연한을 낮추고 문맹 제한조건을 없앤 1971년의 선거법 개정의 효과를 상당히 보았다. 이러한 조치로 인해 여성의 투표 참여율이 1970년의

47%에서 1973년 56%로 상승했기 때문이다.

그럼에도 불구하고 여전히 야당은 의회의 다수의석을 확보하고 있었고 파괴적인 파업, 테러단 조직, 군의 정치개입 요구 등을 통해 정치·경제적 혼란을 조성하기 위해 온갖 노력을 했다. 미국은 아옌데 정부에 대한 입장이 내부적으로 양분되어 있던 칠레 군부에 막대한 영향력을 행사했다. 많은 칠레 장교들이 미국이나 파나마 운하 지역에서 반혁명 훈련을 받았다. 아옌데 재임기간 내내, 그리고 그 이후로도 미국은 칠레를 경제적으로 봉쇄했지만 군사원조는 계속했다. 1973년에 미국의 통상적인 군사원조는 2배로 늘었다.

1973년 봄, 군부 내의 세력균형이 아옌데 반대파로 기울어졌다. 6월 29일 발생한 섣부른 쿠데타가 카를로스 프라츠Carlos Prats 장군이 지휘하는 충성파에 의해 진압되어 실패로 돌아갔다. 쿠데타 진압 이후에 노동자들은 공장 점거와 무기 분배를 요구했다. 이들의 요구를 들어 주는 대신에 아옌데는 어리석게도 군에 의존하면서, 기독교민주당과 타협점을 찾는 데 다시 힘을 쏟았다. 그러나 군은 불법적인 무기를 찾기 위해 공장들을 습격한 반면, 공격적인 우파 준 군사단체의 무장을 해제하려는 노력은 하지 않았다. 많은 지역의 실질적인 통제권이 인민연합 정부에서 군부로 넘어갔다. 1973년 9월 11일 아우구스토 피노체트 장군이 이끄는 쿠데타가 아옌데 정권을 전복시켰고, 잔인한 신자유주의적 독재가 시작되었다.

쿠데타는 수천 명의 사상자와, 그보다 더 많은 수의 수감자와 망명자를 낳았다. 또한 포퓰리즘의 한계를 극복하고, 평화적이고 민주적인 수단으로 얻은 혁명적인 변화들을 통해 국가 발전을 도모하려던 칠레의 선구적인 노력을 완전히 끝장냈다. 이 과정에서 칠레의 노력은 저개발과 착취라는 쇠사슬에서 벗어나려는 다른 라틴아메리카 국가들의 투쟁에 매우 논쟁적인 유산을 남겼다. 1970년대 중반까지도, 파산한 포퓰리즘이나 사적 이익만 챙기는 개인 독재에 대한 유일한 성공적 대안은 쿠바의 무력 혁명밖에 없었다. 따라서 오랫동안 외국인과 과두 독재 아래에서 신음해 온 중아메리카 지역의 민족해방 운동들이, 목표를 달성하기 위한 수단으로 무장투쟁을 선택하여 민중전쟁을 장기적으로 이끌었다는 사실은 전혀 놀랍지 않았다.

18장 _ 독재자들의 몰락:
중아메리카의 혁명과 장기적인 민중전쟁

칠레와 안데스 지역과 마찬가지로, 중아메리카 지역은 1970년대 사회 변혁을 위한 의미 있는 운동의 장이었다. 잔악한 군부독재, 강력한 지주 과두층 그리고 외국의 지배는 20세기 상당 시기에 걸쳐 이 지역을 괴롭혔다. 국가발전을 저해하는 이런 장애물들에 대응하여, 1959년 쿠바에서 시도된 무장 게릴라 운동 전략과 칠레에 나타난 민중적 정치동원을 결합한 형태의 확고한 혁명적 저항이 나타났다. 이러한 장기적인 민중전쟁 개념이 니카라과, 엘살바도르 그리고 과테말라에서 벌어진 민족해방투쟁들의 특징이다.

이 장의 핵심 문제

- 중아메리카 발전에서 '자유주의' 개혁, 새로운 수출 의존, 핵심 자연자원에 대한 외국의 통제 그리고 미국의 전략적 헤게모니는 어떤 영향을 끼쳤는가?
- 후안 호세 아레발로와 하코보 아르벤스의 정책은 무엇이었고, 미국의 개입은 이 정책들에 어떤 영향을 주었는가? 또한 미국의 개입은 과테말라 국가 발전에 어떤 영향을 끼쳤는가?
- 니카라과 산디니스타 혁명의 계획은 무엇이었고, 미국의 정책은 어떠한 영향을 끼쳤는가?
- 엘살바도르 혁명의 목표는 무엇이었고, 미국의 개입은 어떤 영향을 끼쳤는가?
- 여성, 노동자, 그리고 가톨릭교회는 20세기 이 지역 발전에 어떤 역할을 했는가?

1979년 7월 니카라과의 산디니스타민족해방전선Frente Sandinista de Liberación Nacional, FSLN은 라틴아메리카에서 가장 오래된 독재 중 하나인 소모사Somoza 왕조를 무너뜨렸다. 이 사건이 라틴아메리카 전역과 미국에 불러일으킨 반향은 엄청났다. 1959년의 쿠바혁명처럼, 이 반제국주의 사회 혁명은 거의 한 세기 동안 미국의 안전 보호지역 역할을 해온 이 지역에서 미국의 힘에 도전했다. 산디니스타의 승리로 인해 워싱턴은 새로운 니카라과에 대한 입장 정리와 중아메리카 인접 국가로 혁명이 확산되는 것을 막기 위해 고민했다. 라틴아메리카 혁명가들과 지지자들 그리고 이 지역의 모든 민주 세력은, 1964년 브라질의 반혁명부터 1973년 칠레 민주주의의 파괴에 이르기까지 급진적이고 진보적인 대의가 패배하는 일련의 과정을 통해 절망을 경험해 왔다. 그러나 니카라과 혁명을 통해 이러한 절망에서 벗어나 크게 고무되었다. 더 나아가 니카라과 혁명은 맑스주의와 진보적 가톨릭 사상의 결합, 국영 기업과 민간 기업의 혼합을 유지하려는 혁명당국의 노력 등 독특한 면모를 통해, 라틴아메리카에서 사회변화와 국가 발전을 달성하기 위해 노력하는 사람들에게 새로운 상상의 지평을 열어 주었다.

한편 1980년 봄 엘살바도르에서는 폭압적인 군민평의회junta cívico-militar에 대항하는 게릴라 활동이 전면적인 내전으로 발전했다. 게릴라들은 민주혁명전선Frente Democrático Revolucionario이라는 혁명 정부를 조직하고, 자체 군 조직인 파라분도 마르티 민족해방전선Frente Farabundo Martí de Liberación Nacional, FMLN도 보유했다. 미국이 엘살바도르 정부에 대해 45억 달러 이상의 경제원조와 막대한 군사원조를 했음에도 불구하고 10년 후 반군은 많은 영토를 장악했다. 그리고 반군은 자신들이 엘살바도르의 경제를 교란할 수도 있으며, 경우에 따라서는 강력한 공세를 전개할 수도 있

1909	미국의 개입으로 니카라과의 셀라야 정권이 무너짐.
1912~1933	미군이 니카라과를 점령하고 니카라과 국가경비대를 창설.
1927~1932	니카라과와 엘살바도르에서 산디노와 파라분도 마르티가 반독재 민중저항을 지도.
1931~1934	독재자들인 우비코, 에르난데스 마르티네스, 그리고 소모사가 각각 과테말라, 엘살바도르, 니카라과에서 권력을 장악.
1944	아레발로가 사회보장 제도와 토지분배 같은 포퓰리즘적인 개혁을 공약.
1951	과테말라 대통령 선거에서 아르벤스가 승리하고 개혁 의제를 본격화.
1954	미국이 지원하는 군부 쿠데타가 아르벤스 정권을 전복.
1961	니카라과에서 산디니스타민족해방전선이 조직됨.
1967	니카라과의 아나스타시오 소모사 데바일레가 형 루이스의 권력을 이어받음.
1972	지진이 마나구아를 파괴했고 부패한 소모사 독재는 국제 지원금을 착복.
1977	엘살바도르에서 파라분도 마르티 민족해방전선이 게릴라전을 확대.
1979	산디니스타민족해방전선이 소모사 가문의 독재를 무너뜨림. 엘살바도르의 암살단이 오스카르 로메로 주교를 포함하여 3만 명을 살해.
1982~1989	미국은 콘트라 반군을 조직하여 재정, 훈련, 장비를 제공하고, 산디니스타의 병원, 학교, 그리고 협동 농장을 공격하도록 함.
1984	엘살바도르 대선에서 두아르테가 승리. 니카라과의 산디니스타 민족해방전선의 오르테가가 공정하게 치러진 대선에서 승리. 국제사법재판소가 니카라과에서 저지른 미국의 기뢰 공격을 유죄로 인정.
1991	파라분도 마르티 민족해방전선이 유엔평화협정에 따라 게릴라 단체에서 정당으로 변화.

음을 보여 주었다. 1990년 봄 미국의 지원을 받는 엘살바도르 정부에 대한 민중의 불만, 엘살바도르 군부가 저지른 잔혹 행위에 대한 미국의 반발 그리고 강력한 게릴라 세력의 위력 과시로, 엘살바도르 정부는 전제조건 없이 반군이 제안한 UN 감시의 평화협상을 수락했다. 그 결과 민정이양과 파라분도 마르티 민족해방전선이 참여하는 선거 실시를 골자로 하는 평화조약이 체결되었다. 완전히 '자유롭고 공정'하지는 않은 1994년 선거에서 파라분도 마르티 민족해방전선을 반대하는 세력이 승리했다. 그러나 이 선거로 파라분도 마르티 민족해방전선도 의회에서 확고한 입지를 굳히게 되었고, 엘살바도르의 정치·사회 변화를 위한 기나긴 투쟁의 초석을 마련했다.

과테말라에서의 게릴라 운동은 1954년 CIA가 조직한 반혁명 쿠데타로 개혁주의 정권이 붕괴되고 제도화된 사회개혁들이 무산되면서 일어났다. 정부 치안 부대들과 암살단Escuadrones de la muerte이 저지른 폭력의 강도가 극에 달했던 1970년대 말, 무장투쟁은 강력한 민중적 지지를 얻었다. 과테말라 군부 정권이 게릴라 지원 혐의가 있는 원주민들을 학살하는 등 초토화 정책을 실시하자 반군은 산악과 밀림 지역으로 퇴각했다. 그러나 1986년 비니시오 세레소Vinicio Cerezo의 민간 정부가 들어선 후에도, 혁명의 원인이 되었던 대규모 빈곤, 부정, 억압 등은 여전히 남아 있었다. 1990년 봄 게릴라 전쟁이 되살아났으며, 반군 부대는 수도인 과테말라 시티에서 불과 50km 떨어진 곳에 자리 잡고 있었다. 이번에도 평화협상이 시작되었고 군부 지배 세력의 끈질긴 저항에 봉착해 매우 더디게 진전했지만, 마침내 1996년 평화협정을 체결하는 데 성공하였다.

천혜의 자연자원을 가지고 있고, 또 미국의 강력한 정치적·경제적·문화적 영향을 받아 왔던 중아메리카 지역이 왜 이 같은 폭력의 땅이 되었으

며, 극심한 빈부격차를 극복하지 못하는 것일까? 이 질문에 답하기 위해서
는 무장 혁명 운동이 현대적 삶에 지대한 영향을 끼쳤던 과테말라, 니카라
과, 엘살바도르의 20세기 역사를 자세히 살펴보아야 한다.

과테말라

과테말라의 정치 폭력과 20세기 후반 발발한 혁명의 역사적 근원은 증가
하는 대외 의존, 해외 독점기업의 지배 그리고 1898년부터 1944년까지 일
련의 독재정권을 지지했던 약탈적인 토지 과두층의 협력 등이라고 할 수
있다. 이들 중 첫번째 군부독재자는 잔인하기로 유명한 마누엘 에스트라
다 카브레라Manuel Estrada Cabrera였다. 그는 순종적이었던 의회가 자신을 정
신이상자로 몰아 제거할 때까지 20년 동안 무자비하게 통치했다. 재임 기
간 동안 에스트라다 카브레라는 국가의 기반시설, 특히 도로와 항구 시설
에 투자하여 커피의 운송과 교역을 장려하고자 했다.

　이 시설들의 건설은 처음에는 과테말라의 재원으로 시작되었지만, 자
금 조달과 건설 계약이 곧 미국을 중심으로 한 외국 회사의 수중으로 넘
어갔다. 겸임 이사들을 통해 유나이티드푸르츠United Fruit Company, UFCO와
연계되어 있던 미국 기업인 중아메리카국제철도회사International Railways of
Central America, IRCA는, 과테말라 육상 수송의 독점적 권리와 대서양의 주요
항구인 푸에르토바리오스Puerto Barrios의 실제 소유권을 획득했다. 유나이
티드푸르츠는 1901년 과테말라의 우편물을 '대백색함대'Great White Fleet를
통해 푸에르토바리오스에서 미국으로 운송한다는 계약과, 생산자로부터
고정 가격에 구입한 바나나를 북아메리카 시장으로 수송하는 계약을 확
보했다. 또한 얼마 지나지 않아 이 회사는 과테말라 정부로부터 매우 유리

한 조건으로 막대한 양의 바나나 경작지를 취득했다.

직접 투자, 차관 그리고 과테말라의 주요 외국 시장에 대한 통제를 통한 미국의 광범위한 경제적 영향력은 과테말라에 대한 점차적인 지배로 이어졌다. 제1차 세계대전 후 미국 대사관은 사실상 과테말라 정부의 한 부서가 되었으며, 과테말라 정부는 미국 회사들과 협력하는 대가로 미국 대사들에게 정기적으로 혜택을 요구했다.

에스트라다 카브레라의 폭압적인 정권이 끝날 무렵, 과테말라 경제는 바나나 수출에 전적으로 의존했고 토지는 소수의 손에 집중되었다. 그러나 니카라과와 엘살바도르와는 달리 유나이티드푸르츠라는 한 외국 기업이 이 토지의 상당 부분을 소유했다. 이후 10년 동안 커피 과두층은 서로 싸웠고, 국가와 유나이티드푸르츠와의 관계를 새롭게 조정하려고 했으며, 헌법을 통해 군부를 제약하고자 했다. 또한 동시에 원주민과 농민, 노동자들에 대한 자신들의 영향력을 계속 유지하기 위해 애썼다. 이로 인한 불안정한 정세는 새로운 군부독재자 호르헤 우비코Jorge Ubico가 출현하게 된 배경이 되었다. 그는 1930년에 권력을 잡아 1944년 혁명이 일어나기 전까지 과테말라를 지배했다.

임기 내내 우비코는 유타이티드푸르츠와 중아메리카국제철도회사를 지속적으로 지원했지만, 대공황으로 수익에 위협을 받은 국내 커피 과두층과도 긴밀한 관계를 유지했다. 1930년대 내내 커피 가격은 1929년 수준의 절반 이하로 떨어졌다. 제2차 세계대전으로 유럽 시장이 막히면서, 커피 산업은 보다 더 미국 시장에 의존하게 되었으며 커피 가격은 더욱 하락했다. 대외무역의 위기로 실업은 증가했고 임금은 삭감되었으며 많은 소규모 생산자들이 파산했다. 미국 회사들과 밀접하게 연관돼 있었던 과테말라의 커피 재배 과두층과 관련 무역상들은 임금 삭감, 착취 심화, 정부지출 축소를 통해 불황의 고통을 농민과 노동자들에게 전가했다. 또한 1930년대에는 공식적 탄압이 증가해, 1933년 한 해만에도 정부는 약 100명 정도의 노동 운동 지도자, 학생, 반정부인사들을 처형했다.

호르헤 우비코는 농장 소유자들에게 안정적이고 값싼 노동력을 제공하고자 했다. 1934년 그는 채무 노역제debt peonaje를 폐지하고 반유랑자법 Ley Contra la Vagancia을 제정했다. 이 법에 의하면 규정된 면적 이하의 토지를 소유한 사람은, 아시엔다에서 1년에 150일 이상 노동했다는 것을 증명하는 증명서libreta를 소지해야만 했다. 이 '유용한 작업'의 의무를 이행하지 못한 원주민들은 투옥되었다. 또한 우비코는 민중의 저항과 농민들의 토지 침입을 두려워하여, 재산을 보호하려는 지주들에게 살인을 합법화해 주었다.

추축국들에 대항한 전쟁에 미국과 라틴아메리카 국가들이 참전하면서 반파시스트 분위기가 형성되었다. 이런 분위기에 의해 고무된 민주적 민중 저항 운동의 결과로, 혐오의 대상이던 우비코 정권이 붕괴했다. 과테말라는 미국의 압력으로 1941년 12월 추축국들에 선전포고를 했었지만, 우비코의 친파시스트적 사고와 대다수 측근 및 장관들이 친독일 인사라는 것은 잘 알려진 사실이었다. 1944년 6월에 벌어진 총파업과 반정부 시위로 우비코는 사임했다. 두 명의 군 장교와 한 명의 민간인으로 구성된 3두 체제가 정권을 장악하고, 1944년 12월에 열릴 의회 선거와 대통령 선거를 준비했다. 저명한 교육자이자 학자로 오랫동안 망명생활을 했던 후안 호세 아레발로Juan José Arévalo가 선거에서 압도적인 승리를 거두었다. 이로써 과테말라 민중이 민주주의와 사회진보를 보장하는 정부를 간절히 원했음이 확인되었다.

혁명과 반혁명, 1944~1983

1944년의 과테말라 민주혁명은 주로 도시 중산층과 불만을 가진 청년 장교단이 소수의 노동 계급 및 원주민 농민층과 연합하여 거둔 성과였다. 이 과정에서 노동 계급과 원주민 농민층은 조력자이자 주변부적인 역할을 했다. 실제로, 역사학자 그렉 그랜딘Greg Grandin은 원주민 공동체 지도자들 principales이 자신들의 전통적 권위와 소유권을 보호하기 위해 혁명적이고 민족주의적인 정권에 계속 대항해 왔다는 것을 보여 준다. 비록 혁명 지도부가 자본주의적 발전 과정을 선호하고 미국에 우호적이었지만, 아레발로 행정부(1945~1951)는 야심찬 사회 복지 프로그램도 가동시켰다. 이 프로그램은 학교, 병원, 주택의 건설과 전국적 문맹퇴치를 강조했다.

1945년의 헌법은 모든 형태의 강제 노동 폐지, 비문맹 여성에 대한 투표권 부여, 언론 검열 금지, 대통령 권한 제한, 인종 차별의 불법화, 동일노동 동일임금 원칙, 남성과 여성의 동등한 시민적 권리 부여 등을 규정했다. 1947년의 노동법은 적절한 노동 조건, 사회보장 제도 그리고 스스로 선출한 노동조합을 통한 단체교섭권을 명시했다. 이 노동법은 또한 노사 계약의 의무화와 출산휴가의 유급화를 보장했다. 이런 개혁으로 도시 노동자, 바나나 재배 노동자, 철도 노동자들의 급속한 조직화가 이루어졌으며, 이들은 얼마간의 제한적인 성과를 거두었다.

당시 많은 라틴아메리카 정부들이 취한 정책을 본보기로 삼아 아레발로는 산업 발전과 다각화 계획에 착수했고, 이 목적을 달성하기 위해 새로이 국립은행과 다른 기관들을 설립했다. 유나이티드푸르츠와 중아메리카 국제철도회사 등 기존의 주요 외국 회사들에 대해 국유화 정책을 실시하지는 않았으나, 아레발로는 국익이라는 관점에서 그들의 활동을 통제했다. 예를 들어, 정부는 유나이티드푸르츠의 임금 분쟁을 중재위원회에 맡겨야 한다고 주장했다. 그리고 새로운 법률들은 천연자원을 국가나 주요 자국기업이 개발해야 한다는 것과, 산업 분야에서 외국 투자가들은 국내 투자가들과 동일한 조건에서 활동해야 한다는 점을 규정했다.

1945년의 헌법이 국익을 위한 사유재산의 몰수를 허용했음에도 불구하고, 아레발로의 농업 프로그램은 마찬가지로 온건한 성격을 띠었다. 정부의 프로그램은 협동조합에 대해 국가가 지원하고, 농업융자 및 기술지원을 제공하는 것이었다. 또한 새로운 법률은 지주들이 소작인들을 자의적으로 추방하는 것을 막고 지주들에게 무토지 농민들에게 비경작 토지를 임대해 줄 것을 요구했으나, 라티푼디움은 어떠한 변화도 없이 유지되었다.

도시에 사는 중산층 메스티소 여성들은 아레발로 정부에서 영향력 있는 역할을 수행했다. 1946년 설립된 민주여성연맹Unión de Mujeres Democráticas, UMD에는 우비코 정권에 대항했던 산카를로스대학의 졸업생들이 포함되어 있었다. 그들은 여성의 권리를 위해 싸웠고, 문맹퇴치 운동에서 교사로 활동했으며, 1947년 아메리카대륙여성회의를 개최해 보다 광범위한 민주주의, 인권 그리고 국가 산업 개발을 옹호했다. 1947년에 설립되고 비합법 정당인 공산당과 긴밀하게 연계되어 있던 과테말라여성동맹Alianza Femenina Guatemalteca, AFG은 노동자 계층의 이익을 옹호하고 농지개혁과 원주민의 권리를 위해 싸웠다. 이 조직의 가장 유명한 회원이 마리아 빌라노바 데 아르벤스María Vilanova de Arbenz였는데, 1950년 그녀의 남편은 과테말라의 대통령이 되었다.

하코보 아르벤스Jacobo Arbenz 시장이 대통령에 당선되자, 개혁의 속도는 빨라졌다. 아르벤스는 반식민지 상태의 경제 종속국인 과테말라를 경제적으로 독립된 국가로 만들려고 했다. 이 목표를 달성하기 위한 주요 전략은 민간 기업에 의해 수행될 수입대체 산업화였다. 그러나 현대적 자본주의 경제는 농지개혁을 통한 국내 시장의 확장 즉 대중의 구매력 확대 없이는 불가능했고, 이것은 강력한 국가를 필요로 했다.

하코보 아르벤스는 원주민 농민들의 봉기와 과테말라 전국농민연맹 Confederacion Nacional Campesina de Guatemala, CNCG이 20만 명의 회원을 거느리게 될 정도로 엄청나게 성장한 사실에 고무되었다. 따라서 그는 2%에 불과한 지주들이 경작 가능지의 74%를 소유하고 있음을 말해 주는 1950년 센서스 조사 결과를 보여 주면서 1952년의 농지개혁법을 실시할 것을 주장했다. 이 법은 25년 만기 채권으로 223에이커 이상의 토지를 몰수하고, 이를 무토지 농민에게 분배할 것을 약속했다. 1954년 6월 약 10만의 농가가 새 정부기관들로부터 기술지원 및 융자와 함께 토지를 분배받았다.

농지개혁은 당연히 55만 에이커가 넘는 소유지 중 겨우 15%만을 경작하던 유나이티드푸르츠에 영향을 끼쳤다. 유나이티드푸르츠는 경작지가 못쓰게 되거나 바나나 병해충으로 황폐화될 때를 대비해, 이 같이 넓은 휴경지가 필요하다고 주장했다. 노동 정책과 임금 정책을 놓고 정부와 유나이티드후르츠의 충돌이 거듭되던 상황에서, 토지 몰수는 양자의 관계에 돌이킬 수 없는 파국을 가져왔다.

한편, 토지 과두층을 상대로 하는 싸움에서 힘이 약한 중산층은 동맹이 필요했고, 노동자들은 이러한 상황을 이용해 자신들의 요구사항을 확대했다. 이들은 과테말라노동자연맹Confederación de Trabajadores de Guatemala, CTG 및 과테말라노동조합연맹Federación Sindical de Guatemala, FSG 같은 독립적인 노동조합을 설립하고, 더 많은 임금과 노동자 주권을 요구했다. 이들의 성공은 10만 명이 넘는 회원을 거느리게 된 과테말라노동자총연맹Central General de Trabajadores de Guatemala, CGTG의 설립으로 나타났다. 과테말라전국

농민연맹 내 원주민 농민들의 정치화 경향과 더불어, 이러한 대중 노동자 계층 조직들은 아르벤스로 하여금 더 급진적인 개혁을 추진하도록 압력을 행사했다. 이 개혁 조치들로 인해 농산업agro-industrial에 종사하는 중산층 내의 정부 지지자들은 경악했고, 농장주 귀족 계층 및 미국 파트너들과 상생을 도모하게 되었다.

이미 미국 정부는 온건한 아레발로를 친공산주의적이라고 비난한 바 있었다. 유나이티드푸르츠의 이익과 재산을 위협하는 아르벤스의 혁명이 진척되자 미국 내에서 반발은 더욱 거세졌고, 유나이티드푸르츠에 우호적인 고위 관리들은 과테말라에 대한 직접적인 행동을 준비했다. 1953년 아이젠하워 대통령은 아르벤스를 제거하고 그 대신 카를로스 카스디요 아르마스Carlos Castillo Armas를 옹립하려는 CIA와 국무성의 공동 작전계획인 '성공 작전'Operation Success을 승인했다. 유나이티드푸르츠의 법률고문단 구성원이었던 국무장관 존 포스터 덜레스John Foster Dulles와 그의 동생인 CIA국장 앨런 덜레스Allen Dulles, 그리고 유나이티드푸르츠의 주주였던 UN대사 헨리 캐벗 로지Henry Cabot Lodge와 라틴아메리카 담당 국무성 차관보인 존 무어즈 캐벗John Moors Cabot 등이 이 음모에 깊숙이 관련되어 있었다. 한 CIA 관리가 마이애미에 자리를 잡고 이 작전의 야전 사령관 역할을 수행했다. 또한 유령 병기회사를 통해 중아메리카 출신의 용병들로 이루어진 카스티요 아르마스Castillo Armas의 군대에 무기와 탄약을 공급했다. 심리전의 책임자는 훗날 워터게이트 사건에 연루되는 하워드 헌트E. Howard Hunt였다.

1954년 5월 과테말라에 체코제 무기를 선적한 배가 도착한 사건은 과테말라의 무기 거래를 금지하고 있었던 미국에게 쿠데타 음모인 '성공 작전'을 실행할 구실을 제공했다. 6월 온두라스 국경에서 과테말라 내부로

10km 정도 이동한 카스티요 아르마스는 미국 동맹자들의 후속 조치를 기다리고 있었다. CIA의 비행기가 수도에 선전 유인물을 살포하고 소이탄을 투하하는 동안, 과테말라 군은 혁명을 수호하려는 노동자와 농민들의 무장을 거부했다. 오히려 군부는 아르벤스가 사임하고 정부 권한을 3인 평의회에 이양할 것을 강요했다. 그러나 미국은 CIA가 내세운 카스티요 아르마스를 대통령으로 만들 것을 고집했다. 7월 3일 미국 대사관의 비행기를 타고 수도에 도착한 카스티요 아르마스는 곧 혁명 지지자들에 대한 공포정치를 시작했다. 한 통계에 따르면 카스티요 정권은 8,000명에 달하는 사람들을 처형했다. 그 이후 카스티요 아르마스는 '사기꾼이자 살인자' 일당이라고 불리는 측근들을 주위 요직에 앉혔다.

이 반혁명을 통해 지주 과두층, 외국 동맹자들 그리고 이들의 새로운 중산층 동업자들은 권력과 재산을 되찾았다. 1952년의 토지개혁은 중단되었고, 이미 몰수된 토지는 유나이티드프루트와 다른 라티푼디움 소유자들에게 반환되었다. 이에 따라 1954년 이후 상업적 영농에 쓰이는 토지의 비율은 증가한 반면, 농민들의 평균 토지 소유 면적은 줄어들었다. 그러나 과테말라 경제는 변화를 경험하게 된다. 새로운 지배 연합세력이 소규모 종속적인 산업의 성장과 농업수출 구조의 주요한 변화를 촉진했다.

주로 외국인들이 통제하는 마킬라도라maquiladora(값싼 노동력을 이용하여 부품을 조립해 수출하는 단순 가공업—옮긴이) 형태의 산업이 완만한 성장을 이루었음에도 불구하고, 과테말라는 여전히 식료품과 원자재 생산 국가로 남아 있었다. 커피 가격이 하락하면서 수출 품목의 구성이 상당히 변화했다. 1980년에도 커피는 여전히 주요 수출품이었으나, 면화, 설탕, 카다멈cardamon(생강과科에 속하는 식물의 종자에서 채취한 향신료—옮긴이)이 수출액 기준으로 각각 2, 3, 4위를 차지하였다. 이처럼 상업적 농업은 증가했지만, 과테말라는 주곡인 밀과 옥수수를 미국으로부터 수입해야 했다. 이는 비옥한 토지가 라티푼디움 소유주들에게 계속해서 집중되고 있음을 반영하는 것이었다. 라티푼디움 소유주들은 무장반란을 진압하기 위해 농촌에 주둔하는 군대와 치안 부대의 힘을 빌려 원주민과 메스티소 소농의 땅을 약탈했다. 게다가 농민조합이 법으로 금지되었고 최저임금제가 지켜지지 않았기 때문에, 극단적인 저임금은 비일비재한 일이었다.

1954년 이후 정권들은 사회적 지지 세력이 협소하고 권력 유지를 위해 외세의 개입에 노골적으로 의존했기 때문에 군사적이고 억압적이었다. 1954년 이후 34년간 민간인 대통령은 1966년 선출된 마리오 멘데스 몬테네그로Mario Méndez Montenegro가 유일했는데, 그 역시 게릴라뿐만 아니라 농민들에 대한 진압 작전을 이끌면서 이러한 억압을 가속화했다. 미 군사 고문단의 조력을 받아 과테말라 군부는 1966년에서 1968년 사이 단지 사카파Zacapa 지역에서만 약 1만 5,000명을 살해했다.

계속되는 진압작전으로 큰 타격을 입었음에도 불구하고, 게릴라 운동은 되살아났고 '가난한 자들의 게릴라 군대'Ejercito Guerrillero de los Pobres, EGP를 결성하는 등 1970년대 중반에 새로운 전성기를 맞이했다. 이 부활은 게릴라 운동, 노동조합 그리고 농민 조직 사이의 활발한 연대를 반영해 준다. 또 다른 중요한 변수는 교회의 분열로, 정부를 확실하게 지지하던 보수파의 마리오 카사리에고Mario Casariego 대주교는 해방신학에 동조하거나 가톨릭 기초공동체comunidades de base에 참여하는 다수의 일선 주교 및 성직자들과 대립했다. 일부 성직자들은 가난한 민중의 일상적인 투쟁에 참여했다는 이유로 반란죄로 몰렸고, 정부군이나 준군사조직의 공격을 받았다. 1981년 한 해만 해도 12명의 신부들이 살해되었으며, 일부 주교들을 포함해 많은 성직자들이 살해 위협을 받았다.

1981년 3개의 주요 게릴라 조직과 과테말라 공산당이 군사작전을 조정하기 위해 통합사령부를 만들기로 결정하면서, 게릴라 투쟁은 절정의 단결력을 확보하게 되었다. 그 해 말 게릴라 운동은 상당한 성과를 거두었다. 만연한 폭력과 게릴라들의 세력 확장으로 자본 유출이 가속화되었고, 이에 따라 저물가와 산업활동 둔화로 발생했던 경제 불황이 더욱 악화되었다.

게릴라들의 약진으로 군부의 의견도 분열되었다. 장교단 일부는 현실적으로 가능한 것들을 통제하는 보다 방어적 전략을 선호했고, 다른 장교들은 게릴라 운동을 지원한다고 추정되는 지역에 대한 초토화 전술 등 보다 공격적 전략을 내세웠다. 1982년 3월 강경파가 우위를 점하게 되고, 에프라인 리오스 몬트Efraín Ríos Montt 장군이 새로운 3인 평의회의 수반이 되었다. 리오스 몬트의 정책은 주로 원주민을 제거하는 것이었다. 『라틴아메리카 주간 리포트』Latin America Weekly Report에 따르면, "군대와 준군사조직들이 마을에 진입하여 닥치는 대로 주민들을 학살하고 방화를 일삼았다. 생존자들이 달아나면 헬리콥터에서 기총 소사로 사살했다. 최후의 생존자들은 후에 한데 모아져 교회와 조력단체가 돌보는 특별 수용소로 이송되었다".

이 같은 상황에도 불구하고, 레이건 행정부는 과테말라의 인권상황이 개선되었으므로 과테말라 정부에 대한 군사원조와 무기판매를 재개하겠다고 의회에 통보했다. 그러나 미국 정부는 개혁이라는 전복적 용어는 조심스럽게 회피하면서, 반反혁명 정부로 하여금 폭넓은 국내 정치기반을 확보하기 위해 주기적인 '농지 변화'agrarian transformation 계획을 발표하게 하였다. 농지 변화 계획은 일반적으로 무토지 농민들을 접근이 어렵고 미개척지이며, 상대적으로 황폐한 국가 소유의 정글 지역 토지로 이전시키는 것을 의미한다. 여기에서 이들은 최소한의 융자와 기술 지원만을 받았는데, 이 모든 것은 시장에 대한 의존성을 강화하고 전통적인 자율성을 약화시켰다.

민주주의로의 복귀와 과테말라 스타일, 1983~2003

1983년 8월 군부 쿠데타가 리오스 몬트 정권을 무너뜨렸다. 절망적인 경제 상황, 국제적 고립 그리고 전통적인 인종, 종족, 젠더, 계급 분리를 극복한 다양한 사회 운동의 저항이 심화되면서, 군부는 권력을 민간 엘리트들에게 이양하는 데 동의하게 된다. 국내의 저항 세력은 특히 군부를 좌절시켰다. 잔혹한 탄압에도 불구하고 수십만의 원주민, 가톨릭 활동가, 노숙자, 도시 노동자 그리고 주부들이 농민단결위원회Comité de Unidad Campesina, CUC, 가톨릭행동Acción Católica, 전국빈민거주자 운동Movimiento Nacional de Pobladores, MONAP, 전국노동조합단결위원회Comité Nacional de Unidad Sindical, CNUS 그리고 소비자보호센터Centro para la Defensa del Consumidor, CDC 등에 가입하여 정부에 맞서 용감하게 싸웠다. 이들 단체들은 연합하여 탄압반대 민주연대Frente Democrático contra la Represión, FDCR를 조직하고 민주주의와 사회정의를 끈질기게 요구했다. 그러나 구체적인 조건들이 민주주의로의 복귀를 제한했다. 예를 들어, 군부의 반란 진압에 간섭하거나 억압적인 토지제도를 공격할 경우, 미래의 어떠한 민간 정부도 생존을 기대할 수 없었다.

이같이 특이한 민주주의로의 이행을 위한 첫 단계는, 1984년 7월 1일에 열린 제헌의회 선거였다. 정치적 토론을 심각하게 제약했던 억압적인 분위기와 '반동적인 다원주의'로 인해 이목을 끌었던 이 선거는 57%의 기권율을 기록했다. 이 선거로 과두층이 통제하는 제헌의회가 구성되었고, 제헌의회는 선거를 1985년으로 기획했다. 또한 제헌의회는 새로운 헌법을 만들었지만, 이 헌법에서 사회 문제들은 간과되었다. 반면 군부의 억압을 제도화했을 뿐만 아니라, 사유재산권을 절대적으로 보장했다.

기권을 불법화한 헌법의 조치에도 불구하고, 50%가 채 안 되는 과테말라 국민들만이 잇단 선거에 참여하였고 비니시오 세레소 아레발로Vinicio Cerezo Arévalo와 호세 세라노 엘리아스José Serrano Elías가 당선되었다. 이 둘은 군부의 독립성 존중, 인플레이션 억제, 고용 창출, 인권 존중, 민주주의의 확대 등을 공약했다. 군부는 비록 이들 민간 지도자들을 신뢰하지는 않았지만, 유럽과 워싱턴에 강력한 자매정당과 후원자들을 가지고 있던 이들 정부들이 시급한 외국 원조를 얻어내고 국가와 시민사회의 '재구성'을 가장 잘 관리할 수 있다는 것을 알고 있었다.

세레소와 세라노 치하에서, 군부는 오랜 반란진압 작전의 무대였던 농촌 지역을 효과적으로 장악했다. 오랜 반란진압 작전으로 38%의 도시 여성과 56%의 농촌 지역 부인들이 미망인이 되었고, 전체 인구의 10%에 달하는 원주민 피난민이 양산되었다. 리오스 몬트와 전임 대통령 로메오 루카스Romeo Lucas 장군이 실시한 반란진압 작전의 첫 단계에서, 정부군은 마야 족 마을들을 불태우고 들판을 황폐화시켰으며 3만 명 이상의 주민들을 학살했다. 두번째 단계의 목표는 원주민 공동체가 게릴라에 등을 돌리게 하는 것이었다. 이를 위해 생존한 원주민들과, 산악 지역으로 피난해서 야생동물을 사냥하면서 살다가 돌아온 주민들을 정착시킬 '시범 마을'을 만들었다. 또한 군부는 수십만의 마야 인들을 민간 방어 훈련계획에 참여하도록 강요하면서, 원주민 사회를 군사적으로 재조직화했다. 과테말라의 주요 무기 공급국인 이스라엘은 광범위한 종류의 첨단 무기를 공급했으며, 반란 진압을 위한 군사고문단도 파견했다.

한편, 구성원들이 정글과 산 속으로 도망쳐야 했던 심각한 패배를 겪은 이후에 게릴라들의 투쟁이 다시 되살아났다. 많은 시범 마을들이 게릴라 장악 지역으로 둘러싸이게 되었다. 특히 페텐Petén, 키체Quiché와 우에우에테낭고Huehuetenango, 솔롤라Solola 3곳에서 게릴라 세력이 강했다. 게릴라 활동의 증가에도 불구하고, 게릴라 운동을 지휘하던 과테말라 전국혁명연합Unidad Revolucionaria Nacional Guatemalteca, URNG은 세레소에게 평화협상을 진행할 의사가 있다는 공개서한을 보냈다. 1989년 4월 정부의 승인을 받은 화해위원회와 반군 지도자 사이에 예비회담이 열렸고, 이는 세라노 집권기에서도 계속되었다.

세레소 정부와 세라노 정부는 경제 공약을 이행할 수 없었다. 지주들과 자본가 계급의 지배적인 영향력을 반영하는 재정 긴축 정책은 실업과 높은 인플레이션을 지속시켰다. 미국과 유럽의 경제 지원은 기대 이하였다. 경제는 계속 침체했고 빈곤은 급격하게 늘어났다. UN에 의하면 1980년부터 1987년 사이 빈곤층의 비율은 79%에서 87%로, '극빈층'의 비율은 52%에서 67%로 증가했다. 과테말라의 역사적으로 높은 소득 불평등이 심각하게 악화되었다. 당연히 이러한 상황은 문맹률, 기대수명, 영아 사망률로 측정되는 '물질적 삶의 질'의 급격한 하락으로 이어졌다. 더 심한 것은 이러한 극심한 빈곤이 여성과 원주민에 특히 불균등하게 집중되었다는 점이다.

그럼에도 불구하고 민중 세력은 보다 확장된 정치적 자유를 활용해 강력한 반대 세력을 조직했다. 독립적인 새 노동자 연합조직인 과테말라 노동자조합동맹Unión Sindical de Trabajadores de Guatemala, UNSITRAGUA의 지도 아래 학생, 교사, 노동자, 빈민 거주자, 인권 운동가, 소농민, 여성 단체 그리고 원주민 권리 단체들이 계층을 뛰어 넘는 연대를 결성했다. 이들은 실업자를 양산할 뿐만 아니라 빵, 우유 그리고 교통요금의 가격을 인상하는 정부 정책에 반대하기 위해 전국 규모의 총파업을 조직했다. 비록 몇몇 중요한 양보를 얻어 내기는 했지만, 민중 사회 운동은 아직도 군부, 국제 은행가 그리고 과테말라의 지주 엘리트들이 가지고 있는 힘을 갖고 있지 못했다. 그러나 그들은 의도했든 그렇지 않든 농촌 게릴라 운동을 지원하는 시민 연대로서 효율적으로 작동했다.

1992년 마야 운동가인 리고베르타 멘추가 노벨평화상을 받았다. 이는 그녀가 태어난 과테말라와 라틴아메리카 전체에서 원주민들에 대한 집단 살해에 맞선 투쟁과 원주민들의 정치·사회적 권리를 위한 투쟁을 크게 고무했다.

세레소와 세라노는 평화를 위해 노력하고 인권유린을 종식할 것을 약속했으나, 급증하는 암살 사건들은 이들의 공약과 상충되었다. 미국에 본부를 둔 반구문제위원회Council on Hemispheric Affairs는 1990년 과테말라가 라틴아메리카 국가들 중 가장 인권 유린이 심한 국가라고 밝혔다. 그 뒤를 엘살바도르가 이었다. 같은 해 한 인권 단체의 조사에 따르면 수십 명의 부랑아들을 포함한 773명이 주로 군대, 경찰 그리고 민간 암살단에 의해 살해되었다.

1993년 다양한 요인들이 겹쳐 세라노 정권은 위기를 맞았다. 첫번째 요인은 일련의 급격한 전기세 인상에 따른 대중의 반발이었다. 두번째는 마야의 인권 운동가인 리고베르타 멘추Rigoberta Menchú가 1992년 노벨 평화상을 수상한 사건이었다. 멘추의 노벨상 수상으로 과테말라 원주민들은 정치·사회적 권리회복 투쟁에서 세계적으로 알려진 지도자를 갖게 되었다. 증가하는 동요와 민중시위에 맞서, 1993년 3월 25일 세라노는 의회와 대법원의 해산을 선언하고 모든 권력을 자신의 손에 넣었다. 역설적이게도 1954년 민주적 민족주의자인 하코보 아르벤스 정부의 추방을 계획했던 미국은, 이번에는 친위 쿠데타에 대한 항의의 의미로 경제원조를 중단했다. 이 때문에 경제에 일대 혼란이 일었고, 동요하던 군부는 결국 세라노에 대한 지지를 철회했다. 곧 쿠데타는 실패했고 세라노는 파나마로 피신했다.

군, 정계, 재계의 엘리트들 사이에 위기 극복을 위한 장기간의 협상이 진행되었고, 이들은 세라노에 대해 적대적이고 미국과 자신들이 용인할수 있는 대통령 후보를 물색했다. 게릴라 활동을 비판하고 국제통화기금과 세계은행이 후원하는 신자유주의적 경제 정책을 옹호했던, 변호사이자 인권 평론가인 라미로 데 레온 카르피오Ramiro de León Carpio가 후임자로 최종 결정되었다.

군부는 그가 현존 질서를 위협하지 않고 과테말라의 이미지를 개선할 것이라고 확실하게 믿었는데, 이는 대통령 취임 후 행한 첫번째 조치에서 확인되었다. 레온 카르피오는 세라노의 친위 쿠데타를 지지한 것으로 추정되는 일부 고위 장성들을 해임한 후에, 곧 별반 다를 바 없는 인물들로 대체했다. 인권 단체들의 조언에도 불구하고, 레온 카르피오는 인류학자이자 인권 운동가인 미르나 맥Myrna Mack을 암살하는 등 수많은 인권유린을 자행해 온 대통령 경호대를 유지하기로 결정했다. 그는 또한 게릴라들과 교섭을 재개했으나, 게릴라 운동의 근본 원인인 토지·노동·정치의 개혁 등 경제·사회적 문제들에 대한 논의와 휴전협상을 분리할 것을 고집했기 때문에 협상은 매우 느리고 위태롭게 진척되었다.

포퓰리즘적인 수사에도 불구하고, 대체로 레온 카르피오는 전체 인구의 90%에 달하는 빈곤층 문제에 전혀 관심을 쏟지 않았다. 과테말라의 빈곤층 문제는 라틴아메리카의 매우 낮은 기준에 비춰보더라도 심각한 수준이었다. 1991년 공식 기록에 의하면 전체 인구의 10%에 해당하는 최빈곤층이 국민소득에서 차지하는 비율이 1980년 2.4%에서 1991년 0.5%로 떨어졌으며, 전체 인구의 55~60%를 차지하는 원주민들의 경우 문제는 더욱 심각했다. 공식 통계에 따르면 원주민 유아사망률은 1천 명당 134명으로 비원주민 인구의 2배에 이르고, 원주민 인구의 단 10%만이 문맹을 벗어났다. 또한 원주민 어린이 4명 중 3명이 영양실조로 고통받고 있으며, 원주민들의 평균 예상 수명은 45세로 비원주민 과테말라 인과 16년의 차이를 보인다. 이처럼 원주민들이 가난에 허덕이는 근본원인은 토지 접근이 제한적이기 때문이다. 미 국제개발처AID의 연구에 의하면 2%의 농장들이 전체 경작지의 3분의 2를 소유한 데 반해, 70%에 이르는 농장들은 단지 17%의 땅을 소유하고 있었다. 정부는 고산 지대에서 수출용 겨울 채소들을 재배하도록 권장했는데 이로 인해 지역적 수요를 충당하던 곡류 생산이 감소하게 되었으며, 이는 대다수 원주민들의 도시 이주를 야기했다.

많은 원주민들(그리고 비원주민들)은 과테말라 경제에서 가장 빠르게 성장하고 있던 자유무역 지대의 공장인 마킬라maquila에서 일자리를 얻었다. 1984년 제정된 법은 이 공장들에게 수입관세 면제와 10년간의 세금면제 혜택을 주었다. 마킬라의 대부분은 한국인들이 소유했으며, 과테말라 대미 수출의 36%를 차지했다. 마킬라 노동자의 70%는 여성으로 일당 2.5달러를 받았다. "아침 7시 30분부터 밤 10시까지 일한다"는 한 기계공은, "이렇게 하루 종일 일을 해도 입에 풀칠하기조차 힘들다"고 토로했다. 그러나 고용주들은 임금 인상, 노동시간 단축, 노동환경 개선 등을 요구하는 노동자들에 대해 성공적으로 대처해 왔다.

압제가 계속되었지만, 이에 대한 저항도 커져 갔다. 멕시코에서 돌아온 수천 명의 과테말라 망명객들과, 10여 년 동안 내부의 망명객처럼 이른바 저항 공동체에서 살고 있던 수천의 원주민들이 저항을 강화했다. 리고 베르타 멘추의 노벨 평화상 수상은 이들에게 새로운 희망과 용기를 주었다. 1993년 11월 수천 명의 과테말라 원주민들은 군이 강제한 민간 방어 훈련계획의 전면 폐지를 요구하며 수도에서 항의 행진을 벌였다. 이 같은 사회적 열기는 마야 문화의 부흥으로 이어져 마야문화연구센터, 마야작가 연합 그리고 마야 어로 쓰인 책을 전담하는 출판사 등이 만들어졌다.

40년에 걸친 군부독재, 암살단의 활동 그리고 과두층의 지배는 과테말라를 정치적으로 분열되고, 경제적으로 황폐하며, 사회적으로 불안정한 나라로 만들었다. 1990년대에 이르러 민중투쟁의 무대는 전장에서 정치영역으로 최종적으로 옮겨왔고, 이 영역 안에서 사회 운동은 계급, 인종, 성의 차이를 초월하여 지지층을 동원했다. 이러한 혁명과 장기적인 민중 전쟁 전략은 몇몇 의미 있는 승리를 얻어 내기도 했다. 그것은 독재의 재앙을 끝냈고, 암살단의 활동을 통제했으며, 과두층으로 하여금 권력을 나누도록 했다. 그러나 사회정의와 국가발전이라는 궁극적인 목표는 여전히 달성하기 어려웠다. 한편 니카라과에서는 국가 발전에 필요한 구조 개혁을 시행할 의지를 가진 민중 운동이, 이러한 전략을 통해 실제로 권력을 장악했다. 그러나 이들 역시 마찬가지로 미국 정부의 방해에 직면했고, 미국 정부의 방대한 수단들은 결국 혁명적 니카라과를 제압했다.

니카라과

자유주의, 미국의 개입 그리고 산디노, 1894~1934

과테말라와 마찬가지로 대외경제 의존 그리고 토지 분배에 있어 총체적인 불평등이 니카라과의 20세기 역사를 특징짓는다. 하지만 북쪽에 있는 이웃 나라와 달리, 니카라과는 미국이 빈번하게 군사적으로 개입함으로써 주권이 침해당하고 진보적인 엘리트층이 약화되었다. 19세기 말의 자유주의적 독재자인 호세 산토스 셀라야José Santos Zelaya는 니카라과를 외국인 투자와 무역에 개방했다. 그럼에도 불구하고 그는 열렬한 민족주의자였다. 그는 대서양 연안의 모스키토Mosquito 해안에 대한 니카라과의 주권을 강하게 주장했고, 오랜 동안 중아메리카 연방을 옹호했다. 또한 그는 미국의 운하조약 제안을 거부하고, 미국이 통제하는 파나마 운하와 경쟁하게 될 니카라과 운하의 건설을 위해 다른 나라들과 협상함으로써 미국의 신경을 자극했다. 동시대 멕시코의 포르피리오 디아스처럼, 미국의 경제적 영향력 확대를 우려한 셀라야는 다른 나라 기업들을 배려함으로써 미국의 영향력을 줄이려 했다.

이러한 셀라야의 독립적인 태도 때문에, 1898년 이래 제국주의적 태도와 정책을 견지해 온 미국은 그의 축출을 결심했다. 미국의 부추김을 받아 1909년 반란이 일어났다. 대서양 해안의 블루필드Bluefields에 상륙한 미 해병대가 정부군의 공격에 대항하고 있던 반란군을 지원했다. 미국의 군사·외교적 압력으로 셀라야는 사임했고, 1910년 그의 반대 세력이 정권을 장악했다. 이들의 승리는 전통적 지주 과두층의 승리를, 그리고 독립적인 자본주의 발전을 추구하는 진보 세력의 패배를 의미했다. 승리한 세력은 니카라과 동부의 미국 광산회사에서 회계 담당자로 일했던 무명의 아돌포 디아스Adolfo Días를 허수아비 대통령으로 내세워, 서둘러 미국의 모든 요구를 만족시켜 주려고 했다. 한 미국 은행은 니카라과 정부에 융자를 해 주고, 국립은행과 국영철도 통제권 그리고 세관 수입을 담보로 잡았다.

디아스의 예속성과 허수아비 정권에 대한 불신으로, 1912년 젊은 자유주의자 벤하민 셀레돈Benjamín Zeledón이 주도한 반란이 일어났다. 자유주의 반란 세력이 승리를 눈앞에 둔 상황에서, 디아스 정권의 요청으로 미해병대가 다시 니카라과에 상륙했다. 미국 관리들이 반란의 중단을 요구했음에도 불구하고 셀레돈은 계속 싸웠으며, 미국 사령관에게 이렇게 경고했다. "조국의 신성한 권리를 되찾으려고 투쟁하는 약한 자들에게 무기를 사용함으로써, 당신과 당신 나라는 역사에 영원한 불명예를 남기게 될 것이며 가공할 책임을 떠안게 될 것이다." 셀레돈은 결국 최후까지 싸우다 패배하여 미국의 동의로 처형되었다. 미국의 첫번째 니카라과 점령이 뒤따랐고, 1912년에서 1925년까지 미국은 일련의 허수아비 정권들을 내세워 통치했다. 미국이 보호해 주는 대가로, 이 부역 정권들은 미국에 여러 가지 중요한 양보 조치들을 취해야 했다. 1916년의 브라이언-차모로 조약 Bryan-Chamorro Treaty이 대표적인 것으로, 여기에서 미국은 니카라과를 가로지르는 운하 건설에 대한 배타적 권리와 1903년 파나마 운하조약에 포함된 것과 유사하게 니카라과 국가주권을 일정하게 제약할 수 있는 권리를 얻었다. 당시 파나마 운하가 이미 건설되었기 때문에, 브라이언 차모로 조약의 실제적 목표는 다른 나라들이 경쟁력 있는 운하를 건설하지 못하도록 차단하여 이 지역에서 미국의 전략적 헤게모니를 유지하는 것이었다.

미국은 점령이 더 이상 필요하지 않다는 판단 하에, 1925년 8월 해병대를 철수시켰다. 그러나 몇 달 후 미국과 다른 나라들의 재산을 보호한다는 명목으로 다시 돌아와 1931년까지 머물렀다. 미국의 새로운 전략은 모든 정치적 경쟁 세력들 간에 평화협약을 마련해 정치적 이권을 서로 나누게 하는 것이었지만, 실질적인 권력은 미국의 손안에 있었다. 아우구스토 세사르 산디노Augusto César Sandino만이 유일하게 1927년 미국이 주도한 평화조약을 거부했다. 산디노는 자유주의적 지주와 원주민 하녀 사이에 태어난 메스티소로, 멕시코혁명 이후에 멕시코에서 살았다. 멕시코에서 그는 급진적 민족주의와 사회혁명의 이상을 접했다. 그는 1926년 니카라과로 돌아와 보수파 괴뢰 정권에 대항한 자유주의자들의 투쟁에 합류했으나, 한 분파의 지도자인 호세 마리아 몬카다José María Moncada는 산디노를 불신했다. 그것은 산디노가 "부유층에 대한 노동자의 투쟁 필요성과 여타 공산주의 원칙들에 대해" 언급했기 때문이었다. 산디노는 맑스주의자는 아니었으나 모든 비기득권 계층 사람들과 깊은 동질감을 가지고 있었고, 자신의 우선 목표인 미군 철수가 이루어진 후에 진행할 광범위한 사회·경제 개혁을 구상하고 있었다.

몬카다 아래에서 독립적인 지휘권을 행사할 수 없게 되자, 산디노는 광부, 농민, 노동자 그리고 원주민을 주축으로 하는 독자적인 군대를 조직했다. 그는 당시의 결의를 다음과 같이 기록했다. "나는 조국에 대한 배신에 저항하라는 소명이 주어졌음을 깨닫고 투쟁하기로 결심했다." 1927년에서 1933년까지 7년간 산디노의 게릴라 군대는 미 해병대와 미국의 지원을 받은 니카라과 국가경비대에 맞서 싸웠다. 초기의 전면전에서 막대한 손실을 입은 산디노는 치고 빠지는 공격, 매복, 일시적 점령 등에 바탕을 둔 새로운 전략을 개발했다. 그 중 가장 중요한 전법은, 농민층과 밀접한 유대를 맺어 적의 동향에 관한 정확한 정보를 입수하고 기초적 군수물자를 조달하는 등 여러 가지 도움을 받는 것이었다.

한편 니카라과 전쟁은 미국 대중의 관심에서 점점 멀어졌고, 결국 의회는 모든 자금 지원을 중단했다. 새로운 후버 행정부는 니카라과에 대한 통제력은 그대로 유지하되, 니카라과 지원이라는 흙탕물에서는 발을 빼기로 결정했다. 이러한 통제를 위해 1927년 미 해병대에 의해 조직되고 훈련된 강력한 니카라과 국가경비대를 만들었다. 1932년 2월 국무장관 스팀슨은 니카라과에 주둔하고 있던 1천 명의 해병대 철수를 발표했고, 11월 미

산디노 장군(왼쪽에서 두번째)과 그의 참모들. 왼쪽부터 세번째가 엘살바도르 출신의 아우구스틴 파라분도 마르티이다.(맨 왼쪽과 오른쪽 사람의 신원은 아직 확인되지 않고 있다.)

국 감독하에 실시되는 대통령 선거가 끝나면 나머지도 철수할 것이라고 밝혔다.

후안 B. 사카사Juan B. Sacasa가 선거에서 승리했고 국민통합을 이루려고 했다. 먼저, 아나스타시오 소모사 가르시아Anastasio Somoza García 장군을 새로운 국가경비대 수장으로 선택한 니카라과 담당 미국 장관의 의견을 받아들였다. 두번째, 사카사는 산디노에게 평화협상을 제안했는데, 산디노는 1934년 1월 2일 미 해병대가 떠나면 무장투쟁을 중지하겠다고 약속한 바 있었다. 그러나 산디노는 사카사의 측근들, 특히 자신이 이끄는 산디니스타 게릴라의 완전한 무장해제를 명령해야 한다고 주장한 소모사를 매우 불신했다. 협상이 진행되면서 산디노는 국가경비대의 해산을 요구해 소모사를 격분케 했다. 소모사는 곧 사카사도 모르게 산디노의 체포와 처형을 명령했다. 이것이 40년 이상 니카라과 민중을 억압한 소모사라는 폭군이 만들어지게 된 첫걸음이었다.

소모사 집권기, 1934~1979

소모사는 산디노를 살해한 이후, 공개적으로 대통령 사카사에 도전하면서 자신의 권력을 점차 강화했다. 그는 청색 셔츠단Camisas Azules으로 알려진 파시스트 준군사조직의 도움에 힘입어, 1936년 선거에서 쉽게 승리할수 있었다. 이 과정에서 그는 대통령직과 국가경비대 대장직을 결합하는데 관심을 기울였다. 그는 국가경비대를 수중에 장악하고, 1956년까지 직접 대통령이 되거나 혹은 허수아비 대통령을 앞세워 니카라과를 통치함으로써 임기를 무기한 연장했다. 1956년 그는 리고베르토 로페스 페레스Rigoberto López Pérez라는 젊은 시인에 의해 암살되었는데, 니카라과 국민들은 이를 두고 소모사가 심판을 받은 것이라 했다.

철저하게 냉소적이고 이기적인 소모사는 자신의 권력이 미국의 지원에 달려 있음을 잘 알고 있었기 때문에 친미주의적인 태도를 보였다. 미국대통령 루스벨트가 말했다는 "소모사는 개새끼다. 그러나 우리의 개새끼다"라는 표현은, 사실 여부가 불분명하지만 소모사와 미국 정부와의 관계를 정확하게 보여 준다. 미국은 소모사에게 차관 제공과 국가경비대 장교를 배출할 군사학교의 설립을 지원함으로써 보상했다. 이 군사학교의 재학생들은 마지막 학년에는 통상 파나마에 있는 미 군사훈련소인 아메리카학교에서 교육을 받았다. 1956년 소모사가 암살되자 그의 두 아들인 루이스와 아나스타시오 소모사 데바일레가 권력을 이어받아 니카라과를 직간접적으로 1979년까지 통치했다. 소모사 가문의 통치 스타일의 차이는 미국의 대라틴아메리카 정책 변화에 대한 적응 과정을 반영하였다. 상대적으로 온건한 루이스의 통치 방식은 1960년대의 대세였던 진보를 위한 동맹의 개혁적이고 발전주의적인 측면의 결과였다. 사실상 소모사 가문의 독재자 3명은 니카라과를 자신들과 국내외 동맹자들의 개인 재산쯤으로 여겼다. 1970년 소모사 가문은 니카라과 농업생산의 25%와 산업의 상당부분을 장악했는데, 그들의 전체 재산은 5억 달러에 달하는 것으로 추정되었다.

미국 회사들도 광업과 식품 가공업에서 많은 투자 수익을 얻어냈다. 국내외 고용주들도 소모사 정권의 강압적인 노동 정책으로 혜택을 받았으나, 국내 자본가들은 소모사 가문의 독점적 성향에 차츰 불만을 품게 되었다. 원래 보수당과 연계되어 있던 교회는 1960년대까지 소모사 가문을 지지했지만, 아나스타시오가 영구 집권을 획책하자 이에 반대하여 기독교민주당과 연대했다. 그러나 시종일관 소모사 가문의 궁극적인 권력의 원천으로 작용했던 국가경비대의 고위급 지휘관들은 언제나 소모사의 수중에 있었다.

소모사 왕조와 그 동맹자들이 번영을 누린 반면, 도시와 농촌의 무제한적인 노동력 착취와 소모사의 개발 정책으로 민중들의 경제·사회적 상황은 지속적으로 악화되었다. 새로운 생산물, 특히 면화에 대한 세계 수요의 증가에 따라 소모사 가문은 농장주 계층에게 신규 토지를 제공했다. 이에 따라 1세기 전의 커피 호황 때처럼, 많은 농민들이 농토에서 쫓겨나 도시로 이주해야 했다. 소모사 가문 치하의 니카라과는 라틴아메리카에서 최악의 소득 불균등 분배국이었다. 1978년 전체 인구의 50%에 해당하는 하위 계층은 1인당 연평균 소득이 256 달러에 불과했다.

소모사 독재에 대한 저항은 1950년대에 불굴의 페드로 호아킨 차모로Pedro Joaquín Chamorro가 일으킨 일련의 실패한 봉기로 시작되었다. 그는 가장 강력한 과두층 가문의 아들이자 명망 있는 『라 프렌사』La Prensa 지의 편집자였다. 차모로는 여러 차례 봉기를 일으켰다 실패했으나, 이런 엘리트적인 배경으로 매번 사면을 받아 마나구아로 돌아갈 수 있었다. 그러나 소모사 독재에 대한 보다 심각한 위협은 1961년 카를로스 폰세카Carlos Fonseca, 실비오 마요르가Silvio Mayorga 그리고 토마스 보르헤Tomás Borge가 조직한 산디니스타민족해방전선Frente Sandinista de Liberación Nacional, FSLN이었다. 주로 학생들로 구성되었기 때문에 산악 지대에서 게릴라전을 수행하려던 초기의 노력은 실패했으나, 반군은 점차 전술과 조직을 보강하여 많은 조직원들을 모집할 수 있었다. 시간이 지나면서 그들은 농촌 봉기라는 전략과 비밀 정치조직 전략을 결합했고, 이는 장기적인 민중전쟁을 특징짓게 되었다.

1만 명에 이르는 니카라과 국민들의 생명을 앗아가며 마나구아의 중심가를 폐허로 만든 1972년의 지진은 니카라과 역사에서 전환점 역할을 했다. 소모사는 지진에 따른 국제 원조의 대부분을 자신과 국가경비대를 위해 착복했고, 이 같은 파렴치 행위에 대한 민중의 분노는 극에 달했다. 더욱이 소모사와 그의 일당들이 재앙을 이용해 마나구아 시 근처에 많은 땅을 구입한 뒤 주택과 상점을 지었기 때문에, 마나구아 중심가는 여전히 '개발되지 않은 달 표면'으로 남게 되었다.

1978년 1월 소모사 정권은 자신의 몰락으로까지 이어질 바보짓을 했다. 『라 프렌사』가 니카라과 국민들의 혈액을 미국에 팔았던 상업적 혈장 거래에 대해 연이어 보도했다. 그러자 언론의 비판과 민중의 분노에 기분이 상한 소모사 가문 혹은 지지자 중 한 명이 페드로 호아킨 차모로의 살해를 지시했다. 인기 있는 언론인이 살해되자 강력한 총파업이 일어났고,

이 총파업은 대규모 폭력과 국가경비대의 진압으로 일단 종결되었으나 그 파장은 계속되었다. 정권이 저지른 농민과 산디니스타에 대한 고문, 투옥, 살해 등을 묵과해 오던 지배층도 이 사건으로 이탈했고, 차모로와 같은 명문가 출신 인물을 살해한 것을 비난했다.

차모로 암살 사건과 총파업에 이어, 국가경비대는 산디노 암살 44주기를 가톨릭 의식으로 기념하려던 원주민 공동체를 잔인하게 공격했다. 이런 일련의 사건을 통해 산디니스타민족해방전선은 조직적 역량을 강화했으며, 저항 운동은 전국적으로 확산되었다. 1978년 8월 25면의 산디니스타 게릴라들이 대담하게 의사당을 습격하여 하원의원 대부분과 약 2,000명의 공무원들을 인질로 잡았다. 급박한 협상 끝에 아나스타시오 소모사는 산디니스타들이 내놓은 59명의 산디니스타 포로 석방, 막대한 몸값 지불 그리고 게릴라와 석방된 포로들의 파나마 행 비행기 보장 등의 요구조건을 받아들였다. 이 사건의 영향을 받아 마타갈파^{Matagalpa} 시에서 장기 총파업과 청년들의 자발적인 봉기가 발발하여, 청년들은 2주 동안 저항했고 국가경비대는 병영으로 후퇴해야만 했다. 9월 8일 산디니스타민족해방전선은 5개 도시에서 봉기를 기획했고, 국가경비대 사령부는 민간인과 산디니스타민족해방전선 전투원들로 포위되었다. 그러자 국가경비대는 소모사의 공군에게 5개 도시를 폭격하도록 요청했고, 이후 투입된 지상군은 이 도시들을 한꺼번에 탈환했다. 뒤이은 가택 수색은 소탕작전 Operation Cleanup이라는 대량 학살로 귀결되었고, 이때 발생한 사망자 수는 대략 5,000명에 달했다.

9월 봉기에 놀란 미국은 미주기구^{OAS}의 한 위원회를 통해, 소모사와 전통적 엘리트 반대 세력을 화해시키려 했다. 곧 몇몇 소모사 반대 세력들은, 미주기구 위원회가 "소모사 없는 소모사주의"somocismo without Somoza

를 원한다고 비난하며 협상 과정에서 철수했다. 이 사건과 소모사의 완강한 사임거부로 인해 미국의 계획은 좌절되었다. 한편 산디니스타민족해방전선은 3개 분파 사이의 전술적 차이를 극복하고, 민중 운동을 승리로 이끌 통합된 9인 지도부를 결성했다.

양측 모두 최후의 결전을 위한 총동원 작업을 시작했다. 소모사는 막대한 자산을 처분하고 자본을 해외로 빼돌려 최악의 사태에 대비했다. 반면 산디니스타민족해방전선은 서유럽 국가들의 사회민주당과 코스타리카, 파나마, 베네수엘라, 쿠바 등 정치적으로 다양한 국가들의 지원으로 국제무기 시장에서 구입한 무기들을 비축했다. 산디니스타민족해방전선 정규군은 수백 명에서 수천 명으로 확대되었고, 9월 봉기 후 지역방어위원회의 전국단위 조직은 식료품과 의약품을 비축하며 최후의 결전에 적극 대비했다. 가톨릭의 기층 조직인 기초공동체들은 이 과정에서 능동적인 역할을 수행했다.

1979년 6월 산디니스타민족해방전선은 총파업을 선언하고 최후의 공격에 착수했다. 마나구아에 침투한 산디니스타들은 시 중심부 양편의 바리오barrio(슬럼 거주지)들을 점령했다. 소모사는 신축한 라 로마La Loma 요새의 벙커로 퇴각해, 마나구아 시에 대한 대규모 공습과 포격을 지시하는 등 반격 명령을 내렸다. 7월 5일 산디니스타들은 마나구아 시 동쪽 약 10km 지점에 있는 공항으로 가는 길을 제외하고 시 전체를 포위했다. 마음만 먹으면 그들은 시를 점령할 수 있었지만, 소모사와 그의 측근들이 달아날 기회를 주기 위해 정부의 손에 남겨 두었다. 승리가 눈앞에 보이자 산디니스타 지도부는 페드로 호아킨 차모로의 미망인, 반소모사 기업가들의 대표인 알폰소 로벨로Alfonso Robelo, 그리고 3명의 산디니스타들로 구성된 5인 혁명평의회로 임시정부를 세웠다.

한편 미국은 니카라과에 급진적 혁명 정부가 들어서는 것을 막기 위한 막바지 노력으로, 미주기구를 소집해 마나구아에 대한 평화유지군 파견을 제안했으나 만장일치로 거부되었다. 그러자 니카라과에 특별 대표단을 보내어 산디니스타민족해방전선에게 혁명평의회의 기반을 넓히라고 설득했다. 그러나 산디니스타들은 부유한 자본가 계층을 대표하는 로벨로와 비올레타 차모로Violeta Chamorro를 정부에 포함함으로써 이미 많은 양보를 했다고 지적했다. 미국이 지명한 대로 국가경비대의 장군과 소모사의 개인적인 친구를 혁명평의회에 포함시켰더라면 아마도 "소모사 없는 소모사주의"를 잔존시켰을 것이다.

미겔 오반도 이 브라보Miguel Obando y Bravo 대주교와 다른 영향력 있는 인사들이 이제 기정사실인 패배를 인정하고 수도에서 새로운 전투가 벌어지지 않도록 하라는 강력한 압력을 가했다. 이에 소모사는 1979년 7월 16일 플로리다로 망명하는 데 동의했고, 다음날 니카라과를 영원히 떠났다. 이틀 후 산디니스타민족해방전선과 그의 혁명 정부는 마나구아에 입성했다.

산디니스타 집권기, 1979~1990

산디니스타들이 치른 승리의 대가는 인명과 물질적 측면 모두에서 막대한 것이었다. 사망자는 5만 명, 즉 니카라과 전체 인구의 2%에 이르렀다. 물질적 피해는 13억 달러에 근접했으며, 외채는 상당 부분 소모사가 외국 은행 구좌로 빼돌린 것을 포함해 16억 달러에 달했다.

국가 재건이라는 막중한 과업을 수행할 정부는 5인 혁명평의회, 각료 혹은 장관들, 국가위원회, 그리고 광범위하고 다양한 민중 조직을 대표하는 입법회의와 자문회의를 포함하였다. 이 같은 정부의 구성은 다원주의적인 체제를 통해 니카라과의 문제를 해결하려는 산디니스타 지도자들의 희망을 반영한 것이었다. 첫 내각에는 내무장관인 토마스 보르헤Tomás Borge와 농무부 장관인 하이메 휠록 로만Jaime Wheelock Román 같은 맑스주의자 외에, 두 명의 은행가, 메리놀회 신부인 미겔 데스코토Miguel D' Escoto와 트라피스트회 수사인 에르네스토 카르데날Ernesto Cardenal과 같은 두 명의 가톨릭 사제들이 포함되었다. 역사학자인 토머스 P. 앤더슨Thomas P. Anderson에 따르면 이렇게 해서 "니카라과는 가톨릭 사제들을 각료로 둔 세계 유일의 국가가 되었다". 이러한 정부의 공식 기관들이 산디니스타민족해방전선의 9인 지도부를 책임지고 있었다. 9인 지도부가 산디니스타군과 경찰을 직접 통제했다. 지도부는 선거를 약속하였으나, 산디니스타 체제를 교란하여 전복하려는 CIA의 조직적 활동으로 인해 니카라과는 곧 전시상태에 돌입하게 되었고, 선거는 1984년으로 연기되었다.

경제문제는 새 정부의 주요 과제였다. 당면 목표는 전쟁과 1972년 지진으로 발생한 피해를 복구하는 것으로, 이 과업은 각 지역의 시 당국과 산디니스타 국방위원회에 위임되었다. 피해 복구는 매우 빠른 속도로 진행되어, 1979년 가을 니카라과를 방문한 사람들은 비교적 정상적인 모습에 경탄했다. 식량 부족은 또 다른 심각한 문제로, 많은 양의 식품 수입이 요구되었고 이는 대부분 외국의 원조로 해결되었다. 한편 비상식량 작물이 재배됨으로써, 1980년 중반에 이르러 식량의 자급이 가능해졌다. 정부는 전쟁의 유산인 방대한 실업 사태를 일시적으로나마 해결하기 위해, 노동의 대가로 식량을 지급하는 방식과 피해 복구 작업을 결합했다.

최근에 들여온 차관의 대부분이 소모사와 그 일파의 은행 계좌를 채우는 데 사용되었음을 잘 알고 있었던 새 정부에게, 외채 처리는 골치 아픈 문제였다. 그럼에도 불구하고 새 정부는 정치·경제적 이유로 부정한 외채까지도 포함해 모든 외채를 갚기로 결정했다. 산디니스타들은 서방으로부터 차관과 기술지원을 받고자 했다. 또한 새로운 니카라과가 사회주의 진영에 전적으로 의존하는 소련이나 쿠바의 허수아비가 아니라는 것을 증명하고자 했다. 사회주의 국가들, 특히 소련과 쿠바는 실제로 식량지원 및 여타의 공급을 통해 상당한 원조를 했으며, 쿠바는 재건 사업을 지원하기 위해 다수의 교사와 의사들도 파견했다.

국제 융자 기관과 서방정부는, 니카라과에 대한 재정지원으로 민간 부문이 되살아나고 경제가 다원화되기를 희망했다. 재협상의 주된 난관은 미국과의 협상에서 나타났다. 카터 행정부는 주로 민간 부문에 대한 지원으로 7,500만 달러의 신규차관을 제공하는 데 동의했다. 그러나 레이건이 대통령이 되자 니카라과가 엘살바도르 반군에게 무기를 지원하고 있다고 증거도 없이 주장하면서, 나머지 1,500만 달러의 차관을 동결했다. 이때부터 니카라과는 사회주의 국가들과 서유럽의 우호적인 사회민주당 정부들 그리고 브라질을 포함한 제3세계 국가들의 지원에 의지해야 했다.

비록 몇몇 산디니스타 지도자들이 사회주의를 다소 먼 목표로 설정하기는 했지만, 산디니스타 체제는 국가 발전을 위해 혼합경제 전략을 추구했고 민간 기업이 국민경제 재건에서 핵심적 역할을 수행하고 있음을 인정했다. 그러나 니카라과 경제에서 국가는 가장 역동적이고 결정적인 요소가 되었으며, 특히 보건, 교육, 주택문제 등 사회복지 시설의 공급에서 중추적 역할을 담당했다. 국가 부문은 소모사 왕조와 그의 동맹자들이 가지고 있던 막대한 재산을 국유화하면서 강화되었다. 500헥타르가 넘는 대농장들의 절반, 전체 공업의 4분의 1, 대형 건설회사, 호텔, 부동산, 항공, 어선단 등을 포함하여 이들의 재산은 민중재산Área Propiedad del Pueblo이라는 국영 기업의 토대가 되었다. 이처럼 소모사와 측근들의 재산을 몰수함으로써, GNP(재화와 서비스의 연간 전체 가치)의 40%가량이 국가의 수중에 놓이게 되었다. 또한 산디니스타들은 은행 제도와 해외무역을 국유화했다.

그러나 GNP의 60%는 여전히 니카라과 자본가 계급의 차지였고, 이들은 농업생산의 80%, 제조업의 75%를 계속해서 장악했다. 따라서 니카라과는 1970년대 국가 부문이 차지하는 비율이 프랑스, 멕시코 및 페루보다도 작은 자본주의 국가였다. 산디니스타 정부는 '애국적 부르주아'와 동맹관계를 유지하기 위해, 급진적인 변화를 가져올 수 있는 정책들을 추진하지 않았다. 이를 통해 경제에 닥칠 재앙을 막고자 한 것이었다. 이에 맞춰 몇몇 대기업가들과도 동맹 관계를 추진하고 유지했다. 동시에 정부는 노동 조건, 임금, 노동시간 등에 대한 보호 정책을 실시해, 노동자들의 생활을 점진적으로 개선했다. 또한 혁명에 적대적인 자본가들의 사보타주, 생산 단축 및 자본 유출을 막기 위해 노동조합이 공장의 정상가동을 감시하도록 했다. 이 결과 정부와 일부 기업가 계층 사이에 긴장이 조성되었다. 이 같은 긴장과, 원료 구입을 위한 외화의 부족, 낡은 기계류 등 객관적으로 불리한 조건들이 겹쳐 민간 사업가들은 제조업에서 이탈하거나 투자를 할 수 없게 되었다.

공공 부문의 성장은 농업에서 가장 두드러졌다. 1979년 말 농지개혁청Instituto de Reforma Agraria, INRA은 소모사 정권에 연루된 사람들의 토지를 무상으로 몰수했는데, 정치학자인 포레스트 D. 콜번Forrest D. Colburn에 따르면 이 토지는 거의 "훔친 재산이나 다름없었다". 정부는 니카라과 경작 가능지의 5분의 1에 달하는 이들 토지의 대부분을 소규모로 분할하기보다는 통합해서 운영하고자 했다. 이 토지 대부분이 자본 집약적으로 운영되었던 대농장들이기 때문에, 소규모로 분할할 경우 커다란 생산 손실이 발생할 것으로 예측했기 때문이다. 결국 많은 사유지가 국영 농장으로 전환되었다. 다른 사유지들은 산디니스타 농업 공동체라 불리는 생산조합이 되었다. 1980년 말 이러한 생산조합 중 약 1,327개가 기능하고 있었다. 동시에 농지개혁청은 병원, 학교, 주택건설 계획을 통해 국가 부문 노동자들의 생활수준을 높이려 했다. 1980년 5만 명 이상의 노동자가 국가 부문에서 전일제로 일했다.

정부는 국영 농장과 생산조합을 기본 농업단위로 선호했지만 소규모 자영농을 도외시하지 않았다. 소규모 생산자에 대한 농업융자도 대폭 확대했고, 소농들에게 신용 및 서비스 조합을 만들라고 권장했다. 1979에서 1980년 사이 1,200개에 달하는 이러한 조합이 만들어져, 이 기간 동안 정부가 늘린 농업 융자액의 50% 이상을 받았다. 소모사와 그 지지자들의 토지가 몰수된 후에도 면화, 커피, 설탕 그리고 소 목축업에 종사하는 대규모 상업 농장들이 여전히 니카라과 경작지의 66.5%를 차지하고 있었다. 이 민간 농업 부문과 혁명 정부와의 관계는 불안정했다. 대부분의 대지주들은 소모사 체제를 경멸했고, 소모사 가문의 이기적 성향에 분노하여 정권의 붕괴를 환영했다. 그러나 세상이 변했고 산디니스타 집권 후 변화된 통치방식이 항상 그들의 구미에 맞는 것은 아니었다. 지주들은 더 이상 노동자들을 학대할 수 없었고, 소작농 및 노동자들의 권리를 규정한 개혁법을 준수해야 했다.

정부가 민간 부문의 유지를 보장했음에도 불구하고 대지주들은 자신들의 장래에 대해 상당한 불안감을 느꼈다. 따라서 상업농들과 소 목축업자들은 자신들의 조직들을 통해 가격, 토지할당 면적 등 여러 문제에 대해 정부와 협상하며 스스로의 이익을 지켰다. 이에 따라 상업농들은 낮은 이자로 융자를 얻을 수 있었고, 세계 시장의 가격 변동으로부터 생산자들을 보호하기 위한 커피 안정화 기금을 마련할 수 있었다. 이 상업농들은 1979년에서 1980년까지 면화 생산의 62%, 커피 생산의 55%를 담당하는 등 경제적으로 중요한 역할을 수행했다.

니카라과 농업의 어려움은 부족한 생산량이 아니라, 무엇보다도 주요 수출작물의 세계 시장가격 하락에 기인한 것이었다. 1981년 파운드당 24센트였던 설탕 가격은 1983년 9센트로 급락했고, 1982년에는 자연재해가 주요 식품의 생산에 타격을 주었다. 그 해 5월에 발생한 홍수로 심은 지 얼마 안 되는 2만 에이커의 기초 곡물 농지와 360만 달러 상당의 저장 곡물이 손실을 입었으며, UN통계 기준으로 3억 5천만 달러에 이르는 사회 간접자본이 유실되었다. 또한 7월과 8월에는 가뭄이 들어 4천 7백만 달러의 손실이 발생했다. 마지막으로 1981년에 CIA가 조직하기 시작한 반혁명활동의 규모가 대폭 증가하면서, 산디니스타 정권은 인력과 자원을 군사적 목적에 전용해야 했다. 이것은 니카라과 농업과 경제 전반에 심각한 타격을 가함으로써, 혁명 정부를 흔들려는 미국의 주요 목표를 충족시켰다.

레이건 행정부가 니카라과에 가한 엄청난 압력은 경제와 혁명 정부의 존립에 커다란 위협이 되었다. 레이건은 1,900만 달러의 예산을 가지고 전 국가경비대 요원들로 구성된 준군사조직의 구성을 승인했다. 1954년의 반과테말라 쿠데타를 연상시키는 움직임 속에서, 온두라스는 대對니카라과 군사 작전을 위한 준비지역이 되었다. 1981년에 시작해서 아르헨티나와 미국의 고문단은 소모사주의자들(양 진영은 이들을 콘트라스contras라고 편하게 부름)을 훈련시켰고, 니카라과에 대한 테러공격을 지원했다. 이 공격에서 수백 명의 니카라과 군인들과 민간인들이 살해되었으며 교량, 건설 장비, 병원, 농업 협동조합 등이 파괴되었다.

니카라과에 대한 '비밀 전쟁'은 1982년 존 니그로폰테John Negroponte

대사가 작전을 지휘하기 위해 온두라스에 부임하자 격화되었다. 온두라스의 CIA 기지는 50명의 공식 요원뿐 아니라, 베트남 참전자를 용병으로 계약하는 등 수많은 비밀 요원을 고용할 정도로 성장했다. 이 '비밀 전쟁'에 대한 온두라스의 군사적 협력을 유지하기 위해, 온두라스에 대한 미국의 군사 원조는 1980년 200만 달러에서 1981년 1,000만 달러로 늘어났다. 1982년에서 1983년 사이에는 그것이 비밀예산에서 사용된 일부를 포함하여 1억 4,400만 달러에 이르렀을 것으로 추정된다.

1983년 3월 수천 명의 소모사주의자들과 용병들이 온두라스 군의 지원을 받아 온두라스와 인접한 니카라과 북쪽 국경 지대의 여러 곳을 침입함으로써, 대니카라과 작전이 본격적으로 전개되었다. 동시에 미국은 '군함 외교'를 펼쳐, 엘살바도르 반군에 대한 니카라과의 무기 지원을 감시한다는 명목으로 여러 척의 군함을 니카라과 서부의 태평양 해안에 파견했다. 3월 말 침략자들의 라디오 방송이 승리를 주장하는 가운데, 주로 치고 빠지는 전술을 구사하는 콘트라 반군의 급습은 여전히 계속되고 있었지만 니카라과 군과 민병대는 반혁명 세력의 공격을 분쇄했다.

험난한 조건 속에서도 산디니스타 지도부는 경제를 안정시키고 사회 개혁을 확대하면서 혁명 정부를 의회 민주주의로 대체하려는 힘겨운 투쟁을 계속했다. 또한 교회와 국가 간의 격렬한 분쟁과, 니카라과의 대서양 연안에 살고 있는 미스키토Miskito 족과 수모Sumo 족의 자치 요구와 같은 중요한 사안들을 해결하기 위해 노력했다. 같은 시기에 미국은 CIA에 보다 많은 역할을 부여하며 니카라과에 대한 '비밀 전쟁'을 강화했다. 즉 CIA는 콘트라 반군에 대한 군수품과 병참을 지원하고 니카라과 항구에 지뢰를 부설했다. 심지어는 정부 관리와 친정부 인사의 암살을 포함하여 니카라과 내에서 여러 가지 테러 행위를 교육하는 책자를 발행하기도 했다. 이러한 미국의 비밀 전쟁은 자국법은 물론 조약 의무와 국제법을 위반한 것이었다. 1986년 6월 국제사법재판소는 니카라과의 제소에 따라 니카라과에 대한 모든 군사적·준군사적 행위를 중단하라고 미국에 명령했으나, 레이건 행정부는 국제사법재판소의 사법권을 인정하지 않으면서 이 명령을 준수하지 않았다.

콘트라 반군에 대한 미국의 경제·군사적 지원이 수억 달러에 이르렀음에도 불구하고, 1986년 초 다니엘 오르테가Daniel Ortega Saavedra 니카라과 대통령은 콘트라 반군의 '전략적 패배'를 널리 알렸다. 반군에 대한 미국의 지원이 점차 확대되었음에도 불구하고, 니카라과 정부군이 '승리'할 수 있었던 주된 원인은 산디니스타들의 우월한 사기와 군사적 효율성에 있었다. 그러나 레이건 행정부는 콘트라 반군의 군사적 승리를 추구하지 않았다. 콘트라 반군에 대한 레이건 행정부의 지원은 '저강도' 분쟁을 유지하는 것으로, 이는 니카라과 정부를 붕괴시키고 경제를 교란하는 전략이었다. 즉 산디니스타 정권이 취약한 재원을 사회적 프로그램이 아니라 군에 투입할 수밖에 없는 어려운 상황을 만듦으로써, 산디니스타 정권에 대한 민중의 지지를 무너뜨리고 궁극적으로는 내부 붕괴를 이끌어 내려는 것이었다.

전쟁으로 인해 1983년에서 1986년 사이 니카라과 경제는 급격히 쇠퇴했다. 1985년 한 해만도 국내총생산이 30% 감소했고 '비밀 전쟁'이 끝날 때까지 지속적으로 하락했다. 1988년 인플레이션은 연간 1만%에 달했고, 모든 물품은 심각하게 부족했다. 그러나 전쟁이 경제 하락의 유일한 원인은 아니었다. 니카라과 수출의 무역조건 악화가 경제 쇠퇴에 일조했다. 1985년 5월 시작된 미국의 무역 봉쇄로 니카라과는 전통적 수출 시장에서 고립되었고, 대체하기 힘든 기술과 물품의 수입원을 잃었다. 또한 몇몇 민간 부문은 국내 생산을 유지하고 확대하는 데 필요한 투자를 기피했다.

니카라과 정부는 경제위기에 대처하기 위한 조치로 기초 곡물과 주요 생산물의 가격을 인상해 생산을 촉진하는 한편, 실질적 가치를 보호하고자 주급과 월급을 인플레이션에 맞추어 정기적으로 조정했다. 또 유럽경제공동체 및 사회주의권 국가들과의 무역을 확대해 미국 시장의 상실을 보충하려 했다. 마지막으로, 기초 곡물 생산을 촉진하는 수단으로 자영농들이 보다 많은 경작지를 이용할 수 있도록 새로운 농지개혁을 실시했다.

1979년 산디니스타들은 1985년경 선거가 실시될 것이라고 약속했으나, 산디니스타 정권이 비민주적이고 비합법적이라는 미국의 비난을 반박하기 위해 선거일정을 앞당겼다. 1984년 11월 니카라과에서는 대통령, 부통령 그리고 헌법 제정을 위한 90명의 의원을 선출하는 선거가 실시되었다. 미국 최대의 라틴아메리카 관련 연구자 조직인 라틴아메리카학회Latin American Studies Association, LASA 회원들을 비롯한 외국인 참관자들과 야당 참관자들은, 투표와 개표 과정에서 아무런 부정행위도 찾지 못했다. 산디니스타민족해방전선이 67%를 득표했고 야당들이 나머지를 가져갔다. 1985년 1월 다니엘 오르테가 사아베드라Daniel Ortega Saavedra와 세르히오 라미레스 메르카도Sergio Ramírez Mercado가 각각 대통령과 부통령에 취임했다.

1년 동안 의회 및 전국 각지의 대중 집회에서 치열하고 민주적인 논쟁과 토론을 거친 후에 신헌법이 제정되었다. 신헌법은 정치적 다원주의, 혼합 경제 및 비동맹 정책을 주 원칙으로 했고, 권력을 행정부, 입법부, 사법부 그리고 선거관리위원회로 분산시켰다. 또한 직업, 교육, 보건에 관한 권리, 언론·결사의 자유, 파업권, 공정한 재판을 받을 권리 등 개인적·사회적 권리를 보장했다. 또한 이 헌법은 중앙 정부와 대서양 연안의 원주민 사이에 존재해 온 해묵은 갈등에 대한 최종적인 해결책을 모색했다.

대서양 연안 원주민들의 자결(Self-Determination)

해안 지대 원주민들은 오랫동안 국가의 관심을 받지 못했는데, 산디니스타들도 이런 흐름을 이어 받았다. 그 결과로 원주민들은 정부를 불신했다. 산디니스타들 자신들도 원주민들의 독특한 문화와 전통을 고려하지 못해 원주민들을 혁명에 참여시키지 못하는 중대한 과오를 범했다고 인정했다. 보다 복잡한 문제는, 레이건과 콘트라 반군이 이 같은 산디니스타 정권의 과오를 이용하여 대서양 해안의 원주민들을 반혁명 세력에 끌어들인 것이다.

1981년 니카라과 정부는 이에 대응하여 콘트라 반군이 거점으로 사용하지 못하도록 코코^{Coco}강 유역에 사는 미스키토 족과 수모 족을 강제 이주시키고 마을을 파괴했으며, 난민들을 위험한 해안 지대에서 떨어진 수용소에 정착시켰다. 원주민들은 수용소에서 보다 나은 의료, 식량, 교육, 주거 및 전기를 제공받았으나 고향에 대한 애착을 버리지 못했다. 이에 따라 수용소를 감옥으로 생각했고, 그 결과 몇 개의 반정부 원주민 게릴라 단체가 대서양 해안에 나타났다. 그러나 군사·경제적 원조를 조건으로 미스키토 족에게 콘트라 반군과 동맹을 맺도록 한 미국의 압력으로 원주민 게릴라 단체들 간에 분쟁이 일어났고, 산디니스타들은 이를 이용해 개별적인 원주민 지휘관들과 휴전 협상을 벌였다.

니카라과 정부는 두 가지 계획을 가지고 대서양 연안 문제의 해결을 위한 길을 열었다. 첫째 1984년 정부는 새로운 헌법하에서 대서양 연안 주민들의 자치상태를 규정하기 위한 위원회를 결성했다. 잇단 대화를 통해 합의에 이르렀는데, 대서양 연안 주민들의 자치권을 인정하고 그들의 언어, 종교, 문화 그리고 사회 조직의 보존을 보장했다. 원주민들은 의회에 보낼 자신들의 대표를 선출할 수 있게 되었고, 자신들이 소유한 자원도 지역의회가 결정한 바에 따라 자신의 필요에 따라 사용하게 되었다. 두번째, 1985년 내무부 장관인 토마스 보르헤는 수용소에서 살고 있는 미스키토족을 코코 강 유역으로 되돌려 보낼 것이라 발표했다.

여성과 혁명

혁명에서 상당한 경제적·군사적·정치적 역할을 수행한 대가로 여성들도 주목할 만한 성과를 얻었다. 전체 전투 병력의 3분의 1을 차지했던 여성은 게릴라 부대에 지원하기도 했고, 후아나 엘레나 멘도사Juana Elena Mendoza 보병대 같은 여성 부대를 조직하기도 했다. 또한 도리스 티헤리노Doris Tijerino와 도라 마리아 텔레스Dora María Téllez 같은 여성들은 존경받는 야전 지휘관이 되기도 했다. 비록 정규군에서 그들의 참여가 1979년 이후 20% 정도로 줄어들기는 했지만, 여성들은 지역방어위원회와 민병대에서 매우 적극적인 역할을 수행했다. 도시 부대의 경우 여성들은 구성원의 60%를 차지했다.

대부분의 여성들은 항상 가정 안팎에서 일해 왔다. 하지만 혁명 이전에는 그들의 임금 노동(그들은 전체 노동력의 48%를 차지했다)은 상대적으로 주목받지 못했고, 매우 저평가되어 있었으며, 비공식 부문이나 가사노동에 집중되어 있었다. 혁명 후에, 노동 법규는 동일노동 동일임금 원칙을 명시했으며, 유급 출산휴가 그리고 임신여성 해고에 대한 법률적 보호를 보장했다. 물론, 개인 사업자들은 자주 이러한 법령들을 무시하곤 했고, 혁명 정부 또한 콘트라 반군과의 전쟁으로 종종 그들에게 법령의 준수를 강제하는 데 필요한 재정 능력을 갖고 있지 못했다. 그러나 이러한 법률들은 전통적으로 고용주들을 보호해 주던 관행에서 벗어나, 이제는 국가가 여성, 여성 노동조합 그리고 '루이사 아만다 에스피노사 니카라과 여성연합'

Asociación de Mujeres Nicaraguenses Luisa Amanda Espinoza, AMNLAE과 같은 대중 조직을 보호하도록 했다.

더 나아가, 국가 부문의 경제가 성장하고 콘트라 반군과의 전쟁이 확대되어 더 많은 남성들이 전장에 나가게 되면서, 여성의 임금 노동 고용이 확대되었다. 1985년에는 여성이 국가의 고용인력 가운데 50%를 차지했고, 커피 수확자의 70%를 차지했으며, 직물 노동자의 70%를 차지했다. 이는 자연히 직장과 가정에서의 불공정한 '이중 노동시간'이라는 문제에 대한 관심을 불러 일으켰다. 즉 남편들이 한 시간 미만의 가사일을 하는 반면, 여성들은 공장에서나 들판에서 8시간 하는 노동에 더해 집에서 9시간에서 12시간을 더 일했다. 이러한 불공정을 없애기 위해 산디니스타 정부는 남성들에게 가사 부담을 공평하게 나누라고 권고했고, 1988년에는 도심에 182개소 그리고 국영 농장에 69개소의 탁아소를 설치했다. 그러나 또 다시 전시의 재정 수요로 인해 이러한 노력은 실효를 거두지 못했다.

산디니스타 문맹퇴치 운동에 참여했던 브리가디스타brigadista(자원자)들 중 여성이 거의 3분의 2를 차지하였고, 이들은 문맹률을 50%에서 12%로 줄이는 데 기여하였다. 이후, 민중교육공동체Colectivos de Educacion Popular, CEPs들은 주로 농민들에게 문자 해독 능력을 향상시킬 수 있는 교사들을 직접 뽑게 했는데, 이 중 95%는 여성이었다. 성인과 6~12세 아동들에 대한 무상 보통교육은 산디니스타들의 혁명 목표 중 하나였다. 1985년 이전에 거의 4,000개의 새로운 교실을 신축했으며, 대부분이 여성인 초등학교 교사의 수는 3배로 늘었다. 하지만 여기서 다시, 콘트라 반군과의 전쟁이 영향을 끼쳤다. 1980년대 후반에 이르러 교육 재원이 축소되었고, 문맹률은 다시 23%로 올라갔다.

정치적인 측면에서 혁명으로 인해 여성들은 산디니스타민족해방전선 당, 중앙 정부 그리고 풀뿌리 조직의 지도부에 쉽게 참여할 수 있었다. 1984년과 1990년의 의회 선거에서 여성은 산디니스타민족해방전선 후보의 20%를 차지하였고, 이들 산디니스타들 중 22%가 당선되었다. 1994년에 당은 지도부의 30%를 여성에게 할당하였으며, 여성들은 1996년 지방의회와 의회 선거 후보자의 각각 34%와 43%를 차지하였다. 1990년대 말 산디니스타민족해방전선 의원의 거의 3분의 1은 여성이었다.

1990년에 이르러 니카라과 사회를 재조직하고 더 공평한 국가 발전을 위한 산디니스타의 노력으로, 장기적인 민중전쟁과 혁명은 몇몇 놀라운 업적을 이뤄 냈다. 그러나 국내외의 반대 세력들은 여전히 강력했다. 게다가 10년간에 걸친 미국의 개입은 니카라과 경제를 붕괴시켰고, 국내의 취약한 정치적 동맹관계를 균열시켰으며 사회질서를 흐트러뜨렸다. 미국의 개입은 엘살바도르의 혁명 운동에도 비슷한 영향을 주었다.

엘살바도르

중아메리카에서 가장 작은 국토면적과 최고의 인구 밀도를 가진 엘살바도르의 역사는 과장해서 말하면 중아메리카 지역의 모든 경제 및 사회 문제들을 집약적으로 보여 준다. 엘살바도르 경제는 단일 작물에 지나치게 의존해 외부 시장의 가격과 수요 변동에 매우 취약했고, 부와 권력이 극소수에게 집중되어 있었다. 또한 농민들에 대한 착취가 극심해 항의나 봉기가 자주 일어났으나 모두 무자비하게 진압되었다.

포퓰리즘의 유혹

그러나 역설적이게도 20세기 초반 동안 적어도 지주 귀족층은 상당한 정치적 자유를 누렸다. 19세기의 자유주의 개혁들이 엘살바도르에서 토지 소유의 집중을 낳긴 했지만, 주로 멜렌데스Meléndez 가문과 키뇨네스 Quiñónez 가문을 중심으로 한 커피 과두층은 정치적 합의들을 만들어 냈고 이를 통해 다양한 사회통제 수단들을 사용할 수 있었다. 게다가, 제1차 세계대전 전에는 커피 수요가 국내 노동 시장에 별 영향을 주지 못했고, 농장주finquero들은 여전히 풍부한 이주자 인력과 거주 노동자에 의존하고 있었다. 이에 따라, 국가경비대의 일상적인 폭력 이외에도, 엘살바도르 엘리트들은 붉은연대Liga Roja와 같은 대중정치 조직을 만들어 자신들의 권력에 대항하려는 중간 계층 농민들과 노동자 계층을 포섭하고 통제하는 데 이용했다.

한편 전후의 호황에 힘입어 커피 시장은 1920년대에 50% 성장하였다. 이에 커피 과두층은 더 넓은 토지에 커피를 심고 새로운 노동력을 확보하고자 했다. 농민들은 최소한의 생존 터전이었던 전통적인 화전에서 밀려나 완전한 프롤레타리아가 될 수밖에 없었다. 즉, 토지가 없는 농민들은 전적으로 자신의 노동을 판매하여 생존해야 했다.

커피의 단일경작으로 야기된 경제·사회적 문제는 1929년 대공황이 닥치자 더욱 심각해졌다. 대공황 이전에 50센트였던 농민들의 일당은 20센트로 떨어졌다. 1929년 7월에서 연말 사이에 커피 가격이 절반으로 폭락함에 따라, 수많은 소규모 생산자들은 파산하고 토지를 팔아야 했다. 감독관의 학대와 회사 독점 상점의 사기 행위에 대한 대중의 불만은 높은 실업률과 최저 생계비에도 못 미치는 임금 때문에 더욱 높아졌다.

대공황 이전에도 농민 봉기가 빈번하게 일어났지만 국가경비대에 의해 모두 진압되었다. 그러나 1920년대에 들어서 도시 노동자들과 일부 농민층이 조합을 결성하기 시작했다. 국립대학에서 맑스주의를 접한 아구스틴 파라분도 마르티Agustín Farabundo Martí가 이끄는 소규모 공산당이 1925년 지하활동을 시작했다. 1927년 급진적 활동으로 추방된 마르티는 니카라과에서 미 해병대와 전쟁 중이던 아우구스토 세사르 산디노와 합류했다. 1930년 고국으로 돌아온 마르티는 다시 정치활동을 시작했다. 대부분 대학생들로 이루어진 소규모 청년단체의 도움을 받아 엘살바도르의 중부와 서부에서 농민들을 대상으로 선전 및 조직 활동을 수행했다.

이런 경제공황과 급진주의가 증가하고 있는 상황에서, 아마도 엘살바도르 역사상 최초로 대통령 선출을 위한 자유선거가 실시되었다. 이 선거에서 부유한 지주이자 토목 기사인 아르투로 아라우호Arturo Araujo가 당선되었다. 그는 영국 노동당을 모델로 삼아, 항구적인 사회평화는 계급간 조화와 온건한 포퓰리즘적 개혁을 통해서 이루어질 수 있다고 생각했다. 구체적으로는 교육 개선, 여성과 노동자의 권리 보호, 제한적인 토지 재분배 진작 조치 등이었다. 그가 당선되자 커피 농장주들과 군부는 크게 동요했고, 신임 대통령 자신도 곧 격랑 속으로 휘말려 들었다. 즉, 교사와 공무원들이 체불임금에 항의하고 농민들이 토지와 여타 개혁들을 요구한 반면, 커피 과두층과 군부는 그 어떤 양보도 하지 말라고 대통령에게 압력을 행사했다.

1931년 12월 21일 군부는 쿠데타를 일으켜 아라우호를 축출하고, 부통령 막시밀리아노 에르난데스 마르티네스Maximiliano Hernández Martínez 장군이 대통령이 되었다. 이 쿠데타는 과두 지배 세력의 직접 통치가 끝나고 장기간의 군부 지배가 시작되었음을 의미했다. 자유주의자 아라우호가 몰락하고 에르난데스 마르티네스가 집권하자, 민중의 정치참여는 봉쇄되었다. 마르티와 다른 급진적 지도자들은 새 정부가 개혁이나 자유선거를 허용할 의도가 없음을 깨닫고 혁명을 계획했다. 1932년 1월 22일 여러 도시에서 동시다발적인 봉기를 계획했지만, 이를 알아차린 정부는 마르티와 그의 두 측근을 체포했다. 이에 다른 혁명 지도자들은 봉기를 취소하려고 했으나, 통신이 단절되는 바람에 대부분 원주민들이 참여한 봉기가 메스티소 지도부 없이 시작되었다.

농민들은 마체테machete만으로 무장한 채 들고 일어났으며, 봉기는 마을에서 마을로 이어졌다. 이들은 서부 지역 대부분을 장악하고, 손소나테Sonsonate 지방의 중심부를 공격했다. 여기에서는 카시케인 호세 펠리시아노 아마José Feliciano Ama가 봉기를 이끌고 오랜 계급적·인종적·종족적 불만을 분출시켰다. 국가경비대 및 여타 경찰조직의 지원을 받아 현대적 무기로 무장한 주둔군은 마체테로 무장한 농민들과 일방적인 전투를 벌였다. 이 전투는 반군의 완패로 끝났고, 며칠 후 국가경비대는 농민군이 점령했던 마을들을 탈환했다. 곧 과두층은 지주가 보증하지 않는 농민을 모두 '공산주의자'로 몰아 무자비하게 학살하면서 보복을 자행했다. 이 대량 학살matanza에서 살해된 사람들의 수는 3만 명이나 되었고, 이 학살은 원주민 의상, 언어 그리고 문화적 전통을 제거함으로써 거의 종족 학살에 가까웠다. 잔혹한 탄압을 통해 커피 과두층은 농민들에게 반란의 교훈을 가르치고 사회적 안정을 보장하고자 했다. 그러나 1932년 이후 엘살바도르의 역사는 이 같은 기대가 얼마나 헛된 것이었는지를 잘 보여 준다.

과두층과 군부, 1932~1979

에르난데스 마르티네스 장군을 대통령으로 만든 쿠데타는 엘살바도르의 현대사에서 전환점이 되었다. 1932년의 농민 봉기에 두려움을 느낀 과두층은 군부에게 정권을 넘겨주는 대신, 자신들이 국가 경제를 주도하는 내용의 거래를 했다. 일련의 조직적인 부패를 통해 장교 계층이 과두층의 부를 공유하게 되면서 두 집단의 동맹은 견고해졌다. 그러나 하급 장교들은 계속 개혁적인 성향을 가지고 있었고, 이는 주기적으로 동맹관계에 긴장을 불러와 동맹의 존립 자체를 위협하기도 했다.

주술에 대한 관심으로 마법사El Brujo라는 별명으로 알려진 에르난데스 마르티네스는 국가경비대와 군부를 장악해 1944년까지 강압적인 통치를 펼쳤다. 권력과 부도 측근들에게 집중되었다. 그러나 농업 관련 기업가와 도시의 전문직종과 연대하고 있던 하급 장교들 사이에 이에 대한 불만이 나타나기 시작했다. 이들은 제2차 세계대전 기간에 나타난 민주주의적 수사들의 영향을 받아 마르티네스의 축출, 정치개혁, 여성 참정권, 경제 근대화, 농업 다변화 등을 요구했다. 오스카르 오소리오Oscar Osorio 대령이 주도한 이 포퓰리즘적인 '1948년 혁명'은, 10년 동안 군부와 과두층의 주시 속에 수입대체 산업화, 면화 재배의 확대, 그리고 수출 의존성의 확대를 추구했다. 민군 혁명평의회는 지속적인 개혁 정책, 민중 부문의 동원 그리고 쿠바와의 우호적인 관계 등을 계속했고, 이에 반감을 느낀 훌리오 알베르토 리베라Julio Alberto Rivera 대령은 1961년 군부가 다시 권력을 독점하기 위해 미국 대사관과 결탁해 '반공산주의' 쿠데타를 일으켰다.

리베라는 5년마다 선거를 실시하면서도 부정선거, 압제, 호선 등으로 영구집권을 획책했던 멕시코의 단일 지배정당제를 본보기로 삼은 정치 체제를 수립했다. 이 같은 방식은 많은 야당들의 존재를 허용했다. 1964에서 1970년까지 산살바도르 시장을 지낸 호세 나폴레온 두아르테José Napoleon Duarte의 기독교민주당Partido Democrático Cristiano, PDC, 기예르모 마누엘 웅고Guillermo Manuel Ungo가 이끄는 사회민주당 계열의 전국혁명운동 Movimiento Nacional Revolucionario, MNR, 1932년 이후 불법화된 공산당을 대리하는 민족민주연합Unión Democrática Nacionalista, UDN이 주요 야당이었다.

그러나 1960년대와 1970년대에 이르러 경제적 어려움이 가중되자, 체제 내의 긴장이 심화되기 시작했고 점점 더 이 체제는 운영이 어렵게 되었다. 문제의 근원은 단일경작 제도에 있었다. 단일경작 제도로 인해 경제는 통제 밖의 세계 시장과 특정 토지 소유 및 이용 제도에 의존할 수밖에 없었다. 이 토지 소유 및 이용 제도 때문에 소지주들과, 주요 식량 생산을 위해 사용할 수 있는 토지가 지속적으로 감소했다.

토지 독점과 현재의 토지 이용 제도는 토지에 대한 인구 압박을 가져왔고, 인구 폭발로 이 문제는 극도로 심각해졌다. 황열병과 말라리아 등의 전염병 퇴치와 예방약품의 보급에 힘입어, 인구는 1930년의 144만 3,000명에서 1961년 250만 명, 1969년 354만 9,000명으로 급증했다. 1970년 인구밀도는 1평방마일(약 2.59km²) 당 400명 정도로, 과도한 인구는 임금수준에 커다란 압력을 가했다. 1960년대 초 농장 일꾼의 일당은 평균 62센트 정도였고, 감독mayordomo은 1달러가 약간 넘는 수준이었다. 커피농장의 노동은 계절적이었고 품팔이 노동자로서는 한 해에 150일을 일할 수 있으면 행운이었다. 따라서 가족 전체가 이 기간 동안 일을 해서 벌 수 있는 300달러가 1년 치 소득이 되었다.

토지 부족과 인구 압박에 대한 해결책에서 토지개혁이 배제되었기 때문에, 리베라는 1961년 중아메리카 공동 시장Mercado Común Centroamericano, MCCA의 창립을 통한 경제통합과 산업화라는 다른 처방을 시도했다. 그는 역내 상품과 자본의 무제한적인 유통을 통해 시장을 확대하고 산업화를 촉진시킴으로써, 인구 압박과 실업을 완화하고자 했다. 그러나 불행하게도 이 산업화는 비교적 소수의 노동자만을 필요로 했기 때문에, 기대했던 고용 창출은 이루어지지 않았다. 또한 신규 산업의 대부분은 외국인 소유로 수출 위주였으며, 대개의 경우 수입 부품 조립 산업이었다.

토지에 대한 인구 압박 문제는 '축구전쟁'Soccer War의 결과로 더욱 심각해졌다. 이 전쟁으로 수천 명이 목숨을 잃었으며 적어도 10만 명의 엘살바도르 이재민이 발생했다. 이 전쟁은 1970년 월드컵 예선전에서 온드라스와 엘살바도르 양국 국가대표가 벌인 일련의 치열했던 경기로 인해 일어났다. 그러나 여기에는 다른 이유가 있었는데, 첫째는 장기간에 걸친 국경 분쟁이었고, 둘째는 양국이 가입한 중아메리카 공동 시장이 가져다 준 양국 사이의 심한 무역 불균형에 온두라스인들이 분개한 까닭이었다. 극도의 후진국으로서 경제를 주로 바나나, 목재 그리고 목축에 의존하고 있었던 온두라스는, 자신들이 엘살바도르의 산업 발전을 보조하고 있다고 느꼈다. 전쟁의 세번째이자 결정적인 이유는 온두라스 영토 내에 30만 명의 엘살바도르 인이 불법으로 토지를 개간하고 있었던 점이었다. 온두라스는 농지개혁법을 실시해 약 8만 명 정도의 엘살바도르 인들에게 추방을 명령했다. 엘살바도르는 이에 대한 보복으로 온두라스를 침공했다. 엘살바도르에서 이 전쟁은 인기를 얻었지만 국가경제에는 부정적인 영향을 끼쳤다. 엘살바도르의 제조업자들은 10년 이상 온두라스 시장에 수출할 수 없었고, 온두라스에 거주하던 엘살바도르 인들이 귀국함으로써 토지와 집이 없는 농민들의 숫자가 크게 늘어났다.

이 같은 사태 전개는 1970년대에 증가하고 있던 경제·사회적 위기를 더욱 심화시켰다. 인구 증가는 계속해서 식량 공급을 웃돌아, 라틴아메리카 국가들 중 엘살바도르 국민들보다 적은 칼로리를 섭취하고 있는 사람들은 아이티 인들뿐이었다. 1970년대 초 실업률은 20%이고 불완전 고용은 40%였으며, 1974년 연간 인플레이션은 60%에 이르렀다. 무토지 농민의 비율은 1950년의 11.8%에서 1975년 41%로 늘어났다. 이 같은 재앙적인 경제 상황으로 인해, 야당들은 1972년의 대통령 선거에서 승리의 희망을 품게 되었다. 기독교민주당, 전국혁명운동, 공산주의 정당인 민족민주연합은 전국야당연합Unión Nacional Oposítora, UNO이라는 통일전선을 형성했고, 대통령 후보로 호세 나폴레온 두아르테를 내세웠다. 두아르테가 선거에서 분명히 이겼으나, 선거관리위원회는 부정하게 군부 후보인 아르투로 몰리나Arturo Molina 대령의 승리를 선언했다.

군부와 커피 과두층의 농업 분파는 농업관련 기업가agro-industrialsist들과 이들의 온건한 개혁 계획에 대해 불만을 가졌다. 이들의 주장에도 불구하고, 이 개혁 계획이 평화를 가져오는 것이 아니라 오히려 민중 부문을 동원하기 위한 정치적 공간을 마련해 줄 뿐이라고 생각했던 것이다. 그 결과 몰리나 정부는 권력을 유지하기 위해 점점 더 억압에 의존했다. 1975년 몰리나는 신생 관광산업을 촉진하기 위하여 '미스 유니버스 대회'를 개최하고, 3,000만 달러를 지출했다. 그러자 엘살바도르 국민들은 많은 사회적 욕구가 충족되지 못한 상황에서 이것이 수치스러운 사치라고 여기고 항의했다. 국가경비대의 부대들은 산살바도르에서 열린 항의 집회에 참가한 시위대에게 이유 없이 발포했고, 이로 인해 최소한 37명이 사망하고 많은 사람들이 '실종'되었다. 이 학살은 증가하고 있던 폭력행사 방식의 하나였다. 1970년대부터 나타나기 시작한 게릴라 조직들이 과두층 인사들을 납치해 몸값을 요구하는 일도 점점 더 빈번해졌다. 농촌 지역에서 국가경비대는 민족민주조직Organización Democrática Nacionalista, ORDEN 같은 준군사조직의 지원을 받아, 마을을 포위·파괴하고 많은 주민을 살해했으며, 결국에는 '실종된' 사람들을 납치하는 등 '저항적인' 농민에 대한 소탕작전을 벌였다.

1977년 또 다른 대통령 부정선거로 선거를 통한 개혁의 희망이 완전히 사라지고, 뒤이은 대규모 폭력사태는 엘살바도르 정치에서 혁명의 전

단계라 불릴 수 있는 새로운 국면을 만들었다. 혁명조직들이 세력을 동원하기 시작했고, 이념적·전술적 차이를 극복하려 했다. 이들은 은행을 털고 라디오 방송국을 점령해 선전방송을 했으며, 과두층 인사를 납치하여 몸값을 요구하거나 공식적 혹은 비공식적 탄압에 관련된 사람들을 암살했다. 노동조합과 농민조합들이 민중의 힘Fuerzas Populares이라는 집단적인 이름으로 알려진 여타 대중 운동조직들 그리고, 정부에 맞서 집단행동을 하기 위해 다양한 집단들을 조직화했던 통일민중행동전선Frente de Acción Popular Unificada, FAPU 같은 상층 조직과 함께 급속하게 성장했다. 한편 국가경비대와 경찰은 물론 민족민주조직이나 백색전사연합Unión de Guerreros Blancos같은 암살단과 테러조직들의 탄압적인 행위가 증가했다.

이 시기에 일어난 주요한 진전으로는 엘살바도르 위기에 대한 교회의 입장 변화를 들 수 있다. 1962년 제2차 바티칸공의회와 메데인Medellín 주교회의 전에는, 엘살바도르 교회 역시 다른 라틴아메리카의 교회처럼 정권과 과두층을 지지했다. 대부분의 교회 상층부가 이런 전통을 유지했음에도 불구하고, 루이스 차베스 이 곤살레스Luis Chávez y González 대주교와 그의 후계자인 오스카르 로메로Oscar Romero는 제2차 바티칸공의회와 메데인 주교회의를 지침으로 삼아 로메로가 "가난한 자들을 위한 우선적 선택"이라 일컬은 입장을 채택했다. 이 같은 교회 운동의 결과로 몇 년이라는 짧은 기간 내에 수백 개의 기초공동체가 형성되어 성경 공부와 각 지역의 사회·경제 문제에 대한 관심을 결합시켰다. 성직자들은 신도들에게 "하느님이 가난한 자와 억눌린 자의 편에서 활동하시는 정의와 사랑의 하느님"이시라는 점과, 민중은 "스스로의 삶을 영위하기 위하여 조직을 만들 기본적 인권을 소유했다"는 메시지를 전했다.

성직자들은 이 같은 사회활동으로 인해 불가피하게 백색전사연합과 같은 준군사 집단적인 암살단과 치안 부대들의 공격 대상이 되었다. 예수회 신부인 루틸리오 그란데Rutilio Grande가 1977년 3월 백색전사연합에 의해 살해되었다. 몇 달 후 산살바도르에서는 "애국자가 되어라! 성직자를 죽여라!"라는 선동 유인물이 나돌았다. 1977년에서 1979년 사이 모두 7명의 신부들이 치안 부대나 암살단에 의해 살해되었다. 로메로가 대주교에 임명된 지 3주 만에 일어난 그란데 신부의 죽음은 로메로 대주교의 '변신'에 기여했다. 그때부터 로메로는 대주교라는 자신의 지위를 이용하여 정권의 인권유린을 비난하고 사회정의를 촉구했다. 라디오를 통해 엘살바도르 전역에 방송된 그의 설교는 '가장 청취율이 높은 단일 프로그램'이 되었다.

교회는 또한 '실종되거나' 구금, 혹은 암살된 자들의 어머니들 모임인 코마드레스Comité de Madres de Reos y Desaparecidos Políticos de El Salvador Monseñor Romero, COMADRES와 같은 인권단체들의 조직을 지원했다. 1977년에 결성된 코마드레스는 압제에 용감하게 맞서 시위, 단식투쟁 그리고 정부청사에서의 연좌농성 등을 벌였다. 창립 회원인 알리시아Alicia에 의하면, 그들의 목표는 복장에 잘 나타나 있다(죽은 자를 기리기 위한 검은 드레스, '면죄부가 아니라 정의를 통한 평화'를 기리기 위한 하얀 스카프, 피의 독재를 기억하기 위한 빨간 카네이션 그리고 '생명에 대한 희망'을 상징하는 초록색 잎). 이에 대응해 군부와 준군사조직들은 코마드레스의 사무실을 5차례에 걸쳐 폭파하려 했다. 또한 그들을 '참수'하겠다고 협박했으며, 40명이 넘는 회원들에 대한 납치, 고문, 강간을 자행했다.

점차 위기가 심화되자 군부 내에서도 분열이 일어났다. 군부의 젊은 개혁세력은 1979년 7월과 8월에 전개된 니카라과의 혁명적 과정을 지켜보면서 심각한 우려를 갖고, 혁명을 막을 유일한 해결책은 개혁적 쿠데타라고 확신하게 되었다. 군부의 개혁파는 로메로 대주교, 기독교민주당의 대표자들 그리고 미 대사관과 정기적으로 협의했으며, 미 대사관은 군부의 행동에 반대하지 않을 것임을 시사했다. 10월 15일 쿠데타는 사실상 어떤 군사적 저항도 받지 않은 채 순조롭게 진행되었다. 곧 군민합동의 혁명평의회가 세워졌는데, 여기에는 두 명의 민간인 온건파와 두 명의 군부 대표가 참여했다. 중아메리카 대학의 학장인 로만 마요르가 키로스Román Mayorga Quiroz와 사민주의자인 기예르모 웅고, 그리고 아돌포 마하노Adolfo Majano 대령과 하이메 압둘 구티에레스Jaime Abdul Gutiérrez 대령이 포함되었다. 혁명평의회는 테러 단체인 민족민주조직의 해체, 인권존중, 농업 개혁, '민중의 힘'의 활동에 대한 자유, 니카라과와의 관계 개선 등을 계획했다.

그러나 10월 15일의 쿠데타는 치안 부대들의 탄압을 종식시키지 못했으며, 오히려 쿠데타 후 3주 동안 살해된 사람들의 숫자는 앞선 비슷한 기간에 살해된 사람들의 수를 웃돌았다. 혁명평의회의 민간인 구성원인 마요르가와 웅고는 공적 기관들이 자행하는 폭력을 저지하려 노력했으나 전혀 성과가 없었다. 결국 혁명평의회의 민간인 구성원들은 항의의 표시로 사임했고, 군부는 새 정부를 구성하기 위해 기독교민주당과 비밀 협상을 진행했다. 두 명의 기독교민주당 당원이 마요르가와 웅고를 대체했고, 군부는 농지개혁과 은행의 국유화, 탄압의 종식 및 '민중의 힘'과의 대화를 약속했다. 그러나 이 조건들을 받아들인 지 불과 1주일 만에, 치안 부대가 엘살바도르 역사상 가장 대규모로 진행된 '민중의 힘'의 시위에 발포하여 20여 명의 사망자를 냈다. 이 같은 일련의 탄압행위는 군부의 기만성을 보여 주었고, 기독교민주당 내에 분열을 야기했다.

개혁과 탄압이라는 전형적인 전략에 따라 혁명평의회는 농지개혁을 공표한 날 동시에 계엄령을 선포했다. 농지개혁은 미국의 강력한 요구에 의한 것이었다. 혁명평의회가 개혁적으로 보이도록 미국의 대리대사는 '깨끗한 진압작전'을 수행하라고 혁명평의회에 충고했다. 이 농지개혁은 3단계에 걸쳐 시행될 예정이었다. 1단계에서는 500헥타르 이상의 농장 376개를 국유화했는데, 주로 목축과 면화를 재배했던 이 농장들은 244명이 소유하고 있었다. 농장주들은 보상으로 30년 기한의 채권을 받았으며, 농장들은 2만 9,755명의 농부들이 일하는 협동조합으로 바뀔 예정이었다. 그러나 3년 후 130명의 농장주들이 보상을 받았음에도 불구하고, 단지 22개의 조합만이 설립되었을 뿐이다. 『중아메리카 리포트』Central America Report의 보도에 따르면, 대부분의 커피 농장이 포함된 100헥타르에서 500헥타르에 달하는 200개 농장에 적용하려던 2단계 농지개혁은 "태어나기도 전에 죽어"버렸다.

'경자유전'이라 불린, 3단계 농지개혁은 42헥타르까지 토지를 임대한 농부들의 경우 소유주로부터 그 땅을 살 수 있도록 허가했다. 3년 후 단지 5만 8,152건의 신청만이 접수되었는데, 이는 대략 3단계 조치로 혜택을 볼수 있는 숫자의 절반 정도였다. 게다가 혁명평의회는 단지 1,050명에게만 항구적인 소유권을 부여했다. 엘살바도르 농민조합은 이런 제한적인 성과도 정부의 필요에 의한 것이라고 비난했다. 즉 경제·군사 원조를 계속해서 받기 위해 마치 핵심적인 경제개혁에서 진전을 이룬 것처럼 미국 의회에 증거로 제출하기 위한 것이라는 입장이었다.

이 기묘한 토지개혁은 무엇보다도 농민들을 겨냥한 거센 탄압과 함께 진행되었다. 혁명위원회는 토지 분배의 책임을 군부와 치안 부대에 주었고, 이들은 테러 단체인 민족민주조직 구성원들에게 우호적인 조치를 취했다. 즉, 게릴라 운동이나 '민주의 힘'에 속한 농민들을 공격하는 데 민족민주조직의 구성원을 이용했고, 그 대가로 이들에게 이득을 준 것이다. 때

여기 보이는 엘살바도르 게릴라도처럼 많은 여성들이 최근 중아메리카 혁명투쟁에 참여했고, 몇몇 여성은 게릴라 지휘부의 고위 직책에 올랐다.

때로 군부와 치안부대는 지주들과 협력하여, 소작농들이 토지개혁을 통해 얻은 땅에서 소작농들을 몰아내기도 했다.

1981년 12월 농민조합은 "농지개혁의 실패는 직접적이고 급박한 위험"이라고 보고했다. 농민조합은 1981년 동안 최소한 90명의 조합 조직원들과 "많은 농지개혁의 수혜자들"이 전 지주들과 이들과 결탁한 지역의 치안부대원들의 손에 살해됐다고 주장했다. 또한 지주들이 2만 5,000명에 이르는 아파르세로aparcero(소작농)들을 임시 소유권을 얻기 전에 임대하던 땅에서 추방했다고 고발했다. 혁명평의회는 농지개혁을 수행하지 못하고 농촌 지역의 테러 행위를 막지 못함으로써, 정치학자인 윌리엄 레오그란데William LeoGrande의 표현에 따르면 군부독재에 "문민적인 외양"만을 제공해 줄 뿐이었다.

농지개혁과 더불어 자행된 테러의 가장 두드러진 희생자는 산살바도르의 대주교인 오스카르 로메로였다. 수년간에 걸쳐 군부와 치안부대의 인권유린을 공격한 오스카르 로메로는 정부의 입장에서 보면 눈엣가시와 같은 존재였다. 그는 평의회에서의 기독교민주당의 역할에 점점 더 실망을 느끼게 되었고 유일하게 남은 수단인 무장투쟁을 점차 지지하게 되었다. 1980년 2월 2일의 설교에서 그는 "모든 평화적 수단이 고갈되었을 때, 교회는 봉기를 도덕적이고 정당한 것으로 여긴다"고 선언했다. 3월 23일 토지개혁에 따른 탄압에 대응하여, 그는 병사들에게 비무장 민간인들에게 총을 겨누지 말라고 호소했다. 그리고 그 다음날 산살바도르에서 미사를 드리던 중 군 장교로 추정되는 사람의 총격으로 사망했다. 로메로의 순교는 엘살바도르에 깊은 정치·군사적 반향을 불러 일으켰다.

엘살바도르혁명, 1980~1992

로메로 대주교는 암살되기 얼마 전에 이렇게 예언했다. "내가 살해된다면, 나는 엘살바도르 민중의 투쟁 속에서 다시 일어설 것입니다." 사실 그의 죽음은 민중투쟁의 성장에 강력한 기폭제가 되었다. 특히 그의 사망은 기독교민주당의 분열과, 저항 세력의 통합을 가속화했다. 1980년 4월 여러 정당들, 전문직 연합, 노동조합 그리고 혁명단체들이 광범위한 연합 조직인 '민주혁명전선'Frente Democrático Revolucionario, FDR을 결성했다. '민주혁명전선'은 곧 사민주의적 지도자인 기예르모 웅고를 지도자로 하는 망명 정부를 수립했다.

1980년 한여름 5개의 주요 게릴라 단체는 '파라분도 마르티 민족해방전선'Frente Farabundo Martí de Liberación Nacional, FMLN이라는 이름으로 단일 사령부를 구성했다. 이는 1932년 실패했던 봉기의 지도자였던 파라분도 마르티를 기념한 명칭이었다. 1981년 1월 파라분도 마르티 민족해방전선은 첫번째 총공격을 감행하여, 미국의 지원을 받은 정부군으로부터 M-16 소총들을 획득하는 등 커다란 성공을 거두었다. 몇 달 내에 반란군은 650정의 화기를 노획하였는데, 그 중에는 박격포와 중기관총 그리고 8만 발의 탄약도 있었다. 1983년 봄 무렵 게릴라들이 통제하는 지역은 상당히 확대되었다. 이들은 약 20만가량의 주민들이 거주하는 지역을 장악했고, 지역 민중권력Poder Popular Local, PPL이라 불리는 제도를 통해 통치했다.

성공적인 봉기를 진압하기 위해 군부는 태도를 바꾸어, 레이건 행정부가 확대한 군사지원에 의존하는 더 공격적인 전략을 추구했다. 그러나 레이건 행정부는 선거를 통해 '민주적인' 이미지와 정권의 정당성을 확보할 것을 요구했다. 선거에서 기독교민주당이 승리하고, 당 지도자인 나폴레온 두아르테가 대통령이 될 것으로 예측되었다. 두아르테는 정부에 대한 '전폭적인 지지'를 얻기 위해 온건한 개혁 프로그램을 주도하고자 했다. 이러한 개혁 조치들은 늘어난 군사지원과 함께 엘살바도르에 평화를 신속하게 정착시키고자 했다.

미국의 뜻에 따라, 60명의 제헌의회 의원을 선출하는 선거가 1982년 3월 실시되었다. 그러나 민주혁명전선과 게릴라들은 현재 조건 아래에서 공정 선거가 불가능하다고 주장하고 선거를 거부했다. 암살자들이 민주혁명전선의 전체 지도부를 살해한 지 채 1년도 되지 않았던 것이다. 정부가 정치 지도자들의 안전을 보장할 수 없다면 풀뿌리 운동가들의 안전을 보장하지 못할 것은 너무나 자명했다. 그 결과, 과두층 정당들이 군부가 의지하고 있던 미국의 이익을 위한 이 '전시용 선거'를 주도했다.

아무튼 선거 결과는 레이건 행정부의 기대와는 달랐다. 두아르테와 기독교민주당은 35%밖에 득표하지 못해 다수파 정부를 구성할 수 없었다. 로메로 대주교의 살해를 주도했던 테러리스트인 로베르토 다우비손Roberto D'Aubuisson이 이끄는 파시스트 정당인 민족주의공화동맹Alianza Republicana Nacionalista, ARENA이 25%를 득표하고, 다른 우익 정당들과의 동맹을 추구함으로써 기독교민주당을 고립시켰다. 이렇게 다우비손과 민족주의공화동맹이 선거를 통해 합법성을 얻게 되었고, 이들로 인해 미 의회는 군부에 대한 지원을 고민하게 되었다. 그러나 레이건 행정부는 이에 굴하지 않고, 모든 정파에 압력을 가해 새로운 합헌 정부로의 이행을 위한 협약에 참여하게 했다. 정치적 거래의 결과로 미국의 지지를 받는 온건파 은행가인 알바로 마가냐Álvaro Magaña가 임시 대통령으로 선출되었고, 다우비손은 제헌의회의 의장으로 역할이 제한되었다.

레이건 행정부의 엘살바도르 정책의 최우선 목표는 어떠한 희생을 치르더라도 파라분도 마르티 민족해방전선-민주혁명전선의 집권을 막는 것이었다. 이 목표를 달성하기 위해서 대규모 군사 및 경제 원조에 대한 의회의 지지가 필요했고, 이에 따라 레이건 행정부는 1984년 대통령 선거에서 다시 두아르테를 후보로 강력하게 지지했다. 그러나 동시에 워싱턴 행정부는 대반군 전쟁에서 보다 공격적인 전략을 취하도록 요구했는데, 이는 엘살바도르 군부의 강화로 이어졌다. 군은 반군 지배 지역에 대해 대규모 공군력을 동원한 대단위 소탕작전을 진행하여, 민간인들이 반군을 지원하지 못하게 했다. 반군의 생존에 필요한 물질적 지원과 병참지원을 차단했던 것이다.

곧 두아르테가 선거공약을 지킬 힘이나 재원, 심지어는 의지도 없다는 것이 분명해졌다. 두아르테 시기, 경제는 27억 달러에 달하는 미국의 막대한 군사·경제적 지원을 통해서만 생존이 가능할 정도로 파탄 직전이었다. 그럼에도 불구하고 그의 정치적 수사는 노동 운동이 조직화하고 파업 및 정치활동에 참여하는 것을 고무했고, 이에 대해 준군사 조직들은 암살단을 부활시켜 살인과 납치 등 보다 강력한 탄압을 가했다. 두아르테는 과두층, 군부 그리고 레이건 행정부의 반대를 무릅쓰고 노동자들의 경제적·사회적 요구를 들어줄 수는 없었다. 다른 한편, 미 의회와의 관계와 국내 노동계의 지지를 의식하고 있던 그는 강력한 탄압을 공공연히 지지할 수도 없었다. 두아르테는 입으로는 탄압을 비난하고, 실제로는 탄압을 용인하는 방식으로 이 딜레마를 해결했다.

1986년 1월 두아르테 정부는 파라분도 마르티 민족해방전선-민주혁명전선과의 전쟁비용을 마련하기 위하여 긴축경제 정책을 발표했다. 이정책은 통화의 100% 평가절하, 기초 생필품과 서비스에 대한 터무니없는 세금 부과, 연료 가격의 대폭 인상, 최소 수준이었던 사회 서비스의 축소 등을 포함했고, 노동자들이 가장 큰 타격을 받았다. 수천 명의 성난 노동자들이 기독교민주당 계열의 노동조합들을 떠나, 새로운 좌파 조직인 '엘살바도르 전국노동자연합'Unidad Nacional de Trabajadores Salvadoreños, UNTS에 가입했다. 그리고 경제문제 해결과 협상을 통한 내전 종식을 함께 요구하면서 파업과 시위에 참여했다. 엘살바도르 교회의 수장인 아르투로 리베라이 다마스Arturo Rivera y Damas 대주교는 이러한 요구를 강력하게 지지했고, 두아르테의 노동계 지지 기반은 급속하게 붕괴되었다. 그러나 레이건주의자들은 여전히 군사적 승리를 추구했고, 전함과 헬리콥터를 비롯한 막대한 신규 군사원조는 의심할 여지없이 내전에서 세력균형의 변화를 가져왔다. 미국은 온두라스와 파나마 운하 지역에서 적외선 탐지체계를 이용한 정찰을 실시함으로써, 반군의 움직임과 지휘부를 정확히 파악하는 데 도움을 주었다. 병력과 화력 면에서 정부군에 맞설 수 없게 된 파라분도 마르티 민족해방전선은 새로운 전략을 개발했다. 대대 규모의 부대는 전형적인 게릴라전의 소부대로 재편성되어 정부군의 소탕작전 때에는 피했다가 정부군이 철수하면 되돌아왔다. 그러나 반군은 여전히 기습적인 대규모 공격을 감행할 수 있는 능력을 갖추고 있었다.

군사적 승리가 힘들다고 판단한 파라분도 마르티 민족해방전선은 '협상에 의한 평화'를 위한 조건을 마련하기 위해, 이제 노동조합, 늘어난 반전 운동 그리고 다른 민중 세력들을 동원하고자 했다. 하지만 이런 목표가 성공하기 위해서는 강경한 커피 재배자들 혹은 '농업인들'과, 온건한 커피 가공업자들 혹은 '농업 기업인들'이라는 과두층 내의 두 분파를 분리하는 것이 필요했다. 지금까지 이 두 분파 간의 불안정한 결합 때문에 정부는 억압과 개혁 사이에서 우왕좌왕할 수밖에 없었다. 파라분도 마르티 민족해방전선은 전쟁비용을 엄청나게 올려, 부담을 느낀 농업관련 기업인들로 하여금 협상을 시작하게 하는 전략을 사용했다. 부유한 커피 가공업자이자 이들의 무역 조직인 '커피 가공 및 수출업 협회'Asociacion Salvadorena de Beneficiadores y Exportadores de Cafe, ABECAFE의 전임 회장인 알프레도 크리스티아니Alfredo Cristiani가 농업 기업인들의 대표자였다. 미국의 자료에 의하면 1979년에서 1985년 사이 경제적 사보타주로 인한 손실은 12억 달러로 추정된다.

1988년 초 엘살바도르에서 미국의 반혁명 전략이 실패했다는 것은 명확해졌다. 산업 가동률이 40%에 불과할 정도로 엘살바도르 경제는 폐허 상태였다. 부패로 가득 찬 두아르테 정부는 전쟁을 종식하고 진정한 개혁을 수행하며 탄압을 저지할 능력이 없었다. 3월 의회 선거와 지방 선거 결과는 두아르테와 미국 내 그의 지지자들에 대한 거부를 잘 보여 주었다. 대부분의 유권자들이 기권했고, 다우비손의 민족주의공화동맹이 의회를 장악했다.

일 년 후인 1989년, '엘살바도르전국노동자연합'Federacion Nacional Sindical de Trabajadores Salvadorenos, FENESTRAS의 본부에 폭탄이 투척되어 10명이 죽고 다수의 부상자가 발생했다. 파라분도 마르티 민족해방전선은 1981년 이래 가장 강력한 공세를 전개하여, 수도 산살바도르를 포함한 많은 도시에서 파업을 벌였다. 이들의 주된 목표는 인구가 조밀한 수도 북부 외곽의 노동자 거주지를 통제하는 것이었다. 정부는 이에 대응해 파라분도 마르티 민족해방전선을 지지하던 노동자 거주 지역에 잔인한 공중 폭격을 가했지만, 파라분도 마르티 민족해방전선은 2주 동안이나 도시의 일부 지역을 점령했다가 철수했다. 정부군이 인구가 조밀한 노동자 거주 지역에 집중 폭격을 가해 많은 민간인 사상자를 낸 행위는 국제적인 비난을 불러일으켰다. 이 폭격과 함께 정부를 비판하는 교회와 노동계 비판세력에 대한 탄압이 새로이 시작되었다. 군부는 산살바도르 중아메리카대학에서 봉기의 '기획자'라 간주한 6명의 예수회 신부들과 교수들을 그들의 가정부와 그녀의 딸과 함께 살해했다.

파라분도 마르티 민족해방전선이 펼친 공세의 목적은 9년간의 전쟁에도 불구하고 자신들이 그 어느 때보다도 강력하며, 군사적으로는 결코 자신들을 패배시킬 수 없다는 사실을 정부와 미국이 깨닫도록 하는 것이었다. 반군의 세력 과시로, 그리고 아마도 보다 중요하게는 6명의 예수회 신부 살해에 대해 원조를 중단하겠다는 의회의 위협으로 인해, 민족주의 공화동맹 정부는 UN을 중재자로 하여 전제조건 없이 파라분도 마르티 민족해방전선과 협상하는 데 동의했다. 이것은 마침내 1992년, 10년에 걸친 내전을 종식한다는 평화조약으로 이어졌다. 합의는 국가경비대와 준군사 조직인 농장 경찰Policia de Hacienda를 해체하고, 전직 경찰과 파라분도 마르티 민족해방전선 조직원 양측에 개방된 전문적으로 훈련된 새로운 국가 민간경찰대로 대체한다는 내용을 담고 있었다. 또한 군 규모를 50% 정도로 축소하고, 미군이 양성하여 수많은 잔혹행위를 일삼았던 즉각대응군의 해산을 명시했다. 파라분도 마르티 민족해방전선은 UN의 감시하에 자신의 군사조직을 해체해야 했고, 구성원들을 국내 정치와 제도 부문에 통합해야 했다. 그러나 파라분도 마르티 민족해방전선은 그들 자신의 정당을 결성할 수 있었고, 라디오 및 TV방송 시설도 설립할 수 있었다.

평화협정은 또한 경제·사회적 문제도 다루었다. 정부는 현행 농지법을 이행할 것과 내전 기간 중 파라분도 마르티 민족해방전선의 통제하에 있던 '분쟁 지역들'에서 사실상의 토지 차용권을 존중할 것에 동의했다. 파라분도 마르티 민족해방전선은 '구조조정' 정책들을 추진할 정부의 권리를 인정했고, 대신에 정부는 이들 정책의 사회적 비용을 완화하기 위한 조치를 취하기로 했다. UN 개발 프로그램의 지원을 받아 정부는 고용, 교육, 주거, 의료뿐만 아니라 인프라 구축 등 분쟁 지역을 위한 국가 재건 계획을 발전시키는 데 동의했다. 끝으로 평화협정은 3명의 외국인으로 구성된 엘살바도르 진실위원회Comisión de la Verdad para El Salvador 창립을 명시했다. 이를 통해 내전 기간 중 자행된 인권유린 사건들을 조사하고 해당 책임자들의 기소 및 처벌을 제안할 수 있게 되었다.

1993년 3월 15일 UN의 지원을 받는 진실위원회가 내전기간 중 자행된 인권유린에 대한 오랫동안 기다려 왔던 조사보고서를 제출했다. 이 보고서는 비밀 보장을 조건으로 수천 명의 희생자들의 운명에 대해 목격자로서 증언하겠다고 나선 2천 명의 증언에 기초했다. 보고서는 조사된 인권유린 사건 9천 개의 85%와 살인의 95%가 정부의 지원을 받는 암살단 및 군부에 의해 자행되었음을 밝혔다. 로메로 대주교 살해 사건 그리고 아틀라카틀 대대Batallón Atlácatl가 엘모소테El Mozote와 인근 마을들에 사는 천 명 가량의 시민을 남녀노소 할 것 없이 대량학살한 사건도 정부의 잔악 행위들에 포함돼 있었다. 보고서에 의하면 파라분도 마르티 민족해방전선도 우파 시장들을 살해하는 등 인권유린 행위를 범했으나 그 수는 매우 적었다. 또한 보고서는 대다수 인권유린 사건들의 직접적인 책임이 미국 조지아 주의 포트베닝Fort Benning에 있는 아메리카학교의 졸업생들에게 있다고 지적하면서 암묵적으로 미국을 비난했다. 여기에서 암살단의 지도부 상당수가 반란진압 전술을 훈련받았다.

진실위원회의 보고서와 새로이 기밀 목록에서 해제된 문건들은, 레이건과 부시 행정부가 엘살바도르 군부에 대해 군사원조를 지속하기 위해 미 의회를 설득하고자 속임수를 써왔음을 보여 주었다. 한 예로 1981년 CIA는 민족주의공화동맹의 당수인 다우비손을 "부유한 지주들의 주요 심복이자, 좌파 또는 그 동조 세력이라 추정되는 수천 명을 살해한 우파 암살단의 조정자"라 부르고, 그가 이기적이고 무모하며 아마도 정신이상자일거라고 평했다. 또한 다우비손이 마약 밀매와 무기 밀수에 관여했으며, 로메로 암살계획 모임을 이끌었다고 보고했다. 그럼에도 불구하고 부시의 산살바도르 특사이자 레이건 정부 시기 아메리카대륙 문제를 다루는 국무성 차관보였던 윌리엄 워커는 이런 문건들에 대해 거리낌 없이 다음과 같이 대응했다. "우리는 다우비손과 거래해야 했습니다."

엘살바도르 혁명 : 평가

7만 5,000명의 사망자, 200만 명의 국외 추방자 그리고 100만에 달하는 전쟁난민, 수십억 달러의 경제 손실을 낳은 12년간의 전쟁이 끝나고 난 후, 혁명과 장기적인 민중전쟁 전략이 남긴 유산은 무엇일까? 먼저, 엘살바도르 사회를 비무장화했고, 1932년 마탄사^{matanza}(학살) 이후 억압되어 왔던 민중동원을 위한 공간을 만들었다. 이는 국내의 권력관계를 변화시켜 새로운 다원주의를 낳았다. 새로운 다원주의는 과두층 내의 두 집단 즉, 살인적인 커피 농장주와 약간 덜 폭력적인 커피 가공자 사이로 경쟁을 제한했던 엘살바도르의 전통적인 정치 문화와는 극명히 대조되었다. 그 결과 사회정의와 민족해방을 위한 운동은 지속적으로 가능할 뿐만 아니라, 억제할 수 없는 것이 되었다.

두번째로, 그것은 새로운 남성과 여성 의식을 만들어 냈다. 여성들은 전통적으로 가정 내부의 역할을 맡아 왔지만, 이제 공적 영역에서 적극적인 참여자가 되었다. 여성의 역할은 처음에는 코마드레스 같은 인권단체에서 자신들의 가족을 지키는 역할에서, 나중에는 엘살바도르 여성연합 Asocación de Mujeres de El Salvador, AMES 같은 다른 민중 운동으로 이어졌다. 예를 들어, 코마드레스 행동주의는 여성들에게 "인권투쟁은 노동자들의 권리, 그리고 여성의 권리에 대한 것이다. 하지만 나는 그것을 알지 못했다"라고 가르쳤다. 전쟁은 또한 남성 노동력을 고갈시켰고, 노동조합 내에서 여성의 존재를 확대시켰다. 또한 여성 노동자들에 대한 새로운 수요를 창출했으며, 임금 노동 영역에 참여하는 비율이 1992년 40%로 급증했다.

마지막으로, 여성들은 혁명에 참여함으로써 가부장제라는 감옥에서 탈출하고자 하였다. 혁명에서 여성들은 파라분도 마르티 민족해방전선의 전투원 중 30% 그리고 군사 지도부의 20%를 차지했다. 게릴라 부대장인 마리아 세라노^{María Serrano}는 "여성은 집을 돌보고 애나 키우는 존재라는 의식을 갖고 성장했다. 하지만 혁명과 함께 이러한 생각은 끝이 났다. 여성들은 남성들과 같은 일을 할 수 있다는 사실을 알게 되었다"고 말했다. 이러한 새로운 여성주의적인 의식은 남성들에게도 자연스럽게 영향을 미쳤다. 여성이 대부분이었던 게릴라 부대에서 싸웠던 한 남성 게릴라는 "성의 대상이 아니라 동료로서 여성을 보게 되는" 과정이 힘들었다고 인정했다. 그들의 공유된 경험은 혁명의 민족해방투쟁에 의미를 부여했고, 이는 이제 인종, 계급 그리고 제국주의적 지배로부터의 해방뿐만 아니라 가부장제로부터 해방도 의미하게 되었다.

그러나 이렇게 잠재적인 중대한 변화들이 평화 협정에 명시되어 있었지만, 그것들을 확실히 이행하기 위해서는 이를 감시하는 민중투쟁과 지속적인 국제적 압력이 필요했다. 활발한 참여 민주주의는 사회정의의 가장 좋은 원동력이었고, 그것이 없다면 지속적인 평화란 불가능했다. 1994년 3월 악명 높은 아틀라카틀 대대가 해체된 후 새로운 경찰 조직이 조직되었으며, 파라분도 마르티 민족해방전선이 정당으로서 첫번째 선거에 참여하기 위해 준비했다. 그럼에도 불구하고, 깨지기 쉬운 평화에는 여전히 검은 구름이 드리워져 있었다.

중아메리카에서 포퓰리즘적 실험들이 실패한 후, 무장봉기와 장기적인 민중전쟁은 국가발전에 있어서 확실히 상반된 결과를 낳았다. 니카라과에서는 약탈적인 독재정치를 무너뜨렸고, 역사적으로 소외되어 온 여성, 원주민 공동체, 농민 그리고 노동자들을 이롭게 하는 진정한 의미의 독립적 발전을 위한 거대한 전망을 제시했다. 그러나 과테말라와 엘살바도르의 혁명 전략은 민중동원과 광범위한 정치참여라는 공통된 유산만을 남긴 채, 끈질기고 완고한 외세 개입의 희생자가 되었다. 베네수엘라와 콜롬비아에서는 매우 다른 상황적 배경과, 이에 상응하여 진보적인 군부를 포함하는 일련의 다양한 전략들이 결합하여 국가 발전을 위한 극명하게 서로 다른 움직임들을 만들어 냈다.

19장 _ 볼리바르의 땅:
군사적 위기, 국가의 억압 그리고 민중민주주의

혼란과 빈곤의 라틴아메리카 대륙에서 현대 베네수엘라와 콜롬비아는 민주주의와 경제적 안정을 이룬 오아시스로서 자주 등장한다. 그러나 이들 국가들의 최근 역사를 좀더 세밀히 관찰해 보면, 이 두 나라 역시 이웃 나라들과 같은 운명을 피하지 못했다는 것을 알게 된다. 대신에 두 나라는 군부와 협력하여 민중의 정치 참여와 정부 진출을 제한하고 과두층의 권력을 강화하는 헌정 제도를 세우려고 했다. 그러나 명백히 부패한 정치 제도들로 인해, 이 두 나라는 라틴아메리카 종속 자본주의의 총체적 위기가 물려 준 사회경제적 문제들에서 벗어나지 못했다. 이 현상은 한때 산유국

| 이 장의 핵심 문제 |

- '과두제 공화국'이 콜롬비아의 발전에 어떤 영향을 끼쳤는가?
- 대공황과 제2차 세계대전이 콜롬비아와 베네수엘라의 발전에 어떤 영향을 끼쳤는가?
- '폭력'(La Violencia)이 콜롬비아 포퓰리즘의 한계를 어떻게 드러냈는가?
- 후안 비센테 고메스의 자유주의 경제 정책은 베네수엘라에 어떤 영향을 끼쳤는가?
- 로물로 베탄쿠르와 카를로스 안드레스 페레스의 포퓰리즘적 프로그램은 국가 발전에 어떤 영향을 주었는가?
- 민중민주주의를 향한 우고 차베스의 운동은 베네수엘라 군부에 어떤 영향을 끼쳤는가? 또 그의 정책은 국가 발전에 어떤 영향을 끼쳤는가?

1899~1903	천일 전쟁으로 콜롬비아 군부가 강화됨.
1902	유럽 국가들의 해군이 채무를 징수하기 위해 베네수엘라를 봉쇄.
1903	콜롬비아가 해이-헤란 조약을 거부.
1908~1935	베네수엘라의 독재자 후안 비센테 고메스가 외국인 투자에 대해 혜택을 줌.
1934	포퓰리스트인 알폰소 로페스가 '지속적인 혁명'을 시작.
1945~1948	로물로 베탕쿠르와 개혁적인 군부가 베네수엘라에서 포퓰리즘적인 정부를 수립.
1958	푼토피호 협정과 국민전선은 각각 베네수엘라와 콜롬비아에서 민주주의를 제약.
1966	콜롬비아무장혁명군이 출현.
1973	베네수엘라에서 포퓰리즘 정부가 원유와 금속 산업을 국유화.
1989	베네수엘라의 카를로스 안드레스 페레스가 신자유주의 정책을 실시했고, 이는 카라카스의 대규모 시위사태로 이어짐.
1998	우고 차베스가 대통령 선거에서 승리하고 신자유주의 정책 폐기.
2002	콜롬비아 대선에서 우리베가 승리했고, 베네수엘라에서 군부 쿠데타가 차베스를 일시적으로 전복.
2006	차베스가 '사회주의 혁명'을 위한 선거에서 승리.

으로서 인근 국가들이 부러워했던 베네수엘라가 심각한 외채 문제로 겪은 고통에서 극명하게 나타난다. 1981년부터 1987년까지 6년 동안 베네수엘라의 전체인구 중 빈곤층이 차지하는 비율은 22%에서 54%로 증가했다. 1989년 2월 카를로스 안드레스 페레스Carlos Andrés Pérez 대통령은 신규 차관을 얻기 위해 IMF의 요구에 따라 생필품 가격과 공공요금을 대폭 인

상했다. 이에 전국적으로 폭동이 일어났고 진압과정에서 수백 명의 사상자가 발생했다. 그러나 베네수엘라 포퓰리즘의 위기는 민중민주주의를 향한 새로운 운동을 자극했다. 이 운동의 카리스마 넘치는 지도자인 우고 차베스Hugo Chávez는 자신과 민족주의적인 군 장교들, 그리고 잘 조직된 풀뿌리 사회 운동가들 사이의 우호적인 관계를 이용해 국내외 적대 세력으로부터 자신의 볼리바르주의 혁명을 지켜냈다.

베네수엘라의 이웃 국가인 콜롬비아의 상황은 더욱 심각하다. 콜롬비아는 미국으로 밀수되는 정제 코카인의 대부분을 생산하는 칼리 카르텔의 본거지로서, 과두층에 대한 민중들의 저항을 이 불법적인 수입과 늘어나는 미국의 지원에 의존하여 억눌렀다. 형식적으로는 온건 노선의 민주정부가 통치하고 있지만 군부와 연결된 암살단, 치안부대, 마약 마피아가 면책특권을 가지고 급진 세력, 노조 지도자, 인권 운동가들을 공격했다. 한편 정글과 산악 지대를 중심으로 게릴라전이 격렬하게 전개되었는데, 이는 라틴아메리카 대륙에서 발생한 게릴라전 중 최장기적인 것으로서 과두 민주주의 체제하에서 해결되지 못한 다양한 사회문제들이 축적되어 나타난 결과였다. 라틴아메리카의 다른 지역과 마찬가지로 20세기의 이러한 문제들의 원인은 규제되지 않은 시장의 힘, 대외경제에 대한 종속, 국내의 사회적 불평등 그리고 점점 더 단호해지는 민중의 저항과 같은 요소들에 있다고 할 수 있다. 콜롬비아에서 이런 양상은 라파엘 레예스Rafael Reyes의 등장과 함께 시작되었다. 그는 라파엘 누네스Rafael Nuñez, 안토니오 구스만 블랑코Antonio Guzmán Blanco, 마누엘 에스트라다 카브레라Manuel Estrada Cabrera, 포르피리오 디아스Porfirio Díaz 같은 근대적 독재자들과 동일한 방식으로 통치하였다.

콜롬비아의 포퓰리즘, 군부의 탄압 그리고 권위주의 정치

과두제 공화국, 1903~1930

콜롬비아의 20세기는 수천 명의 인명 피해와 국가의 경제 기반에 막대한 피해를 준 '1,000일 전쟁'과 함께 불길하게 시작되었다. 야만적인 내전은 경제성장을 지연시키고 전통적인 지주 과두층과의 강력한 결합을 통해 군부 체제를 강화시켰음에도 불구하고, 일시적으로나마 국민국가로서 콜롬비아의 힘을 약화시켰다. 이러한 상황에서, 수년 동안 독립을 쟁취하기 위해 싸워 왔던 파나마 분리주의자들은 콜롬비아의 내전과 미국의 파나마 지협 횡단운하 건설에 대한 관심 재고라는 두 가지 호기를 잡게 되었다. 콜롬비아 국민들은 운하 건설 예정지역에 대한 주권을 포기하는 대가로 콜롬비아에게 고작 1,000만 달러를 지불하는 반면에, 프랑스 개발 회사에게 4,000만 달러를 지불하는 것을 골자로 하는 해이-헤란Hay-Herran 조약을 반대해 왔다. 갑자기 파나마 민족주의자들에게 미국이라는 새롭고 강력한 동맹 세력이 생겼다. 미국 대통령 루스벨트의 지원으로 파나마는 1903년 공식적인 독립을 이룰 수 있었다. 이 일은 콜롬비아 국민들에게 엄청난 정신적 충격을 주었다.

전쟁이 끝나자 라파엘 레예스Rafael Reyes(1904~1909) 장군은 의회를 해산하고 개인 독재 체제를 수립했다. 그는 허수아비 제헌의회에서 만든 법령을 이용하여 통치했다. 레예스는 독재적인 통치 방법에도 불구하고 평화와 질서 확립, 철도와 고속도로 건설을 통한 사회간접자본 확충, 농산물 수출 장려, 그리고 산업 보호 정책을 통해 초기에는 많은 엘리트들의 지지를 획득했다.

파나마의 독립을 인정하는 조건으로 미국의 보상금을 받는 조약을 체결하려고 하면서, 레예스는 몰락의 길을 걷기 시작했다. 커피 수출에 있어 미국 시장의 중요성을 인식하고 미국 자본의 유치를 희망하던 콜롬비아 지배계급은 새로운 관계들을 받아들였다. 그러나 파나마 상실에 대한 상처가 아직 아물지 않은 상태에서 이 조약체결 소식이 전해지자 국민적 분노가 폭발했다. 레예스의 정적들은 이 기회를 이용하여 레예스를 하야시켰다.

이러한 정치적 위기는 1886년 헌법을 개정하기 위한 제헌의회 소집으로 이어졌다. 제헌의회는 행정부의 권한 축소, 입법부 권력 확대, 소수자들의 대표성 보장 등에 합의했다. 이 외에도 대통령 직선제, 선출제 주의회의 설치, 사형제 폐지 등이 개정 헌법에 포함되어 있었다. 이는 외관상 진보적으로 보였지만 실제로는 재산과 지적 수준에 따라 선거권을 제한하였다. 결과적으로 모든 여성과 성인 남성의 90%가 선거권을 갖지 못하였고 교회의 특권적 지위 역시 변함없이 유지되었다. 헌법 개정으로 일당 지배가 보다 어렵게 되었지만, 선거 과정을 통제할 수 있는 권한은 여전히 정부가 쥐고 있었다. 또한 지주, 공무원, 성직자들이 농촌 유권자들에게 영향력을 행사할 수 있는 토호제gamonal system 역시 사라지지 않았다.

1910년부터 1930년 사이 콜롬비아 정치가 특징적인 단조로움을 보여준 데 반해, 경제 및 사회 분야는 때로는 격렬한 변화를 보여 주었다. 콜롬비아 자본주의의 전반적이고 급속한 성장을 반영하면서 커피 수출이 급격하게 증가했다. 커피 수출의 중심지는 자유 노동제가 일반적이었던 안티오키아Antioquia였다. 수출 산업에서 축적되었던 자본은 이제 상업 부문에서 산업 부문으로 점차 이동했고, 농촌 노동 역시 낡은 반봉건적 형태에서 자유롭고 자본제적인 임금 노동으로 일부 전환되었다. 역내 다른 나라처럼 이러한 전환은 일련의 파업, 토지 침입, 그리고 지주와 농민들 사이의 충돌을 수반했다. 또한 정부들은 계속 '신체와 인종적인 조건이 콜롬비아에 맞지 않은 사람들의 입국'을 금지함으로써, 콜롬비아를 '백인사회로 만들려는' 인종주의적인 이민법들을 잇달아 채택했다. 마지막으로, 도시와 플랜테이션 지역에서 진정한 의미의 노동조합의 등장, 급진주의 정당들, 그리고 노동자와 고용주 간의 투쟁이 이 시기를 특징짓는다.

파나마 상실에 대한 보상을 규정한 1914년 조약을 통해 미국 자본은 더욱 손쉽게 콜롬비아에 유입되었다. '수백만 달러의 춤'이라 불린 미국 자본의 콜롬비아 유입은 1921~1922년에 시작되었는데, 초기에는 2,500만 달러의 보상금 중 첫 분할금이 들어오면서 시작되었다. 1922년부터 1928년까지 미국 정부와 개인투자가들은 콜롬비아에 2억 8,000만 달러를 쏟아 부었는데, 이 자본의 대부분은 방대하고 무질서한 공공 건설에 사용되었다. 이런 호황으로 인해 농촌에서 도시로 인구가 유입되었으며, 노동 계급 여성들이 저임금의 단순 노동 기회를 갖게 되고 '산업예비군' 역할을 수행했다. 그러나 농촌 인구의 감소로 식량 생산이 줄어들고, 도시 인구의 증가로 생계비가 폭등해 노동자들의 생활수준은 전보다 더 악화되었다. 자연스럽게, 불같은 성격의 웅변가이자 콜롬비아의 "노동의 꽃"flor de trabajo이라고 불린 마리아 카노María Cano 같은 노동 운동 지도자들로 노동 조합들은 더 전투적인 성향을 띠게 되었다. 이 경향은 야만적인 탄압으로 수천 명의 노동자들이 목숨을 잃은 1928년의 유나이티드푸르츠의 바나나 농장 파업 사건에서 그 절정을 이뤘다.

이러한 예외적인 번영은 1929년 뉴욕 증권 시장의 붕괴와, 곧 콜롬비아까지 밀려 온 대공황으로 인해 막을 내렸다. 정치 스캔들, 바나나 농장 노동자 학살에 대한 국민적 분노, 자체 분열 등으로 인해 이미 신뢰를 상실한 정부는 늘어나는 실업, 식량 부족, 재정적자 등으로 국민들로부터 철저하게 외면당했다. 게다가 원래의 토지 소유권만이 토지 소유를 증명하는 유일한 합법적 증거라는 대법원의 1926년 판결은 노동조합과 각종 단체로 조직된 농민들의 토지점거를 야기했다. 농민들의 소요 증가, 도시 지역의 파업 그리고 새로운 급진적 이념의 등장에 긴장한 콜롬비아의 과두층은 혁명을 피하기 위해서 일시적으로 결속을 강화했고, 1930년 선거에서 동료 대토지 소유자인 엔리케 올라야 에레라Enrique Olaya Herrera를 지지했다.

포퓰리즘의 한계 : 지속적인 혁명과 과두세력의 저항, 1934~1958

올라야는 자신의 임기를 대공황이 끝나고 미국의 차관과 투자 유입이 재개되기를 기다리면서 보냈다. 그가 변화를 바라는 민중의 기대에 부응하지 못하면서 위기는 점점 더 커져 갔다. 쿤디나마르카Cundinamarca, 톨리마Tolima, 카우카Cauca 등 라티푼디움 제도와 농민들의 무토지 문제가 심각한 지역에서는 농민들과 지주 혹은 경찰 사이의 충돌이 빈번하게 벌어졌다. 이러한 사회적 불안정으로 알폰소 로페스Alfonso López 같은 포퓰리즘 정치인들의 인기가 상승했고 1934년 대선에서 결국 알폰소 로페스가 승리했다. 그는 당선되자 곧 '지속적인 혁명'Revolución en marcha이라고 불리는 프로그램을 발표했고, 1936년 자신의 정책을 실행하는 데 필요한 의회 다수세력을 확보했다.

로페스와 다른 개혁가들은 사회정의와 국가경제를 위해 토지개혁이 필요하다는 사실을 알고 있었다. 농업의 후진성이 콜롬비아 자본주의의 발전을 저해하고 있었던 것이다. 늘어나는 도시 인구만큼 식량을 공급하지 못하고 있던 식량생산 부문이 특히 심각한 상황이었다. 1936년에 제정된 농지개혁법은 토지 소유주가 합리적으로 사용하지 않는 모든 토지를 국가에 되돌려주도록 규정했지만, 임금 노동에 기초하여 토지를 효율적으로 사용할 수 있도록 라티푼디움 소유자들에게 10년간의 이행 기간을 주었다. 이 법은 지대를 노동이나 현물로 지불하는 행위를 금지해 임금 노동을 확산시켰으며 토지 시장을 창출했다. 또한 대지주들의 재산권을 보장하는 동시에, 농민들이 개간했던 유휴지 상태의 공유지나 사유지에 대해 이들에게 '점유자의 권리'를 부여했다. 이렇게 해서 점유자들에 대한 강제 퇴거가 한층 힘들어졌고 급격히 감소했다.

로페스 행정부 동안 노동권이 법률로 규정되었다. 의회는 최저임금제, 유급휴가제, 파업파괴 행위 금지, 1일 8시간 1주 48시간 노동제, 노동 분쟁 중재를 위한 특별재판소 설치 등의 내용을 담은 법안을 통과시켰다. 로페스의 지원으로 1935~1947년 사이 조직 노동자 수가 4배나 증가했다. 또한 1936년 생디칼리스트와 공산주의자들이 주도하는 콜롬비아노동연맹Confederación de Trabajadores de Colombia, CTC이 결성되었다. 로페스의 개혁 정치 기간 동안 가장 혁명적인 정책은 새로운 진보적 세법의 시행이었다. 이 법의 시행으로 콜롬비아 전통과 단절하였고 세수 확보 능력이 2배로 증가했다.

이러한 개혁 조치들이 온건했음에도 불구하고 전통적인 과두층은 거칠게 저항했고, 로페스는 후퇴하기 시작했다. 그는 결국 1936년에 개혁의 '일시 중단'을 선언했고, 이는 온건파와 개혁파 사이의 격렬한 분열로 이어졌다. 당시 개혁파의 지도자는 큰 인기를 얻고 있던 보고타 시장 호르헤 엘리에세르 가이탄Jorge Eliécer Gaitán이었다.

가이탄의 정적들은 그를 선동 정치인이라 비난했다. 실제로 그는 자신의 사회·경제 사상을 노동자와 농민들에게 명쾌하게 전달함으로써 대중을 사로잡는 명연설가였다. 그의 사상에 이질적이거나 터무니없는 요소는 없었다. 비록 그의 연설 내용이 사회주의적 색채를 띠고는 있었으나, 그가 제시한 정책의 핵심은 자본주의의 민주화 및 거대 기업의 사적 독점을 통제하기 위한 국가의 경제 개입, 그리고 토지의 경자유전 원칙이었다. 1945년 가이탄은 토지 소유 상한을 1,000헥타르로 제한할 것과 소농들의 낮은 생산성을 향상시키기 위해 토지 소유 하한선을 4헥타르로 확대할 것을 제안했다.

그러나 정치적 분열 상황으로 1946년 대선에서 마리아노 오스피나 페레스Mariano Ospina Pérez가 겨우 42%라는 낮은 득표율로 승리를 거두게 된다. 오스피나 페레스는 취임 후 온건파 야당 세력에 대한 유화조처로 거국연합Unidad Nacional 정부를 구성하려고 했다. 하지만 가이탄과는 어떠한 대화의 시도도 하지 않았다. 이렇게 가이탄에 대한 의도적인 무시는 그를 정치적으로 고립시키고 그의 지지 세력과 온건파 사이의 분열을 심화시킬 뿐만 아니라, 양당 간 연합을 형성하여 그의 급진적인 사회·경제 개혁 정책을 저지하려는 전략이었다. 노동자들은 정부를 지배하고 있던 '이중 과두 체제'——자유당과 보수당——의 일종의 음모에 의해 개혁이라는 희망이 좌절되는 것을 목도해야 했다. 게다가 전후의 높은 인플레이션과 임금 동결, 증가 추세에 있던 실업으로 좌절과 분노를 경험해야 했다.

한편, 거국연합 정부가 실패를 거듭하는 와중에 라우레아노 고메스 Laureano Gómez가 막후의 숨은 실세로 부상하고 있었다. 거국연합 정부의 정책들에 대한 경멸을 숨기지 않던 고메스는 모든 온건파 세력을 신속하게 숙청하였으며, 1947년 실시될 선거들에 대비해, 정적들을 공격하기 위한 무장 준군사조직을 결성하였다. 그러나 이러한 권위주의적인 전략에도 불구하고 결과는 급진파들의 압승이었다. 오스피나는 법과 질서의 회복을 주장하면서, '콜롬비아판 게슈타포'creole Gestapo로 알려진 새로운 치안부대인 정치경찰대^{Policía política}을 창설했다. 이들은 전국 도처에서 구타와 살인을 포함한 온갖 잔악무도한 행위들을 일삼아 전국적으로 대립을 심화시켰다. 이런 상황에 대해 소작농, 중산층 그리고 심지어는 일부 대지주들까지도 반발했고 탄압에 맞서 무력으로 대응하는 일들이 나타났다.

1948년이 되면서 이러한 무장충돌은 내전의 양상을 띠기 시작했다. 긴장이 팽배해져 가는 가운데, 한 괴한이 가이탄에게 접근해 네 발의 총탄을 발사했다. 치명상을 입은 그는 인도에 쓰러졌다. 대중들은 1950년 대선에서 당선이 유력했던 가이탄이 자신들을 해방시켜 줄 유일한 희망이라고 여겼었고, 그의 암살은 오랫동안 억눌려 있던 인종적·종족적·계급적 적대감이 분출되는 계기가 되었다. 이는 보고타를 분열시키고 전국으로 확산된 민중 봉기의 시발점이 되었으며, 수천 명의 희생자를 내고 정부군에 의해 진압되었다. 이러한 자발적인 대중 봉기들은 농민들의 아시엔다 점거, 혁명위원회의 설립, 노동자의 외국인 소유 정유시설 점거 그리고 다른 급진적인 조치 등으로 이어졌고 콜롬비아 엘리트 계층은 두려움에 빠졌다. 엘리트 계층은 폭력의 책임을 "유전적으로 원한이 각인된" 흑인과 원주민들에게 떠넘겼다. 전국적으로 공식적·비공식적 폭력사태가 지속되어 일반적으로 '라 비올렌시아'^{la Violencia}(폭력)라고 명명된 현상이 고착되었고 연립정부는 1949년에 붕괴했다.

1950년 대선이 임박함에 따라 위협적이고 억압적인 분위기가 눈에 띄게 팽배해져 갔다. 농촌 지역에서는 군부의 지원을 받는 폭력집단들이 농민들에게 지지 후보를 바꾸도록 강요했다. 몇몇 지역에서는 지주들이 폭력배를 동원해 토지점유 농민들을 살해하거나 추방함으로써, 1930년대에 있었던 농민들의 토지 침입에 대해 보복을 가했다. 그러나 라 비올렌시아 초기 단계에서 발생했던 갈등은 농민들이 정당 지도자들을 지지하면서 생긴 것으로, 기본적으로 정치적 성격을 띠고 있었다. 마침내 의회 다수파가 자신을 탄핵하려 하자 오스피나는 계엄령을 선포하여 국회, 지역의회, 시의회를 해산하고 언론 검열 등에 관한 포고령을 발표했다. 이렇게 모든 실질적인 반대 세력들이 제거됨으로써 라우레아노 고메스가 대통령이 되었다.

고메스 정권(1950~1953)은 16세기 에스파냐의 지적 분위기를 부활시키려 했던 점에서 이데올로기적인 측면에서는 '봉건적'으로 보였다. 그러나 경제 정책에 있어서는 기업 자본주의를 선호하는 근대적인 모습을 보여 주었다. 경제적 자유주의를 바탕으로 수출입 관련 모든 규제가 철폐되었고 가능한 모든 방법을 동원해 외국인 투자를 장려했다. 그러나 노동 분야에서는 고통스런 시기였다. 임금은 물가상승을 따라가지 못했고, 국가는 사용자 편을 들어 노사분규에 자주 개입했을 뿐만 아니라 구사대의 폭력행위 및 블랙리스트를 묵인했다.

한편 농촌 지역에서 라 비올렌시아가 더욱 심해졌고 다른 지역으로 확산되었다. 농민들이 자신들을 농장에서 추방하려는 지주들과 지주들이 동원한 폭력배들에게 저항하면서 갈등은 점차 계급투쟁의 성격을 띠게 되었다. 농민 지도자들과 공산당 활동가들은 쫓겨난 농민들 사이에서 적극적으로 방어 거점을 조직했다. 1949~1953년 동안 콜롬비아에 공식적인 국가 테러리즘과 잘 조직화된 게릴라 운동이 광범위하게 나타났다.

군사적으로 게릴라 문제를 해결하려 했던 독재 체제는 점차 약화되어, 결국 1953년 6월 13일 구스타보 로하스 피니아^{Gustavo Rojas Pinilla} 장군이 군의 지원을 받아 대통령직에 오르게 되면서 붕괴되었다. 정치·사회적 위기를 해결하기 위해 그는 정치 엘리트 계층과 급진주의적인 농민들의 타협을 추구하는 "평화, 정의, 자유"라는 슬로건을 내세웠다. 첫번째 조치

중 하나로 그는 민간으로 복귀하는 게릴라들에게 무조건적 사면령을 내린다고 발표했다.

수천 명의 게릴라들이 이 사면령을 수용해 무기를 버리고 귀향했다. 그러나 남부 쿤디나마르카 지방의 톨리마Tolima와 수마파스Sumapaz에서 활동하던 공산주의 지도자들을 비롯한 몇몇 게릴라 지도자들은 로하스 피니야의 진실성을 믿지 않았다. 1949년 칼리에서 벌어진 학살사건에서 군 사령관으로서 로하스가 했던 역할을 상기시키면서, 그들은 동료들에게 "독재 계획의 일환으로 나온 거짓 약속을 믿지 말라"고 경고했다. 이들 게릴라 조직들은 무장상태로 휴전하면서 추후 사태를 전망하는 것을 선호했다.

이들의 의심은 옳았던 것으로 드러났다. 로하스 피니야는 전통적인 정치 방식을 복원하는 대신, 아르헨티나의 페론 체제와 같은 포퓰리즘적 요소를 가미한 개인 독재 체제를 확립해 갔다. 따라서 로하스 피니야와 엘리트 계층 사이의 밀월관계에 금이 가기 시작했고 국가 역시 약화되기 시작했다. 그의 개혁 조치 중 하나는 1954년에 여성에게 투표권을 허용한 것이었다.

몇몇 개혁 조치에도 불구하고 로하스 피니야가 실시한 정책은 본질적으로 반동적이었다. 그는 라 비올렌시아를 재현시켰고, 악명 높은 살인 청부업자들pájaros, 자경단, 치안부대가 사면된 게릴라들에게 자유롭게 보복 행위를 저지를 수 있도록 묵인했다. 이에 따라, 전직 게릴라들이 농촌을 떠나 잔존 게릴라 조직과 다시 결합했다. 여타 억압적 조치들과 함께 내전이 재개되고 불경기가 점점 더 심해지면서 모든 엘리트 계층들이 로하스 피니야에 반대해 결집하게 되었다. 결국 피니야의 군 동료들은 그를 사임시키고 5인 군사평의회가 권력을 장악했다.

1957년 7월 양대 정당의 지도자들인 알베르토 예라스 카마르고Alberto Lleras Camargo와 라우레아노 고메스는 다시 회동을 갖고 국민전선Frente Nacional 수립에 합의했다. 이 동맹으로 보수당과 자유당은 향후 16년간 권력을 독점할 수 있게 되었다. 두 정당은 국회와 지역 의회 의석을 반반씩 차지하며 대통령직은 서로 번갈아 가며 맡는 것으로 합의를 했다. 양당 통치와 '통제된 민주주의'라는 콜롬비아의 정치적 실험이 시작된 것이다.

국민전선 : 개혁과 탄압, 1958~1974

1958년 콜롬비아 국민전선을 가능케 한 헌법상의 협정은, 같은 해 베네수엘라 과두 정당들 사이에 체결된 협정과 매우 유사했다. 두 협정에서 그 의도는 동일했다. 엘리트 지배층의 지배를 보장하고 자신들의 권력과 재산을 위협할 수도 있는 정치세력을 고립시키거나 소외시키는 것이 그것이다. 따라서 두 경우 모두, 대의제 민주주의의 변형된 형태인 '통제된 민주주의' 혹은 보다 정확하게는 '제한된 민주주의'의 변이형이었다.

이 권력공유 조약으로 자유당과 보수당만이 정권을 잡을 수 있었고 공산당, 기독민주당 혹은 미래의 신생 정당들은 권력에서 제외되었다. 따라서 유권자들은 국민전선의 정책을 거부하거나 정권을 교체할 수 있는 권리가 없었다. 양당 사이의 상대적인 차이가 사라짐으로써 유권자들은 정치에 무관심해졌고 투표율이 극히 저조해졌다. 1958년 총선 참여율이 68.9%인 데 반해 1972년 총선에서는 36.4%에 불과했다.

어느 한쪽이 패권을 행사할 수 없도록 규정한 국민전선의 정치적 게임 법칙으로 정부는 점차 정상적으로 작동하지 않게 되었다. 국민전선의 사회 정책은 근본적으로 자신들의 과두적인 성향을 반영했고, 소득 분배의 엄청난 불균형을 시정하려는 어떠한 시도도 하지 않았다. 비록 노동조합이 합법화되었다고는 하지만, 정부는 노사분규에서 사용자측을 지지하는 쪽으로 반복적으로 개입했다.

농촌 지역의 폭력을 중단시키기 위해 1958년 예라스 카마르고는 일상생활로 복귀하는 모든 게릴라들에게 사면령을 내렸다. 국민전선의 수립은 20만에서 30만 명이 희생된 것으로 추산되는 라 비올렌시아의 공식적인 종결을 의미했다. 그 후 수십 년 동안 군과 경찰은 잔존한 불법 조직들을 제거했다. 그러나 라티푼디움이 존속하고 토지를 요구하는 약 100만 명의 농민들을 공공연하게 탄압하면서 농촌에서 폭력사태는 지속되었다. 이러한 폭력사태가 쿠바처럼 혁명으로 확산되는 것을 두려워 한 의회는 1961년에 농지개혁법을 채택했다. 이 법은 비효율적으로 이용된 토지를 몰수하여 재분배할 수 있는 무제한적 권한을 신설 국가기관인 콜롬비아농지개혁기구Instituto Colombiano de la Reforma Agraria, INCORA에 부여했다. 그러나 이 법이 실시된 첫번째 지역인 톨리마에서 1969년까지 9만 명에 달하는 무토지 농민 중 토지 소유권을 부여받은 농민들은 1,115명에 불과했다. 당연히 이 법은 농민들의 토지에 대한 갈망을 충족시키지 못했다. 원래는 농촌의 친정부 조직이었던 회원 수 50만 명의 전국농민연맹Asociación Nacional de Usuarios Campesinos, ANUC이 곧 노골적인 비판을 하기 시작했다.

정부는 실효가 별로 없는 농지개혁을 시행함과 동시에 공산당 지도하에 있던 톨리마 동부와 남부의 게릴라 지역에 대한 대규모 공격을 단행했다. 농지개혁법과 마찬가지로 이 공격 역시, 개혁과 탄압을 결합했던 케네디 행정부의 진보를 위한 동맹의 반反공산주의 전략에서 영감을 얻었다.

이 공격과 이후의 소탕작전이 실패하면서, 몇 개의 게릴라 거점들이 20년 후에는 30개의 게릴라 전선들로 구성된 네트워크로 변했다. 이 게릴라 조직들은 공산주의자들이 주도하는 콜롬비아무장혁명군Fuerzas Armadas

콜롬비아 군은 비무장 민간인들에 대한 준군사조직들의 폭력을 부추겼는데, 이는 콜롬비아무장혁명군 같은 게릴라 운동이 인기를 얻는 데 한몫을 했다. 이를 통해 콜롬비아무장혁명군의 전투원들은 자신들의 힘과 영토 지배력을 확대했다.

Revolucionarias de Colombia, FARC의 지도 아래 산간 오지에서 활동했다. 콜롬비아무장혁명군——1966년에 창설된 가장 큰 게릴라 조직——외에, 1960년 대와 1970년대에 주로 급진적인 학생들과 도시 출신자들로 구성된 다른 혁명조직들이 출현했다. 급진주의자인 카밀로 토레스 레스트레포 신부가 잠시 이끌었던 민족해방군은 농지개혁, 국유화, 사회정의 그리고 양성평 등을 주장했다. 카밀로 토레스 레스트레포 신부는 1966년 사망했는데, 그 의 죽음은 1968년 메데인에서 '가난한 자들을 위한 우선적 선택'을 지지하 기 위해 열린 라틴아메리카 주교회의에 큰 영향을 주었다. 역사가 프란세 스카 밀러Francesca Miller는 토레스 신부가 보여 주는 이런 양성평등에 대한 지지를 어머니인 이사벨 레스트레포 가비리아Isabel Restrepo Gaviria의 영향 으로 파악한다. 그녀는 "자신의 성이 받는 차별에 반대"해 공개적으로 시위를 벌였던 유명한 페미니스트였다.

　요약하자면, 국민전선의 자유주의 경제 정책으로 국내외 자본은 성공적으로 축적되었으나 노동자와 농민의 이익은 간과되어 이들의 생활수준은 급격히 하락했다. 1964년에는 전체 노동인구의 25%가 절대빈곤 상태에 놓여 있었고 1973년에는 그 비율이 50.7%로 증가했다. 16년간에 걸친 국민전선의 통치는 심각한 사회·경제 문제들을 해결하지 못하고 오히려 심화시켰던 것이다.

마약 밀매와 탄압, 1974~2000

1974년 선거와 함께 콜롬비아에 경쟁선거라는 정치 체제가 복원되었지만 권력공유 체제의 잔재는 남아 있었다. 경쟁 체제가 부활했음에도 불구하고, 정치 체제 자체는 여전히 엘리트들 사이의 갈등 수준을 조절하고 후견주의clientelismo(금권정치와 기구 정치machine politics에 기반을 둔 선거 동원)를 통해 '대중들을 그들의 자리에 머물게' 하는 제한적인 과두 민주주의의 형태를 띠고 있었다.

　국민전선 이후의 정권들은 국민들의 신뢰를 상실했을 뿐만 아니라 전례 없는 경제위기에 봉착했다. 1974년 콜롬비아가 원유 자급자족을 못하게 된 시기와 때맞춰 석유 가격이 4배 폭등하게 되면서 콜롬비아 경제는 심각한 타격을 받았다. 1982년까지 콜롬비아는 높은 인플레이션뿐만 아니라 50년만의 최악의 불황도 겪었다.

　이와 같은 불황기에 미국과의 마약거래라는 의외의 요소가 경제위기의 타개책으로 등장했다. 초기에 미국과의 마약거래는 마리화나에 한정된 소규모 수준이었다. 그러나 콜롬비아가 미국 양안에 손쉽게 접근할 수 있고 코카인 원료가 풍부했기 때문에 곧 폭발적으로 성장했다. 효율적인 분배 시스템으로 인해 한껏 성장한 미국 시장에 새로운 마약이 공급될 수 있었다. 메데인과 칼리에 거점을 두고 있던 콜롬비아 마약 생산업자 및 수출업자들과, 미국 내의 도매상, 은행가, 돈세탁업자들이 서로 역할과 이윤을 나눴다. 일반적인 오해와는 달리 콜롬비아는 대규모 코카 재배지가 아니라 페루, 볼리비아, 에콰도르, 브라질에서 들어오는 원료를 가공하는 곳이었다. 1980년대 중반 코카인 가격이 하락함에 따라, 콜롬비아에서 '바수코'bazuco로 알려진 새로운 마약인 크랙이 코카인 분말보다 저렴한 가격으로 소규모로 포장되어 새로운 대규모 소비 시장을 창출했다.

메데인과 칼리 카르텔은 코카인 거래로 연간 40~60억 달러의 수입을 올리는 것으로 추정된다. 살로몬 칼마노비츠Salomón Kalmanovitz에 따르면, 이 수입 중 10~15억 달러가 콜롬비아 암시장으로 유입되고 있다. 이 자금이 콜롬비아의 국제수지에 '완충 역할'을 했고 외환위기를 막는 데 기여했다. '마약 자본주의'narcocapitalism가 국가 재정의 안정성에 기여했을 뿐만 아니라 마약 재벌, 지주, 사업가, 정부 관료, 군, 경찰 간부들이 결탁했기 때문에 콜롬비아 마약 마피아들은 실질적인 면책특권을 누렸다.

이와 같은 상황은 세 가지 요인으로 인해 변화했다. 첫번째는, 1984년 보수당 출신 벨리사리오 베탕쿠르Belisario Betancur(1982~1986) 대통령이 게릴라들에게 무장 포기를 요구하지 않고, 4개 주요 게릴라 조직 중 3개와 역사적인 휴전협정 체결을 위한 일련의 협상을 진행한 것이다. 정부는 최대 게릴라 조직인 콜롬비아무장혁명군과 합의를 통해 농업 개혁 프로그램 수용, 공중보건, 교육, 주거 등의 개선, 민중의 정치참여 확대를 위한 지방선거 실시 등을 약속했다. 무장 조직들과 다른 파벌들이 협정의 실행을 방해했음에도 불구하고 평화정착 과정은 일시적이라도 지속되었다. 이로 인해 마약과의 전쟁에 더 전념할 수 있는 여력이 생겼다. 두번째는, 미국이 콜롬비아 정부에 더 효율적인 마약 전쟁을 수행하도록 압력을 행사하면서 거절하기 어려울 정도의 막대한 재정적 지원을 제의했던 것이다.

마지막으로, 자신들이 마약 마피아와 협력하여 수천 명의 노동조합 및 농민 지도자, 급진적 활동가, 판사, 반反마약 운동가, 민주인사들을 거리낌 없이 살해했던 죽음의 암살단을 훈련시켜 왔음에도 불구하고, 정부는 마약 마피아들이 엘리트들의 권력 독점을 위협하는 상황을 점차 두려워했다. 예를 들어, 마약 마피아는 저명 엘리트 인사들까지도 살해했는데, 여기에는 안티오키아 주지사, 검찰총장, 메데인 경찰서장, 대통령 후보인 카를로스 갈란Carlos Galán이 포함되어 있었다. 갈란 사망 후 몇 시간 내에 정부는 십여 채의 아파트를 수색했고, 마약상들의 소유로 추정되는 수백 대의 자동차와 백여 대가 넘는 비행기와 헬리콥터를 압수했다.

코카인의 주요 공급지인 라틴아메리카와 주요 소비지인 미국 모두에서 주요한 사회·경제 개혁이 전제되지 않는다면 마약 전쟁은 결코 끝나지 않을 것이다. 라틴아메리카 농민들에게 환금 작물로서 코카 재배를 대체할 만한 대안이 주어지지 않으면, 아무리 많은 코카 재배지를 소각하고 고엽제를 살포한다 하더라도 코카 재배는 계속될 것이다. 한 지역의 코카인 제조공장이 파괴된다면 이 공장은 다른 곳으로 옮겨 생산을 계속할 것이다. 코카인이 유행처럼 확산되고 있는 미국과 라틴아메리카의 근본적인 사회문제는 대중들의 빈곤과 절망 그리고 좌절이다. 소비하는 측의 문제이든 공급하는 측의 문제이든 군사적 수단으로는 마약 문제를 궁극적으로 해결할 수 없다.

'마술적 사실주의'라는 환상으로 유명한 나라인 콜롬비아에서 벌어진 정부의 반反마약 카르텔 전쟁은 30년간 지속된 대對게릴라 전쟁의 완벽한 위장막 역할을 했다. 정부기관, 군부, 경찰, 지주, 기업인, 마약재벌들을 연결하는 네트워크로 인해 마약과 게릴라 문제는 언제나 불가분의 관계에 놓여 있었다. 그들의 주요 공격 대상은 콜롬비아의 급진적인 운동 세력, 즉 게릴라 세력이었지만, 곧 노동조합, 농민 운동가, 야당 역시 그 대상이 되었다.

콜롬비아의 대문호인 가브리엘 가르시아 마르케스^{Gabriel García Márquez}는 "헌법, 법률 …… 콜롬비아의 모든 것은 훌륭하다. 서류상으로는 말이다. 현실과는 아무런 연결점이 없다"고 말한다. 1991년 7월의 신헌법은 콜롬비아에 존재하는 형식과 실제 사이의 괴리를 전형적으로 보여 준다. 새 헌법은 오랫동안 소수 집단이 독점해 온 권력과 부의 집중을 해체하고 정치 체제를 개방하고자 했다. 헌법에는 보통선거를 통한 주지사 선출, 대통령 단임제, 의회의 각료 임명 거부권, 인권 남용을 조사하기 위한 '민중' 보호 조직 설치 등이 규정되었고, 원주민 자치지역^{resguardo}에서 관습법의 권위가 보장되었다. 또한 의회의 소수 대표제를 보장했고 외국으로의 범죄인 인도를 금지했다. 콜롬비아라는 다민족·다문화 사회에서 아프리카계 콜롬비아 인들과 원주민들의 '공동 소유권'을 인정하였다.

신헌법은 부정과 혼란을 방지할 수 있는 훌륭한 청사진을 제시했지만 여전히 실현되지 않았다. 지난 40년간 지속된 무력에 의한 '폭압적 상태'는 종식되었지만, 그 대신 대통령은 '예외상태'^{estado de exception}를 선포해 노동자를 비롯한 민중의 권리를 억압했다. 콜롬비아의 새로운 민주주의에 대한 국민들의 냉소는 기권율이 70%에 달한다는 사실에서 극명하게 드러났다. 인구 10만 명당 86명에 달하는 세계 최고 수준의 살인율은 민주주의라는 장식이 무법상태인 국가나 사회를 포장해 주고 있는 얄팍한 겉치레였음을 보여 주었다. 비상사태라는 명목으로 진행된 국가의 군국주의화로 인해 국영 기업의 민영화, 보조금 폐지, IMF와 세계은행에 의해 추진된 긴축 정책 같은 신자유주의 경제 정책이 용이하게 시행되었다. 게릴라 전쟁에 소모된 막대한 비용과 함께 이 같은 정책은 콜롬비아의 경제·사회문제를 더욱 심각하게 만들었다. 3,300만 인구 중 절반 이상이 빈곤층에 속했으며 1998년 공식 실업률은 14.5%에 달했다.

가르시아 마르케스가 말하는 콜롬비아적인 '현실' 가운데 하나는, 콜롬비아에서 두 개의 전쟁이 동시에 벌어졌다는 점이다. 이중 하나가 마약전쟁이다. 미국의 공식적인 관점에서 보면 마약 전쟁은 코카인의 유입을 막기 위한 전쟁이다. 그러나 콜롬비아 지배 계급에게 마약 전쟁은 메데인에 본거지를 두고 지나치게 공격적으로 권력을 추구하는 '신흥 코카인 재벌들'과의 사적인 분쟁이다. 이와는 대조적으로, 전통적인 과두층과의 관계에서 보다 신중한 자세를 취했던 칼리 카르텔은 메데인 카르텔보다 정부의 간섭을 상대적으로 적게 받았다. 이에 대해 칼리 카르텔의 한 구성원은 "우리는 정치인들을 죽이지 않고, 그들을 매수했다"라고 설명하고 있다. 결국 1994년 말 메데인 카르텔은 대부분의 지도자들이 사망하거나 투옥되는 등 옛 모습을 상실하고 이름만 남아 있는 반면, 경쟁 상대인 칼리카르텔은 유럽과 미국으로 가는 헤로인과 코카인 거래의 대부분을 장악했다.

또 다른 전쟁은 군부, 치안부서, 마약재벌, 대지주, 기업가들이 연합해 좌파 운동, 노동조합, 농민조합을 겨냥해 벌이는 '더러운 전쟁'이었다. 군부는 그들이 마약 전쟁보다는 게릴라 전쟁에 치중하고 있음을 공공연하게 드러냈다. 이들은 게릴라 조직들과 휴전협정을 맺으려는 정부의 진지한 노력을 반복적으로 무산시켰으며 폭력, 납치, 고문, 살인 등 탄압 행위를 계속했다. 희생자의 대부분은 게릴라가 아니라 무고한 농민, 노동자, 좌파 활동가들이었다. 역대 정권들은 공식적으로는 협상을 제안했지만 실제로는 군의 반反폭동 진압작전을 강화해 왔다. 미국이 지원한 비행기와 헬리콥터를 동원하여 농촌 지역에 대한 폭격을 대폭 늘린 것이 대표적이다. 표면상으로는 '마약 테러리즘'narcoterrorism이 선거과정에 개입하는 것을 막기 위해 시작되었지만, 실제로는 게릴라 세력의 영향력이 강한 농촌 지역을 표적으로 삼은 것이다.

그러나 1998년 정부의 군사적 영향력은 내리막을 걷기 시작했고, 게릴라 세력은 세력을 확장했다. 게릴라 조직의 세력 확장은 부패하고 배타적인 양당제 혹은 '양당의 권력 독점' 체제의 구조적인 위기, 정규군의 사기 저하와 훈련 부족 그리고 지속적인 경제위기의 결과였다. 경제위기로 인해 게릴라 세력은 끊임없이 보충병과 지원을 확보할 수 있었다. 벌목, 새우 양식, 플랜테이션 농업, 소 사육 등 수출지향적인 민간 부문을 맹목적으로 확장하는 과정에서, 정부는 북부 태평양 연안의 초코Chocó 지방에 거주하는 45만 5,000명의 아프리카계 콜롬비아 인, 4만 9,000명의 원주민 그리고 3만 6,000명의 메스티소들의 전통적 권리를 짓밟았다. 이 평화롭던 지역은 1997년에 이르러 정부군과, 흑인들의 '벵코스 비오호스'Benkos Biojos 나 태평양지역 원주민혁명군Fuerzas Armadas Revolucionarias Indígenas del Pacífico, FARIP 같은 민중 게릴라 조직의 출현으로 폭력이 난무하는 지역으로 변했다. 벵코스 비오호스는 16세기 '아메리카에서 최초의 자유 촌락'이었던 팔렌케 데 산 바실리오Palenque de San Basilio를 건설하기 위해 에스파냐 노예상태에서 탈출했던 아프리카의 전직 왕의 이름을 딴 조직이었다.

게릴라에 대한 지지는 오랫동안 소외되어 온 남부의 식민개척 지역에서 특히 강했는데, 이 지역에서 농민들은 경제위기에 대응하는 유일한 수단으로 코카 잎과 아편을 재배했다. 게릴라들은 마약 거래상들이 코카 재배자들에게 '정당한' 금액을 지불하도록 강제하고, 코카 재배지에 제초제를 살포하여 자급용 작물까지 없애버리는 정부의 조치에 저항했다. 이를 통해 게릴라들은 정부의 코카인 근절 작전과 신흥 '마약부르주아' narcobourgeoisie들의 토지 획득 시도에 맞서 농민들을 보호하였다. 정치학자 마크 체르닉Marc Chernick에 따르면 게릴라 세력은 이렇게 자신들이 통제하고 있는 지역에서 보호자로서의 역할을 수행하는 것 이외에도, "질서 유지, 결혼식·출생 신고·이혼 등의 관장, 교육기관 조직, 분쟁 해결, 법 집행, 농산물 홍보 등 많은 국가의 지방 단위 기능"을 수행했다. 활동비를 조달하기 위해 게릴라들은 마약 거물, 마약 공장, 도로, 마약 수송 등에 '세금'을 부과했다.

콜롬비아무장혁명군과 농민 지도자들은 마약 재배와 거래가 인간, 사회 그리고 환경에 주는 치명적인 영향에 대해 잘 알고 있었다. 콜롬비아무장혁명군은 토지, 종자 그리고 장비들을 지원받고 코카, 아편, 마리화나 등의 작물들을 다른 작물들로 대체하는 프로그램을 정부에 제안했다. 『네이션』에 의하면, 1998년 콜롬비아무장혁명군의 대표자들은 미국 정부에 곡물 대체 프로그램을 제공해 주면 마약과의 모든 관계를 단절하겠다는 제안을 넌지시 했다. 그러나 콜롬비아 정부와 미국 정부 둘 다 어떤 관심도 표명하지 않았다.

'더러운 전쟁'은 성비 균형, 가족 구조 그리고 노동 인구 수에 예상치 못했던 변화를 가져왔다. 미국의 7배에 달하는 살인 사건으로, 1990년대에 여성 가장이 전체 가구의 40%에 달했다. 여성들은 가정 내에서 무급 노동을 하는 것 이외에도 주로 '비공식 부문'에서 자영업이나 미숙련 노동을 통해 낮은 임금을 벌었다. 한 세대가 지나기 전에 도시 노동인구 중 여성이 차지하는 비율은 33%에서 43%로 증가했다. 하지만 여성의 임금은 아직도 남성에 비해 30%나 낮았다.

콜롬비아 군에게 많은 무기를 제공하던 미국은 더러운 전쟁으로 생긴 죽음의 카니발에 대해 막중한 책임이 있었다. 1991년에 CIA는 콜롬비아에 새 군사 첩보망을 설립했는데 명목상으로는 마약 퇴치를 위한 것이었다. 프랭크 스미스Frank Smyth 기자는 다음과 같이 말하고 있다.

그 대신, 그들은 준군사조직들을 그들의 조직으로 끌어들여 '죽음의 공격조'들을 양성했다. 이 공격조들은 노조원, 농민 지도자, 인권 감시단, 언론인 그리고 '위험인물'로 의심되는 사람들을 암살했다. 콜롬비아 정부의 비밀문서 등에서 드러나는 증거에 의하면, CIA는 마약 퇴치보다 좌파 저항 운동을 공격하는 것에 더 관심이 있는 것 같다.

이 공격조들의 희생자 중에는 공격조들의 배후에 특정 정치인이나 군인들이 있다고 공개적으로 비난했던 헤수스 마리아 바예 하라미요 Jesús María Valle Jaramillo 같은 인권 운동 지도자나 에두아르도 우마나 멘도사 Eduardo Umana Mendoza 같은 인물이 있다. 1994년 3월 국제사면위원회의 보고서는 "무기 밀매를 퇴치하기 위한 지원금이 대반란 작전에서 비무장 농민들을 학살하는 데 사용되었음에도, 침묵을 지킨" 혐의로 미국을 고발하고 있다.

해외 원조와 탄압

마약 밀매의 영향이 감소하면서 과두층은 자신들의 군사작전에 비용을 충당하고 게릴라 세력과의 진지한 평화협상을 회피하기 위해 점점 더 미국의 지원에 의존했다. 2000년 1월 11일 클린턴 대통령은 "우리 땅에서 불법 마약을 퇴치하기 위해 중요한 반反마약 전쟁"을 지원하고, "콜롬비아의 평화와 번영을 돕고 그곳에 민주주의를 더 뿌리내리도록" 하기 위한 13억 달러에 달하는 콜롬비아 원조를 발표했다. 콜롬비아가 미국의 세번째 대규모 지원국이 된(이스라엘과 이집트가 1, 2위이다) 이 조치는 양측 정부에 의해 준비된 73억 달러 규모의 '플랜 콜롬비아'의 일환이었다. 하지만 플랜의 곳곳에 미국 정부의 속셈이 숨어 있었다. 경제난에 허덕이는 콜롬비아가 어떻게 부담할지 모르겠지만 73억 달러 중 40억 달러를 부담하기로 되어 있었다. 나머지 자금은 미국과 유럽연합 국가들이 제공하기로 했는데, 유럽연합 국가들은 이 플랜에 대해 큰 흥미를 보이지 않다가 결국 이 플랜에서 빠졌다. 정부와 콜롬비아무장혁명군의 공식 평화협상이 재개된 후에 발표된 이 플랜은, 미국이 콜롬비아에서 평화 대신 전쟁을 선택했음을 명확히 보여 주었다.

야심찬 이 플랜은 몇 가지 목표를 가지고 있었다. 주된 목표는 콜롬비아무장혁명군이 장악하고 있던, 대부분 콜롬비아 남부에 위치한 국토의 40%에 달하는 광활한 영토를 탈환하는 것이었다. 이것은 코카 제거 작전과 함께 이전의 코카 재배자들에게 제공되는 작물 교체 프로그램을 필요로 했다. 그러나 이 플랜은 마약 밀매상들 및 이들과 동맹 관계에 있던 북부지역의 준군사조직들을 간과했다. 게리 리치Garry Leech가 『콜롬비아 리포트』Colombia Report에서 지적한 것처럼 이 플랜은 조그만 당근과 매우 큰 채찍을 휘두르는 격이었다. 미국 원조액에서 약 80% 정도가 군과 경찰 조직에, 8%가 작물 교체 프로그램에, 6%가 인권 프로그램에, 4%가 다른 지역으로 소개된 농민들에게, 그리고 1%가 지속적인 평화 프로그램에 사용되었다.

플랜은 또한 신자유주의적 경제요소를 가지고 있었다. 이는 콜롬비아 정부에 대해 경제의 강력한 구조조정, 사회적 지출의 축소, 그리고 은행,

공공시설, 석탄회사 등 국영 기업들의 민영화를 요구했다. 1999년 IMF에서 27억 달러의 차관을 빌릴 때 요구된 이 정책들로 콜롬비아의 실업률과 불완전 고용률은 합쳐서 60%에 달하게 되었다.

콜롬비아의 전 법무장관인 구스타보 데 그레이프Gustavo de Greiff는 플랜 콜롬비아가 마약 퇴치에 효율적이지 못했다고 말했다. 그는 마약 퇴치를 성공하기 위해서는 네 가지 과제가 잘 해결되어야 한다고 지적했다. ①코카인, 헤로인, 마리화나의 재배 면적을 줄이는 것, ② 시장에서 이 제품들의 유통가능성을 줄이는 것, ③이 마약들의 가격을 더 올리는 것, ④상습적·비상습적 소비자들의 수를 줄이는 것이 그것들이다. 그레이프는 국내외 기관들에서 얻은 자료를 바탕으로 이 네 가지 중 그 어느 것도 결과적으로 해결되지 않았다는 것을 보여 주었다. 그는 6만 헥타르의 재배지에 제초제를 살포했지만, 콜롬비아에서 코카 재배 면적이 전년도보다 60%나 증가한 것을 보여 주는 위성사진을 인용했다. 콜롬비아의 코카 재배가 늘어났다는 증거에 대해, 그것이 "우리가 지금까지 해왔던 일을 줄이는 것이 아니라 더 해야 한다는 것을 의미한다"고 언론 인터뷰에서 말한 미국 국무부 관리의 '오만함'에 그는 분노를 금치 못했다.

플랜 콜롬비아는 "콜롬비아의 평화와 번영 그리고 민주주의의 안착"을 돕는 데 있어서도 무력했다. 왜냐하면 그것은 콜롬비아 내전의 역사적 원인들을 다루지 못했기 때문이다. 원인들 중 하나는 50년 전 이기적인 엘리트 계층이 저질렀던 토지 강탈과 그들이 고용한 암살대들이 행했던 농민과 노동자들에 대한 학살 사건이었다. 이 암살대들의 후예들이 당대 잔인한 준군사조직들의 단원들이었고, 이들은 군과 밀접하게 연관되어 있어 정보, 수송, 무기 측면에서 도움을 받고 있었다. 부패하고 무능한 군 장교들이 대부분 교육수준이 낮고 사기도 떨어진 젊은 노동자들과 농민들로 구성된 사병들을 지휘했다. 게릴라에 잇달아 패배를 당한 군은 전쟁을 '민영화' 혹은 '아웃소싱'하기로 결정했다. 준군사조직들에 전투를 넘긴 것이다. 이 총잡이들은 여러 주인들을 섬겼는데, 마약 밀매업자, 목축업자를 중심으로 한 대지주, 현대 자본가들이 대표적이었다. 그들은 반항적인 농민, 노동자, 원주민, 흑인 그리고 게릴라에 심적으로 동조하는 것으로 의심되는 사람들을 암살함으로써 신구 엘리트 계층의 이해를 대변했다. 그들은 진보적인 변호사, 인권 운동가 그리고 자신들의 범죄를 밝히려고 최선을 다하던 언론인들을 납치, 살해, 협박했다. 『인권감시』*Human Rights Watch*에 의하면, 준군사조직들은 1999년 콜롬비아에서 일어난 인권유린 사건의 78%에 대해 책임이 있었다.

21세기 초반까지도 콜롬비아의 정치는 부패에 찌들어 있었다. 전통적으로 높은 기권율은 정치와 정치인들에 대한 만연한 냉소주의를 잘 보여준다. 2002년 5월 대선에는 유권자의 46%만이 투표에 참여했다. 게다가 표 매수 등 선거부정이 만연했다. 대서양 연안의 어떤 지역에서는 오전 8시에 특정 가격에 거래되던 한 표가 오후 3시에는 그 가격의 8~10배에 거래되곤 했다. 『이코노미스트』의 2002년 5월 대선 관련 기사에 의하면, "의회는 어두운 거래의 중심지로 여겨지게 되었다". 이러한 부패, 정치인에 대한 불신 그리고 이에 따른 높은 기권율 때문에 신임 대통령인 알바로 우리베 벨레스*Alvaro Uribe Velez*의 '압승'은 그저 전체 유권자 가운데 24% 만의 득표를 의미했다.

콜롬비아 군사지원 프로그램을 정당화하는 공식적인 논리가 너무 가식적이고 비현실적이라고 한다면 더 실용적인 다른 동기들이 개입되어 있었던 것일까? 재정 원조 내역과 다국적기업이 새롭게 주목한 콜롬비아 산産 원유의 중요성을 살펴보면 이 질문에 대한 대답을 유추할 수 있다. 원조 프로그램의 주된 수혜자는 유나이티드 테크놀로지 코퍼레이션^{United} Technologies Corporations이라는 코네티컷 주에 본사를 둔 회사로, 이 회사는 콜롬비아에 한 대당 1,280만 달러의 블랙호크 헬리콥터를 약 30대 정도 공급했다. 또 다른 수혜자는 벨 헬리콥터 텍스트론^{Bell Helicopter Textron}이라는 텍스트론의 텍사스 자회사로, 휴이 II^{Huey II}라는 헬리콥터를 제조하는 회사였다. 실제로 일괄 원조방안의 최종 승인이 지연되었는데, 그 이유 중 하나는 텍사스와 코네티컷 사이에 있었던 원조금 배분을 둘러싼 승강이 때문이었다. 일괄 원조방안에 이해관계를 가지고 있던 다른 회사들 중에는, 코카 제초제 살포와 관련해 6억 달러 계약을 맺은 군수산업체인 다인콥^{Dyncop}사와 제초제 제조업체인 몬산토^{Monsanto}도 있었다.

콜롬비아 북동부에서 카뇨-리몬^{Caño-Limon} 수송관을 운영하던 옥시덴탈 석유회사^{Occidental Petroleum}는 상당한 이득을 볼 수 있었다. 2002년 콜롬비아는 미국에 7번째로 많은 원유를 공급하는 국가였고, 서반구 전체에서 가장 넓은 미개발 유전지역을 가지고 있었다. 그러나 1982년과 1990년 동안 게릴라 공격으로 인해 16억 갤런에 달하는 옥시덴탈 석유회사의 원유가 유출됐다. 1997년 미국 정부는 중동산 원유에 대한 의존을 줄이기로 결정하면서, 그들의 주된 관심사가 마약이 아니라 원유였음을 보여 준다. 3년 후 미국 정부는 안데스지역 지원 대책^{Andean Regional Initiative}을 공표했는데 이런 평가가 사실이었음이 드러났다. 이 대책은 대^對마약 전쟁에 쓰일 자금 지원을 7억 3,000만 달러로 확대했고 대^對테러 전쟁에 실질적인 강조점을 두었다. 이 새로운 계획은 옥시덴탈 석유회사의 원유 수송관을 보호하기 위해 군부대에 자금을 지원했고, 이는 당연히 마약과는 전혀 관계가 없었다.

그러나 플랜 콜롬비아를 정당화하는 암묵적인 또 다른 논리는 국토의

40%를 장악하고 있다고 주장하는 게릴라 세력과의 평화협상을 저지함으로써 콜롬비아 정치의 군국주의화를 결정적으로 강화했다는 것이다. 코카 잎 제거, 마약 차단 그리고 군사 원조에 쓰인 40억 달러의 지원금은 코카인의 공급이나 가격을 떨어뜨리지는 못했지만, 코카 재배지역을 콜롬비아 무장혁명군이 장악했던 남부지방에서 준군사조직들이 점차 세력을 확장하던 태평양과 카리브 해 연안으로 옮겨가도록 했다. 이들 준군사조직들이 진보적 노조원, 농민 운동가 그리고 지식인들에 대해 인권유린을 일삼아 왔음에도 불구하고, 알바로 우리베 대통령은 2006년 전례가 없던 대통령 재선을 앞두고 정치적 지원을 받는 대가로 그들의 독자적인 해체를 협상하는 데 동의하였다. 준군사조직들은 선거 운동 과정에서 인권단체들을 대놓고 협박하였고 선거 당일 작은 마을과 빈민가의 투표소 등에 나타나 투표자들에게 무형의 압력을 행사했다. 그 결과 우리베는 62%의 득표율을 기록했는데 이는 54%로 늘어난 기권율로 인해서 더 두드러졌다. 이를 통해 우리베는 자신이 압승했고 통치의 정당성을 부여 받았다고 주장했지만 실제로는 전체 유권자의 28%에도 못 미치는 지지를 받을 뿐이었다. 사실상 플랜 콜롬비아는 콜롬비아 정치 체제의 재편을 위한 지원이었고, 전통적인 지주 과두층이 게릴라와 타협 없이 권력을 독점할 수 있게 해 주었다.

  플랜 콜롬비아는 미국과 콜롬비아의 권력자들에게 인기가 있었지만 남부 지방에서는 심한 반대에 직면했다.『뉴욕 타임스』에 의하면, 2000년에 당선된 그 지역의 6명의 주지사들이 "재정 운영부터 마약 전쟁에 이르기까지 모든 점에서 중앙 정부를 거세게 비판하는 강력한 연대를 형성"했다. 이 주지사들은 고엽제 살포 작전 대신 "지역 공공사업과 농업 발전계획"을 요구했다.『뉴욕 타임스』는 여기에 "차별과 사회적 불평등으로 가장

악명 높은 지역에서 당선된, 콜롬비아에서 가장 의외의 주지사인 괌비아노 원주민 태생의 플로로 투누발라Floro Tunubala"가 속해 있다는 점을 또한 지적했다. "원주민, 조합 지도자, 빈농, 지식인 그리고 지역의 권력층에서 소외된 사람들로 구성된 그의 정치 운동은, 이미 카우카Cauca 지역의 몇몇 사람들을 분노하게 만들었고 살해 협박까지 야기했다."

그럼에도 불구하고, 2010년 대통령 선거는 대체로 동일한 양상으로 진행되었다. 우리베는 집권기간을 늘리려고 최선을 다했지만, 3선을 위한 그의 노력은 대법원의 부정적인 판결이라는 함정에 빠져 좌초되었다. 그는 대신 자신의 정치적 연대세력인 후안 마누엘 산토스Juan Manuel Santos를 지지하기로 결정했다. 산토스는 자신에 대한 투표가 바로 "민주주의적 안보"라는 우리베의 정책을 "다시 선출하는" 것이라고 공약했다. 기권율이 기록적인 56%에 달했지만, 산토스는 전체 유권자의 약 30%에 불과한 69%의 득표율로 유권자들의 '권한'을 부여받았다.

콜롬비아무장혁명군과의 전쟁에서 승리하고 있다는 몇몇 널리 알려진 선언에도 불구하고, 그는 점점 더 망상적으로 보였다. 콜롬비아무장혁명군의 공격이 급격하게 증가하고 주요 고속도로에서 저항군의 검문이 다시 출현하게 되면서 산토스의 비효율적인 안보 정책이 두드러졌던 것이다. 정치학자인 게리 리치는 "콜롬비아 정부는 쇠퇴하는 군사적 승리를 상쇄하기 위해 프로파간다 전략을 강화하고 있다"고 기록했다. 대통령의 수사와 경험적 현실 사이의 이렇게 명백한 모순은 급격한 지지율 하락으로 이어졌다. 2011년 7월 도시 거주자의 62%가 정부의 안보 정책을 부정적으로 평가했는데, 이 수치는 1년 전 33%에 비해 급격하게 증가한 것이었다.

산토스는 연평균 11%가 넘는 높은 실업률, 전체 국민의 46%에 달하는 지속적인 높은 빈곤율, 터무니없는 소득 불평등, 부족한 경제 기반 시설, 증가하는 범죄율, 다루기 힘든 마약 폭력, 그리고 토지 분배의 심화하는 불평등을 포함한 여타 골치 아픈 문제들에 직면했다. 1954년 2만 4,000명(토지 소유자의 3%) 미만이 경작지의 55%를 소유했고, 2011년에는 약 1만 6,000명(토지 소유자의 0.4%)이 토지의 62%를 통제했다.

이러한 문제들을 해결하기 위해 산토스는 이전과 거의 동일한 처방을 내렸다. 즉, 의회에서 교착상태에 빠진 미국과의 자유무역협정의 핵심 요소인 더 많은 경제 자유화를 수반한 대게릴라 작전이 그것이었다. 그 결과 세계은행 보고서인 『기업환경평가 2011』*Doing Business 2011*에서 콜롬비아는 세계에서 "가장 기업하기 좋은 환경"을 가진 39번째 나라로 평가되었다. 그러나 지난 8년간 정치 폭력으로 500명에 달하는 노동조합 활동가들이 목숨을 잃었고, 지난 3년 동안 약 3만 8,000명의 민간인들이 '실종'되었다. 또 7,500명의 정치범들이 감옥에 있으며 450만 국민들이 국내 다른 곳으로 거처를 옮겨야 했다. 농장 노동자 조합인 펜수아그로Fensuagro의 지도자인 파르메니오 포베다Parmenio Poveda는 "모든 과잉 선전에도 불구하고, 이것(정치 폭력)은 산토스 정부 하에서 계속 자행되고 있다"고 유감을 표했다. 그는 "변화한 유일한 것은 전술뿐이다. 즉, 한편에서 살해가 지속되는 동안, 산토스가 스스로를 대화와 협상에 열려 있는 사람처럼 보이려고 시도한다는 것이다"라고 주장했다.

포퓰리즘적인 지속적인 혁명의 실패와 함께, 콜롬비아의 과두층은 권력과 특권을 유지하기 위해 점점 더 군사적 탄압에 의존하게 되었다. 지난 50년 동안 다양한 개혁 조치들을 간헐적으로 실험해 보긴 했지만, 민중의 정치참여와 대표성을 제한하여 자신들의 재산과 부를 보호해 줄 수 있는 정치 제도를 부활시키기 위해 가장 주요한 수단은 군사적 폭력이었다. 그 결과 장기적인 민중전쟁이 첫번째 저항전략으로 등장했고, 콜롬비아는 이렇게 라틴아메리카에서 가장 길고 잔혹하며 가장 비싼 대가를 치렀던 내전을 겪게 되었다. 해외 시장, 불법 마약 판매 수입 그리고 미국의 군사지원에 대한 의존도가 높아져가면서, 콜롬비아는 라틴아메리카에서 주로 바람직하지 못한 경험을 가져다 준 지난한 신자유주의 발전 모델을 받아들였다. 그러나 이웃 국가들과는 달리, 해외투자의 대규모 유입은 가까운 미래를 위한 경제 모델을 유지할 수 있도록 했다. 콜롬비아의 정치적 불안정을 가져오는 빈곤과 사회적 불평등을 해결하려고 하지는 않았지만 말이다. 반면, 이웃의 베네수엘라는 이와는 다른 역사적 경험을 통해 21세기 들어 결정적으로 다른 발전 경로를 선택했다.

베네수엘라의 포퓰리즘, 권위주의 정치 그리고 볼리바르 혁명

베네수엘라 역사는 독재, 군국주의, 외세 의존 그리고 과두 체제 등 콜롬비아와 공통점이 있는 것이 사실이다. 그럼에도 불구하고 베네수엘라는 20세기의 군사적 전통이 두드러진 열정적인 민족주의와 전후 원유 자원개발을 결합하여 매우 다른 경험을 만들어 냈다. 그러나 20세기 초에는 베네수엘라의 자유주의적 사회·경제 정책은 별로 차이가 없었다.

후안 비센테 고메스의 자유주의 독재, 1908~1935

정권을 잡은 고메스는 자신을 후원했던 해외 세력과의 관계를 더욱 긴밀히 하는 동시에, 외국 자본의 투자를 늘리려고 했다. 이를 위해 그는 시프리아노 카스트로Cipriano Castro의 민족주의적 노선을 포기했고, 외국 회사의 국내사업 양도권을 부활시켰으며, 외국인들이 베네수엘라 법정을 피해 자국 법정이나 국제사법심판소에 제소하는 것을 허용했다. 이러저러한 정책에서 그는 콜롬비아 대통령 라파엘 레예스와 이념적 가치를 공유했다.

고메스는 특히 외국 정유 회사들을 선호했다. 석유 산업의 폭발적 성장은 베네수엘라 경제와 사회를 실질적으로 변화시켰지만 그 과정은 느리게 시작되었다. 이러한 경제적 변화는 베네수엘라의 종속을 완화하지 못했고 경제 기반을 확장하지도 못했다. 이전의 커피와 카카오 위주의 단일경작이 '검은 황금'의 단일경작으로 대체되었을 뿐이었다. 석유 산업으로 인한 경제적 이익은 외국 석유 회사(1928년 당시 더치 셸, 스탠더드석유회사, 걸프 등 3개 사가 베네수엘라 석유 시장의 89%를 점유했다) 및 이들과 연결된 지배 계급, 그리고 고메스의 수중으로 들어갔다. 민중에게는 전혀 혜택이 없었고 산업 발전에도 아무런 기여를 하지 못했다. 또한 전통적으로 근대화에 저항했던 부문인 농업의 쇠퇴를 정부 보조금만으로 막기에는 역부족이었다. 이러한 농업 위기로 인해 많은 농민들이 마라카이보바신Maracaibo Basin을 비롯한 유전 지대와 성장하는 도시들로 이주했다.

고메스와 그의 정권을 위해 일했던 자유주의 지식인들은 임금 노동자들의 착취와 민간투자에 기반을 둔 성장전략을 신봉했다. 이들은 19세기에 이미 실패한 인종차별적 이민 전략인 '백인화'에만 의존해서는 베네수엘라의 '해방'을 이룰 수 없다는 것을 깨달았다. 이런 인식은 주로 베네수엘라의 점점 증가하는 수출 의존과 값싸고 풍부한 노동력에 대한 수요를 반영하는 것이었다. 이 저임금 일자리를 좇아 잠재적인 유럽 이민자들이 아니라 카리브 지역의 흑인들과 아시아 인들이 유입되었다. 점차 고메스 정권은 원주민과 아프리카의 전통을 제거하고 지배적인 유럽문화 틀에 통합시키기 위해 '인종 혼합' 정책을 장려했다. 이렇게 만들어진 '사회적 인종'이라고 부르는 이 구성체는 불안정했고 결국 독재로 이어졌다.

1920년대에 들어서자 외국 자본의 경제적 지배와 고메스에 대한 민족주의적인 분노는 성장하고 있던 중산층에까지 확산되었다. 전문가들과 기업가가 되려는 사람들은 독점과 족벌 체제 그리고 부패가 만연한 경제 환경 속에서 겪는 어려움에 대해 분노했다. 그들은 또한 외국인들이 자신들의 혼혈 혈통을 인종주의적으로 차별하는 것에 대해서도 증오했다. 마침내 1928년 학생 주간 행사 동안 학생들이 노동조합 운동가들 및 카라카스 시민들과 합세해 반독재 시위를 일으켰다.

후안 비센테 고메스, 20세기 초의 자유주의적 독재자로 외국 투자가들과 국내 엘리트들에게 유리한 정책들을 시행하기 위해 군대의 강력한 힘에 의존했다.

학생시위는 1928년 4월 카라카스수비대의 청년장교들과 군사학교Escuela Militar 생도들이 주도한 쿠데타의 계기가 되었다. 이 쿠데타는 정실주의적인 보수지급 관행, 고메스에 대한 무조건적 충성도에 따른 승진 그리고 군이 독재 체제 유지를 위한 수단이 되는 것에 대한 청년장교들의 불만이 그 원인이었다. 쿠데타는 군 당국에 곧 적발되었고, 정부군은 반란이 시작되기 전에 쉽사리 진압할 수 있었다. 반란 주도세력인 군사학교 생도들과 협력했던 몇몇 학생들은 해외로 도피했고 거기에서 나름의 방안을 모색했다. 이들 중에는 후일 대통령이 되는 로물로 베탕쿠르Rómulo Betancourt도 포함되어 있었다.

계급과 인종에 의해 분리되기는 했지만 여성들 또한 반反고메스 연대의 출현에 중요한 역할을 했다. 베네수엘라여성연합Asociación Venezolana de Mujeres, AVM은 정치와 평등권 투쟁과는 거리를 두고 있던 엘리트 여성들을 대표했다. 그들은 자신들의 역할을 주로 빈민 자선사업, 육아, 고아 문제, 산전 의료 서비스, 성교육 등 가정과 가족에 관련된 사회적 이슈들을 다루는 것으로 제한했다. 그러나 정치학자인 엘리자베스 프리드먼Elisabeth Friedman이 "일반적인 성 역할에 대한 관념에 비추어 볼 때 너무 도발적인 것이었다"고 말하는 것처럼, 이러한 온건한 개혁들조차 대부분의 경우 너무 급진적인 것으로 받아들여졌다.

세실리아 누녜스 수크레Cecelia Núñez Sucre, 메르세데스 페르민Mercedes Fermín 등이 창립 구성원이었던 여성문화연합Asociación Cultural Femenina, ACF은 베네수엘라여성연합과 달리 여성들의 사회적 조건을 향상시키고 시민적 평등을 확립하며 정치적 권리들을 보장하는 데 목적을 둔, 중산층의 성격을 강하게 띤 사회 운동 단체였다. 그들은 여성에게 더 많은 교육과 일자리를 제공할 것을 요구하는 것 외에도 여성의 노동 일수 제한, 임금 인상 그리고 임신 전후 휴가를 요구했다. 그들은 또한 여성의 참정권 보장, 그리고 동시대 비평가가 "여성에게 남편에 대항할 수 있는 그 어떤 개인적 혹은 경제적 권리도 보장하지 않고, 심지어는 양육권도 보장하지 않는"다고 평가한 민법의 개혁도 요구했다.

그러나 올가 루사르도Olga Luzardo 같은 노동자 계층의 여성은 대개 노동조합에 가입했고, 대부분 남성들이 주도하기는 하지만 '착취당하는 모든 부문의 개선'을 주장하는 좌파 정당을 적극적으로 지지했다. 공산주의자이자 노동자 계급의 투사인 루사르도는 여성 노동자의 문제를 해결하지 못하는 '페미니즘'을 중산층의 관념으로 치부했고, 페미니즘이 성평등과 집 밖에서 일할 수 있는 '자유'라는 부르주아적인 가치를 추구한다고 경멸했다. "여성들을 게으름에서 일깨워 일터로 내보내야 한다는 생각에 대해, 비누와 향수공장의 여성동지들, 재봉사, 구두닦이 여성들은 무슨 말을 하겠습니까? 그러한 일방적인 주장에 대해 그들이 비웃지 않겠습니까?"라고 루사르도는 경멸적으로 질문했다.

1931년 고메스의 권력은 절정에 달했다. 그러나 이후 몇 년 사이에 건강이 악화되었고 그가 곧 사망할 것이라는 관측이 유포되자 1935년에 이르러서는 측근들 사이에 권력쟁탈전이 벌어졌다. 고메스의 병이 치명적이라는 징조가 점차 퍼져 가던 와중에 국방 장관인 로페스 콘트레라스López Contreras가 내전이나 폭동의 위험 없이 평화롭게 권력을 승계하기 위해, 군사령관들 대부분의 강력한 지지를 포함한 동맹 네트워크를 구축했다.

로페스는 고메스의 사망을 발표하면서 2주간의 애도기간을 선포했지만, 국민들은 그의 사망을 독재 체제의 종말로 간주하고 환호했다. 카라카스에서는 성난 시민들이 고메스 측근들의 저택을 약탈하며 시위를 벌였다. 고메스의 사망 소식에 대한 기쁨과 개혁에 대한 요구 앞에서, 고메스를 찬양하던 로페스의 행동은 국민들의 비웃음거리가 되었고 구체제를 잔존시키는 손쉬운 이행의 가능성은 배제되었다. 중산층과 노동 계급이 정치무대에 등장함에 따라 이후 20년간 진행될 복합적인 갈등이 시작되었다. 이 갈등은 결국 자본주의 발전에 있어 새로운 포퓰리즘적 모델이 승리하고, 이와 밀접한 연관을 맺고 있는 정치형태인 대의민주제가 정착되는 것으로 귀결되었다.

그러나 이렇게 커다란 정치·사회적 혼란 속에서 다양한 이데올로기를 지닌 많은 망명자들이 귀국했고, 이들은 노동조합, 정당, 이익단체를 조직하면서 등장하는 활동가들과 손을 잡았다. 로페스는 모든 정치세력들로부터 협공을 받았다. 그는 때로는 개혁을 요구하는 압력에 굴복했지만, 고메스 독재의 유산인 비민주적 정치 체제를 개혁하라는 요구는 완강히 거부했다. 예를 들어 1936년 로페스는 신헌법을 지지했지만, 공산주의와 아나키즘을 반국가 운동세력으로 규정했던 고메스의 입장을 유지하여 로물로 베탕쿠르가 이끄는 개혁성향의 민주국민당Partido Democrático Nacional, PDN과 구스타보 마차도Gustavo Machado가 이끄는 공산당 등 주요 야당을 불법화하였다.

제2차 세계대전이 베네수엘라산產 원유에 대한 막대한 수요를 창출해, 로페스가 손수 지목한 후계자인 이사이아스 메디나 앙가리타Isaias Medina Angarita 장군은 낡은 불평등 계약들을 다시 협상하여 석유회사들에게서 과거보다 훨씬 유리한 조건들을 얻어 낼 수 있었다. 또한 메디나 정부는 노동자, 농민, 여성 그리고 기업가들이 주도하는 국내 사회 운동의 압력으로, 베네수엘라 역사상 최초인 사회보장법과 소득세법 같은 진보적인 정책들을 지지했다. 또한 노동조합 결성을 장려하는 등 진보적인 정책을 추진했는데, 곧 석유 산업 부문을 중심으로 노동조합은 상당한 힘을 가지게 되었다. 고메스에 대항했던 대체로 중산층의 여성권익을 위한 조직인 여성문화연합과 메르세데스 페르민의 압력으로, 메디나는 대통령 직선제와 선거권 확대를 비롯한 보다 민주적인 제도를 추구하는 정치 운동을 우호적으로 바라보았다.

메디나는 국가적 긴급 현안인 토지 문제에도 깊은 관심을 가졌다. 임기 말에 그는 앙헬 비아지니Angel Biaggini 농업부 장관에게 대규모 국유지들을 무토지 농민들에게 분배할 농지개혁법을 마련하라고 지시했다. 의회는 농지개혁법을 통과시켰지만 법안 통과 후 한 달 만에 군민 쿠데타로 메디나 행정부가 무너지면서 사문화되었다. 이 쿠데타는 향후 20년간 베네수엘라 정치무대를 지배하게 된 마르코스 페레스 히메네스Marcos Pérez

Jiménez와 로물로 베탕쿠르가 주도했다.

베탕쿠르는 1929년 반反고메스 공개 시위를 이끌면서 카라카스를 깜짝 놀라게 했던 학생지도자들 중에서 가장 영향력 있는 인물이었다. 중산층 출신인 그는 망명 기간 동안 맑스의 저작들을 폭넓게 섭렵했지만, 그의 사상에 가장 큰 영향을 미친 것은 빅토르 라울 아야 데 라 토레Victor Raúl Haya de la Torre로 대표되는 개혁적이고 민족주의적인 흐름이었다. 페루 출신인 아야 데 라 토레는 경제적 후진성과 미약한 노동 계급으로 특징지어진 라틴아메리카의 특정한 조건 속에서 사회 혁명가들의 역사적 책무는 미완의 부르주아 혁명을 완성하는 것이라고 주장했다.

이렇게 해서 베탕쿠르는 산업화를 통한 경제다변화로 석유에만 의존하는 경제적 취약성에서 탈피하고, 국민생활수준을 높여 국내 시장을 확장하며, 농업생산성을 증대하기 위해 토지개혁을 시작하려는 베네수엘라 부르주아 혁명의 기수로 부각되었다. 그는 이 모든 목표들을 의회민주주의의 틀 안에서 달성하고자 했다. 베탕쿠르는 이 혁명의 과정에서 국가가 경제 발전을 계획, 조정, 지원해야 한다고 주장하면서 국가의 역할을 강조했다. 베탕쿠르와 동료들이 부르주아 민주주의 혁명을 달성하기 위해 만든 정치기구는 민주행동당Acción Democrática, AD이었다. 다양한 계급을 망라한 민주행동당은 노동자, 농민, 여성, 중산층에서 경쟁 상대인 공산당보다 더 많은 지지를 얻었으며 1941년부터 1945년 사이에 급속도로 세력을 확장했다.

여성들은 시민적·정치적 평등권을 쟁취하기 위해서 네 가지 주요 전략을 사용했다. 첫번째로 그들은 통합이 불가능해 보일 정도로 극명했던 계급과 정당 간의 차이를 아우르려는 노력을 했다. 이러한 중산층 여성들 사이의 전략적인 합의를 반영하면서, 1941년 아나 루이사 파드라Ana Luisa

Padra는 "우리는 서로 다른 이해관계를 갖고 있지만 공통의 문제 또한 갖고 있다. 즉, 갈등과 차별 없이 우리가 마땅히 함께 싸워 쟁취해야 할 권리들을 얻는 것이다"라고 발표했다. 두번째로, 베네수엘라의 여성운동은 남성과의 평등을 모색하기보다는 국가의 자원을 이용해 아이들과 어머니들을 보호하는 전략을 추구했다. 세번째로, 여성들은 평등 문제를 직접 드러내지 않는 방식으로 제기했다. 예를 들어, 처음에 그들은 미망인에게 인정되던 재산권과 양육권 등을 결혼한 여자들에게도 보장할 것을 요구하는 정도로 시작했다. 그 후에 그들은 논리적으로 정치적 평등이 시민적 평등의 성공적인 쟁취에서 시작되어야 하며, 그 반대가 될 수는 없다고 주장했다. 한 페미니스트 신문 사설에서는 "가정 내에서도 자기 목소리를 내지 못하는 여자가 국가 차원에서 목소리를 낼 수 있을 것이라는 생각은 우스꽝스럽다"고 논평하기도 했다.

이 특수한 전략은 또한 젠더에 기반을 둔 단결을 계속 유지하려는 목표를 가지고 있었지만, 나중에 여성운동이 남성과 평등한 선거권을 요구했을 때 그 단결은 깨지고 말았다. 왜냐하면 남성의 경우에도 비문맹자들에게만 제한되어 있었기 때문이다. 이는 대부분의 노동자 계급 여성들을 배제함으로써 곧바로 계급 간 불평등 문제를 일으켰다. 항상 여성운동 뒤편의 그림자 속에 숨어 있던 계급 문제는 1944년 벌어진 아마추어 야구 월드시리즈의 여왕을 선출하는 과정에서 중심적인 문제로 등장하게 된다. 이것은 사회과학자 프리드먼에 의하면 "보통선거권을 위한 첫걸음"으로도 볼 수 있는 문화적 사건이었다. 자기 자신을 "존경할 만한 사람들"의 후보로서 홍보한 한 여성과, "일반 서민"을 위한 후보였던 욜란다 레알이라는 가난한 학교 선생님이 대결한 것이다. '민중의 딸'인 레알이 큰 표차로 승리하자 전국적으로 보통선거권에 대한 열망이 폭발했다.

중산층 여성이 노동 계급 동료들을 버렸음에도 불구하고, 1945년 민주행동당이 다계급적인 연대라는 포퓰리즘적인 선거 운동을 통해 승리함에 따라 2년 후 보통선거권이 확립되었다. 참정권 부여를 통해 여성의 정치적 차별이 종식되고 남성들이 지배하던 기관들에 여성들이 참여하게 되자, 역설적으로 여성인권 조직들은 대부분 전통적인 독립성을 상실했으며 회원들은 분열되었고 이들의 정치적 의제들은 소멸되었다.

어색한 동맹 : 베탕쿠르, 군부 포퓰리즘 그리고 독재, 1945~1948

1945년 메디나 정권을 전복한 군민 쿠데타 이후 베탕쿠르를 수반으로 하는 임시정부가 수립되었다. 청년장교들과 민주행동당의 포퓰리즘적 지도자들 사이의 동맹으로 일어난 이 쿠데타의 동기에 대해서는 지금도 논쟁이 계속되고 있다. 군내의 승진, 인사, 보수에 대한 불만을 가지고 있던 애국군인연합Unión Patriótica Militar, UPM의 장교들은, 정부의 일에 대해 별 관심을 갖지 않았고 민주행동당에 정권을 넘기는 데 동의했다. 메디나 대통령이 보통선거를 포함한 전면적인 헌법 개정이라는 진보적인 업적을 보여 주었음에도 불구하고, 거의 대부분 백인 엘리트로 구성된 그의 정부는 비백인 이민자들에 대한 차별을 계속했었다. 또한 베네수엘라의 밀크 커피 사회(즉, 많은 라틴아메리카 사회의 인종 혼혈적 본질)를 하나로 묶어 주는 인종, 계급 그리고 정치 질서 사이의 역사적 결합에 대해 무심한 것처럼 보였다. 따라서 유명한 아프리카계 미국인 가수 로버트 토드 던컨Robert Todd Duncan이 카라카스 시내의 고급 호텔 세 군데에서 인종차별적 이유로 숙박을 거부당했을 때, 이에 대해 일어난 분노에 대해서 정부는 완전히 무방비 상태였다. 인종 문제를 치밀하게 이용하여 조직을 확장할 준비가 되어 있던 민주행동당은, 권력을 장악하기 위해 자신들의 정치적 지지자들을 확장하고 동원하는 쪽으로 대중의 분노를 활용했다.

동기가 무엇이었든지 간에 1945년 쿠데타는 베네수엘라 역사에 있어 하나의 초석이 되었다. 베네수엘라인들이 트리에니오Trienio라 부른 민주행동당의 통치 기간 3년(1945~1948)은 베네수엘라 역사상 처음으로 낡은 사회·경제 구조를 변모시키려 했던 진지한 노력이 있었다고 평가된다. 임시정부 체제하에서 민주행동당이 실질적으로 국정을 운영했기 때문에, 경쟁 정당들에 비해 모든 상황에서 확실히 유리했다. 농업 개혁 프로그램에 따른 토지분배와 영농자금 융자권을 민주행동당이 가지게 됨에 따라, 대다수 농민표를 좌우할 수 있는 농민조합 지도자들을 지지 세력으로 끌어들일 수 있었다. 민주행동당은 유사한 방법으로 이 기간에 조직된 500개가 넘는 노동조합에 대한 영향력과 지도력을 확보했고, 노동조합 및 농민조합들을 모두 포함한 베네수엘라노동자연맹Confederación de Trabajadores de Venezuela과 연대관계를 형성했다.

민주행동당은 또한 새로운 헌법안을 작성했는데 노동자들의 자결권과 파업권 그리고 토지의 경자유전 원칙을 비롯한 많은 시민적·사회적 권리를 보장했다. 또한 신헌법은 18세 이상의 모든 국민에게 보통선거와 비밀선거 권리를 부여했고 대통령 및 상하 양원의 직접선거를 규정했다.

민주행동당 정부가 다루어야 할 경제현안 중 가장 중요한 것은 원유 정책이었다. 왜냐하면 원유 정책은 베네수엘라의 종속 자본주의 탈피, 경제주권 회복, 경제 다변화 및 근대화에 필요한 재정수입 확보 같은 근본적인 문제를 포함하고 있었기 때문이다. 1946년 민주행동당 정부는 주로 원유 회사를 목표로 하여 2,800만 볼리바르(화폐 단위) 이상의 모든 회사 수익에 26%의 세금을 중과세했다. 이 세금만으로도 1947년 정부 수입은 1938년과 비교해 230%나 증가했다.

민주행동당이 농지개혁에 두고 있던 중요성에 비추어 볼 때, 혁명평의회의 농지개혁에 대한 접근방식은 매우 수동적이었다. 라티푼디움에 대한 정면 공격이 가져올 정치적·경제적 파장을 두려워했던 정부는, 베네수엘라의 최대 토지 소유자였던 고메스 전 대통령이 사망하자 국유화했던 그의 토지들을 농민들에게 분배하는 방식을 선호했다. 따라서 평의회가 집권한 3년 동안 33만 명 정도로 추정되는 무토지 농민들 중 5만 5,000명에서 8만 명 정도만이 토지를 분배받았을 뿐이었다. 또한 농민들이 받은 토지는 평균 2.2헥타르에 불과했기에, 주디스 이웰Judith Ewell이 지적했듯이 "대토지 소유제latifundia에서 소토지 소유제minifundia로 바뀌었을 뿐"이었다.

산업화를 통한 자립적인 국민경제를 건설하는 것이 민주행동당 정부의 주요 목표였다. 민간 기업에 대한 융자와 국영 기업에 대한 직접투자를 통해 이 목표를 달성하기 위해 정부는 베네수엘라 진흥청Corporación Venezolana de Fomento, CVF을 설립했다. 3년 동안 이 기관은 약 5,000만 볼리바르를 기업들에 융자했다. 그러나 트리에니오가 끝날 무렵에도 '원유사업 수익'을 통한 경제 다변화와 근대화 정책은 기대만큼의 성과를 거두지 못했다. 그럼에도 불구하고 경제 분야보다는 오히려 보건과 교육 분야에서 인상적인 발전이 이루어졌다. 1948년 보건과 교육 예산은 1945년에 비해 각각 3배, 4배 증가했다. 정부가 모기 서식처에 DDT를 살포해 국민보건의 가장 큰 적이었던 말라리아를 실질적으로 퇴치한 것은 커다란 성과였다.

정권에 대한 가장 큰 위협 세력은 마르코스 페레스 히메네스Marcos Pérez Jiménez 대령 같은 군 장교들이었다. 이들은 쿠데타의 민간인 동료였던 민주행동당의 정책을 너무 급진적이라 생각하며 불만을 품기 시작했다. 11월 24일 군부는 사실상의 무혈 쿠데타를 통해 민주행동당 정부를 무너뜨렸고 국방부 장관이었던 카를로스 델가도 샬보^{Carlos Delgado Chalbaud}가 군사평의회 의장으로 권력을 장악했다. 민주행동당 정부의 주요 인사들이 체포되어 투옥되었고 베탕쿠르는 콜롬비아 대사관으로 피신하여 가예고스 및 다른 지도자들과 함께 국외로 망명했다.

샬보는 11월 25일 발표한 성명서에서, 군사평의회는 임시적일 뿐 민주주의를 파괴할 의도가 없으며 정당활동을 금지하지 않겠다는 입장을 천명했다. 그러나 군사평의회가 취한 행동은 민주적 내용을 담고 있는 이러한 성명과는 모순되었다. 쿠데타 이후 군사평의회는 의회를 해산하고 1947년에 제정된 헌법을 폐지했으며 원유법과 기타 진보적인 조치들을 무효화시켰다. 또한 민주행동당 정권 당시 시작되었던 농지개혁 및 학교 건설 계획 등이 취소되거나 연기되었다. 군사평의회는 군사정권에 대한 어떤 비판도 용납하지 않았으며 검열을 강화했다. 1949년 1월 평의회는 노동조합에 대한 탄압을 시작해 베네수엘라 노동자연맹 지도자들을 체포했고 조합원들의 집회를 금지했으며 대부분의 조합기금을 동결시켰다.

처음에는 군사평의회와 탄압 정책에 대한 저항은 주로 학생 시위와 불법화된 공산당의 활동에 제한되었다. 불법화된 공산당의 조직원들은 이후 군사정권에 대한 저항 운동을 조직하는 데 있어 주도적 역할을 수행했다. 여성문화연합을 비롯한 몇몇 여성인권단체들이 공격을 받으면서, 여성운동가들 또한 베네수엘라 여성연합이나 공산당 여성조직과 같은 비밀 저항 운동에 곧 참여하게 되었다. 국내에 남아 있던 민주행동당 지도자들은 1949년 지하조직을 결성했다. 골수 반공주의자였던 베탕쿠르와 망명 중이던 다른 민주행동당 지도자들의 반대에도 불구하고, 지하의 민주행동당 지도부는 공산당을 포함한 다른 저항 운동단체들과 협력하여 반독재

투쟁을 전개했다.

1950년 델가도 샬보가 암살당하자 군부 정권은 억압적인 조치들을 보다 강화하기 시작했다. 1952년 가을, 이런 탄압 조치들로 자신들의 통치에 더 이상 저항하지 못할 것이라고 판단한 군부는 제헌의회 선거를 실시하기로 결정했다.

억압적 상황과 민주행동당의 망명 지도자들의 기권 요구에도 불구하고(이 입장은 마지막 순간에 바뀐다), 야당이 총투표수의 2/3를 획득해 승리했다. 선거결과에 격분한 페레스 히메네스는 선거를 무효화하고 군부를 대표해 자신이 스스로 임시대통령에 취임한다고 선언했다.

페레스 히메네스는 1953년부터 1958년까지 베네수엘라의 절대 통치자로 군림했다. 민주행동당이 교육, 보건, 농지 개혁, 균형적 경제 발전에 주안점을 두었던 것과는 달리, 히메네스 정권은 단결권과 파업권을 제한했다. 이는 국민소득에서 노동이 차지하는 비중이 축소되는 결과를 가져왔다. 또한 거대 사회간접자본 ─ 고속도로, 도시 도로, 항만 건설 등 ─ 과 카라카스의 언덕 한쪽에 지어진 고층쇼핑센터나 카라카스의 장교클럽처럼 별로 사회적 유용성이 없는 도시 건설을 강조했다. 정권의 사회경제 정책들로 인해 보다 광범위한 부문들의 국민들이 불만을 갖게 되었지만, 세구리다드 나시오날Seguridad Nacional이라는 비밀경찰이 주도하는 폭압적이고 효과적인 탄압은 반정부활동을 상당히 어렵게 만들었다. 그럼에도 불구하고, 저항 운동은 모든 정치적 경향의 국민들을 하나로 묶으면서 반독재투쟁을 계속해 나갔다.

베네수엘라 사회에서 여성의 역할은 이 시기에 다시 한 번 급격한 변화를 겪었다. 먼저, 페레스 히메네스가 민간 기업, 특히 외국 기업에 특혜를 주는 방식으로 경제 성장을 장려함에 따라 저임금 노동에 대한 수요가 많아졌다. 이는 여성의 노동 참여를 증가시키는 요인이 되었는데, 주로 가정주부, 세탁부, 종업원 같은 보잘것없는 일자리에 집중되었다. 전체 임금 노동자에서 여성이 차지하는 비율은 이 시기에 17%에서 22%로 증가했다. 두번째로, 독재자가 정치적 행위자로 여성을 간과했기 때문에 혹독한 탄압은 주로 남성을 대상으로 했다. 그리고 이 사실은 노동 시장과 민중 저항 운동에서 여성에게 더 많은 기회가 제공되는 효과를 낳았다. 활발한 반독재 투쟁조직 중 하나였던 베네수엘라교사연합Federación Venezolana de Maestros, FVM은 여성이 회원의 75%를 차지했다.

조직의 대중적인 지도자 자리는 대부분 남성이 차지하기는 했지만, 여성들은 조직의 일상적인 임무 중 많은 부분을 떠맡았다. 여성은 정보 수집부터 통신까지 다양한 역할을 수행했다. 이론의 여지는 있지만 아마도 저항 운동에 참여했던 여성단체들 중 가장 큰 영향력을 가졌던 여성위원회Comité Femenino는 계급을 뛰어넘어 동맹을 결성하고, 반독재 투쟁에서 수천 명의 여성들을 동원하면서도 이들을 정치적으로 단결시키는 데 특히 성공적이었다. 여성들은 또한 '가브리엘라 미스트랄 센터'Centro Gabriela Mistral같이 비밀리에 정치적인 역할을 수행했던 문화 재단들을 조직하는 데 뛰어난 능력을 보였다. 그러나 독재가 무너지고 허약한 민주주의가 다시 나타났을 때, 여성운동은 다시 한 번 쇠퇴를 겪어야 했다. 뛰어난 활동가이자 게릴라 지도자였으며 사회주의여성운동Movimiento de Mujeres Socialistas 재단의 창시자인 아르헬리아 라야Argelia Laya의 표현을 빌리자면, 남성 지배 혹은 마치스모machismo가 "군부독재보다 더 강력"했다.

1957년부터 권력이반 현상이 심화되기 시작했다. 특히 의미 있는 비판의 목소리가 가톨릭 지도자들로부터 나왔다. 이들은 군사정권이 빈곤층에 대해 전혀 관심을 가지지 않는 것에 대해 유감을 표명하는 성명을 발표했다. 국내 기업가들 역시 정부의 역할 방치에 대해 불만의 소리를 높였다. 1950년대 말 원유 수출 붐이 시들해지자, 정부는 경제활동을 진작하고 공공사업을 통해 고용을 창출할 능력을 상실했다. 마지막으로 군부 내에서도 히메네스의 독단과 비밀경찰을 통한 장교들의 동향감시 등에 대한 불만이 점차 쌓여 갔다.

1957년 중반 애국평의회Junta Patriótica라는 지하조직이 주요 정당들을 통합시키기 위해 조직되었다. 이 조직이 저항 운동과 민중 소요의 주요 동력이 되었다. 1958년 1월 12일 애국평의회는 매우 효과적이었던 총파업을 선언했고, 이 총파업은 시민들과 비밀경찰 사이에 충돌을 야기했다. 카라카스 곳곳에 바리케이트가 설치되었다. 다음날 시민들은 카라카스의 전략적 요충지들을 점거했고, 대부분의 군인들 역시 히메네스의 명령을 거부하고 시민들 편에 섰다. 민중저항이 극단적인 상황으로 치닫게 되는 것을 두려워 한 새로운 군사평의회가 페레스 히메네스에게 사임을 요구했고, 그로부터 몇 시간 후 그는 도미니카 공화국으로 피신했다.

군사평의회가 곧 임시정부 역할을 수행했다. 임시정부는 모든 민주적 자유의 회복, 모든 정치범과 망명자들에 대한 사면, 모든 정당의 합법화 등의 내용을 담은 첫번째 포고령을 발표했다. 이로서 10여 년에 걸친 군부독재는 막을 내리게 되었다.

제한된 민주주의와 포퓰리즘의 부활, 1958~1969

군민평의회는 1958년 민주선거가 실시될 때까지 이행기 동안 국정을 운영했고, 베탕쿠르 같은 망명객들의 귀국을 허용했다. 군부와의 경험을 통해 좌절을 경험했던 베탕쿠르는 자신의 정치적 관점을 보다 온건하게 누그러뜨렸다. 베탕쿠르는 경제 엘리트들에게 자신의 의도를 재차 확신시키기 위해 노력했고, 주요 정치 동맹 세력으로 온건주의자들을 선택하여 이전과는 달라진 모습을 보여 주었다. 다른 중도 정당들과 함께 푼토피호 협정Pacto de Punto Fijo을 지지하기로 한 그의 결정 역시 이러한 변화를 잘 보여주었다. 이 협정은 자신들이 선거결과에 상관없이 민주적인 사회·경제 개혁과 정치 개혁을 추진하기 위해 연합 정부를 구성하기로 했던 것이다.

푼토피호 협정은 베네수엘라적인 대의제 민주주의 모델을 만들었다는 점에서 1958년 선거에 끼친 영향을 뛰어 넘어 매우 의미가 있었다. 이 협정은 맑스 좌파주의자들을 고립시키기 위해 정치 제도를 의식적으로 변화시켰고, 이들이 정치권력을 행사하는 것을 사실상 불가능하게 만들었다. 둘째, 이 조약은 3당의 연립을 표방하고 있었지만, 사실상 개혁 프로그램에 대한 정강이 유사했던 사민주의적인 민주행동당과 사회기독당인 독립선거정치조직위원회Comité de Organización Política Electoral Independiente, COPEI가 정치의 실질적인 주도권을 장악하는 결과를 가져왔다.

푼토피호 협정을 통해 형성된 대의제 민주주의의 포퓰리즘적 모델이 갖는 세번째 특징은, 국가가 계급과 이익집단 간의 중재자 역할을 한다는 점이다. 지난 30년간의 막대한 원유 수익으로 국가가 강화되었고, 이를 통해 국가는 노동자, 농민, 자본가, 중산층, 군, 교회, 정당 등 충돌하는 각 집단의 충돌하는 요구와 이해관계를 중재하고 조정할 수 있는 힘을 갖게 되었다.

마지막 특징은 이 모델의 설계자인 베탕쿠르는 국가를 외국 자본의 수중에 들어가 있던 천연자원의 환수, 사회·경제 구조의 개혁, 그리고 균형적 경제 발전을 추진하기 위한 하나의 수단으로 보았다는 점이다. 또한 베탕쿠르는 경제 발전이 장차 국민들에게 높은 생활수준과 문화를 제공할 수 있는 독자적인 베네수엘라식 자본주의를 탄생시킬 것이라고 믿었다. 실제로 이후 30년간 후생과 문맹 교육 부분에서 많은 성과가 있었다. 그러나 "원유를 뿌리는"sowing the petroleum 데 사용된 막대한 규모의 원유 수익으로도 베탕쿠르는 자신의 주요한 목표를 달성하지 못했다. 빈곤은 줄어들기는커녕 오히려 증가했고 소득분배 또한 멕시코와 브라질만큼이나 불평등했다. 게다가 베네수엘라는 상환할 능력이 없는 막대한 외채와 함께 여전히 심각하게 대외종속적이었다.

주요 세 정당들은 트리에니오 기간에 시행되었던 개혁과 큰 부분에서 유사한 정치·사회·경제 개혁 프로그램에는 동의했지만, 지속적인 경제위기와 베탕쿠르 자체의 논쟁적인 성격으로 인해 정치적 논란이 격화되었다. 특히 1959년 1월에 발생한 쿠바혁명과 쿠바의 사회주의로의 경도는 분열로 이어지는 논쟁을 불러 일으켰다. 소장 활동가들은 쿠바혁명을 베네수엘라가 지향해야 할 모델로 받아들였다. 그러나 철저한 반공주의자였던 베탕쿠르는 쿠바 사회주의 체제를 자신의 포퓰리즘 철학에 대한 직접적인 도전으로 간주하여, 카스트로 정권을 정치적·경제적으로 고립시키려는 미국의 정책을 전폭적으로 지지했다.

베탕쿠르는 1961년 새로운 헌법을 공포했다. 이 헌법은 정부가 사회복지에 대한 책임을 지도록 했고, 비례대표제를 도입함으로써 소수집단도 의회에 진출할 수 있도록 했으며, 대통령의 연임을 금지했다. 그러나 신체의 자유와 시민적 자유를 보장하는 헌법 규정을 잠정적으로 중단시킬 수 있는 권한을 대통령에게 부여했다. 게다가 베탕쿠르는 선거유세에서 농지개혁의 필요성을 강조하고 무토지 농민에게 토지 분배를 약속함으로써 농민표의 절대다수를 획득했지만, 그의 농지개혁에 대한 평가는 잘해야 절반의 성공이었고 심각한 상태의 농지 문제를 전혀 해결하지 못했다.

35만 명에 달했던 무토지 농민 가구 중 단지 절반 이하만이 1969년까지 토지를 분배받았다. 이 8년 동안 새롭게 가정을 꾸린 20만 명과 합치면 여전히 40만 명의 농민들은 토지를 소유하지 못했던 것이다. 관개사업과 도로건설에 대한 정부 투자와 농업 부문에 대한 융자 및 기술지원의 혜택은 주로 대규모 및 중간규모의 기업형 농장에 돌아갔다. 이 농장들이 1959년에서 1968년 사이 농업 생산량이 150% 증가하는 데 절대적으로 기여했고 환금 작물의 재배로 막대한 이익을 올렸다.

그러나 아마도 베탕쿠르 정부는 보건과 공공교육 분야에서 상당한 진전을 이뤘다. 보건사회부 장관이 정부 예산의 거의 9%를 관장했고 전염병, 유아사망, 영양실조를 해결하려는 강력한 노력을 시작했다. 이렇게 해서 유아사망률이 1955~1959년 동안 1,000명당 64명에서 1966년에 46.5명으로 감소했다. 또한 베탕쿠르 집권 동안 공공교육도 의미 있는 성장을 보여 주었다.

베탕쿠르 정권의 주요목표는 또한 산업화였다. 원유 수익의 정부 지분을 확대하여 산업 발전을 지원하기 위한 차관이나 직접 보조금에 사용할 수 있는 더 많은 재원을 마련하고자 했다. 따라서 1958년의 조세법은 원유 수익에 대한 세율을 65%로 인상했다. "베네수엘라는 산업화를 이룩해야 한다. 그렇지 않으면 죽는다"라는 슬로건은 민주행동당의 산업화를 위한 새로운 전략을 잘 표현했다.

그러나 '경제 독립'을 위한 운동은 대외종속도의 심화라는 예상치 못한 결과를 가져왔다. 이러한 고관세 장벽에 직면한 미국 등 외국계 회사들은 원유 이익이 창출해 내는 거대 소비 시장을 상실하지 않기 위해서 주로 토착자본과 합작해 지사를 설립했던 것이다. '메이드 인 베네수엘라'라는 상표를 단 제품들은 미국에서 원료와 중간재를 들여와 베네수엘라 현지에서 조립하거나 마지막 공정만을 거친 제품들이었다.

1958년부터 1970년까지 식료품, 의복, 자동차 타이어, 페인트, 담배 같은 제품을 생산하는 공장 수가 급증했다. 외국 자본과 국내 자본의 결합으로 수입대체라는 목표는 달성했지만, 자본결합에 있어 외국 자본의 비율이 국내 자본보다 월등하게 높았기 때문에 이익은 대부분 외국 자본의 몫이 되었다. 1971년 베네수엘라에 투자한 외국 자본의 총누적액은 55억 7,000만 달러로 개발도상국가 중에서 최대 규모였다. 그러나 이윤 유출은 연평균 6억 7,200만 달러에 달했다. 한 경제학자가 살펴본 대로 베네수엘라는 "외국 독점자본의 조세 특례국"이 되어 버렸던 것이다.

수입대체 산업화 드라이브 정책으로 노동계는 국가 및 기업과의 협조라는 명분 아래 허울뿐인 동반자가 되어야 했다. 1958년 노동계 지도자들은 노동조합이 사용자측에 협력하여 노사갈등을 해결해야 한다는 조약에 서명했다. 이러한 노동의 종속현상은 민주행동당의 이어지는 집권 10년 동안에 완전히 고착되었다.

원유 공화국의 포퓰리즘적 문제들, 1969~1988

외국계 석유 회사들이 높아진 관세와 정부의 간섭을 이유로 추가투자를 유보하고 있다는 비판적인 여론과 민족주의적인 정서에 대응해, 독립선거 정치조직위원회의 라파엘 칼데라Rafael Caldera는 1983년에 시작하는 원유에 대한 현재의 모든 양도권concession을 국유화하겠다는 공약으로 승리했다. 그가 제안한 법안은 개발되지 않은 양도권은 1974년에 국영석유회사 Corporación Venezolana del Petróleo, CVP로 이관하도록 민간 기업들에게 요구했다. 더욱이 원유 회사들은 공장과 기계 설비를 양호한 상태로 국가에 넘길 것을 보장하는 보증금을 내야만 했다. 1971년 칼데라는 외국인 소유의 천연가스 사업을 국유화했고, 원유 생산량에 대한 통제권을 정부에 주었다.

마지막으로 외국 자본에 대한 규제를 강화하던 칼데라는 임기 말년에 라디오와 TV 방송, 그리고 전기 회사에 외국 자본의 투자를 금지하는 법령을 발표했다.

1958년 대의제 민주주의의 정착과 칼데라의 개혁 정책에도 불구하고, 1973년 실시된 조사는 베네수엘라의 사회·경제적 조건이 여전히 만족스러운 상태에 이르지 못했음을 보여 주었다. 경제구조에 대한 어떠한 근본적인 변화 조치도 없었고 정부의 포퓰리즘적 개혁은 여전히 원유 수익에만 의존했다. 수입대체 산업이 경제의 다변화를 가져온 것은 사실이지만, 이것은 주로 외국 자본과 기술에 의존한 종속적 산업화였다. 농지개혁에도 불구하고 농업은 국가 경제의 가장 후진적인 부문으로 머물러 있었다. 1971년 베네수엘라는 기본 식료품의 46%를 여전히 수입했다. 또한 토지 개혁은 계속되는 토지 소유 집중 현상과 같은 근본적인 문제를 해결하지 못했다. 1973년 1.4%의 대토지 소유주들이 사유지의 67%를 차지하고 있었다.

말라리아 같은 전염병이 퇴치되고 보건 환경이 개선되면서, 1958년 752만 4,000명이던 인구가 1971년에는 1,072만 2,000명으로 급속하게 증가했다. 그러나 민주적 통치가 시작된 이래 15년간 대다수 국민들의 삶의 질이 획기적으로 개선되지는 않았다. 전체 노동력에서 여성 노동력이 차지하는 비율이 두 배로 늘었지만, 여전히 임금 노동자의 작은 부분에 불과했고 주로 저임금 서비스 직종에 고용되었다. 매춘이 더 높은 수익을 제공하는 일자리였다. 1974년 베네수엘라 아동의 30%가 영양실조에 시달렸고, 성인 인구의 12%가 영양실조와 열악한 생활환경으로 정신적 지체상태에 놓여 있었다. 1960년대 초에 작성된 UN의 한 보고서는 베네수엘라가 세계에서 가장 소득 분배가 불평등한 나라 중 하나라는 것을 보여 준다. 그 후 10년이 지났어도 이러한 상황은 개선되지 않았다.

1973년 대선에서는 베탕쿠르의 후원을 받은 카를로스 안드레스 페레스Carlos Andrés Pérez가 손쉽게 대통령에 당선되었다. 포퓰리즘적 수사를 능숙하게 구사했던 페레스는 '빈곤'과 '특권'에 대한 전쟁을 약속했다. 1973년 아랍 국가들의 원유 수출 봉쇄로 1970년에 배럴당 2.01달러이던 유가가 1974년 1월에는 14.65달러로 폭등하여 많은 이익을 보았고 국가 재정이 증가했다. 그러나 그의 수사에도 불구하고 정책은 전임자들과 본질적으로 크게 다르지 않았다. 페레스는 "결핍의 마음으로 풍요로움을 다스리겠다"고 약속했지만, 넘쳐나는 원유 수익과 저항할 수 없는 근대화 드라이브 속에서 정부는 중심을 잡지 못했고 그의 선의는 좌절했다.

1975년 8월 29일 페레스는 1976년 1월 1일부터 발효될 원유 사업의 국영화 법안에 서명하고, 연간 매출액이 100억 달러가 넘는 원유 사업을 통제하기 위해 국영 석유 회사인 페트로벤Petroven을 설립했다. 국영화 합의를 통해 국가는 외국 석유 회사들에 10억 달러에 달하는 충분한 보상금을 지급한 것 외에도, 기술 지원 및 장비 지원 그리고 원유 수송에 관한 마케팅 협약을 위해 계약을 체결했다. 페레스의 포퓰리즘적 경제 정책은 중공업 특히 석유화학, 철강, 조선 등 소비재 산업의 수요를 창출할 수 있는 산업을 설립하고 육성하는 것이 필요했다. 여기에 점차 어업, 국영 철도망, 카라카스 지하철, 현대적 항만시설 확충 등의 프로젝트가 추가되었다.

페레스는 대선기간 중 "경제 발전의 기본적 동력으로서 베네수엘라 농업의 요구에 우선적 관심"을 두겠다는 공약을 했었다. 그러나 전임 대통령들처럼 그 역시 이런 요구를 대규모 상업적 농장주들의 요구로 이해했다. 1975년에 페레스는 "농업 기적"을 이루었다고 발표했지만 현실은 그와 동떨어져 있었다. 국내 식량 생산량은 증가했지만 1971년 46%였던 기초 식료품 수입이 임기 말에는 70%로 증가했다. 도시인구의 급격한 증가가 이 현상을 더욱 가속화시켰다.

1974년부터 1979년까지의 막대한 재정수입도 정부의 야심찬 개발계획에 소요되는 비용을 충당하기에는 역부족이었다. 경제계 엘리트들의 이반을 두려워 한 페레스는 세금 인상을 거부했다. 라틴아메리카의 다른 포퓰리즘적 지도자들처럼 페레스는 개혁에 필요한 재원을 점점 더 해외 차관에 의존하게 되었고, 그 결과 1974년부터 1978년까지 외채는 거의 100억 달러나 증가했다.

페레스는 포퓰리즘적인 이미지를 이용했지만 그의 사회 정책은 이에 부합되지 않았다. 국가재정의 막대한 지출로 경제가 과열되고 인플레이션이 노동자들의 생활수준을 급격하게 저하시켰다. 농민과 노동자들의 생활수준이 저하되는 그 순간에 경제, 금융, 정치 엘리트들은 이 거품호황으로 막대한 부를 축적했고 이들의 과시적 소비는 극에 달했다. 국가, 집권당 그리고 경제 엘리트 사이의 결탁은 전례 없는 규모의 부패를 만들어 냈다.

결과적으로 페레스의 경제 정책은 베네수엘라의 근본적 문제인 종속현상을 타파하는 데 실패했다. 외채 및 원유라는 단일 소득원에 대한 재정의존도를 놓고 볼 때, 1980년 베네수엘라의 종속현상은 1974년보다 더 심화되었다.

반복되는 유가 하락이 야기하는 부정적인 영향과 외채 이자 지급에 따른 자금의 대량 유출로 페레스의 후임 대통령들이 어려움을 겪게 되면서, 1978년 이후로 베네수엘라 포퓰리즘의 위기는 심화되었다. 이중 한 명인 하이메 루신치Jaime Lusinchi 대통령은 1989년 12월 31일 대국민 연설을 통해 "외채가 베네수엘라 및 대다수 국가들의 사회 및 경제 발전을 저해하고 있다"고 선언했다. 외채를 갚을 것인가 아니면 자신의 포퓰리즘적 개혁에 재원을 쓸 것인가라는 선택에 직면한 루신치는 1983년 이전까지 외국 은행에 누적된 모든 외채의 상환에 대해 모라토리엄을 선언했다.

신자유주의와 원유 공화국의 딜레마, 1988~2003

1988년 대선에서 페레스가 다시 대통령에 당선되었다. 외국 금융자본가들에 대한 종속을 비난하던 포퓰리즘적 선거 운동에도 불구하고, 페레스는 대통령이 되자 3년 동안 45억 달러의 차관제공 조건으로 IMF가 요구한 경제긴축 프로그램을 시작했다. 여기에는 통화의 대폭적 평가절하, 보다 높은 이자율, 그리고 가솔린, 빵, 전기 등 광범위한 생필품 및 서비스 품목에 대한 규제와 보조금 폐지 등이 포함되었다. 가격 인상이 미리 발표되자 상인들은 높은 가격에 팔기 위해 진열대에서 상품을 모조리 치워 버렸다.

1989년 2월 정부가 버스요금의 대폭적인 인상을 발표하자, 민중 시위가 카라카스를 뒤흔들었다. 이 조치만으로도 임금 인상분의 절반이 삭감되는 결과에 직면한 대다수 서민들에게, 요금 인상은 시위의 기폭제가 되었다. 수만 명의 시민들이 거리로 나와 상점들을 파괴하고 약탈했다. 시위는 곧 카라카스 외곽의 빈민지역, 라 과이라la Guaira 항구지역, 전국의 각 도시로 확산되었다.

페레스 정부는 이 시위를 지나치게 강경한 방식으로 진압했다. 공식 발표로는 사망자 수가 300여 명 정도이지만, 비공식 통계에 따르면 사망자 수가 400~1,000명 정도에 달했다. 이 사태의 충격파가 곧 워싱턴에 이르렀고, 미 재무부는 베네수엘라가 IMF의 경제조정프로그램에 서명하기도 전에 4억 5,300만 달러의 '단기융자 자금'을 페레스 정부에 지원했다. 베네수엘라에서 벌어진 일련의 사건에 대한 또 다른 반응은 니콜라스 브래디Nicholas Brady 미 재무장관이 라틴아메리카 국가들의 외채를 부분적으로 삭감한 것이었다. 페레스는 "6개월간의 충격"이라고 불린 자신의 경제 계획이 본질적으로는 적절한 정책이며 곧 "새로운 베네수엘라"를 창조할 것이라고 계속 주장했다.

그러나 그 사이 이 신자유주의 경제계획은 불황을 더욱 심화시켰다. 많은 기초 식료품, 가정 생활용품, 교통, 전기 등의 가격이 50~100% 인상되었고 실질임금은 20~50% 감소했다.

페레스는 딜레마에 직면했다. 경제 활성화를 위한 신규 차관을 제공하는 조건으로 IMF, 세계은행, 외국 금융자본가들은 신자유주의적인 정책을 유지할 것을 요구했고, 노동계와 중산층은 이 정책을 변경해 구조조정과 심화된 불황으로 야기된 경제적 고통을 경감시켜야 한다고 주장했다. 페레스는 국제 금융가들 편에 서서 수많은 국영 기업의 민영화를 포함한 신자유주의 계획을 선택하기로 했다. '진화하는 사회주의'가 자신의 장기 목표라고 선언하면서 철강 산업을 국유화했던 페레스 자신이 이와 같은 결정을 한 것은 하나의 역설이 아닐 수 없었다. 페레스는 심지어 자신의 IMF식 긴축 정책을 '위대한 선회'el gran viraje라고 했지만, 대다수 국민들에게 있어 이것은 '위대한 배신'la gran perfidia에 다름 아니었다.

페레스의 민영화 계획은 이미 실업률이 높았던 베네수엘라의 실업문제를 더욱 악화시켰다. 또한 이 계획은 민영화 기업들의 소유권을 외국의 다국적기업에 넘겨주었다. 첫번째 민영화 조치로 국영 전화 회사의 지분 40%가 미국의 통신 대기업인 GTE로 넘어갔으며, 국영 항공사는 스페인의 이베리아 항공에 매각되었고, 상당수의 대규모 호텔들이 외국계 자본의 수중에 들어갔다. 판매 가격 또한 기업의 자산을 극도로 낮게 평가하여 결정되었고, 이 과정에서 대규모의 부정부패가 있었다.

국영 기업의 매각으로 확보된 20억 달러에 달하는 일시적인 재정수입과, 수입관세 축소로 인한 수입주도 상업 부문의 호황으로 베네수엘라 경제는 깊은 불황에서 어느 정도 벗어났다. 그러나 경기회복 현상은 주식 시장의 투기에서 주로 나타났을 뿐, 공업 및 농업분야는 여전히 불황상태에 놓여 있었다. 몇몇 사회·경제 지표는 신자유주의 경제 정책이 국민들의 생활수준을 향상시키는 데 실패했음을 보여 준다. 1991년도의 실질최소임금은 1987년도 화폐가치기준으로 볼 때 1987년도의 44%에 불과했다. 빈곤층 인구는 1988년 말 전체인구의 15%에서 1991년에는 41%로 증가했고 1989년 인플레이션은 80%에 달했다.

페레스의 긴축 정책에 대한 불만, 점증하는 빈부격차 그리고 공적 영역의 부패는 페레스의 사임을 요구하는 파업과 소요사태로 이어졌다. 정권에 대한 불만은 생활 조건의 악화와 페레스 정권의 민영화 계획에 커다란 반감을 가지고 있던 중산층과 하급 장교들에게까지 확산되었다. 1992년 2월에 우고 차베스 프리아스Hugo Chávez Frías 중령이 이끄는 쿠데타 시도가 있었다. 전 군의 10%가 참가한 이 쿠데타는 과감하게 페레스 정권의 전복을 시도했다. 이들은 부패에 관련된 인사들을 재판에 회부하고자 했으며 페레스의 신자유주의 경제 정책을 파기하려 했다. 또한 빈곤 타파를 위한 긴급계획 수립과 정부 해산 및 제헌의회 선거 실시를 목표로 했다. 이 쿠데타 시도는 비록 실패로 끝났지만 차베스는 하룻밤 사이에 카라카스의 '빈민 벨트'에 거주하는 빈곤층의 서민적 영웅으로 부각되었다.

쿠데타 시도는 실패로 돌아갔지만 지속적인 파업 및 민중시위와 결합하여, 페레스를 국가안전을 위한 비밀자금에서 1,700만 달러를 유용한 혐의로 기소하도록 최고법원에 압력을 가했다. 그리고 의회는 페레스의 직무를 박탈하기 위한 투표를 실시했다. 그러는 동안 1,000여 개 이상의 중소기업이 문을 닫았고 5만 9,000명이 실직했다. 또한 높은 이자율, 40%에 달하는 인플레이션, 수입 증가, 낮은 구매력으로 인한 수요 감소 등으로 경기가 심각하게 위축되었다. 외국인 투자는 40% 이상 감소했다.

1993년 대통령 선거는 페레스와 그의 신자유주의 경제 정책뿐만 아니라, 1958년 마르코스 페레스 히메네스 장군이 사임한 이후 정착된 양당 지배 체제에 대한 국민들의 거부를 극명하게 드러냈다. 신자유주의 노선에 반대하여 당에서 축출되었던 포퓰리즘 정치인인 77세의 라파엘 칼데라가 대통령에 당선되었다. 그의 승리와 진보 정당들이 얻은 대대적인 지지는 사회적·경제적 변화를 갈망하는 세력들의 힘을 잘 보여 주었다.

칼데라의 당선에 대해 경제 엘리트들과 외국인 투자가들은 경계심을 가졌지만, 사실 칼데라의 개혁 프로그램은 매우 온건했다. 여기에는 극심한 경기불황 시에 일시 해고를 막을 수 있는 새로운 노동법 ——대기업이 강력하게 반대했던 ——이 포함되었다. 그리고 월 최저임금의 인상, 서민 생필품의 급격한 가격상승을 불러온 IMF 주도의 부가가치세 폐지, 사치품에 대한 새로운 세금의 부과 등을 담고 있었다. 또한 70%에 달하는 탈세를 방지하는 동시에 세수확대를 위해 탈세자에게 고율의 과징금을 추징하는 등의 조치로 소득세제를 개혁하려 했다.

그러나 개혁 조치가 진행되면서 절망적인 경제위기에 대한 칼데라의 입장은 실패한 신자유주의 정책을 폐기하겠다던 선거 공약에서 점점 더 벗어났다. 곧 개혁 성향의 장관들이 물러나고, 다시 국영 기업의 민영화와 8개 민간은행의 구조조정을 추진할 신자유주의적 경향의 인사들로 대체되었다.

칼데라가 정통적인 경제 정책으로 회귀하면서 기업인들은 이를 환영했지만, 노동자와 빈민층 사이에서 선구적인 포퓰리스트 대통령으로 인식되던 그의 이미지는 손상되었다. 1992년에 발생한 쿠데타 시도와 1989년의 식량 폭동 같은 상황의 재현을 우려한 칼데라는, 개인의 자유와 안전, 여행의 자유, 불법 수색으로부터의 보호 등을 포함한 헌법 조항들을 유예했다. 치안부서는 곧 활동가, 전직 장교, 정치인들의 가택을 수색했고 카라카스 빈민촌 주민 수백 명을 체포했다. 교회 지도자들과 인권 운동가들은 헌법 조항의 유예를 비난했다. 이전의 페레스처럼 칼데라의 모습은 라틴아메리카 전역의 포퓰리스트 정치인들 사이에서 애석하게도 너무나 익숙했던 경향을 완벽하게 보여 주었다. 그들은 선거에서 이기기 위해 사회적·정치적 변화를 약속하지만, 당선이 되면 자신들이 비난했던 신자유주의자들처럼 통치했다.

예를 들어, 칼데라는 1993년 대통령 선거에서 상대방을 "IMF 패키지 후보"라고 비난했지만, 1996년에는 33억 달러의 차관을 제공하는 IMF와의 일괄협정을 받아들였다. 그는 대가로 정부 예산 삭감, 외국인 투자 규제의 완화, 그리고 원유 산업, 알루미늄과 철강 산업, 베네수엘라 과야나회사 Corporación Venezolana de Guayana가 운용하는 전기 회사 같은 황금알 기업들의 민영화 등에 합의했다.

칼데라 정부가 정통적인 신자유주의 정책, 특히 민영화 계획을 수용한 것은 격렬한 논쟁을 야기했다. 원유 산업의 민영화에 대한 국민들의 강력한 반대를 알고 있던 신자유주의 정치인들은 보다 간접적인 방식을 선택했다. 1997년 의회는 이른바 '원유 개방'을 통과시켰다. 이것은 민간 자본을 원유 탐사와 개발에 참여할 수 있도록 했는데, 풍부한 매장자원의 개발에 참여하는 국가의 지분을 각 합작투자회사 총 자본의 1~35%사이로 제한했다. '개방'이라고 에둘러 표현하기는 했지만 『타임』에 실린 8면의 익명 광고가 설명해 주는 것처럼, 이것이 국영 석유 회사의 "민영화를 위한 비밀 통로"라는 점은 분명했다. 스티브 엘너Steve Ellner는 "의심할 여지없이 이 협정은 상당한 공공 수익을 창출할 것이다. 그러나 국가가 주요 투자자로서의 지위를 포기하는 이러한 결정은 쉘Shell이나 스탠더드 Standard가 유전을 장악했던 원유 산업의 초기 시절을 떠올리게 한다"고 말했다. 한편, 국민들의 반대가 계속 이어지고 외국인 투자자들이 정부가 요구한 금액을 거부함으로써 철강과 알루미늄 산업의 민영화는 정체 상태에 빠졌다.

이러한 논쟁들은 높은 인플레이션율과 실업률로 나타나는 지속적인 경제위기 속에서 진행되었다. 이 위기는 유가 급락과 이로 인해 정부 수입이 35% 감소하면서 1998년 들어 보다 심화되었다. 1990년대가 되면서 빈곤율은 거의 2배나 증가했다. 마크 웅가르Mark Ungar의 1996년 연구에 의하면, "베네수엘라 국민의 62%가 빈곤선 이하의 생활수준을 유지하고 있었지만 기초 식료품의 가격은 국민의 75%는 손도 못 댈 정도로 치솟고 있었다." 칼데라의 신자유주의적 긴축 정책과 여타 '구조조정'은 문제를 해결하진 못하고 고통을 심화시키고 베네수엘라 사회를 황폐화했다.

민중민주주의, 군부 그리고 볼리바르 혁명

1998년 대선이 다가오면서 원유 가격은 종전의 3분의 1 수준으로 떨어졌고, 주식 시장은 70% 폭락했으며, 외환 보유액은 급감했고, 평가절하의 우려로 대출 금리가 연간 100%에 달했다. 이는 베네수엘라의 전통 정당들과 그들의 자유 시장 경제 정책 그리고 민영화와 공공지출 제한이라는 신자유주의 정책에 유리한 상황이 아니었다. 『뉴욕 타임스』의 한 기자는 다음과 같이 적었다. "대부분의 사람들이 원유가 창출하는 부가 급여와 정부 서비스, 직장 보호 그리고 노후를 보장하는 데 쓰여야 한다고 확신하면서, 그들의 정치적 분위기는 정확히 반대 방향으로 돌아서고 있는 것 같다."

그의 포퓰리즘적인 흐름을 저지하려는 최후의 필사적인 노력에도 불구하고, 퇴역 중령 우고 차베스 프리아스는 빈곤과 절망을 퇴치하겠다는 약속과 함께 1998년 대선에서 결정적인 승리를 거두었다. 『뉴욕 타임스』는 이 승리를 "새로운 역사의식을 담고 있는" 것으로 묘사했다. 그의 선거 공약은 국내 산업의 보호, 2년간의 외채 상환 유예 선언, 외국 원유 기업들의 양도권에 대한 재검토, 국가 자산에 대한 민영화 중단 그리고 헌법 개정을 강조했다.

차베스는 6개월 동안 경제 및 재정 관련 입법 조치들을 대통령령으로 시행하기 위해 필요한 모든 권력을 의회로부터 신속하게 승인받았다. 그는 군 조직으로 하여금 빈곤층 거주 지역으로 들어가 저가로 식료품을 팔고, 학교를 보수하며, 기타 공공작업을 벌이도록 지시했다. 2000년에 이르러 잇단 선거 승리로 권력을 강화한 차베스가 그야말로 경제 및 사회 혁명을 꿈꾸고 있다는 것이 명확해졌다. 1999년 대다수 유권자들이 찬성한 새 헌법은 1958년의 푼토피호 협정이 만든 엘리트주의적이고 부패한 정치 시스템을 일소하고, 차베스가 선언한 "볼리바르적 민주주의" 건설을 위한 여정을 명확히 했다. 2002년 4월 차베스는 에스파냐의 한 인터뷰 진행자에게 "정의를 위한 투쟁, 평등을 위한 투쟁 그리고 자유를 위한 투쟁"을 "몇몇은 사회주의라 부르고 다른 사람들은 기독교 정신이라고 하지만, 우리는 그것을 볼리바르주의Bolivarianism라고 부른다"고 말했다.

차베스 정부의 야심찬 계획은 이후 단행된 일련의 개혁 조치들로 구체화되었다. 그것은 새로 지을 병원의 수와 제공할 의료 서비스까지 규정할 정도로 구체적이었다. 그러나 차베스는 베네수엘라의 자본주의를 파괴하겠다고 위협하지는 않았다. 그는 자본주의가 사회적으로 책임 있고 불평등을 완화할 수 있도록 하기 위해 일련의 개혁을 모색했다. 차베스 혁명의 초기 업적 중 하나는 기층 대중들이 자긍심을 가질 수 있도록 해주었다는 것이다. 자신이 원주민계, 아프리카계 그리고 에스파냐계 혈통임에 대해 자부심을 가지고 있던 차베스는, 물라토^{mulatto}, 메스티소^{mestizo} 그리고 흑인이라는 용어에 역사적으로 덧붙여진 사회적 오명을 제거할 수 있도록 도움을 주었다. 혼혈 인구들이 차베스를 열렬하게 지지한 것은 경제적 개선에 대한 기대뿐만 아니라 이러한 새로운 자긍심을 통해서 설명될 수 있다.

베네수엘라는 식료품 공급의 절반을 수입했기 때문에 농지개혁이 필수적이었다. 그래서 차베스는 몇몇 지역에서 농장 크기를 250에이커로 제한하고, 5,000헥타르 이상의 무경작 토지를 정부가 수용하는 법안을 통과시켰다. 전통적으로 토지의 거의 대부분은 개인 소유였기 때문에 이 법안은 무엇보다도 방대한 목장과 라티푼디오^{latifundio}라 부르는 대규모 비경작 토지를 겨냥한 것이었다. 차베스는 2001년 "우리는 라티푼디오를 끝내야 한다", "라티푼디오는 국가의 적이다"라고 선언했다. 농지개혁은 주로 공유지를 최대한 많은 수의 농민에게 작은 토지로 분배하려 했다. 그러나 정부는 소유주가 명확하지 않은 사유지 또한 재분배했다. 2001년에서 2009년 사이 차베스 정권은 620만 에이커에 달하는 사적 소유의 라티푼디오 토지를 몰수하여 국내 소비용 주요 작물을 재배하는 개인이나 조직들에게 재분배했다. 빈민층에 대한 주택 지원과 중소기업 지원 프로그램과 더불어, 이 농지개혁은 농촌과 도시 사이의 막대한 경제적 격차를 줄이기 위한 것이었다. 베네수엘라 국민의 80%는 도시 거주자였고 이들 중 대부분은 카라카스나 몇몇 대도시를 둘러싼 언덕 지역의 판자촌에 거주했다.

빈곤층 어린이들을 위한 교육 기회의 확대는 차베스 혁명의 또 다른 중요한 목표였다. 교육 개혁은 학생들이 정기적으로 납부해야 했던 각종 비용을 없앴다. 150만 명 이상의 어린이들이 공립학교에 등록했고, 학교에서 아침, 점심 그리고 오후 간식을 제공받았다. 대규모 백신 접종 프로그램이 빈민가에서 실시되었고, 1,000명 당 23명에 이르던 영유아 사망률은 10년 후에는 15명으로 줄었다. 특수 은행이 설립되어 자영업을 시작하려는 여성들에게 미소금융micro credit을 제공했다. 차베스 프로그램의 또 다른 중요한 요소는 '볼리바르 써클'Círculos bolivarianos이라는 새로운 대중조직이었다. 이들은 지역 문제에 대해 토론하고 해결책을 모색해 오던 주민 모임으로, 지역 발전 사업을 수행하기 위해 국가로부터 작은 보조금을 받았다.

국영 석유 회사인 베네수엘라석유회사Petroleos de Venezuela, PDVSA는 차베스가 추진하는 교육, 주거, 의료 그리고 기타 분야의 개혁 프로그램이 성공하기 위해 필요한 재원의 주요 자금원이었다. 차베스는 국내에서 활동하는 외국 석유 회사들로부터 받는 로열티를 두 배로 늘렸다. OPEC의 회원국들 및 독립적인 생산국들과 협력하여 필요할 때마다 원유 생산량을 줄임으로써 원유 가격을 만족스러운 수준에서 유지했다. 마지막으로, 그는 외국 석유 회사들과의 새로운 합작기업에서 국영 석유 회사가 지배 지분을 가져야 한다고 주장했다. 그의 민족주의적인 태도는 전통적으로 야당인 민주행동당 조직에 의해 통제되고 외국 기업들에 대해 우호적이었던 국영 석유 회사의 기성 관료조직과의 갈등을 낳았다.

원유는 차베스의 대외 정책에 있어서 중요한 역할을 했으며 베네수엘라와 주변 라틴아메리카 국가들과의 관계를 돈독하게 만드는 데 큰 역할을 했다. 2000년에는 베네수엘라와 중아메리카 및 카리브 해의 10개국 대표자들이 카라카스에 모여, 국제 원유가격 파동이 있을 때 회원국 국가들에게 원유를 싼 가격으로 제공하고 결제 수단의 편리를 제공한다는 협정을 맺었다. 베네수엘라는 또한 쿠바에 매일 5만 3,000 배럴의 원유를 제공하고, 반대급부로 양질의 의료체계로 유명한 쿠바가 베네수엘라의 빈곤 지역에 의료 서비스를 지원하기로 합의했다.

베네수엘라와 쿠바 사이의 우호적인 관계에 미국은 민감한 반응을 보였다. 차베스는, "미국은 신의 섭리에 의해 아메리카를 자유의 이름으로 절망에 빠뜨리려는 운명을 가지고 나타났다"는 시몬 볼리바르Simón Bolívar의 유명한 말을 자주 인용했다. 그는 또한 신자유주의를 "라틴아메리카를 지옥에 이르게 하는 길"이라 정의했으며, "수백만의 사람들을 황폐화시키고 배제하는 야만적이고 비이성적인 세계화라는 수레"의 길을 막자고 촉구했다. 그리고 미국의 미주자유무역 지대 설치 제안을 단호하게 거부했다. 미국의 뜻을 거스르고 이라크, 리비아, 이란 등의 반미 국가를 방문한 것, 메르코수르Mercosur(남미공동시장. 베네수엘라는 2012년 메르코수르에 가입했다―옮긴이)에 대한 동의, 조지 부시 대통령의 '테러와의 전쟁' 거부, 특히 아프가니스탄 전쟁 반대 등이 그의 정치적 '죄악'이었다.

따라서 미국이 기회만 생긴다면 베네수엘라의 이 '말썽꾸러기'를 전복시키려 할 것임은 자명했다. 2002년 초 미국은 일시적으로 주 베네수엘라 대사를 소환하기도 했고 엘리어트 아브람스Elliot Abrams, 오토 라이히Otto Reich, 존 니그로폰테 같은 고위 정책 결정자들이 차베스의 정적들과 정기적으로 회동을 했다. 이들 고위 정책 결정자들은 중아메리카에서 레이건이 은밀하게 수행했던 반혁명 전쟁의 주요 활동가들이었다. 또한 이 모임에 참석했던 차베스 정적들 중에는 대규모 사업가, 노조 지도자, 국영 석유회사의 반체제 관료 그리고 몇몇 적극적인 군 장교 등이 있었다. 한편, 신문, 라디오, 텔레비전 방송 들은 차베스와 그의 정책을 악마처럼 만들기 위한 선전 전략을 수행했다. 변호사인 에바 골링거Eva Golinger는, 의회가 만들고 재정지원을 하는 비영리 기관인 민주주의 국가기금National Endowment for Democracy을 통해 미국 정부가 반차베스 기업과 노동 단체에 수십만 달러를 제공하면서 개입했다는 사실을 힘들게 밝혀냈다.

이러한 동요는 유가 하락으로 인한 경기 침체 가운데 일어났다. 유가 하락은 국가 재정 수익을 감소시켰고 차베스는 사회 프로그램을 제외한 모든 분야에서 예산을 삭감해야 했다. 차베스는 또한 과대평가된 볼리바르(베네수엘라의 화폐단위)를 다량 발행함으로써 인플레이션을 야기해 대다수 중산층들의 미움을 샀다. 많은 중산층 백인들은 경기 침체와 인플레이션으로 인해 차베스에 대한 인종주의적 적개심을 갖게 되었고 차베스를 '원숭이'나 '깜둥이'로 부르곤 했다.

오랫동안 준비된 충돌은 2002년 4월 11일에 현실화 되었다. 이 날, 친차베스와 반차베스의 대규모 시위대가 카라카스의 시가지에 운집하여 미라플로레스Miraflores에 있는 대통령궁까지 행진을 하였다. 결국 아수라장 속에서 총격전이 벌어졌고 4일 간의 봉기와 반봉기 과정에서 약 50명이 사망했다. 사망자 중 대부분은 차베스 지지자들이었다. 한편, 군사적 음모를 획책한 집단들이 대통령궁에 침투하여 차베스에게 대통령 사임장에 서명하도록 강요했으나 실패하고, 그를 베네수엘라 본토에서 떨어진 한 섬으로 유배했다. 카라카스에서는 유명 사업가인 페드로 카르모나Pedro Carmona가 대통령으로 추대되었고, 통상 신자유주의에 대해 우호적이었던 영국의 『이코노미스트』가 했던 표현을 빌리면 "보수 광신도들로 내각이 구성되었다." 카르모나는 차베스 정부와 관련된 인사들을 박해하는 한편, 대법원과 의회의 즉각 해산을 명령했다. 고전적 형태의 군사 쿠데타 혹은 '피노체트식 쿠데타'Pinochetazo가 진행되고 있는 것처럼 보였다.

그러나 과두층뿐만 아니라 군, 종교계 그리고 워싱턴에 있는 그들의 협력자들은 심각한 착각을 하고 있었다. 엘리트 계층 출신의 육·해군 장성들이 쿠데타를 지지했지만 이들은 중간 지휘자들과 일반 사병들을 대표하지 못했던 것이다. 처음에는 충격과 혼란에 빠졌던 대통령 경호대와 충성파 군부는 반란을 재빨리 진압하고 주도자들을 체포했다. 차베스가 사령관을 역임한 바 있던 특전단이 이 충성파 군부를 주도했다. 한편, 차베스의 서민층 지지자들은 자신들의 지도자를 쓰러뜨리려는 음모에 분노하여 인근 빈민가에서 카라카스로 밀려들었고, 곧 시가지를 점령했다.

권력을 회복한 차베스는 쿠데타에 대한 철저한 수사와 주도자들에 대한 합당한 처벌을 약속하는 한편, 화해의 몸짓도 내보였다. 자신이 베네수엘라의 모든 계층을 대변하는 대통령임을 강조하면서, 그는 자신이 실수를 저지른 적도 있다는 것을 인정했고 야당의 격렬한 비판을 받고 있던 몇몇 관료들을 해임했다. 또한 자신을 비판하는 사람들에게 심한 말을 했던 것에 대해서 유감을 표명했다. 쿠데타 2주 후, 마치 정치적 격랑을 겪지 않은 사람처럼 차베스는 매우 안정된 모습으로 자신의 평화적인 볼리바르 혁명이 아직 진행 중이라고 전국에 알렸다. 이를 통해 원유 의존적이고 신자유주의적인 경제를 변화시키고, 수세기 동안 부유층이 약탈해 온 베네수엘라에서 사회적 평등을 위한 사회 정책에 재원을 투입하겠다고 밝혔다. 그는 미국이 최근의 쿠데타에 개입되어 있다는 사실에 대해서도, 만약 미국이 최근의 쿠데타에 개입되었다면 그것은 '끔찍한' 일이라고 재치있게 언급했다. "내가 말한 것은, 신에게 그것이 사실이 아니길 빌었다는 것이다."

차베스의 유화적 태도와 행동은 몇몇 반대파를 포섭하기는 했지만 경제 분야의 엘리트층을 중심으로 한 완고한 반대파들은 요지부동이었다. 그들은 2003년 초 2개월에 걸친 총파업으로 경제에 심각한 타격을 주었지만, 민주적으로 당선된 차베스 정부를 붕괴시키지는 못했다. 그 후로 그들은 헌법에 명시된 소환선거를 이용하여 재신임 투표를 이끌어냈지만, 2004년의 재신임 투표는 차베스의 승리로 끝났다.

이러한 모든 승리들로 차베스의 동맹자들은 볼리바르 혁명을 더 확장하고 공고히 할 수 있게 되었다. 볼리바르 혁명은 2007년 차베스의 재선으로 한 번 더 성공을 맛보았다. 이 선거에서 차베스는 75%의 투표율 중 63%의 득표율을 기록했다. 선거 운동 기간 동안 차베스는 부, 토지, 권력을 대다수 빈곤층에게 재분배하기 위한 국가의 규제를 옹호했다. 선거의 엄청난 여파 속에서, 그는 깃발을 흔들며 환호하는 지지자들에게 "사회주의 혁명 만세! 운명은 쓰여 졌다. 새로운 시대가 시작되었다고 말이다. 우리는 베네수엘라가 좌파라는 것을 보여 줬다! …… 누구도 사회주의를 두려워해서는 안 된다. …… 사회주의는 인간적이다. 사회주의는 사랑이다"라고 외쳤다.

대선 후, 차베스는 자신의 민주적인 권력을 베네수엘라 경제의 탈국유화를 되돌리기 위해 사용했다. "민영화된 모든 것은 다시 국유화될 것이다." 차베스는 지지자들에게 이렇게 약속했고 2007년 정부는 이러한 약속을 이행하기 시작했다. 정부는 후닌Junin, 아야쿠초Ayacucho, 카라보보Carabobo 유전 지역에서 영업활동을 하도록 양도권을 받았던 외국 석유 회사들에게 국영 석유 회사인 베네수엘라석유회사가 최대 주주가 되도록 계약을 재협상하라고 지시했다. 정부는 또한 국내 산업 개발에 필요한 더 많은 재원을 제공하지 못했다는 이유로 민간 시멘트 회사, 철강 제조업체, 그리고 전국 은행의 3분의 1을 몰수했다. "민간 은행은 국내 산업 부문에 낮은 금리의 자금을 우선 지원해야 한다"고 차베스는 선언했다. "은행들이 만약 이에 동의하지 않는다면 그들은 떠나고, 우리가 그 은행들을 넘겨

받아 국유화하여, 투기나 대규모 이윤 추구가 아니라 국가 발전을 위해 사용하는 것이 보다 나을 것이다."

차베스는 또한 '미주대륙 민중들을 위한 볼리바르 동맹'Alianza Bolivariana para los Pueblos de Nuestra América, ALBA의 확대와 메르코수르 가입을 통해 라틴아메리카 국가들 간의 연대를 더욱 강화하고자 했다. 이 두 기구는 회원국들 내에서 상품, 노동, 자본의 자유로운 이동을 진작하기 위한 역내 무역 조직이었다. 그러나 차베스는 "메르코수르에서 신자유주의를 제거"하여 "진정으로 지역과 민중들을 발전시키는" 조직으로 변모시키고자 했다. 예를 들어 세계은행에 대한 대안으로, 지역 인프라 발전과 사회적 프로그램에 재원을 공급하기 위한 반코수르Bancosur(남아메리카은행)의 창립을 요청했다. 흥미롭게도 위키리크스가 공개한 비밀 자료에 따르면, 차베스와 메르코수르에 반대했던 미국 지도자들이 그럼에도 불구하고 차베스가 메르코수르에 참여하면서 이 조직을 "불완전한 관세 동맹에서 보다 구속력 있는 반미 정치조직으로" 변화시켰다는 점에 동의하고 있었던 것처럼 보인다.

2007년 이후 차베스 정부는 일련의 자연적이고 경제적인 위기에 직면했다. 심각한 가뭄으로 수력 에너지 생산이 급격하게 줄었고, 전력 공급을 제한하기 위해 국가가 개입해야 했다. 나중에는 폭우로 인해 주로 많은 서민들의 주거지와 생명을 앗아갔던 대규모 홍수가 발생했다. 피해를 입은 수재민들 중 일부는 미라플로레스Miraflores의 대통령 관저에 임시 주거지를 마련했다. 한편 2009년의 세계 경제위기는 2004년에서 2008년 사이 라틴아메리카 전체에서 가장 높은 연평균 10.3%의 경제 성장률을 기록하던 베네수엘라 경제에 심각한 영향을 끼쳤다. 국제 유가가 배럴당 150달러에서 30달러로 폭락했고 GDP가 3.3% 감소했다. 그럼에도 불구하고,

역내 협력에 대한 베네수엘라의 신뢰를 보여주는 카라카스 중심가에 있는 이 벽화는 메르코수르의 구성원들을 자국의 우고 차베스가 이끄는 축구팀으로 그리고 있다. 차베스가 "메르코수르가 보다 많은 일자리, 더 많은 성장, 더 나은 복지를 가져올 것이다"고 열정적으로 선언하고 있다.

2011년 유가가 다시 상승하자 정부는 공공 부문 투자 예산 475억 달러의 45%를 의료, 주거, 교육, 그리고 경제 다변화에 지출하겠다고 약속했다.

차베스 정부의 정책들로 베네수엘라는 이 지역에서 가장 평등한 사회로 변모했고, 빈곤율과 극빈곤율이 1999년의 49%와 22%에서 2010년에는 각각 26%와 7%로 축소되었다. 그럼에도 불구하고, 2009년 경제위기로 인해 베네수엘라는 자신의 지속적인 약점, 즉 극도로 출렁거리는 유가에 대한 극단적인 의존성을 드러냈다. 더욱이 충격에 대한 완충작용으로 중국과 인도에서 수익성 좋은 신규 원자재 시장을 개척했던 이웃 국가들과는 달리, 베네수엘라의 경제 회복은 2011년 리비아와 중동 지역의 새로운 정치 위기에 따른 유가 상승 이후에 가능했다.

차베스 대통령은 2012년 재선 운동을 준비하면서, 두 가지 도전에 직면했다. 하나는 개인적인 것이고 다른 하나는 정치적인 것이었다. 정기적인 의료 처치를 위해 도착한 쿠바에서 그의 주치의들은 악성 종양을 발견하여 제거했다. 그러나 그의 예후를 둘러싼 지속적인 불안정성과 그가 수행한 대통령 직무의 카리스마적인 본질로 인해 베네수엘라의 정치적 미래는 훨씬 복잡해졌다. 베네수엘라는 크게 두 개의 국민으로 분열되었다. 하나는 빈곤과 낙후에서 벗어나기 위해 애쓰는 다수이고, 다른 하나는 자신들의 권력과 특권을 유지하기 위해 힘쓰는 소수이다. 그러나 군부의 지지, 높은 국제 유가, 초대강국들의 국내 상황과 맞물려 민중민주주의가 점점 더 사회정의의 수단이자, 국가 발전을 위한 잠재력을 일깨우는 열쇠를 제공하고 있는 것처럼 보였다. 만약 그렇다면, 베네수엘라의 경험은 20세기 후반 신자유주의의 붕괴가 야기한, 발전을 막는 장애를 극복하기 위해 애쓰고 있는 다른 라틴아메리카 국가들에게 훌륭한 모범 사례가 될 수 있을 것이다.

20장 _ 국가의 해체 : 독재와 신자유주의 시장

신자유주의와 이에 반대하는 민중 운동이 베네수엘라만의 현상은 아니었다. 분명히, 20세기 말 라틴아메리카에서 신자유주의는 지배적인 발전 패러다임이 되었다. 신자유주의의 등장은 크게는 포퓰리즘의 붕괴에 대한 대응이자 쿠바, 페루, 칠레 그리고 니카라과에서 차이는 있지만 성공적으로 이어지고 있는 혁명적 대안들에 대한 엘리트들의 두려움에서 기인했다. 포퓰리즘적 개혁은 역사적으로 민족주의의 기치 아래 엘리트들과 하위 계층을 결합해 왔는데, 그것은 이 개혁이 부와 권력을 근본적으로 재분배하지 않으면서도 사회적·정치적 통합을 약속했기 때문이다. 그러나 기존의 사회구조에 대한 본질적인 변화가 없었기 때문에, 포퓰리즘적 개혁

> **이 장의 핵심 문제**
> - 신자유주의의 주요 특징들은 무엇이었는가?
> - 브라질, 칠레, 아르헨티나에서 신자유주의와 군부독재의 관계는 어떠했는가?
> - 신자유주의와 멕시코의 권위주의적인 국가의 관계는 어떠했는가?
> - 미국의 개입은 니카라과의 민주 제도와 신자유주의의 출현에 어떤 영향을 끼쳤는가?
> - 신자유주의 정책은 외국인이나 지주, 기업가, 중산층, 여성, 노동자, 농민, 아프리카계 라틴아메리카 인, 원주민 같은 서로 다른 라틴아메리카 사회계급이나 이익 집단들에게 어떤 영향을 끼쳤는가?

1964~1967	브라질에서 호베르투 캄푸스가 국영 기업들을 비난하고 신자유주의적인 개혁을 지지.
1968~1985	브라질의 독재 체제가 억압을 강화하고 민영화 포기.
1968	멕시코에서 틀라텔롤코 대학살이 더러운 전쟁을 촉발.
1969	독재에 저항했던 브라질 농민 운동 지도자인 카를루스 마리겔라가 살해됨.
1973	칠레의 피노체트가 아엔데 정권을 무너뜨리고 신자유주의적인 개혁을 시작.
1976	아르헨티나에서 비델라가 군사 쿠데타를 이끌고 신자유주의적인 개혁을 촉진.
1978	아르헨티나, 브라질, 칠레에서 반독재 민중저항이 강화됨.
1979	니카라과의 산디니스타민족해방전선이 반소모사 독재에 대한 혁명 운동을 성공적으로 수행.
1980	피노체트가 군부의 통제를 제도화하는 헌법을 제정.
1981~1989	니카라과의 콘트라 반군과 엘살바도르 군부에 대한 미국의 지원이 인권 침해 행위들을 증가시킴.
1982	포클랜드/말비나스 제도 전쟁에서 영국이 승리하면서 아르헨티나 군부독재는 위기에 봉착.
1983~1985	아르헨티나와 브라질에서 반독재 민중항쟁으로 공식적인 군부 통제가 종식되었지만, 문민 권력은 제약됨.
1988	멕시코의 기만적인 선거들은 신자유주의적인 민영화 정책으로 이어짐. 칠레의 민중 운동이 반독재 국민투표에서 승리.
1993	멕시코와 미국이 북미자유무역협정에 서명.
1994	사파티스타 군이 멕시코의 권위주의적인 정치 제도와 신자유주의 정책에 맞서 봉기.

에 재원을 조달하기 위해서는 높은 수출 가격이나 저금리의 외국인 투자 혹은 이 둘의 결합이 필요했다. 1970년대 들어 높은 이자율, 중동 원유파동에 의한 고유가, 그리고 라틴아메리카의 농업과 광물 자원의 가격 폭락으로 포퓰리즘의 물적 기반은 완전히 파괴되었다.

라틴아메리카의 불완전한 성장을 설명하려는 사람들은 포퓰리즘의 중심이라 할 수 있는 강력하고 민족주의적인 규제 국가를 곧잘 비난의 대상으로 삼았다. 물론, 일상적으로 '문호 개방' 정책을 지지해 온 미국의 대외 정책에서도 나중에 신자유주의와 결합하게 될 정책들을 요구하는 목소리가 지배적이었다. 국무부 장관인 존 해이John Hay의 불후의 명언을 따르면 '문호 개방'은 '공평 무사'a fair field and no favor를 의미했다. 이 개념은 전후의 세계경제 복구와 세계경제의 제도적 중심이 된 세계은행이나 IMF, GATT(나중에 WTO) 체제의 주된 원칙이 된다. 이 기관들은 점차 자신들의 세계적인 경제 지배력과 라틴아메리카의 엄청난 빚을 내세워 규제 완화와 민영화를 주장했다. 미국에서 교육받은 상당수의 라틴아메리카 지식인들은 세계적으로 힘을 얻어 가던 신자유주의 찬양에 목소리를 더했다.

그렇다면 신자유주의의 일반적 특징은 무엇이었을까? 일반적으로, 신자유주의자들은 발전은 '개방 경제'를 통해서 가능하고 이 안에서 국가의 역할은 주로 법과 질서를 유지하는 정책적 기능과 민간 기업을 지원하는 기능에 국한되어야 한다고 믿었다. 따라서 경제 정책의 영역에서 그들은 전형적으로 자유무역, 수출 생산, 공적 자원의 민영화, 수입관세 축소, 자본 흐름 규제 완화, 소비자에 대한 국가의 보조금 철폐 그리고 외국인 자본투자 장려를 강조했다. 대부분의 경우 이러한 정책은 GDP로 드러나는 경제 성장이라는 측면에서는 성공적이었으나 한결같이 이 지역에 존재하는 역사적인 불평등을 심화시켰다.

신자유주의자들은 또한 자유주의적 경제 개혁과 연계된 국가 권력을 해체하는 것이 경제력을 분산시키고, 모든 라틴아메리카 인들에게 자유라는 축복을 가져다 줄 정치적 민주주의의 물질적 기반을 만들어 준다고 주장했다. 불행하게도, 라틴아메리카에서 신자유주의의 확산이 가져온 역사적 결과들은 신자유주의가 주창하는 신조와 모순되는 것처럼 보인다. 민주주의를 촉진하기는커녕, 신자유주의는 오히려 브라질, 칠레, 아르헨티나의 군사독재 아래에서 더 번성했다. 멕시코에서 신자유주의는 선거 부정을 통해 민중의 정치참여를 체계적으로 방해하고 부패에 찌든 권위주의 정부에 의존했다. 니카라과에서는 미국의 개입으로 민주선거로 만들어진 주권이 사실상 와해되었다. 그러나 각 나라의 경우에서 독재, 정치 부패 그리고 외세 개입에 대항하는 민중 운동이 민주적 권리와 대표성 확장의 기반이 되었다. 통상 군부독재나 민간 엘리트 같은 권위주의적 지도자들은 이러한 민주적 사회 운동의 압력으로 인해 자신의 권력을 선출된 후계자들에게 넘겨야만 했다. 그러나 설사 10년이 지나더라도 선거 부정과 군부 권력의 공포는 종종 신자유주의 정책이 유지되는 데 한몫을 했다.

브라질의 군부독재와 신자유주의의 근원, 1964~1990

몇몇 학자들이 신자유주의의 근원을 1970년대의 칠레에서 찾고 있지만, 신자유주의 그 자체는 아니더라도 신자유주의 관련 정책들은 1964년 민주적으로 선출된 주앙 굴라르의 포퓰리즘 정권을 무너뜨린 군부 쿠데타 이후 브라질에서 처음 발견된다. 스스로 "민주 혁명"을 선언했던 군부 지도자들은 자신들의 독재권력을 민간 부문의 내외국인 자산가들을 위해 사용하려는 장기적인 의도를 드러냈다. 1964년 4월 9일 최고혁명사령부는 대통령에게 포고령에 의한 통치, 비상계엄 선포 그리고 시민권을 10년 동안 박탈할 수 있는 권한을 부여하는 제도법 1호$^{Ato\ Institucional\ Número\ Um}$를 제정했다. 고분고분한 의회는 움베르투 지 알렝카르 카스텔루 브랑쿠$^{Humberto\ de\ Alencar\ Castelo\ Branco}$ 장군을 대통령으로 만든 군부의 선택을 승인했다. 가스텔루 브랑쿠는 그의 많은 동료들처럼 광신적인 반공주의자였고, 외국 자본에 우호적이었으며, 외교에 있어 미국의 지도자적 위치를 수용하는 입장이었다.

외국 자본 장려와 노동 억압

새 정부는 경제 정책에서 자신들의 신자유주의적 입장과 장기 계획을 보다 명확하게 정의했다. 계획부 장관인 호베르투 캉푸스$^{Roberto\ Campos}$는 이윤의 자유로운 송금, 외국 기업의 소득에 대한 낮은 세율, 평가절하의 경우 외부 조달 자금에 대한 특별 환율 제도 등을 포함한 인센티브를 제공함으로써 외국 자본의 투자를 활성화하는 정책을 실시했다. 그는 또한 석유 회사인 페트로브라스^{Petrobras}같은 국영 기업들의 민영화를 찬성했고, "만약 효율적이라면, 국가 독점이 필요하지 않다. 또 만약 국가 독점을 필요로 한다면, 그것은 국가 독점의 가치가 없다"라는 카스텔루 브랑쿠의 신념을 예로 들었다. 그러나 나머지 군부 지도자들은 민영화 조치를 막았고 국영 기업에 대한 투자를 확대했다. 이에 굴하지 않고 캉푸스는 IMF의 반(反)인플레이션 처방에 따라 국내 신용을 가혹하게 축소하고, 임금의 실질 가치를 악화시킬 뿐만 아니라 나아가 국내 소비를 억제하는 임금 동결 조치를 실시했다. 이러한 정책들로 자국민 소유 기업들은 불리한 상황에 놓이게 되었고, 대규모 파산 사태가 벌어졌다.

　새 정부의 경제 정책은 해외 자본의 브라질 기업 인수를 가속화했다.

EL FISGÓN

16세기 플로렌틴 코덱스에 묘사된 유명한 장면이다. 엘 피스곤(El Fisgón)은 페드로 데 알바라도의 테노츠티틀란 약탈에 영감을 받아 우림과 원주민 공동체 파괴를 라틴 아메리카에 대한 두번째 정복이라고 묘사한다. 1990년대에 정복자들은 IMF, 현대 기술, 다국적기업(코카콜라 병에 의해 상징화된)들을 포함한다.

1968년 해외 자본은 브라질 자본 시장의 40%, 해외무역의 62%, 해상 수송의 82%, 해외 항공 운송의 77%, 자동차 생산의 100%, 타이어 생산의 100%, 제약 산업의 80% 이상, 시멘트 산업의 90% 이상을 지배했다. 전체 해외 투자의 절반 정도를 차지하는 미국이 이런 흐름을 주도했으며 독일, 영국, 프랑스, 스위스가 그 뒤를 따랐다.

국내외 자본에게 값싼 노동력을 충분하게 공급하기 위해 정부는 노동자들의 삶의 질을 급격히 떨어뜨리는 임금 동결과 파업 금지 조치를 실시했다. 1968년 노동부 장관은 실질임금이 15%에서 30% 가량 떨어진 것으로 추정했다. 2,000개 이상의 주요 기업 노동조합을 감독하도록 군부 감독관이 지정됨으로써 조직 노동은 더욱 제약을 받았다.

더 나아가 정부는 모든 영역에서 이견을 용납하지 않았고 수천 명에 달하는 이른바 극단주의자들의 정치적 권리를 제한했다. 수천 명의 연방 정부 공무원들을 해고했고, 수백 명의 민족주의적인 군 지휘관들을 일방적으로 전역 조치하거나 해고했다. 정부는 민족주의 경제이론의 중심기관인 브라질 고등연구소Instituto Superior de Estudos Brasileiros를 폐쇄하고, 전국학생연합을 탄압했으며, 농민 연대도 불법화했다.

1965년 카스텔루 브랑쿠는 모든 정당을 해체하고 정·부통령에 대한 간선제를 제도화하는 제도법 2호를 제정했다. 1966년 2월의 제도법 3호는 주지사와 주청사 소재지의 시장을 뽑는 보통선거를 없앴다. 그 당시까지 브라질의 군부 지도자들은 민주주의 체제의 외관과 대의적인 정부를 유지했는데, 아르헨티나의 정치학자인 기예르모 오도넬Guillermo O'Donnell이 후일 이 체제를 '관료주의적 권위주의'라고 명명하여 널리 알려졌다. 그들은 공식 정당official party과 합법 야당을 만들었고 이 야당에 참여하는 인사들은 '체제 전복 인사들'을 배제하기 위해 신중하게 선택되었다. 이 정당들의 선출된 의원들은 정책과 입법에 거의 영향을 미치지 못했다.

경제와 민영화

새 정부는 이렇게 민주주의와 시민적 자유를 심각하게 훼손하면서 군부의 권력을 보호하고 신자유주의 경제 정책을 유지하고자 했다. 이 신자유주의 정책들은 외국인 투자와 수출 생산을 촉진했지만 대다수 빈곤층의 생활수준을 더욱 떨어뜨렸다. 신자유주의 정책은 연평균 8%에 달하는 GNP 성장이라는 의미 있는 경제 성장을 가져왔으나, 대중의 소비 능력은 그만큼 늘지 않았다. 또한 1970년에 이르러 핵심 산업 부문의 민영화가 거의 완료되었다. 하나 혹은 소수의 다국적 거대기업들이 각 주요 산업을 지배했다. 예를 들어, 자동차 산업에서 세 개 기업——폭스바겐, 지엠, 포드——이 기업의 소유 및 생산의 집중현상을 전형적으로 보여 주었다. 그러나 자유기업 체제를 옹호하는 군부 지도자들은 몇몇이 선호했던 것과는 달리 국가 부문을 해체하지 않았다. 그 대신 그들은 값싼 철, 에너지, 원자재를 수익성 높은 외국인 소유 기업에 공급하는 기능을 국가 부문에 부여했다.

새 정부의 신자유주의 경제 계획가들은 생산성이 높고 고급기술을 가진 공장들과 매우 협소한 국내 시장 사이의 괴리를 해결하기 위해 수출을 강조했다. 원재료가 계속해서 대표적인 수출 품목이었지만, 제조품의 수출도 1968년에서 1972년 사이 12% 비율로 성장했다. 대부분의 국민들이 옷과 신발조차 충분하게 갖고 있지 못했던 반면, 브라질은 신발과 원단의 주요 수출국이 되었다. 그러나 정부는 점차 자동차, 전자제품, 기계류와 같은 내구 소비재와 자본재 수출을 강조했다.

정부 계획가들은 또한 수출을 통해 점차 심해지는 국제수지 문제를 해결하고자 했으나, 수출 규모가 증가하면 적자도 함께 늘어났다. 그 사이 1973년 125억 달러였던 외채는 1974년 176억 달러로 상승했고 1976년 후반에 이르러서는 300억 달러에 육박했다. 이 외채에 대한 이자만 해도 1977년 브라질의 총 수출액에 가까운 수치였다. 이러한 문제는 전체적으로 투자 규모보다 더 많은 배당과 이자비용 유출이라는 문제와 합쳐지면서 더 큰 문제를 낳았다. 이러한 국제수지 악화로 인해 브라질의 화폐 단위인 크루제이루의 심각한 평가절하와 1976년 46%에 달하는 악성 인플레이션이 나타났다.

1973~1974년 자본주의 세계의 엄청난 유가상승으로 인한 경기 침체는 브라질의 경제문제를 더 심각하게 만들었다. 미국과 같은 선진국들의 시장을 보호하기 위해서 만들어진 '반덤핑' 법이 통과됨으로써, 다양한 산업 분야에서 브라질 제품의 수출 감소가 불가피했고 과잉생산과 실업이 이어졌다. 1970년대 중반에 이르러 브라질 '경제 기적'의 꽃은 시들고 말았다.

정부의 지표는 이 '경제 기적'이 공공복지에 미친 파괴적인 영향을 잘 보여 준다. 1974년 최저임금은 생존에 필요한 음식 구입에 소요되는 최소 수입의 절반에 불과했다. 주거, 의류, 교통비를 포함하면 노동자는 최저임금의 네 배가 필요했다. 공식 자료에 따르면 공공 위생과 관련해서도 용납할 수 없는 상황이 존재했다. 20세 이상 인구의 거의 절반이 결핵을 앓았고, 약 15만 명이 매년 질병으로 사망했다. 1973년 국립영양연구소의 자료는 1,200만 명의 유치원생들 즉 전체 유치원생의 70%가 영양실조로 고통받고 있음을 보여 주었다.

정부의 농지개혁은 마찬가지로 대지주들이 그들의 토지를 기업식으로 영농화하는 데 일조했다. 여기에는 소작농들의 희생이 수반되었다. 정부는 4년 동안 사용하지 않은 라티푼디움을 압수하겠다고 위협했다. 그러나 정부가 '자발적'인 조치를 강조하면서, 지주들은 토지 압수를 연기하거나 우회할 수 있는 시간을 벌었다. 즉 친척들 간에 토지를 나누거나 법의 조치에서 면제된 상업적 농장을 만들었던 것이다. 따라서 농지개혁의 주된 결과는 1930년대 이후로 진행되고 있던 흐름을 가속화하면서 대규모 자본주의적 농업을 만들어 낸 것이다. 사회학자들은 '농지개혁'이 농촌 이민이라는 새로운 물결에 박차를 가할 것이고, 이는 과잉된 도시 노동 시장에 새로운 값싼 노동력을 공급하는 결과로 이어질 것이라고 경고했다.

독재에 대한 문화적 저항

대중들이 점차 독재에 대해 환멸을 느끼게 되면서 군 내외의 민족주의 세력들은 곧 국가 중심적 경제 개발 모델로 복귀할 것을 요구하게 되었다. 노동자들은 임금 동결 해제를, 지식인과 학생들은 검열 철폐와 학문의 자유를 요구했다. 헤시피와 올린다의 대주교인 에우데르 카마라Helder Câmara를 필두로 한 일부 성직자들도 사회·정치·경제 개혁을 요구하는 국민들의 요구에 자신들의 목소리를 보탰다. 진지한 민주적 토론을 간과한 선거 위주의 정치로 인해, 군부독재에 대한 반대는 점차 청년들의 대중문화에 스며들었다. 이 안에서 서정적인 은유와 강력한 음악적 비트는 독재정부의 검열을 피해 정치적인 의미를 전달했다. 이 새로운 '브라질 대중음악' Música Popular Brasileira, MPB은 '호다 비바'Roda Viva같이 사회의식이 담긴 연극을 지원했던 도시의 뮤지컬 극장들에서 탄생했고, 곧 독재에 저항하는 청년 시위의 촉매제가 되었다. 이 음악은 빠르게 대중에게 수용되었다. 텔레비전, 라디오, 레코드 회사들이 젊은 소비자들의 시선을 끌기 위해, 대형 극장이나 야외 공연장에서 열린 음악페스티벌에서 연주를 꿈꾸던 음악가들 사이의 경쟁을 지원했기 때문이다. 각 축제가 시작되기 6개월 전부터 카니발 전통을 따라, 라디오 방송은 반복적으로 노래들을 틀었고 가장 인기 있는 음악가들을 축제에서 연주할 수 있도록 초대했다. 이들 중에는 제라우두 반드레Geraldo Vandré나 쉬쿠 부아르키Chico Buarque처럼 사회 부조리와 억압을 비판하는 가사를 살짝 가리기 위해 사랑 노래와 전통 발라드를 사용한 음악가도 있었다. 예를 들면, 반드레의 「지스파라다」Disparada(격정)라는 노래는 브라질의 건조하고 가난한 동남쪽 지방 출신인 카우보이가 자신을 짐승처럼 취급하는 파젠데이루fazendeiro(농장주)에 거칠게 반항하는 내용을 담고 있다.

그러나 어쩌면 가장 유명한 노래는 「걸으면서」Caminhando였다. '파괴적 가사, 군에 대한 공격성, 학생 시위 슬로건으로서의 가용성'을 이유로 보급이 금지되었던 이 노래는 독재 이후에도 청년 시위의 대표곡이 되었다. 그것은 노동자, 농부, 학생 그리고 지식인들에게 자유와 민주주의의 은유인 노래를 지키기 위해 단결하라고 요구했다. "노래하며 걸으며 노래를 따라 가네/우리는 모두 평등하다네, 손을 잡았든 그렇지 않든/학교, 길거리, 밭, 공사장에서/노래하며 걸으며 노래를 따라 가네." 「걸으면서」는 브라질 군부 지도자들의 심기를 거스르며, "아는 사람들은 그 일이 일어나기를 기다리지 말고 지금 당장 행동하라"고 주장했다.

이 시기 동안 브라질 대중문화와 반독재투쟁에 큰 영향을 끼친 새로운 음악이 나타났다. 트로피칼리아tropicalía라고 알려진 이 새로운 장르는, 보사노바와 조뱅 과르다jovem guarda 같은 음악 장르를 쓸데없이 감상적이자 근본적으로 '부르주아적'이며 억압적인 군부독재의 폭력성에 제대로 맞설 의지가 없다고 비판했다. 트로피칼리아는 군부 정권 축출뿐만 아니라 브라질 문화와 국가정체성의 혁명을 요구했다.

역설적으로 트로피칼리아 음악은 군사정권뿐만 아니라 전통적 좌파 정치 세력과도 소원하게 되었다. 그 이유는 의식적으로 브라질의 악기와 음악 스타일을 외국의 것들과 섞어 '보편적 소리'를 만들려고 했기 때문이다. 이것은 전통 문화의 고양을 통해 사회 통제를 유지하려던 독재자들의 이해관계에 상충되었고, 또한 동시에 외세의 지배와 문화 제국주의에 대한 민족주의적인 비판을 약화시켰다. 카에타누 벨로주Caetano Veloso와 지우베르투 지우Gilerto Gil 같은 음악가들이 이끄는 트로피칼주의자들은 비틀즈의 앨범 '페퍼 상사의 론리 하츠 클럽 밴드'Sergeant Pepper's Lonely Hearts Club Band에서 큰 영향을 받았다고 인정했다. 또한 오스바우지 지 안드라지의 '문화적 카니발리즘'이라는 개념을 이용했다. 즉 시끄러운 전자기타 리듬뿐만 아니라 근대성과 억압의 이미지들을 모순적으로 병치하는 가사를 통해 관객들을 충격에 빠뜨렸던 것이다. 국제 뮤직 페스티벌에서 벨로주와 우스 무탄치스Os Mutantes라는 그의 밴드는 미래의 로봇처럼 분장하고 나와 「금지된 금지하기」를 부르다가 야유를 받았다. 화가 난 벨로주는 독재정권이 브라질을 통제하듯 관객들이 브라질 음악을 통제한다며 관객들을 꾸짖었다. 반대로 그와 트로피칼리아 동지들은 "브라질을 지배하는 유약함을 없애"는 것을 목표로 삼았다. 실제로 벨로주, 지우 그리고 그들의 동료들은 독재정권과 자본주의적 근대화 계획을 똑같이 비난했다. 문화역사가 크리스토퍼 던Christopher Dunn에 따르면, 벨로주는 1968년 그의 첫 번째 앨범의 타이틀 곡인 「트로피칼리아」에서 1950년대 이후 브라질 근대성의 상징이던 보사노바를 "브라질 오지에 널려 있는 움막집"인 팔료샤Palhoça와 대조시켰다. 이런 대조는 악의가 없는 것처럼 보였지만 노래는 조금 더 충격적인 이미지들로 끝을 맺는다. 즉 이미지들은 궁극적으로 동전을 구걸하면서 "웃고 있는 생기를 잃은 추한 아이가" 살고 있는 현대 브라질리아를 상징적으로 나타냈다.

트로피칼주의자들이 사용한 정교한 알레고리들은 정부의 검열을 교란시켰고 심지어는 한동안 승인을 받기도 했다. 사실 군부독재자들은 트로피칼리아 운동의 정치적 의미를 어떻게 분류해야 할지 확신이 없었다. 이는 특히 군부독재의 정적인 민족주의 세력들이 트로피칼리아 운동을 공격하고 있었기 때문이기도 했다. 그러나 벨로주에 의하면 1968년 후반

독재정권은 트로피칼리아 음악이 "무정부주의, 폭력, 그리고 가정, 세대 간의 관계, 존중, 종교에 대한 위협을 나타낸다"고 확신했다. 지우베르투 지우에 의하면 군부는 트로피칼리아를 "하나의 위협, 즉 새로운 어떤 것, 이해될 수 없는 어떤 것, 기존의 잘 정의된 문화 행위의 구성 요소들 중 어떤 것과도 어울리지 않는 것"이라고 보았다. 군부 정권은 결과적으로 지우와 벨로주를 투옥하고 나중에는 유럽으로 추방했다. 왜냐하면 이들의 음악은 "판독할

지우베르투 지우, 카에타누 벨로주, 통 제(Tom Ze), 우스 무탄치스는 새로운 사운드로 브라질 사람들에게 충격을 주었다. 이 사운드는 브라질 전통리듬과 지미 핸드릭스의 전자기타 사운드를 결합한 것이었다. 1968년 체포되어 망명하기 이전 그들이 펼치는 사이키델릭한 음악은 중산층의 소비지상주의와 이를 보호하는 군부 독재를 경멸적으로 표현했다.

수 없고 따라서 용납할 수 없는, 위험한 종류의 것"이었기 때문이었다.

독재에 대한 민중의 저항이 증가했고 이에 힘입어 의회와 대법원은 자신들의 독립성을 재정립했다. 대법원은 3개월 동안 수감당한 3명의 학생 운동 지도자들에 대한 인신보호영장을 인정함으로써 군부에 저항했다. 의회는 정치범과 학생 운동가들을 폭력적으로 다루는 군부를 거침없이 비난했던 의원의 면책권을 보호했다. 이런 저항 행위들에 맞서 군부 정권은 의회를 해산하고, 보다 엄격한 검열을 실시했으며, 헌법을 정지시켜 대통령에게 독재적인 권력을 부여했다. 이것은 다양한 경찰력이 지역과 전국적인 차원에서 테러리즘 전술을 더 빈번하게 사용하는 결과로 이어졌다. 정부의 은밀한 승인 아래 행동했던 민간 자경단 세력들이 공식적인 치안부대들과 결합했다. 이러한 군경찰의 특수 조직과 '죽음의 분대'가 사

용한 체계적인 고문은 브라질 역사상 유례가 없는 수준이었다. 평범한 범죄자뿐만 아니라 지식인, 학생, 노동자 그리고 심지어 성직자들과 수녀들까지 희생자가 되었다. 이제 브라질 국민들은 자신들의 반대의견을 '브라질대중음악'MPB과 트로피칼리아가 만든 대중 음악을 통해 은유적인 방식으로 표현할 수밖에 없었다. 1968년 12월 14일자『조르나우 두 브라지우』Jornal do Brasil는 "캄캄한 날씨, 숨 막히는 온도, 숨 쉴 수 없는 공기, 그리고 전국적인 강풍"이라는 일기 예보를 냈다. 이보다 더 정확할 수는 없을 것이다.

탄압이 더 심화되자 몇몇 저항세력은 반反독재 무장투쟁 외에는 다른 방법이 없다고 판단했다. 6개 정도의 게릴라 집단이 출현했지만 그들은 한 번도 대중적 성격을 갖지 못했다. 1969년 가장 유명한 게릴라 지도자인 카를루스 마리겔라Carlos Marighella가 '죽음의 분대' 조직원들에 의해 살해되자 게릴라 운동은 심한 타격을 받았다. 이제 게릴라 운동은 정권에 심각한 문제가 되지 못했고 브라질은 계속 경찰국가로 남아 있었다.

야만적인 군부독재의 통치 아래에서, 국민들은 자신들의 이견과 불만을 몇 개의 가능한 문화적 통로를 이용해 지속적으로 표현했다. 10년 동안 진행된 예술가들에 대한 군부 정권의 엄격한 검열과 외국 음악(특히 재즈)의 혁신적 전자사운드의 영향으로, 브라질의 새로운 젊은 세대는 노래 가사보다는 사운드가 주는 해방적인 힘에 더 주목했다. 아마 이런 젊은 예술가 중에서 가장 유명한 미우통 나시멘투Milton Nascimento는 이러한 인식을 자신의「밀라그리 두스 페이쉬스」Milagre dos Peixes(생선의 기적)라는 군부의 검열을 비판하는 가사 없는 노래에서 드러냈다. 텔레비전과 라디오의 검열이 주는 제약을 극복하기 위해, 이 음악가들은 점차 규모가 큰 야외 뮤직 페스티벌을 이용하여 자신들의 생각을 대중과 직접 소통하기 시작했다. 이 페스티벌들은 독재에 대한 민중적 저항을 조직하는 데 있어 중요한 공간이 되었다.

　도시의 연극은 군부에 대한 저항을 표현하는 또 다른 형태였다. 전문적인 연극은 비유와 역사적 서술을 통해 검열을 피하면서 독재에 맞섰다. 쉬쿠 부아르키의 「칼라바르 : 반역 예찬」Calabar : O Elogio da Traição을 예로 들자면, 이 작품은 포르투갈의 압제에서 벗어나 브라질이 독립을 쟁취한 것을 기리기 위해서, 17세기의 포르투갈과 네덜란드의 식민전쟁에서 있었던 유명한 배반 이야기를 사용했다. 그러나 이것은 너무 눈에 보이는 비유였기 때문에 3개월 뒤 결국 독재의 검열에서 살아남지 못했다. 어디에나 존재했던 군부의 검열로 인해서 지역 단위의 작은 아마추어 극장들이 눈에 띄게 증가했다. 이곳의 연극들 역시 군부의 권력에 도전했고, 작품에 대한 모든 결정을 집단화하면서 개개인에 대한 기소를 피하고자 했다. 그들은 잘 알려진 역사적 사건에 대한 서술을 이용하면서, 여기에 나타난 민중혁명과 억압에 대한 저항이라는 주제를 현재의 반독재 투쟁과 연결시켰다. '노천극장'Teatro da rua 또한 이 암울한 시기에 번성했다. '노천극장'은 마임과 광대극 기법을 이용해 독재를 조롱했고 극장표를 살 여력이 없는 가난한 빈민가에서 민중저항을 불러일으켰다. 1970년대 중반에 이르러 민중시위와 저항의 하위문화가 전국적으로 활발했다. 이것은 군부 정권의 무자비한 억압으로 일견 조용해 보였지만 실상은 그렇지 않다는 것을 보여준다.

　해방신학과 해방신학의 '가난한 자들을 위한 우선적 선택'에 영향을 받은 가톨릭 기초공동체들 또한 나타나 이 투쟁에서 중요한 역할을 해내기 시작했다. 교회의 보호 아래에서 여성들은 공동체와 주민 집단들을 조직하여 처음에는 깨끗한 물, 더 나은 주거환경 그리고 저렴한 식료품 가격이라는 '여성적인' 제한된 요구를 하기 시작했다. 그러나 이것은 정치범 석방과 민주주의 회복을 주장하면서 점차 보다 공공연한 '정치적' 운동이 되었다. 등장하고 있던 페미니즘의 미디어 대변인이었던 잡지 『브라지우 물례르』Brasil Mulher(브라질 여성)에 따르면, 여성들은 "잃어버린 평등의 재정복"을 모색했다. 1970년대가 끝날 무렵 이 잡지의 편집자들은 독자가 약 만 명에 달한다고 주장했고, "자본주의가 여성 억압의 수많은 형태의 근원이다"라는 생각에 점차 동조하는 새로운 혁명적 여성운동의 싹을 틔웠다고 결론내렸다.

아프리카계 브라질 인들도 인종차별 폐지와 범아프리카주의와 결부된 인종적 자부심을 고양하는 흑인문화예술센터 같은 문화단체들을 만들었다. 그러나 1978년 이 단체들은 흑인연합 운동Movimento Negro Unificado, MNU에 합쳐지고, 이것이 "자본주의 발전의 필연적 결과"인 인종차별에 대항하는 투쟁센터centros de luta를 조직했다. 마찬가지로 에우데르 카마라 주교가 이끄는 가톨릭 교회의 핵심 인물들도 자본주의와 신식민지주의를 공개적으로 반대하기 시작했다.

그동안 군부의 신자유주의 경제 프로그램하에서 평균임금이 1964년 수준의 3분의 2, 1957년의 절반 수준으로 떨어진 노동자들은 더욱 목소리를 높이기 시작했다. '새로운 노조 운동'이 나타나 군부 정권의 정책에 도전장을 던졌고, 노동자당 결성을 직접 이끌었다. 노동자당은 독재 종식, 인권존중, 경제 정의를 요구하는 사회적 투쟁에 참여했다. 결국, 1978년 의회선거는 독재 통치가 야기한 경제적·사회적 결과에 대해 국민들의 불만이 엄청나고, 저항 세력이 다양한 세력들을 결합하면서 역량을 강화해 가고 있음을 보여 주었다.

위기의 독재정권, 1978~1983

1978년에서 1983년 사이 브라질에는 세 가지 중요한 변화의 계기가 있었다. 먼저, 1974~1975년의 불황에서 미약한 회복세를 보였지만 곧 더 심한 경기 침체가 이어졌고, 마침내 국가를 파산 직전으로 몰고 간 국제수지 위기가 닥쳤다. 두번째, 실업 증가, 치솟는 물가 그리고 정부의 긴축 조치로 인해 국민들의 생활수준은 지속적으로 하락했고, 이는 노동자와 농민의 불만과 저항이 커지게 된 원인이 되었다. 동시에 군부 정권에 대한 반대가 중산층과 자본가 계급에서도 늘어나기 시작했다. 세번째, 정권은 저항을 누그러뜨리기 위한 하나의 방안으로 '민주주의를 향한 시작'이라는 개방abertura 정책을 실시했다. 이 제한적인 정치적 양보는 민주주의처럼 보이는 위장막을 만들어 실질적으로 자신들의 권력을 유지할 목적을 가지고 있었다.

경제위기는 국내외 요인들의 상호작용의 결과였다. 중요한 원인 중 하나는 국내 산업이 만들어 내는 생산품의 증가를 국내 시장이 감당할 수 없었다는 것이다. 거의 20년 동안 독재정부는 임금 인상을 생계비 이하로 유지시키면서 지속적으로 이윤과 자본을 확대하는 정책을 추진해 왔다. 이 정책은 국민들의 구매력을 뚜렷하게 제한했다. 그러나 1970년대와 80년대의 경제 하락세는 자동차, 텔레비전 그리고 다른 내구 소비재 시장의 주요 부분을 차지하던 중산층의 구매력 또한 감소시켰다.

경제위기의 가장 직접적 원인은 관리 불가능한 국제수지와 부채 상환 문제였다. 1980년 브라질은 개발도상국 중 가장 높은 550억 달러의 외채를 가지고 있었고, 부채 상환 비용은 국가 전체 수출액의 40%를 차지할 정도였다. 심지어 대통령도 이자 유출 때문에 브라질에는 "발전을 위해 쓸 수 있는 것이 하나도 없다"고 불평했다. 레이건 정부의 통화주의적인 긴축 재정 정책에 따른 높은 이자율은 채무 이행에 더 큰 짐이 되었다. 브라질의 다국적기업들이 대부분의 이윤을 본국으로 송금하는 것 또한 브라질의 국제수지 적자폭을 증가시켰다. 1980년 이 기업들은 주요 산업과 광산기업의 40%를 지배했고 이익의 55%를 본국에 송금했다.

1982년 들어 국제수지 문제는 정점에 다다랐다. 브라질은 채무 상환에 직면했을 때 사용할 수 있는 외환 보유고를 거의 다 소진한 상태였다. 외채가 890억 달러에 달했고, 브라질에 돈을 빌려준 1,400여 개 은행들은 불안감을 느끼게 되어 브라질 기업들에 대한 대출금을 연장해 주지 않았다. 그러나 브라질의 파산은 세계의 금융시스템에 충격을 줄 수 있었기 때문에 서반구 금융권은 자신들의 이익을 위해 한 번 더 구제 조치를 취했다. 미국 정부의 강력한 지지를 받은 IMF가 세운 계획은, 브라질이 계속 외채 이자를 갚을 수 있도록 상환을 연장해 주어 세계 은행들이 계속 이윤을 얻을 수 있게 해주는 것이었다. 이와 동시에 이 계획에 따른 긴축 조치들은 이미 쪼들리는 가난한 브라질 국민들을 더욱 고통스럽게 만들었다. 새로운 차관은 브라질에게 조금은 숨을 쉴 공간을 제공했지만 국제수지 문제는 여전히 다루기 힘든 문제로 남았다. 그리고 정부는 1982년의 금융을 둘러싼 이러한 곡예술을 무한정 반복할 수는 없었다.

IMF가 부과한 긴축 프로그램은 1964년 군부독재가 등장한 이후 이미 심각하게 떨어진 국민들의 생활수준에 대한 또 다른 타격이었다. 1978년 중반의 한 연구는 적어도 70%의 국민들이 생존에 필요한 경제적 수준 이하에서 살고 있다고 결론 내렸다. 1982년에는 최저임금이 월 23,000 크루제이루로 약 95달러에 해당했다. 그러나 브라질 사회학자들에 의하면 5인 가족이 생존하기 위해서는 이 금액의 세 배가 필요했다. 브라질 노동자들에 대한 과잉 착취는 가장 취약한 집단인 노동 계급의 어린이들에게 가장 큰 타격을 주었다. 1982년의 부분 센서스는 브라질의 10세 이상 어린이들 중 절반 이상이 노동을 하고 있다는 것을 보여 준다.

이러한 최악의 사회 여건들은 토지 집중과 토지 수탈의 증가가 더해지면서 농촌 지역에서 심각한 갈등으로 이어졌다. 토지 집중 과정은 바이오 연료인 콩이나 사탕수수와 같은 수출 작물을 생산하기 위해 자본주의적인 기계농이 미개간 농지로 확산되는 현상을 일부 반영한다. 이러한 팽창은 부분적으로 아마존 횡단 고속도로와 다른 도로들을 건설하면서 촉발된, 아마존 지역에 대한 정착 방식에서 기인했다. 아마존 개발청은 수천 명의 무토지 농촌 가구들을 신규 개간 농지에 정착시키는 대신, 대기업에 많은 돈을 제공하여 대형 축산 목장을 짓도록 했다. 그 결과로 아마존에서 신규 토지 소유자의 약 95%는 1만 헥타르를 넘게 되었다. 커피 농장과 달리 대규모 신규 콩 및 사탕수수 농장과 소목장은 노동력을 거의 고용하지 않았다. 생활터전에서 쫓겨난 많은 소작농들과 농촌 노동자들은 도시로 이주하여 도시 사회 문제를 심화시켰고 실업자와 불완전 실업자 수치를 증가시켰다.

아마존 국경 쪽으로 밀려난 수천 명의 사람들은 포세이루posseriro(토지를 무단 점유하여 소유권을 주장하는 사람—옮긴이)가 되어 자급자족을 위해 작은 땅에 쌀, 카사바, 옥수수 등을 경작했다. 이들은 브라질 법에 따라 상당한 권리를 가지고 있었지만, 폭력적인 국경에서는 별 소용이 없었다. 때로는 은밀하게 때로는 공개적으로 지역 군대나 관료들의 지원을 받고 있던 토지 강탈자들은 총잡이들을 대동하고 자주 포세이루에게 추방하겠다고 위협을 가했다. 포세이루들은 농민조합을 조직하고 그들이 가진 모든 방법으로 자신들의 땅을 지키는 방식으로 대응했다. 이들은 용기 있는 가톨릭 성직자들과 연대를 형성했는데, 당국은 이러한 인간적인 행위를 이유로 성직자들을 체포, 고문, 심지어는 살해하기도 했다.

실패한 경제 정책과 부패로 인해 신뢰를 잃고 고립된 군부 정권은 야당 세력과의 유화 정책 전략으로 난관에서 벗어나고자 했다. 이러한 개방 전략에는 대부분의 검열 해제, 정치 망명자들의 귀국과 정치적 권리 회복 그리고 공식적인 여당과 야당 외에 새로운 정당들의 출현을 가능하게 하는 정치구조의 전면 개편이 포함되었다.

이러한 양보 조치는 의미가 있었지만 군부통치를 지속하기 위한 목적으로 마련된 개헌 조치들이 그 효과를 제한했다. 1982년 선거에서 의회의 야당 세력은 큰 승리를 거두었지만, 군부가 개헌 조치를 통해 국가 예산과 주 운영자금 모두를 통제할 수 있는 절대 권력을 지닌 대통령제를 이미 제도화한 뒤였다. 군 장교나 군부가 지명한 민간인 후보자가 차기 대통령이 되는 것이 당연해 보였지만 상황은 군부 지도자들이 계산했던 것과는 다른 방향으로 흘렀다. 독재 정권은 야당 후보인 탕크레두 네비스Tancredo Neves를 손쉽게 이길 것이라고 확신했지만 군부에 대항하는 국민들의 결집으로 네비스가 압승을 거두었다. 하지만 네비스는 취임하기 전날 사망했고, 토지개혁과 정부 내에서 노동자와 노동조합이 발언권을 보다 강화하는 그의 구조개혁 계획의 실행은 부통령인 주제 사르네이Jose Sarney의 손에 넘겨졌다. 그럼에도 불구하고, 사르네이는 네비스의 권한 위임 없이 대통령 직위에 올랐고 민중의 지지를 거의 얻지 못했다는 한계를 지니고 있었다.

군부와 민주주의에 대한 외적인 제약

군부의 주시 아래 진행된 민주주의와 문민 통치로의 이행은 점진적인 과정이었다. 막후에서 군부는 주요 사안들에 대한 의사결정 과정에 계속 영향력을 행사했다. 결과적으로 사르네이 정부는 브라질의 거대한 사회·경제적 문제, 특히 토지개혁 문제의 해결에 별 성과를 내지 못했다. 토지개혁은 단순한 분배 정의에 대한 문제가 아니었다. 이것은 거대 국내 시장을 바탕으로 한 근대 국가자본주의를 만들기 위한 필수 선결과제였다. 예를 들어, 1985년 사르네이는 8,800만 에이커의 땅을 1989년까지 140만 가정에 분배하는 농지개혁 법률에 서명을 했다. 그러나 1986년 법령은 몰수하고 분배할 수 있는 토지를 국유지와, 생산량이 정부가 정한 기준 이하인 사유지로 한정했다.

이 계획의 실행이 너무 지지부진하자 농업개혁발전부 장관인 네우송 히베이루Nelson Ribeiro는 이에 항의하면서 사퇴했다. 토지개혁의 가장 큰 장애물은 토지 소유자들의 강력한 저항이었다. 농촌민주연합União Democrática Ruralista, UDR과 '전통, 가족, 소유권을 보호하기 위한 브라질 회의'Sociedade brasileira de defensa da tradiçao, familia et propiedade라는 조직 아래 결집한 지주들은 전직 군인들을 사병으로 고용했는데, 전하는 바에 따르면 이들은 정규 군인보다 3배나 높은 급여를 받았다.

'새로운 공화국'에서 토지개혁이 가장 민감하고 폭력이 난무하는 문제였다면, 1990년 약 1,200억 달러에 달했던 외채는 브라질의 가장 큰 외적인 문제였다. 외환의 지속적인 유출은 사회 개혁과 경제 성장을 달성하려는 브라질의 노력에 심각하게 부정적인 영향을 끼쳤다. 국가는 이제 이자를 지불할지 아니면 사회·경제 개발을 지원할지를 선택해야 하는 상황에 직면했다.

사르네이는 1985년 유엔총회에서 "브라질은 경기 침체와 실업, 굶주림이 지속되는 한 외채를 지불하지 않을 것입니다. 외채는 빈곤을 그 대가로 치러야 하고 민주주의를 희생시키는 거래입니다"라는 연설로 외채에 대한 그의 입장을 정리했다. 외채가 쌓이는 것을 방관했던 군부 정권의 유약함에 비하면 이 연설은 용기 있는 표현이었다. 하지만 소심한 대통령의 저항은 오래 가지 않았다. 국내 과두계층과 외국 은행가들의 압박 아래 사르네이는 외채 지불정지를 해제했고 1988년에는 기존의 상환기한을 연장하기 위한 협상을 시작했다.

사르네이 정부는 치솟는 물가와 높은 실업률로 점철된 경제 불황과 맞닥뜨렸다. 이런 경제위기를 극복하기 위해서 임금, 물가, 집세 동결과 크루제이루를 새롭고 더 강한 크루자두cruzado로 바꾸는 화폐개혁을 포함한 긴축 계획인 '크루자두 플랜'Plan Cruzado을 발표했다. 그는 또한 수출 경쟁력 확보를 위해 일련의 평가절하 계획을 발표했다. 정부 지출을 줄이기 위해 15개의 국영 기업들을 합병하거나 정리했고, 이어서 32개 회사의 구조조정 일정을 제시했다. 가장 고통스러웠던 것은 그가 우편요금, 편의시설 요금, 기름 값, 설탕가격을 크게 올리고 담배와 술에 대한 세금을 100% 인상한 것이었다.

이런 발표들이 이어지자 국민들의 분노가 폭발했다. 1986년 이후 이미 30%나 대폭 감소했던 브라질 임금 노동자의 구매력은 다시 29%나 하락했다. 결국 경쟁 상대이던 노동자단일동맹Central Unica dos Trabalhadores, CUT과 노동자총동맹Central Geral dos Trabalhadores, CGT이라는 전국적인 두 노동 조직이 긴축 프로그램을 분쇄하기 위한 총파업에 참여했다. 1987년 중반에 이르러 사르네이의 인기는 거의 바닥에 이를 정도로 떨어졌다. 미국 은행가인 데이비드 록펠러David Rockefeller는 지지율 하락의 원인을 이렇게 설명했다. "브라질을 방문하면서, 전에는 이렇게 절망적인 빈곤에 맞닥뜨린 적이 없었습니다."

1988년 제헌의회 역할을 하던 의회는 대규모 민중시위에 영향을 받아, 군부 정권이 말기에 만들었던 모든 것을 부정하는 새로운 민주주의 헌법을 만들었다. 이 헌법은 대통령 선출을 보통선거로 규정했고, 대통령의 포고령 통치(군부독재가 매우 자주 이용했던)를 폐지했으며, 노동시간을 주당 48시간에서 44시간으로 줄였다. 또한 집회, 표현, 언론의 자유를 포함하는 기본권을 보장했다. 여타 조치들이 석유와 광물 채굴을 국유화하고 노동자들의 파업권과 단체교섭권을 보호했다.

헌법은 원주민들의 권리 보호를 약속했지만, 그들의 문화와 보금자리인 아마존 밀림의 파괴를 예방하는 구체적인 조치를 담고 있지는 않았다. 자국민이건 외국인이건 간에 거대 농장주들과 광산 회사들은 군부 정권과 이후 민간 정부들의 재정적 지원을 받아 소를 키우거나 노천 채굴을 위해 밀림의 거대한 지역을 절단하거나 불태웠다. 이는 원주민과 세링구에이로들seringueiros(고무수액 채취자)의 생존을 위협했다. 인종차별적이고 부패한 정부 관료들의 보호를 받는 무장 사병들은 농장주와 광산주들의 착취 행위에 저항하는 사람들을 살해하곤 했다.

사르네이 정부는 1988년 지방 선거에서 충격적인 패배를 맞보게 된다. 선거 결과 사회주의 및 노동자 정당들이 주요 도시와 대다수 주도州都들을 장악했다. 전투적인 노동조합 지도자인 루이스 이나시우 다 실바(룰라)가 이끄는 노동자당Partido dos Trabalhadores, PT은 수백만의 조직원을 가지고 새로운 진보 정치 정당들 중에 가장 역동적인 정당 중 하나로 성장했다. 겉으로 보기에는 한 번 더 민중들의 정치적 저항이 민주주의를 제한하고 군부 권력을 제도화하려는 지배 엘리트들의 시도를 민중 운동의 수단으로 변화시키는 데 성공한 것처럼 보였다. 그럼에도 불구하고, 1980년대 민중 운동의 초점은 본질적인 것보다는 주로 과정적인 측면에 맞춰져 있었다. 즉 군부독재를 끝내고 국가 정책에 대한 민주적인 참여를 보장하고자 한 것이다. 군부의 신자유주의 정책이 야기한 참혹한 사회적 결과들이 이러한 정치적 기획을 추동하기는 했지만, 아직까지 신자유주의가 대중 운동의 표적은 아니었다.

칠레의 군부독재와 신자유주의, 1973~1990

칠레에서도 브라질과 마찬가지로 군부독재와 이후의 신자유주의적 '개혁' 조치, 독재에 대한 민중의 저항 그리고 제한된 민주적 권리의 확대라는 비슷한 양상이 진행되었다. 아우구스토 피노체트 장군이 주도하는 폭력적인 쿠데타로 인해 민주적으로 선출된 사회주의자인 살바도르 아옌데 정권이 붕괴된 후, 칠레 국민들은 대규모의 잔혹한 탄압을 겪었다. 피노체트가 주도하는 4인의 군사평의회는 칠레 사회의 '재건'을 시작했다. 이를 위해 모든 정당의 해산, 시민권 억압, 의회 해산, 노동조합활동 금지, 파업과 단체교섭 금지 그리고 아옌데 정권의 농지와 경제 개혁의 무효화 등이 단행되었다. 군사평의회는 수천 명의 국민들을 투옥 및 고문하고 살해했는데, 그 중에는 「우리는 승리할 것이다」Venceremos라는 노래를 통해 군부에 대항했던 빅토르 하라도 포함되어 있었다. 아우슈비츠에서 유대인 학살을 지휘했던 전직 나치인 발터 라우프Walter Rauff 대령의 지도를 받은 비밀경찰 조직인 국가정보원Dirreción de Inteligencia Nacional, DINA은 공포의 대상이었다. 국가정보원은 칠레 전역으로 자신들의 공포의 네트워크를 확장했을 뿐만 아니라 해외에서도 암살 임무를 수행했다. 또한 군사평의회는 적어도 6개의 강제수용소를 만들었고, 국민 100명 당 한 명은 적어도 한번은 체포되었다.

피노체트, 국가 테러리즘 그리고 자유 시장

한편, 피노체트는 자신의 잔혹한 정권을 정당화하기 위해 노력했다. 그는 아옌데에 반대했던 상류층과 중간 계층 여성들의 단체인 여성의 힘El Poder Femenino, EPF의 이름 아래 "전통적인 가족의 가치", 자기 희생, 조국에 대한 충성을 지지하는 여성 유권자층을 확장하고자 했다. 그는 여성부를 설립했고, 부인인 루시아 이리아르트Lucía Hiriart는 어머니센터Centros de Madres를 부활시켜 구성원이 총 23만 명에 달하는 만 개가 넘는 그룹들을 조직했다. 그럼에도 불구하고 '가족'은 정권이 저지른 정치 테러의 첫번째 희생자 중 하나였고, 정권의 경제 정책들 역시 노동자 계층의 여성을 소외시켰다.

피노체트는 시카고 대학의 밀턴 프리드먼Milton Friedman 교수 밑에서 공부하고 돌아온 이른바 '시카고 보이스'라 불리는 경제학자들의 영향을 받아 신자유주의적 시장경제 정책들을 시행했다. 공공 지출의 대폭 삭감, 공기업들 대부분의 민영화, 페소 가치의 하락, 수입 관세의 대폭 축소 등이 실시되었다. 이 '충격 요법'의 사회적 결과는 곧 명백해졌다. 1975년에 GDP는 16.6% 감소했다. 제조업이 특히 타격을 많이 받았는데 그 중에서도 섬유 산업은 수입품들로 인해 완전히 망가졌다. 1970년에 비해 1975년의 임금은 47.9% 감소했다. 실업률은 20%에 달했고 정부의 비상 고용 프로그램에 속한 사람들을 포함하면 28%에 달했다.

광물, 목재, 수산물 같은 수출 상품에 부분적으로 의존한, 더 정확하게는 대규모 투기 열풍에 의존한 경제 회복이 1977년에 시작되었으며, 1980년까지 연평균 경제 성장률이 8%에 달하는 호황이 이어졌다. 그러나 칠레의 '경제 기적'은 피상적이었고 지속기간도 짧았다. 대규모 해외 자본을 유치해 칠레를 제2의 한국이나 대만으로 만들고자 했던 시카고 보이스는 의도적으로 높은 이자율을 유지했다. 외국 자본이 대규모로 유입되었지만, 대부분 칠레 은행들에 대한 대출의 형태로 들어왔다. 칠레 은행들은 해외에서 12%의 이율로 자금을 빌리고, 이를 35%에서 40%의 이율로 대출해 주어 막대한 수익을 얻었다. 차용하는 회사들은 거대 재벌들의 자회사들로서, 이들은 높은 이자율로 인해 수익성을 기대할 수 없었던 생산 분야에는 투자하지 않았다. 대신 대출한 자본을 부동산 투기나, 민영화 프로그램으로 인해 특매가로 나온 국영 기업들을 사들이는 데 사용하였다.

거품은 1980년에 터졌다. 1981년 말에 이르러 정부는 경제 재앙을 막기 위해 자신들의 자유 시장 원칙과 모순되게 대형 은행들을 사들일 수밖에 없었다. 파산 사태가 줄줄이 일어났고 생산은 급격하게 감소했다. 1982년부터 1986년까지 실업률은 30% 이상으로 치솟았다. 그리고 실질임금은 20%까지 감소했다. 1985년에 일어난 지진은 경제 상황을 더욱 악화시켰다. 1980년대 후반 칠레 경제는 외채에 과도하게 의존했다. 인구가 1,250만 명이었던 칠레는 1991년에 170억 달러에 달하는 외채를 지게 되었으며, 1인당 외채 비율은 세계 최고 수준이었다. 마지막 몇 년 동안 피노체트 정권은 칠레의 산업과 자연자원에 대한 소유권을 외채와 맞바꿨고, 이는 국가경제에 대한 외국 자본의 지배력이 증가하는 결과를 가져왔다.

농산물의 생산, 상업화, 수출을 장악했던 대지주들은 큰 이익을 얻었다. 이 시기 동안 과일과 농산물의 수출은 급격히 증가했다. 그러나 농업 현대화와 팽창에 따른 이익이 아옌데 집권기간 동안 얻은 토지와 다른 성과물들의 대부분을 잃어버린 대다수 농민들에게는 돌아가지 않았다. 이들은 경찰의 탄압을 받아야 했으며 만성적인 실업을 견뎌야만 했다. 노동조합 설립이 금지되고 복지 혜택에서 배제되어 있던 농장 노동자들은 한 번에 길어야 3, 4개월을 일했고, 자주 비참한 조건에서 생활했다.

도시 지역의 상황은 더욱 좋지 않았다. 높은 실업과 불완전 고용으로 인해 노동자들과 가족들은 비위생적이고 비좁은 판자촌으로 갈 수밖에 없었다. 중산층 또한 생활수준의 급격한 저하를 겪어야 했다. 1978년 국민 소득의 51%를 차지하던 최상위 20%의 부유층은 1988년에는 60%를 차지했다. 중류층을 포함한 다음 60% 계층의 경우, 같은 기간 국민 소득 점유 비율이 44%에서 35%로 급격히 하락했다. 그리고 최빈곤층 20%는 계속해서 국민 소득에서 4%만을 차지했을 뿐이었다.

여성과 반독재 저항

피노체트에 대항한 야권은 독재가 시작된 10년 동안 분열되어 있었다. 그럼에도 불구하고 피노체트의 가혹한 탄압과 실패한 경제 정책들로 인해 곧 폭넓은 반대 세력이 형성되었다. 가톨릭 교회가 초기에는 피노체트 쿠데타pinochetazo를 지지하긴 했지만, '연대 교구'Vicaría de la Solidaridad는 공동체 지원망을 조직해 독재정권의 정치적 테러와 빈곤층을 겨냥한 경제 전쟁으로 황폐화된 노동 계급에게 법률 서비스, 의료 지원, 수공업 일자리 등을 제공했다. 쿠데타 이후 몇 달 만에 교구는 70만 명의 주민들에게 도움을 주었다. 그중 많은 사람들은 여성들로 정치인류학자인 제임스 스콧James Scott이 "인프라폴리틱"infrapolitics이라고 부른, 권력을 피해 은밀하지만 일상적인 저항 운동에 적극적으로 개입하는 반체제 정치 문화에 참여했다. 예컨대 이 여성들은 피노체트의 탄압을 피해 사람들을 숨겨 주고, 지하 저항 운동에 대한 비밀 메시지가 들어 있는 빵을 만들고 운반하거나, '실종자'들에 대한 정보를 전파했고, 삼베나 다른 흔한 재료들을 사용해 독재정권의 폐해를 고발하는 '아르피예라스'arpilleras라 불리는 민속 예술을 창조했다. 이 아르피예라스 제작자들은 후에는 단식 투쟁이나, 대법원 건물, 피노체트의 집 그리고 다른 여러 관공서에 자신들의 몸을 묶어 독재

피노체트 독재에 대한 시위가 빈번해지고 보다 대담해지던 1980년대 동안, 사회정의와 민중민주주의의 대표적인 순교자인 빅토르 하라와 살바도르 아옌데의 이미지들이 대중 시위에서 확산되었다.

에 저항하는 '엔카데나미엔토'encadenamiento(사슬 묶기) 투쟁에 참여했다.

독재 체제는 칠레 사회에서 특히 여성의 사회적 지위를 약화시켰다. 독재 체제는 부인과 부인의 재산에 대한 남편의 법적 통제권을 인정했고, 여성의 실업수당 수급을 제한했으며, 여성 노동을 보호하는 법률들을 없앴다. 독재 기간 동안 여성의 평균 수입은 남성 대비 68%에서 36%로 낮아졌다. 남성 실업률의 급상승과 결부된 이러한 여성의 임금 하락은 여성 노동력에 대한 시장의 수요를 증대시키는 요인으로 작용했다. 1985년까지 여성 가장의 수가 4% 증가했음에도 여성 노동 인구는 4.5% 증가하였다.

따라서 여성은 정치적 저항에 있어서 적극적인 역할을 수행했다. 예를 들어, 1978년 3월 8일 세계 여성의 날을 기념하여 여성 노조활동가 그룹인 여성위원회Departamento Femenino de la Coordinadora Nacional Sindical는 피노

아우구스토 피노체트 대통령의 경제 정책과 억압적인 통치에 대한 대중적인 저항이 1983년과 1984년에 분출했다. 수천 명의 칠레 젊은이들이 민주주의와 실업자가 된 구리 노동자들을 위한 일자리를 요구하면서 산티아고를 행진하고 있다.

체트에 저항한 최초의 공개 시위를 조직했다. 그러나 여성의 반독재 투쟁은 점점 반가부장주의적인 성격을 띠기도 했다. 10년 후 '투쟁 주간' 시위에서 페미니즘 운동Movimiento feminista과 같은 여성 단체들은 "국가와 가정에서의 민주주의"를 요구하였다. 이는 독재 종식, 헌법 개정, 여성혐오적인 민법, 형법, 노동법 조항의 폐지, 여성 문제를 전담하는 정부부처 신설, 교육 커리큘럼의 개정, 그리고 여성 고용 30% 달성을 위한 정부의 소수자 보호 조치 등의 포괄적인 민주주의적 의제를 표현한 것이었다.

이러한 민주주의 운동의 압력이 증가하면서, 피노체트는 때때로 탄압을 강화하는 한편 민주화와 정치범 사면 등의 요구에 대해서는 제한된 형태의 양보 조치를 취했다. 권력을 유지하려는 속셈으로 1988년 10월 피노체트는 국민투표를 실시했고, 국민들은 54.6%의 반대표를 던져 43%의 찬성표를 누르고 피노체트의 집권 연장에 대한 완강한 반대 의사를 드러냈다. 그러나 이 노회한 독재자는 이러한 상황에 대한 대비책을 가지고 있었다. 1980년 제정된 비민주적인 헌법에 의해 피노체트는 선거 결과에 상관없이 새로운 선거에 의해 후임 대통령이 결정될 때까지 1년을 더 집권할 수 있었다.

피노체트는 여전히 강력한 권력을 지닌 군사평의회의 의장이었고, 새로운 상원의 3분의 1을 임명했으며, 그 자신이 종신 상원의원이 되었다. 선거 승리의 여파 속에서 수천 명의 국민들은 환성을 지르며 산티아고의 거리를 가득 채웠고 피노체트가 군대에서 물러날 것을 요구했다. 그러나 야당의 민간인 지도층은 그 대신 피노체트와 거래를 했다. 군이 국민투표의 결과를 존중해 문민정부로의 이행에 동의하는 대가로 민간 지도자들은 그가 도입한 헌법을 받아들이기로 했다. 이 헌법은 피노체트 집권기의 경제 모델을 유지하고, 중요한 사회·정치적 변화에 대한 피노체트의 거부권을 인정하는 것이었다. 그것은 또한 독재정권이 사면법을 통해 부여했던 살인과 고문 등의 악행을 저지른 군 관련자들에 대한 면책권을 연장했다.

아르헨티나의 군부독재와 신자유주의, 1976~1990

브라질과 칠레처럼 아르헨티나에서도 포퓰리즘의 혼란스런 붕괴는 군부 쿠데타를 초래했다. 이 쿠데타는 민주적으로 당선됐으나 극도로 민심을 잃고 사망한 포퓰리즘적 카우디요(후안 페론―옮긴이)의 부인인 이사벨 페론Isabel Péron 정권을 전복시켰다. 이후 몇 년 동안 호르헤 라파엘 비델라Jorge Rafael Videla 장군이 이끄는 군부는 브라질의 관료적 권위주의 모델을 아르헨티나에 적용시켰다. 또한 아르헨티나 역사에서 유례가 없는 공포정치를 시작했고, 그만큼이나 가혹한 신자유주의 경제 정책을 강제하여 아르헨티나 사회를 엉망으로 만들었다. 1982년 여름 연간 인플레이션율은 경악스럽게도 세계 최고치인 500%까지 치솟았다. 경제 성장은 심각하게 불안정했다. 재무부 장관 호세 알프레도 마르티네스 데 오스José Alfredo Martínez de Hoz의 자유 시장 정책이 수많은 기업의 파산과 은행의 부도를 초래한 것이 무엇보다도 최악이었다. 수입 관세를 없애고 경제에 대한 정부 개입을 줄임으로써 마르티네스 데 오스는 아르헨티나의 대기업들을 붕괴시켰다. 아르헨티나 노동자들의 실질임금은 1976년과 1979년 사이 40%나 곤두박질쳤다. 실질임금은 1980년에 회복되었으나 1982년 심각한 위기 때 다시 하락했다.

경제위기와 더러운 전쟁

1975년부터 1990년 사이 아르헨티나는 경기 침체, 높은 인플레이션이 동반된 낮은 혹은 불규칙한 경제 성장, 제조업의 생산성 하락을 오랫동안 경험했다. 이 시기에 실업률은 치솟았고 이는 실질임금 감소, 소득불평등 확대 그리고 주로 도시의 가난한 여성 노점상들로 이뤄진 '비공식 부문'의 급작스런 증가의 원인이 되었다. 가계 근로소득이 빈곤선 이하인 계층이 1974년에 2.6%였는데, 이 수치가 꾸준히 증가하여 1980년에 7.5%, 1989년에는 38.3%라는 높은 수치를 기록할 정도로 빈곤이 확대되었다.

이러한 경제적 황폐화는 자연스럽게 정치적 불만과 사회적 동요를 유발했다. 권력을 유지하기 위해 비델라의 군사정권은 모든 정상적인 정치 활동을 금지하고 정적들에 대한 더러운 전쟁을 시작했다. 군사통치 하에서 3만여 명의 아르헨티나 국민들이 사라졌는데 이들 중 많은 수는 불법적인 우익 암살단에 의한 희생자들이었다. 괴한들이 한밤중에 가족과 친구들을 납치해 처치해 버린 후로, 아르헨티나 국민들은 한밤중의 노크 소리를 두려워하게 되었다.

　군부의 야만적인 잔인성에 대한 반발은 은밀하지만 꾸준히 거세졌다. 인권 운동가, 노동, 청소년, 공동체단체와 여성들의 민중 운동이 직접적인 정치행위를 대신했다. 오랫동안 사회적 행동을 중시해 온 인권단체들의 영향력이 가장 컸다. 이들 인권단체에는 공산당과 연계되어 1937년에 설립된 아르헨티나 인권연맹Liga Argentina por los Derechos del Hombre, LADH, 라울 알폰신Raúl Alfonsín이 공동 설립한 상설인권회의Asamblea Permanente por los Derechos Humanos, APDH 같은 경험이 많은 조직들이 속해 있었다. 라울 알폰신은 후일 이러한 자신의 명성을 1983년 대통령 선거에서의 확실한 승리를 위해 사용했다.

　반면 오랫동안 아르헨티나에서 가장 강력하게 조직화된 사회 세력이었던 노동 계급은 군부의 정치·경제적 폭력의 특별한 표적이 되어 급격하게 쇠퇴했다. 노동 계급의 저항과 영웅적인 투쟁의 자취들을 완전히 지워버리겠다고 결심한 군부 관료들은 진 프랑코Jean Franco가 고문의 '여성화'라고 불렀던 것을 통해 노조 지도자들의 성 정체성을 공격했다. 이는 남성과 여성의 생식기에 대한 체계적인 공격이었다. 경제적 측면에서는 민영화, 정부예산 삭감, 그리고 대외 경쟁으로 실업률이 증가하면서 조합원 수가 감소했다. 이러한 조건에서 노동 운동의 중요 부문, 특히 총노동연맹Confederación General del Trabajo, CGT의 지도부가 군부 정권과 협력했다. 몇 년뒤 이들 중 일부는 엄청난 숫자의 노동자들과 노조 대표들이 독재기간에 실종된 것을 "기억하지 못한다"고 진술하기도 했다.

　젊은이들 역시 군부의 학교 침탈, 가정 파괴, 청년 문화에 대한 대대적인 공격에 맞서 저항했다. 자신들의 저항을 전통적인 방식으로 표현하는 것이 금지되었기 때문에, 젊은이들은 분노와 불만의 새로운 배출구를 찾아냈다. 그 중 가장 영향력이 컸던 것은 '국민 록음악'Rock Nacional이었다. 독재 기간 동안 야외 콘서트는 항상 6만 여명의 젊은이들을 끌어 모았다. 여기에서 젊은이들은 「독재는 곧 끝날 것이다」Se va a acabar를 합창하며 정부 당국에 대한 저항을 드러냈고, 피토 파에스Fito Paez, 레온 히에코León Gieco, 차를레이 가르시아 Charley García 같은 아르헨티나 록 스타들의 체제 전복적인 가사에 열광했다. 예를 들어, 가르시아의 「공룡들」Los dinosaurios 은 군부를 멸종할 운명을 지닌 선사시대의 어리석은 짐승으로 풍자했고, 파에스의 「고난의 시간」Tiempos difíciles은 실종된 젊은이들의 복수를 하기 위해 공동묘지에서 지옥불이 나타나는 모습을 그려냈다.

공동체 조직은 군부가 국민들에게 자행한 경제적·정치적 전쟁에 의해 위협을 느낀 어른들에게 비슷한 배출구를 제공했다. 지역의 성직자들이 제공하는 도덕적·논리적·재정적 지원을 통해 빈곤하고, 집 없고, 직장이 없는 불법 거주자들은 도시 중심부의 놀고 있는 땅을 되찾기 위해 조직화했다. 이런 조직 중 첫번째였던 주민위원회Comisión de vecinos는 부에노스 아이레스의 노동자 계급 주거지인 산프란시스코 솔라노San Francisco Solano 에서 토지 점거를 위해 2만여 명을 결집시켰다. 이후 이 지역 조직들은 세금 인상과 식료품 가격의 급격한 상승, 사회복지의 감소, 저비용 주택의 부족, 불충분한 학교와 진료 시설에 대해 항의하면서 급속하게 퍼져나갔다.

여성, 전쟁 그리고 저항

'사회적 모성'의 풍부한 역사적 유산을 이용하여 아르헨티나 여성들은 진 프랑코에 따르면 "공적 영역과 사적 영역의 경계를 전복하고, 보살핌이 오직 사적 영역에만 속한다는 억측에 도전했다." 이러한 여성 조직 중 가장 잘 알려진 것은 아르헨티나의 도덕적 양심이 된 오월광장어머니회 Asociación Madres de Plaza de Mayo와 오월광장할머니회Asociación Civil Abuelas de Plaza de Mayo였다. 그들은 군부의 일상적인 살인 협박에 굴복하지 않았고, 자신들의 '실종된' 아이들을 되돌려줄 것과 정치·경제 정책을 통해 가정을 파괴한 독재정권의 종식을 요구하며 아르헨티나의 '상징적 중심'인 오월광장에서 정기적으로 행진을 벌였다.

여성들은 징병제 폐지, 공동 양육권, 출산권, 성교육, 미혼모의 자녀에 대한 법적 권리를 주장하는 활동을 벌이기도 했다. 아르헨티나의 주부들 Amas de Casa del País이라는 이름으로 알려진 한 단체는 높은 생계비를 고발하고, 구매 거부 운동을 지원했으며, 신자유주의적 경제 정책에 항의하기 위한 자발적인 소등 시위를 주도하기도 했다. 이러한 민중의 집단적 저항 운동은 군부독재를 약화시켰고 1983년 문민정부로 복귀를 위한 조직적 토대가 되었다.

점점 커지는 국내의 저항과 대외적 압력에 직면하여, 군부는 전통적으로 페론주의가 사용했던 민족주의와 반제국주의라는 포퓰리즘적인 주제들을 이용해 국민들의 시선을 돌리려고 했다. 국부를 팔아먹던 독재정권에 대한 국민들의 저항을 분쇄하는 데 골몰했던 군인들이, 이제는 갑자기 480km 떨어진 남대서양에 있는 말비나스 제도(포클랜드로 알려져 있다)를 점령하여 영국의 식민주의에 맞서 아르헨티나의 국가적 존엄을 지키려 한 것이다.

이 공격은 아르헨티나 군의 일련의 엄청난 계산 착오에서 초래되었다. 첫번째로, 영국이 섬을 되찾기 위해서 전쟁을 감행하지는 않을 것이라고 예상했던 것이다. 그러나 세계 강국으로서 위치를 잃는 것에 예민해 있던 영국은 국가적 위신을 위해 싸우기로 결정했다. 또한 아르헨티나는 미국의 입장을 오판했다. 아르헨티나 군부는 자신들이 중아메리카에서 미국의 불법적이고 은밀한 개입을 지지했기 때문에 미국이 이 갈등에서 중립적인 입장을 고수할 것이라 믿었던 것이다. 이와 반대로 미국은 초기에는 평화협상이 이루어지도록 중재했지만 곧 영국을 적극적으로 지지했다.

아르헨티나에게 이 전쟁은 재앙이었다. 철저하게 굴욕을 당하고 위신이 떨어진 군부는 전례 없는 정치·경제적 위기에 봉착하게 되었다. 불가피하게 군부는 문민정부에게 정권을 넘겨줄 수밖에 없었다. 아르헨티나의 악몽 같던 9년간의 군부통치는 인권 운동에서 대중적 지지를 얻었던 라울 알폰신의 압도적인 승리로 1983년 가을에 끝이 났다.

알폰신은 먼저 '아우스트랄 계획'Plan Austral을 도입하여 1985년 1,200%까지 치솟았던 인플레이션을 공략했다. 이 계획은 임금과 물가 통제 계획을 확립했고, 페소를 새로운 화폐 단위인 아우스트랄로 대체했으며, 정부 지출을 삭감했다. 거의 하룻밤 사이에 통화는 안정됐고 인플레이션 비율은 25%로 떨어졌다. 급박한 위기가 해소되었음에도 불구하고 경제 문제는 여전했다. 아르헨티나의 산업 기반은 기술적으로 퇴행하고 있었고, 외채는 1980년대 후반 500억 달러를 넘어섰다. 또한 낮은 가격으로 고민거리였던 1차 수출품 시장에 여전히 의존적이었다. 1985년의 실업률은 최근 20년 동안 가장 높았다.

알폰신은 1970년대 이른바 '더러운 전쟁'이라고 불린 시기의 잔혹행위 혐의로 기소된 군부의 재판 문제와, 영국과의 전쟁이 준 좌절이라는 어려운 문제에 직면했다. 군부가 군 법정에서 군 관련자들을 재판하기를 거부하자 대통령은 사건을 민간 사법기관으로 이양하고 군부의 테러 행위를 조사하는 위원회를 구성했다. 위원회는 군이 8,971건의 실종에 책임이 있다는 것을 발견했다. 위원회는 고문, 납치 그리고 여타 범죄들을 기록했고, 이것들을 "우리 역사에서 가장 경악스럽고 야만적인 비극"이라고 명명했다. 이어진 재판에서 몇몇 장군들은 유죄 판결을 받아 장기 징역형을 선고받았다. 그러나 국민들의 엄청난 반발에도 불구하고 1987년 알폰신은 이른바 단순히 명령을 수행했을 뿐이라는 이유를 들어 인권탄압 혐의를 받고 있던 하급 군인들의 기소를 중단했다.

알폰신은 또한 1989년 1인당 총생산이 15% 이상 떨어진 전례 없는 규모의 경제위기와 맞닥뜨렸다. 이 위기를 헤쳐 나가기 위해 그는 수출을 밀어붙이고 긴축 조치들을 실행했다. 정부지출 감소와 임금 제한 등의 조치가 경제 부양에 필요한 외채 조달을 제공하기 위해 IMF가 내건 전제조건이었다. 1989년 봄이 되자 외채는 600억 달러에 달하게 되었다. 외채 상환은 연간 약 60억 달러를 갚아야 했는데 1988년 아르헨티나의 소득은 30억 달러 이하였다. 부족분은 신규 차관을 필요로 했고, 이는 대외 의존을 심화시킬 뿐이었다. 긴축 정책과 외채에 대한 충실한 상환은 경제 발전에 사용할 자본이 거의 없다는 것을 의미했다. 이러한 경제 정책은 일상적인 정전과 에너지 배급제 등 사회 기반시설의 낙후를 불러왔다.

이 상황은 일주일 동안의 전국적인 식료품 폭동을 촉발시켰다. 절박한 수천 명의 사람들이 슈퍼마켓에 떼로 몰려들어 계산대의 돈은 건드리지 않고 선반의 상품들만을 싹쓸이해 갔다. 정부는 전국에 걸쳐 비상사태를 선포하고 모든 시위와 파업을 금지하는 대응책을 내놓았다. 그러나 이 민중 폭동은 신자유주의와 공공연하게 연결된 정책들의 정치적 사망을 효과적으로 보여 주었다. 신뢰를 잃은 군부독재의 강압적인 권력이 없다면, 이러한 정책들은 아르헨티나의 새로운 민주주의와 서로 양립할 수 없는 것처럼 보였다. 그러나 이것들은 국제적 압력과 선거 부정을 통해 아르헨티나에서 10년 간 더 지속되었다.

멕시코의 신자유주의와 권위주의 체제, 1977~1994

브라질, 칠레, 아르헨티나에서 민주주의 체제가 폭력적인 군부독재에 의해 무너진 것과는 매우 다르게 멕시코는 안정적인 일당 권위주의 체제를 자랑했다. 이 체제는 포퓰리즘적 정책들을 실행하고 강력한 국가기구들을 만드는 과정을 통해 자신의 권위를 확고하게 만들었다. 베네수엘라처럼 멕시코도 주요 원유 수출국으로서 1975년 아랍 석유 파동으로 인한 유가 폭등의 이득을 봤다. 결과적으로 포퓰리즘이 몰락하면서 그 여파로 등장한 멕시코의 신자유주의적 사고는, 코노 수르Cono sur(남쪽의 원추형이라는 스페인어로 통상 남아메리카의 칠레, 아르헨티나, 우루과이를 지칭함—옮긴이) 지역에서 등장한 신자유주의와는 완전히 달랐다. 코노 수르 지역 역시 은밀한 더러운 전쟁, 정치적 부패 그리고 선거 부정에 크게 의존했음에도 불구하고 말이다. 신자유주의로의 이행은 1976년 12월 1일 대통령에 취임한 호세 로페스 포르티요José López Portillo로부터 시작됐다. 그는 더 이상의 대규모 토지 분배를 반대했고, 효율적으로 운영되는 사유지는 규모가 법적 한도를 초과하더라도 보호했다. 이렇게 해서 오랫동안 지속되어 온 지배 엘리트 위주의 정책을 계속했다. 한 멕시코 주간지의 표현을 따르면, "헌법은 끈으로 만든 샌들을 신은 이들이 아닌, 셔츠를 입고 넥타이를 맨 농민들을 보호하기 위한 것이었다."

외채, 위기, IMF 그리고 포퓰리즘의 몰락

멕시코의 경제 전망에 대한 커지는 낙관론 속에서 로페스 포르티요 대통령은 멕시코 동부 해안에 새로운 원유와 가스가 대규모로 매장되어 있다고 발표했다. 확인된 원유 매장 추정치는 1980년까지 2,000억 배럴로 꾸준히 증가했고 멕시코는 세계적인 주요 원유 생산국이 되었다. 사상 최고의 유가로 인해 경제 관료들은 국제수지 문제를 완화하고 성장에 필요한 수입품들을 구매하기 위해 원유와 가스 호황에 의존했다. 그러나 이에 따른 생산 확대는 석유화학 공장이나 제강 공장 같은 상대적으로 적은 일자리를 창출하고 비싼 자본재의 수입을 요하는 자본집약 산업에 집중되었다. 농업 분야에서도 주된 성장은 자본집약적이고 수출지향적인 기업식 영농에 집중되었다. 이 부문은 일자리를 거의 창출하지도 않았고 노동력과 농경지를 안정적인 식량 생산이 아닌 다른 곳으로 돌렸다. 실제로 주요 식량 생산은 1970년대에 감소했고, 1980년에 멕시코에서 소비되는 옥수수의 3분의 1이 미국에서 수입되었다.

원유 증산을 위해 필요한 장비와 기술을 수입하는 데 드는 고비용으로 인해 새로운 차관이 필요하게 되었다. 원유와 가스 수출에서 수입이 증가했음에도 불구하고 무역적자는 1977년 14억 달러에서 1979년 30억 달러로 꾸준히 증가했다. 인플레이션율도 다시 증가했다. 멕시코 노동자들은 1977년과 1979년 사이에 구매력의 20%를 상실했다. 이러한 부정적 징후에도 불구하고 외국 은행들은 1980년 100억 달러를 선금으로 주는 등더 많은 돈을 빌려주고 싶어하는 것처럼 보였다. 원유의 바다에 떠 있는 것처럼 보이는 나라의 신용을 누가 의심할 수 있겠는가?

원유 붐과 외채의 대규모 유입은 멕시코 정계의 익숙한 부패 문제를더 심화시켰다. 멕시코 시사지인 『프로세소』Proceso는 로페스 포르티요 정부가 공적 자금에서 유용하거나 횡령한 돈이 30억 달러에 달할 것으로 추산했다. 공적 자금의 많은 부분은 민간 건설업체들에게 돌아갔지만 "수십억 달러의 춤"은 곧 파국을 맞았다. 1981년 초반, 수요 감소와 원유생산 과잉으로 유가가 크게 떨어졌다. 외화 수익의 75%에 달했던 원유와 가스 수출 예상 수익은 1982년에 270억 달러에서 140억 달러 미만으로 떨어졌다. 부유층들은 멕시코 통화에 신뢰를 잃고 서둘러 달러를 구입하여 미국 은행에 예치했다. 1982년 2월 정부의 외환 보유고가 심각한 수준까지 감소하자 로페스 포르티요는 페소 가치가 60% 하락하는 것을 허용했다. 평가절하가 더 이뤄질 것이라는 공포는 달러 매입을 또다시 유발했다. 멕시코 산업에서 반드시 필요한 달러 부족 현상이 심화되면서 경기 침체와 실업 문제는 더욱 악화되었다.

수입 부품과 원자재를 구매하거나 달러로 계약된 차관을 갚는 데에 필요한 자금이 부족해짐에 따라 더 많은 기업들이 파산하고 폐업했다. 멕시코은행의 보유고가 고갈되자, 로페스 포르티요는 국가 경제가 붕괴되는 것을 막기 위해 외국계 은행을 제외한 모든 민간 은행의 국유화와 엄격한 외환 규제를 선언했다. 제도혁명당과 그 후견 조직들이 노동조합 및 진보 정당들과 함께 은행의 국유화를 지지했지만, 1938년 카르데나스의 석유 산업 국유화 이후로 멕시코 대통령이 취한 가장 극단적인 이 조치에 대해 민간 금융 부문은 격렬하게 반발했다.

집단주의나 사회주의 낌새를 보이는 포퓰리즘 정책들에 매우 거부감을 보이던 워싱턴에서도, 은행 국유화에 대해 예상한 만큼의 격렬한 적대감은 나타나지 않았다. 이는 아마 미국 관료들조차도 당시 상황에서 반드시 필요한 과정이라고 생각했기 때문이었던 것으로 보인다. 레이건 행정부의 가장 큰 관심사는 미국의 세번째 규모의 무역 상대국인 멕시코가 채무불이행 상태에 빠지지 않게 하는 것이었다. 멕시코의 채무불이행은 국제금융 시스템을 파괴하고, 멕시코 외채의 약 3분의 1에 해당하는 258억 달러를 빌려 준 미국 은행들을 붕괴시킬 것이기 때문이었다. 그럼에도 불구하고, 미국 관료들은 외채 위기를 막기 위해 단기 차관을 제공하는 구제

조치에 대해 협상하는 과정에서 멕시코의 경제적 취약점을 이용했다. 외국 투자에 대한 산업 개방, 국영 기업들의 매각, 대외무역의 보호관세 축소, 해외 직접투자의 제한 폐지 등을 요구한 것이다. 이 계획에 따라 미국은 특히 멕시코의 경상계정 문제 해결을 위해 29억 달러의 원조를 제공했다. 또한 7개월 동안 외국 은행에 대한 원금 상환이 동결되었으며 최종 39억 달러에 달하는 차관을 IMF가 제공했다. 이 차관을 통해 멕시코에 상업적인 신규 은행차관이 제공되기 시작했다. IMF 차관에는 물론 통상적인 신자유주의적 조건들이 걸려 있었다. 즉 멕시코는 국가 보조금 축소와 임금 인상 제한, 그리고 빈곤층에 타격을 입힐 수밖에 없는 특정 긴축 정책들을 받아들여야 했다.

제도혁명당이 후계자로 지명한 하버드 출신 경제학자 미겔 데 라 마드리드Miguel de la Madrid는 취임하기도 전에 IMF가 처방한 강력한 재정 처방에 대해 찬성 입장을 나타냈다. 이렇게 정치적으로 받아들이기 쉽지 않은 처방에는 가솔린과 천연가스 가격을 각각 100%와 50% 인상하고 신발부터 텔레비전까지 소비성 품목에 대한 보조금 지급과 가격 통제를 없애는 내용도 포함되었다. 또한 수출을 촉진하기 위해 페소 가치를 다시 절하하는 방안도 있었다. 그러나 이는 수입 비용을 높였고 원리금 상환의 부담을 증가시켰다. 또한 이미 빈곤해진 국민들에게 더 큰 짐을 지우는 것이었다. 위기에 대한 이러한 해결책은 본질적으로 기존의 부채에 새로운 부채를 더한 꼴이었다. 850억 달러에 달하는 막대한 외채를 멕시코가 상환할 수 있을 것이라는, 혹은 대규모 부채 탕감 없이 외채 규모를 상당히 줄일 수 있을 것이라는 최소한의 전망도 불가능했다. 구제 조치가 실행된 지 4년 후인 1986년 부채액이 1,000억 달러에 달했고 부채 문제는 어느 때보다도 더욱 해결불능 상태가 되었다.

이렇게 멕시코는 심각하고도 다면적인 위기에 직면했다. 이는 본질적으로 카르데나스가 제도화하고 그의 후임자들이 지속한 포퓰리즘적인 수입대체 발전 모델의 위기였다. 이 모델은 주요 산업의 국가 소유, 민간 기업에 대한 보호와 보조금, 그리고 사회복지 제공, 식료품 가격 보조, 토지개혁 등의 재분배 정책에 의존했다. 이는 또한 일당 국가 체제가 포용과 억압 정책을 번갈아 사용하면서 동요하는 노동계층, 농민, 지식인들을 묶어 두는 것을 필요로 했다. 그러나 1980년대 초, 숨 막히는 외채에 의해 막다른 골목에 다다른 이 모델은 성장을 위한 가능성들을 완전히 상실하게 되었다.

부정 선거, 마킬라도라 그리고 나프타(NAFTA)

이 위기에 봉착하여 멕시코의 엘리트 계층 중 지배 세력은 내수 시장을 포기하고 공산품의 수출 및 세계 경제, 특히 미국과의 통합을 선호하는 새로운 신자유주의적 개발 모델을 선택했다. 데 라 마드리드의 경제 계획은 새로운 경제 질서로의 공식적인 이행을 나타냈다. 이 방향으로 나아가는 데 있어 두 가지 중요한 단계는 1986년 관세를 낮추고 무역 쿼터 같은 제한을 없애는 GATT에 멕시코가 서명한 것과, 미국과 일본의 압력으로 해외 투자법을 자유화한 것이었다. IMF가 강제하고 멕시코의 부유한 엘리트들이 받아들인 신자유주의적 처방은 브라질, 칠레, 아르헨티나의 군부독재 같이 멕시코의 일당 권위주의 체제가 민중의 독자적인 정치 참여를 막았기 때문에 정치적으로 가능했다.

그러나 신자유주의적 계획이 완전히 적용되기 시작한 것은 1988년 역사적인 대통령 선거 이후였다. 이 선거에서는 제도혁명당의 후보였던 또 다른 하버드 출신 경제전문가 카를로스 살리나스 데 고르타리Carlos

Salinas de Gortari와 전 대통령이자 국민적 영웅인 라사로 카르데나스의 아들인 쿠아우테목 카르데나스Cuauhtémoc Cárdenas가 맞붙었다. 카르데나스의 포퓰리즘적 프로그램에는 정치 부패와 부정 선거의 종식, 외채 상환 중지, 채권 은행 및 정부들과의 부채 재협상, 혼합 경제, 그리고 에히도 농업 부문에 대한 정부 보조 등이 포함되어 있었다. 그의 입후보는 1934년 그의 아버지가 당선되었던 선거 이후 유례가 없던 대중적인 열광과 동원을 불러일으켰다.

대부분의 정치 분석가들은 선거에서 실제로는 카르데나스가 승리했지만, 제도혁명당이 득표수를 집계했기 때문에 살리나스가 1,900만 표 중에서 50.1%의 득표율로 당선되었다고 믿고 있다. 수천 명이 멕시코시티에서 행진하는 등의 대중적 시위에도 불구하고 살리나스는 대통령에 취임했고, 남아 있던 770개 국영 기업 거의 대부분의 민영화에 즉시 착수했다. 광산, 제당공장, 5성급 호텔 체인, 국영 보험회사를 비롯한 멕시코의 가장 우수한 자산들 중 일부를 폭탄세일로 내놓았다. 그가 두 개의 국영 항공사, 국영 철강회사들, 석유화학산업의 70%, 멕시코 전화회사Teléfonos de México 등을 매각했는데, 이들 중 오직 일부만이 적자를 보면서 비효율적으로 운영되고 있었다. 또한 많은 회사들이 시장가격에 훨씬 못 미치는 가격에 팔렸다. 민영화 과정은 광범위한 정리해고, 임금 삭감 그리고 외국 자본이 급속하게 멕시코 산업을 잠식하게 되는 결과를 초래했다. 이런 외국 자본의 침투는 멕시코 기업에 대한 지분 소유를 49%로 제한했던 법률이 폐지됨에 따라 용이해졌다. 살리나스는 공개 시장에서 주식을 팔아 '대중적 자본주의'를 촉진하려는 시도도 없이, 국영 기업들을 동일한 소규모 집단과 이미 멕시코 경제의 대부분을 좌지우지하던 이들의 외국인 파트너들에게 팔아 버렸다. "정실 자본주의가 현 정부의 스타일인 것으로 보인다"라는 지적도 있었다.

대부분의 관세 장벽을 없애면서 국내의 많은 중소기업들이 무너졌고 민영화에 의해 촉발된 멕시코 기업의 탈국적화가 심화되었다. 이런 움직임은 최근의 멕시코 통치자들 중 일부가 경제적 독립을 위한 투쟁을 포기하려는 일반적인 경향을 반영한다. 이 경제적 독립은 멕시코혁명, 라사로 카르데나스 그리고 이후의 민족주의적인 대통령들이 추구했던 국가 운영의 주요 목표였다. 1986년부터 멕시코 소비재 시장을 외국 제품들이 차지하게 된 것은 매우 분명했다. "이탈리아산 파스타와 다이어트 콜라부터 유럽산 쿠키와 이탈리아산 로퍼^{loafer}까지 지금 모든 것을 살 수 있다. …… 많은 경우에 멕시코 제조업체들은 폐업했는데 이는 수입제품이 질이 더 좋고 저렴했기 때문이다."

경제적 독립을 포기하기로 한 결정은, 미국 기업들이 멕시코 쪽 국경 지역에서 부품을 생산, 조립, 수출하는 공장을 세우도록 한 마킬라도라^{maquiladora} 프로그램을 멕시코 정부가 장려한 것에서도 잘 드러난다. 이 프로그램은 부품과 기계류의 무관세 유입과 전적으로 미국인이 소유하는 공장을 허용했다. 미국의 관세 법규는 완성품에 대해 상품 자체의 가치가 아닌 노동의 가치를 기준으로 세금을 매겨서 미국에 반입되도록 했다. 저임금의 매력은 (1일 평균 3.75달러에서 4.5달러 사이) 마킬라도라 공장의 폭발적인 성장을 불러일으켰고, 1982년 455개의 공장에 13여만 명이었던 노동자 숫자가 1998년에는 2,000개의 공장에 60여만 명으로 성장했다. 이 중 3분의 2는 여성이었다. 이 공장들에서 노동자들은 미국 시장에 내다 팔 텔레비전, 라디오, 컴퓨터 하드웨어 등을 조립했다.

이런 공장에는 많은 경우 노동조합이 존재하지 않았고, 몇몇 공장에서는 정부가 통제하는 조합들이 노동자들을 대표했다. 이 조합들은 고용주들에게 저임금을 유지하고 멕시코연방 노동법에 명시된 근로기준에 미달하는 '보호 계약'을 통상적으로 제시했다. 이들 미국 기업에서 다수인 남성 감독자들은 대부분 가난하고 교육받지 못한 여성 노동자들을 일상적으로 성폭행, 성추행, 성차별했다. 1998년 미국 노동부 보고에 따르면 출산 전후의 휴가를 보장하는 멕시코 법률에 따르는 비용을 줄이기 위해 이 기업들은 임신한 구직자들을 걸러내고, 여성 피고용인들에게 피임약을 복용하도록 강제했으며 생리주기를 체크했다. 덧붙여 그들은 종종 여성 근로자들에게 정기적인 소변검사를 강제했고, 임신 여성들을 무작위로 해고하거나 자진 퇴직 혹은 유산을 이끌어내기 위해 육체적으로 고된 업무에 배정했다. 게다가 시카고대학의 사회학자인 레슬리 샐징어Leslie Salzinger에 따르면, 매년 열리는 '마킬라도라 아가씨' 미인 선발대회로 대표되는 이러한 '공장 생활의 성性화'는 노동자들의 연대를 저해했고 여성에 대한 폭력 범죄가 치솟는 결과를 가져왔다.

그럼에도 불구하고 멕시코 관료들은 이 프로그램이 멕시코의 높은 실업률을 완화시켰다며 옹호했다. 그러나 많은 공장들이 건강과 안전 문제가 만연한 열악한 노동 착취 작업장이었기 때문에, 미국 국경지역의 임금을 불가피하게 억누름으로써 국경 양쪽의 빈곤을 제도화하는 경향이 있었다. 미국의 노동조합들은 수만 개의 일자리 손실과 추가적인 피해를 두려워했다. 환경주의자들과 보건 전문가들은, 독성물질들을 대기와 물로 자유롭게 배출하고 위험한 폐기물의 적절한 처리법을 일상적으로 무시하는 충격적일 만큼 열악한 마킬라도라의 환경과 건강 상황에 대해 비판의 목소리를 높였다. 미국 의료협회는 마킬라도라가 국경에 "사실상 시궁창"을 만들었다고 선언했다.

국가의 규제에 대한 신자유주의의 공격은 특히 여성에게 영향을 주었다. 민영화는 남성을 위한 비교적 고임금의 일자리를 없애 버렸고, 여성들은 가정 밖에서 임금 노동자 혹은 더 빈번하게는 주로 '비공식적 부문'에서 노점상으로서 가계 수입을 보충해야 하는 부담을 떠안게 되었다. 여성들이 더 유순하고 저임금을 잘 받아들인다고 판단했기 때문에 마킬라도라는 주로 여성 노동자들을 채용했다. 그 결과 1970년에서 1993년 사이여성 노동자는 총 노동력의 17.6%에서 33%로 두 배 가까이 늘었다. 그러나 최근 연구에 따르면 여성 노동자의 40%는 최저임금보다 낮은 임금을받았으며, 60%는 추가 혜택을 받지 못했다. 게다가 44%는 파트타임(일주일에 35시간 이하)으로 일했으며, 54% 이상이 길거리나 영세 사업장에서일하는 자영업자였다.

1993년 12월 미국과 멕시코 상원이 승인한 북미자유무역협정NAFTA은 이 모든 경제적·사회적·환경적 문제들을 더 악화시켰다. 북미자유무역협정은 캐나다, 미국, 멕시코 사이의 관세를 15년간 철폐했고 투자 자본이국경을 자유롭게 넘나들 수 있도록 허용했다. 이것은 외국인 투자자들로하여금 멕시코의 저임금을 이용하기 위해 사업체를 멕시코로 옮길 만한충분한 금전적인 동기를 제공했다. 비엔나경제조사기구Economic Research Institute of Vienna에 따르면 1993년 멕시코의 임금은 시간당 평균 2.35달러로, 미국의 17.02달러, 일본의 16.16달러, 독일의 25.94달러와 비교하여 엄청나게 낮았다. 그러나 북미자유무역협정은 미국의 영농기업과 경쟁이 불가능한 멕시코의 에히도ejido 농업 분야에도 전례 없는 위기를 초래했다. 이협정은 미국산 옥수수의 자유로운 수입을 허용했고, 전체 옥수수 생산자의 45%를 차지하던 에히도 구성원들을 파멸시켰다. 게다가 미국 영농업자들은 멕시코 경쟁자들보다 더 낮은 가격에 팔 수 있도록 여전히 다양한정부 보조금을 받고 있었다.

1992년 헌법 27조의 개정으로 에히도 제도는 존재 자체가 위협받게 되었다. 이 개정은 에히도를 개인 토지로 분할하는 것을 허용했고 임대, 판매, 국내외 협력자와의 공동 경작을 허용했다. 에히도 토지의 임대 조항은 이전에도 행해지던 관행을 입법화한 것이었지만, 많은 가난한 에히도 구성원들은 현금의 유혹으로 자신들의 땅을 매각했다. 다른 이들은 은행의 담보 압류로 땅을 잃었다. 차츰 금융과 자본의 동원이 더 손쉬운 회사들이 농촌의 생산성 높은 땅 대부분을 매입하게 되었다.

북미자유무역협정과 농지개혁으로 인해 땅을 저버린 수십만의 농민들은 어디로 갔을까? 많은 이들은 과밀한 도시로 나가 실업자나 불완전 고용 취업자가 되었다. 다른 이들은 국경의 마킬라도라나, 미국 시장에 내다 팔 과일이나 채소를 키우는 농장에서 저임금 일자리를 잡았다. 많은 이들은 미국으로 가서 농업, 가사, 영세 기업, 요식 산업에 종사하는 불법 노동력 시장에 편입되었다. 이들은 수백만 명에 달하고 1년에 20만 명에서 30만 명씩 늘어나고 있다. 저임금 및 밀입국자로서 강제 추방에 대한 약점이 있는 이들 노동자들은 고용주들에게 큰 이익을 주었고 조직 노동을 약화시켰다.

만연한 빈곤과 억압에도 불구하고 제도혁명당의 획일적인 정치 통제와 신자유주의적 경제 계획에 대해 이렇다 할 정치적 반발은 거의 없었다. 이런 상황은 제도혁명당이 전통적인 데스타페destape(후보자 공개. 멕시코 정치사에서 대통령 후보는 전임 대통령의 낙점에 의해 결정되는 경우가 많음—옮긴이)를 통해, 부정으로 점철된 1988년 선거를 총괄했던 루이스 도날도 콜로시오Luis Donaldo Colosio를 대통령 후보로 결정하면서 변화하기 시작한다. 이후 벌어진 일련의 극적인 사건들이 멕시코의 평온한 일상을 흔들었고, 집권당의 공고한 권력 장악과 내부 결속에 의문이 제기되었다.

1994년 새해 첫날 수천 명의 자칭 '사파티스타민족해방군'Ejército Zapatista de Liberación Nacional, EZLN이 이끄는 봉기가 마야 인들이 많이 거주하며 가장 빈곤한 지역 중 하나인 남부 치아파스에서 발발했다. 봉기는 북미자유무역협정과 그 자유무역 프로그램이 원주민들에게는 "사망 진단서"라고 선언하고 원주민 공동체들의 자치, 헌법 27조의 수정안 폐지, 그리고 공정선거를 포함한 광범위한 정치·경제 개혁을 요구했다. 이들은 1만 4,000명의 멕시코 군이 마을 폭격, 즉결처형, 용의자 고문 등의 억압적 수단을 통해 반격하여 라칸돈Lacandon 우림 지역으로 후퇴할 때까지, 산 크리스토발 데 라스 카사스San Cristóbal de las Casas라는 산악 도시를 장악했다.

지역의 비극적 역사를 반영하는 몇몇 특징과 함께 치아파스의 문제는 멕시코 농촌의 전형이었다. 1910년의 멕시코혁명은 실제로 치아파스까지 도달하지 못했고, 결과적으로 그곳에는 농지개혁이 한 번도 없었다. 대토지 소유자들이 아직도 40%의 토지를 소유하고 있으며, 63%의 농민들은 2.5에이커 이하의 작은 경작지를 가지고 있었다. 위기와 정부와의 대립으로 대담해진 농민들은 토지를 요구했고 정부의 조치를 기다리지 않고 약 10만 에이커의 농지를 점거했다. 이는 대토지 소유자들이 조직한 준군사집단들과의 무장 충돌을 초래했다.

심각하게 부식된 토양, 살리나스 행정부의 융자와 보조금 삭감 그리고 세계 커피 가격의 붕괴는 농민 문제를 더욱 심각하게 만들었다. 경제학자인 호세 루이스 칼바José Luis Calva에 의하면 치아파스 지역에서 터진 '시한폭탄'은 정부의 구조조정 계획과, 값싼 미국산 옥수수 수입의 대폭 증가로 이어진 공식적인 자유무역 정책에서 비롯된 것이었다. 그의 견해에 의하면 공동체적 에히도 제도를 위협한 헌법 27조의 수정이 위기를 "폭발시켰던" 것이다.

치아파스 위기는, 콜로시오의 충격적인 암살로 눈에 띄게 커진 불화를 드러내면서 제도혁명당과 살리나스 정권에 심각한 타격을 입혔다. 살리나스가 미국에서 교육받은 경제 전문가인 에르네스토 세디요 폰세 데 레온Ernesto Zedillo Ponce de León을 제도혁명당의 새 대통령 후보로 신속하게 지명했음에도 불구하고, 국민 대다수는 정당한 선거를 기대하지 않았다. 많은 국민들은 세디요가 의회를 계속 장악하고 대통령 직위를 보장하기 위해 필요한 '매직 넘버'였던 50.08%의 득표를 넘어 승리했다는 발표를 믿지 않았다. 쿠아우테목 카르데나스가 이끄는 야당은 "엄청난 사기"라고 비난하며 투표자 명부보다 투표자 수가 더 많은 6,000개 이상의 투표소를 적발했다. 알 수 없는 숫자의 사람들이 투표자 명부에서 사라졌고, 독립적인 감시단체인 시민연대Alianza cívica, AC는 전국 투표소의 65%에서 명부가 조작되었음을 발견했다.

정권의 비적법성으로 인한 위기의 한 가운데서 치아파스의 사파티스타들은 라칸돈 밀림에서 "우리의 공공의 적"인 제도혁명당을 제외한 모든 정치단체들을 포함하여 '시민사회'의 모든 부문을 초대하여 전국민주회의Convención Nacional Democrático를 개최했다. 에밀리아노 사파타와 판초 비야에 의해 소집된 1914년 혁명회의를 모델로 삼은 이 회의는 활동 범위를 확장하려는 사파티스타들의 결정을 반영한 것이었다. 이들은 새로운 헌법을 만들어 나가는 과정에서 무장투쟁에 부속된 활동으로서 선거 전술을 발전시키고자 했다.

결과적으로 세디요는 산더미 같은 문제에 직면했다. 치아파스 지역에서 군의 교착상태는 지속됐지만, 이미 만연한 통제 불능 상태는 점점 악화되고 있었다. 그동안 원주민들과 메스티소 농민들은 치아파스의 각 지역에 네 개의 자치구역을 설정했다. 그들은 통행로를 막았고, 연방 정부와 주당국에 세금과 전기요금 납부를 거부했으며, 지역의 제도혁명당 관료들을 내쫓았다. 사파티스타 지도부는 이 지역들을 '혁명 지역'으로 선언했다. 토지 장악 공세가 계속되었고, 100여 명이 넘는 부유한 지주들이 자신들이 겪고 있는 곤경에 대해 관심을 유발하기 위해 멕시코시티에서 단식투쟁을 하는 진풍경이 연출되기도 했다. 세디요는 저항 세력과의 타협과 무력 진압 중 하나를 선택해야만 했다. 제도혁명당의 관점에서 보면 두 가지 선택 모두 위험한 결과를 초래할 수 있었다.

멕시코의 여론은 여론조사와 시위에서 나타났듯이 치아파스 농민들의 정당한 불만을 고려한 평화적 해결을 선호했다. 그러나 제도혁명당의 강경파와 외국인 투자자들은 무력을 통한 해결을 요구했다. 체이스맨해튼은행의 고문인 리오르단 로에트Riordan Roett에 의해 작성되어 정보지에 입수된 1995년 1월 보고서는 "정부가 국토를 효과적으로 통제하고 있고 탄탄한 안보 정책을 유지하고 있다는 것을 [투자 주체들에게] 보여 주기 위해서는 사파티스타를 제거해야 할 것이다"라고 경고했다. 이렇게 사파티스타의 제거를 요구하는 것과 더불어 보고서는 "제도혁명당이 집권하는데 실패하면 집권당이 분열될 위험이 있기 때문에", 세디요 행정부에게 "투표함에서 정당하게 승리한 야당의 승리를 허용할 것인지 여부에 대하여 신중하게 고민하라"라고 경고하기도 했다.

이러한 두 가지 대립적인 압력에 직면하여 세디요는 처음에는 타협점을 찾으려 했다. 그러나 1995년 2월 9일 멕시코시티와 베라크루스에서 사파티스타의 무기 저장고가 발견됐다는 구실로 세디요는 탱크와 중화기로 무장한 수천 명의 군인을 저항군이 장악한 지역에 파견하고 지도부를 체포하라는 지시를 내렸다. 저항군은 수천 명의 지지자들과 함께 과테말라 국경의 밀림 지역으로 도주했다. 정부의 행동은 멕시코시티에서 거의 10

만 명이 시위를 벌이는 등 국민들의 분노를 일깨웠다. 멕시코시티에서 벌어진 시위로 세디요는 군사 작전을 멈출 수밖에 없었다. 제도혁명당의 독점적 권력에 의존했던 10년간의 신자유주의 정책들이 사실상 권위주의 체제의 정당성을 무너뜨린 민중적 저항을 불러일으킨 것이었다. 이는 새로운 민주주의의 시작을 가져왔고, 멕시코의 신자유주의 동맹 세력들은 제도혁명당과 전통적인 권위주의 관습에 대한 의존에서 다소 벗어나야 했다. 이 과정에서 그들은 아르헨티나, 브라질, 페루에서 했던 것처럼 정치 권력을 지속하기 위해서 새로운 선거 전략을 만들어 내야 했다.

니카라과에서 외세의 개입과 민주주의의 전복

외세의 개입은 브라질, 칠레, 아르헨티나, 멕시코의 경우 신자유주의 발전에 있어 늘 폭넓은 역할을 해왔으나 니카라과에서는 1990년 이행기의 결정적인 특징이었다. 국제적 경제 요인과 미국의 외교 정책은 니카라과의 민주적인 대통령 선거가 진행되는 사회적·경제적·정치적 조건을 형성하는 데 있어 결정적인 역할을 담당했다. 이 과정에서 그들은 니카라과 국민들의 자주적인 의지를 전복했다.

'저강도' 분쟁과 민주주의의 불안정

1986년 말 역설적이게도 산디니스타 혁명에 반대했던 외부 세력에 균열이 생기기 시작했다. 미 의회 선거는 레이건 대통령에게 참패를 안겨줬다. 레이건 행정부는 이란에 무기를 판매했고 이 자금을 스위스 은행 비밀 계좌를 통해 콘트라 반군에게 불법적으로 전용했다는 폭로로 또 다시 큰 타격을 입었다. 마약 밀수에 CIA가 연루되었음이 새롭게 드러나면서, 이 스캔들은 레이건 대통령이 요청했던 콘트라 반군에 대한 추가 지원을 반대하는 세력들이 목소리를 키우는 계기가 되었다. 레이건 대통령의 임기가 끝날 무렵 의회는 행정부의 군사 원조안을 거부했고, 자금을 소위 인도적 지원에 제한하는 표결을 실시하였다.

이란-콘트라 스캔들과 그 파급효과로 새로운 평화협상을 위한 우호적인 분위기가 조성되었다. 니카라과 혁명 정부는 지지율을 떨어뜨리는 콘트라 반군과의 전쟁을 끝내기 위해, 1987년 중아메리카 5개국 정상이 합의한 지역평화협정의 일환으로 새로운 선거를 실시하려 했다. 주목할 만하게도 이 협정은 외세개입 금지, 정치범 석방 그리고 지역 내 모든 나라에서 정당한 민주선거 등을 요구했다.

1979년 독재자 아나스타시오 소모사 데바일레를 전복시킨 이후로 계속 통치해 온 산디니스타민족해방전선은, 1990년에 실시된 여러 선거에서 주로 미국의 자금지원을 받아 결성된 통합 야당과 싸웠다. 전국통합야당Unión Nacional Opositora, UNO은 이전의 소모사 추종세력부터 공산당까지 14개의 소규모 정당들로 구성된 예상 밖의 연대였다. 절대 다수의 외부 분석가들은 이 선거들이 자유롭고 공정하게 치러졌다고 보았지만, 날카로운 몇몇 분석가들은 선거가 "미국의 경제적·군사적 압력이라는 분위기 속에서" 치러졌음을 지적했다.

10여 년간 주로 미국이 지원하는 콘트라 반군과의 전쟁으로, 선거 직전 국가 경제는 거의 붕괴 일보 직전이었다. 1980년부터 구매력은 90%나 감소했고, 1988년부터 1인당 GDP는 거의 20%나 떨어졌다. 기초 식료품은 만성적인 부족에 시달려야 했고 인플레이션은 5,000% 이상 치솟았다. 외채 원금 상환액은 수출액의 62%를 차지했고 실업자는 혁명 직후만큼이나 증가했다. 이러한 총체적 난국에 직면한 산디니스타 정부는 빈곤에 지친 대다수 국민들에게 더 많은 고통을 안겨주게 될 별반 의미 없는 콤팍타시온compactación(구조조정) 프로그램에 어쩔 수 없이 응해야만 했다. 산디니스타민족해방전선에게 상황이 매우 불리했음에도 불구하고, 부시 행정부는 전국통합야당의 대선 후보인 비올레타 차모로Violeta Chamorro의 선거전에 수백만 달러를 투입하면서 선거에 불법 개입하였다. 결국 55%의 득표율로 비올레타 차모로가 대선에서 승리했다.

어떤 요인들이 전국통합야당의 승리에 기여했을까? 대부분의 분석가들은 선거 결과가 산디니스타의 사회 개혁에 대한 민중의 거부를 나타낸 것은 아니라는 데 의견을 일치했다. 그들은 전체적으로 산디니스타가 패배한 주요 요인은 콘트라 반군과의 전쟁과 처참한 경제상황이었다는 데 동의했다. 인구가 400만도 안 되는 나라에서 전쟁으로 6만 명이 사망했고, 2만 8천명이 부상을 당했으며, 수천 명이 납치되었다. 수년간의 전쟁으로 산디니스타들은 부족한 재원을 민중적인 사회계획에 사용하지 못하고 군사적 목적으로 사용해야 했다. 1990년까지 전쟁은 국가 예산의 절반 이상을 소모했다. 전국통합야당의 선거 운동 논리는 국민들의 전쟁에 대한 권태와 군 징집 반대에 집중되었는데 콘트라 반군과의 전쟁이 징집의 원인이라는 것은 언급하지 않았다. 전국통합야당은 또한 레이건 정부가 명백하게 국제법과 의회의 법률들을 위반하면서까지 거의 독단적으로 10년간이나 콘트라 반군을 지원했다는 사실을 언급하지 않았다. 전국통합야당의 선거 운동 홍보문구는 경제위기의 원인을 산디니스타 정부의 탓으로 돌렸다.

경제 봉쇄와 저강도 전쟁을 결합해 니카라과를 무릎 꿇게 하려던 워싱턴의 전략은 마침내 목표를 달성했다. 그러나 선거 직후 놀라운 일들이 벌어졌다. 차모로는 산디니스타군의 사령관이자 물러나는 대통령의 형제인 움베르토 오르테가Humberto Ortega 장군의 유임을 발표했는데 이는 미국 대외 정책의 고통스러운 실패였다. 게다가 그 다음으로 차모로 충성파들이 산디니스타민족해방전선 의원들과 연대해 의회 고위직을 선출했는데 여기에는 두 명의 산디니스타 의원들이 포함되었다. 차모로와 산디니스타민족해방전선의 일시적 동맹은 농지개혁을 담당하는 전략적인 직위를 포함하여 각료직에 세 명의 산디니스타들을 임명함으로써 확실해졌다. 『라틴아메리카 프레스』는 "이상한 사건의 뒤틀림 속에서, 1990년 차모로의 승리를 이끌었던 통합야당이 산디니스타와 자리를 바꾸어 지금은 스스로를 야당이라고 생각하고 있다"라고 언급했다. 차모로의 온건한 입장은 부시 행정부 관료들의 신경을 거슬렸고, 이들은 워싱턴의 승인을 받지 못한 각료를 임명하면 3억 달러에 달하는 지원금이 위태로워질 것이라고 경고했다.

차모로 정부는 그간의 정책들을 재빨리 재검토하고 노동자들의 수익성을 약화시킨 주기적인 평가절하, 주요 식료품의 가격 보조금 철폐 그리고 공무원들의 대규모 정리해고를 포함한 강도 높은 신자유주의적 긴축 정책을 도입하기 시작했다. 차모로는 또한 농지개혁과 1979년 산디니스타 혁명의 다른 사회적 성과들을 와해시키려고 했다. '안정화'를 목표로 했지만 이 정책은 내전으로 치달을 우려가 있는 정치·사회적 갈등을 유발했다. 산티니스타들은 "아래로부터의 통치"를 약속하며 정부 기관 안팎에서 계속 저항할 것을 다짐했다.

차모로의 신자유주의 정부와 산디니스타 노동조합 사이의 주요 갈등 가운데 첫번째는 산디니스타 노동조합의 승리로 끝났다. 10일 간의 총파업은 1990년 7월 10일 파업자들에 유리한 쪽으로 해결되었다. 이 때 타결된 협상안에는 임금 인상, 경제 정책에서 산디니스타 노동조합과 협의한다는 주요한 정치적 양보, 대규모 정리해고에서 공무원 보호 그리고 산디니스타 농지개혁 조치의 존속 등이 포함됐다. 산디니스타 개혁의 대부분을 와해시키려는 차모로 정부와, 산디니스타의 사회·경제적 성과를 지키려는 노동조합과의 지속적 투쟁에서 이 합의는 단지 휴전협정에 불과했다. 그럼에도 불구하고, 합의는 정부에게 외채와 미국의 원조를 통해 절망적인 경제위기에서 벗어날 수 있는 숨 돌릴 틈을 제공했다. 차모로 정부의 관료들은 "나라의 파국을 막기 위해서 자신들이 산디니스타들을 필요"로 한다는 것을 인정했다.

이 일시적 동맹을 지지했던 산디니스타들은 몇몇 패배뿐만 아니라 승리들도 지적했다. 산디니스타들은 많은 대규모 자산들이 전주인에게 되돌아 가는 것을 막지는 못했지만, 차모로의 지원을 통해 산디니스타 농지개혁을 완전히 무효로 하려던 전국통합야당의 계획을 막는 데에는 성공했다. 그들이 거의 대부분의 국영 기업들이 민영화되는 것을 막지 못했지만, 민영화된 기업의 25% 지분을 노동자들이 소유할 수 있는 권리를 보장하고 특정한 경우에 이 기업들의 소유권을 완전히 얻을 수 있는 조항을 포함시키는 데 성공했다.

그동안 차모로 정부는 자신들의 긴축적인 자유 시장 경제 정책과 민영화의 대가로, 워싱턴과 국제 금융사회가 망가진 경제 재건에 필요한 원조와 차관을 제공해 줄 것을 기대하고 있었다. 그러나 미국의 원조는 산디니스타가 아직 집권하고 있다고 주장하는 공화당 상원의원 제스 헴Jesse Helms의 반대 때문에 속도가 느렸고 액수도 제한적이었다. 외국의 원조와 차관을 합친 액수는 확실히 충분하지 않았다. 차모로 정부는 집권 2년 동안 7억 1,500만 달러의 원조와 9억 9,700만 달러의 차관을 제공받았지만, 같은 기간 110억 달러 이상의 외채 상환에 12억 달러와 원유 수입에 4억

5,600만 달러를 지출했다.

1990년대까지 신자유주의는 라틴아메리카를 덮친 개발 위기에 대해 항구적인 해결책을 주지 못했다. 게다가 신자유주의가 미국의 개입과 권위주의 정권에 의존하고 있었기 때문에 신자유주의적인 정책들이 대중의 지지를 얻기는 쉽지 않았다. 점차 신자유주의 지지자들은 민주적인 선거 제도의 회복과 확대를 요구하기 위해 반독재 민중 세력과 결합하기 시작했다. 그렇더라도, 신자유주의적 처방이 인기가 없다는 것을 알고 있던 신자유주의자들은 경제 정책을 대중적인 정치 토론의 대상으로 삼지 않으려고 했다. 또한 그들은 민주적 참여를 제도적으로 제한하는 것을 지지했고, 선거 후에 보여 주는 신자유주의 정책들과는 모순되게 선거 시기에는 일상적으로 포퓰리즘적인 태도를 취했다.

21장 _ 신자유주의를 넘어서기:
기만 선거 그리고 시장 독재에 대한 민중의 저항

1990년대 들어 라틴아메리카에서 독재와 여러 권위주의 체제에 대항하여
나타난 민중의 정치적 동원은 이런 정치 제도들이 갖고 있던 힘을 효과적
으로 약화시켰다. 이로써 민주적인 정치 제도를 온전히 발전시키기 위한
기반이 공고해졌다. 그러나 이런 정치 변화가 시작되자마자 신자유주의에
서 이득을 보던 신자유주의적인 정치인들은, 새로운 정치환경 하에서 성

이 장의 핵심 문제

- 브라질에서 콜로르(Collor)와 카르도주(Cardoso)의 선거공약은 무엇이었는가? 그
  리고 이것들과 각자가 시행한 정부 정책은 어떤 차이가 있는가?
- 아르헨티나에서 카를로스 메넴의 대통령 선거공약과 이후의 정부 정책은 브라질의
  경우와 어떻게 비교 혹은 대조되는가?
- 알베르토 후지모리의 선거공약과 정부 정책은 메넴과 카르도주의 것과 유사한가, 아
  니면 차이가 있는가?
- 아우구스토 피노체트의 길고 잔혹했던 군부독재는 1990년 이후 칠레의 민주화 과정
  을 어떻게 제약했는가?
- 멕시코에서 기만 선거는 신자유주의 정책을 어떻게 유지시켰는가?
- 볼리비아와 에콰도르에서 기만 선거는 신자유주의를 경험하는 데 어떤 역할을 수행
  했는가?
- 쿠바는 1990년대 경제위기에 어떻게 대응했고, 경제위기는 쿠바 국민들의 삶에 어떤
  영향을 주었는가?
- '분홍 물결'은 무엇이고, 분홍 물결은 이러한 선거 '기만들'과, 기만 선거가 가능하게
  했던 신자유주의 정책들에 대한 민중적 사회 운동의 대응을 어떻게 반영하는가?

공하기 위해 자신들의 정책을 선거 포퓰리즘의 애매모호한 언어로 위장해야 한다는 것을 알게 되었다. 라틴아메리카 전역에 걸쳐 신자유주의적 후보들은 자신들의 와인을 포퓰리즘적인 병에 담았고, 이런 기만 선거는 단기적으로는 매우 성공적이었다. 그러나 장기적으로는 민중민주주의를 비판했던 미국 출신의 구베르뇌르 모리스Gouverneur Morris가 2세기 전에 예측한 바 있는 부정적인 결과를 낳았다. 귀족이었던 그는 민주주의를 "중우정치"와 동일시하면서, 민주주의하에서 "부유한 사람들"은 기만을 통해서만 자기 재산을 지킬 수 있다고 주장했다. 그러나 그는 매 선거 때마다 "그들이 민중을 속여서 선거에서 이길 수는 있지만 곧 민중들의 신뢰를 잃게 되는" 상황을 두려워했다. "이렇게 선거라는 게 정책을 공약하고 이를 배신하는 과정이라면 귀족정치는 이제 불가능하다." 사실상 모리스는 민주주의에서 "귀족 계층"이 자신의 권력과 재산을 지키기 위해서 "배신"이 필요하다는 것을 인정했던 것이다. 그러나 그는 "민중"이 곧 이러한 기만적인 지도자들에 대한 신뢰를 거두고, 재산의 힘을 억누르기 위해 다수라는 힘을 사용할 것이라는 점을 예측했다.

이와 비슷하게 신자유주의가 초기에 선거에서 승리한 것은 주로 거짓 공약 덕분이었다. 이 거짓 공약은 대외종속을 강화하고 사회적 불평등을 더욱 악화시키는 매우 모순적인 정책으로 이어졌다. 예상대로 곧 새로운 민중적 사회 운동이 발생하여 신자유주의적 정책에 저항하고, 성장과 발전을 위해서는 국가가 시장의 영향력을 규제하는 중심적인 역할을 해야 한다고 주장했다. 국가 발전 모델 중에서 이들에게 영향을 끼쳤던 것은 쿠바의 경험이었다. 1990년대에 신자유주의 정책이 라틴아메리카 사회를 유린하는 동안, 쿠바는 사실상 하룻밤 사이에 모든 주요 무역 상대국들을 잃게 되면서 쿠바 나름의 특수한 위기를 겪었다. 그럼에도 불구하고, 민

1989~2000	'워싱턴 컨센서스'는 라틴아메리카에서 민영화, 수출보조금 삭감, 규제 철폐 등을 촉진.
1989	아르헨티나에서 메넴이 대선에서 승리했지만 신자유주의적인 정책을 펼침.
1990	소련과, 자본주의적인 발전에 대한 대안적인 사회주의 블록의 붕괴. 쿠바는 '특별한 시기'를 선언하고 제한적인 시장 개혁 실시. 브라질과 페루에서 포퓰리즘적 대통령이 선출되었지만 신자유주의적인 통치행태를 보임.
1995	코노 수르(Cono sur)지역의 역내 교역을 확대하기 위해 메르코수르가 만들어짐.
1998	베네수엘라에서 우고 차베스가 신자유주의 반대를 주장하며 대선에서 승리.
2000~2011	중국의 경제 성장으로 라틴아메리카의 종속성이 다각화되었지만 독립적인 국가개발은 위협을 받음.
2002	룰라가 신자유주의 반대를 주장하며 브라질 대선에서 승리. 아르헨티나 경제가 붕괴.
2003	아르헨티나에서 신자유주의를 비판하던 포퓰리스트인 네스토르 키르치네르가 대통령에 당선.
2006	룰라가 재선에 성공하고 브라질의 빈곤을 완화. 사회주의자인 미첼레 바첼레트가 칠레의 첫 여성대통령이 됨. 볼리비아에서 사회주의자인 에보 모랄레스가 대통령에 당선. 에콰도르에서 라파엘 코레아가 신자유주의 종식을 주장하며 대통령에 당선.
2007	아르헨티나에서 크리스티나 페르난데스 데 키르치네르가 자유선거를 통해 선출된 첫번째 여성 대통령이 됨.
2008	피델 카스트로가 공직에서 물러나고 동생 라울이 그 자리를 이음.
2010	지우마 호세프가 브라질의 첫 여성대통령으로 선출됨.
2011	오얀타 우말라의 당선으로 페루도 분홍 물결에 합류.

간 시장과 해외 투자가 보다 더 중요한 역할을 할 수 있도록 완화된 쿠바의 혁명적 국가 시스템은 자신의 규제적 책무^{regulatory responsibilities}를 계속 유지했다. 1990년대 말에 들어서 쿠바의 지도자들은 자부심을 가지고 자신들의 성취를 자랑했다. 라틴아메리카 전역에 기아, 무주택, 문맹, 불평등 그리고 의료체계 부족이 만연해 있었지만, 쿠바에서는 이런 현상이 비교적 드물었다.

이른바 라틴아메리카의 '분홍 물결' 속에서 최근에 당선된 지도자들은 쿠바의 많은 정책에 동의하지 않았지만 쿠바의 사회·경제적 성과에 대해서는 경의를 표했다. 베네수엘라, 브라질, 아르헨티나, 우루과이, 칠레, 볼리비아, 에콰도르 그리고 니카라과에서 민주적으로 선출된 정부들은 모두 쿠바처럼 신자유주의에 반대하고, 지역 통합 및 시장의 영향력에 대한 국가의 규제를 통한 국가 발전을 지지했다.

흥미롭게도 세계 시장에 나타난 주요한 변화가 이러한 진보적이고 민족주의적인 개발 전략을 유발하고 강화했다. 21세기 초반 중국이 세계 경제 강국으로 등장하여, 이 지역에서 식민주의적인 앙금이나 지정학적 이해관계가 없이 전통적인 유럽과 미국 시장의 대안으로 자리잡은 것이다. 위키리크스가 공개한 미 대사관 비밀 전문에 따르면, 후진타오 주석은 "경제 개발에 대한 공동의 관심사"을 강조하기 위해 2008년 11월 이 지역을 두번째 순방했다. 그리고 "이미 전년 대비 49%가 증가할 정도로 급속하게 증가하고 있는 교역과 투자에 있어 유대관계의 토대를 이루고 있는 개발도상국 동반자로서의 가치관을 공유했다." 중국은 제조품 수출을 위한 신규 시장으로서 뿐만 아니라, 농업과 광물 자원 수출국으로서 라틴아메리카에 더 많은 관심을 기울였다.

지난 10년 동안 중국의 수요는 이 지역의 수출 가격을 상승시켰고,

2009년 경기 후퇴가 야기한 경제적 타격을 완화했다. 또한 값싼 수입품과 함께, 진보적인 민족주의 정부가 국내 인프라 구축에 재투자할 수 있는 잉여 자금을 가능하게 했다. 라틴아메리카는 제품 생산, 개발 인프라의 재원 마련, 더 많은 고용 창출, 그리고 국내 구매력 증진 등을 위해 지역의 자원들을 이용할 수 있도록 해주는 중국의 직간접적인 투자를 유인하고자 했다. 2009년 중국은 미주개발은행IDB에 가입하여 3억 5천만 달러를 기부했다. 1년 후 중국수출입은행은 라틴아메리카가 중국의 첨단 제품을 수입할 수 있도록 2억 달러의 신용 차관을 제공했다.

더욱이 중국의 지원은 미국과 유럽의 지원에 자주 관례적으로 부가되었던 정치적이고 이데올로기적인 조건들 없이 주어졌다. 사회학자인 애드리언 헌Adrian Hearn는 '워싱턴 컨센서스'와 달리 "베이징 컨센서스는 국가 주권의 보장과 국가협력state-coordinated 개발"을 제안했다고 주장했다. 따라서 쿠바에서 후 주석의 목표가 "사회주의에서 시장경제로의 변화를 포함하여 중국의 경제적 상황을 소개하는 것"이라고 할지라도, 중국의 한 대표자는 미 대사관 관리들에게 "중국은 쿠바의 국정에 개입하는 것처럼 보일 수 있는 제안들을 삼갈 것"이라고 말했다. 멕시코의 경제계 요인들과 정부 지도자들과의 오찬에서 시진핑 부총리는 라틴아메리카와 중국 사이의 관계를 라틴아메리카와 미국 및 유럽과의 관계와 보다 솔직하게 대조시켰다. "우리 일에 손가락질밖에 하는 일이 없는 몇몇 배부른 외국인들이 있다". 그러나 "중국은 먼저, 혁명을 수출하지 않고, 두번째 빈곤과 기아를 수출하지 않으며, 셋째 당신들을 곤란하게 하지 않겠다." 이러한 메시지는 한 세기 동안 미국이 지원한 쿠데타와 불안정화 프로그램을 기억하고 있는 라틴아메리카 인들에게 호소력이 있었다.

그럼에도 불구하고, 중국 시장이 주는 이점에도 잠재적인 위험들은 있었다. 특히 중국 정부 당국자에 따르면 라틴아메리카의 진보적인 민족주의 정부들은 "도로, 철도 그리고 항만에 대한 장기 투자를 선호했다." 이와는 대조적으로 중국은 "쉽게 이윤을 창출할 수 있는" 채굴 자원을 선호했다. 더욱이 중국의 경공업 제품 수출은 아르헨티나, 브라질, 멕시코에서 만든 비슷한 제품들과 경쟁했다. 중국현대국제관계연구소Chinese Institute of Contemporary International Relations 소장인 우훙잉Wu Honghying에 따르면, 이들 국가들은 "반덤핑과 여타 불공정행위에 대해 중국을 WTO에 제소했다. 아마도 멕시코와 페루는 중국 시장이 주는 잠재적인 난점을 보여 주는 가장 좋은 사례였다. 멕시코의 경우 주요 원자재 수출국가가 아니었기 때문에, 중국과의 교역에서 일상적으로 엄청난 무역 적자를 겪었다. 다른 한편, 페루는 중국과 늘 무역 흑자를 유지했지만 주로 구리 같은 원자재 수출에 의존했다. 이런 상황은 페루의 역사적 종속성을 다시 강화했고, 경제 성장이 지속되었지만 의미 있는 개발은 없었다.

그럼에도 불구하고 2000년 이래로 중국 시장의 성장은 개발 기회들을 제공했고, 이는 분홍 물결의 강화로 이어졌다. 분홍 물결의 지도자들은 군부독재에 저항하면서 젊은 시절을 보냈지만 성년이 되자 시장의 독재에 맞닥뜨렸다. 그러나 우호적인 국제환경이 없었음에도 20년전에 라틴아메리카 민중 운동은 군부독재에 저항했고, 군부독재는 문민 통치, 선거 포퓰리즘, 그리고 신자유주의 정책의 제도화로 이행을 시작했다.

브라질에서의 기만 선거

독재에서 형식적 민주주의로 이행하는 과정에서 브라질은 일찍 선거 포퓰리즘과 신자유주의적 거버넌스를 경험했다. 깜짝 놀랄 만한 1988년 지방선거 결과와 몇달 후 2,000만 명의 노동자를 동원한 총파업은, 근 30년 만에 처음으로 대통령 선출을 위한 보통선거를 준비하고 있었던 지배 엘리트들과 그들의 정치 지도자들에게 경종을 울렸다. 새롭게 만들어진 민주적인 환경으로 인해 신자유주의 주창자들은 긴축 경제와 민영화라는 인기 없는 자유 시장 처방을 수용하도록 국민들을 설득할 수 있는 포퓰리즘적이고 카리스마를 지닌 대선 후보를 내세워야 했다.

포퓰리즘적 선거의 병에 담긴 신자유주의라는 와인, 1990~2002

말쑥한 스포츠맨이자 부유한 가문 출신의 운동선수인 페르난두 콜로르지 멜루Fernando Collor de Mello가 그런 후보자였다. 국가의 공공연한 부패와 비효율성을 신랄히 비판하는 그의 선거 운동은 비대한 관료 체제의 축소, 외자 도입, 자유 시장 경제의 제도화 등의 공약에 집중했다. 콜로르는 포퓰리즘적인 경향과 자신의 강경한 자유 시장 노선을 반영하는 정책들을 결합시켰지만, 기본적으로는 경제적 상환 능력을 확보하기 위해 IMF가 처방한 가장 전통적인 수단을 따르고 있었다. 정부 지출과 서비스의 축소, 임금과 물가의 연동(변화하는 물가 수준에 임금을 맞춰 조정하는 것) 금지, 기업차원을 제외한 단체교섭 금지, 그리고 국영 기업의 민영화가 주요 추진 정책이었다. 인플레이션 억제를 위한 은행 예금의 동결은 예상했던 효과를 가져왔지만, 반대로 심각한 부정적인 결과를 낳기도 했다. 1990년에 들어서 산업 생산이 25% 곤두박질쳤고, 정리해고가 전국적으로 30만 명을 족히 넘어섰다. 판매량 감소와 월 6%에 달하는 이자율에 발목이 잡힌 많은 회사들은 파산 신청을 했고, 거의 50만 명의 노동자가 직장을 잃었다.

한편, 브라질의 토지문제는 해결책 없이 그대로 남아 있었다. 아마존은 불법적으로 땅을 확보하는 대지주들과, 가족을 부양하기에는 너무나 작은 땅뙈기를 가진 농민들 사이의 폭력적 충돌의 장으로 변모하고 있었다. 강탈과 착취에 저항했던 농민들은 협박, 괴롭힘 그리고 죽임을 당했다. 청부살인업자agências de pistolagem들이 많은 지역에서 활동하고 있었고, 소작농을 대상으로 하는 경우 600달러부터 당선된 공직자의 경우 4,000달러까지 차등 요금을 받고 청부 살인을 저질렀다. 남부 파라Pará 주에서는 지역 운동가 172명을 살해했다. 파라 주의 히우마리아Río Maria 지역의 한 판사는 이러한 살인에 대해 "그들은 단지 농민일 뿐이었어요"라고 놀라움을 표했다. 콜로르 정부는 농민 지도자들을 보호하거나 암살범을 처벌하려는 거의 아무런 조치도 취하지 않았다. 콜로르의 정책은 임금, 고용 그리고 생활수준에 파괴적인 영향을 미쳤고, 이에 대응해 많은 노조가 파업에 돌입해 몇몇 경우에는 고용주와 정부로부터 양보를 얻어 내기도 했다. 대통령령에 대한 입법부와 사법부의 저항에서 드러났듯이 콜로르의 인기는 하락했고, 개인 차원의 엄청난 부정부패 혐의 속에서 콜로르 정부가 갑작스럽게 붕괴했다. 의회는 조사를 통해 콜로르와 동료들이 공공 자금과 뇌물로 최소 3,200만 달러를 축재했음을 밝혀 냈다. 그러나 이 액수는 관련 총액의 일부일 뿐이라고 생각되었다. 수개월에 걸친 조사와 폭로 그리고 법적 조치 후에 반부패 공약을 내세웠던 콜로르는 탄핵 재판 회부를 위한 의회의 투표 직전에 사임했다.

기만 선거와 민중의 저항

콜로르의 사임에 이어, 그의 부통령이었으며 원래는 국영 기업의 민영화를 포함한 콜로르의 신자유주의적인 시장 개혁에 반대해 왔던 이타마르 프랑쿠Itamar Franco가 콜로르의 민영화 프로그램을 계속하고 외채 상환을 이행하겠다고 발표했다. 그러나 프랑쿠는 콜로르의 "기만적인 근대화 프로그램"의 결과로 극빈층 국민들의 소득이 30% 줄었다고 주장하며 기아와 빈곤 퇴치에 우선순위를 두었다. 통치 엘리트들은 IMF, 외국인 투자자, 부르주아 계급이 열렬히 지지하는 신자유주의적 개혁 조치들을 하층 계급이 매우 싫어한다는 사실과, 따라서 조심스럽게 추진한다고 해도 이러한 개혁이 민주주의의 맥락에서는 현실화될 수 없다는 점을 겉보기에는 완전히 깨달은 것처럼 보였다.

이러한 정책의 현실화는 프랑쿠의 연합 내각을 구성하는 두 집단 사이에 새로운 논쟁을 촉발시켰다. 한 쪽은 사회 개혁을 옹호하면서 수백만 명의 극빈층이 '사회적 시한폭탄'을 형성하고 있는 상황에서 최우선 과제는 기아와 빈곤을 줄이기 위한 성장이라고 주장했다. 반대쪽에서는 신자유주의적 경제 개혁을 지지하고 정부지출 축소, 국영 기업 매각 그리고 조세 징수 개선을 통한 재정 안정을 우선시했다. 내각 내 '사회 분야'와 '경제 분야' 간의 갈등은 가끔 정부 목표에 대해 혼란스러운 신호를 보냈지만, 전반적으로는 신자유주의적 경향이 우세했다. 프랑쿠는 저명한 사회학자인 페르난두 엥히키 카르도주Fernando Henrique Cardoso를 지명하여 경제 개혁 팀을 이끌게 했다. 카르도주는 적자 축소, 예산 감축, 세제 개혁, 외국인 투자 촉진, 그리고 원유, 광산, 정보 통신 등 민감한 분야에서 국영 기업의 민영화 같은 프로그램에 치중했다.

그러나 카르도주의 프로그램은 긴축과 민영화에 반대하는 진보 세력과, 많은 부채를 연방 정부에 상환해야 했던 주 정부들의 강력한 반대에 직면했다. 이는 곧 1994년 선거에서 정치적 논쟁의 중심 주제가 되었는데, 이 선거는 대통령, 상원의 3분의 2, 하원, 27개 전체 주지사 그리고 주 의회 의원을 뽑는 브라질 역사상 가장 큰 규모의 선거였다. 브라질 역사상 처음으로 유권자들은 수출과 해외 투자에 기반을 둔 경제 성장이라는 신자유주의적인 이윤 일변도 모델과, 브라질의 엄청난 사회 문제의 해결을 지향하는 좀더 국가주의적이고 자주적인 발전 모델 중에서 하나를 선택할 수 있는 기회를 가졌다. 군부독재에 저항했던 자동차 공장 노동자이자 노동조합원인 노동자당PT의 지도자인 룰라 다 실바는 후자를 옹호하며 농지 개혁 실시, 실업 문제 해결, 농업 생산 증대, 건강과 교육현실 개선 등의 공약을 반복하면서 쉬지 않고 전국적인 선거 운동을 하였다.

그러나 룰라의 주된 경쟁자는 자신을 (룰라의 "유토피아적인 좌파"에 대조되는) "실행 가능한 좌파"라고 소개하는 저명한 학자인 카르도주였다. 이는 점점 더 좌파로 기우는 브라질의 유권자들의 성향을 반영하였다. 카르도주의 비장의 무기는 새로운 경제안정 계획인 '헤알 계획'Plano Real 이었다. 이 재정긴축 계획 하에서 1994년 월간 인플레이션 비율이 6월의 50%에서 7월의 6.1%로 떨어졌다. 이를 통해, 카르도주는 과거 두 달 간격으로 임금을 재조정해 왔지만 곧 걷잡을 수 없는 물가 상승으로 임금 가치의 상당 부분을 상실했던 노동자 계급의 지지를 기대했다. 카르도주의 계획은 전면적인 사회 개혁에 관한 포퓰리즘적 약속과 사회주의자들의 승리에 대한 과두층의 두려움과 합쳐져, 그의 승리를 결정적으로 가능하게 했다.

1995년 취임하면서 카르도주는 믿기 힘든 문제들에 직면했다. 그 해 첫 5개월 동안 수출이 155억 달러라는 사상 최고치에 달할 정도로 브라질 경제가 강력하게 성장한 것은 사실이다. 그러나 이 수출은 주로 콩 가공물, 커피 원두, 철광석 등의 원자재와, 신발과 자동차 부품 등 시장 수요의 변동에 극도로 민감한 몇몇 제품들로 구성돼 있었다. 게다가 대부분 고도로 기계화된 기업농에 의해 생산되었기 때문에 이러한 수출액의 증가는 승수효과乘數效果가 적거나 거의 없었다. 따라서 높은 실업률은 지속되었고,

경제활동 인구의 30%에서 60%를 차지하는 것으로 간주되던 '비공식 부문'이 급격하게 증가했다. 카르도주의 균형 예산 및 '헤알 계획' 프로그램은 물가 상승이라는 괴물은 길들였지만, 다른 경제·사회 문제들은 여전히 매우 위협적인 요소로 남아 있었다.

1997년 가을의 아시아 금융위기는 세계 경제 변화에 대한 브라질의 특수한 취약성을 다시 한 번 드러내 보이며 브라질의 주식 시장을 공황상태에 빠지게 했고, 헤알화에 대한 투기적인 공격을 촉발시켰다. 헤알화의 평가절하를 막는 동시에 브라질의 재정 적자를 막아주고 있었던 외자를 계속적으로 유치하기 위해 카르도주는 이자율을 40%로 두 배 인상했다. 또한 GDP의 2.5%에 해당하는 177억 달러를 절약하기 위해 지출을 절감하고 세수를 늘리는 긴축 프로그램을 발표했다. 1998년 가을의 재선을 앞두고 카르도주는 이러한 가혹한 예산 삭감에서 사회적 지출을 보호하려 했지만 예산 삭감은 브라질을 극심한 불황에 빠뜨렸다. 산업 생산과 실업률은 계속 상승했고, 특히 산업 중심지인 상파울루에서 1997년 공식적인 실업률 지표조차 17%로 집계되었다.

또 다른 주요 사회 문제는 극도로 불평등한 토지 분배였다. 3% 미만의 인구가 경작가능 토지의 거의 60%를 소유하고 있었고, 그 중 62%는 경작되지도 사람이 거주하지도 않았다. 반면 500만 농민 가구는 토지를 소유하지 못했고 생필품을 사기 위한 어떠한 소득 수단도 갖고 있지 못했다. 카르도주는 "우리가 농지개혁을 필요로 한다"는 점을 알고는 있었지만, 75%가 유휴지인 토지를 (적절한 보상과 함께) 수용할 수 있도록 하는 1993년 제정된 법률을 신속하게 집행하지 못했다. 그 결과, 가톨릭 교회의 원조 하에 약 42,000세대의 무토지 가구들이 모여 무토지농민운동Movimento dos Trabalhadores Sem-Terras, MST이라는 단체를 결성하였다. 무토지농민운동은 직접 행동을 통해 경작되지 않은 토지를 점거하고자 했고, 얼마 후 '불법 점거자' 공동체를 형성하여 14만 가구가 토지를 이용할 수 있게 했다. 또한 추가로 28만 가구가 땅을 가질 수 있도록 카르도주 정부를 압박했다.

그러나 이러한 민중의 승리는 무거운 대가로 돌아왔다. 경찰관과 고용된 폭력배들은 면죄부를 받고 불법 점거자들을 대량으로 학살했다. 한번은 이러한 모습이 온전히 텔레비전 카메라에 잡히기도 하였다. 그러나 국제적인 항의에도 불구하고 누구도 체포된 적도 없었고, 하물며 법정에 서거나 유죄 판결을 선고 받는 일은 더더욱 없었다. 카르도주는 폭력을 개탄하긴 했지만 무토지농민운동을 "민주주의에 대한 위협"으로 간주하고 비난했다. 이로써 군부독재의 역사적 기억이 아직도 엄청난 그림자로 브라질의 '자유 제도들'를 뒤덮고 있다는 사실이 드러났다. 카르도주의 미묘한 언급을 잘 이해할 수 있도록 한 지주단체의 지부장은 보다 직설적으로 말했다. 즉 만일 정부가 무토지농민운동의 활동을 제압하지 못한다면, "우리는 쿠데타를 반복할 수도 있다"라고 대담하게 선언했다.

만연한 빈곤은 신자유주의 정책이 해결하지 못한 또 다른 문제였다. 정부의 수치에 따르면 빈곤층 숫자는 1979년 5,090만 명에서 1989년 6,470만 명으로 꾸준하게 증가했고, 1990년에는 전체 인구의 거의 절반에 육박하는 6,980만 명으로 10%나 급증했다. 게다가 브라질 인구의 21%인 3,200만 명의 사람들은 극빈층이었다. 비록 '헤알 계획'이 인플레이션을 제거하면서 빈곤층은 1993년 42%에서 1995년 34%로 감소했지만, 그 후 7년간 지속적인 경제 성장에도 불구하고 불안할 정도로 높은 34%가 유지되었다.

이 빈곤층의 60%는 되풀이되는 가뭄으로 작물과 일자리가 사라졌을 뿐 아니라 물 부족으로 대규모 콜레라 전염 위협에 노출되어 있던 북동부 지역에 살고 있었다. 인류학자인 낸시 쉐퍼-휴즈Nancy Scheper-Hughes는 한때 통제되고 있다고 여겨졌던 장티푸스, 폐결핵, 나병, 림프절 페스트와 같은 질병들이 1980년대에 걸쳐 북동부 중심으로 다시 출현하고 있다고 지적했다. 그녀는 이러한 질병들이 "무질서한 발전"에 기인한 질병이라고 부르면서, "이촌향도를 초래하는 사회적 관계, 실업, 파벨라favela(빈민가), 문맹, 영양실조" 등이 그 원인임을 밝혀 냈다. 그녀는 이 지역이 "전통적이고 반半봉건적인 구조를 지닌, 국가 형성의 과도기적 단계에 있다"고 평가했다. 전통적이고 반봉건적인 구조에는 "강력한 플랜테이션 농장주들로 구성된 라티푼디움 소유 계층과 그들에게 의존하는 많은 사람들이 만들어 낸, 지역의 정치적 보스coroneis 제도라는 유산"이 포함된다고 말했다. 나아가 그녀는 문민 정권과 군부 정권 모두에게 환멸을 느꼈던 한 공장 여성 노동자의 말을 인용했다. "우리는 국민들을 돌봐 줄 정부를 필요로 해요. 그러나 그런 정부란 존재하지 않는다고 생각하기 시작했습니다. 이 또한 또 다른 사기거든요."

북동부와 아마존은 현대 브라질을 특징짓는 '무질서한 발전'의 가장 극단적인 모습을 보여 주었다. 그러나 위기는 이 지역들뿐만 아니라 브라질 전체를 휩쓸었다. 그중에서도 임금 노동 현장에서 더 많은 부담을 짊어져야 했던 도시 여성에게 특히 영향을 끼쳤다. 그들은 저임금 노동에 종사했고, 거기에 덧붙여 의료, 교육, 보육 등의 공공 서비스가 축소됨에 따라 그에 비례해서 가사에 대한 책임도 늘어났다. 이러한 위기는 민주적으로 선출되어 1985년부터 집권한 문민 정권하에서 실제로 더 첨예해졌다. 이 정권들은 신뢰를 잃었던 군부 통치자들보다 더 열성적으로 신자유주의적인 경제 정책과 종속 자본주의 발전 모델을 추종했다. 공식적인 지표에 따르면 빈부간 소득 격차가 점차 확대되었다. 브라질의 1991년 센서스에 따르면 소득 하위 10%를 차지하는 계층은 부의 1% 미만을 차지하고 있었고, 반면에 상위 10%가 부의 49%를 차지했다.

민중 저항과 국가 주도 발전, 2002~2008

그러나 '무질서한 발전'은 노동자총연맹Central Única dos Trabalhadores, CUT을 비롯한 노동조합, 환경 단체, 그리고 무토지농민운동MST 같은 사회적 저항 운동의 강력한 반대가 없었다면 계속해서 더 많은 문제를 야기했을 것이다. 이 모든 조직들은 최악의 신자유주의에 맞서 민중의 이익을 보호하려 했다. 빈민가 출신으로 브라질 최초의 상원의원이자 저명한 아프리카계 브라질 여성운동가인 베네지타 다 시우바Benedita da Silva는 "라틴아메리카 국가들 중에서 신자유주의적 모델에 가장 저항했던 국가는 아마 브라질일 겁니다. 그리고 우리의 노동조합들이 이 저항의 중심에 있습니다"라고 자랑스럽게 말한 바 있다.

이 사회적 저항 세력들은 비록 정치적으로는 분열되어 있었지만 정치적 논쟁의 윤곽에 영향을 미쳤다. 카르도주조차도 자신이 진보적이고 민족주의적이라고 주장하면서, 자신의 정책을 민중들의 이익과 일치시키려 했다. 그는 자신이 실시한 정부 서비스의 민영화가 결코 브라질 발전에 있어 국가의 역할을 없애려고 한 것이 아니라, 단지 그 기능을 "생산자 국가" producer state에서 "규제 국가"로 바꾸려한 것일 뿐이라고 주장했다. 그는 국가의 사회적 프로그램이 "필수적인데, 그 이유는 시장이 빈곤의 문제를 해결할 것이라고 기대할 수 없기 때문이다"라고 인정한 바 있다. 이렇게 신자유주의적이고 시장 중심적인 정책과 국가가 지원하는 사회적 서비스를 혼합하고 있기 때문에 카르도주의 정치적 경쟁자들이 그를 공격하기가 쉽지 않았고, 카르도주는 1998년 가을 50%가 약간 넘는 득표율로 재선에 성공했다.

카르도주는 거의 10년 동안 브라질 경제를 세계 시장에 통합시키려고 했고, 이 과정에서 IMF가 지지하는 신자유주의적 개혁을 채택했다. 또한 약간의 사회적 프로그램을 운영하기 위해 수출, 외국인 투자, 민영화 그리고 해외 차관의 지속적인 확대에 의존했다. 이는 1997년부터 평균 2%의 경제 성장을 이끌어 냈지만 브라질 경제의 대외 의존도를 높이는 결과를 낳았다. 수출 이익금의 일부분인 채무 원리금 상환은 1993년 26%에서 점차 늘어나기 시작하여 1999년에는 무려 122%에 달했다. 그러나 보다 비참한 것은 소득 불평등이 라틴아메리카에서 가장 높았고 빈곤 역시 계속 높은 수치를 기록했다는 사실이다. 이런 기록에도 불구하고, 카르도주는 포퓰리즘적 수사와 야당의 분열로 잇단 승리를 거둘 수 있었다.

그러나 카르도주는 행운을 그의 후임자에게 넘길 수 없었다. 2002년에는 인접한 아르헨티나 경제의 붕괴, 미국 자본 시장에서 불확실성의 증가, 그리고 전반적인 세계 시장의 불황 등으로 해외 투자와 브라질산 제품에 대한 수요가 감소했다. 경제가 진퇴양난에 빠지고 팔 수 있는 자원이 별로 남지 않게 되자, 2,450억 달러에 달하는 엄청난 공채public debt를 갚고 경제 성장을 다시 추동할 여력이 없었다. 또한 더 많은 평등을 바라는 민중의 요구를 만족시킬 수도 없었다. 2002년 대통령 선거에서 국민들은 베테랑 대통령 후보이자 진보적인 노동자당의 지도자인 룰라 다 실바를 압도적으로 선택했다. 그는 "현재의 경제 모델과 단절"하고 "민영화 프로그램을 유예하거나 재검토하겠다"고 약속했다. 룰라는 스스로를 보다 성숙하고 노련한 후보라고 소개했지만 기존 합의들을 비판하고, "강요를 받아들이지 않고 국익보호라는 관점에서 협상을 통해 새로운 합의들을 도출하겠다"고 약속했다.

대통령 임기 동안 룰라는 "모든 국민이 매일 하루 세 끼 식사를, 그 누구의 기부도 받지 않고 인간적으로 먹을 수 있는 환경을 만들겠다"고 다짐했다. 대통령이 특히 해결하고자 한 것은 신자유주의 시기 동안 더욱 악화된 빈곤과 소득 불평등이었다. 룰라는 "브라질은 더 이상 이러한 불평등 속에 살 수 없다. 우리는 기아, 절망 그리고 사회적 배제를 극복해야 한다"고 주장했다. 이를 위해서 룰라 정부는 국가가 재정을 지원한 사회적 프로그램인 '볼사 파밀리아'Bolsa Familia와 '포미 제루'Fome Zero를 만들어 빈곤을 줄이고 기아를 없애려고 했다. 2010년에는 자식들을 규칙적으로 학교에 보내고 적절한 전문 의료 서비스를 받게 한다는 조건하에 약 1,290만 가구(5,200만 명)가 볼사 파밀리아를 통해 정부 보조금을 받았다. 이를 통해 극빈층 가정의 연소득이 두 배로 늘었고, 빈곤율이 22%에서 7%로 감소했다.

국민 절대 다수를 위한 발전이 목표였지만, 연평균 5%의 안정적인 경제 성장과 대외 의존율 축소가 이 목표를 달성하기 위한 기본적인 수단이었다. 첫번째 임기 동안 전통적인 정치적 동맹 세력의 신랄한 비판에도 불구하고 룰라 정부는 긴축 예산, 물가 안정 그리고 적극적인 수출 전략을 추구함으로써 2008년에는 1,800억 달러에 달할 만큼 상당한 양의 외환을 비축했다. 그리고 정부는 이 자금을 이용하여 IMF 외채를 청산하고 신자유주의 시대에 부과된 재정적인 제약에서 벗어났다. 2006년 60%의 득표율로 재선에 성공한 직후, 룰라는 400만 개 이상의 새로운 일자리를 창출한 운송, 에너지, 주거, 위생 시설 등의 사회기반시설 투자와 사회 복지 프로그램이 모두 확대되었다고 자랑스럽게 발표했다. 1970년대의 도시 게릴라였던 지우마 호세프Dilma Rousseff가 수석 장관으로서 관장했던 룰라의 성장촉진프로그램Programa de Aceleração de Crescimento, PAC은, 궁핍한 내륙 농촌과 도시 빈민가의 발전을 위한 다양한 프로젝트에 5,000억 달러를 투자했다.

룰라의 진보적이고 민족주의적인 정부는 또한 사회경제적 불평등이 국가 발전에 지속적으로 걸림돌이 되고 있음을 직시했다. 따라서 브라질 정부는 인종 차별이라는 암묵적인 역사에 정면으로 부딪치고자 했다. 1억 8,700만 명의 인구 중 46%가 흑인이었지만, 그들은 정부, 교육 그리고 경제에서 적절하게 대표되지 못하고 있었다. 브라질흑인여성연합Articulação de Mulheres Negras Brasileiras을 비롯한 사회 운동 단체들은 이 같은 슬픈 현실을 해결하도록 압박을 가했고, 룰라는 고등교육과 정부 채용에 있어서 차별철폐 조치를 지지했다. 또한 그는 마리아 다 펭냐Maria da Penha 법안에 서명함으로써 가정폭력에서 여성을 보호하도록 했으며, 여성정책특별위원회Secretaria Especial de Polĩcas para as Mulheres와 인종평등촉진특별위원회 Secretaria Especial de Polĩcas de Promoção da Igualdade Racial를 설치했다.

정부 세수를 엄청나게 감소시켰던 2009년의 세계 경제 후퇴의 여파에도 불구하고, 불가리아 이주 1세대의 딸이자 브라질의 첫번째 여성 대통령으로 선출된 지우마 호세프 대통령은 전임 룰라 대통령이 80%의 지지율을 받을 수 있었던 정책들을 지속했다. 재정 위기를 타개하기 위해 호세프 대통령은 외국인 투자에 대해 세율을 인상했고, 정부 지출에서 전체 300억 달러 이상의 과감한 축소를 발표했다. 그러나 국가 인프라와 볼사 파밀리아 같은 사회적 프로그램들에 대한 국가의 투자를 유지했다. 볼사 파밀리아의 예산은 12억 6천만 달러로 거의 20% 확대되었다. 지우마 호세프 대통령은 또한 여성과 유아 건강 관리를 위해 57억 달러 예산으로 헤지 세고냐Rede Cegonha라는 신규 프로그램을 시작했다. 그녀는 룰라 시기 동안 이미 60% 인상된 최저임금을 올렸다. 기본 인프라를 발전시키고 2014

그리스의 희곡 작가인 에우리피데스(Euripides)는 "사랑이 증오가 되었을 때, 분노는 연인들의 사랑 보다 더 심각하고 더 쉽게 사라지지 않는다"고 썼다. 이 카툰은 브라질과 중국 사이의 새로운 경제적 로맨스에서 이러한 모순들을 포착한다. 중국은 브라질이 2009년 경제위기에서 재빠르게 회복하도록 해 주었지만, 이제는 브라질의 자립적인 장기 산업 발전을 위협하고 있다.

년 월드컵과 2016년 올림픽을 준비하기 위해 국가가 재정을 지원하는 사업들이 진행되면서, 실업률은 6.4%라는 기록적인 수치로 급격하게 떨어졌다.

더욱이 2011년 초 호세프 대통령은 전년 대비 브라질의 대두 생산량을 3배 늘리는 데 필요한 재원을 위해 중국과 70억 달러에 달하는 협정을 맺었다. 이것은 브라질과 중국의 '전략적인 동반자 관계'를 반영했다. 이러한 관계는 그 동안 룰라 정부가 중국과 진행했던 2010~2014년 공동행동계획Joint Plan of Action for 2010~2014 협상의 결과물이다. 그러나 호세프는 또한 중국에 고부가 제조 완제품을 수출하는 것을 권장했다. 외국인 투자일반에 대한 정부의 관점과 중국과의 특수한 관계에 대한 명확한 언급 속에서 브라질의 법무장관은 "어느 것도 투자를 가로막지 않는다. 그러나 규제될 것이다"라고 주장했다.

규제되지 않은 시장의 의지에 맹목적으로 복종했던 시기 이후에도, 브라질의 미래는 여전히 불투명했다. 그러나 단 한 가지 결론만은 피할 수 없었다. 즉 룰라를 대통령으로 만들고 브라질의 첫번째 여성 대통령을 가능하게 했던 민중의 정치적 동원이 남아메리카 남부의 큰 국가에서 매우 차별적인 발전 과정을 위한 밑그림을 그렸다는 사실이다.

아르헨티나의 선거 포퓰리즘

브라질 사례에 기반하여 아르헨티나의 군부독재자들은 신자유주의적인 의제를 시행하였고, 그 혜택은 주로 외국인 투자자와 부유하고 정치적으로 연고가 있는 국내 엘리트들에게 돌아갔다. 그러나 군부는 민중에 대한 지속적인 복지를 만들어 내는 데 실패함으로써 아르헨티나 사회의 광범위한 부문을 소외시켰다. 군부 지도자들은 1980년대의 경제위기와 말비나스 제도를 두고 벌인 영국과의 비극적인 전쟁으로, 민주적으로 선출된 문민정부를 받아들여야 했다. 그러나 이 정부는 여전히 군부에 종속되어 있었고 군부를 두려워했다.

메넴의 인생 역전, 1990~2000

페론주의 후보인 카를로스 사울 메넴Carlos Saúl Menem은 경제 붕괴에 직면하여 국부國富의 신자유주의적인 청산에 반대한다는 선거 운동을 벌였다. 페론주의자들이 지배하는 강력한 노동조합들을 포함해 그의 지지자들은 전례 없는 사회·경제적 위기를 야기한 정책들의 폐기를 당연히 기대했다.

그러나 예상 밖의 아주 놀라운 일이 벌어졌다. 로널드 레이건, 마거릿 대처Margaret Thatcher 그리고 아우구스토 피노체트를 존경한다고 고백한 그는 기존 정책을 보다 강력하게 시행하는 것이 이 위기에 대한 유일한 해결방안이라고 확신했다. 따라서 신자유주의 프로그램을 선택하고 자신의 당이 전통적으로 추구해 왔던 경제·정치적인 입장을 포기했다.

먼저, 메넴의 내각에는 번지 앤 본Bunge and Born 같은 강력한 다국적기업들의 많은 거대 기업인들이 포함되었다. 번지 앤 본은 페론주의자들이 전통적으로 불신해 왔던 농업 과두층과 결탁되어 있었다. 그는 또한 국영기업들의 민영화와 수천 명의 공무원 해고, 그리고 이듬해 정부의 사회적 지출을 수십 억 달러 삭감하는 내용의 프로그램을 발표했다. 이 프로그램은 1976년에서 1983년 사이 가혹한 군부 통치 기간 동안 실패했던 정책들을 보다 확대 심화시킨 것이었다.

민영화 과정은 엄청나게 서둘러 진행되었으며 분명히 거대 경제 집단들에게 우호적이었다. 통신회사인 엔텔Entel과 아르헨티나항공Aerolineas Argentinas이라는 수익성 있는 두 개의 국영 기업을 '재고 정리' 같은 방식으로 민영화한 것이 이 과정의 전형적인 경우였다.『월스트리트저널』은 이 두 기업의 민영화가 "주주들의 처분이라기보다는 공격적인 기업 합병 같았다"면서, "아르헨티나항공과 엔텔 모두 기업 순자산의 일부에 불과한 가격에 팔리고 있다"고 평가했다. 1993년 7월에는 자산 평가가 74억 달러에 달하고 예상 수익이 50억 달러인, 국가 자산의 보석과도 같은 원유회사인 '야시미엔토스 페트롤리페로스 피스칼레스'Yacimientos Petrolíferos Fiscales의 입찰이 시작됐다. 라틴아메리카의 산유국 가운데 '전략적' 자산으로 간주되는 국가의 원유 독점권을 팔아 버린 것은 아르헨티나가 유일했다.

자유 시장 경제를 향한 메넴의 '충격 요법'은 저항을 유발했다. 한때 열렬한 지지자였던 페론주의 노동조합은 친메넴파와 반메넴파로 나뉘었고, 이에 따라 발생한 몇 차례의 파업에 대해 메넴은 주동자를 해고하고 법이나 대통령령으로 파업권을 축소하는 방식으로 대응했다. 노동 운동은 한때 강력했지만 메넴의 정책에 대해서는 여러 가지 요인들로 인해 효과적인 대응을 하지 못했다. 육체 노동자 규모의 감소, 그리고 노동 계급의 투쟁성을 약화시키는 실직자와 불완전 고용자 수가 그 원인이었다. 페론주의 정당에 대한 노동계의 전통적 충성심, 그리고 정책이 무엇이든 간에 당에 협력하면서 국가 재정에 빌붙어 사는 페론주의 노조 간부들의 탐욕스러운 기회주의 또한 메넴에 대한 저항을 무력화했다.

메넴의 재정부 장관인 도밍고 카바요Domingo Cavallo는 인플레이션을 잡기 위해 '근본적인 반反인플레이션 충격 조치'를 실시했다. 이 조치는 아르헨티나 통화를 달러로 태환할 수 있도록 하고 중앙은행이 금이나 외화의 뒷받침 없이 추가적으로 통화량을 확대하는 것을 금지하는 내용이었다. 임금과 물가 안정을 확고히 하기 위해 카바요는 주로 건강, 교육, 복지 그리고 연금 분야의 공공 부문 일자리를 축소하는 방법을 통해 정부 예산을 60억 달러 감축하기로 했다. 정부의 관점에서 보면 카바요의 계획은 엄청난 성공이었다. 물가는 곤두박질쳤고 대신 주식 시장은 폭발적으로 증가했다. 그리고 부에노스아이레스의 금융가는 '아르헨티나의 기적'이 시작되었음을 축하했다. 미국과 IMF는 아르헨티나의 외채 210억 달러를 35년 넘게 차환해 주는 브래디 플랜Brady Plan을 승인하면서 메넴이 취한 정통적인 재정 정책을 보상해 주었다.

이 신자유주의 교리의 마지막 단계는 국민들의 소득불균형을 심화시켰고, 특히 여성 노동자들에게 많은 피해를 주었다. 몇 년 내에 실업률은 1993년 13.1%에서 1995년 17.4%로 치솟았고, 빈곤층 가정의 비율 역시 비슷하게 1993년 13%에서 1996년 20%로 증가했다. 메넴의 집권 동안, 높아진 남성 실업률과 떨어진 실질임금으로 줄어든 가계 소득을 보전하기 위해 여성들은 남성들보다 더 낮은 임금의 일자리를 구해야만 했다. 1992년 여성의 45.9%가 임금 노동자였으나 불과 3년 후에는 52%로 늘었다. 그러나 점점 더 많은 여성이 노동 시장에 진입했지만, 여성 실업률 또한 1992년 6.3%에서 1995년 20% 이상으로 상승했다.

이러한 신자유주의적 정책들은 가족 관계에도 중대한 영향을 미쳤다. 생계비의 대부분을 남성이 벌어 오는 가정의 숫자는 끊임없이 감소하여, 1980년 73%에서 1994년에는 65%를 기록했다. 1992년에서 1994년 사이에 이러한 추세가 강화되어 여성이 가장 역할을 하는 가정의 수가 62%나 증가했다. 이렇게 가정과 공적 부문에서 여성이 이중의 부담을 지게 됨으로써 전통적인 가족 기반은 약화됐다. 이혼율은 현저하게 상승했고 1980년부터 미혼모 가정은 93%가 증가했다. 1992년에서 1994년 사이에는 종전과 다른 형태의 가족의 수가 세 배로 늘어났다. 더구나 세계 시장의 끈질긴 압력으로 일하는 여성들의 노동환경은 더욱 악화되었다. 사회학자 로사 겔드스타인Rosa Geldstein은 신자유주의 정권하에서 여성들은 직장에서 더 심한 성차별을 받았으며, 휴식 시간과 빈도는 더욱 줄어들었고, 융통성이 없어지고 더 늘어난 노동 시간으로 인해 더 빠르게 일해야 했지만 더 낮은 임금을 받았다고 결론지었다.

메넴의 신자유주의가 남긴 또 다른 유산은 '신빈곤층'the new poor의 등장인데, 여기에는 한때 견실한 중산층이었던 사람들이 상당수 포함되어 있었다. 60세 이상의 아르헨티나 국민 가운데 거의 30%가 이 계층으로 전락했다. 낮은 국제 가격, 국내 시장의 침체, 그리고 높은 신용 비용의 결과로 인한 농업의 위기는 사태가 이렇게 흘러가는 데 일조했다. 게다가 보호

관세 폐지로 값싼 섬유와 여타 수입품이 대규모로 유입되면서 많은 영세 사업자들이 폐업해야 했다. 마지막으로, 교육과 여타 사회 복지 프로그램 예산에 대한 가혹한 삭감이 있었다. 이에 대해 아르헨티나의 사회과학자인 아틸리오 보론Atilio Borón은 다음과 같이 민주주의를 폄하했다. "사회적 약자와 빈곤층을 위한 의무는 없고 이들의 운명에 대한 관심 또한 전혀 없다. 이러한 민주주의는 권력층과 그들의 우호 계층을 보호하기 위해 불의를 조장하는 한편, 빈민가에는 정글의 법칙을 강요한다." 이런 고민은 더 나아가 다음과 같은 질문으로 이어졌다. "과연 이러한 종류의 민주주의가 선거에서의 잇단 지지를 통해서 자신의 입지를 굳힐 수 있을까?"

민주주의 혹은 시장의 독재, 2000~2012

그러나 1999년에 경제가 완전히 붕괴하면서 커져 가는 민중의 불만은 이러한 가능성에 대한 의구심을 모두 털어내 버렸다. 1990년대 초 아르헨티나의 '기적적인' 성장기에도 빈곤과 사회적 불평등이 불길하게 증가했다면, 낮은 수출 가격, 엄청난 부채 규모, 해외 투자 자본의 유출에 의해 악화된 메넴의 불안정한 경제 계획이 완전히 붕괴한 이후에는 이러한 지표들이 하늘 높이 치솟았다. 1999년에서 2002년 사이 경제는 해마다 3%씩 움츠러들었고 실업률은 15%에서 25%로 상승했으며, 자본 계정은 168억 달러 흑자에서 41억 달러 적자로 돌아섰다. 아르헨티나의 번영기 동안 1987년 7%에서 1996년 19%로 늘어난 빈곤층은 2002년에는 전체 인구의 절반으로 증가했다. 먹을 만한 음식 찌꺼기를 찾기 위해 쓰레기 더미를 뒤지며 파리와 구더기와 씨름하는 가족들이 늘었다. 쓰레기통에서 악취가 진동하는 감자를 가져와 요리하고 있던 사람 중 한 명은, 외국 은행가들과 아르헨티나 엘리트들의 희생양이 된 자존심 강한 사람들의 분노와 쾌활함을 동시에 나타냈다. "우리는 아직도 부채를 갚고 싶지만 시간이 더 필요하다고 부시 대통령에게 말해 주세요"라고 말하며 그는 조롱하듯 웃었다.

실제로 새 천 년이 시작되면서 아르헨티나는 1990년부터 지속적으로 증가한 1,550억 달러의 외채를 갚지 못하고 수렁 속으로 빠졌다. 이 외채의 이자 지불을 위해 1990년에서 1996년까지 아르헨티나는 수출로 번 금액의 30%를 해외 은행가들에게 지불했고, 이 금액은 곧 가파르게 상승해서 평균 60%에 이르게 되었다. 그럼에도 불구하고, 국가 부도를 막기 위한 차관을 제공하는 조건으로 IMF는 국민들의 절박한 외침을 무시하고 국가 예산의 균형을 맞추는 긴축 프로그램을 실시하도록 요구했다. 살로몬 스미스 바니Salomon Smith Barney의 한 투자 은행가의 말에 따르면, 당연하게도 "아르헨티나에서 '자본주의'는 금기어가 되었다. '수익'이란 단어도 마찬가지였다." 또 다른 은행가는 이 주제를 더 직설적으로 표현했다. "우리는 연쇄 살인범들보다도 인기가 없습니다."

규제되지 않은 시장이 야기한 불평등에 대해 당장에라도 폭발할 것 같았던 이 경멸감은 곧 공공연한 저항으로 폭발했다. 피케테로piquetero라는 실직한 피켓 시위 참가자들이 도로를 봉쇄했고, 중산층 젊은이들은 차를 불태우고 유리창을 부수고 상점을 약탈했다. 이러한 민중의 분노는 또한 정치적 격랑으로 이어져, 1999년에 포퓰리즘을 기반으로 당선된 지 얼마 되지 않은 페르난도 데 라 루아Fernando de la Rua 대통령과 그의 임시 후계자인 알레한드로 로드리게스 사아Alejandro Rodríguez Saa가 사임했다. 메넴이 남긴 엉망진창의 경제 상황을 개선하기 위해, 그리고 해외 은행가들을 달래는 데 필요한 수익을 창출하기 위해 데 라 루아는 자신의 지지층과 충돌하는 정책을 펼쳤다. 즉 연금 혜택 대폭 축소, 공무원 임금 13% 삭감, 공공 지출 20% 감축, 세금 인상 등이 그것이었다. 이렇게 부유한 국가들의 이해관계에 분명하게 굴복함으로써 다시 정치인들과 정치 과정에 대한 민중의 경멸감은 더욱 확산되었다. 2001년 선거에서 유권자의 40%가 투표지를 빈칸으로 내거나 훼손함으로써 자신들의 항의를 표현했다. 매주 전국적인 시위에서 시위자들은 의례적으로 정치인들을 비난했으며, 가끔은 직설적으로 "모두들 꺼져 버려!"Que se vayan todos!라는 구호를 외쳤다.

2002년 초, 10년 간 지속됐던 신자유주의 실험을 자주 비판했던 페론주의자 에두아르도 두알데Eduardo Duhalde가 해외 은행가들에 맞서 위기에서 나라를 구하라는 국민들의 지지를 등에 업고 대통령이 되었다. 그는 즉시 외채에 대한 채무 이행을 중단했다. 달러화를 아르헨티나의 본위 화폐로 삼지 않고, 페소화의 평가절하를 통한 수출 경쟁력 강화와 수입품의 가격 인상, 그리고 일자리 창출을 시도했다. 그는 대부분 외국인이 소유하고 있던 공공 서비스 기업들을 통제하여 전기료, 가스비, 통신비를 낮췄고, 주로 외국 기업들에게 영향을 줄 에너지세를 신설했다. 물가 조절을 위한 비상 계획을 세웠고, 예금주들이 인출할 수 있는 저축액을 계속해서 제한했으며, 통화 태환성을 통제했다. 또한 100만 가정 이상에 매월 42달러를 지원했던 긴급 구호 프로그램을 확대했고, 평가절하된 페소화를 액면가 그대로 하여 신용카드 빚을 갚을 수 있도록 했다. 비록 외국 은행가들은 이러한 개혁에 대해 회의적이었지만 노동자, 농민, 영세 기업가들은 확실하게 찬성했다. 2003년에 국민들은 두알데의 정치적 협력자이자 포퓰리스트인 네스토르 키르치네르를 대통령으로 선출했고, 키르치네르는 "대기업의 포로"가 되지 않겠다고 맹세했다.

선거 공약에 따라 키르치네르 정부는 페소화를 평가절하하고 수출을 확대했으며, 공공 서비스를 제공하는 사기업들에게 계약을 재협상하자고 강요했다. 또한 그간 재정 긴축을 요구해 전임 대통령들의 신임을 땅에 떨어뜨렸던 IMF에 정면으로 맞섰고, 외채에 대한 재교섭을 통해 외채를 30% 줄였다. 2005년에 그는 그간 축적된 자금으로 IMF에 빌린 돈을 청산했으며, 물가 상승이 지속되면 항구적으로 시행할 수도 있는 임시 물가통제 정책을 발표했다. "우리는 그간 빼앗겼던 국가의 신경세포들을 다시 회복하고 있다"고 그는 국회에서 의기양양하게 말했다. 9%의 경제 성장을 지속했고 빈곤층을 57%에서 40%로 극적으로 줄였기 때문에 그의 성공을 반박하기는 어렵다. 게다가 아르헨티나 국민들은 그의 정책에 대한 보답으로, 2005년 의회 선거에서 키르치네르의 동맹 세력에게 경쟁의석의 54% 확보라는 압도적인 승리를 안겨주었다. 여론조사에 따르면 그는 75% 내외의 민중의 지지를 지속적으로 유지했다.

이러한 개인적 인기는 아내인 크리스티나 페르난데스 데 키르치네르 Christina Fernández de Kirchner에게 큰 도움이 되었다. 그녀는 2007년 대선에서 당선되어 라틴아메리카에서 두번째 여성 국가원수가 되었다. 이미 저명한 변호사이자 상원의원이었고, 30년 전에 군부독재에 맞서 싸운 경험이 있는 페르난데스는 민간 시장에 대한 국가의 규제를 요구하는 민족주의적인 공약을 내세웠다. 우고 차베스의 베네수엘라를 포함하여 메르코수르를 확장하고, 에너지 자원의 생산 및 분배에서 브라질과 볼리비아와 보다 긴밀하게 협력하며, 빈곤 및 문맹 퇴치를 위해 학교, 대중교통 그리고 의료 서비스와 같은 사회기반시설에 막대한 투자를 할 것을 제안했다. 또한 그녀는 공공 요금의 인상을 적극적으로 규제했고, 에너지 요금을 떨어뜨리기 위해 외국 정유 회사가 아르헨티나산 원유를 수출하지 못하게 했다. 비슷한 이유로 콩 같은 농업 수출품에 대해 높은 세율을 매겨서 국내 시장을 대상으로 한 자급용 작물의 생산을 촉진했다. 노동자총연맹Confederación General del Trabajo, CGT의 20% 임금 인상을 지원함으로써 노동자들의 지지를 확고히 했으며, 이는 다른 노동조합들에게 본보기가 되었다.

또한 페르난데스의 대통령 임기 동안 정치 제도가 개혁되었고, 개인이 선거 기여를 통해 행사하는 사적인 영향력을 제한했다. 후보 선정 과정에서 국민의 참여와 역할을 확대했으며, 군소 정당 후보들의 수를 축소했고, 후보가 과반수 이하의 득표로 승리할 수 있도록 했다. 페르난데스 정부는 외채의 대폭 축소를 협의했고 300억 달러 상당의 개인 연금 펀드를 사회보장제도에 포함했다. 동성간 결혼을 합법화했고, 가난한 가정을 지원하여 자녀들을 학교에 보내도록 함으로써 빈곤을 축소하려는 국가 프로그램을 만들었다. 중국과의 경제관계 증가에 대응하기 위해, 그녀는 국내산 고부가 제품들의 수출 증가, 국내 산업과 경쟁하는 중국산 제품의 수입 축소, 그리고 중국 투자의 규제 등을 모색했다. 7.5%의 경제 성장, 역사적으로 낮은 실업, 그리고 경합자가 20% 미만인 데 반해 47%에 달하는 신뢰할 만한 여론조사의 지지율 등으로 페르난데스 데 키르치네르가 2012년 재선에서 손쉽게 승리할 준비가 되어 있는 것처럼 보였다.

비록 그녀의 정책들이 외국인 투자자, 민간 석유 회사 그리고 1차 농업 수출품에 의존적인 대토지 과두층의 반발을 가져왔지만, 국민들은 압도적인 지지를 보냈다. 믿을 만한 여론조사에 따르면 페르난데스는 개인적으로 66%의 지지율을 기록했다. 그런데 여론조사 결과에 나타난 더 중요한 사실은, 시장을 통제하고 평범한 국민들 보호하기 위해 국가가 시장에 개입해야 한다는 그녀의 시각에 대해 58%가 지지를 보냈다는 점이다. 유명한 피케테로 시위의 지도자인 루이스 델리아Luís D'Elía는 이전에 페르난데스와 아르헨티나가 직면한 냉혹한 선택에 관해 말한 적이 있다. "민주주의인가 아니면 시장의 독재인가." 점점 더 아르헨티나 국민들이 민주주의의 힘을 이용해 시장을 길들이려는 것처럼 보였다. 그러나 통제되지 않

중국과의 경제 관계 확대를 반영하면서 페르난데스 대통령이 베이징에서 무역협정에 서명한 후 후진타오 주석과 건배를 하고 있다.

은 해외 시장과 민영화를 10년 동안 신자유주의적으로 추종한 이후에, 이러한 국가 통제 및 지역 통합이라는 처방을 통해 아르헨티나가 지속가능하면서 자립적인 발전을 이룰 수 있는지는 분명하지 않았다.

페루의 선거 속임수

아르헨티나의 메넴과 브라질의 콜로르 그리고 카르도주와 마찬가지로, 페루의 알베르토 후지모리는 1990년 대통령 선거에서 자신을 포퓰리스트라고 소개했다. 정치 초년병이자 타민족이었던 이 일본 이민자의 아들은, 페루 사회와 정치를 지배해 왔던 전통적인 크리오요들이 아주 오래 동안 멸시해 온 하위계층 원주민과 혼혈인들의 표를 얻는 데에 특히 능숙했다.

후지모리의 사기극, 1990~2000

그러나 당선 이후 후지모리는 선거에서 지지자들이 강력하게 거부했던 것과 유사한 엄격한 긴축 조치를 시행함으로써 지지자들을 경악시켰다. '후지쇼크'Fujishock라 불리게 된 그의 정책에는 정부의 소비자 보조금 철폐가 포함되어 있었다. 그 결과 빵과 우유 같은 주요 식료품 가격이 세 배 가까이 폭등했고 빈민가에서 광범위한 폭동과 약탈이 나타났다. 주요 공기업들에 대한 민영화 반대라는 공약과는 달리 후지모리는 외화 유입을 기대하면서 국영 구리 광산의 지배주식을 포함하여 232개의 국영 기업을 민영화하기로 했다. 이 기업들은 많은 문제점에도 불구하고 페루 외환 수입의 절반을 벌어들이는 기업들이었다.

후지모리는 오직 코카인 대금의 대규모 투입을 통해서만 활기를 보이는 거의 탈진 상태에 빠진 경제 문제를 해결해야 했다. 또한 농촌 지역에서 주로 극성을 부리고 도시 지역에서도 기반을 구축해 가고 있던 광적인 게릴라 운동, 그리고 대통령령에 비상 권력을 부여해 놓고도 후지모리가 사용하는 것을 점점 더 제어하려는 의회의 도전에 직면했다. 후지모리는 이 권력을 이용해 극단적인 신자유주의 정책을 추진하였으며, 게릴라 진압에 관한 절대 권한을 군에 부여했다. 의회가 마침내 특별 회기 동안 가장 공격적인 몇 개의 대통령령을 수정하거나 폐기함으로써 후지모리의 대통령령 남용에 대응하려 했다. 이에 후지모리는 의회와 사법부를 부패하고 무능력하다고 주장하면서 적극적으로 공격했다. 결국 그는 1992년 4월 5일 친위쿠데타를 통해 1979년 헌법을 중지시키고 '국가 재건을 위한 비상 정부'를 선언하면서 의회와 사법부를 폐쇄했다.

70~90%에 달하는 여론 조사의 지지율에서 드러나듯이, 국민 대다수가 이 쿠데타를 지지했다. 이러한 지지는 '빛나는 길'Sendero Luminoso이라

는 게릴라 봉기에 대한 광범위한 공포에 기인한 것이었다. 이 게릴라 운동은 우유공급위원회Comités del vaso de leche와 민중식당Comedores populares 등을 조직했던 저명한 공동체 지도자들을 무자비하게 살해함으로써 후지모리를 이롭게 해주었다. 그 결과 국민들은 '빛나는 길' 및 소규모의 '투파 아마루 혁명 운동'Movimiento Revolucionario Túpac Amaru, MRTA과의 전투에서 정부가 승리한 것을 환영했다. 1992년 '빛나는 길'의 지도자인 아비마엘 구스만Abimael Guzman을 체포하면서 이 전투는 종지부를 찍게 된다.

게릴라 조직이 저지른 테러리즘을 빌미로 보안군은 후지모리의 은밀한 신자유주의 프로그램에 반대하는 사람들에 대해서도 무차별적인 탄압을 저질렀다. 민중 조직, 진보 정당 그리고 언론인들 중 많은 사람들이 테러리즘을 고무한다는 명목으로 체포되었다. 후지모리는 아르헨티나의 카를로스 메넴과 동일한 결론을 명확하게 가지고 있었다. 즉 '자유 시장'이 권위주의 정치 시스템하에서 보다 효율적으로 작동한다는 것이다.

1992년 후지모리는 독재정권이라는 오명을 없애고 체제에 대한 국제적인 위상을 높이기 위해, 자신의 권위주의적인 성향과 신자유주의적인 경제관과 전적으로 일치하는 새로운 헌법 초안을 작성했다. 이 헌법은 1995년 그의 재선을 허용했다. 또한 자유롭게 의회를 해산할 수 있는 권리, 법률 거부권, 대통령령에 의한 법률 반포권 등 모든 권력을 대통령에게 집중시켰다. 헌법은 민간 부문들이 지배적인 역할을 하는 경제 자유방임주의를 채택하고 국영 기업의 민영화를 명확히 했다. 무상 교육에 대한 지원 축소와 함께 교육에서 국가의 역할은 축소되었다. 이 헌법은 매우 중앙 집권적인 국민국가를 지향했다. 이를 위해 지방 정부를 없애고 주를 행정부에 종속시켰으며, 자기 지역에서 생산되는 천연자원 채굴 이익의 일부분을 주 정부가 가질 수 있는 권리를 없앴다. 마지막으로 이 헌법은 테러

행위에 대해 사형 제도를 채택했다.

1995년 후지모리는 인플레이션 축소, 소비 확대, 그리고 값싼 외국 수입품에 대한 문호 개방을 통해 자신의 재선을 확고히하고자 했다. 이것은 단기적으로는 도움이 되었지만 무역 적자가 두 배로 증가하고 국제수지 적자폭이 80% 증가하는 결과로 이어졌다. 또한 시간이 지나면서 중소 제조업체와 농민들을 파산으로 몰아넣었다. 그는 구조조정 조치로 피폐해진 공동체들의 빈곤을 완화하는 데 소요되는 엄청나게 높은 지출을 충당하기 위해 외국 은행에서 많은 외채를 빌렸다. 채무가 1993년에서 1995년 사이에 72%나 증가했고 수출 이익의 31%를 외채 이자를 갚는 데 쓰기에 이르렀다.

게다가 원주민 복장을 한 이 노회한 대통령은 자신의 땅에서 쫓겨나거나 농촌의 끝없는 가난을 피해 나온 가난한 산악 지대 이주자들이 주로 살고 있는 신흥 빈민가인 푸에블로스 호베네스pueblos jóvenes 지역을 매일 직접 방문하여 학교, 도로, 혹은 공공 인프라를 건설해 주겠다고 약속했다. 정부가 빈곤 완화에 배정한 금액은 1994년에 거의 60%가 증가했고, 1995년에 다시 90%가 증가하게 된다. 1993년 GDP의 3%였던 사회적 지출은 1995년에 2배 이상인 7.8%로 늘어났다. 후지모리가 사회복지를 위해 1990년에 국민 1인당 12달러를 사용했다면 1995년에는 176달러를 지출한 것이다. 국가 발전에 있어 장기적인 위험에도 불구하고 그의 전략은 성공하였으며 1995년 그는 60%의 득표율로 재선되었다. 정치사회학자인 케네스 로버츠Kenneth Roberts에 의하면 "1995년 선거에서 후지모리에 대한 지지는 가난한 주에서 더 높았다. 특히 1993년 신헌법을 강력하게 반대했던 남부와 중앙 안데스 고원 지대에서 높았다."

외국 투자자, IMF, 국내 엘리트들이 후지모리의 경제 정책을 견고하

후지모리 페루 대통령은 민주적 자본주의가 갖고 있는 어쩌면 치명적인 모순을 어떻게 다루어야 하는지를 재빨리 배웠다. 성공한 정치가들은 국제 은행가와, 신자유주의를 옹호하는 국내 엘리트라는 강력한 소수집단에게 봉사하기 위해서 포퓰리즘적인 수사와 선거철의 후원을 통해 하층 계급 지지자들을 기만해야 한다는 것이 그것이었다.

게 지지했을지라도, 빈곤해진 대중들은 매우 유동적이었다. 만약 해마다 대통령 선거가 있었다면 가난한 대다수 국민들은 후지모리에게 투표를 했을 것이고, 빈곤층 비율은 1993년의 역사적인 최고치에서 벗어나 감소했을 것이다. 1993년 국민의 53.6%가 빈곤층이었고 21%가 극빈층이었다. 1995년 재선 과정에서 후지모리는 빈곤층 비율을 약 10%가량 줄였지만, 그 이후로 빈곤층은 무서운 속도로 늘어났다.

　1995년 놀랄 만한 GDP 성장과 후지모리의 효과적인 인플레이션 억제 정책에도 불구하고, 페루 경제는 후지모리의 신자유주의 정책이 가져온 희생을 정당화할 만큼 충분히 성장하지 못했다. 성장률은 1991년 이래로 평균 4.7%를 기록했지만 실업률이 연평균 거의 9%에 달할 정도로 매우 높았다. 또한 시간제 노동자나 노점상으로 이루어진 저임금 '비공식 부문'이 가장 지속적으로 늘어났다. 결과적으로 10년 동안의 성장에도 불구하고 2002년 페루 국민의 54%는 빈곤층이었다. 후지모리가 집권한 1991년 이래로 외채, 무역 적자, 국부 유출은 모두 꾸준히 증가했다. 2000년 외채는 280억이라는 엄청난 액수로 집권 당시보다 두 배로 늘었다. 무역 적자는 집권기 동안 연평균 거의 10억 달러로, 후지모리가 집권하기 이전 경제적으로 침체된 2년 동안 누적 흑자액인 연평균 5억 달러보다 거의 3배나 더 많았다.

그러나 이렇게 경제적인 층위에서 나타난 빈곤과 대외종속성의 심화는 단지 일부분에 불과했다. 후지모리 정권은 권력을 유지하고 신자유주의적인 정책을 실시하기 위해 권위주의적 방식에 의존했다. 그러나 이것은 정치 엘리트와 민중 부문 모두에서 그의 위치를 약화시켰다. 2000년 헌법재판소가 다시 대통령에 출마하려는 그의 시도를 위헌이라고 판결하자 그는 곧장 판사들을 해고했다. 곧이어 그가 보안 부서로 하여금 167명에 달하는 정적들의 전화를 도청하도록 했다는 사실이 드러났다. 도청 대상자 중에는 전 유엔 사무총장인 하비에르 페레스 데 쿠에야르Javier Perez de Cuellar도 포함되었다. 또한 후지모리의 군은 납치, 고문, 폭력을 통해 야당 측 언론에 사실상의 전쟁을 선포했다. 한 텔레비전 기자가 정보부장이 받는 60만 달러의 급여를 비판하자, 후지모리는 방송국 소유주의 시민권을 박탈해 방송국 소유권을 소주주들에게 넘겨주었다.

어떤 희생을 치르고라도 권력을 유지하기로 결심한 후지모리는 미국의 CIA 역할을 하는 국가정보원Servicio de Inteligencia Nacional, SIN에게 자신의 당선을 위해 선거 과정에 개입하도록 압력을 가했다. 이러한 고압적이고 노골적으로 권위주의적인 전술에 대한 민중의 저항을 등에 업고, 가난한 원주민 출신의 알레한드로 톨레도Alejandro Toledo는 당면한 사기행각을 고발하고 선거를 거부했다. 외국 참관인들도 재빨리 그를 따랐고 심지어 후지모리의 신자유주의 정책을 지지하던 미국도 2000년 선거를 '무효'라고 밝혔다. 풀뿌리 민중 운동들은 신속하게 총파업을 조직했고, 시위의 물결이 전국을 뒤덮었으며 몇몇 시위는 폭력적으로 되었다. 국민들 사이에 몇몇 차이가 있었음에도 불구하고 곧 후지모리가 모든 국민들의 관심을 사로잡은 이슈가 되었다. 미국에서 교육받은 경제학자인 톨레도는 대통령 당선을 위해서 이러한 민중 시위를 이용했다. 그는 후지모리의 권위주의, '반민중적인 경제 정책', 부패, 그리고 55%에 달하는 일당 2달러 미만의 국민이 직면한 빈곤 문제 해결 실패를 맹렬하게 비난했다. 이후의 혼란한 상황은 의회가 후지모리를 탄핵하는 것으로 이어졌고 후지모리는 일본으로 망명하게 된다.

민중 동원과 저항, 2000~2008

역설적으로 이런 어수선한 과도기로 인해서 후지모리 이후 페루에 대한 자신의 비전을 설명할 겨를도 없이 알레한드로 톨레도의 인기는 올라갔다. 그는 자유무역을 지지했지만, 그의 포퓰리즘적 공약은 후지모리의 민영화 계획에 대한 재검토, 특히 국가가 소유한 공공 서비스 부문의 매각 반대, 실업과 빈곤의 완화 등을 약속했다. 이로 인해서 톨레도가 2001년 집권했을 때 국민들의 기대는 이해할 수 없을 정도로 높았다. 톨레도를 지지했던 민중 부문들의 생각과 기업 엘리트 및 외국 은행가들의 생각은 서로 달랐다. 톨레도는 곧장 어떤 프로그램을 가지고 행정부를 이끌어 나갈지를 명확하게 정리했다. IMF의 관리들과 만난 후에 그는 국가의 자산을 팔아 2002년에는 7억 달러, 2003년에는 거의 10억 달러에 달하는 자금을 모으는 데 동의했다. 그러나 이를 위해서는 자신이 지지자들에게 했던 선거 공약을 파기해야 했다. 이후 그는 수익성 있는 두 개의 국유 전기 회사의 민영화를 발표했다. 2001년 5,000만 달러 매출에 1,400만 달러를 벌었던 아레키파전력회사Egasa와, 남부전력회사Egesur가 그것으로 벨기에 기업인 트레이트벨Tratebel에 신고 가격의 절반인 1억 6,700만 달러에 팔릴 예정이었다.

이것은 자연스럽게 폭력적인 민중 시위를 촉발했고, 이로 인해 국가 비상상태가 선포되었으며 1억 달러 규모의 피해와 함께 수백 명이 체포되고 두 명이 사망했다. 이 '거리 민주주의'의 압력으로 톨레도는 적어도 일시적이나마 민영화 계획을 중단해야 했으며, 공약을 지키지 않은 것에 대해 공개적으로 사과를 해야 했다. 이미 그의 지지도는 60%라는 역사적인 기록에서 16%로 추락했다. 톨레도는 200만 개의 일자리를 만들겠다는 약속, 후지모리가 찬탈한 노동자들의 권리를 회복시키겠다는 약속, 그리고 실업과 빈곤을 완화하겠다는 약속 또한 지키지 못했다. 이 실업과 빈곤은 후지모리가 추진한 신자유주의 정책의 결과였다.

2006년 대통령 선거는 "외채를 갚지 말고 가난한 사람들에게 돈을 달라"는 민중의 절규 속에서 실시되었다. 정치 신인이었던 알란 가르시아Alan García와 카리스마를 갖춘 군 장교 출신인 오얀타 우말라Ollanta Humala가 유력 후보였다. 이들은 모두 톨레도의 신자유주의 정책을 공격했고, 지역통합과 민간 기업에 대한 국가 규제를 통해 국가 발전을 이루고자 하였다. 결국 신자유주의 세력의 지지를 확보한 가르시아가 볼리비아의 에보 모랄레스와 베네수엘라의 차베스의 급진적 민족주의와 동일한 정책을 제시했던 우말라에게 승리를 거둔다. 우말라가 43%를 득표했고 가르시아가 53%를 얻었는데, 이는 페루가 지난 10년간에 걸친 무제한적인 자유 시장이라는 실험을 포기하고 국가 규제와 시장의 혼합을 통해 사회적으로 보다 생산적인 모델을 모색할 준비가 되어 있는 것처럼 보였다.

그럼에도 불구하고, 집권 1년 차에 가르시아는 위선적인 그의 전임자들이 잘 다져 놓은 길을 따르려는 것처럼 보였다. 그는 톨레도의 신자유주의적인 재정부 장관이었던 루이스 카란사Luís Carranza를 내각에 기용했으며, 미국과의 자유무역협정 체결을 위한 협상을 시작했다. 또한 그는 교원단일노조Sindicato Unitario de Trabajadores en la Educación del Perú, SUTEP가 교육을 민영화하려는 은밀한 시도라고 비난했던 교육법을 지지했다. 의회 다수세력을 확보하지 못한 가르시아가 신자유주의 정책 대신에 포퓰리즘적 선거 공약을 타협안으로 제시했었다는 사실이 곧 명확해졌다.

한편 우말라는 자신의 당이 의회에서 다수당이었던 점을 이용하여 "가르시아가 선거 공약을 지키도록 만들겠다"고 선언했다. 우말라가 가르시아 정권에 대한 정치적 반대를 주도하는 시기에 민중 운동이 투쟁에 합세했다. 페루농민연맹Confederación Campesina del Perú, CCP은 자유무역협정을 거칠게 비난했고, 총파업을 조직하여 많은 농촌 지역을 무력화했다. 교사들의 파업은 전국 학교의 70%를 폐쇄했으며, 만족스러운 계약으로 협상할 수 없었던 구리 광산 광부들은 페루노동자총연맹Confederación General de Trabajadores del Perú, CGTP이 조직한 전국적인 시위에 참여했다. 원주민 공동체들 또한 아마존 우림을 외국 원유 탐사에 개방하려는 가르시아 정부의 시도에 대해 저항했다.

주로 구리의 대중국 수출 증가로 인한 평균 6.8%의 안정적인 경제 성장에도 불구하고, 가르시아의 인기는 집권 첫해에 63%에서 42%로 급격하게 떨어졌고 2010년에는 27%로 추락했다. 다음해 대통령 선거에서 오얀타 우말라가, 형사적으로 유죄판결을 받고 복역중인 전직 대통령의 딸인 케이코 후지모리Keiko Fujimori와 경합했다. 아버지의 부패한 독재 통치의 미덕을 찬양하면서, 케이코는 가르시아의 신자유주의 정책들을 유지할 것과 이에 저항하는 민중 시위에 대한 강경한 대응mano duro을 공약했다. 이와는 대조적으로 우말라는 신자유주의의 파산을 강조하고, 브라질의 룰라 모델을 예로 들면서 시장활동을 규제하는 더 큰 국가와 국부의 재분배를 요구했다. 우말라가 51.5%의 득표율로 근소하게 승리했지만, 의회에서 신뢰할 만한 다수세력을 갖지 못했다. 따라서 미래는 불확실한 상태로 남아 있었다. 2012년 분홍 물결이 페루 해안에 밀려 온 것처럼 보였다. 그러나 페루의 빈곤해진 다수 국민들이 요구하는 진정한 변화 대신에 그저 예전과 같은 더 많은 부유물과 해양 쓰레기들을 가져 온 것처럼 보였다.

칠레의 '제한된' 민주주의

브라질과 아르헨티나의 독재 정권들과 마찬가지로 칠레의 군부 정권 또한 국내 엘리트 계층과 해외 투자자에게 이익이 되는 사적 재산권을 보장해 줄 수 있는 안정적인 사회질서를 유지할 능력이 없다는 게 드러났다. 민중민주주의를 회복하자는 점점 더 커지는 요구에 맞서, 군부 지도자들과 그들을 지지하는 과두층은 민중의 선거 참여를 허용하면서도 사회·경제·정치적 주도권을 포기하지는 않는 방향으로 국가 제도를 재구축하고자 했다.

제한적 민주주의와 신자유주의, 1990~2000

민주주의를 지지하는 세력들은 많은 차이점에도 불구하고 파트리시오 아일윈Patricio Aylwin을 중심으로 연합을 형성했고, 1989년 선거에서 아일윈이 승리하게 된다. 1970년 이후 처음 민주적으로 선출된 이 정부는 엄청난 문제점들에 직면했다. 먼저, 아우구스토 피노체트와 군부독재 세력이 많은 국가기구들, 특히 사법부와 치안 조직에서 여전히 강고하게 유지되고 있었다.

피노체트가 제정하여 맑스주의적인 사고 그 자체를 범죄로 간주했던 1980년 헌법은 새 정부의 민주적 선택권을 크게 제한했다. 그럼에도 불구하고 민중 운동은 모든 정치범 석방, 치안기구들의 해산, 고문과 여타 인권 침해 철폐, 그리고 이러한 인권 침해를 저지른 장교들에 대한 처벌을 요구하였다. 여기서 큰 걸림돌은 1973년에서 1978년까지 있었던 소위 '내전'에서 자행된 행위들에 대해 피노체트가 공포한 사면 조치였다. 그러나 그 사면은 이 기간 이후에 저질러진 많은 잔인한 살인 행위들까지 보호하지는 못했다. 1990년 초에 발견된 군 기지 주변의 비밀 묘지들과 살해되기 전 고문의 흔적을 담고 있던 희생자들의 주검들은, 칠레 국민들이 17년 동안 고통 받았던 정권의 공포를 생생하게 깨닫게 해주었다. 1년 후 '진실과 화해 위원회'Comisión Nacional de Verdad y Reconciliación는 피노체트 독재 하에서 자행된 끔찍한 인권 침해 사례들을 문서화하였다. 이 보고서는 2,279건에 달하는 사망 및 실종 사건을 확인하였고 그 직접적인 책임자로 군을 지목했다. 또한 이러한 인권 침해 행위에 제대로 대응하지 못했던 법원의 책임을 물었다.

그러나 군의 살인자 및 고문자들에 대한 과거사를 정리하는 과정은 몹시 고통스러울 정도로 더디게 진행되었다. 이는 부분적으로는 완강하게 저항했던 피노체트와 군 때문이었고, 또 부분적으로는 군과 합의하고 '화해'를 이루려던 정부의 조바심 때문이었다. 이 때문에 대통령은 군부와의 '신사적인 조절'을 지지했고 피노체트를 총사령관의 지위에서 끌어 내리려는 시도를 중단했다. 이러한 대통령의 조치는 '실종자' 가족 단체를 비롯해, 그의 정책이 면책을 제도화하려 한다고 주장하는 다른 많은 국민들을 분노하게 하였다.

새 민주 정부가 맞닥뜨린 또 다른 문제는, 장기적인 국익과 노동자들의 복지를 희생하여 다국적기업과 이들에게 우호적인 국내 세력에게 이득을 주었던 군부 정권의 사회·경제 정책에 대해 자신들의 입장을 명확히 할 필요가 있었다는 점이다. 여기서 다시 한 번 민간 부문과 경쟁하는 영역에 대해 정부의 신규 투자를 금지한, 피노체트가 제정한 헌법이 아일윈 정권의 공공 정책을 제약했다. 아일윈은 전 정권의 자유 시장 정책을 크게 수정하지 않을 것을 약속해야 했다. 그러나 그는 또한 민중들의 삶의 질과 노동 조건을 개선하기 위해 노력했다. 실제로 아일윈 정권은 보건 의료, 교육, 사회 복지 등에 대한 지출을 상당히 증가시켰으며, 이는 빈곤층의 현저한 감소로 이어졌다. 인구 대비 빈곤층 비율은 1990년의 40%에서 1994년 말에는 28%로 떨어졌다. 그리고 절대 빈곤율(기본적인 식료품을 살 수 있을 정도의 소득이 없는 인구의 비율)도 14%에서 9%로 떨어졌다.

그러나 칠레의 빈곤율 하락도 소득 불평등이라는 역사적인 양상을 바꾸지는 못했다. 약 10년 동안의 민주 개혁 조치 후에도 가장 부유한 10%가 국민소득의 50% 가까이를 차지했다. 가장 빈곤한 40%는 1989년에는 국민 소득의 10.5%를 차지했지만, 1990년대에 들어 국민 소득에서 차지하는 비중이 계속 감소했다.

이러한 불평등의 증가는 대체로 노동자들을 희생시키고 기업주의 권리를 우선시한 신자유주의적 경제 모델의 산물이었다. 저명한 칠레의 경제학자인 오를란도 카푸토Orlando Caputo가 쓴 것처럼, "지난 20년 동안 600억 달러의 노동자 임금이 기업의 이윤으로 흘러갔다". 아일윈 정부 또한 그의 전임자처럼 수확기간 중 농장 노동자들의 파업을 금지하여 그들의 단체교섭 능력을 심각하게 약화시켰다. 정부는 또한 실업을 '민영화'함으로써 실업률을 속였다. 실업의 민영화란 실업자들을 저소득 자영 노점상이 되도록 해, 전체 노동 인구의 50%나 되는 '비공식 부문'에 속하도록 하는 것이었다. 아옌데 정부 시절보다 여전히 18%나 낮은 실질임금과 급여소득은, 1986년을 기점으로 10%나 더 하락했다. 1990년대 후반에 이르러서는 국민의 3분의 1이 주당 30달러도 채 벌지 못했다.

아일윈은 계속해서 해산물, 목재, 과일, 농산물 같은 수출 품목에 주력했는데, 이것들은 대부분 외국인 소유의 기업들에 의해 생산되고 상품화되었다. 목재 수출의 경우가 대표적인 사례인데, 1990년대에 벌목 산업은 연평균 6.4% 성장하면서 전체적으로 57%라는 엄청난 급성장을 보여 준다. 칠레의 중남부에서는 밀, 옥수수, 쌀 같은 기존의 농작물들을 새로운 목재 농장들이 대체했다. 환경주의자들은 새로운 삼림이 토양을 악화시키고, 수원을 마르게 하며, 동식물의 종수를 급격하게 감소시킬 것이라고 경고했다. 칠레의 수출주도적 경제 전략은 또한 심각한 의료비용을 초래했다. 대규모 과일 재배 지역이었던 산티아고 남부의 랑카구아 지역에서 수행된 연구에 의하면, 과일 재배처럼 인체에 유해한 살충제 노출이 잦은 직종에 종사하는 부모들에게서 신체적 결함이 있는 아이들이 태어날 확률이 걱정스러울 정도로 높았다.

원자재 수출 분야의 폭발적인 성장은 직조 산업이나 건설 산업 분야에서 대규모 산업의 몰락을 가져왔다. 이는 노동조합에 가입한 노동자들의 감소로 나타났는데, 1972년 전체 노동 인구의 41%에 달했던 이 비율이 1996년에는 12%에 불과했다. 한편, 혼자 일하거나 4인 이하의 노동자를 고용한 이른바 미크로엠프레사microempresa라고 불린 자영업 수는 엄청나게 증가했다. 이 자영업들이 1992년에 전체 노동 인구의 45% 이상을 고용하였다. 통상적으로, 그들은 칠레의 10대 부자 가문이 운영하는 뮤추얼 펀드 혹은 투자신탁회사Asociaciones de Fondos Provisionales, AFPs라고 불리는 대기업들과 계약하거나 여러 방법으로 하청 관계를 맺었다. 캐시 슈나이더 Cathy Schneider에 의하면, "영세 기업의 노동자들은 겨우 생존 가능한 수준의 임금을 받았으며, 부가 급여나 직업 안정성을 전혀 누리지 못했다. 불규칙한 노동 시간, 불안정한 고용, 그리고 열악한 식사는 신체·정신적 피로를 심화시켰다."

투자신탁회사는 또한 칠레의 민영화된 연금 제도를 관리했는데, 모든 노동자들(고용주들 제외)은 여기에 가입해야 했다. 이 제도는 고용주들이 노동자들의 임금에서 보험료를 원천징수할 수 있도록 했지만, 고용주들이 즉시 그 금액을 투자신탁회사로 보낼 수 있게 하는 제도적 장치가 없었다. 따라서 그렇게 하는 데 몇 달 심지어는 몇 년이 시간이 걸리곤 했고, 이로 인한 불만이 많았다. 게다가 많은 수의 국민들이 '비공식 부문'에 열악하게 고용되어 있었기 때문에, 가입자 중 절반 정도가 보험료를 제때에 내지 못했다. 결국 그들은 겨우 1,000달러도 안 되는 금액만을 모을 수 있었고, 이것은 퇴직 이후의 생활을 감당하기에는 너무 적은 돈이었다. 끝으로, 연금 수혜액이 펀드 메니저들이 투자한 주식의 가치 변동에 따라 결정되었기 때문에 칠레 주식 시장의 장기 침체는 보험 제도의 건전한 유지에 재앙적인 결과를 가져올 수도 있었다.

민주주의와 사회정의를 위한 민중의 투쟁, 2000~2012

1993년 12월 칠레 유권자들은 집권 중도좌파연합의 에두아르도 프레이 Eduardo Frei를 대통령으로 선출했다. 프레이는 같은 이름을 가졌던 개혁적인 전임 대통령의 아들이었다. 프레이는 2000년까지 극빈층을 없애고 노동법과 공공 의료 제도의 개혁, 그리고 군에 대한 문민 통제를 회복하는 등의 포퓰리즘적인 정책을 약속했다. 그러나 그는 또한 자유 시장 제도를 지지한다고 밝혔다. 이것은 민주 제도와 칠레의 번영이 수출 확대, 외국인 투자의 신규 유입, 그리고 국내 소비자의 신용 확대에 의존하게 될 것임을 의미했다. 이러한 칠레의 번영과 민주 제도는 시민사회와 군부의 파우스트적인 거래를 통해 이미 심각하게 위태로워진 상태였다. 또한 이 모든 경제적 수단은 세계 시장의 변동에 따라 쉽게 붕괴될 수 있는 것들이었다. 칠레 주식 시장을 손쉽게 공황상태로 몰아넣던 1997년 아시아 경제위기는 많은 국민들에게 정부의 개발 모델이 갖고 있는 취약성에 대해 경각심을 일깨워 주었다.

그 결과 민중의 저항이 증가하고 있다는 의미 있는 지표들이 나타났다. 먼저, 노동조합들이 보다 저항적으로 되었다. 오랫동안 공산당 당원이었던 호르헤 파베스Jorge Pávez가 이끌었던 교원노조Colegio de Profesores가 1996년 성공적인 파업을 조직했고 청년 그룹, 환경주의자, 여성 그리고 마푸체와 아이마라 원주민 조직들과 지속적으로 연대를 형성했다. 이들은 통제받지 않은 시장권력이 확대되면서 피해를 입은 사람들이었다.

두번째, 자신들이 이용할 수 있는 정치적 선택항에 신자유주의에 대한 반대로 보이는 것이 하나도 없다는 사실에 실망한 국민들은 점차 정치 과정을 거부하기 시작했다. 1997년 12월의 의회 선거에서 등록을 하지 않거나, 기권을 하거나, 혹은 투표용지를 훼손한 유권자가 전체 유권자의

41%에 달했다. 특히 젊은이들이 정치에 대한 관심을 잃어버렸고, 점차 모든 정당이 부패해 가기 시작했다. 지난 10년 동안 유권자 등록을 한 17세와 18세 유권자 비율은 전체 유권자의 5%에서 1% 미만으로 떨어졌다. 더욱 놀라운 것은 20세에서 24세 사이의 유권자 비율은 15.6%에서 4.8%로 곤두박질쳤다는 것이다.

세번째, 15년에 걸친 피노체트 독재 동안 잔인한 범죄 행위를 저지른 사람들을 법률에 따라 처벌해야 한다는 여론이 크게 늘었다. 특히 매우 용감한 후안 구스만 타피아Juan Guzmán Tapia 판사는 피노체트를 살인과 납치 혐의로 잇달아 기소했다. 그는 또한 30년 전 아옌데의 사회주의 정권을 지지했던 찰스 호먼Charles Horman과 프랭크 테루기Frank Teruggi라는 두 미국인들을 살해한 살인자를 찾기 위한 범죄 조사를 재가했다. 그리고 전직 미국 총영사인 프레드 퍼디Fred Purdy가 그 범죄의 용의자라고 밝혔다. 구스만은 자발적인 방식이 불가능하다면 칠레로의 송환을 공식적으로 요구할 것이라고 시사하면서 미 당국에 다른 전직 미 정부 관리들을 조사할 수 있도록 해달라고 정중하게 요청했다. 여기에는 미국 대사인 내서니얼 데이비스 Nathaniel Davis와 헨리 키신저Henry Kissinger 국가안보 보좌관이 포함되어 있었다. 최근에 기밀 해제된 미 국무부의 문서는 이들 미 정부 관리들의 활동을 조사하겠다는 구스만의 결정이 현명했음을 보여 준다. 이 문서는 "미 정보 당국이 호먼의 죽음에서 유감스러운 역할을 수행했을 수도 있다는 약간의 정황 증거가 있다"고 적고 있다.

마지막으로, 칠레 국민들은 집권 세력인 콘세르타시온Concertación(민주주의를 위한 정당연합Concertación de Partidos por la Democracia의 약어 — 옮긴이)의 대통령 후보이자 평생 사회당 당원이었던 리카르도 라고스Ricardo Lagos를 대통령으로 선출했다. 라고스의 정치 기반은, 군부 쿠데타에 맞서 민주주의를 위해 죽은 사회주의자 대통령인 살바도르 아옌데와는 완전히 달랐다. 그럼에도 불구하고 순교자 대통령은 라고스의 선출을 "느껴봐, 느껴봐, 아옌데는 지금 우리와 함께 있어!"Se siente! Se siente! Allende está presente! 라는 열광적인 구호와 함께 열정적으로 축하했던 수많은 사람들의 마음 속에 뚜렷하게 존재했다. 그러나 라고스는 곧 자신이 곤란한 정치적 입장에 처해 있음을 깨달았다. 그는 유세 과정에서 경제 성장의 지속, 실업률 완화, 극빈층 문제 해결, 여성과 원주민들의 평등 증진, 그리고 노동자들의 권리 보장 등을 공약했었다. 그러나 피노체트 독재가 만들어 놓은 비민주적인 헌법 조항들로 인해 정적들은 여전히 상원을 지배하고 있었고, 라고스의 입법 조치들을 가로막았다. 여기에는 전국적인 건강 의료 계획, 최저 임금의 대폭 인상, 그리고 대규모 교육 투자 등이 포함되어 있었다.

그러는 한편, 세계 시장이 위축되어 감에 따라 실업률은 1997년의 5.3%에서 2002년에는 거의 10%로 계속 늘어났다. 아시아 경제위기가 칠레에 타격을 주기 전에 칠레의 GDP는 6.6% 성장으로 정점을 이루고 있었다. 그러나 라고스의 집권 2년 동안 평균 2.9%로 빈약한 성장을 보였다. 마찬가지로 실망스러운 것은 외채와, 그리고 이 외채를 갚기 위해 전용해야 할 수출 수익의 비중이 지속적으로 증가하고 있다는 사실이었다.

그럼에도 불구하고 라고스는 몇 가지 작은 성공을 거둘 수 있었다. 그는 노동자들의 권리를 보호하고, 노동 현장의 차별을 막고, 노동조합을 강화하기 위해 노동법을 개정했다. 칠레의 급등하는 수출 작물인 과일을 수확하기 위해 엔간차도르enganchador(강압이나 속임수로 일할 사람들을 유인하는 일꾼 계약자)들에 의해 매년 고용되는 약 40만 명의 여성들이 이 개정 조치를 통해 국가의 강화된 보호를 받게 되었다. 라고스 정부는 군과 구리 수출 사이에 존재하던 역사적인 연계를 단절함으로써 군 예산을 감축했고, 절약된 예산을 사회적 지출에 할당했다. 피노체트 독재 기간 동안 군은 2억 2,500만 달러와, 국영 구리 회사인 코델코^{CODELCO}가 벌어들이는 모든 수출 수익의 10% 가운데 더 높은 금액을 할당받았다. 1990년대에 세계 구리 가격이 계속 상승하기는 했지만 여전히 군부를 두려워하던 집권 기독민주당의 대통령들은 1995년 군 예산에 3억 4,100만 달러나 되는 예산을 배정하면서 이러한 관행을 계속했다.

마지막으로, 라고스는 '자유 시장'의 '절정기'였던 피노체트 독재의 끝 무렵에 40%로 치솟았던 빈곤을 완화하기 위해 애썼다. 1990년 이후의 지속적인 경제 성장과 사회보장 프로그램의 증가로 빈곤층 비율이 1996년에는 20%에 이를 정도로 점진적으로 축소되었다. 그러나 라고스는 이러한 수치를 좀더 줄이려고 했으며 2006년 임기를 마칠 때까지는 극빈층을 없애려고 했다. "빈곤층은 기다릴 수가 없고, 또 더 이상 기다릴 필요도 없다"라고 선언하면서 라고스는 일당 13달러나 그 이하 소득의 빈곤 가정에 매달 16달러의 '보호 바우처'^{bono de protección}를 지급하겠다고 약속했다.

라고스가 칠레의 '자유 시장'을 성공적으로 관리하면서, 집권 콘세르타시온의 2006년 대선 후보인 미첼레 바첼레트^{Michelle Bachelet}에 대한 대중들의 지지가 상당히 상승했다. 스스로를 사회주의자로 규정했던 바첼레트는 라틴아메리카에서 최초로 남편의 도움 없이 대통령에 당선된 여성 대통령이 되었다. 아르헨티나의 키르치네르와 브라질의 룰라처럼, 바첼레트는 젊은 시절 군부독재에 저항하다가 투옥된 경험이 있었다. 그러나 바첼레트의 취약한 정치연합으로 인해 그의 정책 실현은 제한을 받았다. 그럼에도 불구하는 그는 평균 5%의 경제 성장을 유지하면서 "모든 국민들은 이 성장의 과실을 갖게 될 것"라고 확실히 약속했다. 그리고 젠더 비율 균등에 따라 각료들을 임명했다.

더욱이 바첼레트 대통령은 노인들에 대한 무상 의료 마련, 사회보장 제도의 개혁, 선거 제도에 피노체트 독재가 남겨 놓은 잔재의 제거 등을 강조했다. 바첼레트 정권의 2007년 예산은 이러한 우선적 과제를 반영했다. 즉, 군의 예산 비중을 줄이고 이중 68%를 사회적 지출에 할당했는데, 이는 전년 대비 11% 증가한 것이었다. 이 투자의 대부분은 의료 서비스, 사회보장, 주거, 교육에 쓰였다. 국가가 지원하는 이러한 사회적 서비스의 결과로 바첼레트는 최하위 10% 빈곤층의 가계 소득이 2007년에 3배 증가할 것이고, "최고 부유층과 최하위 20% 빈곤층 사이의 간극이 절반으로 줄 것이다"라고 주장했다. 2008년 후반 심각한 경기 후퇴에도 불구하고, 2년 후 바첼레트의 지지율은 85%로 상승했다. 이는 주로 정부가 저소득층 가정에 대한 이전지출transfer payments의 대폭 상승을 포함한 40억 달러에 달하는 경기 부양책과 함께 성장을 진작하기 위해 신속하게 움직였기 때문이다. 그럼에도 불구하고, 그의 인기가 자신이 속한 콘세르타시온에 정치적 연합을 가져다주지는 못했다. 콘세르타시온은 2010년 대선에서 보수적인 포퓰리스트이자, 백만장자 기업인인 세바스티안 피녜라Sebastián Piñera에 패배했다.

임기 첫해 동안 피녜라는 2개월 이상 지하에 매몰되었던 33명의 광부들이 극적으로 구출되는 사건으로 상당한 이득을 보았다. 그러나 그 이후 그의 신자유주의 정책들로 인해 지지율은 30%까지 지속적으로 떨어졌다. 먼저, 학생들과 교사들이 전국 파업을 선언하여 수만 명의 시위대가 무상으로 누구나 이용할 수 있는 공교육을 지지하면서 거리 시위에 참여했다. 이 공교육의 대부분은 피노체트 독재에 의해 1981년 민영화되었다. 학생들이 좀비 분장을 하고 마이클 잭슨의 세계적인 유행곡의 박자에 맞춰 춤을 추면서, '교육을 위한 스릴러'Thriller for Education를 공연했다. 이것은 이른바 자신들의 영혼을 파괴하고 자신들을 언데드$^{the\ undead}$의 군사로 변화시키는 민간 교육 제도를 풍자하는 하나의 '플래시 몹'이었다.

다음으로, 피녜라의 민영화 정책들에 대한 항의로 광부들이 세계에서 가장 큰 구리 생산 회사이자 2010년 전체 정부 수익의 40%에 달하는 58억 달러를 벌어들인 코델코를 폐쇄했다. 그들은 피녜라가 코델코의 최고 대표자로 디에고 에르난데스$^{Diego\ Hernández}$를 지명한 것은 2,600개의 일자리를 없애고 노동자들의 건강보험을 줄여 코델코에 민간 투자를 끌어들이기 위한 계획이라고 불만을 제기했다. 그는 외국인 소유 민간 광산 회사인 BHP 빌리턴$^{BHP\ Billiton}$의 칠레 사업장을 운영하던 전직 대표였다. 약 45,000명의 노동자들을 대표하여 노동조합 지도자인 라이문도 에스피노사$^{Raimundo\ Espinoza}$는 이 계획은 "은밀한 민영화"라고 선언했다. 피녜라는 내각을 개편하여 적어도 일시적으로라도 이러한 위기를 해결하고자 했다. 그러나 대국민 담화에서 그는 의도하지 않게 독재를 무너뜨리고 규제받지 않은 시장의 독재를 저지했던 수십 년 동안의 민중 동원과 저항에 경의를 표했다. 그는 "우리의 제도, 우리의 지도력은 보다 강력해지고 더 많은 참여, 그리고 무엇보다도 더 많은 평등을 요구하고 있는 국민들에 의해 시험받고 있다"고 단언했다. 이것은 살바도르 아옌데의 유산이자, 그를 기억하고 있는 민중 운동의 유산이었다.

시간이 지난 후 역사가 그 성과에 따라 칠레를 평가할 것이라는 것은 분명하다. 이 평가는 궁극적으로는 두 가지 요소에 달려 있다. 거의 20년 동안의 독재가 남겨 놓은 많은 제도적인 제약을 극복하려는 민중들의 투쟁, 그리고 30년에 걸친 신자유주의 정책으로 인해 칠레가 완전히 의존하게 되어 버린 성장하는 세계 경제가 그것이다. 2012년 세계 경제가 점차 불확실해져 가고 있는 바로 그 순간에 민중투쟁은 확실히 진전했다. 이렇게 해서 칠레의 독특한 민주주의의 운명은 칠레의 힘들었던 과거로 인해 여전히 밝지 않았다.

멕시코의 선거 부정

20세기 초 포퓰리즘의 물결을 타고 권력을 장악한 제도혁명당Partido Revolucionario Institucional, PRI은 1980년대에 신자유주의적 발전 방식을 받아들였지만 신자유주의의 쓰라린 처방으로 대중의 지지를 상실했다. 다른 라틴아메리카 국가들처럼 이런 상황 때문에 제도혁명당 지도자들은 권력을 유지하기 위해 거의 공개적인 기만 선거에 의존해야 했다. 1994년 에르네스토 세디요Ernesto Zedillo를 대통령이 되게 한 '거대한 사기'는 멕시코의 권위주의적인 일당 장기 집권 체제가 점점 쇠락해 가고 있음을 보여 주었고, 결국 민중의 집요한 정치적 압력으로 이 체제는 무너졌다.

신자유주의의 위기와 민중의 저항, 1994~2008

세디요 정권이 당면한 가장 시급한 위협은 경제 붕괴의 가능성이었다. 북미자유무역협정을 통해 멕시코는 번영을 누려야 했지만 도리어 멕시코 경제의 불황은 깊어만 갔다. 무역 장벽이 제거되면서 유입되는 값싼 미국산 곡물, 우유, 기타 농산물과 경쟁할 수 없었던 많은 소규모 농민들은 큰 타격을 입었다. 더욱이 신발과 섬유 산업과 같은 국내 산업들도 기술적으로 앞선 미국과 캐나다의 생산자들과의 경쟁에 밀려 파산 지경에 이르렀다. 왜냐하면 세디요가 멕시코 경제에 대한 신뢰 확대, 북미자유무역협정 통과 보장 그리고 해외 투자의 유입 등을 위해 의도적으로 페소화를 과대평가했기 때문이다. 이 조치는 가격을 낮췄고 수입품의 엄청난 유입으로 이어졌다. 또한 역설적으로 시간이 지나면서 무역적자 심화와 달러 대비 페소화의 가치 하락 그리고 국내외 자본 유출을 초래했다. 200억 달러의 단기 차입금 상환일이 몇 달 후로 다가오면서 멕시코는 1982년에 겪었던 인플레이션과 채무 불이행이라는 난관에 직면했다.

다시 한 번 미국을 필두로 하는 외국 정부들과 국제 채무기관들은 엄청난 규모의 부채 상환 시기를 재협상했고, 페소화의 붕괴를 막기 위해 약 500억 달러에 달하는 차관 및 지급보증으로 이뤄진 구제금융 패키지를 통해 멕시코를 구제했다. 그러나 1995년 2월에 받은 구제금융의 대가는 가혹했다. 미국이 제공한 200억 달러에 이르는 지급보증에 대한 대가로, 멕시코는 원유 수출 수익금에서 매년 7억 달러를 담보물로 뉴욕연방준비은행에 제공해야 했다. IMF와 국제결제은행이 제공한 275억 달러는 관행적인 전제조건이 붙었다. 즉 멕시코는 사회적 지출을 감축하고 임금 인상을 제한해야만 했다. 그리고 민영화 계획을 확대해야 했는데, 여기에는 멕시코의 소중한 석유화학 기업인 페멕스PEMEX도 포함되어 있었다. 많은 멕시코 국민들은 이러한 거래를 구제금융이 아닌 배신 행위로 간주했다. 멕시코시티의 한 택시기사는, "미국 놈들이 다시 우리 목을 조르고 있어요"라고 말했다.

1990년대 말, 반복되는 경제적 어려움과 날로 커지는 정권의 우유부단함이 합쳐지면서 체제 정당성의 위기와 엘리트 계층의 분열을 가져왔고, 전국적인 민중의 불만을 부채질했다. 1996년 정부는 산안드레스 협정 Acuerdos de San Andrés에 서명하여 치아파스 지역에서 군사활동을 중단하고 '자율적인 자치단체'들을 구성할 수 있는 원주민들의 권리를 인정했다. 원유가 풍부한 인접 타바스코 주에서는 풀뿌리 인권 단체들이 곧장 1만여 명의 촌탈Chontal 원주민들을 동원하여 지역 내 원유 매장 지역을 '자치 지역'으로 선포하고 60여 개의 유정에 대한 접근을 막았다. 그 동안 강력한 원유 노동자 조합은 제도혁명당 지도부에게 로비를 벌여 세디요의 페멕스 민영화 계획을 비난하도록 했다. 치아파스의 혁명적 메시지가 넓게 전파되면서 이 지역은 여전히 소용돌이 치고 있었다.

민중혁명군Ejército Popular Revolucionario, EPR이라는 다른 게릴라 단체가 게레로 지역에서 출현하여 남부 6개 주에서 라디오 방송국 점령, 경찰서 습격 그리고 군 주둔지 공격 등의 무장 작전을 이끌었다. 비록 정부 지도자들은 이들 민중혁명군의 인기를 비웃고 정권 안정에 위협이 된다는 사실을 간과했지만, 지역 내 교구 신부 막시모 고메스Máximo Gómez는 "이곳 주민의 90%는 게릴라들을 마음속으로 지원하고 있다"고 결론 내렸다.

제도혁명당과 신자유주의 정책에 대한 민중적인 저항이 주로 가난한 남부 지방에 집중되었으나, 중부 지역에서도 계속해서 커져 갔다. 처음에는 자유무역과 높은 이자율로 피해를 본 중산층 농민들과 에히도 농민들로 구성된 채무자 그룹인 엘바르손El Barzón('멍에'라는 뜻의 에스파냐어―옮긴이)이 담보권 행사를 막기 위해 3만 5,000건의 소송을 제기했다. 또한 대규모 집회를 조직하여 고속도로를 봉쇄하였으며 관공서, 은행, 법원 그리고 공장들에서 연좌 농성을 벌이면서 채무 삭감을 요구했다. 좌파인 후안 호세 키리노Juan José Quirino의 지도 아래 엘바르손 구성원barzonista들은 더욱 많아졌고 보다 정치적인 당파성을 띠게 되었다. 50만에서 100만 명으로 추정되는 조직원들을 보유한 엘바르손은 은행이 채무 위기 당시 불법적으로 압류한 100만여 에이커에 이르는 땅을 에히도에 반환할 것을 요구했다. 또한 신자유주의에 저항하는 민주주의 전선을 조직하기 위해 사파티스타와의 동맹을 발표했다.

생선 가게의 여우(fox)

그럼에도 불구하고, 제도혁명당과 신자유주의 정책에 대한 민중의 저항을 가장 확실하게 보여 주는 증거는 1997년과 2000년 선거의 잇단 패배였다. 첫번째 선거에서 야당세력이 하원의 다수파를 형성했고, 제도혁명당은 전통적으로 절대다수 의석에 기반을 두고 상원에서 행사하던 거부권을 사용할 수 없게 되었다. 이는 대통령이 갖고 있던 거의 무제한적인 권력을 약화시켰다. 또한 쿠아우테목 카르데나스가 멕시코 전체 인구의 4분의 1이 살고 있는 멕시코시티의 시장으로 선출되었다. 두번째 선거에서는 1929년 창당 이후 제도혁명당이 대통령직을 독점해 오던 역사적 관행이 무너지고, 국민행동당Partido Acción Nacional, PAN의 후보자인 비센테 폭스 케사다Vicente Fox Quesada가 대통령으로 당선되었다. 폭스는 코카콜라의 부유한 전직 중역 출신으로, 포퓰리즘적인 주제로 선거 운동을 하였으며 '라틴아메리카의 대안'alternativas latinoamericanas이라는 조직의 창립 회원이었다. 이 조직은 신자유주의가 "성장과 발전을 가져 오지 못했고, 특히 소득과 부의 보다 공정한 분배를 이루는 데 실패했다"고 비판했다. 그는 원주민들의 권리를 지지하고 치아파스 지역의 위기를 평화적으로 해결하기 위해 협상할 것을 약속했다. 또한 정치적 권위주의 구조의 혁파, 경제 발전 촉진, 국영 기업인 페멕스의 민영화 반대, 멕시코 내의 빈곤과 불평등 완화, 교육에 대한 정부 지출의 두 배 증가 등을 약속했다.

그러나 대통령이 되자 폭스는 포퓰리즘적인 약속들을 모두 저버렸다. 그리고 세계은행, 유니온 카바이드Union Carbide, 듀퐁-멕시코, 프록터엔 겜블, 월드콤의 자회사인 아반텔Avantel 같은 다국적기업이나 멕시코 기업 출신의 신자유주의적인 참모들을 곁에 두었다. 내무부 장관인 산티아고 크레엘Santiago Creel은 농업, 광산업, 목재업의 재산을 물려받았는데 이

재산은 19세기 포르피리오 디아스 시기에 쌓은 것들이었다. 이러한 사회적 배경을 고려해 보면, 이들이 사회정의가 아니라 투자자들을 중시하는 정책을 지지했다는 사실은 전혀 놀랍지 않다. 집권 첫해에 폭스 정권은 소농에게 주는 보조금의 삭감, 에너지 및 전기통신 산업의 민영화, 노동자에 대한 법적 보호망 제거, 부채 수금 절차의 간소화 등을 추진했다. 또한 폭스는 음식과 의약품에 15%의 역진적인 부가가치세를 매기는 법안을 추진했는데, 여기에 반대하는 사람들에 따르면 이 세금은 1,700만 명의 극빈층을 포함하여 4,000만 명의 빈곤층에게 불균형적으로 부과될 것이었다. 그러나 폭스가 의회의 다수 과반수를 확보하지 못했기 때문에 그의 제안들은 입법화되지 못했다. 하원의 연합세력이 대통령의 다른 계획들을 막았던 반면, 폭스의 소속 정당은 원주민들의 권리를 보호하는 대통령 주도의 법안을 무산시켰다. 폭스 자신은 상원으로부터 마이크로소프트의 CEO인 빌 게이츠를 만나기 위한 출국 허가조차 받지 못했다. 2001년 12월의 여론조사에 따르면, 75%에 달했던 기록적인 지지율이 50%로 떨어졌고, 멕시코시티의 신문인 『엘 우니베르살』El Universal이 실시한 다른 여론조사에 따르면 폭스에게 다시 투표하겠다는 유권자는 고작 37%에 불과했다.

한편, 경제가 1997년부터 2000년까지 연평균 5.5%의 성장률을 기록했음에도 불구하고 소득 불평등은 훨씬 더 심화되었다. 1998년 최빈곤층 10%가 국민 소득의 1.3%를 번 반면, 최상위 부자 10%는 41.7%를 가져갔다. 이렇게 불평등이 심화한 것은 주로 통제되지 않은 시장 때문으로, 노동자들보다는 투자자들의 이익을 보장했다. 그러나 투자 소득에 의존하는 멕시코 가정은 2% 미만이었고, 반면 72%는 임금 소득에 의존했다. 빈곤율 또한 급격하게 늘어났다. 심각한 경기 불황이 있었던 1982년과 1994년을 포함하는 20년 동안 신자유주의 정책이 실시되고 꾸준한 경제 발전이 있었지만, 세계은행의 보수적인 예측에 의하면 멕시코의 빈곤층은 1977년 34%에서 2000년 68.5%까지 증가했다. 콜레히오 데 멕시코Colegio de Mexico 의 경제학 교수이자 폭스 정부 초기의 참모였던 훌리오 볼트비니크는 다른 기준과 방법을 이용해 7,000만 명의 국민이 빈곤에 시달리고, 그 중 2,700만 명이 필수 영양 품목조차 살 수 없을 정도라고 2001년 3월 보고했다. 볼비트닉에 따르면, 2002년과 2004년의 자료는 폭스 정권이 농촌 지역 빈곤퇴치 프로그램인 프로캄포Procampo의 재정 지원을 2% 삼각하면서 빈곤 상태가 보다 악화되었음을 보여 주었다.

2007년까지 멕시코는 전적으로 해외 수출과 투자 자본 시장에 의존하고 있었다. 1990년 이래로 1,040억 달러에서 꾸준히 증가해 1999년에 1,660억 달러에 이른 외채가 2006년에는 1,170억 달러로 줄었다. 그럼에도 불구하고, 멕시코는 아직도 해외 수출의 80%를 미국에 의존하고 있었으며, 벌어들이는 돈의 3분의 1을 해외 은행가들에게 갚아야 했다. 2000년에서 2005년까지 미국 시장이 축소되자 멕시코 경제가 휘청거렸다. 수출 가격이 하락하고 수출 소득이 감소했으며, 경제 생산성 또한 감소했다. 도시 실업률 역시 3.4%에서 2004년 5.3% 증가했고, 2006년에는 반짝 경기로 인해 4.6%로 살짝 줄었다. 경제 회복은 펠리페 칼데론Felipe Calderón이 2006년 대선에서 진보적인 정적이자 집요하게 신자유주의 반대를 주장했던 안드레스 마누엘 로페스 오브라도르Andrés Manuel López Obrador를 이기는 데 분명 도움이 되었다. 그러나 로페스 오브라도르가 각 선거구에서 두 표 미만의 차이로 결정된 백중한 선거전에서의 잘못된 개표 증거들과 기타 부정 사례들을 공개함으로써, 선거 부정에 대한 의혹은 계속해서 멕시코를 괴롭혔다. 민중들의 상당한 압력에도 불구하고 멕시코선거위원회는 전체 표의 재검표를 주장하는 로페스 오브라도르의 요구를 거부하는 대신,

전체 투표장의 9%만을 재검표하기로 했다. 그러나 이런 소규모의 재검표로도 칼데론과의 득표 차이는 0.58%에서 0.56%로 줄였다. 정치적으로 중립적인 경제정책연구센터Center for Economic and Policy Research, CEPR의 마크 와이스브롯Mark Weisbrot에 따르면, 이것은 "이렇게 백중한 선거에서 의미 있는 비율"이며, 또한 "당연히 전체 재검표를 거부한 선거위원회의 배경에 의구심을 품게" 했다.

선거 이후 칼데론은 광범위한 민중의 저항에 직면했다. 수백만의 시민들이 선거 결과에 항의하기 위해 멕시코시티의 소칼로 광장을 채웠고, "한 표씩 한 표씩" 재개표할 것을 요구했다. 시간이 지나면서 그들은 로페스 오브라도르를 "적통 대통령"이라고 선언하고 "혁명적인 예비 정부"를 만들 것을 요구했다. 치아파스에서는 사파티스타민족해방군이 노동자들의 착취와 소외에 의존하는 자본주의 경제 제도에 저항하는 전국적인 민중 운동을 만들기 위해 풀뿌리 운동인 '또다른 싸움'Otra Campaña을 계속했다. 그러는 와중에 남부 오아하카Oaxaca 주에서는 교사 파업과 부패한 주지사에 대한 항위 시위가 약 40만 명의 지지자들을 동원하는 공공연한 소요 사태로 과열되었다. 이렇게 완강한 반대에 부딪힌 칼데론은 정부가 반대자들의 환심을 사야 할 상황이라는 것을 깨달았다. 그는 사회적 서비스에 대한 공공지출을 늘린 2007년 예산안을 발표했다. 또한 '첫번째 일자리 프로그램'Programa Nacional del Primer Empleo에 3억 달러를 배정하여 처음 직장을 잡는 노동자들을 고용하는 업주들에게 자금을 지원했다. 그리고 비록 가격 인상폭을 30%로 제한하기는 했지만 전국 주요 토르티야 공급자들과의 합의를 통해 토르티야tortilla 가격 안정화 협정을 발표했다.

민중적인 압력에 따른 이러한 양보 조치들에도 불구하고, 칼데론은 수십 년 된 민영화 정책, 세금 삭감, 그리고 자유무역을 지속했고, 이것들은 불평등의 심화, 실업과 빈곤의 증가, 인프라에 대한 투자 감소, 그리고 정보 통신에서부터 광산, 교통, 에너지, 금융에 이르기까지 산업에서의 과점 증가로 나타났다. 2008년 경제위기로 멕시코의 대외종속이 심화되었고, 미국의 지속적인 수요와 미국으로부터 총기류의 자유로운 유입으로 시작된 폭력적이고 불법적인 마약 거래가 급격하게 증가되었다. 더욱이 저가 중국 수출품과의 극심한 경쟁은 멕시코 노동자들을 비공식 부문으로 몰아넣었다. 이 비공식 부문에서 경제활동 인구의 절반 이상인 약 1,350만 멕시코 국민들이 연금이나 의료 보험의 혜택도 없이 작은 임금을 벌었다. 또 다른 40만이 매년 일자리를 찾아 미국으로 이주했고, 매년 가족을 돕기 위해 200억 달러를 고향으로 송금했다. 1,000만 멕시코인들이 2006년 이후 빈곤선 이하로 전락했다. 2012년 대선을 앞두고 칼데론에 대한 지지도는 44%까지 지속적으로 하락했고, 민중의 저항은 기하급수적으로 늘어났다. 그리고 아마도 역사적으로 신자유주의와 유착하면서 대가를 치러야 했던 제도혁명당의 정치적 부침은, 칼데론 정부가 빈곤을 줄이는 데 실패했다고 선언하면서 다시 반등하고 있는 것처럼 보였다.

이렇게 진행 중인 힘겨운 노력들이 어떤 결과를 가져오든 간에 멕시코의 계속되는 경제·정치·사회적 위기의 중심에는 외채 문제와, 그리고 이 문제를 낳은 종속적인 자본주의 제도가 있었다. 미국의 학자인 피터 에반스Peter Evans는 1979년 이렇게 예측했다.

> 브라질처럼 멕시코는, 종속적 발전이 멕시코가 만들어 수출하는 것보다 더 많은 수입품을 요구한다는 것을 알게 되었다. 아무리 다국적기업이 멕시코의 자본 축적에 기여한다고 해도 자신들이 가져온 자본보다 더 많은 자본을 빼내간다는 것도 알게 되었다. 종속적 발전은 중심부와의 반주변

부적인 관계의 불균형을 고치지 못한다. 오래된 불균형을 새로운 불균형으로 바꿔 갈 뿐이다.

볼리비아의 선거용 허풍

브라질, 아르헨티나, 칠레의 군부들처럼 볼리비아 군부도 1964년에서 1982년까지 볼리비아를 장기간 통치했다. 물론 볼리비아 군부가 주기적으로 선거를 허용하였지만 국민의 대다수인 산악 지대의 원주민들은 참여조차 할 수 없었다. 또한 1979년 선거에서 왈테르 게바라 아르세Walter Guevara Arze에게 했던 것처럼, 군부는 진보주의자들의 승리를 막기 위해 선거에 일상적으로 개입했다. 군부는 국가 경제에 대한 체계적인 약탈을 총괄했고, 수십 년 동안 볼리비아를 괴롭혀 온 사회적 불안을 유산으로 남겼다. 볼리비아의 계속되는 위기는 주로 주석(볼리비아의 전통적인 중요 수출품) 가격의 폭락, 주요 달러 공급원으로써 코카인의 갑작스런 등장 그리고 긴축과 민영화라는 신자유주의적 정책을 채택하도록 하는 엄청난 국제적 압력들로 인하여 지속되었다. 20여 년에 걸친 실패로 신뢰를 잃은 군부는 병영으로 돌아갔지만 이들의 명백한 존재감은 이후 선출된 정부들의 운신 폭을 제약했다. 또한 포퓰리즘적인 선거공약과 정부의 신자유주의적인 정책 사이의 크나큰 괴리를 만들었다.

민주주의의 은밀한 파괴, 1985~2000

민주주의를 은밀하게 파괴하는 이러한 양상은 1985년 선거 때 군부가 지배하는 정치에 환멸을 느낀 유권자의 3분의 2가 투표에 참여하지 않으면서 시작되었다. 전 독재자인 우고 반세르 수아레스Hugo Banzer Suárez 장군과 1952년 혁명의 포퓰리즘적 지도자인 78세의 빅토르 파스 에스텐소로 Víctor Paz Estenssoro 중 누구도 50% 이상을 득표하지 못했다. 결국 의회가 진보 성향의 의원들의 지원을 받은 파스를 대통령으로 선출했지만, 반세르 장군과 IMF는 파스 대통령에게 시급한 IMF의 신규 차관을 받는 조건으로 가혹할 정도의 긴축 정책을 쓰도록 강요했다. 곧장 파스는 공공 서비스와 식료품에 대한 정부 보조금의 대폭 삭감, 임금 동결, 통화 가치의 1,000% 평가절하, 수입품이나 외국인 투자에 대한 모든 장벽 제거, 외채에 대한 상환 재개 등의 조치를 취했다.

반세르와 동맹관계를 맺은 파스는 하이퍼인플레이션을 막고 경제를 안정화시키기 위한 신자유주의 프로그램을 발표했다. 하버드의 경제학자인 제프리 삭스 Jeffrey Sachs가 기안한 이 프로그램은 수익이 나지 않는 11개 국영 광산의 폐쇄, 수천 명에 달하는 노동자의 해고, 다른 국영 기업의 민영화, 공공 서비스에 대한 대폭적인 예산 삭감, 세금 인상을 요구했다. 볼리비아의 가장 큰 주석 광산을 폐쇄한다는 파스의 결정은 정부와 노동조합의 갈등을 막다른 골목으로 몰고 갔다. 노동조합은 총파업에 들어갔고 수천 명의 조합원들이 수도인 라파스La Paz를 향해 행진을 시작했다. 정부는 계엄을 선포하고 군, 탱크, 전투기들을 보내 광산 지역을 순찰하게 했으며, 수백 명의 노동자와 지역 사회 지도자들을 체포했다.

광산업의 위기는 1986년 볼리비아 군이 코카인 제조공장들을 없애기 위한 용광로 작전Operación de Altos Hornos에 미군을 참여하도록 하면서 생긴 사회적 갈등을 더 깊게 만들었다. 매우 잘 알려진 마약퇴치 작전들에도 불구하고 역설적이게도 볼리비아의 가장 활발한 경제 부문은 코카인 거래였다. 코카인 거래라는 주된 달러 조달 창구를 통해 볼리비아는 급격히 줄어든 무역 수익을 충당할 수 있었다. 코카인 덩어리 판매를 통해 매년 6억 달러 정도의 수익이 생겨났는데, 이는 볼리비아의 합법적인 무역 수익인 4억 달러보다 무려 3분의 1이나 많은 양이다.

광부들과 정부의 갈등은 천여 명에 이르는 광부 시위자들이 계엄 선포, 여타 탄압 조치들, 그리고 정부의 광산 폐쇄 계획에 대해 항의하면서 수직갱도를 점거하고 단식투쟁을 벌이면서 극적으로 변했다. 광부들에게 닥친 어려움과, 정부가 광부들과의 협상을 단호하게 거절하는 태도는 국민들의 동정심을 유발했고 광부들에 대한 지지 시위가 늘어났다. 전국여성농민연맹Federación Nacional de Mujeres Campesinas de Bolivia이 정부의 신자유주의에 맞서 전국적인 동조 파업과 점거 시위를 이끈 것은 연대감을 보여준 기념비적인 사례였다.

자신들의 입장이 얼마나 인기가 없는지를 깨달은 파스 정부는 광부들과의 갈등을 해결하기 위한 교회의 중재안을 받아들였다. 11일 동안의 대화를 통해 정부와 광부들은 100여 명의 노동자, 농민, 지역 지도자들의 석방, 광산 폐지 정책의 중단, 직장을 잃은 광부들에 대한 보상 그리고 광산 지역에 물자공급 봉쇄 해제에 대한 합의를 이끌어 냈다.

광부들은 볼리비아노동자연합Central Obrera Boliviana, COB이라는 라틴아메리카에서 가장 강력한 노동 운동 조직의 중추로서, 자신들의 조직을 파괴하려는 정부의 공세를 이겨냈다. 그러나 국영 기업의 매각, 수입품에 대한 관세 장벽 제거 그리고 외국인들의 자유로운 투자 허용 등 정부의 전반적인 신자유주의적인 자유 시장 정책에는 변화가 없었다. 정부 정책의 결과로 전통 산업들이 내리막길을 걷게 되었고, 1985년에서 1986년 사이 구매력이 40% 가량 감소했으며 실업률은 30%에 이르렀다.

파스와 삭스는 자신들의 정책이 인플레이션을 성공적으로 억제했다고 자랑했다. 그러나 그 결과로 생긴 높은 실업률은 해고된 수만 명이 민간 부문에서 직업을 찾을 수 있을 것이라던 그들의 자유 시장 논리와 모순되었다. 민간 부문에서 유일하게 늘어난 경제활동은 코카 재배와 코카인 제조였다. 다른 직장을 찾지 못한 수천 명의 광부들은 정부로부터 받은 보상금으로 땅을 사고 코카 나무를 길렀다. 볼리비아의 코카 잎 생산은 삭스의 계획 이전 5만 톤에서 이후 8만 톤으로 60%가 늘었다. 볼리비아가 세계에서 두번째로 많은 코카인 생산국이 된 것이다. 50만 명으로 추산되는 볼리비아 국민들이 코카 경제에 의존했고, 코카인은 마치 "사회적 불만의 폭발을 막는 쿠션과 같았다."

볼리비아가 코카 재배에 의존하게 만들었던 신자유주의 정책은 또한 미국의 군사적·재정적 지원에 대한 의존을 심화시켰다. 역설적이게도 이러한 상황은 코카 재배 근절을 위한 마약 전쟁의 도구로서 볼리비아 군을 동원한다는 협약에 의해 시작되었다. 미군과 볼리비아 군의 합동 작전은 곧 볼리비아 코카의 대부분이 재배되고 있는 차파레 지역에서 정기적으로 실시되었다. 그러나 이러한 합동 작전, 접근로 파괴 그리고 기타 군사적 조치를 통해 이 마약 전쟁에서 승리했음을 보여 주는 증거는 없다. 차파레 지역에서 코카 공급의 증감은 무엇보다도 코카 잎의 가격 변동에 따라 코카 재배에 참여하거나 그만두는 농민들의 움직임을 반영할 뿐이었다.

한편, 코카 잎 재배에 점점 더 생계를 의존하게 된 원주민 농민공동체들은 코카 잎을 제거하려는 볼리비아와 미군의 시도에 대해 맹렬하게 저항했다. 이 농민들의 끈질긴 압력으로 1992년 볼리비아 정부는 코카인과는 대조적으로 코카 잎 자체는 처벌 대상에서 제외하고자 했다. 이 "코카 외교"는 코카 잎이 갖고 있다고 주장되는 의학적 효능을 강조했다. 볼리비아를 비롯한 안데스 산맥의 나라들에서 코카는 굶주림을 견디고, 고지대의 삶이 야기하는 심신 쇠약에 대응하기 위해 수세기 동안 사용되어 왔다.

그러나 미국의 마약 정책은 코카 잎의 불법성을 종식하자는 그 어떤 제안도 매몰차게 반대했다.

1990년대의 잇단 대통령 선거들은 언제나 그래왔듯이 신자유주의적 정책들을 은폐한 포퓰리즘적 선거 공약의 장이었다. 백만장자 사업가인 곤살로 산체스 데 로사다Gonzalo Sánchez de Lozada는 1993년 선거에서 네 명의 후보 중 36%의 득표율로 쉽게 승리했다. 산체스가 대통령으로서 공식적으로 처음 접견한 피델 카스트로, 그리고 노벨평화상 수상자인 과테말라의 리고베르타 멘추가 참석한 대통령 취임식에서 그는 빈곤층 문제 해결과 소득 재분배에 대해 약속했다.

그럼에도 불구하고, 그의 경제 정책의 핵심은 IMF와 세계은행이 지속적인 원조의 조건으로 내건 국영 기업의 민영화와 국가 구조조정이었다. 취임식이 치러진 지 한 달 만에 산체스는 만여 명의 공무원을 해고했고, 볼리비아노동자연합은 볼리비아를 몇 주 동안 마비시킨 대규모 파업과 시위로 대응했다.

국제 주석 가격의 하락에 따라 주석 광산업이 또 다른 위기에 직면했고, 이에 따라 볼리비아 정부는 구조조정을 강행해야 했다. 결국 3만 5,000여 명의 노동자를 고용한 소규모 광산업체들이 폐쇄되었고, 국영 볼리비아광업회사Corporacion Mindera de Bolivia, COMIBOL는 규모를 대폭 축소했지만 손실은 계속 누적되었다. 주석이 볼리비아의 전체 수출의 49%를 차지했기 때문에 주석 가격의 하락은 볼리비아의 무역수지에 재앙과 같은 충격을 주었다.

산체스의 임기가 끝나갈 무렵, 볼리비아 사회는 여전히 지독하게 가난했다. 물론 비교적 높은 경제 성장률을 보여 주었지만, 인구 증가로 인해 1인당 국민소득은 800달러로 서반구에서 아이티에 이어 두번째로 낮은 나라였다. 그럼에도 불구하고, 사회적 위기는 이보다 훨씬 더 심각했는데 그 이유는 실제 부가 너무나 불평등하게 분배되었기 때문이다. 도시 가구의 78%가 빈곤선 아래에서 생활했고, 이중 40%는 대부분의 기본적인 욕구조차 충당할 수 없을 정도로 '궁핍한' 가구였다.

더욱이 볼리비아의 빈곤 역시 다른 곳과 마찬가지로 여성의 몫이었다. 10%의 여성은 홀로 가정을 책임졌고 이들 중 67%는 한 명 이상의 자녀를 키웠다. 농촌 여성의 3분의 2는 문맹이었고, 이로 인해 매우 낮은 임금의 일자리를 가질 수밖에 없었다. 전체 아동의 34%는 만성적으로 영양 결핍이었다. 산체스 대통령조차도 "경제는 잘 가고 있는데, 사회 문제들은 잘 풀리지 않는다"고 인정했다.

민중의 저항과 국가의 부활, 2000~2012

전 독재자이자 새 대통령이 된 우고 반세르가 신자유주의적인 정책을 강력하게 펼치면서 1990년대가 끝났다. 반세르는 곧 건강상의 이유로 사임했고, 텍사스 A&M 대학을 졸업한 산업 공학자로 자기 자신을 "기업가 여피족"이라 칭했던 호르헤 키로가Jorge Quiroga 부통령이 대통령직을 승계했다. 키로가는 연 4%의 안정적이고 인상적이기까지 한 경제 성장률을 거두었지만, 이것은 이 지역의 다른 나라들처럼 주로 해외 자본을 유인하기 위한 높은 이자율에 의한 것이었다. 1999년 해외 자본은 볼리비아의 외채를 3억 8,500만 달러에서 4억 9,400만 달러로 늘렸다. 또한 이 해외 자본으로 인해 전 국민의 60%에 해당하는 500만 명 이상이 빈곤층에 속했고, 서반구에서 두번째로 높은 영아 사망율(1000명 중 57명)과 세번째로 낮은 평균 수명(64세)을 기록했다. 불완전고용이 만연했고 실업률은 12%를 웃돌았다. 여성, 노동자, 노동조합, 원주민 권리 운동가 그리고 채무자 조직들은 신자유주의의 부정적인 사회적 결과에 저항하기 위해 점차 연대하기 시작했다. 이들은 2002년 국영 기업인 볼리비아광업회사COMIBOL의 부분적인 민영화 계획을 막는 등 약간의 승리를 거두기도 했다.

10년 이상 진행된 신자유주의 정책들이 볼리비아에 번영이나 균형 발전을 가져오지 못했음은 분명해졌다. 자유무역을 옹호하는 영국 잡지인 『이코노미스트』조차도 "시장경제가 어떠한 미래의 약속을 한다 해도 빈곤층에게 부를 가져다주지 못한다"며, 볼리비아의 경험이 시장의 힘에 대한 신뢰를 심각하게 훼손했음을 인정했다. 볼리비아 국민들도 점점 더 이 점에 동의하기 시작했다. 2002년 대선에서는 그 어떤 대선주자도 규제 없는 시장이나 민영화를 주장하지 않았다. 전 대통령으로 백만장자이자 광산 소유자이며, 고니Goni라는 이름으로 알려진 곤살로 산체스 데 로사다 Gonzalo Sánchez de Lozada가 아슬아슬한 차이로 최다 득표(22%)를 했다. 그는 국가 재정을 투입해 일자리를 만듦으로써 자유 시장 체제를 개선하겠다고 공약했다. 다른 모든 대선주자들도 신자유주의를 신랄하게 비판했고 신자유주의의 폐기 또는 개혁을 외쳤다. 사회주의운동당Movimiento al Socialismo, MAS의 대선 주자이자 원주민 코카 재배자들의 저항적인 지도자인 에보 모랄레스는 20.94%의 득표율로 2위를 기록하여 모든 관측자들에게 충격을 주었다. 에보 모랄레스는 원주민들의 권리 옹호, 외채 상환 중단, 지난 20년 동안 민영화된 기업의 재국유화, 국가의 경제 통제를 통한 빈곤 축소와 보다 많은 사회적 평등을 주장했다. 어떤 후보도 과반수 득표를 하지 못했기 때문에 의회가 고니를 대통령으로 선택했다. 그러나 그는 에보 모랄레스가 주도하고, 다시 출현한 원주민 권리 운동의 지원을 받은 강력하고 대중적인 야당 세력에 의해 대통령 자리에서 밀려났다.

고니의 즉흥적인 퇴장을 촉발한 결정적인 사건은 2004년의 '가스 전쟁'이었다. 이는 볼리비아의 풍부한 가스 자원과 개발을 둘러싼 갈등이었다. 노동자와 원주민들의 권리를 주장하는 활동가들이 펠리페 키스페Felipe Quispe의 주도로 힘을 합쳐, 가스 자원을 재국유화하고 그 이익을 빈곤한 국민들, 특히 아이마라와 케추아 원주민 공동체에게 도움이 되는 국가 경제 발전에 사용하자고 주장했다. 파업, 도로 점거 그리고 다른 종류의 직접적인 행동들을 통해 고니의 사퇴를 이끌어 냈고, 그의 후임자인 카를로스 메사Carlos Mesa는 이 위기를 종식하기 위해 국민투표를 실시했다. 87%에서 92% 사이의 압도적인 대다수는 고니가 실시한 민영화법의 철폐, 탄화수소의 국가 개발, 국영 석유 회사인 '야시미엔토스 페트롤리페로스 피스칼레스'YPFB의 재국유화를 지지했다. 이러한 국민적인 요구를 거부하고 그저 지지자들을 달래기 위해 정부는 2005년 단순히 국가의 로열티 몫을 인상한 법안을 통과시켰다. 그러나 이 조치는 사회 운동 세력을 만족시키지 못했고, 메사가 이들의 요구를 거부하자 시위가 다시 거세졌고 결국 그는 사퇴해야 했다.

'가스 전쟁'과 국민투표 이후 실시된 2006년 대선은 볼리비아 국민들이 민주적인 발언권을 행사할 수 있는 기회였다. 이 선거에서 에보 모랄레스가 54%의 득표율로 대통령으로 선출되었는데, 이는 볼리비아 정치에서 분명한 민의였다. 뜻밖의 승리를 거두고 나서 모랄레스는 곧장 자신을 전임 대통령들과 차별화하면서 민중민주주의에 대한 흔들리지 않는 지지를 선언했다. 그는 "우리는 약속만 하는 정권이 아닙니다", 그리고 "우리는 우리가 제안했던 것과 국민이 요구하는 것을 따를 것입니다"라고 외쳤다. 노동절인 2006년 5월 1일 모랄레스는 가스와 원유 산업을 국유화하겠다는 대통령령에 서명했고, 외국 기업들에게 기존 계약을 6개월 이내에 법이 허용하는 범위 내에서 재협상할 것을 지시했다.

자신의 주장을 재강조하기 위해 모랄레스는 군과 야시미엔토스 페트롤리페로스 피스칼레스YPFB의 기술자들로 하여금 해당 기업들을 접수하고 안전하게 보호하도록 명령했다. 가스와 원유 산업의 재국유화는 탄화수소 생산을 통해 산업화를 증진시키고, 국가 수입을 약 7억 8,000만 달러로 늘리기 위한 것이었다. 이 금액은 2002년도 국가 수입의 6배에 달하는 액수였다. 이 금액 중 일부는 무상 의료 서비스, 영양실조 근절, 문맹 퇴치를 포함한 유엔의 밀레니엄개발계획UN Millennium Development Goals을 달성하기 위한 사회적 프로그램에 할당되었다. 이 프로그램에는 쿠바에서 온 의사들과 교육자들이 참여했다. 예를 들어 2008년 초, 모랄레스 정부는 원유 국유화로 확보한 신규 수익의 30%를 '품위 연금'Renta Dignidad 기금으로 사용했다. 이 연금은 주로 원주민 출신의 약 70만 명에 이르는 빈곤층에게 매달 315달러를 지급했다. 정부 대변인은 이런 정책의 분명한 목표는 "59.9%에 이르는 빈곤층을 2015년까지 42.4%로 줄이기" 위한 것이라고 했다.

에보 모랄레스가 집권한 지 2년이 지난 후, 라틴아메리카경제위원회 Economic Commission on Latin America는 극빈곤층이 35%에서 31%로, 차빈곤층이 64%에서 54%로 축소되는 다소간의 성취가 있었다고 보고했다. 볼리비아 국민들이 2009년 모랄레스를 64%의 득표율로 재선시키고 상하 양원에서 3분의 2의 절대 다수석을 확보해 주면서 이러한 초기의 성과들을 인정했음에도 불구하고, 사회 운동 세력들은 여전히 경계를 풀지 않고 있었다. 예를 들어, 2010년 후반 이들은 가스와 디젤유에 대한 국가 보조금 삭감 계획에 반대해 이 계획을 철회하도록 모랄레스에게 압력을 가하는 시위를 벌였다.

모랄레스와 그를 대통령으로 만든 사회 운동 세력은 당연히 많은 장애물에 부딪혔다. 국내에서는 가장 풍부한 가스와 원유 매장량을 가지고 있던 산타크루스Santa Cruz 주의 지방자치 운동이 강력한 반대를 시작했다. 민족주의적인 모랄레스 정권의 재분배 정책에 두려움을 느낀 부유하고 유럽지향적인 메스티소 기업인들이 주로 이끄는 이들 자치 운동 세력들은 정치와 경제 영역에서 상당한 자치를 주장했다. 해외 투자자들, 그리고 국제 금융기관인 IMF와 세계은행과 같이 전통적으로 신자유주의를 지지해 온 세력들의 반대 또한 상당했다. 2002년 볼리비아의 정치 분석가인 카를로스 토란소Carlos Toranzo는 모랄레스와 그의 사회 운동 세력이 "반세계화, 반신자유주의, 반제국주의라는 세계적으로 유행인 사상들을" 대표한다고 결론내린 바 있다. 10년 후 이 어휘들은 예언처럼 보였지만, 볼리비아의 역사가 말해 주듯 모랄레스 정권에 대한 진정한 평가는 더 많은 시간을 필요로 한다.

에콰도르의 선거 포퓰리즘

인접 국가들과 마찬가지로 에콰도르의 최근 역사도 신자유주의 정책과 민중민주주의의 진전 사이의 고통스러운 갈등을 잘 보여 주었다. 에콰도르에서 국민들이 처음 신자유주의 정책을 받아들였던 데는 지키지 못할 약속들과 포퓰리즘의 붕괴가 남긴 혼란이 큰 영향을 끼쳤다. 볼리비아처럼 에콰도르에서도 원주민들의 정치적 동원이 핵심적인 역할을 했다.

포퓰리즘적 수사와 신자유주의 정책, 1984~2000

볼리비아처럼 1980년 중반 에콰도르는 레이건 행정부 시기 미국이 모델로 제시한 자유 시장과 신자유주의 정책들을 시행하기 위해 많은 노력을 했다. 1984년 레온 페브레스 코르데로León Febres Cordero는 대통령으로 선출된 뒤, 70억 달러에 이르는 외채 상환을 연기하기로 IMF와 합의했다. 이 금액은 에콰도르 전체 무역 수익의 30% 이상을 이자로 내야 하는 액수였다. 이 합의로 에콰도르가 치러야 했던 대가는 IMF가 통상적으로 개발도상국가들에게 요구하는 것이었다. 즉 에콰도르는 외국인 투자의 장려 및 내수 제한, 수입품에 대한 관세 인하, 수출업자에게 유리하도록 환율 시스템 변경 등의 조치를 취해야만 했다. 이러저러한 정책들은 페브레스가 1986년 1월 워싱턴 DC를 방문했을 때 레이건 대통령이 그에게 찬사를 표할 정도였다. 레이건은 페브레스가 "자유 기업 체제의 확실한 옹호자"라고 말했다.

페브레스 코르데로의 사회·경제 정책이 국민들의 삶의 질에 가져온 효과를 보여 주는 대차대조표는 형편없었다. 에콰도르 가톨릭 대학에서 실시한 연구에 따르면 에콰도르에 투자하는 외국 기업들은 1달러를 투자하여 3달러 이상을 가져갔다. 1981년에서 1984년 사이 노동자들이 국민소득에서 차지하는 비중은 32%에서 20%로 떨어졌는데, 고용주들의 이윤은 60%에서 70%로 올랐다. 취학아동의 90%가 기생충 질병을 앓았고, 영아사망률은 여러 자료에 따라 1,000명 당 150명에서 250명 사이에 달했다.

당연히 에콰도르 국민들에게 1988년의 대선과 총선은 신자유주의에 대한 불만을 표출할 기회였다. 노동조합들은 원유 산업의 국유화, 물가 인상 철회, 그리고 월 80달러인 최저임금의 100% 인상을 요구했다. 선거 운동에서 외국 은행에 외채 이자를 갚는 것보다는 사회적 필요를 강조했던 로드리고 보르하 세바요스Rodrigo Borja Cevallos가 노동조합들의 도움으로 대통령에 당선되었다. 그러나 보르하는 자신이 에콰도르 역사에서 "최악의 경제위기"라고 부른 상황에 직면했다. 4년 동안 식료품 가격은 240% 치솟았고 노동인구의 절반 이상이 실업자가 되거나 불완전 고용되었다. 이 위기로 인해 보르하가 취할 수 있는 사회·경제 정책들은 선택폭이 매우 제한적이었다. 온건 좌파인 보르하는 기업인들에게 정부가 국유화를 시행하지는 않겠지만 경제를 규제하고 민간 부문을 지원하는 방법을 찾을 것이라고 확약했다.

그럼에도 불구하고, 외채 경감을 위한 보르하의 노력은 외국 은행들의 저항에 부딪혔다. 외국 은행들은 채무 상환 재조정 회담을 시작하는 조건으로 통화 평가절하, 유가 인상 그리고 다른 긴축 정책 등을 강압적으로 요구했다. 그 결과 엘리트 계층뿐만 아니라 보르하 정권을 지지했던 진보주의자들도 점점 더 보르하 정권을 반대하게 되었다. 진보주의자들은 보르하 정권의 경제 정책이 불공정하고 IMF에 의해 조종된다고 비난하면서 긴축 정책과 관련된 정부 관료들을 비난했다.

전체 국민의 40%를 차지하는 원주민들은 노동자들의 커져 가는 투쟁성과 결합하여 1991년 총파업에서 자신들의 힘을 잘 보여 주었다. 1990년 파스타사 원주민민중조직Organización de Pueblos Indígenas de Pastaza, OPIP과 전국원주민연맹Consejo Nacional de Coordinación de Nacionalidades Indígenas, CONAIE 같은 조직들이 인티 라이미Inti Raymi 봉기를 주도했다. 여기에는 산악 지대에 위치한 8개 주와 아마존 지역의 여러 주에서 수만 명의 지지자들이 참여했다. 원주민들은 토지 재분배와 에콰도르가 원주민들의 권리를 존중하는 다민족국가임을 헌법에 규정할 것을 요구했다. 정부는 원주민 지도자들과의 대화에 동의했지만, 대규모 플랜테이션 농장주와 목장주들의 압력으로 이러한 약속들을 지킬 수 없었다. 평화적이고 온순하다고 치부되던 원주민들의 이러한 투쟁성은 엘리트 계층에 경각심을 불러 일으켰다.

1992년 국민들은 보르하의 공약들을 불신하게 되었고, 국가 재건과 현대화를 내용으로 하는 식스토 두란-바옌Sixto Duran-Ballen의 포퓰리즘적인 공약에 지지를 보냈다. 그러나 그의 이러한 계획은 4년에 걸쳐 40만 명의 공무원 중에서 12만 명을 해고하고 160개에 이르는 국영 기업을 민영화하는 내용을 포함하고 있었다. 두란-바옌은 또한 통화의 35% 평가절하, 125% 이상의 유가 인상, 전기료의 90% 인상, 가정용 가스 사용료의 190% 인상 등의 구조조정안을 발표했다.

국제 금융기관들은 이러한 계획을 열렬하게 환영했지만 국내에서는 두란-바옌의 급격한 인기 하락으로 이어졌다. 거대 노동 조직인 노동자단일전선Frente Unitario de los Trabajadores, FUT과 전국원주민연맹 모두 그를 반대했다. 4년 임기 중 두번째 달에 실시된 여론 조사에 따르면, 그를 지지했던 유권자 중 절반이 그를 다시 대통령으로 뽑지 않을 것이라고 답했고 75%가 그의 정책에 반대했다. 1993년 중반 노동조합들은 두란-바옌이 집권한 이후로 삶의 질이 50%나 하락했다고 주장했다. 최저임금은 월 30달러 정도였지만 비공식 추산에 따르면 기본적인 물품 한 바구니가 250달러에 달했다.

1993년 두란-바옌에 대한 반대는 정부의 신자유주의적 '현대화' 정책을 막기 위한 파업과 시위 등 성공적인 '게릴라 선전활동'으로 이어졌다. 공무원들에 대한 독단적인 해고 방침은 철회되었고 석유, 통신, 전력 같은 전략 산업 부문에서 국영 기업의 민영화는 의회의 특별법 통과가 있어야 가능해졌다.

에콰도르 역사상 가장 길었던 전국 교사 파업은 대통령과 노동세력 간의 전쟁으로 확대되었다. 이는 두란-바옌이 교사들의 급여와 학교 행정을 규정한 법률의 개정을 의회에서 강행하면서 벌어졌다. 이 파업은 '의지의 대결'이 되었고 의회가 전국교원연합Unión Nacional de Educadores이 학교 정책 결정에 참여할 수 있음을 인정하고 현 상태를 유지하는 법 개정안을 통과시킨 후에야 끝났다. 교원연합은 이 파업이 "IMF가 지시한 정부의 정책"에 저항하는 풀뿌리투쟁의 전환점임을 선언했다.

에콰도르에서 사회적 갈등의 또 다른 전선은 아마존 유역 깊숙한 곳에 살던 우아오라니Huaorani 원주민들이 1993년 키토에 와서 원유 회사들이 자신들의 영토를 침범했다며 항의시위를 벌이면서 시작되었다. 이 시위는 댈러스에 본부를 둔 맥서스Maxus라는 회사가 건설하는, 우아오라니 지역의 중심부를 관통하는 고속도로 공사를 막기 위한 것이었다. 우아오라니 부족은 이 고속도로가 수천 명의 정착민들과 땅 투기꾼들을 끌어들이고 삼림 벌채, 동식물 종의 손실, 그리고 원주민 경제와 삶의 파괴를 가져올 것이라고 불만을 터뜨렸다.

두란-바엔 대통령은 우아오라니 족과 만나긴 하였으나 그 어떤 약속도 하지 않았다. 그러나 국영 원유 회사인 페트로에콰도르Petroecuador조차도 원유를 대량 생산하기 시작한 1972년 이래 송유관 문제로 45만 배럴에 이르는 원유를 아마존 산림에 버렸다는 것을 인정했다. 『뉴요커』의 1993년 「아마존에서 온 편지」에 따르면, "나포Napo 강에 유출된 원유로 인해 강의 둑에서 다른 둑까지 65km에 걸쳐 띠가 생겼다". 조 케인Joe Kane 기자는, 우아오라니 족은 "미국의 대형 트럭들에 오가는 길에 위치해 있었고 그들의 운명은 석유를 절대시하는 문화에 의해 결정지어졌다"라고 썼다. 케인은 "우아오라니 족은 미국이 13일간 쓸 수 있는 에너지를 얻기 위해 없어질 것"이라고 냉소적으로 덧붙였다.

우아오라니 족은 필요하다면 물리력을 써서라도 고속도로의 건설을 막겠다고 했다. 1993년 다른 원주민들은 오리엔테Oriente 우림의 대규모 환경 파괴에 대하여 텍사코Texaco 석유 재벌을 상대로 뉴욕에서 10억 달러의 집단 소송을 제기했다. 소송에 따르면 텍사코는 20년간 하루 3,000배럴 정도씩 수백만 갤런에 달하는 원유를 이 지역의 호수와 웅덩이에 고의로 버렸다고 한다. 하버드 대학의 연구에 따르면 이 지역의 주민들 대부분은 이 원유 유출로 인해 건강에 심각한 문제를 겪었다.

다문화적 저항과 국가 재건, 2000~2008

신자유주의적 정책으로 인해 1996년 대선 무렵 두란-바옌의 지지도는 70% 이상 추락하여 10%에도 못 미쳤다. 이와 동시에 원주민들은 아프리카계 인구, 여성, 학생, 노동조합, 농민 조직과 함께 힘을 합쳐 파차쿠틱 다민족통합 운동Movimiento de Unidad Plurinacional Pachakutik이라는 정치연합을 만들었고 여러 주의 선거에서 승리하였다. 이 조직은 또한 로비를 통해서 전국 원주민 및 흑인 발전계획 위원회Consejo Nacional de Planificación y Desarrollo de los Pueblos Indígenas y Negros, CONPLADEIN라는 원주민들과 흑인들의 문화적 자치와 경제적 이익을 대변하는 독립적인 국가기구를 만들었다. 파차쿠틱이 일정한 성공을 거두고 또 성장하고 있는 정치적 당파였음에도 불구하고 여전히 강력한 사회 운동으로도 기능했다. 즉, 신임 아브달라 부카람Abdala Bucaram 대통령이 포퓰리즘적 공약을 저버리고 국유재산의 민영화와 사회적 서비스에 대한 예산을 삭감하자, 이에 반대하는 '다문화적' 저항을 이끌어 냈다. 선거공약 위반에 대한 국민의 분노는 만연한 부패로 인하여 걷잡을 수 없게 되었고, 결국 1997년 2월 대통령을 축출하는 것으로 이어졌다. 뒤이은 정치적 위기와 경제적 혼란은 엘니뇨 현상이 몰고 온 홍수 피해로 마을들이 침수되고 사회공공시설이 파괴되면서 더욱 악화되었다.

포퓰리즘에 기반한 선거 운동을 통해 1998년 새로이 대통령에 당선된 하버드 출신의 하밀 마우아드Jamil Mahuad는 국제 유가의 급락에 의한 경제적 위기에 당면했다. 해결책으로 IMF로부터 8억 달러의 차관을 받기로 하고, 그 대가로 신자유주의적 긴축 정책을 실시하게 되었다. 정부는 즉각 국가 비상사태 선포, 소득세 철폐, 민간 은행에 대한 구제금융 지급, 유가의 두 배 인상, 국민 전체의 60%에 달하는 빈곤층에 대한 사회 서비스 비용 대폭 삭감 등의 조치를 취했다. 파업과 성난 군중들의 시위행진은 더욱 증가했다. 실업률은 50%를 넘었고 마우아드의 지지율은 16%로 떨어졌다. 결국 그를 지지했던 의회의 동맹 세력도 그에게서 등을 돌리게 되었다.

2000년 1월 노동자단일전선과 원주민을 대표하는 전국원주민연맹은 마우아드의 신자유주의적 민영화 계획에 반대하는 대규모 시위를 조직했다. 이들은 특히 마우아드의 버스 요금과 가정용 가스 요금의 급격한 인상에 반대했는데, 이런 요금들은 주로 빈민층을 상대로 기업가들과 외국계 은행가들에게 이익을 제공했기 때문이다. 군 예산의 삭감에 분노한 군 일부가 이 저항에 참여하면서 마우아드의 사퇴를 효과적으로 강제할 수 있었다. 이러한 민중 봉기, 특히 원주민들이 보여 준 급진성에 두려움을 느낀 군부는 마후마드 정권의 부통령인 구스타보 노보아Gustavo Noboa를 대통령으로 만드는 역 쿠데타를 일으켰다. 인종과 계급에 따라 계층화된 에콰도르 같은 나라에서 이들의 선택은 당연했다.

처음에는 노보아가 몇 가지 양보를 했지만 곧 90%가 넘는 인플레이션과 10%를 넘는 실업률 그리고 국가 전체 GDP와 거의 맞먹는 외채라는 경제위기와 맞닥뜨렸다. 노보아는 인플레이션을 조정하고 외국 은행가들에게 상환할 수익을 창출하기 위해, 달러를 자국 화폐로 채택하고 사회적 지출을 줄이며 많은 국유 자원을 민영화하고자 했다. 국내 기업가들은 이 조치를 환영했지만 민중 세력은 다시 저항을 시작했다. 대학생들이 가세하여 전국원주민연맹과 파차쿠틱은 다시 한 번 "신자유주의 경제 모델에 반대하는" 대규모 시위를 벌였다. 그러나 수천여 명의 원주민들이 키토에 진을 친 상황에서 이번에는 또한 미군과 콜롬비아 군이 에콰도르 군 기지를 이용하는 데 편의를 제공하지 말라고 노보아에게 요구했다. 그들은 콜롬비아의 수십 년 된 갈등을 군사적으로 종식시키기 위한 플랜 콜롬비아를 지원하기 위해 에콰도르 군 기지를 필요로 했다.

이 시위를 막으려는 정부와의 협상은 결과적으로 사회 운동의 힘을 강화했고 풀뿌리 민주주의의 구조를 다졌다. 시위대는 원주민들의 보건, 교육 그리고 개발 계획을 위한 국가 지원 확대, "플랜 콜롬비아의 지역화regionalization와 외부 분쟁에 에콰도르가 참여"하지 않겠다는 약속을 포함하여 다양한 양보를 얻어 냈다. 이러한 성과를 거둔 후 과감해진 시위 세력은 퇴역 대령이자 2000년 노동자와 원주민 시위에 참여한 루시오 구티에레스Lucio Gutiérez를 2002년 대통령 후보로 지원했다. 구티에레스는 빈곤 타파, 일자리 창출 그리고 국가의 생산 증대를 약속했다. 또한 부패 추방, 조세 개혁, 예산 15%의 공공사업 투입 등을 공약했다. 그러나 그가 포퓰리즘적 선거 공약들을 저버리고 신자유주의적인 미주자유무역지대Free Trade Area of the Americas, FTAA를 지지하자 그를 지지했던 진보 세력들은 반대로 돌아섰다. 2005년의 상당한 사회 불안정과 정치적 속임수 가운데서, 이 사회 운동 세력은 구티에레스에 대한 탄핵 투표를 통해 질서를 회복하자고 의회를 설득했다.

그 후에 이 강력한 민중연합 세력은 라파엘 코레아Rafael Correa를 정치적으로 지지했다. 그는 2006년 대통령 선거에서 57%의 득표율로 승리했다. "신자유주의의 길고 긴 어두운 밤"을 끝낼 것을 약속한 코레아는 자유무역협정을 지속적으로 반대했고, 국가 수익 증대를 위해 외국 기업과 원

2006년 대통령 선거에서 승리한 후, 라파엘 코레아는 자신에 대한 민중민주적인 지지를 이용해 제헌의회에서 60%에 달하는 견고한 다수세력을 당선시켰다. 제헌의회는 과두층의 지배를 종식시키기 위해 "신헌법을 제정하고 국가의 제도적 틀을 개혁하기 위한 전권을 부여받았다."

유 재협상을 주장했다. 또한 주거, 식료품, 공공시설, 보건 그리고 교육에 대한 보조금 지급을 포함하여 빈곤퇴치 운동을 확대할 것을 공약했다. 외국 은행가들로부터 에콰도르의 주권을 보호하기 위해 IMF와 대립각을 세웠으며, 세계은행 관료를 추방하고 100억 달러에 이르는 외채에 대해 채무를 이행하지 않겠다고 협박했다. 또한 과거에 '불법적인' 군사정권들이 빌린 돈을 제외하기 위한 재협상을 끈질기게 요구했다. 코레아는 국가의 정치구조를 바꾸기 위해, 국민투표에서 82%의 찬성표를 얻어 헌법 개정을 위한 민중 의회를 소집했다. 마침내 코레아는 콜롬비아와의 국경 근처 공군기지에 주둔하던 약 400여 명의 미군을 철수시켰고, 베네수엘라의 우고 차베스와 브라질의 룰라 같은 신자유주의에 반대하는 지역 동맹 세력들과 친밀한 관계를 유지하였다.

코레아의 정책들이 전통적인 엘리트 계층과 외국 투자자들을 소외시켰을지라도, 그는 또한 선거에서 자신의 승리를 도와주었던 전투적인 사회 운동 세력들과도 자주 불화했다. 그럼에도 불구하고, 그는 2009년 52%의 득표율로 재선에 성공했고, 예산 삭감에 저항하는 경찰 시위가 불발 쿠데타로 변하기 직전인 2010년에는 67%의 지지율을 보여 줄 정도로 상당한 민중적 지지를 확보했다. 그러나 쿠데타 이후에는 코레아는 선거 공약을 실행하겠다는 자신의 결심을 반복적으로 언급했다. 즉, 그는 "우리는 앞으로 나아가고 있습니다. 더 나아가 우리는 혁명을 급진화할 것입니다"라고 멕시코 신문인『라 호르나다』La Jornada에 말했다.

신자유주의에 저항하는 민중의 이러한 승리에도 불구하고, 에콰도르의 미래를 위한 싸움은 아직 완전히 끝나지 않았다. 일관된 국가 발전에 직접적인 방해물은 부담스러운 외채였다. 매년 외채 상환에 드는 비용은 정부가 교육, 의료, 복합 사회적 서비스에 지출하는 금액보다 더 많았다. 코레아는 공공채무 통합감사위원회Comision para la Auditoría Integral de la Deuda Publica가 '불법'이라고 결정한 30억 달러에 달하는 외채에 대한 지불을 성공적으로 이행하지 않았고 또 2010년 부채를 26% 줄이도록 미상환 부채를 재조정했지만, 누적된 채무는 134억 달러로 위태로울 정도로 많았다. 조직된 사회 운동 세력들의 정치적인 압력과, 빈곤 축소와 국가 개발을 위해서 국가 중심의 전략을 시행하겠다는 정부의 약속이 합쳐져 에콰도르 미래에 긍정적인 징조가 될 다소의 성취를 이루어 냈다. 그럼에도 불구하고, 이러한 장기 프로젝트는 파차쿠틱 대표자의 표현에서 드러난 것처럼 정치적인 투지를 필요로 했다. 다시 말해, "투쟁이 다른 형태로 지속될 것이다."

쿠바 모델에서 시장 세력과 정부 규제, 1990~2012

분홍 물결에 휩쓸려 당선된 지도자들은 국가의 당면 과제들에 대한 실천적인 해결책을 다양하게 모색했지만, 그들은 모두 안정적인 국가 발전을 위해서는 시장과 국가의 역할이 적절하게 조화를 이뤄야 한다는 데 동의하는 것처럼 보였다. 우고 차베스, 에보 모랄레스 그리고 라파엘 코레아 같은 지도자들은 쿠바의 경험에서 영감을 얻었다는 것을 분명하게 인정했다. 예를 들어 차베스는 자신의 볼리바르 혁명이 "무엇인가를 모방하고 있다"는 것을 완강하게 부인했지만, 그럼에도 불구하고 쿠바 시스템에 대한 존경을 숨기지 않았다. 왜냐하면 쿠바에는 "학교에 다니지 않는 어린이가 없고 치료받지 못하는 환자가 없기 때문"이었다. 쿠바에서 정치적인 자유가 제한되고 있다는 점을 비판하는 사람들이 있을지라도, 코레아 역시 쿠바가 국민들의 교육과 건강을 희생하지 않으면서 1959년 혁명 이후 최악의 위기를 견뎌 낸 방식을 높게 평가했다. 그럼에도 불구하고, 쿠바의 제도 또한 민간 부문의 시장활동을 함양하여 지속가능한 개발을 위해 국가가 수행했던 주도적인 역할을 보완하도록 하면서 상당한 개혁을 경험하고 있다.

교정 그리고 '특별한 시기'

1990년대 초반 유럽 사회주의가 붕괴하자, 경제를 합리화하고 보다 광범위한 평등을 실현하는 과정에서 쿠바가 이룬 성취도 위태로워졌다. 쿠바의 동유럽 무역 상대국들이 시장 경제로 이행했기 때문에, 경화로 된 국제 시세에 맞춰 교역을 해야 했다. 그러나 쿠바는 외채 이자를 지불하고 서유럽으로부터 몇몇 필수재를 구입하는 데 자신들의 제한된 경화 보유고를 써야 했다. 과거의 몇몇 사회주의 무역 상대국과의 교역이 점점 더 어려워질 것을 예측한 쿠바는 중국과의 무역 비중을 두 배로 늘리고 라틴아메리카와의 무역을 20% 늘리는 등 교역 관계를 다각화했다.

그럼에도 불구하고, 소비에트권의 붕괴는 쿠바에게 엄청난 타격을 주었고 1989년에서 1992년 사이 국민소득은 45%나 감소했다. 1990년 이전에 쿠바는 소비에트 연방으로부터 매년 1,300만 톤의 원유를 공급받았지만 1992년에는 러시아로부터 180만 톤만을 제공받을 정도로 원유 공급이 급감했다. 일상적인 정전과 공장 가동 중단에 덧붙여, 에너지 위기로 인해 말을 이용한 운송수단, 소가 끄는 트랙터 그리고 자동차를 대체하는 자전거가 등장했다. 이는 환경과 건강에는 좋았지만 경제적으로는 비효율적이고 불편한 것이었다. 원유 부족은 쿠바의 다른 주요 경화 소득원에도 큰 타격을 주었다. 그 중 대표적인 것이 니켈 산업이었다. 쿠바는 니켈 매장량이 세계에서 세번째로 많은 나라였다. 그러나 소비에트 연방의 붕괴는 니켈 생산량을 36%나 감소시켜, 1989년 4만 6,600메트릭톤metric ton에서 1994년에는 고작 2만 9,900메트릭톤을 생산하는 데 그쳤다. 게다가 1989년에 파운드당 6달러였던 니켈의 세계 시장 가격이 그 후 5년간 50% 넘게 하락해 2.87달러로 떨어졌다. 따라서 외화 수익이 절망적으로 감소했다.

이런 경제위기는 안정적으로 개선되고 있던 사회적 상황과 생활수준을 일시적으로 퇴행시켰다. 이 특별한 시기의 초반 동안 대부분의 쿠바 국민들은 흰 빵과 붉은 콩을 주식으로, 여기에 약간의 채소와 과일, 이따금씩의 닭고기, 그리고 공개 시장에서 구할 수 있는 것을 곁들여 먹는 단조로운 식생활을 유지했다. 그러나 식량 배급 제도는 다른 라틴아메리카 국가들에서 너무나 일상적이었던 대규모 기아와 영양 결핍 사태를 막는 역할을 했다.

경제위기는 또한 1992년 토리첼리 법안Torricelli Act을 통해 사회주의 쿠바를 압박하려는 미국의 시도에 의해 더 악화되었다. 이 법안은 쿠바에 대한 미국의 수출입 금지 조치를 제3세계 국가에 위치한 미국 자회사들까지 확대했고, 쿠바의 항구에 정박했던 선박에 대해 180일 동안 미국 입항을 금지했다. 1996년의 헬스-버튼Helms-Burton 법안은 40년도 더 전에 몰수된 재산에서 교역 혹은 투자 이익을 본 외국 기업에 대해 소송을 제기할 수 있도록 하여 쿠바의 목을 더 조였다. 이 법안들에 대해 유럽 공동체와 캐나다는 심하게 반발했는데, 그들은 미국이 자국의 법을 해외에까지 적용할 권리가 없다고 생각했다. 1992년 이후 UN총회에서는 매년 대對쿠바 무역금지 조치를 압도적으로 반대하는(1998년, 157 대 2) 표결이 있어 왔고, 1993년 이베로아메리카 정상회의에서도 만장일치로 이 무역금지 조치의 해제를 요구했다. 교황 요한 바오로 2세는 1998년 성대한 환영 속에 이루어진 쿠바 방문에서 이 무역금지 조치에 대한 반대 목소리에 힘을 보탰으며, 2002년 노벨 평화상 수상자이자 미국의 전 대통령인 지미 카터 또한 비슷한 취지의 연설을 했다.

위기의 와중에 쿠바 사회주의 정부는 자신들의 혁명적 실용주의를 보여 주었다. 1992년 인민의회는 헌법과 선거법을 전면 개정하여 신앙의 자유를 보장하였고, 인민의회 선거를 유권자에 의한 비밀·직접 투표로 전환했다. 인민의회는 또한 100% 외국인 소유 기업 그리고 해외 자본과의 합작 기업을 인정했다. 인민의회 의원들에 대한 최초의 직접선거의 결과로 의원들의 평균 연령이 43세로 낮아졌는데, 이는 혁명 세력의 세대교체를 반영하는 것이었다. 이 외에도 공무 담임 희망자가 더 이상 공산당의 승인을 받지 않아도 된다는 점과, 인민의회를 "입법, 정부 감시 및 감독, 그리고 경제 계획을 담당하는 보다 효율적이고 독립적인 기구로" 개혁한 것은 쿠바 정치의 새로운 분위기를 보여 주었다.

쿠바의 부통령 카를로스 라헤^{Carlos Lage}에 따르면, 이 특별한 시기에 혁명 정부는 "사회주의의 본질을 바꾸지 않는 범위 내에서" 경제 개혁을 추구했다. 실제로 국내 엘리트와 IMF가 정부를 압박해 사회 복지를 위한 지출을 줄이도록 강요했던 다른 라틴아메리카 국가들과는 달리, 쿠바는 사회 서비스 투자 비율을 1980년대 GDP대비 17%에서 국가 위기가 깊었던 1993년에는 24%까지 끌어올렸다.

정부는 외국인 투자를 감시하고 이것과 쿠바 노동자들 사이의 관계를 철저하게 규제했으며, 외국인 투자가 환경에 미치는 영향을 꼼꼼하게 조사했다. 역설적으로 해외 투자자들에게는 국가 계획, 무상 의료, 무상 교육 등 쿠바의 사회주의적 인프라가 가장 매력적인 요소였다. 해외 투자자들은 건강하고 좋은 교육을 받았으며 높은 생산성을 지닌 노동력을 얻기 위해 정부의 불가피한 개입을 마지못해 용인했던 것이다. 그들은 또한 상대적으로 평화로운 노사관계에서 이익을 보았고, 의료보험 비용 지출에서도 자유로웠다. 실제로 그들은 희소 자원과 제1세계 수준의 노동자들을 제3세계 수준의 비용으로 고용할 수 있었다. 한 쿠바 경제학자는 "이러한 점이 바로 중앙집권화된 경제의 장점이다. 우리는 규제가 적은 다른 국가보다 회사의 투자를 더 잘 보장해 줄 수 있다"고 설명했다.

그 결과, 해외 기업들은 신규 국제 전화 시스템부터 관광 산업까지 쿠바 내의 다양한 합작 사업에 참여하는 데 적극적이었다. 1994년 6월 한 멕시코 회사는 쿠바의 전화 시스템을 복구하는 15억 달러 상당의 계약을 체결했다. 에스파냐 회사들은 쿠바 해변에서 앞 다투어 호텔 사업을 시작했고, 관광객 수는 1993년 50만 명에서 매년 증가해 100만 명에 이르렀다. 2000년 관광 부문은 19억 달러를 벌어 들여 쿠바의 최대 경화 수입원이 되었다. 서로 다른 40개 경제 분야에서 57개 국가들과 300개 이상의 합작 회사들이 설립되었고, 그 결과 50억 달러가 넘는 투자금이 유입되었다. 국내 투자 또한 1997년 9%로 증가했다. 쿠바는 아직도 설탕에 크게 의존하고 있었지만 경제는 다각화되었다. 제조업 순수익은 4억 1,500만 달러에 달했고, 담배와 시가 산업에서 1억 달러, 상대적으로 새로운 분야인 바이오기술 산업에서 1억 달러, 니켈 생산에서 9,080만 달러의 수익을 올렸다. 게다가 정부는 설탕 산업의 현대화, 새로운 제당 공장 건설, 그리고 기계를 통한 사탕수수 수확 등에 많은 돈을 투자했다.

5년 동안의 경기 쇠퇴를 뒤로 하고, 1993년 이후 쿠바의 GDP는 꾸준히 증가하여 1994년에서 2000년 사이의 평균 성장률은 3.3%에 달했다. 무역 또한 꾸준히 증가하여 1993년부터 연평균 수출입 금액의 증가율은 20%에 달했다. 예산 적자는 1993년 GDP 대비 40%라는 천문학적 비율로 증가했지만 그 후 1996년에는 4%로 감소하여 소비자 신뢰지수가 획기적으로 개선되었으며, 쿠바 페소는 40% 평가절상되었다. 더 중요한 것은 이러한 거시경제 지표상으로 나타난 회복의 조짐이 쿠바 국민들의 일상에 반영되었다는 것이다. 쿠바의 '기업 사회주의'의 르네상스에 대해 한 방문자는 "아바나에서 몇몇 신흥 부자들이 생겨나는 것을 느낄 수 있다. 모든 동네마다 꼭 새로 칠해진 집들이 하나씩 있다. 디스코 클럽들은 매일 밤 쿠바 인들과 외국인들로 가득 채워진다"고 말했다.

쿠바는 에너지 위기를 연안 유전 개발과 가스 개발을 통해 타개하고자 했는데, 미국 지질연구소는 매장량을 각각 46억 배럴과 9.8TCF^{Trillion} ^{cubic feet}로 예측했다. 1994년 6월에는 두 개의 캐나다 회사가 마탄사스 Matanzas 주 해안에서 상용화가 가능한 양의 원유를 발견했다고 발표했다. 독립 이래로 가격이 불안정한 원유를 수입에만 의존해 온 쿠바는 중국, 인도, 브라질의 국영 석유 회사들과 협력해 쿠바페트롤레오^{Cubapetróleo, Cupet}라는 국영 기업을 설립하여 2006년에는 약 400만 톤의 원유를 생산하였다. 이는 지난 10년 동안의 생산량보다 400%나 증가한 것이었다. 게다가 베네수엘라 국영 석유 회사의 도움으로 쿠바는 시엔푸에고스^{Cienfuegos}의 원유 정제시설들을 재정비하여 매일 6만 5,000 배럴의 원유를 처리할 수 있게 되었다. 이는 전국 에너지 수요의 절반을 충당하는 양이었다. 이것은 쿠바의 수입 부담 경감, 에너지 가격 인하 그리고 산업 효율성 제고를 통해 경제 자립도를 높이는 데 기여했다.

쿠바 정부는 설탕, 니켈 그리고 더 확대된 관광 산업 등 전통적인 수출 산업을 촉진시키는 것 외에도, 바이오 기술과 의학 서비스 수출을 경제 생존전략의 본질적인 부분으로 간주했다. 1980년대에 아바나의 유전공학센터는 암 치료제인 인터페론을 생산해 냈다. 그 후로 쿠바는 10억 달러가 넘는 돈을 바이오기술 연구에 투자했고, 38개의 바이오기술 센터를 설립했으며, 태아 감시기에서 B형 간염과 B형 뇌수막염 백신에 이르기까지 400개가 넘는 의학 특허를 출원했다. 역설적으로 2002년 쿠바는 B형 뇌수막염 백신을 전세계의 주로 빈곤하고 위험성이 큰 지역에서 홍보하기 위해 글락소 스미스클라인^{Glaxo SmithKline}이라는 다국적 제약회사와 계약했다. 홍보 대상 지역에는 미국도 포함되었는데, 미국에서는 매년 3,000건의 뇌막염 감염자가 있었고 이로 인해 300명이 사망했다. 그러나 통상적으로 민간 분야의 무역과 투자에 대한 제제를 반대해 왔던 미국 정부는, 글락소 사가 쿠바에 로열티를 현금이 아니라 의약품 같은 현물로 제공하는 데 동의하지 않는 한 생명을 살리는 이 백신을 사용하지 못하게 했다.

1990년대 초반의 경제위기에 대응하여, 쿠바 정부는 추가적인 개혁 조치를 실시했다. 가장 중요한 것은 농업 부문의 재조직으로 국가 소유의 대규모 농장들이 "국가로부터 무기한 임대 받은" 땅에 기반을 둔 자율적 협동농장 형태로 대체되었다. 이러한 '협동생산 기초단위'Unidad Básica de Producción Cooperativa, UBPC들은 수익 공유 구조를 기반으로 작동하였고 자신들만의 재원을 운용하였다. 국가는 그들에게 정해진 양의 수확물을 국가에 파는 조건으로 농장 장비, 종자 그리고 다른 자재들을 구입하기 위한 신용을 제공했다. 그들은 추가 생산된 양을 공개 시장에서 더 나은 가격에 팔 수 있었다. 1998년까지 1,500개가 넘는 '협동생산 기초단위'들이 300만 헥타르의 농지를 운영하고 12만 2,000명에 달하는 노동자를 고용했는데, 그 중 11만 4,000명이 조합원이었다. 이러한 농업의 탈집중화는 노동자들의 이윤추구 욕구를 자극했으며, 자원의 보다 효율적인 운용과 1996년 17.3%의 생산력 증가에 기여했다.

쿠바는 또한 농업 분야에서 대규모 기술 실험을 통해 값비싼 영농자재의 해외 의존도를 줄이고, 관행적인 근대 농업을 대규모 유기농 농장으로 바꾸고자 하였다. 쿠바가 말하는 이 '대안 모델'은 "중장비와 화학비료에 의존하는 농업을 동물 견인력, 작물과 목초지 순환방식, 토양 보존, 유기농 비료, 그리고 바이오 비료 및 바이오 제초제(인간에게 해롭지 않은 미생물 비료 및 제초제 등)를 통해 생태적으로 지속 가능한 생산을 추구하는 것"이었다. 농업 과학자 피터 로세트Peter Rosset와 쉬어 커닝엄Shea Cunningham은 이 모델이 "전통적인 농업의 생산성이 감소하고 있는 다른 나라들에 적용될 가능성"이 있다고 강조했다.

두번째 전면적인 개혁은 자영업을 허용해 준 것이었다. 실제로는 이런 새로운 원칙들은 단순히 오랫동안 존재해 온 활동들을 합법화시키는 것이었지만, 이것들은 또한 세수를 창출했고 규제적 통제, 감시 그리고 허가에 필요한 근거를 마련해 주었다. 이 '비공식 부문'은 빠르게 팽창했으며

1993년에 1만 명에서 1만 5,000명 사이였던 쿠바의 자영업자들이 90년대가 끝나기 전에 18만 명으로 늘어났다. 그러나 쿠바의 비공식 부문은 다른 라틴아메리카 국가들의 비공식 부문이 겪고 있는 빈곤 및 경제적 불안정과 극명히 대비되었다. 왜냐하면 사회주의가 저렴한 주거, 최저 생활수준, 의료 서비스, 교육 등을 보장해 주었고, 이로 인해 쿠바의 자영업자들은 자신들의 수익을 자유롭게 소비재 구매에 사용할 수 있었기 때문이다. 1997년 『애틀랜틱 먼슬리』The Atlantic Monthly의 기사에서 조이 고든Joy Gordon은 한 끼에 4달러짜리 식사를 제공하는 개인 가정 식당인 팔라다르paladar를 운영하는 한 여성의 사례를 소개했는데, 그녀는 소니 스테레오 시스템, VCR 그리고 컬러텔레비전을 가지고 있었다. "그러나 이것은 쿠바가 사회주의 체제였기 때문에 가능한 것"이었다고 고든은 결론짓고 있다.

마지막으로, 미국 거주 가족들의 달러 송금을 증가시키기 위해 쿠바 정부는 해외 통화의 보유를 더 이상 불법화하지 않고, 정부 운영 상점에서 자국민들의 달러화 사용을 허용하는 조치를 취했다. 이러한 조치들은 정부의 유동성 위기를 해결하는 데 도움이 되었으며 번성하고 있던 지하 시장에 타격을 주었다. 그러나 이 조치는 미국 통화를 소유할 수 있는 일부 특권 계층을 형성하는 결과를 낳았고 불평등을 증가시켰다. 한 쿠바 경제학자에 의하면, "고임금 계층과 저임금 계층의 임금 차이가 4:1에서 10년 만에 25:1로 벌어졌다." 그러나 쿠바는 여전히 서반구에서 가장 평등한 국가 중 하나로 남아 있었다.

국유제, 규제, 시장의 혼합

이러한 개혁과 세계 경제로의 지속적인 편입의 결과로, 쿠바 관료들은 점차 쿠바가 최악의 상황은 넘겼다는 자신감을 갖게 되었다. 몇몇 전문적인 경제학자들은 신자유주의 교리에 도전하는 이 '쿠바의 기적'이 "쿠바를 비판하는 사람들이 틀렸음을 입증했다"고 평가했지만, 아직도 많은 문제들이 남아 있었다. 크게는 쿠바의 수출입을 제한한 미국의 경제 제재로 인해 쿠바는 엄청난 무역적자를 보았고, 이로 인해 고금리 단기 외채에 더욱 의존해야 했다. 2001년 쿠바의 외채는 130억 달러에 달했다.

1990년대 후반 쿠바는 해외의 달러 송금과, 빠르게 성장하여 15억 달러 규모가 된 관광 산업을 통해 막대한 무역적자를 상쇄하려 했다. 하지만 국제무역센터에 대한 9·11 테러의 결과로 세계적으로 해외여행이 감소했고, 이는 쿠바의 국가 수입을 위태롭게 하는 요인이 되었다. 마지막으로, 치솟는 원유 가격과 급감하는 사탕수수 가격이 쿠바 경제의 완전한 회복을 가로막았다. 쿠바 사회주의가 모든 국민에게 무상 의료, 교육 그리고 최저 생활수준을 제공하기는 했지만, 1990년 이전의 생활수준에 대한 향수를 지니고 있던 쿠바 인들은 민간 시장에 기댈 수밖에 없었다. 그러나 이를 위해서는 해외 송금이나 관광 산업으로부터 얻을 수밖에 없는 막대한 양의 달러가 필요했다. 이는 자연스럽게 사회적·경제적 평등이라는 혁명의 오랜 약속을 저해하는 요소가 되었다.

그 결과 인종주의, 시민의 권리 그리고 기회의 평등에 대한 새로운 논쟁이 지식인들과 민중 문화에 등장하게 되었다. 역사학자인 알레한드로 데 라 푸엔테Alejandro de la Fuente는 쿠바 학계에서 인종에 대한 역사적이고 현대적인 맥락의 연구가 증가하는 것은 쿠바 내에서 불평등이 증가하고 있음을 반영하는 것이라고 말했다. 좀더 엄밀하게 말하자면 달러화의 통용은 미국에 자발적인 망명을 하고 있는 친척을 가진 가족들에게 특권을 부여하는 효과를 낳았고, 이들의 대부분은 백인에 가까운 에스파냐계 쿠바 인들이었다. 그러나 더 당황스러운 것은 달러화의 유일한 공급원인 관광 산업에서 아프리카계 쿠바 인들의 역할이 거의 나타나지 않는다는 사실이었다. 2000년에는 카스트로 본인도 쿠바가 "정의와 평등을 위한 완벽한 모델"은 아니라고 인정했다. 또한 "우리는 법 앞에서의 완전한 평등과, 성차별이나 인종차별에 대한 철저한 반대를 제도화했지만" 여전히 이러한 인종적·성적·계급적 편견이 지속되고 있다고 평가했다.

이러한 편견, 사회적 불평등의 증가 그리고 이것들이 아프리카계 쿠바 인들에게 끼친 총체적 영향은 새로 등장한 힙합 문화에서 가사의 주된 주제가 되었다. 마이애미의 상업 라디오 방송국에서 처음 방송된 랩 음악의 영향을 받아, 대부분 젊은 흑인 남성들은 '특별한 시기'와 연관된 불의, 즉 인종주의, 계급 간 불평등, 매춘, 이기심 등을 개탄하기 위해 힙합 스타일을 전통 아프리카계 쿠바 리듬과 융합했다. 랩 예술가들을 육성했던 쿠바의 국영 조직의 한 관료에 의하면, "쿠바의 랩은 사회에 존재하는 결함들을 비판하고 있지만 건설적인 방향으로 젊은이들을 교육하고 더 나은 사회를 위한 공간을 만들었다." 실제로 쿠바 래퍼들은 점차 쿠바의 문화적 정체성을 '백인성'whiteness으로 규정하는 오랜 태도가 고질적인 인종주의의 역사적 원천이었음을 인식했다. 따라서 "백인" 래퍼도 존재하는지를 물어 본 한 쿠바 기자의 질문에 대해 한 힙합 프로듀서는 다음과 같이 장난스럽게 대답했다. "글쎄요, 피부색이 더 밝은lighter-skinned 래퍼는 있다고 칩시다. 왜냐하면 쿠바에 백인은 없거든요."

그러나 이 모든 문제들에도 불구하고, 20년 전 주요 무역 상대국들의 붕괴와 국제법을 위반한 미국의 40년 간 지속된 경제 제재 속에서도 쿠바가 주목할 만한 회복을 보였다는 점은 2008년까지 명확했다. 쿠바는 2007~2008 UN 인간개발지수UN Human Development Index(UN개발계획UNDP이 매년 각 나라의 교육수준, 국민소득, 평균수명 등을 조사하여 인적 개발 성취를 평가하는 지수— 옮긴이)에서 180개 국가 중 51위를 기록하였다. 아르헨티나, 칠레, 우루과이, 코스타리카 다음으로 라틴아메리카 전체에서 5위였다. 환자 당 의사 비율 통계에서 쿠바는 환자 10만 명 당 591명의 의사로 세계 1위를 기록하였다. 개발도상국 108개 국 중에서 쿠바는 6번째로 낮은 빈곤 지수를 기록했다. 쿠바의 1000명당 6명인 영유아 사망률은 라틴아메리카에서 가장 낮은 수준이었으며, 미국(1000명당 7명)보다도 낮은 수치였다. 성인 문자 해독율은 99.8%로 라틴아메리카에서 가장 높았다. 인구 대비 과학자 및 기술자 수는 라틴아메리카 국가들 중 최고(100만 명당 1,611명)였고, 2위인 아르헨티나보다 두 배나 많았다. 피델 카스트로는 1990년대 초반의 경제 대재앙으로 인한 피해를 조망하며, 당연한 자부심을 가지고 다음과 같이 말했다. "이러한 상황에도 불구하고 우리는 단 하나의 의료 센터도 문을 닫지 않았고, 단 하나의 학교, 혹은 탁아소, 대학교, 스포츠 시설도 폐쇄하지 않았다. …… 분배할 것이 있다면 우리는 최대한 공평하게 분배하려고 노력했다." 이 지역의 다른 어떤 국가의 대통령도 이 같은 발언을 할 수 없을 것이다.

쿠바의 더 나은 발전은 물론 미국의 정책 변화에 큰 영향을 받을 것이고, 이러한 변화는 양국 모두에게 경제적 실익을 가져다 줄 것이다. 불행하게도 미국은 훨씬 더 강력한 사회주의 국가였던 중국에 대해서는 오래 전에 포기했던 냉전시대적인 편견과 환상을 쿠바에 대해서는 아직도 지니고 있다. 미국 정부 관료들은 공개적으로 쿠바의 사회주의 체제를 전복하고 카스트로 이후의 쿠바 사회를 새롭게 조직하고자 계획해 왔다. 그러나 쿠바혁명이 조기에 종말을 맞을 것이라는 보고들은 매우 과장된 것이었다. 피델 카스트로가 2008년 은퇴한 이후에도 인민의회는 역시 1959년 혁명의 지도자였던 동생 라울Raúl을 최고 권력자로 선출했다. 미국의 대규모 공격이 없는 한 쿠바의 사회주의 체제가 내부적 혹은 외부적 요인으로 전복될 가능성은 적어 보였다. 동유럽과 달리 쿠바의 사회주의는 '붉은 군대'와 함께 밖에서 들어온 것이 아니었다. 그것은 사회주의와 독립의 이념을 결합한 원주민 민중 혁명에 의해 만들어졌고 아직까지도 상당한 대중적 지지를 받고 있다. 많은 경제 문제에도 불구하고 쿠바혁명은 라틴아메리카 그 어디에서도 찾아볼 수 없는 사회적 성취를 기록했고, 라틴아메리카 대부분의 자본주의 국가에 만연한 경제·사회적 위기와 극명한 대조를 보여주었다.

라틴아메리카 경제위원회Economic Commission on Latin America에 따르면, 21세기 초반 쿠바 경제는 2001년의 2008년 사이 평균 6.5% 성장률로 급성장했다. 새로운 경제활동의 주요 원천 중 가장 주된 것은 서비스업 분야의 수출에 있어서 극적인 팽창이었다. 예를 들어, 쿠바는 '바리오 아덴트로'Barrio Adentro나 '오페라시온 밀라그로'Operación Milagro와 같은 연대 프로그램을 통해 베네수엘라 빈곤층에 의사들을 제공하는 대가로 값진 원유를 얻을 수 있었다. 라틴아메리카의 다른 국가들과 마찬가지로 쿠바 또한 상대적으로 높은 수출 가격의 이득을 보았다. 그러나 다른 국가들과는 달리 쿠바는 서비스 분야의 성장과 맞물린 수출 증가와 수출 가격 상승을 통해 수출 수익에서 외채 원리금 상환이 차지하는 비중을 축소했다. 2006년 쿠바의 외채는 150억 달러로 증가했지만 채무상환 비율은 2002년의 17%에서 11%로 감소했다.

이러한 경제 회복은 미국 정부에게 경제제재를 풀라는 새로운 압력을 만들어 냈다. 유력 신문들이 무역금지 조치 해제를 주장하고 나섰다. 『뉴욕타임스』는 미국의 쿠바 정책이 과거의 틀 속에 갇혀있으며, 망명 쿠바인 공동체의 가장 극단적인 반 카스트로 분파에 의해 조종되는 것 같다고 비판했다. 쿠바 경제제재를 점진적으로 해제할 것을 주장하는 경영자 그룹인 '미-쿠바 무역 및 경제 자문위원회'United States-Cuba Trade and Economic Council에 의하면, "기하급수적으로 많은 수의" 미국 기업들이 쿠바 시장에 관심을 가지게 되었다. 이것은 글로벌 경제 차원에서 진행되는 경쟁으로 미국의 무역과 투자가 부정적인 영향을 받을 수도 있다고 우려했기 때문이었다. 5억에서 10억 달러에 상당하는 가치를 지닌 쿠바 의료 시장과 8억 달러로 평가되는 식료품 시장을 선점하기 위해, 아처 대니얼스 미들랜드 사Archer Daniels Midland Company의 드웨인 안드레아스Dwayne Andreas, 타임 워너Time Warner의 테드 터너Ted Turner, 캐터필라Caterpillar의 도날드 파이츠Donald Fites 등 영향력 있는 기업가들 역시 무역금지 조치에 반대했다. 왜냐하면 무역금지 조치 해제로 인해 적어도 30억에서 70억 달러 상당의 무역 시장이 열리고, 적어도 20억 달러 상당의 수출과 약 4만 개의 새로운 일자리가 창출되어 쿠바와 미국 양국 모두에게 엄청난 경제적 이익을 가져다 줄 것이었기 때문이다.

그러나 미국 국민들이 봉쇄를 끝내자는 제안들에 대해 논쟁하고 있던 그 순간에 쿠바 당국자들은 세 가지 주요 문제들을 처리하고자 애쓰고 있었다. 즉, 2008년 100억 달러에 달하는 피해를 입혔던 일련의 허리케인, 2009년의 세계 경제위기, 그리고 이로 인해 니켈 수출에 따른 외환 소득에 영향을 끼쳤던 원자재 가격의 하락 등이 그것이었다. 이러한 경제적 충격, 1990년대 경제위기를 다루었던 쿠바 자신의 경험, 그리고 라틴아메리카 동맹국들의 성공으로 인해 정부는 민간 시장을 보다 확대하기 위한 광범위한 개혁 조치를 도입했다. 국가가 역사적으로 완전 고용과 교육 및 의료 혜택을 무상으로 이용할 수 있도록 보장했던 경제 체제에서, 노동 생산성을 고취하고 불필요한 노동자들을 없애기 위해 라울 카스트로는 새로운 계획을 발표했다. 이 계획은 국가 지출을 축소하고, 50만 국가직 일자리를 소규모 자영업의 민간 부분으로 전환하고자 했다. 이러한 국가 자산의 '민영화'는 쿠바 사회주의의 본질과 사회적 기반 시설에 대한 국가 투자를 보장하기 위한 것이었다. 예를 들어, 세계 경제 침체의 피해에도 불구하고 건강과 교육에 대한 공공 지출은 이 지역에서 가장 높은 수준인 각각 GDP의 10.6%와 13.6%에 달할 정도로 안정적으로 증가했다.

라틴아메리카에서 카스트로의 정치적 동지들이 여전히 권력을 장악하고 있고 피델 카스트로가 심각한 수술 이후에 공직에서 물러나 동생 라울이 쿠바를 안정적으로 유지해 나가는 상황에서, 피델 이후의 제도화된 정치적 이행의 흐름은 매끄럽게 진행되고 있는 것처럼 보인다. 쿠바혁명과 피델 카스트로가 거의 동의어가 되어 버린, 혁명 이후 약 50년 동안 쿠바의 미래는 불확실한 상태였지만 한 가지 사실은 분명해 보였다. 그것은 바로 사회정의를 위한 쿠바의 혁명적 실천이, 이 지역의 정치 지도자들과 민중 운동으로 하여금 지속가능한 국가 및 지역의 발전을 촉진하기 위해 시장 규제와 국유제의 역동적인 혼합을 받아들이도록 자극을 주었다는 것이다.

22장 _ 두 개의 아메리카 : 미국과 라틴아메리카의 관계

지난 200여 년 동안의 미국과 라틴아메리카 관계를 살펴보면 두 가지 일 관된 주제가 드러난다. 먼저, 무엇보다도 미국은 이 지역에서 자신의 경제 적·전략적 이익을 보호하고 확대하고자 노력해 왔다. 먼로James Monroe 정 부 이래 미국은 라틴아메리카를 하나의 경제적 부속물로 만들려고 시도 해 왔다. 이 목표를 달성하기 위해 미국의 정책입안자들은 다양한 정치적 압력, 기업의 변화하는 요구 그리고 변동하는 라틴아메리카 정세에 대응 하기 위해 여러 수단들을 동원하면서 뛰어난 수완과 융통성을 보여 주었 다. 따라서 미국의 정책은 라틴아메리카를 정복하고 종속시키기 위해 군 사적 수단에 전적으로 의존하거나 혹은 군사적 수단을 우선적으로 사용

> **이 장의 핵심 문제**
> - 라틴아메리카에서 미국이 추구한 지속적인 장기 목표는 무엇이었고, 1898년 이전의 미국 정부들은 이 목표를 달성하기 위해 어떤 방법들을 사용했는가?
> - 1898년에서 1933년 사이 미국의 정책은 어떻게 변화했는가?
> - 선린정책이 만들어진 이유는 무엇이었고, 어떻게 적용되었는가?
> - 제2차 세계대전 이후에 미국의 정책은 어떻게 변화했고, 냉전과 미국의 경제적 이익 은 각각 어떤 역할을 수행했는가?
> - 1981년 이후 미국의 정책은 어떻게 변화했는가?
> - 라틴아메리카 발전에 미국의 정책은 어떤 영향을 끼쳤는가?

하지 않았다. 그보다는 미국의 헤게모니를 구축하고자 노력했다. 즉 보편적이고 인도주의적인 용어로 표현되긴 했지만 미국의 정치적·경제적·전략적 이해를 내포하고 있는 '보편원칙'에 의해 유지되는 다자적인 아메리카 대륙 내inter-American 관계 시스템을 만들고, 이에 대한 라틴아메리카의 동의를 확보함으로써 서반구의 사건들을 '관리'하고자 한 것이다.

두번째로, 미국의 지도자들은 라틴아메리카를 절망적인 낙후 지역으로 그리고 야만적인 약탈 행위에서 라틴아메리카의 민중들을 구원하고 이상화된 미국의 경험에 기반을 둔 도덕적이고 민주적인 공화국을 세우기 위해 미국의 보호와 후견이 절대적으로 필요한 지역으로 일관되게 묘사함으로써, 자신들의 정책을 정당화해 왔다. 마크 T. 버거Mark T. Berger에 의하면 이 과정에서 라틴아메리카 지역연구에 참여한 역사가들과 사회과학자들은 공범이었다. 미국의 '문명화 임무'에 관한 '담론'은 19세기의 백인우월주의 이념과 20세기에 나타난 근대화이론에 뿌리를 두고 있었다. 이 담론을 통해 "라틴아메리카와 전세계에서 미국의 헤게모니를 지속하고 확장하는 국내 및 국제기구, 제도, 국가간 관계, 그리고 정치경제적 구조들을 만들고 유지하는 것"이 용이해졌다.

미국의 정책 목표

미국의 라틴아메리카 정책은 이 지역에서 급성장하는 자국의 경제활동이 용이하도록 시기에 따라 변해 왔다. 19세기 초 라틴아메리카 지역과의 교역에서 미국이 필요로 했던 것은 카리브 해에서 기승을 부리던 해적 단속이 고작이었다. 그러나 미국이 상업과 산업에서뿐만 아니라 나아가 금융 분야에서 강국이 되자 대외 정책도 그 범위가 확대되었다. 새로운 시장을

1819	애덤스-오니스 조약으로 미국은 플로리다를 병합.
1823	먼로 선언은 라틴아메리카 독립투쟁에 대한 미국의 지지를 표명.
1846~1848	미국이 논란 지역을 침공하면서 멕시코와의 전쟁이 시작.
1893~1895	과잉생산으로 인한 경제위기가 미 제국주의를 강화함.
1898	에스파냐-미국-쿠바-필리핀 전쟁은 미국의 식민주의적 팽창으로 귀결.
1903	플래트 수정안과 해이-부노 바릴라 조약으로 새로운 미 제국이 만들어짐.
1904~1930	먼로 선언에 따른 시어도어 루스벨트 계론(系論)은 '군함 외교'를 촉진.
1933	선린정책으로 군사적인 개입이 사라졌지만 비군사적 간섭이 늘어남.
1952~1954	미국의 정책은 아르헨티나, 볼리비아, 영국령 기아나, 쿠바, 과테말라, 베네수엘라에서 민선 정부의 힘을 약화시킴.
1955	13개 국가에서 미국의 지원을 받은 군부독재가 통치.
1961	케네디가 봉기를 무력화하고 사적 투자를 강화하기 위해 진보를 위한 동맹을 설립. 미국이 주도하는 피그만 침공이 실패.
1964~1977	미국의 지원으로 아르헨티나, 브라질, 칠레, 도미니카 공화국, 우루과이에서 군부독재가 지속.
1981~1993	그레나다, 아이티, 엘살바도르, 니카라과, 파나마에 미국의 군사적인 개입.
1991	소련과 소비에트 블록의 붕괴로 냉전 종식.
1993~2001	라틴아메리카에 대한 미국의 경제적 개입이 증가.
2001	알-카에다의 세계무역센터와 펜타곤 공격으로 미국의 관심이 아시아로 향함.
2002~2011	'분홍 물결' 정부들이 '워싱턴 컨센서스'를 거부하고 점차 중국 시장에 의존.

개척하는 과정에서 유럽, 특히 영국과 경쟁하게 되었다. 그 결과 유럽의 무역과 자본이 계속해서 라틴아메리카로 침투하는 것을 저지하는 것이 미국 정책의 주요 목표들 중 하나가 되었다.

20세기에 접어들자 라틴아메리카는 미국의 주요 상품 시장일 뿐 아니라, 주요 원료 공급지 및 투자 지역이 되었다. 이 무렵 강력한 해군을 지니게 된 미국은 물리력을 통해 질서를 유지함으로써, 이 지역에서 자국의 무역과 투자를 보호할 책임을 떠맡았다. 초대받지는 않았지만 서반구의 경찰 역할을 하게 된 것이다. 이 역할을 통해 미국은 자국의 경제활동이 집중된 카리브 해와 중아메리카의 작고 혼란을 겪고 있는 약소국들에 관심을 집중했다.

20세기 중반 남아메리카는 카리브 해 지역을 대신하여 미국 경제 팽창의 핵심 지역이 되었다. 지리적인 요인과 병참문제뿐만 아니라 당시의 반제국주의적 분위기로 말미암아, 미국은 목적을 달성하기 위해 군사개입이라는 낡은 정책을 버리고 보다 섬세하고 세련된 방식을 채택해야 했다. 이 새로운 방식에는 보조금과 차관이란 미끼, 경제 제재의 위협, 그리고 전복 등이 포함되었다. 그러나 이 방식들이 실패로 돌아갈 때면 1954년의 과테말라, 1959년의 쿠바, 1965년의 도미니카의 경우처럼 노골적인, 혹은 암묵적인 무력 사용도 주저하지 않았다.

그럼에도 불구하고, 미국의 라틴아메리카 정책이라는 물질적 필요에는 늘 그럴듯한 이데올로기가 있었다. 시어도어 루스벨트는 라틴아메리카의 문명화를, 윌슨 대통령은 민주화를, 그리고 케네디는 개혁을 명분으로 내세웠다. 그러나 이 이데올로기들은 항상 대라틴아메리카 정책의 물질적인 요구에 종속되었고, 이처럼 경건한 선언을 했던 미국 대통령들도 라틴아메리카에서 자신들의 제국을 수호하기 위해서는 무력을 사용할 준비가 되어 있었다. 또한 아무리 폭압적인 정권이라도 미국에 협조하는 한 이들 정권을 지지했다. 1912년 윌슨은 "아메리카에 자유 시장이 없다면 그곳에는 어떤 종류의 자유도 없을 것이다"라고 말했는데, 이것은 높은 이상과 자본주의의 계급적 이해 사이에 존재하는 연결고리를 잘 보여 주는 사례라고 할 것이다.

똑같이 독립전쟁으로 탄생한 두 아메리카는 역사적으로 너무나 다른 길을 걸어 왔다. 지난 2세기 동안 미국은 산업과 금융에서 자본주의 세계의 거인으로 자리 잡았다. 많은 사회적·경제적 문제에도 불구하고 대다수 미국인들은 물질적으로 만족스러운 생활을 향유한다. 라틴아메리카는 국민들의 경제적 요구를 충족시켜 주는 능력이라는 관점에서 미국보다 훨씬 뒤떨어져 있다.

많은 라틴아메리카 사람들은 이렇게 다른 두 흐름이 서로 연관되어 있다고 확신한다. 즉 라틴아메리카의 저개발은 북아메리카 발전의 이면이고, 라틴아메리카의 빈곤과 고통은 외국계 다국적기업(주로 미국계)이 성장함에 따라 심화되었다는 것이다.

제국을 향한 서막, 1810~1897

명백한 운명, 1810~1865

19세기 초 수십 년 동안 진행된 서부로의 팽창과 초기 무역을 통해 미국은 라틴아메리카와 처음으로 접촉했다. 그러나 군사적·경제적 약세, 정보의 부족 그리고 이 지역에서 영국의 우세로 인해 라틴아메리카에서 미국의 활동은 제한적이었다. 에스파냐가 아메리카 식민지의 항구들을 외부 교역에 개방한 1797년에 미국과 라틴아메리카 간의 교역이 본격적으로 시작되었다. 1811년에는 에스파냐 식민지와의 교역이 미국 전체 무역량의 16%를 차지했다. 1812년 영미전쟁이 있었음에도 불구하고 10여 년 후에는 20%로 증가했다.

해군 규모가 작았고 가용할 재원이 거의 없었던 탓에 미국은 라틴아메리카 국가들의 독립전쟁(1810~1826)을 거의 지원하지 못했다. 독립전쟁 초기에는 1812년의 영미전쟁 때문에 미국은 거의 신경을 쓰지 못했고, 1817~1819년 사이에는 플로리다 매입을 위한 에스파냐와의 미묘한 협상을 타결하는 데 지장이 될 것을 우려한 나머지 라틴아메리카 독립전쟁을 지원하지 않았다. 그러나 라틴아메리카 각국의 독립은 미국에게 강력한 전략적·상업적 이득을 가져다주었다. 첫번째로, 1803년 프랑스가 아이티와 루이지애나에서 철수하고 1820년대 영국이 미국과의 동맹을 모색하는 상황에서, 라틴아메리카의 독립은 이 지역에서 미국의 안보에 위협이 될 수 있었던 마지막 세력이었던 에스파냐를 제거하는 결과를 가져왔다. 이를 통해 미국은 국방비를 줄이고 경제 발전에 투자를 늘릴 수 있는 여력을 확보했다. 두번째, 토머스 제퍼슨의 말처럼 라틴아메리카 각국의 독립은 미국이 "크지만 무력하고 유익한 고래"인 낡은 에스파냐 어권 아메리카 제국을 "한 조각 한 조각" 흡수할 수 있게 되었음을 의미했다. 이와 비슷하게 존 퀸시 애덤스John Quincy Adams는 미국과 '자유' 라틴아메리카 간의 경제 관계를 예측하면서, 라틴아메리카가 미국에 의존하게 되면 미국은 더욱 부유해질 것이라고 기대했다. 그는 다음과 같이 적었다.

항해자로서 그리고 제조업자로서 우리는 라틴아메리카가 아직 발을 디디지 못한 영역에서 매우 발전해 있기 때문에, [독립] 전쟁 이후 여러 해 동안 우리는 많은 제조품과 외국산 제품을 전달함으로써 라틴아메리카 지역과 상호간에 매우 도움이 되는 상업적인 교류를 유지할 수 있을 것이다.

라틴아메리카 독립운동의 성공이 확실해졌을 때, 미국은 다른 유럽 국가들이 이 지역에 다시 식민지를 만들거나 영향력을 행사함으로써 잠재적으로 수익성 높은 시장에 자신들이 접근하지 못하는 사태를 막기 위해 행동을 취했다. 먼로 대통령은 1823년 12월 2일 의회에 보낸 메시지에서 이를 원칙으로 천명했다.

아메리카 대륙은 자신이 획득하고 지켜 온 자유롭고 독립적인 조건에 의거, 장차 어떠한 유럽 세력에 의해서도 식민의 대상으로 간주되어서는 안 될 것이다. 우리는 아메리카 대륙에 자신들의 제도를 확장하려는 그들의 (유럽 열강의) 어떠한 시도도 우리의 평화와 안전에 대한 위협으로 간주할 것이다.

먼로 대통령은 이어서 미국은 현존하는 식민지나 유럽 문제에 개입하지 않겠다고 말했다. 먼로 독트린은 19세기 상당 기간 동안 효력을 발휘하지 못했는데, 그것은 미국이 이를 뒷받침해 줄 재원과 의지를 갖고 있지 못했기 때문이었다. 더구나 이 선언은 라틴아메리카에 대한 유럽의 반복적인 개입을 막지도 못했다. 당시 관행대로 영국과 프랑스의 군함들은 외채 상환이나 배상금 지불을 강요하기 위해 정기적으로 라틴아메리카의 항구들을 포격하거나 봉쇄했다. 미국도 이러한 관행을 받아들여 1830년대에 포클랜드 제도, 아르헨티나, 페루에, 1850년대에는 아르헨티나, 니카라과, 우루과이, 파나마, 파라과이, 멕시코에, 1860년대에는 파나마, 우루

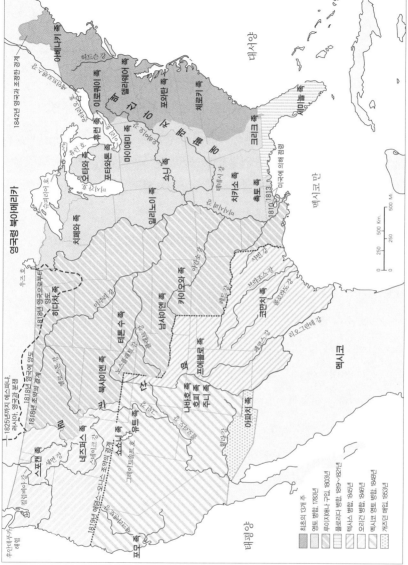

과이, 멕시코, 콜롬비아에 각각 군부대를 상륙시켰다.

19세기에 서부로 영토를 팽창하는 과정에서 미국은 원주민들과의 끝없는 전쟁과 멕시코와의 두 차례 전쟁을 치렀다. 루이지애나(1803)와 플로리다(1821)를 매입한 미국은 자국민들이 진출해 활발한 상업활동을 벌이고 있던 멕시코 북부 지방을 탐내기 시작했다. 1825년 존 퀸시 애덤스 대통령은 멕시코 주재 공사에게 텍사스 매입을 위해 멕시코와 협상을 하게 했으나 멕시코 정부는 이를 거절했다. 1830년대 초반 텍사스에 대규모로 유입된 미국인들은 곧 지방자치제 문제와 노예제의 불법 도입으로 멕시코 당국과 갈등을 일으켰다. 1836년 정착민들이 반란을 일으켰고 멕시코와의 단기전에서 승리함으로써 독립을 쟁취하게 되었다. 텍사스는 10년 동안 독립국으로 남아 있었는데, 이는 1845년에 미국에 합병되기까지 노예제 연장 문제를 둘러싼 치열한 논쟁이 있었기 때문이었다.

1845년에 제임스 포크James Polk 대통령은 제임스 슬라이델James Slidell을 멕시코에 특사로 파견하여 캘리포니아 인수 협상을 벌이도록 했다. 그러나 텍사스 병합에 격분한 멕시코 국민들은 일체의 영토 할양을 거부했다. 이에 미국은 리오그란데Río Grande 연안의 국경 분쟁을 조작하여 양국 사이의 군사적인 충돌을 유발했고, 이것이 미국-멕시코 전쟁(1846~1848)의 단초가 되었다. 이 전쟁에서 승리한 미국은 애리조나, 뉴멕시코, 캘리포니아를 획득했다. 아메리카 원주민들의 땅을 정복하여 세워진 고작 70년의 역사를 가진 미국이 또 하나의 영토 확장 전쟁을 성공적으로 치러 낸 것이다.

무역과 파나마 운하

1815년에서 1860년 사이에 미국의 대외 교역은 비약적으로 증가했다. 수출은 400%, 수입은 300% 가량 늘어났다. 교역의 성격도 중개무역에서 미국산 농산물과 공산품 수출로 변했다. 특히 쿠바와 중아메리카 지역을 중심으로 카리브 해 지역의 경제가 활성화됨에 따라 미국은 이 지역에 깊은 관심을 보이기 시작했다. 쿠바는 미국의 주요 국외 시장들 중 하나가 되었으며, 미국 총 교역량에서 영국과 프랑스에 이어 3위를 차지했다. 1850년대 내내 미국, 특히 남부의 노예 소유자들을 중심으로 쿠바를 합병하자는 여론이 높았다. 밀러드 필모어Millard Fillmore 대통령은 1852년에 에스파냐로부터 쿠바를 매입하려 했지만 실패했다.

중아메리카는 이 지역을 통과하는 운하 건설 가능성 때문에 중요해졌다. 1825년에 논의가 시작된 이후로 미국은 콜롬비아의 한 지역이었던 파나마에 건설될 운하에 대한 미국의 사용권을 보장하는 협정을 누에바 그라나다(콜롬비아)와 1846년에 체결했다. 운하 문제와 교역의 이해관계를 두고 미국은 당시 이 지역에서 식민지를 소유하고 있던 영국과 정면충돌하게 되었다. 두 나라는 서로 상대국이 이 지역을 지배하거나 장차 건설될 운하를 소유하지 못하게 하기 위해 안간힘을 썼다. 마침내 양국은 1850년 클레이튼-불웨어 조약Clayton-Bulwer Treaty을 체결하여, 어느 나라도 중아메리카나 중아메리카의 일부 지역을 지배하거나 혹은 운하에 대한 배타적인 권리를 갖는 것을 금지했다.

1849년 캘리포니아의 골드러시로 인해 지협을 통한 수송의 중요성은 더욱 커졌다. 이에 미국 기업들은 지협을 통해 캘리포니아로 저렴하고 신속하게 물자와 인력을 수송하기 위해 기선과 철도 건설에 막대한 투자를 했다. 영국과의 조약과 수송에 대한 엄청난 투자에도 불구하고 운하에 대한 미국의 관심은 여전했다.

깨어나는 거인, 1865~1887

남북전쟁(1861~1865) 이후 20년간 미국의 정책입안자들은 영토 확장과 라틴아메리카와의 교역 증대에 관심을 두었으나, 양쪽 다 이렇다 할 성과가 없었다. 1866년에는 중요한 외교적 성과가 있었는데, 윌리엄 H. 시워드 William H. Seward 국무 장관이 뒤늦게 먼로 독트린을 상기시키며 멕시코에 주둔해 있는 프랑스 군의 철수를 요구했던 것이다. 당시 프랑스 군은 오스트리아 대공인 막시밀리아노 황제의 멕시코 통치를 지원하고 있었다. 프랑스의 나폴레옹 3세는 다음 해에 철병에 동의했는데, 이는 미국이 두려워서라기보다는 유럽에서 프러시아와의 긴장이 고조되고 있었기 때문이다.

일련의 미대통령들과 국무장관들은 새로운 영토를 개척하려 했으나 의회의 반대로 번번이 좌절되었다. 또한 상호통상조약 협상과 미주회의의 설립을 통해 라틴아메리카로 교역을 확대하려는 주요한 시도도 여러 차례 있었다. 1880년대에 미국은 라틴아메리카 6개국과 양자간 상호통상조약을 맺었으나 실질적인 이득은 없었다. 첫번째 미주회의가 1889년 미국의 워싱턴에서 열렸으나 해묵은 불만의 씨앗과 상호 불신의 벽만을 재확인했을 뿐이다.

라틴아메리카에서의 모험, 1888~1896

19세기 말 라틴아메리카에서 보여 준 미국의 모험주의는 극심한 국내 불경기와 사회 문제, 만연한 인종주의, 그리고 이 지역에 대한 투자와 교역이 점차 위기에 처하면서 시작되었다. 미국은 1893~1898년 사이에 심한 불황을 겪었는데, 이는 25년 동안 벌써 세번째였다(다른 두 번의 불황은 각각 1873~1878, 1882~1885에 나타났다). 국내 시장만으로는 빠르게 증가하는 농산물과 공산품을 이익을 남기면서 소화할 수 없다는 것이 명백해졌다.

미국 지도자들은 해결책이 해외 시장 개척에 있다는 데 의견을 모았다. 또한 1893년의 불황은 뿌리 깊은 사회 불안을 야기해 일련의 유혈 파업이 일어났다. 계속되는 불황이 계급투쟁을 야기하지 않을까 하는 기업가와 정치인들의 우려도 높아져 갔다.

동시에 미국 자본가들은 라틴아메리카에 대한 투자를 확대했다. 역설적으로 불황에도 불구하고 미국 은행들은 투자할 여유 자금이 있었던 것이다. 미국 내 투자는 매력이 없었으므로 은행가들은 잠재적으로 보다 유리한 외국 기업으로 관심을 돌렸고, 이들은 쿠바의 설탕, 멕시코의 광산과 철도에 수백만 달러를 쏟아 부었다. 1900년에 이르러 미국의 멕시코에 대한 투자만 해도 무려 5억 달러에 달했다.

그러나 미국의 이해관계는 멕시코와 쿠바에만 그친 것이 아니었다. 미국은 잠재적인 시장을 보호하고 이 지역에서의 정치적 우위를 강화하기 위해서는 전쟁의 위험까지도 감수하면서 어떤 수단이든 다 동원할 준비가 되어 있었다. 특히 미국이 '아메리카의 호수'American Lake로 여기고 있던 카리브 해가 이 경우에 해당되었다. 따라서 미국은 유리한 통상조약을 체결하고 세인트니콜라스항Môle St. Nicolas에 해군 기지를 확보하고자 아이티 내전에 개입했다. 실제로 미국 함대는 자신들이 지지하는 세력의 승리를 위해 봉쇄를 돌파했다. 그러나 일단 권력을 장악하게 되자 이 세력은 해리슨Harrison 정부(1887~1893)와의 약속을 저버렸다. 또한 제임스 블렌James G. Blaine 국무 장관이 산토도밍고Santo Domingo에서 사마나 만Samaná Bay을 얻으려 했으나 이 또한 실패했다.

국내의 인종 분리, 아프리카계 미국인들에 대한 공격, 800만 남부 흑인들의 선거권 박탈, 자주적인 아메리카 원주민 집단들의 '부족화', 중국계 이민자들의 추방 등을 정당화했던 백인우월주의 독트린은 당연히 라틴아메리카와 미국의 관계 형성에도 영향을 주었다. 미국의 정책 결정자들은 애틀랜타의 헨리 그레이디Henry Grady라는 영향력 있는 출판업자의 '새로운 남부'라는 견해를 공유하게 되었는데, 그는 백인의 우월성이 "지배하기 위한 성격, 지능, 그리고 재산의 권리"를 반영한다고 주장했다. 외교사학자 월터 레이퍼버Walter LaFeber에 의하면, 이는 "미국인들이 후대에 자신들의 외교 정책을 정당화하기 위해서 사용한 주장들을 미리 보여" 주었다.

1893년 불황이 심화되자 미국 지도자들은 라틴아메리카를 점점 우려의 시각으로 바라보았다. 클리블랜드Grover Cleveland 대통령은 1893년 의회에 보낸 대통령 연두교서에서, 1892년 사회 불안과 유럽의 개입으로 니카라과, 과테말라, 코스타리카, 온두라스, 브라질에서 미국의 이익이 위협받았다고 밝혔다. 또한 미국 함대가 자신의 '책임'를 계속 수행하는 것은 점점 어려워졌다. 지역의 혼란과 유럽 국가들, 특히 영국과의 경쟁은 미국이 절실하게 필요로 했던 시장들을 위협했다.

1894년 미국은 잠재적으로 중요한 시장을 보호하고 여기에서 영국의 영향력을 배제하기 위해 브라질에 개입함으로써 또 하나의 혁명에 말려들었다. 미국은 1891년에 수립된 새 공화국과 상호 통상조약을 체결했으나, 1893년에 봉기한 반군이 이 조약을 반대했다. 반군의 주요 전략은 수도인 리우데자네이루의 항만을 봉쇄하는 것이었다. 그들은 정부의 매우 중요한 수입원인 관세 수입을 차단해 정부를 압박하려 했다. 미국은 봉쇄를 인정해 주지 않음으로써 반군의 전략을 좌절시키는 데 기여했으며, 미국 선박들은 리우데자네이루 항에 자유롭게 하역했다.

그러나 1894년 후반 반군은 영국의 비밀 지원을 받아 다시 상황을 반전시킬 기회를 얻었다. 이때 브라질 시장을 잃을 것을 두려워 한 미국의 상업 세력과 석유업자들은(특히 록펠러) 미국 정부의 개입을 강하게 요구했다. 이에 미국 정부는 대서양 함대의 대부분을 리우데자네이루 항에 파견했다. 미군 전함들은 반군의 수도 포격을 막아 냄으로써 반군 진압에 결정적인 역할을 했다.

얼마 후 미국은 지협 운하에 대한 이권과 미국 투자가들의 실질적인 소유권을 보호하고자 니카라과에 개입했다. 1893년 호세 셀라야가 이끄는 민족주의 정부가 니카라과에 들어섰다. 이 정부는 니카라과 영토를 통과하는 운하 건설을 위해 이전 정권이 마리타임 운하회사Maritime Canal Company에 제공한 허가권을 취소하려 했다. 또한 1894년 셀라야는 미스키토 원주민 거주 지역(니카라과령이나 영국이 지배)을 침공하여 이 지역에서 번창하고 있던 미국의 바나나 플랜테이션들을 위협했다. 이에 영국군이 상륙해 니카라과 군을 신속히 제압했다. 이 지역에 200만 달러를 투자한 미국은 영국이나 니카라과의 지배권을 용인할 수 없었다. 자국의 재산권을 보호하기 위해 미국은 군함 2척을 해안에 배치했고 7월에는 질서를 회복하기 위해 해병대를 파견했다. 미국은 자국민의 생명과 재산을 지키기 위해 1896년, 1898년, 1899년에도 군을 상륙시켰다.

전환점 : 베네수엘라, 1895~1896

1895~1896년 베네수엘라의 위기는 영국이 서반구에서 미국의 헤게모니를 전면적으로 승인하는 것으로 마무리되었다. 미국은 반세기 이상 지속되어 온 베네수엘라와 영국 간의 국경 문제에 개입했다. 문제가 된 지역은 남아메리카 북부 지역의 상업적 대동맥에 해당하는 오리노코 강Orinoco River 어귀로, 베네수엘라와 영국령 기아나Guiana(오늘날은 가이아나Guyana)가 영유권을 주장해 온 곳이다. 1880년대에 영국은 더 넓은 지역에 대해

영유권을 주장했고, 이로 인해 베네수엘라는 영국과 국교를 단절했다.

점증하는 경제위기와 정치 불안정에 직면한 베네수엘라 정부는 1893년과 1894년에 걸쳐 미국에 문제 해결을 요청했다. 클리블랜드 대통령이 이 문제에 개입하게 된 것은 유럽이 또 다시 라틴아메리카에 관여하려는 데 대한 깊은 우려를 반영했다. 1891~1895년 사이에 영국은 칠레, 브라질, 니카라과에 적극적으로 개입했다. 프랑스는 프랑스령 기아나를 두고 브라질과 분쟁에 휩싸였고, 프랑스 국민이 살해된 것을 빌미로 산토도밍고에 개입하겠다고 위협했다. 아프리카에서 진행된 열강의 각축도 위협을 증대시켰는데, 아프리카 대륙에서 유럽 국가들이 벌인 일들이 이 지역에서 일어나지 않는다는 보장은 없었다. 특히 클리블랜드 대통령은 오리노코 강어귀를 영국이 차지하게 되면 남아메리카 북부 시장을 미국이 잃게 될 것이라고 우려했다.

1895년에 베네수엘라 정부는 미국의 지지를 강화하기 위해 미국 기업들이 광산 개발을 할 수 있도록 문제 지역의 토지를 조차해 주었다. 1895년 7월 리처드 올니Richard Olney 미 국무장관은 유럽의 라틴아메리카 개입에 대한 미국의 입장을 분명히 밝혔다. 그는 먼로 독트린을 인용하면서 유럽 열강이 "이 지역의 통합과 복지에 직접적이고 심각한 위협"을 가하면 미국은 언제든지 개입할 것이라고 선언했다. 요컨대 그는 라틴아메리카에 대한 미국의 헤게모니를 주장한 것이었다.

처음에 영국은 올니의 주장에 대응하지 않았다. 영국 외상은 먼로 독트린의 국제법상의 효력을 부인함으로써, 서반구에서의 우월권을 내세우는 미국의 주장을 무시했다. 그러나 클리블랜드 대통령은 올니 장관의 입장을 강력히 옹호했고, 이를 지키기 위해 전쟁도 불사하겠다고 말했다. 그러는 동안 국제 정세는 영국의 입장을 약화시키는 방향으로 흘러갔다. 영국은 독일과의 전쟁 위협, 그리고 남아공 문제가 먼저 해결해야 할 현안이었다. 이에 따라 영국은 1896년 베네수엘라와의 갈등을 미국의 중재에 위임하기로 했다. 그러나 베네수엘라 정부는 이 논의에 전혀 참여하지 못했을 뿐 아니라, 협의에 관하여 어떤 통보도 받지 못했다.

베네수엘라 사건은 라틴아메리카에서 영국의 군사적 우위가 끝났음을 보여 준다. 이제 커져 가는 독일 세력과 아프리카 영토 확장 경쟁에 모든 관심을 쏟게 된 영국은 더 이상 라틴아메리카에 투자할 여력이 없었다. 더욱이 유럽에서의 전면전 가능성이 높아지자 영국으로서는 잠재적 동맹국인 미국과 소원해 질 수도 없는 노릇이었다. 이리하여 영국은 1901년 헤이 폰스포트 조약Hay Pauncefote Treaty을 체결해 라틴아메리카에서 미국의 헤게모니를 공식적으로 인정했고, 미국은 이 조약에 따라 일방적으로 운하를 건설하고 보유할 수 있게 되었다. 1906년 영국은 카리브 해에서 함대를 철수시켰다. 이후 영국은 라틴아메리카 남부 지역에서 지배적인 경제적 지위를 계속 유지했으나, 제1차 세계대전 이후 그 지위 또한 미국에게 내주어야만 했다.

제국의 위력, 1898~1945

1898년 무렵 미국은 산업, 금융, 해군력에서 강국으로 부상했다. 제조업 분야에서는 영국을 능가했다. 미국의 거대 은행과 기업은 해외에 대규모로 투자했다. 미국은 점점 더 해외에서 시장과 원자재, 그리고 이윤을 얻으려 했다. 잦은 경제적 난관과 점증하는 사회 불안에 대응해 미국 지도자들은 해외 투자와 경제 팽창으로 이를 해결하려 했다.

미서 전쟁

1898년 에스파냐와의 전쟁을 통해 미국은 명실상부한 제국주의 국가로서의 면모를 갖추게 되었다. 1890년대 미국의 대 쿠바 정책의 최우선 목표는 이 지역의 만성적인 정치 불안정을 종식시켜 5천만 달러가 넘는 대규모의 미국 투자를 보호하는 것이었다. 에스파냐가 소요 사태를 해결하지 못하고 통제 불가능한 원주민 반군 세력이 권력을 장악할 것처럼 보이자 미국이 개입했다. 에스파냐에 선전포고를 하면서 미 의회는 에스파냐의 폭정에서 쿠바를 해방시킬 것을 공언했고, 쿠바를 합병하지 않을 것이라는 텔러 결의안Teller Resolution을 채택했다. 그러나 맥킨리 행정부는 텔러 결의안에 반대했고 쿠바 망명 정부를 인정하자는 터피-포레이커Turpie-Foraker 안을 거부했는데, 이는 쿠바 반군들을 당혹스럽게 했다. 미국 정부는 쿠바 인들과는 어떠한 상의도 없이 전쟁을 시작했고, 또한 평화협상도 진행했다.

미국은 1898년에서 1902년까지 쿠바를 점령하여 통치했고, 쿠바를 사실상의 미국 식민지로 만드는 악명 높은 플래트 수정안Platt Amendment을 개정 헌법에 포함시키는 데 쿠바 인들이 동의하고 나서야 군대를 철수시켰다. 미국은 이후에도 1906~1909년, 1912년, 1917~1922년 세 번에 걸쳐 점령을 거듭했다. 15장에서 지적한 것처럼 미국의 개입은 쿠바에 자유와 경제 발전을 가져온 것이 아니라 인종주의, 부패, 폭력, 경제 침체를 조장하고 영속시켰다.

'아메리카의 호수': 카리브 해에서의 '채찍'과 '달러 외교'

1898년에서 1932년 사이 미국은 카리브 해 9개 국가들에 총 34회에 달하는 군사개입을 했다. 미 점령군은 도미니카공화국, 니카라과, 아이티와 파나마를 장기간 통치했으며, 온두라스, 멕시코, 과테말라와 코스타리카를 단기적으로 침공했다. 미국은 군사개입뿐만 아니라 위협, 승인 거부, 경제 제재 등의 효율적인 수단을 통해 이 지역을 통제했다.

카리브 해 지역에 미국이 투자한 액수는 상당했다. 게다가 주로 농산물, 광산 채굴, 원유 생산, 정부 채권에 투자했으므로 정치 불안에 상당히 민감했다. 1887년에서 1914년 사이 쿠바와 서인도 제도에 대한 미국의 투자는 5,000만 달러에서 3억 3,600만 달러로 거의 7배 증가했다. 중아메리카에 대한 투자는 2,100만 달러에서 9,300만 달러로 4배 이상 늘었다. 1914년 미국의 멕시코에 대한 투자는 이미 10억 달러를 넘어섰는데, 이 중 광업에 대한 투자가 43%를 차지했고 농업과 석유 산업이 각각 18.7%와 10%를 차지했다. 이밖에도 수출품을 시장으로 운송하기 위한 철도 건설에 13%가 투자되었다. 이들 기업의 소유주들은 종종 미국의 정책에 상당한 영향력을 행사했다.

미국은 카리브 해 지역에서 벌인 자신들의 행위를 먼로 독트린에 이른바 루스벨트 계론Roosevelt Corollary(1904)을 덧붙여 정당화했다. 루스벨트 계론은 시어도어 루스벨트 대통령이 미국은 "문명화"된 국가로서 "고질적인 악행"을 종식시킬 권리가 있고 따라서 질서를 유지하기 위해 카리브 해 지역에 개입할 수 있다고 주장해서 붙여진 이름이다. 루스벨트 계론은 시워드, 그랜트, 클리블랜드, 그리고 올니가 계속해서 추진해 온 침략 정책들의 논리적 귀결이었다.

파나마 운하

중아메리카를 가로질러 대서양과 태평양을 연결하는 운하에 대한 미국의 관심은 미국이 영토를 확장하고 서반구 전체로 상업활동을 확대하면서 보다 집요해졌다. 그러나 운하 건설을 처음 시도한 것은 미국인들이 아닌, 수에즈 운하를 건설한 프랑스 인 페르디낭 드 레셉스Ferdinand de Lesseps 였다. 그는 1878년 파나마를 가로지르는 해수면 높이의 운하건설 계획에 착수했다. 11년간의 노력에도 불구하고 그는 열대 풍토병과 기술상의 문제로 공사를 포기해야만 했다. 이 기간 내에 미국은 프랑스에 운하 건설을 포기하라고 압력을 가했다. 미국은 아메리카 대륙에서 "자신들의 정당하고 오랜 우선권에 대한 요구"를 주장했다. 2개의 연안을 지켜야 했던 대규모 해군의 성장으로 미국은 운하 건설의 필요성은 더욱 절실해졌다.

1880년대와 1890년대에는 나카라과 관통 운하 건설에 대한 지지가 높았다. 대통령 산하 위원회는 공학적·병참학적 측면에서 파나마 지역이 보다 유리함에도 불구하고 니카라과 지역을 선택했다. 프랑스측에서 파나마 운하 건설을 양보하는 대가로 1억 900만 달러라는 천문학적 금액을 요구했기 때문이었다. 이 때 뉴욕의 저명한 변호사 윌리엄 크롬웰William N. Cromwell과 레셉스 운하 건설 계획의 책임 기술자이자 신파나마 운하 주식회사New Panama Canal Company(운하 건설권을 가진 프랑스 회사)의 창립자인 필립 뷔노-바리야Philippe Bunau-Varilla가 미국의 정책 변화를 이끌어 냈다. 운하 주식회사측의 변호사로서 크롬웰은 공화당에 니카라과 운하건설 지원을 중단하도록 뇌물을 제공했다. 그리고 크롬웰과 뷔노-바리야는 프랑스 회사에 운하건설권 양도에 대한 요구액을 보다 합리적인 가격인 4,000만 달러로 낮추도록 설득했다.

두 사람은 그들 회사의 운하건설권이 1904년 만료되기 전에 미국이 이것을 사도록 설득해야 한다는 과제와 직면했다. 1902년 두 사람은 의회를 움직여, 루스벨트 대통령이 콜롬비아와 조약을 체결한다는 조건 아래 운하건설권을 요구 가격인 4,000만 달러에 매입하도록 하는 스푸너 수정안Spooner Amendment을 통과시켰다. 1903년 국무장관 존 해이John Hay는 주미 콜롬비아 대사에게 1천만 달러와 함께 연간 25만 달러를 제공하는 조건으로 운하 지역의 토지를 미국이 99년 동안 임차하는 협정에 서명하도록 압력을 가했다. 콜롬비아 상원은 더 많은 금액을 요구하면서 이 제안을 거부했다.

이 와중에서 뷔노-바리야는 파나마의 전통적인 민족주의와 저항정신을 자신의 목적 달성에 이용하고자 했다. 1821년 에스파냐로부터 독립한 이래로 콜롬비아는 파나마 지역에서 통치권을 확립할 수 없었다. 19세기 동안 파나마 인들은 콜롬비아 지배자들에 맞서 50여 차례나 반란을 일으켰다. 이 중에서 거의 성공할 뻔했던 두 번(1855~1856, 1885)의 반란이 일어났을 때, 미국은 자국의 이익 보호와 반란 진압을 위해 군사적으로 개입한 바 있었다. 참혹한 내전(1899~1902)으로 콜롬비아가 크게 쇠약해지자 파나마의 민족주의 세력이 다시 반란을 준비했다. 미 국무성과 파나마 인들, 그리고 양측 모두와 친밀한 관계에 있던 뷔노-바리야는 1903년 11월 초 성공적인 반란을 유도해 냈다. 미 해군의 지원과, 콜롬비아 군의 반란 진압 담당 장교들에게 바친 뇌물 덕택으로 파나마는 독립을 쟁취하게 되었다.

파나마 인들은 추후의 운하와 관련한 대미 협상을 뷔노-바리야에게 위임했는데, 이는 매우 부정적인 결과를 가져왔다. 뷔노-바리야는 신파나마 운하 주식회사의 운하건설권이 만료되기 이전에 이 일을 정리하기 위해 열성적으로 노력하여, 미국이 16km 폭의 운하 지역을 '마치 하나의 주권 지역처럼' 통제할 수 있도록 하는 조약을 체결하게 했다. 이로써 미국은 운하 지대를 '영구적으로 사용·점유·통제'할 수 있게 되었다. 반대급부로 미국은 파나마에 1천만 달러를 지불해야 했고, 이 신생국의 실질적인 보호국이 되었다. 파나마 정부는 조약의 일부 내용에 분노하여 항의했으나, 미국이 무상으로 운하 지대를 점유하거나 니카라과에 운하를 건설할 것을 우려한 끝에 조약에 동의했다.

서인도 제도에서 모집한 흑인 노동자를 주축으로 운하가 건설되는 동안, 미 해병대는 자국의 이익을 보호하기 위해 1903년 후반부터 1914년까지 파나마에 주둔했다. 이 기간 중 미국은 파나마 군을 해산하고 모든 외부 위협에서 파나마를 방어하는 책임을 떠맡았다. 미국은 운하 지역에 고유의 우편 제도를 제정하고 세관, 물자배급소 등을 세웠다. 이 같은 특권적인 조치들로 인해 파나마의 경제는 심하게 훼손되었고 파나마의 국민감정은 크게 손상되었다. 운하는 1914년에 완공되었다.

도미니카 공화국, 아이티, 니카라과

미국은 도미니카공화국(1916~1924), 아이티(1915~1934), 니카라과(1912~1925, 1926~1933)를 점령하고 통치했는데, 이는 이 국가들의 장기적인 정치·경제 발전에 피해가 되었다.

율리시스 S. 그랜트Ulysses S. Grant 대통령은 아이티와 함께 히스파니올라 섬을 양분하고 있는 도미니카공화국(당시에는 산토도밍고로 알려졌다)을 1869년에 병합하려 했으나 상원의 반대로 좌절되었다. "원주민 및 아프리카계 혈통과 섞인 라틴 인종의 사람들"과 피가 섞이는 것에 대한 두려움이 상원의 이런 결정에 영향을 끼쳤다. 이후 수십 년 동안 종종 미국 은행의 자금을 지원받았던 일련의 야만적이고 타락한 독재자들이 탄압과 반란이라는 악순환을 낳았다. 1893년 미국의 산토도밍고 개발회사Santo Domingo Improvement Company는 관세 징수권을 얻는 대가로 산토도밍고의 막대한 외채를 인수했다. 1903년과 1904년에 미국은 이 회사 중역들이었던 뉴욕의 영향력 있는 자산가들의 이익을 보호하기 위해 해병대를 파견

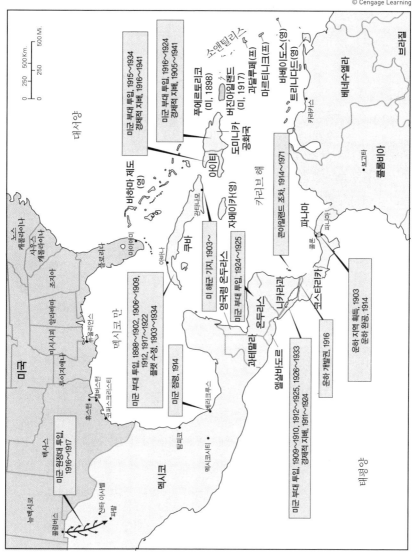

© Cengage Learning

카리브 해와 중앙아메리카에 대한 미국의 개입, 1898~1945

500 Mi.
250
0
500 Km.
250
0

대서양

미국 부대 투입, 1915~1934
경제적 지배, 1916~1941

미군 부대 투입, 1916~1924
경제적 지배, 1905~1941

소엔탈리스

푸에르토리코
(미, 1898)

버진아일랜드
(미, 1917)

과달루페(프)
마르티니크(프)

바베이도스(영)

트리니다드(영)

도미니카
공화국

아이티

바하마 제도
(영)

카리브 해

바나나

나소

쿠바

아바나

미 해군 기지, 1903~

영국령 온두라스
미군 부대 투입, 1924~1925

자메이카(영)

콘에클랜드 조차, 1914~1971

파나마

콜론

운하 지역 획득, 1903
운하 임대, 1914

멕시코 만

미군 부대 투입, 1898~1902, 1906~1909,
1912, 1917~1922
플랫 수정, 1903~1934

미군 점령, 1914

니카라과

코스타리카

과테말라

온두라스

엘살바도르

운하 개발권 1916

미군 부대 투입, 1909~1910, 1912~1925, 1926~1933
경제적 지배, 1911~1924

미국

플로리다

미시시피

앨라배마

조지아

사우스
캐롤라이나

노스
캐롤라이나

뉴올리언스

모빌

휴스턴

갤버스턴

코퍼스크리스티

텍사스

루이지애나

멕시코

탐피코

베라크루스

메리다

메리다

멕시코시티

미군 원정대 투입,
1916~1917

뉴멕시코

컬럼버스

산타 이사벨

파랄

태평양

콜롬비아

보고타

베네수엘라

카라카스

과이라

했다. 1905년 미국 정부는 도미니카공화국의 관세 행정을 장악했다.

그러나 불안은 여전했다. 1916년 도미니카공화국 정부가 미국의 내정 간섭이 확대되는 것을 반대하자 우드로 윌슨 대통령은 해병대를 파견했다. 미 해군은 1924년까지 군부독재를 유지했다. 미 해병대는 미국인 소유의 설탕 플랜테이션에 위협이 되는 게릴라 활동을 잔혹하게 진압했는데, 이후 몇몇 미군 장교들은 잔혹 행위로 군법 회의에 넘겨졌다.

미 점령군은 행정과 재정 개혁을 시도했고 몇 개의 도로도 건설했다. 그러나 미군이 철수함에 따라 이 계획들은 중단되었다. 미국의 점령이 끝난 후에도 그대로 남은 기관은 국가 경찰력인 국가방위군Guardia Nacional이었다. 국가방위군의 장교인 라파엘 트루히요는 미국의 지지로 조직에서 승승장구했고, 1928년 도미니카공화국의 독재자가 되었다. 30여년에 걸친 그의 탐욕적인 독재(그는 1961년에 암살되었다)는 미군 개입의 쓰라린 유산이었다.

아이티의 경우도 이와 비슷했다. 1804년에 프랑스로부터 독립한 이후 백 년 동안 아이티는 감당할 수 없는 정치적 혼란을 겪었다. 1915년 아이티의 대통령이 무참히 살해된 것을 기회로 우드로 윌슨 대통령은 해병대를 파견했다. 독일이 이 혼란을 이용해 아이티에 군사기지를 건설해 미국의 교역과 파나마 운하 접근 통로를 위협할 수 있다는 것이 군사개입의 명분이었다. 미국은 다음 해에 조약을 체결하여 아이티의 전권을 장악했다. 비록 아이티 인들이 공직을 맡긴 했지만 오직 미국 당국의 구미에 맞게 봉사할 뿐이었다. 여기에서도 미군은 국민의 기본권을 무시했고 농촌 게릴라 진압 과정에서 잔학 행위를 저질렀다. 미국의 지배는 1934년까지 계속되었다.

미국은 또한 니카라과에서 활동 중인 자국 기업들의 이익을 지키기 위해 니카라과에도 개입했다. 미국의 총 투자액은 250만 달러에 불과했으나, 최대 기업인 미국-니카라과 컨세션 United States-Nicaraguan Concession은 윌리엄 하워드 태프트 정부(1909~1913)에 상당한 영향력을 행사했다. 국무 장관인 필랜더 녹스Philander C. Knox가 이 회사의 법률 고문이었다. 1909년 미국의 오랜 숙적이었던 호세 셀라야 장군이 미국계 기업에 대한 허가권을 취소했고 미국-니카라과 컨세션을 위협했다. 같은 해에 미국은 셀라야를 축출하기 위한 혁명을 지원했다. 1912년 니카라과 정부의 요청으로 태프트 대통령은 새로운 반란을 진압하기 위해 해병대를 파견했고 미 해병대는 13년간 주둔했다. 1916년 니카라과는 미국과 브라이언-차모로 조약을 맺었는데, 이를 통해 미국은 지협 통과 운하에 대한 독점적인 권리를 획득했다. 캘빈 쿨리지Calvin Coolidge 대통령은 1925년 미군을 잠시 철수시켰으나 이듬해에 발생한 반란을 진압하기 위해 다시 파견해 1933년까지 주둔시켰다.

푸에르토리코

미국은 1898년 미서 전쟁 중에 푸에르토리코 섬을 점령하여 획득함으로써 식민 강국이 되었다. 1898년 12월부터 1900년 5월까지 미군 총독들이 이 섬을 다스렸다. 1900년 미 의회는 미 대통령이 임명하는 지사와 행정 고문단이 포함된 새로운 민간 정부를 구성하는 것을 내용으로 하는 포레이커 법안Foraker Act을 통과시켰다. 1917년에는 이 행정 고문단을 선거로 뽑힌 상원으로 대체하는 것으로 수정이 이뤄졌다. 그러나 미 대통령은 푸에르토리코 의회가 통과시킨 법안에 대해 거부권을 고수했다. 같은 해 미 의회는 푸에르토리코 인들이 제1차 세계대전 징집에 응할 수 있도록 시민권을 부여했다.

미국의 점령으로 푸에르토리코 인들은 정치적으로 비싼 대가를 치렀다. 미서 전쟁 기간에 푸에르토리코는 에스파냐로부터 상당한 자치권을 얻었다. 그러나 새로운 식민 체제는 푸에리토리코의 자치권을 빼앗았고, 서로 다른 문화들을 다뤄 본 경험이 없는 서투르고 거만한 본토인들이 푸에르토리코를 통치하게 되었다. 푸에르토리코 인들이 자신들을 이해하지 못하는 정부에 항의하자 미 당국은 가혹하게 대응했다. 일례로 1909년 푸에르토리코 하원이 생활고에 시달리는 커피 재배자들에 대한 정부의 무관심을 비판하면서 정부의 세출 예산안을 거부했다. 이에 태프트 대통령은 푸에르토리코 하원이 가지고 있는 예산 승인권의 폐지를 강력하게 요구했고, 미국 의회는 이른바 옴스테드 개정안Omsted Amendment을 통해 이 주장을 입법화했다. 푸에르토리코는 1947년까지 현지 출신 지사를 가질 수 없었고 1948년이 되어서야 지사를 선거로 뽑았다.

푸에르토리코는 또한 미국 점령의 결과로 엄청난 경제적 변화를 겪었다. 1898년에는 주요 작물인 커피를 유럽에 수출했다. 미국은 정책적으로 푸에르토리코를 사탕수수 단일경작 경제로 변모시켰고, 경작지의 대부분이 부재지주인 소수 외국 기업의 수중으로 넘어갔다. 푸에르토리코 인들은 미국의 설탕 수입 쿼터에 의존하게 되었고, 1920년대 설탕 가격의 하락과 1930년대 대공황 시기의 가격 붕괴는 만성적인 경제 문제를 야기했다. 1929년 무렵 푸에르토리코의 많은 지역이 기아에 시달렸다. 푸에르토리코 긴급구조국Puerto Rican Emergency Relief Adminstration과 푸에르토리코 재건국Puerto Rican Reconstruction Administration 같은 뉴딜 기관들New Deal agencies은 1933~1941년 사이에 약 2억 3,000만 달러를 이 섬에 쏟아 부었다.

1930년대부터 수십 년 동안 푸에르토리코의 정치는 페드로 알비수 캄포스Pedro Albizu Campos와 루이스 무뇨스 마린Luis Muñoz Marín이라는 두 푸에르토리코 인들의 영향력하에 있었다. 하버드 대학 출신의 알비수 캄포스는 독립 운동의 가장 대표적인 인물로, 푸에르토리코 민족주의당Partido Nacionalista de Puerto Rico을 만들고 강력한 반미 입장을 취했다. 그는 미국과의 폭력적인 충돌을 지원한 혐의로 오랜 기간 투옥 생활을 했다. 부친이 미국 통치 초기에 통합당Partido Unionista을 이끌었던 무뇨스 마린 역시 미국에서 교육받았고 1931년까지는 푸에르토리코에 영주하지 않았다. 1930년대 대공황기 동안 그는 뉴딜 정책의 유력한 옹호자가 되었다.

대공황 시기의 푸에르토리코의 비참한 상황으로 인해 1930년대 미국의 정책 입안자들은 푸에르토리코의 지위를 재평가하게 되었다. 역사가 아르투로 모랄레스 카리온Arturo Morales Carrión이 말했듯이, "식민 체제 전체가 위기"에 빠진 것이다. 미국화는 "부재 지주의 토지 소유 증가, 커피 재배의 몰락, 빈민가로의 이주 증가, 농촌 지역의 극심한 빈곤"을 야기했다. 미국의 통치는 "가부장주의와 방치, 독선과 생색내기의 혼합"이었다. 그러나 이 섬을 지배하던 미 행정 관료들은 이러한 비판과 민족주의적인 저항에 강경하게 대응했다. 1937년 3월 수도인 산후안San Juan에서 진행된 푸에르토리코 민족주의당 행진 도중에 경찰이 17명의 시위자들을 이유도 없이 공격하여 살해했다. 이 학살에 뒤이은 위기 국면에 구정치세력들의 이합집산이 뒤를 이었고, 무뇨스 마린이 주요 정치인으로 부상했다. 농촌 지역의 풀뿌리 조직에 바탕을 둔 마린의 민중민주당Partido Popular Democrático, PPD이 혜성처럼 나타나 1944년부터 1968년까지의 선거를 휩쓸었다. 그는 워싱턴의 지원을 얻어 푸에르토리코를 새로운 산업화와 경제 발전의 시대로 이끌 수 있었다.

푸에르토리코 발전의 특징은 미국 경제에 대한 의존성에 있었다. 미국 회사들은 금융, 운송, 관광, 첨단 산업 등의 핵심 부문들을 사실상 독점했으며 이는 국내 자본 형성을 저해했다. 그러나 미국 회사들에게 이러한 저임금과 세금 감면은 연간 100억 달러에 달하는 이득을 가져다주는 횡재였다.

이렇게 경제·정치·법률 등 다양한 분야의 종속이 결합되면서 마치 종속 상태가 자연스런 것이고 독립은 실현 불가능한 꿈인 듯 보이게 만드는 식민적 심성을 낳았고, 이는 푸에르토리코의 정치 문화에 부정적인 영향을 끼쳤다. 법무부 장관인 리처드 손버그Richard Thornburg는 1898년부터 이어져 온 푸에르토리코의 법률적 식민지 상태를 다음과 같은 표현으로 정확히 요약하였다. "미 의회는 푸에르토리코에 대해 전권을 행사하며, 푸에르토리코는 이러한 관계를 바꿀 수 없다." 그는 이러한 관계가 미국 헌법이 수정되기 전까지는 변화되지 않을 것이라고 말하기도 했다.

멕시코혁명

멕시코혁명(1910-1920)에 대한 미국 정책의 몇몇 측면에 관해서는 이미 12장에서 논의한 바 있다. 그 정책은 무엇보다도 국경 아래에서 미국의 막대한 투자를 보호하고 자국에 유리한 정치·경제적 환경을 조성하려는 데 목적이 있었다. 태프트 행정부와 윌슨 행정부의 구체적 정책과 전술은 멕시코의 상황 변동, 미국 내의 정치적 압력, 국제 정세의 변화에 따라 변화했다. 미국은 멕시코에 두 차례의 군사개입을 감행했다. 1914년 미 해군은 영국과 독일 투자자들에게 지나치게 우호적인 빅토리아노 우에르타 장군을 전복하고자 베라크루스 항과 탐피코 항을 점령했다. 1916년에는 판초 비아를 쫓아 존 퍼싱 장군이 북부 멕시코로 진입했는데, 그 목적은 베누스티아노 카란사 정부가 취하려는 외국인 투자에 대한 급진적인 헌법상의 제약을 막기 위해 압력을 행사하려는 것이었다.

미국은 미국-멕시코 국경을 통한 무기와 탄약의 유입을 통제함으로써, 혁명의 군사적 전개 방향에 보다 결정적인 영향력을 행사했다. 미국 정부는 중립법neutrality laws을 선별적으로 적용해 '바람직하지 못한' 세력들이 미국 국경 지대에서 파괴활동을 펼치지 못하게 했다. 우드로 윌슨은 자신의 '도덕성'에 못 미치는 정부에 대해서는 승인을 보류하겠다고 선언함으로써, 미국-멕시코 관계에 새로운 전술을 도입했다. 윌슨은 우에르타, 카란사, 오브레곤을 상대로 이 책략을 사용했다.

마지막으로, 카란사 같은 민족주의적인 지도자들의 굳센 저항, 멕시코에 투자한 미국 자본가들 사이의 분열 ——일부는 군사개입을 지지하고 일부는 반대했다——, 그리고 미국의 제1차 세계대전에 대한 개입 증가 등으로 인해 멕시코혁명의 흐름을 통제하려는 미국의 노력은 약화되었다. 멕시코와 유럽에서 동시에 싸울 수 있을 만큼 군사적 재원이 충분하지 않았기 때문에 제1차 세계대전 참전은 미국의 정책 운용의 폭을 급격하게 제한했다. 멕시코와 독일의 동맹 위협 ——유명한 짐머만Zimmerman의 전보 (당시 미국과 교전하기 전이었던 독일은 이 전보에서 멕시코가 미국을 공격할 경우, 미국 남서부[미멕전쟁 당시 멕시코가 잃은 지역]를 멕시코에 반환하겠다는 제안을 했다. 이 전보는 1917년 윌슨 대통령의 참전 결정에 있어 중요한 계기가 되었다——옮긴이)로 강력하게 야기된 위협 ——으로, 미국은 멕시코에 대해 보다 온건한 정책을 펼 수밖에 없었다.

침묵의 제국주의 : 말과 행동을 통한 선린(善隣), 1921~1945

라틴아메리카에 대한 미국의 투자는 1914~1929년 사이에 급증했다. 제1차 세계대전으로 인해 미국 기업들은 독일과 영국이 이 지역에 갖고 있던 대규모 투자의 상당 부분을 사들일 수 있었다. 예를 들어, 쿠바와 서인도 제도의 미국 투자액은 1914년 3억 3,600만 달러에서 1919년에 거의 4배인 12억 달러로 증가했다. 중아메리카에 대한 미국 투자액은 3배 이상 증가했고, 남아메리카에 대한 투자는 8배 증가했다. 1929년 미국의 대라틴아메리카 총 투자액은 해외 총 투자액의 35%인 54억 달러에 이르렀다.

신규 투자의 많은 부분이 원유에 집중되었다. 미국 회사들은 원유 탐사와 생산을 위해 베네수엘라에 2억 3,500만 달러, 콜롬비아에 1억 3,400만 달러, 멕시코에 1억 2,000만 달러, 페루에 5,000만 달러를 투자했다. 이밖에 1억 6,300만 달러가 남아메리카의 제조업에 투자되었다. 또한 미국 기업들은 칠레의 구리와 초석 산업, 아르헨티나의 소고기, 쿠바의 설탕 산업에도 대거 투자했다.

이 시기는 나중에 다국적기업으로 불리게 될 대규모 미국 기업들이 라틴아메리카에 전면적으로 진출한 것이 특징이었다. 뉴저지 스탠더드석유회사, 아메리카제련회사American Smelting and Refining Company, 국제전신전화회사International Telephone and Telegraph, 아메리칸 포린 파워American Foreign Power, 그리고 아르머Armour 같은 거대 기업들이 이 지역에 진출하거나 투자를 확대했다.

라틴아메리카에서 자국의 경제적 이익 보호라는 미국 정책의 기본 목표는 제1차 세계대전 이후에도 변하지 않았다. 그럼에도 불구하고, 여론과 현실은 목표의 수정을 요구했다. 미국인들은 해외 파병과 개입에 지쳐 있었다. 미국은 여전히 카리브 지역의 패권을 장악한 채 멕시코와 쿠바 문제에서 결정적인 영향력을 행사했으며, 1920년대 내내 도미니카공화국, 아이티, 니카라과를 점령하고 있었다. 그러나 낡은 형태의 제국주의에 대한 반대는 점점 커져 갔다.

미국의 지도자들은 특히 카리브 지역에서 미국이 보인 행동으로 인해 라틴아메리카에서 미국에 대한 적대감이 늘고 있으며, 이것이 장기적으로 미국의 경제적 이익에 심각한 위협이 된다는 것을 깨달았다. 1921년 콜롬비아 정부가 미국 회사의 원유 탐사 채굴권을 취소하겠다고 위협하자 미국의 정책은 변화의 조짐을 보였다. 이에 따라 미국 정부는 파나마 상실에 대한 보상으로 콜롬비아에 2억 5,000만 달러를 지불했다. 이것은 이중적인 의미를 지니고 있었다. 즉 이 정책은 미국의 경제적 이익을 보호하는 데 도움이 되었으며, 다른 한편으로 덜 공격적인 대 라틴아메리카 정책을 상징했다. 1922년 쿠바에서, 1924년 도미니카공화국에서, 그리고 1925년 니카라과에서 군대를 철수하면서 미국의 정책 변화는 보다 분명해졌다. 그러나 이 같은 조치에도 불구하고 1923년 산티아고와 1928년 아바나에서 열린 범미주회의Pan-American Conferences에서 미국은 이 지역에서의 역할과 관련해 신랄한 비판을 받았다.

미국이 주요 전술로서 군사개입 정책을 포기했다는 가장 중요한 증거는 1920년대 서반구 최대의 분쟁 지역이었던 멕시코와의 관계에서 군사개입을 자제했다는 점이다. 1917년의 멕시코 헌법은 당대 기준으로 볼 때 가장 급진적인 내용을 담고 있었다. 토지 소유와 지하자원 소유권에 관한 헌법 조항은 미국의 투자를 심각하게 위협했다. 특히 미국 원유 회사들은 멕시코의 풍부한 천연자원에 대한 외국인 소유를 배제하고 국가의 소유권을 주장하는 새로운 법률들에 반대했다.

1920년 내내 미국과 멕시코는 멕시코 헌법의 적용을 놓고 실랑이를 벌였다. 양국은 수차례 잠정적 합의에 도달하기도 했으나 근본적인 불화는 제2차 세계대전까지 끊이질 않았다. 미국은 멕시코에 대한 막대한 미국인 투자를 보호하기 위한 군사개입을 하지 않았는데, 여기에는 세 가지 이유가 있었다. 첫째, 국내 여론이 더 이상의 해외 파병을 반대했다. 둘째,

군사개입으로 인한 인명 피해와 재정 손실이 엄청날 것으로 예상되었다. 마지막으로 멕시코에 이해관계를 가진 미국 기업들의 거센 반발이 있었다. 멕시코 헌법으로 가장 위협을 느꼈던 원유 회사들은 군사개입을 지지했다. 반면 전쟁이 일어날 경우 막대한 손실을 입을 은행과 광산 회사들은 개입에 반대했다. 1920년대 후반 미국 정부가 멕시코의 민족주의적인 통제로 인해 자국 원유 회사들의 이익이 위협받지는 않을 것이라는 점을 인정하면서 분쟁은 수그러들었다.

허버트 후버Herbert Hoover 대통령과 헨리 스팀슨Henry L. Stimson 국무 장관은 계속해서 온건 정책을 사용했고, 라틴아메리카의 호의를 얻으려는 노력에 박차를 가했다. 후버는 "자격이 없는" 정부를 승인하지 않겠다는 윌슨의 정책을 포기했다. 이런 후버의 노력에서 이정표라 할 수 있는 클라크Clark 비망록은 루스벨트 계론Roosevelt Corollary이 먼로 독트린에 기반하고 있지 않으며, 따라서 미국은 먼로 독트린에 의거하여 더 이상 라틴아메리카 국가들의 내정에 개입하지 않을 것이라고 선언했다. 그러나 후버는 신중한 태도를 취하면서 개입을 공개적으로 거부하는 것을 자제했다. 1933년 그는 니카라과에서 미군을 철수했고, 아이티에서 군대를 철수할 계획을 세웠다. 그러나 아이티 국민들이 철수 조건에 반대했다.

이러한 토대 위에서 프랭클린 루스벨트Franklin P. Roosevelt가 1933년 대통령에 취임했다. 그는 미국이 세계 모든 국가의 "착한 이웃"이 될 것이라고 공식적으로 선언하고 "다른 나라들의 내정에 간섭"하는 것을 거부했다. 곧이어 미국은 플래트 수정안Platt Amendment을 폐기하여 쿠바에 대한 보호국 지위를 포기했다. 같은 해 미국은 아이티에서 군대를 철수시켰다.

내정 불간섭 정책은 곧 쿠바에서 시험대에 올랐다. 1933년 쿠바의 정치 불안은 미국의 엄청난 대쿠바 투자를 위협했다. 루스벨트는 섬너 웰리스Sumner Welles를 파견하여 독재자인 헤라르도 마차도와 그의 정적들 사이의 화해를 시도했다. 그러나 몇 달간의 협상이 결렬되어 마차도는 도주했고, 체계적이지도 않고 분열 상태인 군사평의회가 정권을 잡았다. 결국 라몬 그라우 산 마르틴 박사가 정부의 지도자로 부상했다. 그는 곧 뉴욕의 한 거대 은행에 대한 외채 상환을 중단하고 두 개의 미국인 소유 설탕 공장을 접수하여 미국의 눈 밖에 나게 되었다. 그 결과 미국은 그라우 정부에 대한 승인을 거부했다. 미 군함들이 아바나 항에 정박하고 있는 가운데, 웰리스는 풀헨시오 바티스타와 협력하여 그라우에게 권력을 내놓도록 압력을 가했다. 미국의 지원을 받는 풀헨시오 바티스타가 쿠바의 실력자로 부상했다. 미국의 공언과 달리 미국이 '채찍'을 완전히 버리지는 않았던 것이다.

1938년 멕시코에서도 미국의 불간섭 정책은 시험대에 올랐다. 미국계 석유 회사들이 노사 분규와 관련한 멕시코 대법원의 판결에 따르지 않자, 멕시코 정부가 외국인 석유 회사의 소유권 몰수 조치를 내림으로써 미국계 석유 회사와 멕시코 정부 사이의 오랜 분쟁이 절정에 이르렀다. 석유 회사들은 미국 정부에 무력행사를 요구했으나 루스벨트는 문제를 평화적으로 해결하고자 했다. 미국 내의 고립주의 정서에 직면하여 군사개입은 생각할 수 없었던 것이다. 더욱이 유럽에서의 전쟁 가능성이 높아지자 미국은 중요한 원유 공급원을 위태롭게 하고 싶지 않았다. 이 문제는 1940년대에 가서야 완전히 해결되었다.

루스벨트의 대라틴아메리카 선린 정책은 또한 이 지역과의 교역량을 늘리고 영향력을 확대하기 위한 수단으로서 상호무역협정을 체결하고자 했다. 국무장관인 코델 헐은 미국이 대공황을 탈출하는 데 도움이 될 것이라 생각하여 이 무역협정을 열렬히 지지했다. 1934~1941년에 헐은 라틴아메리카 15개국과 상호무역협정 체결에 성공했다. 실제로는 그렇지 못했지만 만약 이들 조약으로 미국의 무역이 엄청나게 증가할 수 있었더라면, 생존을 위해 보호관세에 절대적으로 의존하고 있던 라틴아메리카 초기 산업화에 악영향을 끼쳤을 것이다. 즉 이 지역에서 미국의 정책은 라틴아메리카의 경제 발전이라는 목표와 직접적 상충 관계에 있었다.

1930년대에 미국은 라틴아메리카에서 독일의 정치적·경제적 영향력이 확산되는 것에 대해 점차 우려하기 시작했다. 여기에 대응해 미국은 공통의 관심사를 논의하기 위한 일련의 회담을 추진함으로써 서반구 국가들 간의 보다 긴밀한 협력관계를 구축하고자 했다. 잇단 미주회의Inter-American Conference에서 참가국들은 아메리카 대륙 내의 전쟁이나 다른 대륙의 전쟁 발생 시 상호 협의하는 데 동의했다. 또한 공동으로 중립을 선언했으며, 서반구 주위에 안전지대를 선포하고 교전국들에게 안전지대 내에서는 전투를 금할 것을 경고했다. 각국 대표들은 프랑스와 네덜란드가 나치에 의해 점령되면 서반구에 있는 이 나라들의 식민지들을 통치하기로 합의했다. 이들은 또 어떤 참여국에 대한 공격도 모든 국가들에 대한 공격으로 간주한다고 선언했다. 일본의 진주만 공격 직후인 1942년 초에 열린 회의에서, 추축국에 공동으로 대항한다는 데에 동의했다. 대부분의 라틴아메리카 국가들은 추축국과 외교를 단절했고, 아르헨티나를 제외한 모든 라틴아메리카 국가들은 연합국 측에 협력했다.

이 전쟁으로 미국과 라틴아메리카 사이의 경제적 유대가 강화되었다. 미국은 이 지역의 유일한 수출 시장이자 무기, 탄약, 자본재, 공산품의 유일한 공급지가 되었고, 원자재 채굴보다는 제조업에 투자되는 미국 자본의 비중이 높아졌다. 전쟁이 끝날 무렵 아르헨티나가 미국의 대라틴아메리카 투자의 16%, 칠레가 16%, 브라질이 13%, 페루가 4%를 차지했다. 미국의 라틴아메리카 투자액 중 처음으로 남아메리카 지역이 절반 이상을 차지한 것이다.

제국의 수호와 자본주의, 1945~1981

제2차 세계대전 이후 네 가지 요소가 미국과 라틴아메리카 관계를 결정지었다. ①라틴아메리카 지역에서 자신의 막대한 투자를 보호할 미국의 필요, ②무역과 투자에 개방적인 세계 시장을 구축하기 위한 미국의 보다 광범위한 노력, ③산업화와 경제 다각화를 향한 라틴아메리카 국가들의 열망, ④미·소 대립이 그것이었다.

투자와 무역

제2차 세계대전 후 미국의 대라틴아메리카 무역과 투자는 몇 가지 중요한 경향들을 가지고 있었다. 첫째로, 투자액이 기하급수적으로 증가했다. 게다가 투자의 형태가 종전의 광산, 원유 같은 채굴업에서 제조업 중심으로 변화했다. 또 이 투자는 몇몇 소수의 대기업과 거대 은행에 집중되었다. 마지막으로, 미국과 라틴아메리카의 교역량이 실질적으로 증가했음에도 불구하고 미국과 라틴아메리카 각국의 경제에서 이 교역이 갖는 상대적인 중요성은 줄어들었다.

　이러한 경향들은 미국의 정책이 변화했다는 것을 의미하지는 않았다. 미국의 지도자들은 여전히 이 지역에서의 자국의 경제적 이익에 기초하여 정책을 결정했다. 중요성은 줄어들었어도 투자액은 여전히 컸기 때문이다. 따라서 미국 경제계의 영향력 있는 목소리인 『포춘』의 편집인들은 전후 미국의 지도자들에게 "모든 국가에서 자유기업 제도가 회복될 수 있도록 세계의 경제자원을 조직"하도록 강력하게 주장했다. 기업 변호사였던 딘 애치슨Dean Acheson 당시 국무차관 같은 정책 입안자들은 이러한 세계관에 동의했다. 대공황의 반복에 대해 경계했던 애치슨은 1944년에 "그것은 시장의 문제이다. 중요한 것은 시장이다. 우리는 미국이 만들어 내는 것들이 그것의 생산을 가능하게 하는 바로 그 금융 제도하에서 사용되고 거래되는지를 보아야만 한다. …… 우리는 해외 시장에 주목할 필요가 있다"라고 인정했다. 이리하여 냉전기간 동안의 모든 공개적 혹은 비공개적 개입은 자국의 막대한 투자가 위험에 처한 것처럼 보이는 라틴아메리카 국가들 ― 예를 들어, 과테말라, 쿠바, 도미니카 공화국, 칠레 ―에서 벌어졌다. 더욱이 이들 국가들은 개방적인 세계 체제라는 미국의 비전에 도전했다.

제2차 세계대전 이후의 조정

전시의 긴밀한 협력 관계에도 불구하고 전쟁이 끝나자 곧 미국과 라틴아메리카 사이의 현격한 견해 차이가 드러났다. 이 같은 불화는 1945년 2월 개최된 차풀테펙 회담Chapultepec Conference에서 처음으로 드러났다. 라틴아메리카의 지도자들은 전쟁 기간 동안의 자신들이 행한 기여와 희생을 보상받아야 한다고 생각했다. 그러나 미국은 유럽의 부흥을 최우선 과제로 간주했다. 무역, 산업화, 라틴아메리카 경제 발전의 전체적인 방향성, 그리고 경제 발전에서 미국의 역할에 관련해서도 커다란 견해차가 있었다. 미국은 라틴아메리카의 시장 개방과 투자 기회의 확대를 주장했지만, 자국 기업에 해가 될 만한 어떠한 양보도 하려 들지 않았다. 그러나 라틴아메리카 각국은 지난 20년간 이 지역이 이룩한 산업 발전이 시장 개방으로 대부분 파괴될 것이라고 우려했다.

미국과 라틴아메리카의 이해관계는 명백히 대립되었다. 미국의 목적 달성에 가장 큰 걸림돌은 라틴아메리카의 민족주의였다. 미 국무부 산하 정보조사국에 의하면, 문호 개방 입장과 대조적으로 라틴아메리카에서는 "정부가 국민의 복지 향상에 대해 직접적인 책임을 진다는 입장이 노동 보호, 토지의 보다 광범위한 분배, ⋯⋯ 교육 기회의 확대 등을 위한 많은 사회경제적 법안들의 제정으로 이어졌다". 미국 지도자들은 민간 자본 투자와 자유무역을 발전의 지름길이라고 생각한 반면, 라틴아메리카 국가들은 산업화에서 광범위한 정부의 역할, 그리고 대외무역과 외국인 투자에 대한 규제를 근대화와 자국의 경제 통제를 회복하는 유일한 수단들로 선호했다.

제2차 세계대전 이후 라틴아메리카는 산업화에 필요한 자금과 공산품, 특히 자본재를 지원받기 위해 미국의 도움을 요청했으나 성과를 얻지 못했다. 전쟁 기간 중 축적되었던 라틴아메리카의 달러 자산이 높은 공산품 가격으로 고갈되고 원료 가격의 하락으로 인해 교역조건이 더욱 악화되면서, 산업화를 위한 라틴아메리카 국가들의 노력에는 많은 어려움이 있었다.

게다가 미국이 라틴아메리카의 정서를 무시하고 이 지역의 내정에 간섭하는 전통적인 정책으로 복귀했다는 증거가 점차 명백해졌다. 1946년 미국은 남아메리카 3국의 내정에 간섭했다. 즉 1946년 아르헨티나 대통령 선거에 개입하였으나 후안 페론을 당선시키는 부정적인 결과를 낳았고, 칠레의 곤살레스 비델라 정부에게는 연립 내각에서 공산당원들을 축출하도록 압력을 행사했다. 또 볼리비아에서는 파시즘 성향을 지닌다는 이유로 혁명 정부의 전복을 지원했다.

냉전

제2차 세계대전, 중국 내전에서의 공산당 승리, 그리고 서유럽 국가에서 공산주의 정당들의 득세 등으로 동부와 중부 유럽에서 공산주의의 영향력이 확산되게 됨에 따라 미국의 관심은 여기에 집중되었고, 라틴아메리카는 미국의 우선순위에서 밀려나게 되었다. 1950년대까지 지속된 이 냉전의 초기 단계 동안, 미국은 무너진 자본주의 경제의 회복을 지원하여 서유럽과 아시아 지역에서 더 이상 공산주의가 확산되는 것을 막는 데 전념했다. 그럼에도 불구하고, 「미국 목표를 위한 라틴아메리카의 지원」이라는 제목의 1951년 미국 정보판단U.S. Intelligence Estimate 보고서에 따르면, 소련과의 냉전은 이 지역의 늘고 있는 민족주의 체제들로부터 지원을 얻기 위한 미국 영향력의 필수적인 원천이었다. 다시 말해, "보다 일반화된 동서 진영 사이의 적대가 부재하는 상황에서 라틴아메리카의 대미 협력이 가까운 장래에 본질적으로 늘어날 것 같지는 않다"고 보고서는 결론 내리고 있다.

이 같은 냉전의 첫 단계에서 미국 지도자들은 세계를 두 개의 진영, 즉 미국과 자유기업 체제를 지지하는 진영과 공산주의를 지지하는 진영으로 나누어 바라보았다. 이 같은 흑백논리로 세계를 보았기 때문에 미국은 자국의 정책에 동의하지 않거나 사회·경제적 구조개혁을 제도화하려는 정부나 그러한 움직임에 대해 심한 적대감을 가졌다. 과테말라와 이란의 경우 미국은 CIA의 전복 공작을 통해 이런 정부들을 무너뜨렸다.

냉전의 두번째 단계는 1950년대 중반, 아시아와 아프리카의 많은 신생 독립국가들로 구성된 '제3세계'(즉, 개발도상국들)가 미·소 양 진영의 어느 쪽에도 가담하지 않는다는 비동맹 운동을 주창하면서 시작되었다. 핵전쟁의 받아들일 수 없는 결과들에 직면한 미·소는 제3세계에서 냉전을 벌였다. 이 두번째 단계에서 미국은 라틴아메리카에 깊은 관심을 갖게 되는데, 아메리카 대륙 최초로 사회주의 국가를 탄생시킨 쿠바혁명(1959)이 결정적인 계기였다. 서반구에서 제2의 쿠바가 탄생할까 두려워한 미국은 쿠바 모델의 대안으로 '진보를 위한 동맹'을 조직했다.

그러나 군사 원조를 통해 저항적인 라틴아메리카 국가들의 국내 정책에 영향을 주는 것 또한 마찬가지로 중요한 수단이었다. 1951년의 군사방위원조법Military Defense Assistance Act은 '국가적 사명'을 수행하기 위한 라틴아메리카 국가들의 군대를 창설하는 데 3,850만 달러를 지원했다. 즉 이 사명은 국제적 혹은 라틴아메리카의 방어보다는 국내 치안 유지에 가까웠다. 이 금액은 이후 정권 하에서 증액되어 냉전 직후 미국의 카리브 해 주변 지역에 대한 군사원조 금액은 5억 달러를 넘었고, 여기에는 수천 명의 라틴아메리카 군 장교들의 훈련비용이 포함되었다. 1954년에 이르러 이 정책이 상당한 결실을 맺기 시작했다. 20개의 국가 중 13개의 국가들에서 친미 성향의 군부독재가 권력을 장악한 것이다.

냉전의 제3단계는 베트남에서의 참담한 경험 이후부터 1981년 레이건Ronald Reagan 정부 출범 때까지이다. 베트남전 패배와 막대한 비용의 손실로 미국 정부와 국민은 국력의 한계를 절감했고, 사회혁명을 방지하기 위한 개입이 주는 위험을 인식했다. 그럼에도 불구하고 미국은 여전히 서반구에서의 패권을 유지하려 했으며 이를 위해 새로운 상황에 맞는 방안들을 채택했다.

1980년대 냉전의 네번째 단계에는 선동적인 반공 수사학의 부활, 세계를 '그들'과 '우리'로 나누어 보는 1950년대식 양분법, 정책적 수단으로서의 무력 사용, 그리고 불법적이고 노골적인 공작활동의 재개 등이 나타났다. 동유럽과 중부유럽에서 스탈린식 공산주의 체제의 붕괴와 이에 따른 냉전의 종식으로 냉전의 비호 하에 번창하던 군산 복합체는 위기에 빠졌다. 또한 전통적인 적대 세력인 '국제 공산주의'로부터 라틴아메리카를 구한다는 미국의 대 라틴아메리카 정책 역시 문제점을 노정했다. 1990년대에 들어서는 마약 밀매상들이 이러한 전통적인 적대 세력을 대신하여 라틴아메리카 개입의 편리한 구실 역할을 하게 되었다. 펜타곤과 국제무역센터에 대한 테러 공격이 있었던 2001년 9월 11일 이후에는 새로운 구실이 등장하여 이른바 테러와의 전쟁이 마약 전쟁을 대체했다.

트루먼과 아이젠하워의 라틴아메리카 정책

트루먼 정부(1945~1953)는 유럽과 극동에서의 공산주의 반대투쟁에 초점을 두었다. 그러나 앞에서 살펴보았듯이 미국은 성공 여부는 엇갈리지만 1946년 칠레, 볼리비아, 아르헨티나의 내정에 개입했다. 트루먼 집권하에 서반구의 협력 움직임은 적어도 겉으로 보기에는 계속되었다. 1947년의 리우조약Rio Treaty으로 중아메리카와 남아메리카는 미국과 군사 동맹을 맺었다. 이듬해 보고타에서 열린 제9회 미주회의에서 미주기구Organization of American States, OAS의 창설이 결정되었다. 미주기구는 한 회원국에 대한 공격을 회원국 전체에 대한 공격으로 간주하는 집단안보 체제였다. 또한 회원국 간에 분쟁이 생기면 그 중재를 담당하도록 되어 있었다. 트루먼 정부의 일차적 관심사는 라틴아메리카에서의 현상 유지였다.

아이젠하워 정부 시절(1953~1691)에는 미국의 대외 정책에서 기업의 강력한 영향력이 되살아났다. 아이젠하워는 매카시의 '적색 공포'Red Scare 가 절정에 이른 한국전쟁 와중에 집권했다. 열렬한 반공주의자인 존 포스터 덜레스John Foster Dulles를 국무장관으로 하는 아이젠하워 정부는 세계를 미국을 지지하는 국가와 그렇지 않은 국가라는 두 부류로 나눴다. 미국 기업의 활동을 제약하는 어떠한 정부도 미국에 위협이 되는 공산주의 정부로 여겼다. 아이젠하워는 두 차례의 재임 기간 동안 라틴아메리카에서 이런 종류의 도전을 네 차례나 받았는데 볼리비아, 영국령 기아나, 과테말라, 쿠바가 그 경우였다. 각각의 경우에 미국은 자국의 경제적 이해의 규모와 국내외 정세에 따라 적절히 대처했다.

1952년 볼리비아에서 빅토르 파스 에스텐소로Victor Paz Estenssoro가 주도하는 혁명이 성공했으며, 민족주의혁명운동Movimiento Nacionalista Revolucionario, MNR이 정치·경제 분야에서 대대적인 개혁을 이끌었다. 그 집권 첫해에 새 정부는 주석 광산 국유화와 라티푼디움 제도 철폐를 단행하고, 군을 노동자와 농민의 민병대로 대체했으며, 유권자 수를 크게 늘렸다. 곧 물러날 트루먼 정부는 이 정권의 급진주의에 우려를 갖고 볼리비아에 대한 원조와 승인을 보류했다. '민족주의혁명운동'의 중산층 지도부는 '민족주의혁명운동'이 공산주의 정당이 아니라고 아이젠하워 대통령을 설득했다. 그 결과 볼리비아는 이후 10년간 수백만 달러의 원조와 차관, 그리고 상당한 기술 원조를 받았다. 미국의 원조는 '민족주의혁명운동'의 개혁 정책을 상당히 온건한 노선으로 변화시켰다. 실제로 미국의 지원은 사실상 볼리비아 발전의 전체 과정을 완전히 뒤바꾸어 놓았다. 미국은 볼리비아 군을 재조직하고 장비 제공과 훈련을 담당했는데, 이 군이 1964년 파스 에스텐소로를 축출했다. 이것이 바로 1981년까지 계속된 보수파 집권의 시작이다.

미국은 다른 라틴아메리카 국가들에 대해서도 변화하는 정세에 맞추어 다양한 전술을 구사하여 전반적으로 동일한 결과를 얻었다. 보크사이트 및 기타 광물자원 산지인 영국령 기아나에서 1953년 맑스주의자인 체디 제이건Cheddi Jagan이 구조개혁안을 내걸고 수상으로 선출되었다. 레이

놀드메탈Reynold Metals과 케네콧 코퍼Kennecott Copper 등 여러 미국 기업이 기아나에 많은 지분을 갖고 있었다. 맑스주의 정부가 광산 국유화 조치를 취하지 않을까 염려한 미국 정부는 영국에 선거 결과를 무효화할 것을 촉구했다. 이에 영국 정부는 군대를 보내 새 정부를 무너뜨렸다.

아이젠하워 정부는 1954년 과테말라에서 다른 전술을 사용했다. 민주적으로 선출된 정부가 개혁을 통해 미국의 영향력 있는 거대 기업들의 이익을 위협하자 전복 음모를 꾸민 것이다. 1944년 혁명이 발발해 1931년부터 집권해 온 호르헤 우비코의 폭압 정권을 무너뜨렸다. 승리를 거둔 중산층 혁명가들은 친미적 성향을 띠며 자본주의적 발전 노선을 선호했다. 그러나 후안 호세 아레발로 대통령(1945~1951)과 하코보 아르벤스 대통령(1951~1954)의 개혁 정책은 유나이티드프루츠UFCO와 덜레스(미 국무장관인 존 포스터 덜레스—옮긴이)의 적대감을 유발했다. 유나이티드프루츠는 바나나 생산과 유통을 사실상 독점하기 시작한 1890년대 이후로 과테말라에서 계속 활동해 왔다. 이 회사는 또한 만 명의 노동자를 고용한 과테말라 최대의 고용주이자 최대 지주로서, 이 나라의 주요 교통망인 중아메리카 국제철도International Railroad of Central America, IRCA와 멕시코 만의 주요 항만 시설을 장악하고 있었다.

과테말라 정부는 노동과 토지개혁을 놓고 유나이티드프루츠와 충돌했다. 1947년 아레발로가 신노동법을 제정했는데, 유나이티드푸르츠는 이 법안을 차별적이라 비난하며 격렬히 항의했다. 뒤이은 노동 분규로 수년간 바나나 생산은 큰 피해를 입었다. 1952년 의회는 토지개혁안을 마련하여 무토지 농민들에게 분배할 목적으로 광대한 비경작지를 몰수했고, 유나이티드프루츠는 또 다시 이 법안을 차별적이라고 비난했다.

과테말라 정부로서는 불행하게도, 유나이티드프루츠는 미국 정부에

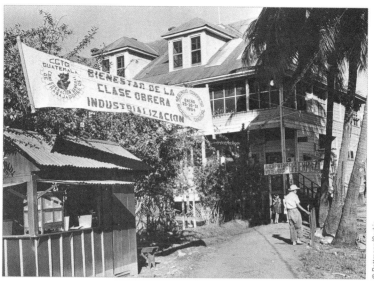

유나이티드 프루츠사는 용병 부대에게 바리오스 항구(Puerto Barrios)에 있는 이 직업소개소 건물을 과테말라 침공을 위한 거점으로 사용할 수 있도록 했다. 이 용병 부대는 망명자들로 구성되었고 CIA가 훈련, 장비, 비용을 제공했다. 이들의 침공은 과테말라 군이 하코보 아르벤스 대통령을 몰아내도록 하는 압력이 되었다. 아르벤스 대통령은 토지와 노동 개혁을 원했던 민주적으로 선출된 포퓰리즘 지도자였다.

대해 커다란 영향력을 행사하고 있었다. 유나이티드프루츠가 덜레스의 법률회사 고객이었던 것이다. 뿐만 아니라 이 회사의 본사가 있는 보스턴은 의회에서 가장 영향력 있는 3인의 본거지였다. 헨리 캐벗 로지 상원의원, 하원 대변인 조지프 마틴Joseph Martin, 민주당 지도자인 존 매커맥John McCormack이 바로 그들이었다. 더욱이 과테말라 담당 국무성 차관보인 존 무어스 캐벗이 유나이티드프루츠의 주요 주주였다.

　미국은 자신들의 행동을 정당화하기 위해 아르벤스 정부에 공산주의자들이 가담하고 있다고 주장하면서, 카를로스 카스티요 아르마스Carlos Castillo Armas 지휘하의 반군을 훈련시키고 장비를 제공했다. 카스티요 아르마스는 유나이티드프루츠의 도움으로 과테말라를 침공하여 1954년 6월 아르벤스를 몰아냈다. 1957년 암살될 때까지 계속된 카스티요의 폭압 정권은 전후의 모든 개혁을 중단시키고 유나이티드프루츠의 특권을 회복시켰다.

쿠바혁명과 미국-라틴아메리카 관계

볼리비아, 영국령 기아나, 과테말라에 대한 아이젠하워 정부의 내정 개입이 성공하면서 라틴아메리카에서 반미 감정이 격화되었다. 또한 1958년 이 지역을 순방한 닉슨 부통령은 심한 냉대를 면치 못했다. 그러나 1959년 피델 카스트로가 쿠바에서 승리를 거두기 전까지 특별한 정책 변화는 없었다.

바티스타의 잔혹한 독재 정권을 강력하게 지지했던 미국은 카스트로의 혁명 운동에 대해 일관되게 반대하는 입장을 보여 왔다. 그리고 후에는 카스트로 정부를 타도하고 제2의 쿠바를 예방하기 위한 양면 작전에 착수했다. 즉 새로운 혁명 정부들이 생기는 것을 막기 위해 다양한 양보를 통해 나머지 라틴아메리카 국가들을 회유하고자 했다. 다른 한편, 미국은 쿠바에 경제제재를 가하고 비밀리에 쿠바 망명자들로 구성된 군대를 양성했다. 라틴아메리카의 지지를 얻기 위해 미국은 이 지역을 위한 새로운 사회신용기금Social Trust Fund에 자금을 지원했고, 자신들이 그 동안 반대해 왔던 라틴아메리카자유무역연합LAFTA과 중아메리카공동시장과 같은 지역 공동 시장 창설 계획에 동의했다.

새로 출범한 케네디 정부는 이러한 경제 개혁 방안들을 발전시켜 '진보를 위한 동맹'이라는 라틴아메리카에 대한 포괄적인 계획안을 마련했다. 미국은 향후 10년간 이 지역이 절실하게 필요로 하는 수송 시설을 건설하고 기술 및 산업 장비를 구입하는 데 100억 달러를 투자하기로 약속했다. 이에 대해 라틴아메리카 정부들도 사회·정치 개혁안을 마련하기로 했다. 미국은 인센티브 제도를 통해서 라틴아메리카에서 민주주의와 경제 정의를 진작할 것을 제안했다. 카스트로식 게릴라 운동을 저지하기 위하여 미국 정부는 무기 공급과 훈련을 통해 이 지역의 군사력 강화에도 착수했다.

그러나 진보를 위한 동맹은 라틴아메리카에 민주주의도 경제 발전도 가져다주지 못했다. 먼저, 이 계획은 박애적인 것이 아니라, 자본주의적인 민간 부문의 발전을 촉진시키고 미국의 무역과 투자를 확대하기 위한 것이었다. 라틴아메리카 원조의 대부분은 결국 상환해야 하는 차관 형태였다. 더욱이 차관은 미국 화물선으로 운반되는 미국 제품을 구매하는 데 사용되어야 했다. 1960년대에 미국 정부와 민간 기업들은 라틴아메리카에 100억 달러를 쏟아 부었으나, 이 지역에서 유출된 자본 총액은 이보다 더 많았다. 외채 상환으로 라틴아메리카 국가들의 점점 더 많은 예산이 빠져나가 경제 개발과 사회 복지에 쓰일 예산은 거의 없었다. 따라서 이 지역 국가들은 단지 해묵은 외채 상환을 위해 새로 차관을 도입하는 일이 빈번해졌다. 또한 불행하게도 원조 자금의 상당액이 부패와 비능률로 인해 소진되었다.

라틴아메리카의 군부에 대한 미국의 원조는 진보를 위한 동맹의 가장 효율적인 프로그램이었다. 미국식 세계관을 주입 받은 군 장교들은 도시와 농촌 게릴라에 대항하는 최신 반란진압 전술을 훈련받았다. 정교한 고문 기술도 교과 과정에 포함되어 있었다. 미국식 훈련과 장비로 무장한 볼리비아 특공대가 체게바라와 그 동료들을 체포했는데, 이는 이러한 훈련의 철저함을 보여 주는 한 사례였다. 미국은 또한 라틴아메리카 군 지도자들에게 군이 도로와 기타 공공 건설 등에 참여하여 국가 발전에 긍정적인 역할을 할 것을 촉구했다.

그러나 케네디 정부가 "여전히 남아 있는 빈곤과 무지라는 속박을 퇴치"하도록 지원하겠다고 공언했음에도 불구하고, 미국의 주요 관심사는 역시 라틴아메리카에 친자본주의 정권을 지속시키는 것이었다. 케네디는 피그만 침공에서 완전히 실패한 이후에도 이 지역 국가들에 대한 내정 간섭을 계속했다. 1961년 그는 매우 긴요한 원조를 거부하고 영국으로 하여금 민주적으로 선출된 수상을 거부하라고 압력을 가해 두번째로 영국령 기아나의 체디 제이건 정부를 무너뜨리려 했다. CIA도 제이건 정부의 전복에 협조했다. 케네디는 도미니카공화국의 독재자인 라파엘 트루히요를 제거하려는 시도에 개입했다. 또한 CIA가 1961년 트루히요 암살에 책임이 있다는 설도 있다. 카스트로를 제거하겠다는 열망으로 케네디는 심지어 마피아를 동원해 쿠바 지도자를 암살할 계획을 짜기도 했다.

정책 입안자들이 독재 정권을 무질서와 잠재적 혁명을 막는 유일한 대안이라고 판단하면, 케네디 정부도 그 전임자들과 마찬가지로 라틴아메리카의 독재 정권을 지지했다. 1962년 3월 아르헨티나 군부가 민주적으로 선출된 아르투로 프론디시Arturo Frondizi 대통령을 축출했을 때 미국은 아무런 항의도 하지 않았다. 넉 달 후에는 미국에서 훈련받고 장비를 제공받은 페루 군부가 권력을 장악하여 민주적으로 선출된 대통령의 취임을 막았다. 미국은 얼마간 승인을 보류하고 원조를 중단했으나 곧 군사정권을 인정하기에 이르렀다. 전임자들과 마찬가지로 케네디 정부도 민주주의의 희생을 무릅쓰면서까지 질서를 선호했다.

린든 존슨Lyndon Johnson 대통령은 기본적으로 케네디의 라틴아메리카 정책을 승계했지만, 점차 개혁보다는 질서 유지 쪽에 중점을 두기 시작했다. 케네디와 달리 존슨은 세계 어느 국가도 공산주의 진영에 '잃지' 않기로 결심했다. 1961년 도미니카공화국에서 존슨은 불과 2년 전에 민주적으로 선출된 최초의 대통령을 축출하고 집권했던 군부에 대항하는 봉기에 직면하게 되었다. 존슨은 미국이 카스트로식 공산주의 정부의 출현을 막기 위해 라틴아메리카에 일방적으로 개입할 권리가 있다고 주장했다. 그는 봉기를 진압하기 위해서 해병대를 파견했다. 존슨이 도미니카공화국이 또 하나의 쿠바가 되지나 않을까 염려한 것은 확실했으나, 존슨 정부의 주된 관심은 자국의 몇몇 주요 회사들을 위해서 도미니카공화국의 설탕 생산을 확보하는 것이었다는 상당한 증거가 있다. 엘스워스 번커Ellsworth Bunker와 에버럴 해리먼W. Averell Harriman을 포함한 존슨의 대외 정책 핵심 고문들이 설탕 산업과 밀접한 관련이 있다는 것은 우연이 아니었다.

존슨 대통령 집권기 동안 미국은 1964년 브라질의 좌파 성향인 주앙 굴라르 정부를 쿠데타로 무너뜨리는 데도 주된 역할을 했다. 온건한 토지 개혁과 문맹자에 대한 선거권 부여를 포함하는 굴라르의 '급진적' 개혁에 반대해 미국은 1963년 브라질 원조를 최소화하는 대신 친미 주지사들에 대한 자금 지원을 시작했다. 1964년 4월 브라질 군부는 굴라르를 축출하고 15년간 지속된 야만적인 독재 정권을 수립했다. 존슨 정부는 즉각 새 정부를 승인했고 이후 5년간 미국은 브라질에 경제 및 군사 원조로 15억 달러를 지원했다. 이는 미국의 대라틴아메리카 원조 총액의 4분의 1에 달하는 액수였다.

브라질 군부에 대한 미국의 아낌없는 지원에 크게 고무된 아르헨티나 군부는 1966년 6월 무능한 아르투로 일리아Arturo Illia 정부를 무너뜨렸다. 미국은 쿠데타 이후 3년간 군사 정부에 1억 3,500만 달러를 원조했다.

사회·경제적 측면뿐만 아니라 정치적 측면에서도 케네디와 존슨 주도하의 '진보를 위한 동맹'의 결과는 실망스러웠다. 케네디가 취임할 무렵 남아메리카에서는 파라과이의 알프레도 스트로에스네르Alfredo Stroessner 가 유일한 독재자였다. 그러나 1968년 당시에 파라과이는 물론, 아르헨티나, 브라질, 페루에서 군부독재가 통치하고 있었다. 민간 정부가 다스리는 것처럼 보이기는 했지만 볼리비아와 에콰도르에서도 군부가 실권을 쥐고 있었다. 중앙아메리카에서는 상황이 더 나빴다. 우익 군부는 온두라스, 과테말라, 엘살바도르에서 민주적으로 선출된 정부를 무너뜨렸다. 소모사 가문은 니카라과에서 지배력을 더욱 강화했다. 1968년에는 선거로 선출된 파나마 대통령이 군사 정변으로 축출되었다. 보다 중요한 것은 어느 면으로 보나 '진보를 위한 동맹'이 라틴아메리카의 경제 발전을 자극하지도, 엄청난 경제적·사회적 불평등을 개선하지도 못했다는 점이다.

베트남 시대

1960년대 후반부터 1981년 사이 베트남전의 쓰라린 경험과 이와 관련된 일련의 상황들이 큰 반향을 불러일으켰고, 이는 미국의 라틴아메리카 정책에 조정을 가져왔다. 그럼에도 불구하고, 자국의 경제적 이익을 확대하고 이 지역에서 자본주의를 지배적인 경제 체제로 유지하려는 정책의 핵심 목표에는 변함이 없었다.

베트남전 이후 미국의 정책 입안자들은 공개적인 군사개입을 비현실적인 수단으로 간주했고, 경제 제재와 전복활동 등 간접적인 수단에 의존했다. 미국은 이런 수단을 1970~1973년에 칠레에서 사용하여 민주적으로 선출된 사회주의 정부를 무너뜨렸다.

이 일은 사회당의 살바도르 아옌데가 칠레 대통령 선거에서 근소한 차이로 낙선한 1958년부터 시작되었다. 이후 15년간 미국 정부는 아옌데의 당선을 막기 위해, 그리고 1970년 대통령 당선 후에는 아옌데 정부를 전복하기 위해 칠레에 수백만 달러를 쏟아 부었다. 1964년 선거에서 미국은 기독교민주당 후보이자 온건 개혁파인 에두아르도 프레이를 지원해 대통령에 당선시켰고, 이후 연평균 1억 3,000만 달러를 원조했다. 이러한 미국의 엄청난 노력과 1970년 선거 기간에 다시 수백만 달러를 투입했음에도 불구하고 아옌데가 대통령 선거에서 승리했다.

그러자 미국은 군사 쿠데타를 조직하려고 시도했다. 이 시도가 실패하자 닉슨 행정부는 경제 원조를 90% 삭감하고 차관 제공을 거부하면서 아옌데 정부에 경제 제재를 가했다. 한편 CIA는 야당과 협력해 칠레 경제를 뒤흔들었다. 경제적 어려움이 가중되고 정치적 소요가 일어나는 와중에 칠레 군부는 1973년 9월 유혈 쿠데타로 아옌데 정부를 전복했다. 미국은 신속히 군사 정권을 승인하고 원조와 차관 제공을 재개했다.

17장에서 이미 지적했듯이 칠레에서 미국의 이해관계는 막대했으며 주로 구리 광산에 집중되어 있었다. 의회의 만장일치 지지를 얻어 아옌데 정부가 제일 먼저 한 일은 미국 구리 회사의 지분을 무상 몰수한 것이었다. 나중에 아옌데 정부는 회장이 닉슨 정부에 상당한 영향력을 지니고 있던 국제전신전화회사ITT를 몰수했다. 미국은 자국의 투자를 보호하고 미래에 사회주의 사회를 건설하려는 다른 라틴아메리카 국가들에게 효과적인 교훈을 주기 위해 개입한 것이다.

닉슨은 또한 후에 콘도르 작전Operación Condor이라고 알려진, 남아메리카의 좌파와 반독재 운동 세력에 대한 공격을 목적으로 하는 국제적 테러 작전을 조직했던 아르헨티나와 브라질의 잔혹한 군사 정권과도 협력관계를 유지했다. 이 협력관계는 초기에 1971년 우루과이 대선에서 확대전선Frente Amplio이라는 사회주의자, 공산주의자, 기독민주주의자들의 정치연합이 민중들의 지지를 얻는 것에 대응하기 위해 시작되었다. '확대전선의 정권 탈환이라는 위협요소'를 줄일 것을 결심한 닉슨은 브라질과 아르헨티나의 군사 지도자들을 체계적으로 양성하였다. 미 대사관의 전략 보고서에 따르면 그들로 하여금 확대전선 후보자들을 공격하기 위해 "우루과이 치안 부서와 효율적으로 협력하도록" 했고, 또한 유사시에는 이들을 확실히 패배시키기 위해 선거에 개입하도록 독려했다. 최근 국가안보기록보존소National Security Archive가 출간한 기밀 해제 문서에 의하면, 닉슨은 영국 수상 에드워드 히스Edward Heath에게 "브라질이 우루과이 선거를 조작하는 것을 도왔다"는 것을 알고 있었다고 직접 말했다.

닉슨과 그의 국가 안보 고문인 헨리 키신저는 특히 이들 독재자들과 같은 편이었다. 브라질의 가라스타주 메디시Garrastazu Médici와의 몇 번에 걸친 개인 면담 뒤에, 닉슨은 그를 "대륙 전체를 경영"하고자 하는 "강한" 지도자로 묘사했다. 키신저는 라틴아메리카에서 미국의 이해관계를 대리하는 브라질에 점점 더 의존하고 있음을 명확히 했다. 키신저는 메디시에게 1971년 볼리비아 쿠데타에 대한 브라질의 개입을 언급하며 다음과 같이 털어놓았다. "우루과이나 볼리비아의 상황처럼 상호 관심 분야에서는, 우리의 공동 목표를 위해 긴밀한 협조와 동시적인 접근이 매우 효과적일 수 있다." 그러나 키신저는 라틴아메리카 민중들이 자신과 메디시가 고려하고 있는 것과 같은 주권 국가들에 대한 대규모 내정 개입을 좋아하지 않을 것이라는 사실을 잘 알고 있었다. 키신저는 다음과 같이 강연을 했다. "브라질이 더 강력한 지도자 역할을 할수록, 브라질은 점점 더 자신의 위치가 미국의 그것과 비슷하게 되어 간다는 것을 느낄 것입니다. 존경받고 동경의 대상이지만, 호감은 얻지 못하죠."

카터의 라틴아메리카 정책 : 내셔널리즘, 파나마 운하 그리고 인권

지미 카터Jimmy Carter 대통령은 1977년 취임하면서, "라틴아메리카와 카리브 지역 각국의 특성과 주권의 인정, …… 인권 존중, …… 그리고 선진국과 개발도상국 간의 관계에 영향을 미치는 주요 사안을 조속히 해결하려는 우리의 희망"에 기초한 미국 외교 정책에 있어 "새로운 접근방식"을 선언했다. 그는 곧 두 가지 주요 문제 해결에 이 원칙들을 적용했다. 바로 운하 문제에 대한 파나마와의 협상 재개, 그리고 쿠바와의 관계 정상화를 위한 협상의 시작이 그것이다.

운하 조약이 체결된 이후로 파나마 인들은 폭력적인 방식을 통해 주기적으로 자국 내 미군 주둔을 반대했다. 특히 1931년, 1947년, 1959년, 1964년에는 미군에 반대하는 폭동이 심각했다. 이러한 폭동들은 파나마 경제가 악화되었을 때 발생했으며 카터와 오마르 토리호스Omar Torrijos 장군은 이 갈등의 원인을 제거하고자 했다. 때로는 격렬했던 4년 동안의 협상 끝에 미국과 파나마는 운하 지역의 통제권을 2000년까지 점진적으로 파나마에게 이양한다는 새로운 조약을 체결했다. 파나마 국민들은 운하 작동을 유지하기 위해 개입할 권리를 미국에게 주는 조항에 대해서 못마땅해 하기는 했지만, 대체로 이 조약을 지지했다.

쿠바와의 협상은 결과적으로 1977년 9월 아바나와 워싱턴에 미국과 쿠바의 이익대표부 설치로 이어졌다. 그러나 이런 초기의 시도는 오래가지 못했는데, 1978년 초 쿠바가 앙골라와 에티오피아를 중심으로 아프리카에 광범위한 군사개입을 하면서 두 나라가 갈등을 겪게 되었기 때문이다. 카터 정부는 3만 5,000명이 넘는 쿠바 군과 군사 고문단의 아프리카 주둔을 맹렬히 반대했고, 그 결과 더 이상의 회담은 단절되었다. 1980년에는 12만 5,000명의 쿠바 난민이 미국으로 탈출하면서 미국-쿠바 관계는 더욱 악화되었다.

카터의 인권 추구는 그의 대외 정책에서 가장 논란이 많은 분야였다. 그는 라틴아메리카에서 가장 잔혹한 탄압이 가해지고 있던 칠레, 아르헨티나, 브라질에 관심을 집중했다. 미국은 이들 국가들에 제재를 가해 경제 및 군사 원조를 삭감하거나 중단했을 뿐만 아니라, 국제 금융 기관으로부터의 융자를 받는 것을 막았다. 재계의 강력한 반발과 중아메리카에서 공산주의의 영향력이 증가함에 따라, 임기 마지막 2년간 카터는 자신의 인권 활동주의를 중단했다.

라틴아메리카에서 카터의 가장 시급하고 골치 아픈 문제는 니카라과였다. 미국의 지지를 받는 독재자 소모사에 대항하는 광범위한 연합 운동 조직인 산디니스타민족해방전선의 투쟁은 1978년 니카라과를 위기로 몰아넣었다. 산디니스타 내의 좌파 세력을 우려한 카터는 혁명 후의 정부에 산디니스타들이 증오하던 국가경비대 구성원들을 포함시킬 것을 제안하면서 보다 온건한 대안을 모색했다. 1979년 산디니스타가 승리한 이후에 미국은 내전으로 황폐해진 니카라과를 재건하기 위한 경제 원조를 제안했다. 상당한 논쟁 끝에 미 의회는 7,500만 달러의 원조에 동의했는데, 대부분은 산디니스타 정권에 반대하는 민간 부문의 경제활동을 지원하기 위한 것이었다.

'군함 외교'로의 복귀, 1981~1992

1981년 대통령이 된 레이건은 라틴아메리카에서 '공산주의'를 격퇴하고 미국의 군사력을 재확인하기로 결정했다. 이 과정에서 그는 공개적으로 아르헨티나와 칠레의 억압적인 정권을 옹호했고, 중아메리카의 반反게릴라 전쟁에 막대한 달러와 군사고문단을 제공했다. 그 후 20년에 걸쳐 군사 개입 여부에 대한 미국의 결정은 문호 개방이라는 자신들의 전통적인 목표를 드러냈다. 이 목표를 가장 간결하게 표현한 것은 아마 존 해이가 1898년에 한 "공평 무사"a fair field and no favor라는 말이다.

그레나다(Grenada)

1983년 10월 25일 미국은 그들이 주장하는 소위 친쿠바 공산주의 정권을 무너뜨리기 위해 카리브 해 남쪽의 작은 섬나라인 그레나다를 침공했다. 레이건 정부는 이 침공을 라틴아메리카 정책에 있어 최대의 승리라고 선언했다.

1979년 3월 모리스 비숍Maurice Bishop이 이끄는 '새로운 보석 운동'New Jewel Movement은 영국과 미국의 지지를 받던 에릭 가이리Eric Gairy 독재 정권을 무너뜨렸다. 가이리는 1950년대 초부터 그레나다 정치를 지배해 왔다. 비숍은 대규모 문맹퇴치 운동, 무상 의료 및 무상 중등교육의 실시, 광범위한 주택 재건축 등의 프로그램을 가지고 있었다. 비숍은 외국인 투자를 규제했으며 식량 수입을 줄이면서 농업 독립을 강조했다. 또한 그는 현대적 공항을 건설하는 등 관광업 진흥을 꾀했다. 레이건 행정부는 민중적인 비숍 정권에 반대해 개입하겠다고 반복적으로 위협했지만, 실제로 그레나다를 침공한 것은 당 내부의 급진파가 비숍을 살해한 이후였다.

그레나다 침공은 미국이 카리브 지역에서 자국의 이익을 지키기 위해서는 언제든 무력을 사용할 의사가 있음을 분명히 보여 주었다. 중아메리카에서 미국의 정책이 그랬듯이 침공은 또한 미국이 자신의 '뒷마당'에서 일어나는 광범위한 사회·경제 개혁에 반대한다는 메시지를 전달했다. 더욱이 라틴아메리카의 그렇게 많은 '위기들'처럼, 그레나다를 빈곤에서 벗어나기 위해 싸우는 국가가 아니라 세계적인 공산주의 위협의 일부, 혹은 적어도 '또 다른 쿠바'로 보았던 것이다.

아이티

미국은 라틴아메리카, 아니 세계에서 가장 빈곤한 국가들 중 하나인 아이티의 역사에서 결정적인 역할을 해왔다. 1915년에서 1934년까지 이어진 미국의 군사적 점령으로 엘리트 계층은 부를 독점할 수 있었고, 커피 수출에 대한 경제적 의존 또한 강화되었다. 미국은 '특히 국민들과 맞서 싸울 수 있도록' 아이티 군을 훈련시켰다. 이 군대가 1957년 사악한 프랑수와 '파파 독' 뒤발리에François "Papa Doc" Duvalier의 통치를 가능하게 했다. 뒤발리에는 군을 이용하여 전례가 없을 정도로 권력을 자신의 손에 집중시켰다. 어떠한 독립적인 기관의 존재도 용납하지 않았고 자신의 군대조차 불신했던 뒤발리에는 두 개의 대등한 유사 군사 조직을 만들었다. 하나는 많은 두려움을 주었던 민병대이고, 다른 하나는 가장 무서웠던 비밀경찰 조직인 통통 마쿠트Tontons Macoutes였다. 뒤발리에의 방식에 동의하지 않았을지는 모르나 미국은 그를 지지했다. 뒤발리에가 1971년 사망하자 클린턴 녹스Clinton Knox 대사는 개인적으로 뒤발리에의 아들인 18세의 장-클로드 뒤발리에에Jean-Claude Duvalier로 권력이 이양되는 과정을 감독했다.

뒤발리에 부자의 야만적이고 억압적인 독재 정치로 아이티의 모든 사회·경제 문제는 더욱 악화되었다. 정권의 부당한 요구와 오랜 토지 남용으로 농업은 피폐해졌고, 그 결과 궁핍해진 수천 명의 농민들이 도심, 특히 빈민가인 포르토프랭스와 그 인근 지역으로 대거 이주했다. 여기에는 120만 내지 180만가량의 인구가 밀집했고, 대부분이 이루 말할 수 없는 비참한 환경에서 생활했다. 노동자 가정에서는 보통 양파와 옥수수 가루, 혹은 콩과 삶은 질경이 같은 것으로 겨우 하루 한 끼 식사를 했다.

미국의 조언에 따라 장-클로드 뒤발리에는 이 엄청난 수의 빈민 계급을 이용하여 미국 회사의 하도급을 받는 수출산업 단지를 육성함으로써 경제 성장을 진작하고자 했다. 그러나 이 계획도 아이티 사회의 엄청난 불평등과 대중의 늘어나는 분노를 완화하지 못했다. 1886년 발발한 도시 폭동으로 뒤발리에는 아이티를 떠날 수밖에 없었다. 그는 레이건 정부가 제공한 제트기에 몸을 싣고 호화로운 망명길에 올랐다. 한편, 미국 국제개발처U.S. AID는 계속해서 아이티를 미국 회사를 위한 저임금의 천국으로 만들었고, 이를 위해 1억 달러를 투자했다. 미국 노동조합 대표단은 1991년 아이티 수출산업 단지의 한 '모범적인' 의류 공장을 방문하여, 그 공장에서 최고의 임금을 받는 노동자의 일당이 1달러 47센트에 불과하다는 것을 알았다. 교통비와 보잘것없는 아침 및 점심 식대를 지불하고 나면 그들이 집에 가져갈 수 있는 돈은 겨우 71센트였다.

장-클로드 뒤발리에의 망명은 정치적 진공상태를 만들었고 미국의 정책 입안자들이 그 빈자리를 채우기 위해 몰려들었다. 그들은 수출용 조립 산업과 농산업과 관련된 마르크 바쟁Marc Bazin을 지지했고, 해방신학의 영향을 받은 포퓰리즘적 신부였던 장-베르트랑 아리스티드를 반대했다. 아리스티드는 노동자, 농민, 학생 등 풀뿌리 조직을 대표했고, 대규모 문맹퇴치 운동, 토지개혁, 국가 산업 보호, 그리고 뒤발리에식의 폭력과 부패의 종식을 강조했다. 그의 개혁안은 기초 식료품에 대한 가격 통제, 시간당 최저임금을 50센트로 인상하는 것 등을 포함했다. 바쟁이 미국의 후원을 등에 업고 선거 운동에 3,600만 달러를 쏟아 부었음에도 불구하고 아리스티드가 67%의 득표율로 승리를 거두었다. 그러나 집권 8개월 만인 1991년 9월 육군 중장 라울 세드라스Raoul Cédras가 주도한 쿠데타로 인해 망명을 떠나야 했다. 이 쿠데타는 아이티를 공포 상태로 몰아넣었고 수천 명이 목숨을 잃고 엄청난 수의 난민이 발생했다.

세드라스의 쿠데타에 대한 부시 정부의 반응은 미국 외교 정책의 모순을 반영하는 모호성을 잘 보여 주었다. 미국은 아리스티드 정부 같이 합헌적으로 선출된 민간 정부를 지지한다고 선언했지만, 아리스티드의 반제국주의와 반신자유주의 노선은 미국 외교 정책의 목표와 대립되었다. 부시 대통령은 쿠데타를 비난하고 아리스티드의 권력 복귀를 원한다고 말했다. 그러나 아리스티드에 대한 이러한 우호적인 수사에도 불구하고 쿠데타 세력에 대한 제재는 솜방망이에 불과했다. 즉 아이티에 대한 무역 제한 조치는 수출입 업자들이 쉽게 위반할 수 있도록 '구멍이 숭숭 뚫려' 있었다. 또한 부시는 아리스티드를 공격하도록 국무성 주도의 미디어 선전 활동을 공개적으로 승인했고, CIA는 아리스티드의 정신적 안정 상태를 의심하는 정보들을 흘렸다. 미국 정부는 또한 아리스티드에게 입장을 바꿔 쿠데타 세력과 타협하도록 압력을 가했다.

클린턴 대통령은 1993년 1월 취임하면서 사실상 부시의 아이티 정책을 그대로 이어받았다. 아리스티드에게 쿠데타 세력과 협상하도록 강요했고, 조건을 부가하여 그가 정권을 되찾더라도 개혁 프로그램을 실행에 옮길 수 있는 힘을 제거하고자 했다. 이것이 1993년 1월에 체결된 거버너 아일랜드 협정Governors Island Accord의 핵심이었다. 이 조약은 특별 사면에 대한 약속과 함께 군부 통치자들의 퇴진, 그리고 '평화 유지'군과 유엔 감시단의 통제 하에 아리스티드가 권력에 복귀하는 것 등을 내용으로 하고 있어, 아이티 민중 조직들의 격렬한 반대에 부딪혔다.

1994년 10월 아리스티드가 열렬한 추종자들의 기쁨에 찬 행진 속에 아이티로 귀환했으나, 그는 이미 자신의 뜻대로 움직일 수가 없었다. 불화가 계속되면서 아리스티드의 미 군사 및 정치 고문들은 그에게 퇴진할 것을 강요했다. 예를 들어, 아리스티드는 전군 최고사령부를 폐지하고 자신의 정부 내에서 새로운 군과 경찰의 양성을 감독하고자 했으나, 미군은 이 계획을 거부했다. '전문화된' 새로운 군과 경찰은 '재훈련' 되었고, '전문화'를 위한 후보들은 대체로 옛 군대에서 충원되었다. 이 옛 군대의 많은 장교와 전문가들은 미국 조지아 주의 포트베닝에 있는 악명 높은 아메리카학교에서 훈련받은 사람들이었다.

아이티 대통령인 장-베르트랑 아리스티드와 함께 보이는 전직 미 대통령인 지미 카터는 군사위원회와의 합의를 통해 1994년 10월 아리스티드를 권력에 복귀시키는 과정에서 많은 아이티 국민들의 기분을 상하게 했다. 아이티 국민들은 이 협정이 군부에게 매우 우호적인 것이고 아리스티드의 권한을 극도로 약화시킬 것이라고 믿었다.

미국의 압력하에 아리스티드는 국영 산업체들을 부흥시키기 위한 자신의 민족주의적인 프로그램을 폐기하고 신자유주의적 '구조조정' 계획을 받아들였다. 이 계획에 따르면 국영 산업체들을 아이티와 미국의 민간 자본가들에게 매각해야 했다. 앨런 나이언Allan Nairn에 따르면, 이 계획은 다음과 같은 실행 계획을 포함하고 있었다.

공무원 일자리의 절반 감축, 공공 서비스의 대폭적인 민영화, 관세나 수입 제한의 '과감한' 축소, 가격과 외환에 대한 통제 금지, 수출 부문에 대한 '긴급' 지원, '개방적인 외국인 투자 정책'의 시행, …… 규제와 '국가 활동 영역의 제한', …… 그리고 보다 보수적인 의회를 위해 아리스티드 행정부의 권력을 축소하는 것 등을 포함했다.

그 대가로 아이티는 7억 달러의 재정 지원을 받았으나 이 중 8천만 달러는 쿠데타 발발 이후 3년 동안 외국 은행에 누적된 외채를 상환하는 데 사용해야 했다.

아이티 국민들은 자신들의 우상에게 벌어진 일을 보고 놀랐다. 그들이 선출했던 원래의 아리스티드는 대중적인 풀뿌리 운동의 대표자로서 권력을 잡았다. 그는 국가의 근본적인 사회 문제를 개선하고 부패한 상업 부르주아 및 미국의 경제적 이해관계와 결탁한 억압적 군부에 의한 전통적인 권력 독점을 종식시키고자 하는 이 풀뿌리 운동을 라발라스lavalas(대홍수)라 불렀다. 그러나 새로운 아리스티드는 세계은행 및 IMF와 협정을 맺은 것처럼 보였다. 이 협정으로 인해 7억 달러의 원조를 받는 대신 민중의 복지는 희생되었다. 아이티의 거대 농민조직 지도자인 샤반느 장-밥티스트Chevannes Jean-Baptiste는 일찍이 미국의 침공에 이어 아리스티드가 복귀한 것에 대해 성급히 샴페인을 터뜨릴 일이 아니라고 경고했었다. "축하하지 말라, 미군이 우리를 해방시키고자 여기 있다고 생각하지 말라, 아이티 국민만이 아이티를 해방시킬 수 있다!"

중아메리카

니카라과의 산디니스타 혁명 정부와 엘살바도르의 파라분도 마르티 민족해방전선FMLN 게릴라에 대항하는 레이건의 공세는 중아메리카에서 공산주의 세력에 대항하는 일종의 성전과 같은 성격을 지녔다. 레이건은 국가권력을 사용하여 가난한 농민과 도시 노동자들을 위해 사유재산과 대외

교역을 통제하려는 이들 두 집단들의 민족주의적인 시도를 반대했다. 그는 경제 제재, 여론 조작, 우익 반군(콘트라) 지원, CIA가 지원하는 비밀 테러 공작 등 각종 전술을 구사해 산디니스타 정부를 전복하고자 했다. 1981년 레이건이 취한 최초의 공식적 조치는 카터 대통령의 요청에 따라 의회가 니카라과 원조로 책정한 7,500만 달러 중 1,500만 달러를 삭감한 것이었다. 여기에 더 혹독한 경제 제재가 뒤따랐다. 1985년 말 미국은 산디니스타 정부가 세계은행이나 미주개발은행Inter-American Development Bank 같은 주요 금융기관에서 차관을 들여오는 것을 효과적으로 차단했다. 미국 정부는 니카라과 영사관을 폐쇄하고 심지어 니카라과 비행기의 미국 착륙을 금지했다. 게다가 산디니스타가 엘살바도르에 무기를 공급하고, 불법 마약을 밀매하며, 테러리스트를 훈련시킨다는 등의 근거 없는 주장으로 여론을 조작했다.

산디니스타에 대한 미국의 가장 위협적인 전략은 무장 반군을 지원하는 것이었다. 소모사 정권의 전직 국가경비대원들이 주도하는 콘트라는 1979년 CIA에 의해 탄생했으며 국가경비대 구성원이었던 엔리케 베르무데스Enrique Bermúdez를 지도자로 했다. 레이건은 임기 첫 해에 4,000만 달러를 비밀리에 콘트라에 지원했다. CIA는 콘트라 파벌들을 잠정적으로 통합해 1981년 말 '니카라과 민주주의의 힘'Fuerza Democrática Nicaragüense, FDN을 조직했다.

레이건의 정책에 불만을 가진 미 의회는 산디니스타 전복을 위해 자금을 사용하는 것을 금지하는, 이른바 볼랜드 수정안Boland Amendment을 통과시켰다. 이 법안은 1982년 12월에서 1983년 12월까지 효력이 있었지만 레이건 행정부는 법률을 위반하여 은밀하게 지원을 계속했다. 1984년 초 CIA는 니카라과 해안에 지뢰를 부설하고 몇 차례 헬기 공격을 가했다. 같은 해 콘트라에 암살 등 테러 전술을 사용할 것을 조언하는 CIA문서가 공개되었다. 이 같은 스캔들이 계속되자 의회는 콘트라에 대한 원조를 삭감했다. 그럼에도 불구하고 1987년 미국은 콘트라를 지원하기 위해 2억 달러를 투자했지만 의미 있는 결과를 얻지 못했다. 민간 및 군사 지도자들은 기약 없이 분열되어 있었고, 부패하고 문제투성이였던 반혁명세력이 니카라과 정부를 정복하는 데 진전이 없었다.

산디니스타가 자유롭고 공정한 선거에서 승리할 것을 두려워한 레이건 및 부시 정부는 1987년 8월 과테말라 시티 협정Guatemala City accords으로 시작된 평화협상 과정을 방해했다. 또한 선거일인 1990년 2월 25일까지 콘트라에 '인도주의적' 원조를 계속했고 반反산디니스타연합UNO에 수백만 달러를 지원했다. 미국이 지원하는 콘트라 전쟁과 미국의 경제 봉쇄가 거의 10년째 계속되었고, 이에 지친 니카라과 국민들은 반산디니스타연합의 대통령 후보인 비올레타 차모로를 큰 표 차이로 선출했다.

엘살바도르의 대對반군 전쟁을 담당하는 과정에서 미국은 이 나라의 정치와 경제까지도 모두 장악했다. 미국은 1984년부터 끊임없이 엘살바도르 정치에 개입해 1989년 다우비손이 이끄는 극우 세력의 집권을 막고, 호세 나폴레온 두아르테의 불안정한 중도파 정부를 유지시켰다.

미국은 파라분도 마르티 민족해방전선 게릴라를 격퇴하고자 1979~1990년 사이 45억 달러를 쏟아 부었으나 허사였다. 여기에는 장비 제공과 훈련의 형태를 띤 대규모 군사 원조도 포함되어 있었다. 50~100명의 군사 자문단이 대對반란 작전을 계획했으며, 때로는 엘살바도르 정부군과 함께 대對게릴라 전투에 참여하기도 했다. 1984~1985년 사이 장비 면에서 우세한 정부군은 일시적으로 게릴라를 궁지에 몰아넣었다. 그러나 1987년 초 파라분도 마르티 민족해방전선은 다시 전국의 거의 모든 지역에서 마음대로 정부군과 시설을 공격했다. 미국과 자국 내의 압력으로 두아르테와 그의 후임자들은 게릴라와 평화협상을 시작하여 1992년 평화협정을 체결했다. 이 협정은 군과 보안부서의 개혁, 파라분도 마르티 민족해방전선 내 군사 조직의 해체, 그리고 엘살바도르 역사상 최초로 좌파 정당이 참여할 수 있는 선거를 실시하는 것 등의 내용을 담았다.

파나마 침공

1988년 대통령에 당선된 조지 부시는 라틴아메리카에서 미국의 패권을 유지하고 강화하려던 레이건의 정책을 적극적으로 계승했다. 한편, 소련은 아프가니스탄에서 군대를 철수하고 중부와 동부 유럽의 스탈린주의 정권들이 붕괴하도록 방치했다. 워싱턴은 이러한 소련의 새로운 불간섭주의 정책을, 미국은 이제 더 이상 소련에 의해 방해받지 않고 자유롭게 행동할 수 있다는 것으로 해석했다. 역사상 최악의 불황에다가 미국에 많은 외채를 지고 있던 대부분의 라틴아메리카 국가들은 미국의 간섭 행위에 대해 형식적 항의조차도 쉽지 않았다. 냉전 종식으로 인해 미 제국주의가 '국제 공산주의'라는 상투적인 개입수단을 잃게 되었다면, 라틴아메리카의 '마약 밀매업자'narcotraficante라는 새로운 악당이 미국의 전통적인 전략적·경제적 이익을 위한 무력 개입의 편리한 구실을 제공했다.

부시는 자국민의 보호(한 미국 해병 대원이 총격 사건으로 사망했다), 민주주의 수호, 마약 밀매 혐의가 있는 독재자 마누엘 안토니오 노리에가Manuel Antonio Noriega의 체포, 운하 보호 등을 구실로 1989년 12월의 파나마 침공을 정당화했다. 그러나 이러한 논리를 납득하는 국가들은 거의 없었고, 대부분의 국가들이 미국의 침공을 UN헌장, 미주기구, 파나마 운하 조약을 위반한 처사라고 비난하거나 개탄했다. 그러나 미국 언론은 이런 침공 이유를 두 말 없이 받아들이고, "침공의 뻔한 법적 정당성을 주장하는 부시 정부의 입장을 앵무새처럼 되풀이했다." 미국 언론은 노리에가가 민족주의적인 독립노선을 내세우고 '파나마에서 우리 사람'이 되기를 거부하기 전까지는, 미국의 충실한 동맹자였으며 CIA와 30년간의 협력 기간 중 마지막 10년 동안 적어도 120만 달러 이상을 받았다는 사실에 대해서는 입을 다물었다. 마약 혐의와 관련해서도 그는 1987년 2월에도 미 마약단속국DEA으로부터 변함없는 지지와 협조에 감사한다는 내용의 편지를 받았다. 노리에가가 마약에 연루돼 있음을 전 CIA국장이었던 부시가 몰랐다는 사실을 사람들이 쉽게 믿기는 어려웠다.

미국 언론은 또한 2000년에 운하를 파나마에 반환하고 파나마의 미군 기지를 해체한다는 카터-토리호스Carter-Torrijos 운하조약에 대해 공화당이 지속적으로 반대해 왔다는 사실을 간과했다. 1988년 선거 운동 과정에서 공개된 「산타페Santa Fe II:90년대 미국의 라틴아메리카 전략」이라는 제목의 문서는 공화당의 입장을 잘 반영하고 있다. 이 문서는 노리에가를 '민주 정권'으로 대체해야 할 필요성을 강조하면서, 실제로 침공을 위한 청사진을 제공했다. 미국은 이 새로운 정권과 "서반구에서의 적절한 강제력을 위해 …… 파나마의 몇몇 시설물을 미국이 보유하는 것"과 관련된 협상을 벌이겠다는 의도를 보여 주었다. 산타페 문서에 나타난 여러 제안들은 부시의 파나마 정책과 딱 맞아떨어졌다.

정부는 '정당한 명분 작전'Operation Just Cause이 대성공이라고 선언했다. 맹렬한 공습이 파나마의 저항을 곧 무너뜨렸다. 미군 24명이 사망한 반면, 파나마 측 사망자수는 워싱턴이 추산한 바에 따르면 516명, 독립적인 조사위원회에 의하면 3~4천 명에 달했다. 게다가 이들 대부분이 민간인이었다. 침공으로 가장 큰 타격을 입은 지역은 파나마 시의 가장 빈곤한 지역으로 주민 대부분이 흑인이나 혼혈인이었다. 수천 명의 주민이 집을 잃고 의약품, 식량, 위생 시설이 부족한 난민 수용소에 수용되었다. 미국의 침공으로 파나마는 20억 달러의 재산 피해를 입은 것으로 추산되었으며 이미 미국의 경제 제재로 빈사 상태에 빠져 있던 경제는 마비되기에 이르렀다.

침공의 와중에도 한 명의 새로운 대통령과 두 명의 부통령이 딱 어울리는 미군 남부사령부의 군사기지에서 선서를 했다. 새 대통령 기예르모 엔다라Guillermo Endara는 1968년 오마르 토리호스가 이끈 개혁적이고 민족주의적인 혁명으로 정치권력을 잃었으나 경제권력을 유지하고 있던 백인 부유층(220만 파나마 국민의 90%는 흑인, 물라토 혹은 메스티소)인 전통적 과두계층을 대표했다. 이 소수의 과두계층 가문은 혼인 관계로 결합되어 파나마의 150개 주요 기업을 지배하고 있었다. 다시 한 번 미국의 정책은 유산계급 엘리트들을 구했고 교역과 투자를 위한 자유 시장을 보호했다.

라틴아메리카와 걸프 전쟁

라틴아메리카는 1990년 8월 이라크의 쿠웨이트 침공으로 시작되어 1991년 2월 단기전이었지만 파괴적이었던 걸프전으로 분출되었던 위기로 인해 상당한 타격을 받았다. 원유에 대한 수입 의존도가 아주 높은 대부분의 라틴아메리카 국가들에서 원유 가격의 폭등은 경제에 매우 부정적인 영향을 주었다. 특히 최대 원유 수입국인 브라질에서 그 여파가 더욱 컸다. 이라크와 구상무역협정을 맺어 원유와 공산품을 맞교환하기로 했던 브라질은 UN의 대 이라크 제재 때문에 자국의 제한된 경화를 가지고 국제 시세로 다른 지역의 원유를 사들여야 하는 어려움에 봉착했던 것이다. 라틴아메리카의 원유 수출국들(베네수엘라, 멕시코, 에콰도르, 콜롬비아, 트리니다드 토바고)은 원유가의 급격한 상승과 이라크, 쿠웨이트로부터 원유 공급이 중단됨으로써 발생한 산유량 부족을 보충하기 위해 자국의 석유 수출을 늘려 이익을 보았다. 그러나 이들도 장기적으로는 손해를 보았다. 전쟁이 예상보다 일찍 끝나자 이들은 막대한 양의 잉여 원유를 떠안게 되었고, 이것이 원유 가격의 대폭 하락으로 이어졌던 것이다.

비록 대부분의 라틴아메리카 인들이 이라크의 쿠웨이트 침공을 비난했으나, 여론 조사 결과에 따르면 과반수 혹은 대부분은 참전에 반대했다. 미국이 주도하는 연합군에 유일하게 군사적 지원을 한 아르헨티나에서는 조사 대상자의 91%가 아르헨티나의 참전에 반대했고, 다국적군에 합류하기 위해 파견된 두 척의 군함을 귀환시킬 것을 요구했다. 신문 사설들은 대체로 이라크에 대한 제재 대신 전쟁을 택한 부시 정부의 성급한 결정, 다양한 평화 제안들의 거부, 전쟁으로 인한 막대한 인적·물적 피해 등을 강력히 비판했다. 또한 파나마와 그레나다 침공, 그리고 대 니카라과 비밀 전쟁을 기억하는 분석가들은 부시가 쿠웨이트의 자결권에 대해 언급하는 것을 매우 회의적으로 바라보았다. 많은 사람들은 부시의 '새로운 세계 질서'에 대한 요구를, 유일한 초강대국인 미국이 지배하는 일극 세계를 구축하려는 의도를 은폐하려는 얄팍한 가면에 불과한 것으로 간주했다.

새로운 세계 질서를 향해서?

소비에트 연방의 붕괴로 미국의 라틴아메리카 정책은 자유무역을 촉진하는 데 그 초점이 맞춰졌다. 일련의 사안들 ——대 라틴아메리카 경제 정책, 쿠바, 인권 문제, 마약 문제 ——에 대한 클린턴과 부시 행정부의 입장은 대외 정책에 있어서 이러한 근본적인 연속성을 반영했다.

미국의 정책은 이 지역에 자유무역과 민영화에 토대를 둔 신자유주의 경제 체제를 강제하기 위해 '집행자'인 IMF와 세계은행과 함께 차관이라는 강압적이고 강력한 무기를 사용했다. 이 체제로 인해 라틴아메리카는 경제 독립을 위해 쌓아 온 과거의 모든 성과들을 무효로 만들어야 했다. 또한 값비싼 국영 기업들을 헐값에 매각하고 긴축 재정을 실시해야만 했다. 이 긴축 재정으로 말미암아 1980년대를 거치면서 빈곤층이 39%나 증가하게 되었다. 1990년대 후반에는 세계은행의 보수적인 평가에 의해서도 라틴아메리카의 빈곤층은 1989년의 31.5%에서 38%로 증가했다. 더 문제가 되는 것은 완만한 경제 성장에도 불구하고 이렇게 빈곤층이 증가했다는 것이다.

신자유주의 경제 체제의 도입은 논리적인 다음 단계로 가는 발판을 마련해 주었는데, 이는 바로 미국 주도의 서반구 공동 시장에 라틴아메리카를 편입시키는 것이었다. 이는 일본 및 유럽 공동체와의 경쟁이 점차 심화되는 가운데, 이 시장이 미국에 도움을 줄 것이기 때문이었다. 멕시코와 체결한 북미자유무역협정은 이 지역에서 라틴아메리카 정책의 연속성을 잘 보여 준다. 이 협정은 부시가 협상을 했고, 자신의 대통령 당선을 가능하게 했던 노동 운동 세력의 일관된 반대에도 불구하고 클린턴이 의회의 승인을 얻어 냈다. 미국의 지도자들이 칠레를 시작으로 라틴아메리카의 다른 국가들과 이와 비슷한 자유무역협정을 제안했지만, 궁극적인 목표는 아메리카자유무역지대Free Trade Area for the Americas였다.

민주주의가 겉치레에 불과한 멕시코를 포함해 많은 라틴아메리카 국가들에는 강력한 노동조합 운동이 존재하지 않았다. 따라서 북미자유무역협정 같은 협정으로 인해 미국과 라틴아메리카 노동자들은 미국과 캐나다 소비 시장에 누가 더 싼 임금으로 상품을 공급할 것인가를 두고 경쟁 관계에 놓이게 되었다. 퍼블릭 시티즌Public Citizen의 세계무역감시Global

Trade Watch에 의하면, 클린턴 행정부가 미국에서 연간 20만 개의 신규 일자리를 약속했지만 5년이 지난 후 북미자유무역협정에 의해 새로 만들어진 것으로 볼 수 있는 일자리는 하나도 없었다. 반면 21만 5,000명의 미국 노동자들이 이 조약의 희생자가 되어 일자리를 잃었다. 북미자유무역협정에 의해 멕시코로 옮겨간 마킬라도라는 37%의 성장을 보였고 고용 또한 폭등했지만, 멕시코 노동자들의 임금은 1994년 이후 29% 하락했다. 북미자유무역협정으로 인해 멕시코의 빈곤율은 1984~1994년 동안 연평균 34%에서 1999년에는 60%로 상승했다.

관세 및 무역에 관한 일반협정GATT의 우루과이라운드에서 타결된 여러 규정들과 더불어, 이런 자유무역협정은 환경 기준에 중대한 위협이 되었다. 캐나다 및 멕시코와 체결된 협정에 따라 무역 전문가들로 구성된 3국위원회가 조직되었는데, 비선출직인 이 위원회가 상업과 무역에 관련된 모든 업무를 비밀리에 최종 결정했다. 이 북미자유무역협정 위원회는 특정 연방이나 국가, 또는 지역의 법률 및 규정이 아무리 민주적인 절차로 만들어진 것이라고 해도 교역에 대한 장애물로 간주하고 일방적으로 무효화할 수 있었다. 클린턴의 북미자유무역협정 패키지에 추가된 '부가 협약'들은 노동권이나 환경 문제에 관해 이의를 제기하는 절차를 매우 어렵고 시간이 걸리게 만들었다. 따라서 멕시코의 한 관료는 "북미자유무역협정의 노동 및 환경 실행위원회의 영향에 대해서는 전혀 걱정할 필요가 없다고 관련 기업가들을 안심시킬" 수 있었다. 실제로, 1993년 이후 GE나 소니 같은 회사들에 대한 고소들은 일상적으로 기각되었다. 그러나 위원회가 현대Hyundai의 하청업체인 한영Han Young에 대한 불만사항을 인정했을 때조차도 이러한 결정 사항을 집행하기 위한 절차가 아예 없었다는 것이 드러났다.

북미자유무역협정과 관세 및 무역에 관한 일반협정에 의해 야기된 환경오염의 위험은 두말할 나위 없이 미국이나 캐나다보다 라틴아메리카에서 훨씬 더 심각했다. 이미 에두아르도 갈레아노^Eduardo Galeano가 말하듯이, 개발도상국은 환경오염 주범들에게 "면책의 왕국"이 되었다. 기층의 강력한 저항이 없었기 때문에 북미자유무역협정과 관세 및 무역에 관한 일반협정GATT이 남반부를 "북반부의 쓰레기 하치장"으로 만들어 가는 추세는 더욱 강화되었다.

쿠바의 경우는 낡고 신용을 잃은 레이건과 부시의 정책들을 재고할 용의가 있다는 클린턴의 입장을 시험했던 또 다른 사례였다. UN총회는 쿠바에 대한 미국의 무역 제한 조치를 비난하는 안을 세 차례나 압도적인 찬성으로 가결했다. 두 차례의 라틴아메리카 정상 회담도 만장일치로 마찬가지 결정을 내렸다. 또한 쿠바 내 자신의 일가친척들에게 고통을 주고 오히려 쿠바 정권의 자유화를 저해하는 미국의 정책에 반대하는 쿠바계 미국인의 수가 늘었다. 미국은 거대한 공산주의 세력인 중국과 오래전부터 정상적인 관계를 유지해 왔다. 그리고 재계의 압력에 대한 분명한 응답으로서 클린턴 대통령은 과거 길고 피비린내 나는 전쟁을 치렀던 공산주의 베트남에 대해서도 경제 제재를 중단했다. 그러나 쿠바에 관한 한 클린턴은 강경한 냉전 상태에 고착되어 있는 듯했다.

인권 주제에 관련해 클린턴 정부는 전임자들의 기회주의를 이어 받았다. 클린턴은 민간 정부에 우호적이고 독재나 군사 쿠데타를 반대한다고 주장했다. 그러나 실제로는 이러한 입장을 해당 국가와 미국 간의 관계, 그리고 미국이 지지하는 경제 정책의 수용 여부를 고려해 선택적이고 실용적으로 적용했다. 따라서 1994년 치아파스에서 멕시코 군과 준군사조직들이 즉결 처형, 죄수 고문, 민간인 공습 등을 자행했을 때 클린턴 정부는 침묵을 지켰다. 물론 미국의 대對멕시코 군사판매와 지원은 1994년 7,800 만 달러로 급증했고 그 이후로도 연평균 1억 달러를 상회했다. 클린턴 정부는 후지모리 페루 대통령이 신자유주의 경제 원칙과 프로그램에 대한 확고한 충성을 입증해 보이자 그의 친위 쿠데타에 대해서 마찬가지로 우호적인 태도를 취했다. 「서반구에 관한 워싱턴 보고」Washington Report on the Hemisphere에 따르면, 대개 "미국 정부는 좌파 게릴라와의 전투 등 '정당한' 이유로 발생하는 적당한 인권유린쯤이라면 가볍게 눈감아 줄 용의가 있는 것처럼 보인다."

정반대의 수사에도 불구하고 클린턴 행정부는 부시에게서 이어받은 '마약과의 전쟁'을 수행함에 있어 군사적인 해결책을 취했다. 미국 남부사령부U.S. Southern Command는 라틴아메리카 전역을 통틀어 수천 명의 군경과 수십억 달러의 미국 국민의 세금이 동원되는 수십 개의 작전에 관여했다. 실제로 클린턴 집권기 동안 마약과의 전쟁을 위한 예산은 160억 달러로 늘어났고 이는 미국 역사상 최대 규모였다. 그러나 이 전쟁은 미국 내에서 마약의 입수 가능성이나 마약 이용을 줄이지 못했다.

소련의 해체 이후로 미국의 일방적인 권력 행사에 대한 전략적인 제약이 사라짐에 따라, 미국의 정책 결정자들은 경제, 정치, 외교, 군사 분야에서 '새로운 세계 질서'를 통치하는 데 필요한 수단들의 조합을 구체화하기 위해 고심했다. 이 새로운 질서는 민영화, 국가 규제의 완화, 자유무역 등 신자유주의적 원칙들에 기반을 두고 있었다. 이런 과제를 수행하기 위해 미국의 정책 결정자들은 토니 블레어 영국 총리의 외교 정책 고문이었던 리처드 쿠퍼Richard Cooper 등 몇몇 영국의 정책 입안자들과도 일종의 교감을 나누었다. 리처드 쿠퍼는 2001년에 "탈脫근대적인 유럽 대륙 밖에 있는 '더 구시대적인' 국가들을 다룰 때, 우리는 이전 시대의 보다 거친 방식들——무력, 선제공격, 속임수——로 돌아가야 할 필요가 있다"는 대담한 선언을 한 바 있다. 어쩌면 다른 이들보다도 더 단도직입적으로 쿠퍼는 "식민지화의 기회, 어쩌면 심지어 식민지화의 필요성은 이미 19세기에 그랬던 것처럼 지대하다"고 주장했으며, "새로운 종류의 제국주의"를 동원할 것을 요청했다.

미국에서 이와 같은 견해들은 '국가 건설'nation-building 논의를 통해 다소 덜 노골적인 방식으로 등장했다. 즉 세계화 과정을 용이하게 할 제도적 틀을 만들고, 이 세계화 과정이 필연적으로 수반하게 될 반대 여론의 확산에 대처하기 위해 개발도상국의 주권 문제에 외부에서 개입하자는 것이다. 이러한 목표를 위하여 전직 국무부 장관인 사이러스 밴스Cyrus Vance의 지도하에 카네기 재단은 1994년 '치명적인 갈등 방지위원회'Commission on Preventing Deadly Conflict를 발족했는데, 1997년에 작성된 자체 보고서에 의하면 위원회의 목적은 외부 압력을 포함하여 다각적인 계획을 통해 국가 건설을 지원하는 것이었다. 이와 같은 미국의 개입을 정당화하려는 논쟁에서 위원회는 특정한 정권의 정당성을 측정할 수 있는 '법적 기준'——다시 말해, '정부가 자기 자신과 국민에 대하여 가지는 책임'이 수행되는 정도——을 개발할 필요성을 강조했다. 이러한 접근법은 클린턴 집권기 동안의 라틴아메리카에 대한 많은 개입에서 지적·사상적 토대를 제공했다. 그러나 1997년에는 윌리엄 크리스톨William Kristol과, 과거 레이건 집권기의 국무부 아메리카국의 고위 관료였던 로버트 케이건Robert Kagan이 설립한 신보수주의적 조직인 '새로운 미국의 세기를 위한 프로젝트'Project for the New American Century, PNAC가 비록 일방적인 개입을 주장하기는 했지만 유사한 역할을 수행했다. 이후 조지 W. 부시 행정부의 고위 공직자가 된 많은 사람들(이중에는 부통령인 딕 체니Dick Cheney도 포함되어 있었다)의 지지를 받으며, '새로운 미국의 세기를 위한 프로젝트'는 20세기 초 미국의 대외 정책을 특징지었던 공격적인 제국주의적 개입을 재천명할 것을 공개적으로 요구했다. '새로운 미국의 세기를 위한 프로젝트'의 원로 구성원인 토머스 도넬리Thomas Donnelly에 의하면, "미국의 제국주의는 자유와 안전 그리고 번영에 대한 새 희망을 동반하며, 그것이 가진 매력은 사뭇 거만한 미국의 군사력에 대한 공포심을 가라앉힐 수 있다."

2000년 대선에서 부시는 카네기 위원회가 고려했던 '국가 건설'과 관련된 방안들을 "자유주의적"이라고 비난했지만, 당선된 후인 2001년에는 국제 문제에 있어서 클린턴의 결정을 옹호하게 된다. 그러나 2001년 9월 11일에 있었던 펜타곤과 세계무역센터에 대한 테러 공격 이후, 부시 정권의 외교 정책팀은 '새로운 미국의 세기를 위한 프로젝트'가 표현했던 그대로는 아니더라도 미국의 국익을 보호하고 신장하기 위한 일방적이고 제국주의적인 개입이라는 프로젝트의 사고를 더욱 열정적으로 받아들였다. 부시 행정부의 국무부 정책 계획 담당자인 리처드 하스Richard Haass에 의하면, "주권은 의무를 수반하며, 만약 어떤 정부가 이러한 의무들을 이행하지 못한다면 그 정부는 영토 안에서 독립적으로 존재할 권리를 포함하여 주권의 몇몇 정상적 특권들을 박탈당한다. 그리고 미국을 포함하여 다른 정부는 거기에 개입할 수 있는 권리를 갖는다".

부시 행정부가 주권 국가들에게 기대했던, 미국의 간섭을 피하기 위해 충족시켜야 했던 그 특별한 "의무들"은 무엇이었는가? 가장 우선적으로, 부시 대통령은 주권 국가들이 미국을 목표로 한 테러리즘에 반대하기를 원했고, 동시에 이 나라들이 자유 시장 원칙과 관행들을 진작할 것을 요구했다. 한 행정부 대변인에 의하면, 미국의 정책은 "정당한 통치, 자국민에 대한 투자, 그리고 기업과 기업활동에 개방적인 경제 정책의 틀을 운영하는 것 등이 갖는 중요성"을 강조해 왔다. 이것은 "보다 개방된 시장, 지속 가능한 예산 정책, 그리고 개인적인 기업가 정신에 대한 보다 강력한 지지"를 포함하는 "건전한 경제 정책"을 의미했다. 정부 혹은 민중 세력이 이러한 가치들을 위협하거나 시장 개혁에 반동적인 곳이라면 어디든지 부시 행정부는 공공연하게 정치적인 개입을 행하였고, 때로는 보다 심각한 수준의 경제적·군사적 위협을 가하였다.

예컨대 베네수엘라에서는 민주적으로 선출된 포퓰리즘적인 우고 차베스 대통령에 맞서 실패한 군부 쿠데타가 있었던 2002년 4월을 전후한 몇 개월간 미국의 고위 관료들이 군부와 민간인 쿠데타 지도자들과 지속적인 만남을 가졌다. 이들 중에는 전 베네수엘라 상공회의소장Fedecámaras이자 차베스의 대체자로 내정되었던 페드로 카르모나Pedro Carmona도 포함되어 있었다. 이 회담에 몇 번 참석한 한 베네수엘라 인은 『뉴스데이』에 미국 관료들은 쿠데타 계획에 단지 조심스럽게 반대하였을 뿐이며, 이로 인해 "미국이 진정으로 신경을 쓰는 것은 쿠데타가 하야 선언이나 혹은 그것을 보여 줄 무엇인가와 함께 깔끔하게 이뤄지는 것"이라는 피할 수 없는 결론에 이르렀다고 밝혔다. 실제 쿠데타가 전개되면서, 미 국무부 관료는 이 점을 확인했다. 그는 베네수엘라 외교관에게 미국은 합헌 통치를 침해하는 모든 행위를 규탄하는 "아메리카 민주주의 헌장the Inter-American Democratic Charter의 조인국으로서" 공식적으로는 쿠데타에 반대하지만, 그럼에도 불구하고 "현재 베네수엘라에서 일어나고 있으며 [미국이] 이해하고 공감하는 변화가 헌법 구조들을 유지하는 것이 필요하다"라고 발언했다고 알려졌다. 이런 이유로 인해 미국은 의회를 해산하려는 카르모나의 계획에 부정적인 조언을 했지만 성공하지 못했다.

미주기구와 라틴아메리카의 모든 국가들이 즉각 베네수엘라의 쿠데타를 비난하고 민주주의의 회복을 촉구하였으나, 부시 행정부는 쿠데타 소식을 어느 정도 환영함으로써 스스로의 위신을 한층 더 실추시켰다. 관료들은 쿠데타를 비난하는 대신에 '독재적'이라고 알려진 차베스의 정책을 쿠데타의 원인으로 비난했다. 선거에 의해 선출된 차베스 대통령은 포퓰리즘적인 정치 수사, 미국의 아프가니스탄 전쟁에 대한 원칙적 반대, 미국이 반대하고 있는 쿠바나 다른 정권들과의 친밀한 관계, 미국 및 세계은행 그리고 IMF가 장려하던 신자유주의 정책에 대한 저항으로 인해 미 정책 입안자들의 공분을 샀던 것이다.

베네수엘라의 경우와 마찬가지로 미국은 볼리비아의 내정에도 공개적으로 개입했다. 첫째로 서반구에서 마약과의 전쟁을 수행한다는 명분 아래 미국은 준군사조직인 원정기동타격대Expeditionary Task Force라는 용병군대를 조직하였다. 이 용병집단은 비무장 상태의 농민조합 지도자 살해, 그리고 고문과 도둑질을 자행한 혐의를 받고 있다. "이들은 명확한 규율도 없이, 외세의 금전적 비호 아래 무기를 들고 온 나라를 종횡무진하고 있다"고 볼리비아의 한 관료가 불만을 토로했다. "이러한 집단의 존재는 볼리비아 헌법을 위반하는 것이다."

2002년 여름 미국은 볼리비아의 민주적인 대통령 선거에 공공연하게 개입했다. 선거 전날 밤 볼리비아 주재 미 대사는 만약 미국이 주도한 코카인 근절 프로그램을 강력하게 반대했던 아이마라 원주민 지도자인 에보 모랄레스가 대통령으로 당선된다면, 미국은 이 가난한 나라에 대한 모든 경제적 지원을 중단하겠다고 선언했다. 모랄레스는 포퓰리즘적인 공약들과 "자본주의는 인간성의 가장 큰 적이다"라는 주장을 노골적으로 드러내 부시 대통령의 분노를 샀다. 미국의 적대적 견제와 경쟁자들에 대한 은밀한 경제적 지원에도 불구하고 모랄레스는 20%의 득표율로 2위를 차지하면서 정치 분석가들을 놀라게 했다.

　미국은 니카라과의 2001년 대통령 선거에도 공개적으로 개입했다. 초기에 행해졌던 여론조사에서 산디니스타민족해방전선의 다니엘 오르테가 후보가 2위 후보를 거의 10% 차이로 앞서고 있다는 결과가 나온 후, 미국은 그를 패배시키기 위한 활발한 선거전을 조직했다. 미국 대사는 반反오르테가 표가 분산되지 않도록 보수 진영의 후보 한 명을 압박하여 사퇴시켰다. 또한 오르테가를 비방함과 동시에 공개적이고 노골적으로 엔리케 볼라뇨스Enrique Bolaños 후보를 지지하였으며, 그의 후보로서의 자질을 돋보이게 하기 위해 비상 구호 식량을 분배하는 등의 수단을 사용했다. 심지어 대통령의 동생인 젭 부시Jeb Bush 또한 선거 운동에 참여하여 오르테가 후보가 "국제 테러리즘을 묵인하고 피난처를 제공해 주는 이들"과 연관성을 맺고 있다는 식의 주장을 펼쳤다. 이런 주장은 9·11과 부시 대통령의 테러와의 전쟁 선포 속에서, 이미 10여 년 전에 미국의 경제·군사적 개입으로 끔찍이도 궁핍했던 시절을 견뎌내야 했던 니카라과 국민들에게 강렬한 메시지를 전달했다.

　한편, 콜롬비아와 에콰도르에서 부시 행정부는 클린턴 정부 때 실행되었던 정책의 군사화를 더욱 확대하였다. 마약 밀매를 저지한다는 표면적인 명분 아래 클린턴 시기에 전개되었던 플랜 콜롬비아는 콜롬비아 군부의 콜롬비아무장혁명군에 대한 반反혁명 전쟁을 지원하기 위해 수십억 달러의 지원을 승인한 바 있다. 콜롬비아무장혁명군은 게릴라 반군으로 자신들이 통제하고 있는 농촌 공동체들에 민중적 토대를 구축하고 있었다. 심지어 미 대사인 마일 프레쳇Myle Frechette은 1996년의 기밀 문건에서, 콜롬비아무장혁명군에 대한 마약 밀매상이라는 평판은 "미국의 지원을 얻어 대對게릴라전을 수행하기 위해 콜롬비아 군부가 만들어 낸 것"이라고 사적으로 밝혔다. 콜롬비아의 한 미군 특수부대 교관에 따르면, 그의 임무는 "표면적으로는 반反마약작전 수행을 지원하는 것"이었다. 그러나 실제로는 "콜롬비아의 군에게 대 게릴라전 교범 훈련을 제공하는 것"이고 또한 "마약은 계속되는 권력 남용으로 국민들의 신임을 잃은 군대가 자신의 역할을 확대하기 위한 핑계거리라는 것"을 모두가 "너무나도 잘 이해하고 있었다."

그럼에도 불구하고, 미군은 의회 차원의 제약에도 불구하고 인권 침해 혐의를 받고 있던 콜롬비아 군과 지속적으로 협력했다. 2000년 5월 국가안보기록보존소에서 공개된 기밀 비망록들에 따르면, 미 대사인 커티스 카만Curtis Kamman은 국무부에 미 육군의 브라보 중대가 인권 침해로 고발된 콜롬비아 군 보병 여단과 같이 '합숙'하면서 병참 지원을 받고 있다고 경고했다. 미 국무부는 비록 미국이 이 콜롬비아 여단을 합법적으로 지원할 수 없다는 사실을 시인했으나, 그럼에도 불구하고 카만에게 해당 여단의 참여가 "플랜 콜롬비아의 성공을 위해" 중대한 사항임을 재확인했다.

그러나 9·11이 일어난 지 얼마 지나지 않아 부시 행정부는 이러한 주먹구구식의 대처조차도 포기한 채 테러와의 새로운 전쟁이라는 표현을 부끄럼 없이 사용했다. 이것은 원래 미국의 군사적 원조가 인권 침해를 지원하는 것을 막기 위한 의회의 통제를 교묘히 피하려는 시도였다. 부시 대통령은 콜롬비아무장혁명군을 "서반구에 기반을 둔 가장 위험한 국제 테러조직"이라 지칭하고, 그것이 "콜롬비아와 미국 국민들에 대한 테러 계획에 연루되었다"고 주장했다. 이런 주장을 하면서 부시는 2001년과 2002년 사이에 콜롬비아에 대한 군사 지원을 위해 13억 달러의 추가 예산을 승인하였다. 또한 거기서 그치지 않고 옥시덴탈 석유의 카노 리몬Cano Limón 송유관을 방어할 콜롬비아 군 특수부대의 훈련 자금으로 9,800만 달러를 추가적으로 요청하였다. 부시 정부는 또한 인접한 페루, 볼리비아, 에콰도르 같은 국가들에 대한 군사 원조를 대폭 확대했고, 에콰도르의 만타Manta 군사 기지는 미군에게 있어 특별히 중요한 전략적 요충지이자 자산이 되었다. 이와 같은 '안데스 지역 계획'Andean Regional Initiatives은 분쟁지역을 확대하였으며, 대외군사판매Foreign Military Sales, FMS 프로그램을 통한 추가적인 군사 지원의 가능성을 열어 놓았다. 대외군사판매의 대對라틴아메리카 기금은 2001년에 이르러 거의 두 배 가까이 늘어난 870만 달러가 되었다. 이와 같은 상황은 가난한 국가들로 하여금 귀중한 자원을 군 장비 구입에 더 많이 낭비하도록 부추겼을 뿐만 아니라, 역사적으로 민주주의와 인권의 적이었던 라틴아메리카 사회의 특정 세력을 더욱 강화하는 결과를 낳았다.

그러나 부시 행정부는 해외 정책 목표를 달성하기 위해 군사 작전과 비밀 개입에만 의존하지는 않았다. 2007년 6월 18일자 비밀 비망록에서 크레이그 켈리Craig Kelly 대사는 "[우고] 차베스에 대응하고 이 지역에서 미국의 지도력을 분명히 하기 위해" 미국이 사용했던 다양한 전술들의 윤곽을 보여 주었다. 강화된 "군사적 관계"와 "더 나은 정보활동"에 더해, 켈리는 "비엘리트 계층"의 관심을 끌 수 있는 특수한 대對여론 외교 계획을 권장했다. 이것은 특히 이들 계층이 이 지역에서 진보적인 민족주의 정부들이 민주적으로 재등장하는 데 점점 더 많은 역할을 하기 때문이었다. 그는 "특히 건강과 교육 분야에서 그들의 경제적·사회적 요구들을 직접적으로 언급하는 프로그램들"을 확실하게 권장했다. 그리고 "우리들은 정부 관료와 엘리트 계층뿐만 아니라 소외되었거나 사회의 주변부에 있는 사람들과도 같이 하고 있다는 것을 보여 주어야 한다"고 주장했다. 이러한 "소프트 파워"soft power의 동원은 이 지역에서 미국의 전통적인 목표들을 유지하기 위한 것이었다. 자유무역을 촉진하고, "경쟁력 있는 비용으로 기본적인 신규 인프라를 건설하는 데 필요한 국내외 투자 규모를 유인할 수 있는 투자 환경을 만드는" 것이 그 목표들이었다.

버락 오바마Barack Obama 새 대통령은 "미국 스타일의 자본주의와 다국적기업들에 대한 끊임없는 홍보"와 미국과 라틴아메리카 사이에 상호 존중의 "새 시대"를 약속하는 공개적인 수사들을 개인적으로 비판했다. 그럼에도 불구하고, 그는 교역과 투자에 의존하는 미국이라는 비정통적인 제국을 보호하기 위해 주로 이러한 '소프트 파워'의 역할을 확대하려고 시도하고 있는 것처럼 보였다. 오바마의 첫번째 시험대는 임기 초인 2009년 온두라스 군부가 민주적으로 선출된 대통령을 전복하면서 찾아왔다. 마누엘 셀라야Manuel Zelaya는 신자유주의를 반대했고, 온두라스 노동자들을 위한 고임금을 지지했으며, 온두라스가 우고 차베스의 대안적인 역내 교역 및 개발기구인 아메리카를 위한 볼리바르 동맹ALBA에 가입하는 것을 찬성했다. 이 지역 모든 국가들이 쿠데타를 전적으로 규탄하고 셀라야가 복귀할 때까지 미주기구OAS에서 온두라스를 축출하는 데 참여했지만, 오바마의 국무부는 단순히 "모든 정치·사회 세력들이" 민주주의를 존중하고 폭력을 피해야 한다는 미지근한 비판을 내놓았다.

오바마는 "의심할 여지없이 군부, 대법원, 국회가 6월 28일 행정부에 맞서 불법적이고 비헌법적인 쿠데타를 공모했다"는 우고 로렌스Hugo Llorens 미국 대사의 비밀 비망록에도 불구하고, 미의회가 법률로 요구한 대규모 경제 제재를 적용하지 않았다. 더욱이 국무부 장관인 힐러리 클린턴Hilary Clinton은 망명 대통령이 '무모하게' 온두라스로 귀국하려 한다는 이유로 그를 공개적으로 비난했다. 그의 귀국이 "폭력으로 이어질 수 있는 도발적인 행위"라는 것이었다. 마지막으로, 이 지역의 나머지 민주 정부들과는 달리, 오바마 행정부는 쿠데타를 반대하는 온두라스 국민들의 정치적인 저항에 대한 탄압 행위를 비난하지 않았다. 그리고 2010년 쿠데타 정권이 진행한 대통령 선거의 결과를 인정하는 데 동의했다.

베네수엘라, 볼리비아, 콜롬비아에 대한 미국의 정책은 마찬가지로 부시와 오바마 행정부 사이에 일관성이 있었다. 베네수엘라에서 미국은 2008~2011년 사이에 4억 달러를 사용하면서 반反차베스 정치 운동에 계속 자금을 지원했다. 오바마의 2012년 예산은 반차베스 활동가 경제 지원 펀드Economic Support Funds for anti-Chávez activists에 500억 달러, 그리고 민주주의를 위한 국가기금National Endowment for Democracy, 국제 공화주의연구원 International Republican Institute, 미국 국제 민주연구소National Democratic Institute for International Affairs 같은 비정부기구를 위해 수백만 달러 이상을 목표로 했다. 이들 기구들은 모두 과거에 차베스의 정적들에게 자금을 제공하는 파이프 역할을 했다. 마찬가지로 볼리비아 국민들은 이러한 미국이 자금을 지원하는 비정부기구들의 역할에 대해 우려를 표명했다. 또한 이 조직들이 볼리비아에 배정된 연간 800억 달러를 어떻게 사용하는지에 관한 전적이고 투명한 회계 공개를 요구했다. 오바마의 국무부는 일관되게 이러한 정보의 공개를 거부했다. 더욱이 미 국무부는 볼리비아가 의료 서비스, 상수도, 그리고 여타 인권의 민영화를 금지하는 헌법 조항들을 실행하는 것을 막기 위해 세계무역기구를 이용했다.

마지막으로 오바마의 대콜롬비아 정책은 민주당과 공화당 대통령들이 동일하게 유지해 왔던 군사화militarization 전통을 계속했다. 2009년 7월 오바마는 콜롬비아와 방어협력협정Defense Cooperation Agreement을 위한 협상을 시작했고, 바첼레트 칠레 대통령, 브라질의 룰라 대통령, 그리고 베네수엘라의 차베스 대통령들은 이 협상으로 남아메리카에서 미군 주둔군이

2007년 라틴아메리카에서 민주적으로 선출된 두번째 여성 대통령인 아르헨티나의 크리스티나 페르난데스가 칠레의 미첼레 바첼레트와 만났다. 이것은 민영화와 역내 자유무역을 진작하려는 미국의 시도에 맞서 이 지역을 휩쓸고 있는 '분홍 물결'에 새로운 의미를 부여했다. 좌로부터 우로, 바첼레트, 파라과이의 니카노르 두아르테, 우루과이의 타바레 바스케스, 페르난데스, 브라질의 룰라, 베네수엘라의 우고 차베스, 그리고 볼리비아의 에보 모랄레스.

증가하는 것을 우려했다. 2011년 위키리크스가 공개한 2010년 11월의 대사관 비밀 외교 전문에 따르면, 차베스는 즉시 "예상된 콜롬비아와 미국의 국경 침략에서 조국을 방어하기 위해 민중들에게 전쟁을 준비하도록" 촉구했다. 베네수엘라의 강력한 대응, 남아메리카국가연합의 단호한 반대, 그리고 이 협정이 콜롬비아 헌법에 위반된다는 2010년의 법원 결정으로 이 위기는 진정되었다.

미국의 계속적인 방해에도 불구하고, 2002년 이후 라틴아메리카 각지의 민중 운동은 지난 20년 동안 미국 정부가 끊임없이 진작했던 신자유주의적 정책을 강력하게 거부하면서 서서히 하나가 되었다. 아르헨티나의 피케테로스(피켓 시위대)부터 볼리비아의 원주민 인권활동가에 이르기까지 라틴아메리카는 저항의 가운데 있는 것 같았다. 어떤 이들은 이러한 경향을 라틴아메리카 대륙의 특징인 일상적인 혼돈으로 묘사하려 한다. 그러나 부를 소수에게만 몰아주고 대다수에게는 절망을 안겨주었던 규제되지 않은 시장 정책의 자연적이고 거의 필연적인 결과로 보는 입장도 존재한다. 물론 이 민중 운동들이 얼마나 잘 조직되고, 정치적으로 잘 단련되었으며, 또 효과적이었는지는 명확하지 않았다. 그러나 중동과 이라크에 대한 우선적 관심으로 인해 미국은 라틴아메리카에 효과적으로 개입할 수 있는 역량을 일정 부분 상실한 것처럼 보였다. 2003년 이후 라틴아메리카에서 미국의 영향력 축소가 신자유주의의 흔적을 쓸어 내려는 분홍 물결에 대한 민중적 지지를 촉진했다는 점은 의심의 여지가 없다. 이러한 민중 운동들이 시간이 지나면서 얼마나 성공적이 될지는 아직 불확실하지만, 한 가지 사실은 반론의 여지가 없다. 즉, 역사적으로 인권과 민주주의적 자유보다 사유재산권과 자유 시장을 더 가치 있는 것으로 간주했던 미국의 외교 정책에 도전장을 던졌다는 것이다.

옮긴이 후기

이 책은 벤자민 킨Benjamin Keen과 키스 헤인즈Keith Haynes의 공저 『라틴아메리카의 역사』*A History of Latin America*, Wadsworth의 아홉 번째 판본(2013)을 완역한 것이다. 약간 복잡한 역사를 가지고 있는 이 책은 1980년 『간략한 라틴아메리카의 역사』*A Short History of Latin America*라는 제목을 달고 벤자민 킨과 마크 워서먼Marc Wasserman의 공저로 첫발을 내디뎠다. 그러나 1992년 네번째 판본에서 워서먼이 빠지고 킨의 단독 저서가 되었으며, 이때 제목도 '간략한'이란 말이 탈락하여 『라틴아메리카의 역사』*A History of Latin America*가 되었다. 그러다 2000년 여섯번째 판본이 만들어질 때 키스 헤인즈 교수가 참여하면서 다시 공저의 형태로 되었으며, 2002년 킨이 세상을 뜬 후 헤인즈 교수에 의해 몇 차례 보완이 더 이루어져 현재의 모습이 되었다. 그렇지만 이 작업을 처음부터 주도한 킨이 구축한 책의 기본 틀은 몇 차례의 수정에도 불구하고 그 후로도 큰 변화가 없었으며, 그러므로 헤인즈 교수 자신도 그렇게 말하고 있듯이, 이 책은 킨의 책이라고 말해도 무리는 없을 것으로 보인다.

벤자민 킨은 에스파냐 인들의 아메리카 정복의 성격과 결과를 두고 루이스 행크Lewis Hanke를 상대로 벌인 뜨거운 논쟁으로 유명세를 탄 바 있는 학자이다. 이 논쟁에서 킨은 식민지 역사에서 에스파냐 인들이 수행한 영웅적인 문명 전달자로서의 역할을 강조하는 당대의 지배적인 패러다임에 용감하게 도전했다. 그는 기존의 전통적 입장을 '백색전설'이라는 용어를 사용하여 비판하면서, 그보다는 에스파냐 인들에게 희생된 인디오 문명, 즉 '패자들의 관점'에서 신·구세계의 '만남'을 살펴야 한다고 주장했다. 또 그는 정복 당시 인디오 원주민들의 사회와 문화를 파괴하는 에스파냐 인들을 신랄하게 비난한 '인디오 인권의 옹호자' 바르톨로메 데 라스 카사스 같은, 당시 다수의 적들에 둘러싸여 외로운 싸움을 해야 했던 소수 에스파냐 인들의 목소리에 귀를 기울여야 한다고 말하면서, 이 소수 에스파냐 인들이 큰 목소리로 외친 이른바 '흑색전설'이 결코 과장이 아니라 엄연한 사실이었다고 주장한다.

킨은 치밀하고 지적인 역사가였고, 다수의 영향력 있는 저서를 집필한 탁월한 학자이기도 했지만 무엇보다도 사회 문제에 무관심하고 둔감한 학생들에게조차도 라틴아메리카 민중들이 벌인 사회적 정의를 위한 투쟁 이야기로 뜨거운 열정을 불러일으키고 그들에게 영감을 불어넣었던 열정에 찬 선생이었다. 그는 자신의 영웅으로 생각한 라스 카사스가 에스파냐 식민자들에게 그랬던 것처럼 전제주의와 독재, 사회적 불의, 강자들의 인권유린을 준엄하게 꾸짖는 양심적인 지성인이었다. 1950년대 미국에서 휘몰아친 매카시 열풍의 소용돌이 속에서 수많은 사람들의 삶과 명예가 파괴되고 있을 때 그는 물불을 가리지 않고 그 야만의 광풍을 거세게 비판하였으며, 그로 인해 그는 한때 자신이 그렇게도 소중히 여겼던 교수직을 상실하기까지 했다.

교직에 다시 돌아오고 나서도 그는 결코 외부의 위협에 위축되지 않고, 부당한 권력을 향해 쓴소리를 아끼지 않았다. 예를 들어, 대학생들의 베트남 전쟁 반대 시위 혹은 예산 삭감으로 위기에 처한 교육의 질 보장을 요구하는 시위를 전폭적으로 지지했고, 칠레의 살바도르 아옌데 정권을 내쫓고 대신 독재자 피노체트를 권좌에 앉히기 위해 미국이 벌이는 제국주의적 행보에 대해 주저하지 않고 독설을 퍼부었으며, 니카라과의 산디니스타 혁명에 대한 미국의 적대적 태도에 대해서도 열정적으로 진실을 알리고 다녔다.

그의 이런 진보적이고 민중지향적인 가치관은 이 책 곳곳에서도 그대로 반영되고 있다. 우선 서문에서 그는 (그리고 공저자인 헤인즈 교수는) 이 책이 "착취와 억압을 당하기는 했지만 사회정의를 위해서 꿋꿋이 저항하고 싸워 온 보통 사람들의 관점에서 바라본" 라틴아메리카의 역사이며, "그로부터 라틴아메리카 인들이 자신들의 세계를 창출한 새로운 대안을 만들어 낸 사건들과 요인들에 관한 이야기"라는 점을 분명히 하고 있다.

그는 또한 역사 발전에서 민중의 역할이 중요하며, 민중이 역사의 주체임을 곳곳에서 강조한다. 그는 19세기 후반 라틴아메리카의 여러 원주민 지주 공동체들이 "자신들의 토지가 아시엔다에 흡수되는 것을 막고, 무토지 노동자로 전락하지 않기 위해 필사적인 투쟁"을 전개했으며, "수중에 가진 수단을 모두 동원하여 싸웠으며", 종국에는 무장봉기도 마다하지 않았다고 말한다. 19세기 라틴아메리카 각국에서 진행된 노예제 폐지의 원인에 대해서도 시몬 볼리바르 같은 독립 운동 지도자들의 의지나 그들의 정치적·군사적 고려 등 엘리트들의 생각과 행동에 초점을 둘 것이 아니라 "노예 자신들과 자유 유색인들의 저항, 반란 혹은 도주 등을 통한 끈질긴 저항"이 중요하다고 말하고 있다.

20세기에 대한 이 책의 서술은 신자유주의에 대한 날선 비판과 종속 이론이라는 이론틀을 기본으로 하고 있다. 라틴아메리카의 경제 성장을 견인하고, 빈곤을 줄이고, 발전을 증진하겠다는 약속과 함께 시작된 신자유주의 정책은 완전히 실패로 돌아갔으며, 그 실패는 "토지 개혁의 무효화, 대중의 빈곤의 심화, 농민들의 도시로의 탈출, 멕시코와 중아메리카 농민들의 위험천만한 미국으로의 국경 탈출(대개는 실패로 끝나는)"을 불러일으켰다고 저자들은 말한다.

또한 저자들은 라틴아메리카 문제 해결을 위해 10년이 넘게 적용된 신자유주의라는 치료법이 가져다 준 결과는 이 지역의 경제적 혹은 사회적 위기의 악화, 그리고 중심부 자본주의 국가들에 대한 라틴아메리카의 종속의 심화였다고 주장한다. 같은 맥락에서 저자들은 선진 국가들도 과거에 라틴아메리카 국가들과 마찬가지로 저개발 상태에 있었고, 그 국가들은 개인적 자유, 자유무역, 외국인들의 자유로운 직접 투자를 장려함으로써 근대성을 획득하게 되었다는 발전론자들의 주장을 부정하면서, "유럽과 미국의 근대성은 야만적인 정복, 노예화, 착취, 그리고 군사적 강제 혹은 시장 강제에 의해 번갈아가며 강요된 불평등 무역이라는 5세기에 걸친 유산에 의존"하고 있다고 말한다. 혹자는 저자들의 이런 견해에 대해 "종속이론은 실패한 이론"이라며 부정적인 평가를 내놓기도 한다. 그러나 실패한 것은 종속이론 자체라기보다는 그것을 교조적으로 적용한 국가 관리경제체제였다. 종속이론가들이 제시한 문제의 원인과 해법은 여전히 현재 라틴아메리카가 직면하고 있는 문제의 핵심을 이해하는 데 매우 훌륭한 이론 틀을 제공하고 있다고 생각된다.

이 책은 크게 세 파트로 구성되어 있는데, 각 파트마다 도입부에 그 파트에 담길 내용을 개략적으로 정리하여 독자들의 이해를 돕고 있다. 제1부에서는 여덟 개의 장을 할애하여 아메리카 원주민 사회와 에스파냐 사회, 정복, 식민지 사회의 사회적·정치적·경제적 제도, 브라질, 부르봉 왕조의 개혁, 그리고 각국의 독립전쟁을 대가다운 솜씨로 일목요연하게 정리하고 있다. 제2부에서는 19세기의 역사를 세 개의 장에서 다루고 있는데, 두 개의 장은 멕시코, 아르헨티나, 칠레, 브라질 등 몇몇 주요 국가들의 중요한 정치 혹은 경제 관련 주제들을 살피고 있으며, 나머지 한 장에서는 신식민주의 문제에 대해 고찰하고 있다. 20세기를 다루고 있는 제3부에서는 멕시코, 브라질, 쿠바, 안데스 지역(주로 페루), 칠레, 중아메리카, 콜롬비아/베네수엘라에 각각 한 장씩 할애하여 그 발전 과정을 살핀 다음(13~19장), 나머지 세 장(20~22장)에서는 신자유주의 체제와 독재, 그 신자유주의 체제를 극복하려는 민중들의 투쟁, 그리고 라틴아메리카와 미국과의 관계를 각각 고찰하고 있다. 전체 분량 가운데 대략 35%가 독립 전쟁 시기까지에, 15%가 19세기에, 그리고 50% 정도는 20세기 역사에 할당되고 있다.

20세기 후반에 출간된 라틴아메리카 역사 개설서 가운데 가장 널리 읽히고 가장 성공적인 사례로 꼽히는 이 책이 가진 장점은 여러가지이다. 그 가운데 하나는 우선 한정된 분량에도 불구하고 라틴아메리카 역사 전체를 매우 포괄적이고 종합적으로 다루고 있다는 점이다. 전체 구성도 깔끔하게 되어 있으며, 문체 또한 그리 까다롭지 않아서 일반인들이 읽는 데에도 큰 어려움이 없으리라 생각된다. 또한 이 책은 지난 40여 년 동안 축적된 성과를 토대로 정치나 경제 분야에 치우치지 않고 사회사(젠더, 인종, 계급)에도 상당한 비중을 두고 있다. 멕시코, 아르헨티나, 브라질, 칠레 등 주요 국가들에 설명의 초점을 맞추고는 있지만 쿠바, 중아메리카, 베네수엘라/콜롬비아, 안데스 국가들(페루, 볼리비아, 에콰도르)에 대해서도 적절한 분량의 지면을 할애하고 있다. 또한 각 장마다 적절한 참고문헌과 상당수의 지도와 도판이 첨부되어 있어서 라틴아메리카 역사에 관심을 가진 이들의 입문서로 많은 사랑을 받을 것으로 생각된다.

제1권 전체와 제2권의 도입부, 즉 12장까지는 김원중이, 그리고 13장 이후는 이성훈이 각각 번역하였다. 오류를 줄이기 위해 많은 노력을 기울였지만 라틴아메리카 역사에 대해 그리 깊은 지식을 갖고 있지 않은 옮긴 이들의 능력을 고려할 때 아직도 많은 오류가 남아 있을 것으로 생각한다. 기회가 닿는 대로 수정할 것을 약속드리며 독자제현의 질정을 바란다. 마지막으로 귀한 시간을 내서 정성스런 일독과 수정의 수고를 마다지 않으신 서울대학교 우석균 교수, 그리고 정성을 다해 준 출판사 관계자 분들의 노고에 감사의 말을 전하고 싶다.

2014년 5월

김원중

찾아보기

미주기구(Organization of American States, OAS) 350, 384, 386, 670, 706

미주대륙 민중들을 위한 볼리바르 동맹(Alianza Bolivariana para los Pueblos de Nuestra América, ALBA) 486

미주자유무역지대(Free Trade Area of the Americas, FTAA) 33, 75, 615

미주회의(Inter- American Conference) 642, 664

미 중앙정보국(CIA) 26, 78, 79, 259, 347, 352, 359, 366, 367, 387, 391, 392, 418, 443, 538, 577, 668, 676, 686, 689

미코얀, 아나스타스(Mikoyan, Anastas) 258

미-쿠바 무역 및 경제 자문위원회(United States-Cuba Trade and Economic Council) 630

미크로엠프레사(microempresa) 584

민영화 45, 48, 311, 445, 446, 474, 476, 477, 478, 491, 493, 496, 530, 542, 563, 572, 578, 592, 611, 631

　　실업의 ~ 583

　　페멕스 ~ 593

민족민주연합(Unión Democrática Nacionalista, UDN) 402

민족민주조직(Organización Democrática Nacionalista, ORDEN) 405

민족주의 23, 85, 209, 219, 522, 667

　　쿠바의 ~ 241

민족주의공화동맹(Alianza Republicana Nacionalista, ARENA) 413, 415

민족주의혁명운동(Movimiento Nacionalista Revolucionario, MNR) 293, 671

민족해방군(National Liberation Army) 70

민주국민당(Partido Democrático Nacional, PDN) 456

민주여성연맹(Unión de Mujeres Democráticas, UMD) 364

민주연대(Confederación Democrática) 347

민주주의 35, 86

　　과두 ~ 436

　　대의제 ~ 433

　　부르주아 ~ 92

　　제한적 ~ 433, 581

　　통제된 ~ 433

　　형식적 ~ 53

민주행동당(Acción Democrática, AD) 457, 459, 460

민주혁명당(Partido Revolucionario Democrático, PRD) 51

민주혁명전선(Frente Democrático Revolucionario, FDR) 357, 411, 413, 414

민중교육공동체(Colectivos de Educacion Popular, CEPs) 397

민중민주당(Partido Popular Democrático, PPD) 657

민중민주주의 291, 423, 488, 545, 580, 606

민중재산(Área Propiedad del Pueblo) 388

민중혁명군(Ejército Popular Revolucionario, EPR) 593

밀라네스, 파블로(Milanés, Pablo) 268

　　「인생은 덧없는 것」(La vida no vale nada) 268

밀러, 프란세스카(Miller, Francesca) 194, 435

밀파 45

【ㅂ】

바르가스, 비르히니아(Vargas, Virginia) 305

바르가스, 제툴리우(Vargas, Getúlio) 18, 22,

【ㅅ】

라틴아메리카의 역사 (하)

초판1쇄 펴냄 2014년 5월 30일
초판3쇄 펴냄 2022년 1월 14일

지은이 벤자민 킨, 키스 헤인즈
옮긴이 김원중, 이성훈
펴낸이 유재건
펴낸곳 그린비
주소 서울시 마포구 와우산로 180, 4층
대표전화 02-702-2717 | **팩스** 02-703-0272
홈페이지 www.greenbee.co.kr
원고투고 및 문의 editor@greenbee.co.kr

주간 임유진 | **편집** 홍민기, 신효섭, 구세주, 송예진 | **디자인** 권희원, 이은솔 | **마케팅** 유하나, 육소연
물류유통 유재영, 한동훈 | **경영관리** 유수진

ISBN 978-89-7682-532-2 04950   978-89-7682-536-0 (세트)

學問思辨行: 배우고 묻고 생각하고 판단하고 행동하고

독자의 학문사변행을 돕는 든든한 가이드 _ 그린비 출판그룹

그린비 철학, 예술, 고전, 인문교양 브랜드
엑스북스 책읽기, 글쓰기에 대한 거의 모든 것
곰세마리 책으로 통하는 세대공감, 가족이 함께 읽는 책

이 책은 2008년도 정부(교육부)의 재원으로 한국연구재단의 지원을 받아 번역되었음.(NRF-2008-362-B00015)